KB038992

현대 대상관계 정신분석심리치료

성격장애 심리치료

Eve Caligor, M.D. · Otto F. Kernberg, M.D. · John F. Clarkin, Ph.D. · Frank E. Yeomans, M.D., Ph.D. 공저

김정욱 · 민경희 · 김나정 공역

Psychodynamic Therapy for Personality Pathology:
Treating Self and Interpersonal Functioning

학지사

▶ 역자 서문

이 책은 현대인의 핵심 병리인 성격장애를 정신분석적으로 치료하고 연구해 온 결과물이다. 저자들은 40여 년에 걸친 치료와 연구를 통해 현대 대상관계이론에 기반을 둔 정신분석 심리치료인 전이초점 심리치료를 개발하였다. 이들은 성격장애가 심리구조의 문제라는 것을 밝혔다. 심리구조는 대체로 무의식적인 심리내적 대상관계로 이루어진다. 기본적인 대상관계는 자기표상과 대상표상 및 이를 연결하는 정동으로 구성된다. 이 표상의 분열이 성격장애의 원인이 되며, 치료는 이를 통합하는 것이다. 이런 표현이 간단하게 들릴 수 있지만, 실제 통합의 과정은 매우 어렵다. 분열의 역사가 깊고 거기에 얽히고설킨 감정들이 살아 있기 때문에 쉽게 소화되고 사라지지 않기 때문이다.

전이초점 심리치료는 원래 경계선 성격장애 환자를 치료하기 위해서 개발되었는데, 점차 모든 성격장애뿐만 아니라 신경증 환자를 치료하는 방법으로 치료대상을 확대해 왔다. 많은 연구와 치료 경험이 축적되면서 치료 방법을 확장해 온 것이다. 이 책은 3부작 중 최종 세 번째로서, 『높은 수준의 인성병리를 위한 역동 심리치료』 및 『경계선 인성장애를 위한 전이초점 심리치료: 임상 가이드』를 확장한 것이다. 그 이전에도 『경계선 내담자를 위한 전이초점 심리치료 입문』, 『경계선 인성장애의 정신분석 심리치료』가 있고, 더 거슬러 가면 『경계선 장애와 병리적 나르시시즘』에서 이미 치료의 원형이 제시되어 있다.

전이초점 심리치료는 전이에 초점을 두기 위해 치료틀과 치료계약을 중시함으로써 인간의 내면을 깊이 있게 이해할 수 있는 기틀을 마련한다. 치료를 치료답게 하는 것은 치료틀이다. 뛰어난 해석보다 더 중요한 것은 치료틀을 수립하는 것이다. 치료틀이란 만남의 기본이자 중요 규칙을 정하는 것이다. 불안정한 인간의 내면을 만나기 위해 이러한 치료틀을 만들고 지키는 것은 치료의 생명과 같다. 이런 치료틀을 바탕으로 치료자와 내담자 간의 살아 있는 만남에서 내담자의 깊은 내적 갈등과 문제가 드러나고 이해할 수 있는 것이다.

성격 문제는 무엇이며 어떻게 치료하는가? 성격과 성격병리 모델, 분류와 평가, 치료 모델을 제시하는 것이 이 책의 목표이다. 이를 위해 정신분석 대상관계 이론을 바탕으로 한 연구와 치료를 통합하는 동시에 애착 이론과 발달 이론, 신경과학 등 여러 분야의 연구를 접목시키고 있다. 이 책은 많은 상세한 예를 통해 인간의 심층을 더 잘 이해할 수 있게 해 준다. 치료가 무엇인지, 어떻게 하는 것인지, 어떤 점이 어렵고 어떻게 다루고 극복하는 것이 좋은지, 치료자의 태도는 어떠해야 하는지를 설득력 있게 보여 줄 것이다.

이 책에서는 그동안의 치료 경험과 연구 결과들을 반영하여 이전에 비해 이론적 부분이 확장되고, 성격조직 수준별 예시가 치료단계에 따라 풍부하게 제시되었다. 이렇게 확장되고 보완된 점은 다음과 같다. 먼저, DSM-5와 관련하여 자기 및 대인관계 기능에 대해 강조해서 설명한다. 그리고 성격병리 분류 방법으로서 구조화된 면접인 STIPO-R의 프로파일을 예시함으로써 평가와 치료에 대해 안내한다. 또한 대상관계 이론과 심리역동을 연결해서 설명하고, 치료의 기본 과제와 요소 및 치료관계에 대해서 상세히 설명한다. 이전까지 진단평가 단계라고 한 것을 이 책에서는 예비치료(consultation)라 새롭게 명명하였다. 이는 본 치료로 들어가기에 앞서 환자에 대한 평가, 치료목표와 치료계획에 대한 논의가 중요함을 의미하는 것 같다. 또한 치료과정을 생생하게 볼 수 있도록 일곱 개의 비디오 예시가 제시되어 있다. 이 책에서는 원서에서는 제시되지 않은 비디오 축어록을 번역해서 제시하였고, 비디오 예시는 www.appi.org/caligor에서 찾아볼 수 있다.

번역은 참으로 어려운 일이다. 어떤 개념이나 단어를 번역하면서 원래의 의미를 그대로 살리는 것이 매우 어렵다. 그래서 몇몇 단어는 영어를 그대로 살려서 표현했다. 컨테인하기는 정서적 경험에 압도되거나 행동화하지 않고 생각할 수 있는 역량을 가리키며, 인지적으로 혼란스러운 것을 마음에 품어서 안에서부터 조직화가 일어나는 것을 의미한다. 'contain'은 대체로 '간직하다, 담아 두다'로 번역되는데, 이런 번역은 원래 단어가 가진 의미나 뉘앙스를 충분히 살리기 어렵다고 본다. 또한 'concrete'하다는 것은 사고가 경직되고 구체적인 수준에 머물러 있으며, 내적 현실과 외적 현실을 구별하지 못하는 것을 말한다. 이를 구체적이라고 번역하면 원래의 의미를 살리지 못하는 것 같다. 'setting'은 '상황, 환경, 설정' 등으로 번역되지만 이 책에서는 포괄적으로 사용되고 있어서 원어를 살리기로 했다.

무엇보다도 'personality'를 어떻게 번역할지 고민하였다. 전이초점 심리치료와 관련된 이전 번역서들에서 character를 성격으로, personality를 인성으로 번역하였다. 이러한 구분은 인성이 초자아, 즉 가치체계를 반영한다는 것을 강조한 것이었다. 이 책에서는 캐릭터란 용어가 거의 나오지 않으며, 성격이나 성격장애라는 용어가 심리학 전반이나 DSM-5에서 그리고 대중적으로도 사용되고 있어서 personality를 다시 성격으로 번역하였다.

정신분석 심리치료는 학문이다. 처음부터 끝까지 진실과 객관성을 추구한다. 다른 한편으로는 또 하나의 예술이다. 그 대상이 인간이기 때문에 기계적 이해나 적용은 애초부터 가능하지 않고 살아 있는 만남을 통해 인간을 이해해야 하는 작업인 것이다. 저자들이 이 두 측면을 어떻게 접목하는지 그 과정을 볼 수 있을 것이다.

심리상담과 심리치료를 배우고 싶어 하는 전공자들에게 이 책이 좋은 배움의 기회가 되리라 확신한다. 초심자도 전문가도 실제 치료 장면에서 많은 도움을 받을 수 있으리라 기대한다. 처음에는 다소 어려울지 몰라도 많은 예시와 설명이 거듭되면서 이 책에서 중요시하는 치료의 기본, 치료적 태도와 기법에 대해 익숙해질 수 있을 것이다. 동양이나 서양이나 미국이나 한국이나 인간의 근본적인 문제도 치료법도 비슷한 것 같다. 이 책을 바탕으로 함께 씨름하고 사고하고 발전해 가기를 바란다.

공역자들은 오랜 시간 함께 번역하느라 고생을 많이 하였다. 단어 하나하나 고민하고 고치기를 반복하였다. 뒤늦게 합류한 장혜정 선생도 교정 작업을 열심히 해 주었다. 그럼에도 원문의 의미나 뉘앙스를 충분히 알지 못할 때가 많았다. 많은 관심과 조언을 부탁드리며, 부족한 점은 앞으로 고쳐 나가도록 하겠다. 오래 기다려 주신 학지사 김진환 사장님, 한승희 부장님, 편집부 박나리 선생에게도 깊이 감사드린다.

2022년 삼성동에서
역자 대표 김정욱

▶ 머리말

현대 이론과 임상 실제를 결합하는 책을 쓰는 것은 엄청난 업적이다. 저자들은 『성격장애 심리치료: 현대 대상관계 정신분석심리치료』에서 이러한 업적을 이루었다. 이 책에서 저자들은 많은 것을 시도했고 대부분 성공했다. 사실 이 책은 환자를 이해하고 치료하고자 하는 사람들에게 하나의 선물이다[이 책은 저자들의 『경계선 인성장애를 위한 전이초점 심리치료: 임상 가이드(Transference-Focused Psychotherapy for Borderline Personality Disorder: A Clinical Guide)』(Yeomans et al., 2015)와 『높은 수준의 인성병리를 위한 역동 심리치료 핸드북(Handbook of Dynamic Psychotherapy for Higher Level Personality Pathology)』(Caligor et al., 2007)에서 발전하였으며 이 책들의 자매편이다].

이 책은 성격장애에 대한 흥미진진한 시간이다. 우리는 정상 성격 모델 및 치료 모델과 연결된 성격병리 모델을 곧 얻게 될 것이다. 이 새로운 모델은 유전학, 뇌과학 그리고 심리학 같은 모든 관점을 포함하고 있다. 이 모델은 각 요인의 발달과 이 요인들 간의 상호작용에 대한 이해를 포함한다. 저자들은 이 모두에 대해 설명해 준다.

먼저, 이 책의 제 I 부에서 저자들은 (이 책의 공동저자인 Otto Kernberg가 발전시킨) 마음에 대한 대상관계 모델이 어떻게 정상 성격과 병리적 성격에 대한 이해를 돕는지 상세하게 보여 준다. 이 모델을 제시하는 과정에서 저자들은 자기경험과 대인관계 기능에 초점을 두는데 이 두 가지는 모두 정체성 공고화에 의해 연결된다. 그렇게 해서 저자들은 대상관계 모델이 신경과학, 애착 이론, 발달 이론, 심지어는 대인관계 정신분석까지 포함한 다른 분야의 새로운 발견과 어떻게 부합하는지 보여 준다. 또한 그들은 많은 다른 주제에 대해 논의하는데, 대상관계 이론이 다른 종류의 심리역동과 어떻게 상호작용하는지, 신경증적 성격조직이 경계선 성격조직과 대조하여 어떻게 이해될 수 있는지, Kernberg

의 이론이 Klein 학파 이론과 어떻게 다른지에 대해 논의한다. 덧붙여, 독자들에게 이 책을 안내하기 위해 간결한 용어 정의, 많은 임상 예시, 다양한 정보(예를 들면, 방어의 명확한 위계)를 제공하는 많은 도표와 표 및 관련 참고문헌 등이 제시된다.

가장 중요한 것은, 저자들은 대상관계 성격 모델이 DSM-5의 성격장애에 대한 대안모델과 어떻게 부합하는지를 보여 준다는 것인데, 이 모델은 성격의 주요 특징으로서 자기경험과 대인관계에 초점을 둔다. 저자들의 생각이 중요한 발전인 이유는 독자들이 현대 정신의학과 현대 정신분석을 결합하게 하기 때문인데, 이러한 두 분야가 합쳐져서 통합된 성격이론을 발전시킨다. 이와 같은 통합은 오랜 시간이 걸렸으며 저자들의 가장 훌륭한 성취 중 하나이다.

제Ⅱ부에서는 치료를 다룬다. 저자들은 전이초점 심리치료-확장판(TFP-E)의 기초를 가장 높은 이론적 수준과 경험에 가장 가까운 '실제적' 수준에서 개관한다. 제Ⅱ부 전체에서 저자들의 설명에 따르면 TFP-E의 목적은 항상 정체성 공고화를 증진시키는 것이며, 그것의 목표로 자기경험과 대인관계 기능을 개선시키고자 한다: TFP-E는 항상 각각의 내담자에 대한 적극적이고 지지적이며 긍정적인 태도를 지닌다. 저자들은 치료적 관계의 활용과 전이 및 역전이를 어떻게 이해하고 활용할지를 탐색한다. 또한 저자들은 논리적인 방식으로 치료 자체의 방략을 개관한다. 또한 그들은 자기애성 성격장애와 경계선 성격장애를 어떻게 이해하고 치료할지에 대해 탐색한다. 마지막으로, 그들은 개별 환자에게 치료를 맞추는 것과 관련된 이슈를 살펴보는데, 이는 TFP-E가 원칙을 따르면서도 유연할 수 있게 한다. 그 결과, 독자는 환자의 성격조직, 치료관계 그리고 치료방략 간의 관계에 대한 이론적 이해와 역동심리치료를 어떻게 하는지에 대해 잘 조직되고 인도적인 지침서를 가지게 된다.

제Ⅲ부에서는 환자를 평가하는 실제적인 접근을 살펴본다. 이 평가는 성격기능 및 성격조직 수준을 평가하는 것을 포함한다. 이런 것들을 어떻게 하는지 보여 주면서, 저자들은 이 평가가 제Ⅰ부에서 개관한 성격장애의 이론적 모델과 어떻게 부합하는지 설명한다. 또한 그들은 그러한 평가를 뒷받침하는 근거를 살펴본다. 마지막으로, 성격조직에 대한 구조화된 면접-개정판[Structured Interview of Personality Organization-Revised: STIPO-R; 성격을 관련된 차원에 따라 진단하기 위해 Clarkin 등(2016)이 개발한 면접]과 Kernberg(1984)가 개발한 구조적 면접(Structural Interview) 등의 평가 도구를 어떻게 활용하는지 자세하게 보여 준다. 독자는 치료동맹을 항상 수립하고 유지하는 동안 어떻게 특정 평가 기법을 활용하는지에 대해 배운다. 또한 진단적 인상을 환자와 공유하는 방법,

치료목표를 세우는 방법, 그리고 치료 선택과 위험 및 성과를 논의하는 방법을 배운다.

이 책의 남은 부분은 TFP-E 실제에서의 세부적인 실제적 접근들을 제공한다. 제IV부는 계속해서 치료들(환자와 계약 맺기, 치료자와 환자 각각의 역할을 기술하기, 특수한 상황들을 다루는 것과 같은 이슈를 포함한다. 이 특수한 상황에는 낮은 치료동기, 섭식장애, 물질 남용, 자살 경향성과 같은 몇 가지 예를 들 수 있다)을 수립하고 유지하기 위한 지침을 살펴보고 개관한다. 제V부는 TFP-E의 개입원칙을 포함한 기법과 방략에 대해 상세하게 논의한다: 몇 가지 예를 들면, 우선순위와 한계를 설정하는 방법, 지지적 개입의 역할에 대한 많은 유용한 세부 사항을 포함한다. 마지막 제VI부에서는 치료단계를 살펴본다. 그 밖에, 온라인 영상과 부록에서 유용한 자료를 제공한다.

이 책은 정신건강 관련 학과를 포함한 여러 분야의 전공자에게 많은 것을 제공하며 초보자와 전문가 모두에게 유용하다. 환자를 이해하고자 하는 연구자와 환자를 치료하고자 하는 임상가 모두에게도 많은 것을 제공한다. 성격장애 치료에 관심 있는 임상가와 이러한 특정 장애에 관심이 적은 임상가에게도 많은 것을 제공한다. 마지막으로, 이 책은 외래 심리치료 세팅에서 일하는 임상가 그리고 응급, 입원, 의뢰 및 병원 세팅에서 일하는 임상가에게 많은 것을 제공해 준다. 간단히 말해서, 이 책은 역작이라 할 수 있다. 나는 이 책이 앞으로도 오랫동안 자주 언급될 고전이 될 것이라고 확신한다. 나는 나의 동료들과 학생들에게 이 책을 기꺼이 추천하는 바이다.

Elizabeth L. Auchincloss, M.D.
심리역동 의학 연구소 교육부위원장, DeWitt Wallace 수석 연구자,
뉴욕 웨일 코넬 의과대학 임상 정신과 교수, 컬럼비아 대힉교 정신분석 훈련 및
연구 센터의 선임 부소장, 훈련 및 지도감독 분석가

▼ 참고문헌

Caligor E, Kernberg OF, Clarkin JF: Handbook of Dynamic Psychotherapy for Higher Level Personality Pathology. Washington, DC, American Psychiatric Publishing, 2007

Clarkin JF, Caligor E, Stern BL, Kernberg OF: Structured Interview of Personality Organization—Revised (STIPO-R), 2016. Available at: www.borderlinedisorders.com. Accessed September 20, 2017

Kernberg OF: Structural diagnosis, in Severe Personality Disorders: Psychotherapeutic Strategies. New Haven, CT, Yale University Press, 1984, pp 3-26

Yeomans F, Clarkin JF, Kernberg OF: Transference-Focused Psychotherapy for Borderline Personality Disorder: A Clinical Guide. Washington, DC, American Psychiatric Publishing, 2015

● 서문

이 책에서 우리는 전이초점 심리치료-확장판(TFP-E)을 소개한다. 이것은 성격병리 치료에 대한 전문화되고 이론에 기반한 접근이다. TFP-E는 모든 경험 수준의 임상가들에게 폭넓은 임상 및 연구 장면에서 성격장애 평가와 치료에 대해 안내하는 접근 가능한 틀을 제공한다. 이 책이 제공하는 것은 다음과 같다. ① 심리역동 대상관계 이론에 기반한 성격기능 및 장애에 대한 통합적 모델, ② 성격장애 분류에 대한 임상에 가까운 접근, 이와 함께 평가에 대한 일관된 접근, ③ 일반 임상 원칙에 기초한 통합된 치료 모델, 이는 진단기준을 충족하지 않는 성격병리와 성격장애 스펙트럼에도 적용된다. 그리고 ④ 개별 환자의 성격병리에 따라 개입을 맞추는 특정 변형기법에 대한 이해, 이것은 개인 병리의 심각도와 임상 증상, 그 순간의 심리적 기능에 근거한다.

치료의 역사와 발전

우리가 기술하는 치료 모델은 **전이초점 심리치료(TFP)**가 발전해 온 결과이다. TFP는 경계선 성격장애와 다른 심한 성격장애를 위한 전문화된 증거기반 치료로 웨일 코넬 의과 대학 성격장애 연구소에서 개발되었다. TFP의 방략, 기략, 기법은 치료 지침서에 명확하게 기술되어 있다(Yeomans et al., 2015). TFP는 미국과 유럽에서 무작위 대조 시험을 통해 경험적으로 연구되었다. 1년 동안 TFP를 했을 때 경계선 성격장애 환자의 증상 호전, 자살 경향성과 입원기간의 감소, 공격성의 내적 · 외적 표현의 감소를 가져왔다. 그 뿐만 아니라 성격조직 수준, 성찰기능, 애착상태 및 이야기의 일관성에서 독특한 변화를 나타냈다(Clarkin et al., 2007; Doering et al., 2010; Fischer-Kern et al., 2015; Levy et al., 2006).

TFP의 임상 및 연구 경험 결과, 성격병리 심리치료에 대한 좀 더 일반적인 접근이 TFP의 방략, 기략, 기법에 새겨져 있다는 것이 분명해졌다. 심각도가 서로 다른 성격장애 환자의 치료를 비디오로 녹화한 것을 임상적으로 논의하고 슈퍼비전함으로써 병리의 구체적인 특성에 근거한 기법의 수정뿐만 아니라 핵심 임상원칙을 확인할 수 있었다. 우리는 이러한 임상원칙과 기법을 활용하여 성격병리의 역동 치료에 대한 일반 이론을 수립했다. 이 프로젝트의 일환으로서 우리의 TFP에 대한 첫 공식적인 수정은『높은 수준의 인성병리를 위한 역동 심리치료(Dynamic Psychotherapy for Higher Level Personality Pathology: DPHP)』의 발전이었다. DPHP는 덜 심한 성격장애와 진단기준을 충족하지 않는 성격병리 환자에 대한 치료 접근이다(Caligor et al., 2007). TFP를 처음 확장함으로써 생겨난 관심을 통해 현재 이 책을 발전시켰다. 우리의 삼부작 중 세 번째인 이 책은 이전에 출판된 두 개의 지침서를 확장하고 확대한 것이다(Caligor et al., 2007; Yeomans et al., 2015 참조). 또한 전 범위 성격병리의 개념화와 치료에 대한 대상관계 이론에 기초한 접근을 전반적이고 종합적으로 기술한다.

왜 전이초점 심리치료–확장판이라고 부르는가

TFP는 본래 경계선 성격장애(BPD) 환자에 대한 임상적 요구를 다루기 위해 개발되었다. 첫 번째 TFP 지침서는 1999년에 출판되었다(Clarkin et al., 1999). TFP는 심리역동 접근을 매우 구조화된 치료틀과 결합하는데, 이 치료틀은 치료계약의 형태로 시작하고 필요에 따라 한계 설정에 의해 뒷받침된다. TFP에서 치료자는 치료에서 환자의 순간 대 순간의 경험에 초점을 두고, 환자가 그 회기에서 자신이 생각하고, 느끼고, 행동하는 것에 주의를 기울이고, 정교화하고, 탐색할 수 있도록 돕는다. 경계선 성격장애 환자의 치료에서, 환자의 치료 경험은 치료자와의 관계에 매우 자주 적극적으로 초점 맞춰지는데, 이것은 극도로 왜곡되고, 정동적으로 부하되고, 매우 정서적으로 점유되는 경향이 있다. 이러한 전이는 매우 파괴적일 수 있지만, 성공적으로 다루어졌을 경우 환자의 내적 어려움과 대인관계 어려움에 즉각적이고 실시간으로 들어갈 수 있게 한다. BPD 환자의 TFP 치료에서, 전이 탐색은 종종 임상적 초점이 되며, 전이초점적 개입은 변화의 핵심 도구로 여거진다.

　TFP는 첫 TFP 지침서가 출판된 이래로 상당히 발전해 왔다. BPD 및 관련된 심각한 성격장애 환자를 치료해 온 경험과 연구가 축적되면서 임상 기법이 중대하게 수정되었다. 여기에는 치료 밖에서 환자의 기능을 더 많이 강조하고, 치료목표에 더 많은 초점을 두며, 치료자에 대한 환자의 긍정적 애착에 더 많은 주의를 두고, 임상 과정에서 환자의 성찰역량이 왔다 갔다 하는 것의 영향에 더 많이 주목하는 것이 포함된다. 한편, 진단기준을 충족하지 않는 성격병리뿐 아니라 좀 더 가벼운 성격장애 환자의 치료를 연구하기 위한 TFP 및 TFP 원칙의 활용 경험을 통해 성격병리 치료에서 전이 탐색의 역할에 대해 좀 더 복합적으로 이해하게 되었다. 분명한 것은 환자에 따라 그리고 치료단계에 따라 전이를 어느 정도 중요시할지 매우 다양하다는 것이다. 대체로, 환자의 성격병리가 좀 더 심각할수록, 환자에게 치료자와의 관계가 좀 더 일관되게 정서적으로 두드러지는 경향이 있다. 환자가 좀 더 건강할수록, 환자의 치료 밖 대인관계와 삶이 정동적으로 지배적인 경향이 있다. 병리의 전 범위에 걸쳐 순간 대 순간의 경험, 특히 정동이 점유된 경험은 개입의 초점이 된다. 그 결과 개입은 전이에 초점 맞춰지거나 혹은 어떤 다른 것에 맞춰질 수 있다. 그러나 전이에 개입의 초점을 두지 않았을 때에도, 치료자는 그들 자신의 내적 초점을 지속적으로 전이에 주의를 둔다. 전이-역전이에 대한 주의는 TFP-E 치료자에게 정보의 지속적인 원천이 되는데, 환자의 현재 내적 상태, 치료동맹 상태 및 그 순간 환자의 성찰 역량의 정도를 이해할 수 있도록 한다.

성격기능, 병리 및 구조적 변화의 기저 모델

　성격장애 치료에 대한 TFP-E 접근은 Otto Kernberg와 그의 동료들에 의해 발전되어 온 심리역동 대상관계 이론에 근거하고 있다(Kernberg, 1984, 2004; Kernberg & Caligor, 2005). 이 성격장애 모델은 성격병리에 대해 차원적 관점을 취한다. 각 성격장애를 불연속적인 독립체로 단순하게 보기보다, ① 자기 및 대인관계 기능에 초점을 두면서 성격장애 집단이 공유하는 심리적 기능의 핵심적인 병리적 특징을 확인한다. ② 자기 및 대인관계 기능의 병리적 특징이 성격병리의 심각도에 따라 어떻게 다른지 기술한다. ③ 기저하는 심리구조의 특성과 조직의 표현으로서 자기 및 대인관계 기능을 개념화한다. 이때 정체성 형성에 초점을 둔다. ④ 이와 함께, 정도의 차이가 있지만 정체성 공고화 실패를 반영하는 자기 및 대인관계 기능 병리를 개념화한다. 이러한 접근은 성격장애 연구자들 사이에서 자기 및 타인 기능의 병리가 성격장애의 중심을 이룬다는 합의가 증가하는 것과 상응한다(Bender & Skodol, 2007; Gunderson & Lyons-Ruth, 2008; Horowitz, 2004; Livesley, 2001; Meyer & Pilkonis, 2005; Pincus, 2005).

자기 및 대인관계 기능과 DSM-5

우리의 연구는 시의적절하게 증명되어 왔다. 이 책의 발전과 동시에, 일반 정신의학 질병 분류에 변화가 있었다. 구체적인 진단기준에 기초한 성격장애의 범주적 진단에서 벗어나 자기 및 대인관계 기능 영역에 초점을 두고 성격기능의 손상 정도에 기초하는 성격장애에 대한 차원적 접근으로 변화했다. 이러한 변화로 DSM-5(American Psychiatric Association, 2013)에서 성격장애에 대한 대안적 모델(AMPD)을 도입했고, 이것은 우리 모델과 매우 밀접하게 상응한다. DSM-5 Ⅲ편 '새로 개발된 평가도구와 모델'에 포함된 AMPD는 성격장애 진단의 정의적 특징을 자기 및 대인관계 기능에서 '중등도 또는 그 이상의 손상'(진단기준 A)과 병리적 성격특성의 존재(진단기준 B)와 관련되어 있는 것으로 밝히고 있다. 자기 및 대인관계 기능에서 손상의 상대적 심각도에 근거해서, AMPD는 성격기능 수준 척도(Level of Personality Functioning Scale: LPFS)를 사용하여 심각도 범위에 걸쳐 성격장애를 분류한다.

성격기능 및 장애의 TFP-E 모델과 비이론적인 AMPD 간의 밀접한 유사성으로, 우리는 독자에게 AMPD와 관련된 특정 치료 접근뿐만 아니라 AMPD를 위한 설명적 틀을 제공할 수 있다. 이 두 가지는 모두 심리역동 대상관계 이론에서 나왔다.

심리역동적 진단 매뉴얼, 2판

『심리역동적 진단 매뉴얼 2판』(PDM-2; Lingiardi & McWilliams, 2017)은 성격기능의 진단 및 분류에 대한 또 다른 접근을 제시한다. 이것은 DSM과 ICD 체계에 대안적 또는 보완적인 역할을 한다. PDM-2는 심리역동에 정통한 연구자 및 임상가 집단에 의해 개발되었는데, 이것은 임상 치료를 안내하는 데 활용할 수 있는 분류 모델을 제공하려는 의도였다. PDM-2에서 채택하고 있는 성격 및 성격기능 모델은 우리의 모델과 매우 일치한다. 특히 PDM-2는 다음과 같다. 건강한 기능부터 손상이 가장 극심한 수준으로 이어지는 성격기능의 차원적 모델을 채택한다. 성격병리에서 심각도 차원이 갖는 중심적 위치를 강조한다. 성격조직 수준과 성격 스타일 또는 유형을 결합하는 분류 접근을 포괄한다. 성격 및 심리적 기능에 대한 종합적인 평가의 필요성을 강조한다. 그리고 증상이 개인의 성격 맥락 안에서 표현되는 임상 실제를 강조한다. TFP-E 모델과 PDM-2에 기저하는 모델 간에 호환이 가능하기 때문에, TFP-E는 임상가들에게 성격병리 치료에 체계적인 접근을 제공할 수 있으며 이는 PDM-2 모델의 자연스러운 확장이라 할 수 있다.

▌ 누구를 위해 이 책을 썼는가

우리는 학생들과 경험이 풍부한 임상가들을 위해 이 책을 썼으며, 연구자들에게도 이 책이 흥미롭기를 바란다. 독자들의 필요에 따라, 이 책은 다양하고 폭넓은 기능을 할 수 있다. 가장 보편적인 독자들을 위해, 우리는 성격기능, 병리, 분류 및 평가에 대한 일관된 모델을 제시한다. 이 진단적 평가는 예후에 대한 정보를 제공하고 장기 치료뿐 아니라 위기관리 및 단기 개입 장면에서도 일어날 수 있는 임상적 어려움을 예측한다. 인구 전집에서 및 임상에서 성격장애가 편재해 있음을 고려할 때(Torgersen, 2014), 이 책의 초반부는 병리 및 평가에 대한 TFP-E 모델에 초점을 두는데, 일반적으로 거의 모든 임상장면에서 임상가들에게 도움이 될 것이다. 임상가들은 TFP-E 모델을 외래 치료뿐만 아니라 약물치료, 입원 병동, 응급실, 그리고 치료의뢰 및 약물 남용 치료 서비스에서도 활용해 왔다(Hersh, 2015; Zerbo et al., 2013).

성격장애 심리치료에 흥미가 있는 좀 더 전문적인 독자들에게, 우리는 치료에 대한 심도 있고 원칙에 입각한 설명을 제공한다. 심리치료를 배우는 사람들을 위해 개입 원칙을 강조하며 광범위한 임상 예시를 제시한다. 숙련된 심리치료자들을 위해, 현대 정신병리 모델에 입각하여 현대 심리역동 심리치료 접근에 대한 통합적이고 혁신적인 종합을 제공한다. 장기치료를 하지 않는 임상가들에게는, 여기서 기술된 통합적인 장기치료 모델의 맥락에서, 각각의 임상 원칙, 방략, 기략, 기법을 제공한다. 이는 성격장애 환자의 위기관리뿐 아니라, 지지치료 모델과 단기치료 모델에도 실용적으로 활용될 수 있다. 그러한 적용을 배우는 데 좀 더 관심이 있는 임상가들에게는, 『전이초점 심리치료 기본

(Fundamentals of Transference-Focused Psychotherapy)』(Hersh, 2016)을 추천한다. 이는 일반 정신과 및 의료장면에서 우리의 치료 접근의 다양한 요소가 적용되는 것을 상세하게 설명한다. 정신병리 연구와 경험적으로 지지된 치료 개입 분야의 연구자 및 다른 전문가에게는 관련 논의를 제시하고, 현재 연구에 대한 우리의 치료접근과 관련된 각주 및 유용한 참고문헌을 지원한다.

장기 역동 치료에 대한 논평

심리치료과정에서 치료의 성공과 장기적인 성과는 사용된 특정 기법보다 훨씬 더 많은 것에 달려 있다. 환자의 병리, 치료자의 질적 특성, 환자와 치료자 간 조화는 치료 성과의 모든 잠재적 요인들이다(Crits-Christoph et al., 2013). 이 책은 치료원칙을 기술하고 있는데, 이는 치료자가 각 개별 환자와 함께 특정 구조와 분위기를 만들어 냄으로써 신중하게 활용된다. 우리는 치료구조를 강조하는데, 이 치료구조는 평가과정, 치료목표 설정, 치료계약 맺기를 통해 협력적으로 수립된다. 치료계약은 특정 기법들이 활용되는 세팅을 제공한다.

이 책은 인지행동치료 지침서에서 기술되는 것과 같이, 모든 환자에 대한 단계적 방식으로 기법을 제시하지 않는다. 대신, 각각의 TFP-E 치료는 특정 영역의 기능장애와 성격조직의 특정 수준을 지닌 개별 환자들에게 맞춰져 있다. 이 원칙에 입각한 치료는 공감적인 임상가의 순간적 판단을 위한 방향과 유연성을 제시한다. 치료 전반에 걸쳐, TFP-E 치료자는 환자와 치료자 관계에 지속적인 주의를 기울이는데, 이는 환자가 어떻게 다른 사람들을 지각하고, 개념화하고, 관계하는지에 대한 생생하고 즉각적인 정보의 원천이다. 이 정보는 자기 및 대인관계 기능을 표적으로 하는 치료에서 특히 중요하다. TFP-E는 또한 환자에 대한 적극적인 태도를 지닌다. 환자가 보고하는 모든 것에 대해 긍정적이고 지지적인 관심, 그리고 환자의 행동에 영향을 주는 다양한 힘 사이에 중립성을 지닌다.

▌ 이 책의 구성

독자들은 이 책이 시간 순서대로 구성되어 있지 않다는 것을 알 수 있다. 예를 들어, 평가 및 초기 단계부터 시작하여 치료 종결 단계로 진행하지 않는다. 대신, 우리는 독자들이 모델과 치료—특정 기법 및 그러한 기법을 선택한 이론적 근거—에 대해 가능한 한 가장 잘 이해할 수 있도록 책을 구성하여 장의 순서를 정했다. 우리가 가장 강조하는 것은 "이럴 땐 어떻게 해야 하죠?"와 같은 특정 질문에 대답하는 것이 아니다. 그보다 우리의 목적은 독자들이 다음과 같은 질문에 스스로 대답할 수 있게 하는 것이다. "지금 무엇을 할지 어떻게 체계적으로 정할 수 있을까?", "이 순간 나의 목표는 무엇인가?", "이 개입이 어떻게 변화를 가져올 수 있는지에 대한 나의 개념화는 무엇인가?"

우리는 이 책을 총 6부로 나누었다. 각 부는 독자들에 따라 특별히 관심 있을 것이라고 기대하였다. 제Ⅰ부는 **성격, 성격병리, 그리고 성격장애 분류에 대한 대상관계 이론**을 다룬다. 이 장들은 임상을 위한 장의 필수적인 기초가 된다. 성격 및 성격장애에 대한 이러한 접근에 친숙해지고자 하는 독자들을 위해 접근 가능한 종합을 제공한다. 제Ⅱ부는 **임상 이론 수준에서 TFP-E를 개관**한다. 여기서는 핵심 구성개념을 소개하고, 치료관계에 대한 논의와 치료를 조직하는 방략에 대해 기술한다. 제Ⅱ부는 TFP-E 모델과 그것의 목표에 대한 전반적인 이해를 원하지만 실제에는 별로 관심이 없는 독자에게 특히 도움이 될 것이다.

제Ⅲ부는 예비치료에서, **환자 평가와 치료계획하기**를 다룬다. 이 영역은 제Ⅰ부에서 소개된 내용들을 기반으로 하며, 평가에 대한 논의를 하면서 TFP-E 분류모델을 기술한다(분류와 평가에 관심이 많은 독자는 제Ⅰ부에 이어서 바로 제Ⅲ부를 읽기 원할 수 있다. 그런 다음 제Ⅱ부의 임상적 고찰로 되돌아갈 수 있다). 우리가 제시한 평가모델은 다양한 임상장면에 있는 임상가들에게 유용할 수 있다. 이 모델은 반구조화 면접인 성격조직에 대한 구조화된 면접-개정판(STIPO-R; Clarkin et al., 2016)에 반영되었다. 제Ⅲ부의 후반부는 진단적 인상 공유하기를 다루고, TFP-E 틀 안에서 환자가 그들의 문제에 대한 이해를 얻도록 어떻게 도울 수 있는지를 기술한다.

제Ⅳ부는 **치료틀**과 그 기능을 기술하고, 치료 모델 안에서 치료틀을 수립하고 유지하는 방법을 기술한다. 우리는 임상적 권고들을 제시하는데, 이것은 다양한 임상장면에서 성격병리 환자를 만나는 독자에게 흥미로울 것이다. 다음으로, 제Ⅴ부에서는 **임상 작업**을 논의한다. 각 회기에 적용된 특정 기략과 기법을 기술하면서 성격병리 심리치료의 일반원칙들을 자세하게 보여 준다. 해석 과정, 역전이 작업, 계약 맺기와 한계 설정을 포함한 지지적이고 구조화하기 개입의 역할에 대해 심도 있게 논의한다. 마지막 제Ⅵ부에서는 **치료단계**를 다룬다. 치료의 초기, 중기, 후기를 특징짓는 예상되는 전개들을 독자들에게 소개한다. 그리고 간단한 결론으로 끝맺는다.

각 장의 끝에 그 장에서 논의된 '핵심 임상 개념'을 요약한다. 또한 예시를 보여 주는 비디오 예시를 제시하였으며, 비디오 가이드에서 자세하게 기술하였다.

임상 자료

처음에는 이 책에 나와 있는 임상 자료의 출처를 밝히고자 했다. 임상 상황을 쓸 때 저자는 실제 사실에 가까운 임상 자료를 제시하고 싶은 바람과 환자의 비밀을 보호할 필요 사이에서 항상 망설여진다. 환자의 신분을 바꾸더라도, 환자의 비밀보장을 지키면서 임상자료를 정확하게 제시하기란 불가능하다는 것을 알 수 있다. 적어도, 환자들은 그들의 치료회기가 인용되었을 때 임상 자료에서 자기 자신임을 알 수 있다. 결과적으로, 이 책에는 실제 환자 또는 실제 임상 자료를 제시하지 않기로 했다. 대신, 각 임상 예시는 우리가 수년간 치료해 왔거나 또는 슈퍼비전을 해 왔던 여러 환자를 합쳐 놓은 것이다.

대명사

마지막으로, 독자는 우리가 **그** 또는 **그녀**를 좀 더 정확하게 사용할 수 있을 때에도, 그냥 **그 또는 그녀**라는 표현을 사용했다는 것을 알 수 있을 것이다. 이러한 선택에 완전히 만족하진 않지만, 상대적으로 어려운 자료를 읽기 쉽게 하려는 목적으로 가능한 한 간결하게 쓰려고 했다.

감사의 글

편집을 도와준 Gina Atkinson에게 고마움을 전한다.

▼ 참고문헌

American Psychiatric Association: Diagnostic and Statistical Manual of Mental Disorders, 5th Edition. Arlington, VA, American Psychiatric Association, 2013

Bender DS, Skodol AE: Borderline personality as a self-other representational disturbance. J Pers Disord 21(5):500-517, 2007 17953503

Caligor E, Kernberg OF, Clarkin JF: Handbook of Dynamic Psychotherapy for Higher Level Personality Pathology. Washington, DC, American Psychiatric Publishing, 2007

Clarkin JF, Yeomans FE, Kernberg OF: Psychotherapy for Borderline Personality. New York, Wiley, 1999

Clarkin JF, Levy KN, Lenzenweger MF, Kernberg OF: Evaluating three treatments for borderline personality disorder: a multiwave study. Am J Psychiatry 164(6):922-928, 2007 17541052

Clarkin JF, Caligor E, Stern BL, Kernberg OF: Structured Interview of Personality Organization—Revised (STIPO-R), 2016. Available at: www.borderlinedisorders.com. Accessed September 20, 2017

Crits-Christoph P, Gibbons MBC, Mukherjee D: Psychotherapy process-outcome research, in Bergin and Garfield's Handbook of Psychotherapy and Behavior Change, 6th Edition. Edited by Lambert MJ. Hoboken, NJ, Wiley, 2013, pp 298-340

Doering S, Hörz S, Rentrop M, et al: Transference-focused psychotherapy v. treatment by community psychotherapists for borderline personality disorder: randomised controlled trial. Br J Psychiatry 196(5):389-395, 2010 20435966

Fischer-Kern M, Doering S, Taubner S, et al: Transference-focused psychotherapy for borderline personality disorder: change in reflective function. Br J Psychiatry 207(2):173-174, 2015 25999334

Gunderson JG, Lyons-Ruth K: BPD's interpersonal hypersensitivity phenotype: a gene-environment-developmental model. J Pers Disord 22(1):22-41, 2008 18312121

Hersh RG: Using transference-focused psychotherapy principles in the pharmacotherapy of patients with severe personality disorders. Psychodyn Psychiatry 43(2):181-199, 2015 26039227

Hersh RG, Caligor E, Yeomans FE: Fundamentals of Transference-Focused Psychotherapy: Applications in Psychiatric and Medical Settings. Cham, Switzerland, Springer, 2016

Horowitz LM: Interpersonal Foundations of Psychopathology. Washington, DC, American Psychological Association, 2004

Kernberg OF: Structural diagnosis, in Severe Personality Disorders: Psychotherapeutic Strategies. New Haven, CT, Yale University Press, 1984, pp 3-26

Kernberg OF: Contemporary Controversies in Psychoanalytic Theory, Techniques, and Their Applications. New Haven, CT, Yale University Press, 2004

Kernberg OF, Caligor E: A psychoanalytic theory of personality disorders, in Major Theories of Personality Disorder, 2nd Edition. Edited by Lenzenweger MF, Clarkin JF. New York, Guilford, 2005, pp 114-156

Levy KN, Meehan KB, Kelly KM, et al: Change in attachment patterns and reflective function in a randomized control trial of transference-focused psychotherapy for borderline personality disorder. J Consult Clin Psychol 74(6):1027-1040, 2006 17154733

Lingiardi V, McWilliams N (eds): Psychodynamic Diagnostic Manual, 2nd Edition. New York, Guilford, 2017

Livesley WJ: Conceptual and taxonomic issues, in Handbook of Personality Disorders: Theory, Research, and Treatment. Edited by Livesley WJ. New York, Guilford, 2001, pp 3-38

Meyer B, Pilkonis PA: An attachment model of personality disorders, in Major Theories of Personality Disorder, 2nd Edition. Edited by Lenzenweger MF, Clarkin JF. New York, Guilford, 2005, pp 231-281

Pincus AL: A contemporary integrative interpersonal theory of personality disorders, in Major Theories of Personality Disorder, 2nd Edition. Edited by Lenzenweger MF, Clarkin JF. New York, Guilford, 2005, pp 282-331

Torgersen S: Prevalence, sociodemographics, and functional impairment, in The American Psychiatric Publishing Textbook of Personality Disorders, 2nd Edition. Edited by Oldham J, Skodol A, Bender D. Washington, DC, American Psychiatric Publishing, 2014, pp 109-129

Yeomans F, Clarkin JF, Kernberg OF: Transference-Focused Psychotherapy for Borderline

Personality Disorder: A Clinical Guide. Washington, DC, American Psychiatric Publishing, 2015

Zerbo E, Cohen S, Bielska W, Caligor E: Transference-focused psychotherapy in the general psychiatry residency: a useful and applicable model for residents in acute clinical settings. Psychodyn Psychiatry 41(1):163-181, 2013 23480166

◉ 비디오 가이드

우리는 일곱 개의 짧은 비디오 클립을 제작했다. 이것은 TFP-E의 기본 원칙 및 기법 중 일부를 보여 준다. 비디오는 실제 치료 사례에 기반하고 있지만, 우리가 제시하는 클립들은 환자의 비밀을 보호하기 위해 가공하여 만든 것이다. 비디오에 나오는 모든 환자는 실제 환자가 아니라 연기자들이며, 실물과 닮아 보이는 것은 우연일 뿐이다. 각 비디오는 본문에 기술된 내용과 관련되며 해설 자막이 제공된다(추가 논의는 뒤에 나오는 '각 장에서 논의된 비디오' 참조).

- **비디오 1** '정체성 통합 평가: 경계선 성격조직 수준'에서, Caligor 박사는 자해 사고를 보이는 한 남성 환자의 정체성 형성을 평가한다. 이 비디오는 경계선 환자가 현실적이고 일관된 자기기술을 제시하는 것이 얼마나 어려운지를 보여 준다.
- **비디오 2** '정체성 통합 평가: 자기기술, 정상 정체성 형성'에서는 비디오 1과 달리, Caligor 박사가 불안과 자존감 문제가 있는 한 여성 환자에게 자기에 대해 말해 달라고 한다. 이 클립에서 환자는 자신에 대한 풍부하고 성찰적인 관점을 제시할 수 있다.
- **비디오 3** '계약 맺기'에서, Yeomans 박사는 경계선 성격장애 환자와 TFP-E 치료계약에 대해 논의한다. 이들은 자해와 구조화된 활동에 대한 계약 맺기에 초점을 둔다.
- **비디오 4** '지배적인 대상관계 확인하기'에서, Yeomans 박사는 환자의 경험을 조직하는 대상관계를 정교화하는 동안 중립적 태도를 유지하는 것을 보여 준다.
- **비디오 5** '해석 과정: BPO 수준'과 **비디오 6** '해석 과정: NPO 수준'에서, Caligor 박사는 각각의 서로 다른 두 환자에 대한 해석 과정을 보여 준다. 첫 번째 환자는 성격장애를 지녔고, 두 번째 환자는 진단기준을 충족하지 않는 성격병리를 지녔다.

• **비디오 7** '치료적 중립성'에서, Yeomans 박사는 중립적 자세를 유지하는 것을 보여 준다. 그때 환자에게 압력을 가하는 것은 Yeomans 박사의 요구가 아니라, 환자의 내적 갈등이라는 것을 인식할 수 있도록 돕는다.

비디오 이용방법

본문에 제시된 비디오 장면은 제목과 실행시간으로 확인한다.

> ▶ **비디오 예시 1:**
> 정체성 통합 평가: 경계선 성격조직 수준(8:33)

비디오는 www.appi.org/caligor에서 볼 수 있으며, 모바일 운영체제를 비롯한 최신 운영체제로 최적화되어 있다.

각 장에서 논의된 비디오

제7장

비디오 1. 정체성 통합 평가: 경계선 성격조직 수준(8:33)
기술: Caligor 박사와 자해를 시도한 35세 남성

비디오 2. 정체성 통합 평가: 자기기술, 정상 정체성 형성(3:36)
기술: Caligor 박사와 32세 기혼 여성 클래식 음악가

제8장

비디오 3. 계약 맺기(4:52)
기술: Yeomans 박사와 수년간 가족의 지원을 받아 온 26세 무직 만성 우울 여성

제9장

비디오 4. 지배적인 대상관계 확인하기(4:35)
기술: Yeomans 박사와 연극성 성격장애를 진단받은 34세 미혼 여성

제10장

비디오 5. 해석 과정: BPO 수준(8:56)
기술: Caligor 박사와 대인관계, 친밀관계의 어려움을 겪는 28세 여성

비디오 6. 해석 과정: NPO 수준(6:30)
기술: Caligor 박사와 부부 문제가 있는 40세 남성

제12장

비디오 7. 치료적 중립성(3:20)
기술: Yeomans 박사와 28세 미혼인 대학 중퇴 사무직 남성

감사의 글

저자들은 비디오 제작자에 도움을 준 분들에게 감사의 인사를 전한다.
책임 제작자: Cara Blumstein
제작자: Jacob Snyder
감독: Ian Rice, Jacob Sussman

▶ 차례

제Ⅲ부 | 숙련된 예비치료

제Ⅳ부 | 치료틀 수립하기

제Ⅴ부 | 전이초점 심리치료의 기법 및 기략

제1장

도입:

자기 및 대인관계 기능을 목표로 한 치료 모델

이 책에서 우리는 성격장애에 대한 특별한 치료 모델인 전이초점 심리치료-확장판 (TFP-E)을 제시한다. 우리의 접근은 성격장애의 특정 유형이나 증상군 또는 행동군에 초점을 두기보다는, 자기 및 대인관계 기능을 수정하는 것과 연관되어 조직된다. 우리는 모든 성격병리 치료에 적용할 수 있는 보편적인 임상 원칙을 제시한다. 더불어 성격병리 심각도의 다양한 수준과 여러 임상적 양상을 나타내는 환자들에게 맞추어 수정한 체계화된 접근을 제시한다.

자기 및 대인관계 기능에 대한 이해는 현대 심리역동 대상관계 이론에 내재되어 있고, 정체성 개념과 관련해서 체계화된다(Kernberg, 2006). 이 모델은 통일성 있는 성격장애 분류 접근과 밀접하게 연관된다. 자기 및 대인관계 병리의 심각도는 정체성, 대상관계, 방어, 도덕적 기능 및 공격성의 특징에 근거해서 기술된다. 분류는 우리의 평가방식과 잘 들어맞는데, 여기에는 임상적 면접인 구조적 면접(Kernberg, 1984)과 좀 더 형식을 갖춘 반구조화된 면접인 성격조직에 대한 구조화된 면접-개정판(STIPO-R; Clarkin et al., 2016)이 있다.

우리의 장기적인 목표는 심리역동적 병리 및 치료 모델을 더 폭넓은 심리치료 공동체에서 접근할 수 있게 확장하는 것이다. 임상가들은 자기 및 대인관계 기능에서 다양한 어려움을 보이는 폭넓은 부류의 환자들을 일상적으로 만나지만, 많은 임상가는 여전히 이러한 장애들을 개념화하고 치료하기 위한 통일된 모델이 부족할 수 있다. 성격병리 및 치료의 통일된 모델이 없다면, 치료가 증상을 쫓거나 초점 없이 심리적 탐색을 하는 악순환에 빠질 위험이 있다. 우리의 목표는 어떤 접근을 하든 모든 임상가에게 자기 및 대인관계 기능으로 문제를 개념화하는 임상에 가까운 틀을 제공하는 것뿐만 아니라, 어떻게 이러한 틀을 활용해서 평가와 치료 공식화 및 임상 작업에 대한 접근을 체계화할 수 있는지에 대해 이해하게 하려는 것이다.

이러한 노력은 시기적절한 것이다. 우리의 지향과 일치하는 성격병리 개념화와 치료의 주요한 발전들이 있었다. 성격병리의 개념화가 기준을 목록화하는 것으로부터(DSM-III; American Psychiatric Association, 1980) 자기 및 대인관계 기능에 초점을 두는 것으로 진전되어 왔다(DSM-5 III편; American Psychiatric Association, 2013). 이 분야에서 초점은 개별적인 병리 범주를 확인하고 조사하는 것으로부터 성격기능 영역을 차원적으로 평가하고 연구하는 것으로 바뀌었다(Clarkin et al., 2015c). DSM 체계에서 성격병리 유형론에 대한 불만으로 인해 차원적 특성(Kotov et al., 2017)에 근거하고 기능에 대한 심리역동적 개념화(Lingiardi & McWilliams, 2017)에 근거한 대안적 유형론들이 나오게 되었다. 서로 다른 치료 접근들은 많은 공통점을 지녔는데, 특히 환자의 자기 및 대인관계 기능에 초점을 두는 것이다. 우리의 접근을 포함해서 성격장애에 대한 심리역동적 치료들은 대안적 접근들만큼 효과적인 것으로 밝혀졌다(Fonagy, 2015; Leichsenring et al., 2015).

성격장애의 현 상태

성격장애에 대한 현재의 DSM 분류가 DSM-III(American Psychiatric Association, 1980)에 도입된 1980년 이후 몇십 년 동안 성격장애에 대한 우리의 지식과 분류 체계는 급속히 발전해 왔다. DSM 체계는 진단에 대해 범주적, 다중적 접근을 채택했고, 별개의 장애를 정의하기 위해 증상과 부적응 행동을 강조하였다. 이런 체계에서 성격장애는 시간과 상황에 걸쳐 안정적인 것으로 개념화된다. 이런 체계의 한계는 광범위하게 기록되었으며(Kotov et al., 2017; Livesley & Clarkin, 2015), 어떤 의미에서는 이런 잿더미로부터 성격장애를 이해하기 위한 새롭고 좀 더 생태학적으로 타당하고 임상적으로 유용한 접근에 대한 합의가 이루어졌다.

전통적인 접근과 관련된 한계는 장애들 간의 폭넓은 동반이환, 병리의 차원적 특성 설명 실패, 정상 성격기능과의 불연속성 및 성격장애 스펙트럼을 포괄하지 못한다는 것이다. 아마도 가장 핵심적인 것은 모든 성격장애에서 무엇이 본질적이고 공유되는지 DSM 체계가 정의하지 못한다는 것이며, 그 결과 치료에 대한 일관된 접근을 조직화할 수 있는 틀을 제공하지 못한다는 것이다.

많은 논쟁이 남아 있지만, 여러 핵심 이슈에 대해 수렴하는 것은 성격장애에 대한 지식과 연구의 발전을 반영한다. 다음은 현재 일반적으로 수용되고 있는 것이다.

- 성격장애는 범주적인 것보다 차원적인 것으로 가장 잘 기술된다.
- 심각도 차원은 (그것이 어떻게 정의되든 간에) 아마도 예후와 임상 성과를 가장 강력하게 예언할 것이다(Crawford et al., 2011; Hopwood et al., 2011).
- 성격장애의 자연적 경과는 처음에 가정했던 것보다 가변적이다(Lenzenweger, 2010). 시간에 걸친 안정성과 변화(Morey & Hopwood, 2013) 및 개인에 따른 가변성(Hallquist & Lenzenweger, 2013)이 그렇다.
- 성격장애 증상은—정도가 덜하게는 기능적 손상은—아마도 생물학과 관련해서뿐만 아니라 긍정적이고 도전적인 생활 사건들과 관련해서도 일생에 걸쳐 계속 변화한다.
- 성격장애는 처음에 가정했던 것보다 치료에 훨씬 더 반응을 보인다(예를 들어, Cristea et al., 2017).

자기 및 대인관계 기능

현 시점에서 이루어진 합의는 성격과 성격장애의 핵심 및 정의적 특징이 자기 및 대인관계 기능 영역에 있다는 것이다—즉, 상이한 성격장애 형태는 자기 및 대인관계 기능의 다양한 병리의 관점에서 기술될 수 있다는 것이다(Bender & Skodol, 2007; Gunderson & Lyons-Ruth, 2008; Horowitz, 2004; Kernberg & Caligor, 2005; Livesley, 2001; Meyer & Pilkonis, 2005; Pincus, 2005; Sharp et al., 2015). 전문가 의견의 이러한 수렴은 DSM-5 Ⅲ편 '새로 개발된 평가도구와 모델'에서 제시된 성격장애에 대한 대안적 모델에서 공식적으로 확인할 수 있다. 이러한 대안적 모델에 따르면, 성격장애는 **공유된 특징**—심각도의 연속선상에서 특징지어지는 자기 및 대인관계 기능 손상—의 관점에서 먼저 개념화된다. 그리고 두 번째로 **성격특성**—그 심각성과 경직성—의 성질로 개념화된다.

성격병리에서 자기 및 대인관계 기능이 중심적이라는 합의는 치료 모델을 발전시키고 정의하는 새로운 틀을 제공한다. 단지 개별 증상과 행동(예를 들어, 자기파괴성, 정동 조절장애, 목표-지향성 결여)에 치료의 방향을 맞추기보다, 임상가들은 이제 모든 성격장애를 조직하는 기저의 과정을 목표로 삼을 수 있다. 일반적 원칙이 성격장애 범위의 치료에(즉, 자기 및 대인관계 기능 병리의 다양한 발현에 걸쳐서) 적용될 수 있다. 반면, 특정 치료 기략과 기법은 성격병리의 심각도 및 특성에 따라 수정될 수 있다.

내적 표상

성격장애에 대한 지식의 발전은 타인과 관련된 자기의 내적 표상이 중심적이라는 보편적 인식과 병행되어 왔다. 이 내적 표상은 자기 및 대인관계 기능을 조직하는 데 있어서 인지적-정동적 단위로 조직된다(Clarkin & Livesley, 2016). 중복된 공식화를 다음 구성 개념, 즉 내적 대상관계(대상관계 이론)(Kernberg & Caligor, 2005), 애착의 작동 모델(애착 이론)(Bowlby, 1980), 인지 도식(인지행동 이론)(Pretzer & Beck, 2005), 부적응적 대인 특징(대인 이론)(Benjamin, 2005; Cain & Pincus, 2016)에서 확인할 수 있다. 이러한 접근을 통해 우리는 정상적 및 장애가 있는 자기 및 대인관계 기능의 발달과 그것들이 지금 여기에서 조직되고 표현되는 것에 대해 더 잘 이해하게 되었다. 이러한 모델들은 심리구조와 애착 유형의 조직에 따라, 자기 및 대인관계 기능을 수정하는 임상 방략의 발전에 대해 알려줄 수 있다.[1]

평가

현대 대상관계 및 애착 이론의 발전과 더불어, 성격장애에 대한 지식의 최근 진전은 성격장애와 치료의 이해뿐만 아니라 임상적 평가에 대한 전이초점 심리치료 접근에 깊은 함의를 지닌다. 이러한 발전이 의미하는 바는 평가가 단지 현재 증상과 역기능뿐만 아니라 성격과 성격장애에 중심이 되는 근본적인 기능 영역을 목표로 해야 한다는 것이다. 이때 자기 및 대인관계 기능, 자기표상과 타인표상 및 애착 특성에 초점을 둔다. 성격병리 평가에서 정교화된 임상적 접근에 덧붙여, 자기 및 대인관계 기능과 애착 유형에 초점을 두는 타당화된 면접 및 자기보고 평가가 있다(Clarkin et al., 2018).

---

1) 우리 연구를 포함한 이런 모든 연구는 성격기능을 개념화하기 위해 Mischel과 Shoda(2008)가 개발한 모든 것을 포괄하는 인지적-정동적 처리 체계 체제와 조화를 이룬다. 이 모델에서 인지적-정동적 단위는 심리 과정의 조직화된 패턴—자기 개념과 타인 개념, 기대와 신념, 정동, 목표와 가치 및 자기 조절 방략을 포함한다—으로 발생기원적 및 후성적(epigenetic) 소인에 뿌리를 두고 있다. 인지적-정동적 단위는 특정 상황에서 행동적으로 표현되며, 환경으로부터 반응을 일으키고, 그 과정에서 그것을 수정한다. 환경으로부터 반응은 시간이 지나면서 개인의 기대에 대해 피드백을 주고, 개인의 전형적인 환경을 구성하게 된다.

치료 함의

이 모든 발전은 성격장애 심리치료에서 의미 있는 변화를 이끌고 있다. 우리는 개별적인 이론적 틀을 초월하고 구체적인 개입 목표를 확인하는 병리에 대한 합의된 모델이 출현하는 것을 보고 있다. 이 모델은 임상 개입의 발전을 알려 줄 수 있다. 즉, 심각도 범위에 걸쳐 성격장애 특유의 자기 및 대인관계 기능의 중심 측면을 수정하는 것과 관련하여 원칙-중심의 치료가 조직될 수 있다. 치료를 조직하는 일반적인 원칙이 심각도와 병리 특성에 근거해서 개별 환자에 대해 발전되고 맞추어질 수 있으며, 시간이 지남에 따라 변화를 가져올 수 있다. 성격장애 치료에 대한 TFP-E 접근은 이러한 방략을 포괄한다.

대상관계 이론과 TFP-E

대상관계 이론

대상관계 이론은 심리적 동기와 기능에 대해 다소 대략적으로 관련된 심리역동 및 정신분석적 모델의 군집으로 구성된다. 이는 초기 관계 패턴의 내재화를 심리 발달과 심리 기능의 중심 특징으로 보는 것이다. 이 준거틀에서, 대상이란 주체가 관계를 갖게 되는 사람을(역사적 이유에서, 그리고 다소 불행히도) 나타내기 위해서 사용된다. 마찬가지로, 대상관계라는 용어는 주체의 타인과의 관계성의 질을 가리킨다. 외부 대인관계 세계로부터 주체의 내부 세계로 전환함으로써, 우리는 내적 대상이란 용어로 주체의 마음 안에 있는 다른 사람의 표상이나 존재를 가리키기 위해 사용하며, 내적 대상관계라는 용어는 주체의 마음 안에 있는 관계 패턴의 표상을 가리킨다(Caligor & Clarkin, 2010).

TFP-E는 대상관계 이론의 특정 모델에 깊이 근거하고 있으며 웨일 코넬 의과대학 성격장애 연구소의 Otto Kernberg와 동료들에 의해 개발되었다(Kernberg & Caligor, 2005). 이 모델은 심리역동적 준거틀 안에서 정상적 및 장애가 있는 심리 기능을 모두 포괄하는 개념화를 제공한다. 현대 대상관계 이론이 제공하는 이론적 틀과 정신병리에 대한 이해는 앞에서 개관한 성격장애 이해에 대한 최근의 발전과 조화를 이루며, 우리의 임상 경험과 함께 성격장애 연구, 애착 이론, 발달심리학, 신경과학의 지속적인 발전에 부응하여 개정되어 왔다.

대상관계 이론틀은 성격장애 분류와 치료에 대한 TFP-E를 조직하며 치료자가 환자와 작업하는 각 임상 순간에 대한 이해를 안내한다. 이 모델은 자기 및 대인관계 기능을 수정하는 장기적인 목표와 함께 구체적인 치료목표와 임상 개입 목표를 확인한다. 마지막으로, 이 모델은 성격 변화와 성장에 대한 임상에 가까운 모델에 깊이 새겨져 있다.

심리구조

성격병리에 대한 대상관계 이론 모델에서 중심적인 것은 심리구조라는 구성개념이다. 심리역동적 준거틀에서, 구조란 심리적 기능의 안정적인 패턴으로, 특정한 상황에서 반복해서 예측할 수 있게 활성화된다. 이것이 말하려는 바는 심리구조라는 것이 구체적인 의미에서 구조가 아니라 심리적 과정이라는 것이다. 그것은 주관적 경험과 행동을 어떤 예측 가능한 방식으로 조직하는 소인으로 개념화될 수 있다.

임상 관찰 수준에서 심리구조의 특성은 성격기능의 기술적 측면, 특히 개인의 행동, 대인관계 및 주관적 경험에 어떤 영향을 미치느냐에 따라 추론될 수 있을 뿐만 아니라 체계적으로 평가될 수 있다. 예를 들어, 양심은 친숙한 심리구조로서 도덕적 기능과 관련된 심리적 과정으로 구성된다. 윤리적 (및 비윤리적) 행동, 죄책감, 그리고 도덕적 가치와 이상에 대한 헌신은 양심이라는 구조를 함께 형성하는 다양한 과정에 의해 조직되는 성격기능의 기술적 특징들이다. 마찬가지로, 부인 방어기제는 고통스러운 경험에 대한 정서적 영향을 최소화하기 위해 예측 가능하게 나타나는 심리과정이다.

성격장애에 대한 모든 심리역동적 모델의 토대는 다음과 같다. 즉, 특정 성격장애를 특징짓는 성격병리의 기술적 특징은 근본적인 심리구조의 특성과 조직을 반영하는 것으로 볼 수 있다는 것이다. 심리구조의 변화를 가져오는 치료는 성격병리의 기술적 특징에서의 변화와 심리 기능의 개선을 동시에 가져올 것이다.

내적 대상관계의 중심성

성격에 대한 대상관계 이론 모델 내에서, 가장 기본적인 심리구조는 내적 대상관계라는 인지적-정동적 단위이다. 내적 대상관계란 관계 패턴의 심리적 표상으로서 자기표상이라 하는 자기에 대한 표상이, 대상표상이라 하는 타인에 대한 표상과 상호작용하며, 특정 정동 상태로 연결된다(Kernberg, 1980). 성격장애에 대한 대상관계 이론은 자기 및 타인에 대한 내재화된 표상을 심리적 경험, 정신병리 및 심리치료 이해의 중심에 둔다. 내적 대상관계는 주관적 경험의 조직자이자 더 높은 순위 구조의 기초 요소이다.

▶ 내적 대상관계와 주관적 경험

서로 다른 대상관계가 서로 다른 상황에서 활성화될 것이고 그 장면에서 개인의 기대와 경험을 조직할 것이다. 이런 관점에서, 내적 대상관계는 잠재적 도식으로 기능한다. 도식은 개인이 자기경험을 조직할 수 있는 방식으로서 기능하며, 특정 맥락에서 활성화될 수 있다(Kernberg & Caligor, 2005). 일단 활성화되고 나면, 내적 대상관계는 개인의 주관적 경험을—특히 타인과 관련해서 정의된 개인의 자기 개념을—채색할 것이며, 현재 활성화된 내적 대상관계와 상응하는 방식으로 느끼고 행동하도록 이끌 것이다. 우리는 이러한 과정을 개인이 일상 생활에서 내적 대상관계를 상연하거나 **실행한다는** 관점에서 생각한다. 내적 대상관계가 상연될 때, 심리구조는 실현된다.

다음 예는 어떻게 내적 대상관계가 주관적 경험의 조직자로서의 역할로 개념화되는지 보여 준다. 작고 아이 같은 자기가 강력한 권위적인 인물과 상호작용하는 대상관계를 생각해 보자. 상호작용은 두려움으로 연결된다. 또는 그 대신에, 작고 아이 같은 자기와 돌봐 주고 보호하는 인물에 대한 이미지는 만족감과 안전감으로 연결된다. 이 예들에서, 이러한 내적 대상관계는 개인이 의존적 관계로 들어갈 때 자신의 기대와 경험을 조직할 정도로 성인에게 명백히 나타날 것이다. 이는 자기와 의존하는 사람의 경험을 채색한다. 첫 번째 경우는 정동 경험으로서 불안과 공포가 활성화되는 반면, 두 번째 경우는 만족과 안전의 경험이 활성화된다.

▶ 내적 대상관계의 기원: 현재 속의 과거와 갈등의 역할

내적 대상관계는 중요한 타인과의 정동적으로 점유된 경험으로부터 도출된다. 특히 Kernberg(1980; Kernberg & Caligor, 2005 참조)는 내적 대상관계가 타고난 정동 소인과 애착관계의 상호작용으로부터 생긴다고 제안한다. 삶의 아주 이른 시기부터, 체질적으로 결정된 정동 상태가 양육자와의 상호작용과 관련해서 활성화되고, 조절되며, 인지적으로 연결된다. 시간이 흐르면, 이런 상호작용은 관계 패턴으로 내재화되며, 이는 점차 우리가 내적 대상관계라 부르는 지속적이고 정동적으로 점유된 심리구조를 형성하도록 점차 조직된다. 결국, 내적 대상관계는 현재의 심리적 기능에 대한 초기 관계 경험의 영향을 표상하는 것으로 볼 수 있다.

성격기능에서 내적 표상의 중심성을 강조할 때, 대상관계 이론 모델은 인지행동, 대인관계 및 애착 이론을 포함한 다른 주요 모델과 공통점을 지닌다(Clarkin at al., 2016). 그러나 다른 중복되는 모델과 대상관계 이론이 구분되는 점은 대상관계 이론이 성인기 경험을 조직하는 심리구조와 초기 애착관계 간의 비교적 복합적인 '역동적인' 관계를 언급한다는 것이다. 대상관계 이론이 (순수한 발달모델과는 달리) 심리역동적 모델이기 때문에, 내적 대상관계는 타인과의 초기 경험에 대한 역사적으로 타당한 표상으로 단순하게 개념화되지 않는다. 오히려, 내적 대상관계는 구성된 것으로 보여지는데, 이는 초기 경험으로부터 도출될 뿐만 아니라—그 당시 인지적 발달 수준에 의해 채색되며—또한 개인의 심리적 갈등, 방어 및 환상을 포함한 심리역동적 요인을 반영한다.

이것이 말하고자 하는 바는 내적 대상관계—자기 및 대인관계 기능을 조직하는 정동적으로 점유된 자기표상 및 타인표상—가 초기 경험을 반영할 뿐만 아니라 개인의 방어, 갈등, 욕구 및 소망과 관련해서 조직되는 것으로 보이는 동기적 구조라는 것이다. 이들 모두는 임상적 탐색의 초점이 된다. 그러므로 심리적 경험의 조직자 역할로서, 내적 대상관계는 발달적 과거와 살아 있는 현재뿐만 아니라 심리적 방어와 갈등 및 주관적 경험 간에 다리를 형성한다. 요약하면, 내적 대상관계의 특성과 질은 기질적 요인(가령, 타고난 정동 소인), 발달적 경험, 갈등 및 방어의 응축을 반영하는 것으로 보인다.[2]

▶ 내적 대상관계, 정체성 형성 및 치료목표

대상관계 이론 모델 안에서, 내적 대상관계의 군집이나 네트워크는 함께 작동해서 고

---

[2] 내적 대상관계의 특성을 결정하는 방어와 갈등의 잠재적 역할을 보여 주기 위해, 우리는 앞에 소개한 내적 대상관계의 예로 돌아가려고 한다. 이 내적 대상관계는 작고 아이 같은 자기와 강력하고 위협적인 권위적 인물과 두려운 감정으로 연결된다. 우리가 제안하는 것은, 특정 개인에게 있어서 의존적인 관계 장면에서 무력감과 두려움이라는 자기경험은 위협적인 양육자와의 실제 초기 경험뿐만 아니라 방어적 욕구나 환상을 반영할 수 있다는 것이다. 예를 들어, 이런 대상관계는 부모 인물에게 상처를 주려는 갈등적 소망과 관련해서 방어적 구성이 될 수 있을 것이다. 여기서 우리는 투사에 대해 말할 수도 있다. 그것은 다음과 같이 말하는 것과 같다. "내가 아니라, 그녀가 공격적이고 가학적인 사람이다. 나는 약하고 겁먹었다. 그러므로 나는 가학적인 감정을 지녔다고 죄책감을 느낄 필요가 없다." 또는 좀 더 심한 성격병리를 지닌 사람들의 경우, 이러한 동일한 대상관계의 좀 더 극단적이고 매우 정동적으로 점유된 형태는 소망하고, 완전히 만족스러운 부모 인물이라는 환상을 보호하기 위한 방어적 노력의 일환으로 기능할 수 있다. 이것은 분열의 예이다. "이것은 끔찍한 일이지만, 나는 여전히 완전한 양육자를 찾길 바란다." 마찬가지로, 우리가 기술해 온 안전과 만족감에 의해 채색된, 의존적인 관계의 좀 더 긍정적인 표상은 양육자와의 초기 긍정적인 상호작용이나 또는 불완전한 양육 관계의 이상적인 형태 또는 소망하던 관계를 반영할 수 있다. 아마도 부모의 방임이나 적대감의 역사라는 배경에서 그렇다.

차 구조를 구성하는 것으로 보인다. 특히 대상관계 이론 모델은 개인의 자기감과 타인에 대한 감각을 조직하는 대상관계에 초점을 두며, 어떻게 이들 대상관계가 정체성 형성을 위해 서로 관계하면서 조직되는지에 초점을 둔다(Kernberg & Caligor, 2005).

정상적인 정체성 형성은 대상관계 구성요소의 적응적이고, 융통성 있고, 안정적인 조직의 표현으로 이해되며, 이를 정체성 공고화 과정이라고 한다. 반면, 정체성 형성 병리는 내적 대상관계 구성요소의 부적절한 또는 경직된 조직으로 이해된다. 정체성 형성은 정상적이거나 장애가 있는 자기 및 대인관계 기능의 중심적 조직자이다. 충분히 공고화된 정체성은 정상 성격을 특징짓는 반면, 성격장애는 정체성 형성 병리로 특징지을 수 있다.

성격장애 치료에서 임상적 개입은 정체성 공고화의 진전(구조적 변화)을 획득하기 위해 개별적인 내적 대상관계의 통합을 심리구조 수준에서 호전시키려는 것이다. 임상 개입이 정체성 공고화를 진척시키는 만큼, 치료자는 자기 및 대인관계 기능에서 상응하는 호전을 볼 수 있고, 이와 함께 성격장애 환자가 치료를 받게 된 호소문제, 증상 및 주관적 고통의 호전을 볼 수 있다.

맥락 속 대상관계 이론

성격은 정상이든 장애가 있든 행동 패턴의 역동적 통합으로 나타난다. 그 패턴의 뿌리는 기질적 요인, 인지적 역량, 캐릭터 및 내재화된 가치체계의 상호작용에 있다(Kernberg, 2016). 성격은 각 개인 특유의 복합적인 최종 산물인 출현 속성으로 가장 잘 이해된다. 이는 그 부분 요소들로 환원될 수 없다(Lenzenweger, 2010). 정상 성격 발달은 유아기로부터 성인기를 거쳐 많은 연령 및 단계 관련 과제들의 성취에 의해 특징지어진다(Cicchertti, 2016). 이들 과제에는 정서 조절 역량 발달, 타인과 협조적이고 만족스러운 관계 형성, 응집적이고 긍정적인 자기감 발달 및 통합, 학교와 직장의 성공적인 적응이 포함된다.

이러한 복합적인 개념틀은 성격장애에 대한 대상관계 이론 모델의 발전 배경이 되어 왔다. 이러한 발전은 경험적 지식의 증가와 발전하는 이론적 공식화의 상호 영향을 반영한다. 정상 성격기능 및 성격 역기능 또는 장애에 대한 우리의 현재 이해는 성격기능에 대한 선도하는 이론적 표현들, 성격기능의 다양한 측면에 도전하는 실험 연구 결과(Clarkin et al., 2015c), 생태학적 순간 평가로 알려진 전자 일기 연구(Trull et al., 2008), f-MRI 같은 도구를 이용한 신경인지 기능 평가 및 전향적 발달연구(Clarkin et al., 2015b) 간의 새로운 수렴을 반영한다. 이러한 더 큰 맥락에서 우리는 좀 더 명확하게 대상관계 이론의 지속적인 통찰, 경험적 발전과의 일치성, 가까운 이론들과의 유사성 및 그 한계를 확인할 수 있게 된다.

성격 및 치료에 대한 대상관계 이론 모델의 발달

대상관계 이론은 정신분석 및 정신분석 심리치료에서 치료하고 상세히 연구한 환자들에 대한 임상 관찰로부터 처음 나타났다. 다양한 형태의 병리를 지닌 환자들에 대한 집중적인 치료는 타인과의 관계에서 환자 자신의 내적 표상에 대해 통찰할 수 있는 풍부한 근거를 제공하였다(Kernberg, 1975). 임상 관찰에 덧붙여, Kernberg의 초기 이론적 공식화는 20세기 정신분석 개척자 세대의 기여에 기반하였다. 특히 Melanie Klein, Ronald Fairbairn, Edith Jacobson, Margaret Mahler, Erik Erikson 등이다(개관은 Kernberg, 2004 참조).

그러나 심리적 기능과 심리내적 갈등에 대한 고전적인 정신분석적 접근이 추동과 방어 간의 갈등이라는 관점에서 개념화되어 왔던 반면, Kernberg(1992, 2004)는 심리적 갈등을 필요로 하고 욕망하고 두려워하는 서로 다른 내재화된 대상관계 간의 갈등이라는 관점에서 더 잘 개념화할 수 있다고 제안하였다. 이와 같이 Kernberg는 정동적으로 점유되고 내재화된 관계 표상을 심리적 동기와 갈등의 중심에 두었다.

내적 갈등 및 외적 기능

또한 기존의 정신분석적 전통과 달리, Kernberg의 모델은 심리적 갈등과 현재의 외적 기능 특히 개인의 타인과의 상호작용 특성을 동등하게 강조하였다. 성격병리에 대한 이런 개념화와 접근에서, 성격장애를 분류함에 있어서 내적 구조 및 관련 증상 그리고 관찰 가능한 행동을 동시에 주목하였다(Kernberg, 1984). 임상적으로, 심리구조와 관찰 가능한 행동 두 영역에서 환자의 상대적 강점과 약점이 정신병리를 이해하고, 순간 대 순간으로 개인 내담자에게 개입을 맞추는 데 기여한다. 이와 같이 실시간 기능에 초점을 두는 것은 사회 신경인지 과학(Clarkin & De Panfilis, 2013), 생태학적 순간 평가의 발전에 상응한다(Trull et al., 2008). 그리고 치료세팅에서 환자와 치료자 간의 대인 역동을 이해하는 데 기여한다.

체계적 평가

1980년대 Kernberg는 구조화된 임상 면접, 즉 **구조적 면접**(Strucural Interview: SI; Kernberg, 1984)을 명확히 함으로써 성격기능 및 성격장애에 대한 접근에 기초한 대상관계 이론을 더욱 발전시켰다. 구조적 면접은 환자의 자기표상, 타인표상을 평가하고, **성격조직 수준**의 관점에서 개념화된 성격장애 심각도에 초점을 둔 진단을 얻기 위해 고안되었다(성격조직 수준에 대한 정의와 관련된 논의는 제2장 참조). 우리의 임상 연구 집단은 이후 자기 보고 질문지를 개발하여 정체성, 방어 수준 및 현실검증을 평정하였고—성격조직검사(Lenzenweger et al., 2012)—Kernberg의 구조적 면접을 반구조화된 면접으로 수정한 STIPO—R(Clarkin et al., 2016)을 개발하였다. 전체 STIPO—R 면접 및 채점지의 전반적 평정과 하위 척도는 www.borderlinedisorders.com에서 찾아볼 수 있다.

전이초점 심리치료

대상관계 이론에 기초해서 성격장애를 분류하고 치료하는 체계적 접근을 개발하고 연구하는 프로젝트는 **전이초점 심리치료**(Transference-Focused Psychotherapy)의 개발로 더 발전되었다(TFP; Yeomans et al., 2015). 이는 대상관계 이론에 기초해서 심한 성격장애를 치료하는 특정한, 경험적으로 지지된 치료이다. 전이초점 심리치료는 성격장애 환자의 정체성 형성 실패를 치료하고자 한다. 임상 개입은 환자의 치료자와의 관계에서 그리고 대인관계 생활에서 상연되는 자기 및 타인의 내적 표상에 초점을 둔다.

우리는 경계선 성격장애 환자가 전이초점 심리치료로 애착 일관성과 성찰 기능이 긍정적인 방향으로 의미 있게 변화했다는 것을 입증해 왔다. 그러나 변증법적 행동 치료나 지지 치료에서는 달랐다(Levy et al., 2006). 이런 결과가 시사하는 것은 전이초점 심리치료에서 내적 표상에 초점을 맞춤으로써 이러한 내적 구조를 크게 수정할 수 있다는 것이다. 전이초점 심리치료에서 그런 변화가 뇌 기능에도 반영된다는, 즉 정서 센터에 대한 전두엽 통제가 증가한다는 예비적 증거가 있다.

애착 이론의 영향

앞에서 언급했듯이, 성격병리와 치료에서 대상관계 이론 모델은 가까운 이웃 분야에서 소개된 다양한 이론적, 경험적, 임상적 발전과 관련되어 영향받고 수정되어 왔다. 애착 이론으로부터의 기여는 매우 영향력이 컸다—특히 정신병리와 치료에서 내적 작동 모델, 심리화(mentalization) 및 성찰 기능(reflective functioning)의 역할과 관련해서 그렇다.

애착 이론은 영국 정신과 의사이자 정신분석가인 John Bowlby(1973, 1977)가 도입하였다. 그는 입양 기관에서 키워진 아이들을 연구하였다. 애착 이론의 주된 초점은 발달 초기 유아와 양육자 간의 정동적 유대의 특성과 질이었고, 이것이 어떻게 이후 삶에서 애착 유형에 영향을 주는지에 있었다. 부드럽고, 조화롭고, 공감적이고, 보살피는 상호작용은 유아가 안전감을 느끼게 하는 반면, 이러한 애착 유대의 파괴는 다양한 형태의 불안정(불안 및 회피) 애착을 가져오는데, 발달 중인 개인은 정신병리가 되기 쉽다. 대상관계 이론과의 중요한 연결고리는 Bowlby의 생각에 반영된다. 양육자와의 반복되는 상호작용 결과, 유아는 자기와 타인에 대한 심리적 표상과 이 관계에 대한 기대를 발달시킨다는 것이다. 이러한 내적 표상들은 내적 작동 모델로 불리는데, 그것은 이후의 관계를 향하고 안내하지만 새로운 정보를 받아들이고 수정될 여지가 있다(Bretherton & Munholland, 2016).

애착 이론은 애착 상태를 확인하는 절차와 도구가 개발되면서 발전하였다. Ainsworth의 낯선 상황(Ainsworth et al., 1978)은 모성적 양육자를 향한 아이의 애착 유형에 대한 실험실 평가를 제공하였다. Mary Main과 동료들(Main et al., 2003)의 성인 애착 면접의 도입으로 더욱 진전되었다. 이는 애착 상태에 대한 심리적 표상을 처음으로 평가한 것이었다. 현재 애착 이론에 대한 왕성하고 빠르게 발전 중인 연구 토대는 애착 척도, 양육 행동과 외상이 애착 유형에 미치는 영향, 애착 유형과 정신병리 간의 관계에 초점을 둔다(Cassidy & Shaver, 2016).

애착 이론은 경계선 성격장애 환자에 대한 심리화 기반 치료(MBT)에서 임상적 표현을 확인해 왔다(Bateman & Fonagy, 2006). 심리화 기반 치료는 애착 유형의 특성과 같은 상태에 근거할 뿐만 아니라 심리화할 수 없는 기능적 무능력에 좀 더 중심적으로 근거한다. 즉, 심리화란 일상적인 상호작용에서 정서와 의도의 관점에서 자기와 타인을 이해하는 것이다. 심리화 기반 치료는 특히 심한 성격병리가 있는 환자에게, 성찰을 촉진시키는 치료적 잠재력과 대안적 시각을 가질 수 있는 역량에 좀 더 주목하게 함으로써 우리의 치료접근에 큰 영향을 미쳤다.

핵심 임상 개념

- 심리구조는 성격기능에 대한 대상관계 이론 모델에서 중심이 된다.
- 내적 대상관계는 상호작용하는 자기와 타인에 대한 심리 표상과 연결된 정동 상태로 이루어진 심리구조이다.
- Kernberg의 대상관계 이론은 자기 및 대인관계 기능에 그리고 성격장애에서 자기와 타인의 정동적으로 점유된 표상의 역할에 초점을 둔다.
- 성격기능과 장애에 대한 대상관계 이론 모델은 많은 현대 성격 및 성격장애 이론과 공통점을 지닌다.

▼ 참고문헌

Ainsworth MDS, Blehar M, Waters E, Wall S: Patterns of Attachment: A Psychological Study of the Strange Situation. Hillsdale, NJ, Erlbaum, 1978

American Psychiatric Association: Diagnostic and Statistical Manual of Mental Disorders, 3rd Edition. Washington, DC, American Psychiatric Association, 1980

American Psychiatric Association: Diagnostic and Statistical Manual of Mental Disorders, 5th Edition. Arlington, VA, American Psychiatric Association, 2013

Bateman A, Fonagy P: Mentalization-Based Treatment for Borderline Personality Disorder. New York, Oxford University Press, 2006

Bender DS, Skodol AE: Borderline personality as a self-other representational disturbance. J Pers Disord 21(5):500-517, 2007 17953503

Benjamin L: Interpersonal theory of personality disorders: the structural analysis of social behavior and interpersonal reconstructive therapy, in Major Theories of Personality Disorder, 2nd Edition. Edited by Lenzenweger MF, Clarkin JF. New York, Guilford, 2005, pp 157-230

Bowlby J: Attachment and Loss, Vol 2: Separation: Anxiety and Anger. London, Hogarth Press and Institute of Psycho-Analysis, 1973

Bowlby J: The making and breaking of affectional bonds. I: Aetiology and psychopathology in the light of attachment theory, II: Some principles of psychotherapy. Br J Psychiatry 130:201-210; 421-431, 1977

Bowlby J: Attachment and Loss, Vol 3: Loss: Sadness and Depression. London, Hogarth Press and Institute of Psycho-Analysis, 1980

Bretherton I, Munholland KA: The internal working model construct in light of contemporary neuroimaging research, in Handbook of Attachment: Theory, Research, and Clinical Applications, 3rd Edition. Edited by Cassidy J, Shaver PR. New York, Guilford, 2016, pp 102-127

Cain NM, Pincus AL: Treating maladaptive interpersonal signatures, in Integrated Treatment for Personality Disorder: A Modular Approach. Edited by Livesley WJ, Dimaggio G, Clarkin JF. New York, Guilford, 2016, pp 305-324

Caligor E, Clarkin J: An object relations model of personality and personality pathology, in Psychodynamic Psychotherapy for Personality Disorders: A Clinical Handbook. Edited by Clarkin J, Fonagy P, Gabbard G. Washington, DC, American Psychiatric Publishing, 2010, pp 3-36

Cassidy J, Shaver PR (eds): Handbook of Attachment: Theory, Research, and Clinical Applications, 3rd Edition. New York, Guilford, 2016

Cicchetti D: Socioemotional, personality, and biological development: illustrations from a multilevel developmental psychopathology perspective on child maltreatment. Annu Rev Psychol 67:187-211, 2016 26726964

Clarkin JF, De Panfilis C: Developing conceptualization of borderline personality disorder. J Nerv Ment Dis 201(2):88-93, 2013 23364115

Clarkin JF, Livesley WJ: Formulation and treatment planning, in Integrated Treatment for Personality Disorder: A Modular Approach. Edited by Livesley WJ, Dimaggio G, Clarkin JF. New York, Guilford, 2016, pp 80-100

Clarkin JF, Cain N, Livesley WJ: The link between personality theory and psychological treatment: a shifting terrain, in Personality Disorders: Toward Theoretical and Empirical Integration in Diagnosis and Assessment. Edited by Huprich SK. Washington, DC, American Psychological Association, 2015a, pp 413-433

Clarkin JF, Fonagy P, Levy KN, Bateman A: Borderline personality disorder, in Handbook of Psychodynamic Approaches to Psychopathology. Edited by Luyten P, Mayes LC, Fonagy P, et al. New York, Guilford, 2015b, pp 353-380

Clarkin JF, Meehan KB, Lenzenweger MF: Emerging approaches to the conceptualization and treatment of personality disorder. Can Psychol 56:155-167, 2015c

Clarkin JF, Caligor E, Stern BL, Kernberg OF: Structured Interview of Personality Organization—Revised (STIPO-R), 2016. Available at: www.borderlinedisorders.com. Accessed September 20, 2017.

Clarkin JF, Livesley WJ, Meehan KB: Clinical assessment, in Handbook of Personality Disorders: Theory, Research, and Treatment, 2nd Edition. Edited by Livesley WJ, Larstone R. New York, Guilford, 2018, pp 367-393

Crawford MJ, Koldobsky N, Mulder R, Tyrer P: Classifying personality disorder according to severity. J Pers Disord 25(3):321-330, 2011 21699394

Cristea IA, Gentili C, Cotet CD, et al: Efficacy of psychotherapies for borderline personality disorder: a systematic review and meta-analysis. JAMA Psychiatry 74(4):319-328, 2017 28249086

Fonagy P: The effectiveness of psychodynamic psychotherapies: an update. World Psychiatry 14(2):137-150, 2015 26043322

Gunderson JG, Lyons-Ruth K: BPD's interpersonal hypersensitivity phenotype: a gene-environment-developmental model. J Pers Disord 22(1):22-41, 2008 18312121

Hallquist MN, Lenzenweger MF: Identifying latent trajectories of personality disorder symptom change: growth mixture modeling in the longitudinal study of personality disorders. J Abnorm Psychol 122(1):138-155, 2013 23231459

Hopwood CJ, Malone JC, Ansell EB, et al: Personality assessment in DSM-5: empirical support for rating severity, style, and traits. J Pers Disord 25(3):305-320, 2011 21699393

Horowitz LM: Interpersonal Foundations of Psychopathology. Washington, DC, American Psychological Association, 2004

Kernberg OF: Object Relations Theory and Clinical Psychoanalysis. New York, Jason Aronson, 1975

Kernberg OF: The conceptualization of psychic structure: an overview, in Internal World and External Reality: Object Relations Theory Applied. New York, Jason Aronson,

1980, pp 3-18

Kernberg OF: Structural diagnosis, in Severe Personality Disorders: Psychotherapeutic Strategies. New Haven, CT, Yale University Press, 1984, pp 3-26

Kernberg OF: Aggression in Personality Disorders and Perversions. New Haven, CT, Yale University Press, 1992

Kernberg OF: Contemporary Controversies in Psychoanalytic Theory, Techniques, and Their Applications. New Haven, CT, Yale University Press, 2004

Kernberg OF: Identity: recent findings and clinical implications. Psychoanal Q 75(4):969-1004, 2006 17094369

Kernberg OF: What is personality? J Pers Disord 30(2):145-156, 2016 27027422

Kernberg OF, Caligor E: A psychoanalytic theory of personality disorders, in Major Theories of Personality Disorder, 2nd Edition. Edited by Lenzenweger MF, Clarkin JF. New York, Guilford, 2005, pp 114-156

Kotov R, Krueger RF, Watson D, et al: The Hierarchical Taxonomy of Psychopathology (HiTOP): a dimensional alternative to traditional nosologies. J Abnorm Psychol 126(4):454-477, 2017 28333488

Leichsenring F, Luyten P, Hilsenroth MJ, et al: Psychodynamic therapy meets evidence-based medicine: a systematic review using updated criteria. Lancet Psychiatry 2(7):648-660, 2015 26303562

Lenzenweger MF: Current status of the scientific study of the personality disorders: an overview of epidemiological, longitudinal, experimental psychopathology, and neurobehavioral perspectives. J Am Psychoanal Assoc 58(4):741-778, 2010 21115756

Lenzenweger MF, McClough JF, Clarkin JF, Kernberg OF: Exploring the interface of neurobehaviorally linked personality dimensions and personality organization in borderline personality disorder: the Multidimensional Personality Questionnaire and Inventory of Personality Organization. J Pers Disord 26(6):902-918, 2012 23281675

Levy KN, Meehan KB, Kelly KM, et al: Change in attachment patterns and reflective function in a randomized control trial of transference-focused psychotherapy for borderline personality disorder. J Consult Clin Psychol 74(6):1027-1040, 2006 17154733

Lingiardi V, McWilliams N (eds): The Psychodynamic Diagnostic Manual, 2nd Edition. New

York, Guilford, 2017

Livesley WJ: Conceptual and taxonomic issues, in Handbook of Personality Disorders: Theory, Research, and Treatment. Edited by Livesley WJ. New York, Guilford, 2001, pp 3-38

Livesley WJ, Clarkin JF: Diagnosis and assessment, in Integrated Treatment for Personality Disorder: A Modular Approach. Edited by Livesley WJ, Dimaggio G, Clarkin JF. New York, Guilford, 2015, pp 51-79

Main M, Goldwyn R, Hesse E: Adult attachment scoring and classification system. Unpublished manuscript, University of California at Berkeley, 2003

Meyer B, Pilkonis PA: An attachment model of personality disorders, in Major Theories of Personality Disorder, 2nd Edition. Edited by Lenzenweger MF, Clarkin JF. New York, Guilford, 2005, pp 231-281

Mischel W, Shoda Y: Toward a unified theory of personality: integrating dispositions and processing dynamics within the cognitive-affective processing system, in Handbook of Personality: Theory and Research, 3rd Edition. Edited by John OP, Robins RW, Pervin LA. New York, Guilford, 2008, pp 208-241

Morey LC, Hopwood CJ: Stability and change in personality disorders. Annu Rev Clin Psychol 9:499-528, 2013 23245342

Perez DL, Vago DR, Pan H, et al: Frontolimbic neural circuit changes in emotional processing and inhibitory control associated with clinical improvement following transference-focused psychotherapy in borderline personality disorder. Psychiatry Clin Neurosci 70(1):51-61, 2016 26289141

Pincus AL: A contemporary integrative interpersonal theory of personality disorders, in Major Theories of Personality Disorder, 2nd Edition. Edited by Lenzenweger MF, Clarkin JF. New York, Guilford, 2005, pp 282-331

Pretzer J, Beck AT: A cognitive theory of personality disorders, in Major Theories of Personality Disorder, 2nd Edition. Edited by Lenzenweger MF, Clarkin JF. New York, Guilford, 2005, pp 43-113

Sharp C, Wright AG, Fowler JC, et al: The structure of personality pathology: both general ('g') and specific ('s') factors? J Abnorm Psychol 124(2):387-398, 2015 25730515

Trull TJ, Solhan MB, Tragesser SL, et al: Affective instability: measuring a core feature of borderline personality disorder with ecological momentary assessment. J Abnorm Psychol 117(3):647-661, 2008 18729616

Yeomans F, Clarkin JF, Kernberg OF: Transference-Focused Psychotherapy for Borderline Personality Disorder: A Clinical Guide. Washington, DC, American Psychiatric Publishing, 2015

대상관계 이론의 관점으로 보는 성격 및 성격장애

모든 심리치료에 대한 종합적인 기술은 다음과 같이 시작할 것이다.

- 치료를 포함하고 있는 준거틀에 대한 기술(예를 들어, 심리역동적, 인지행동적, 대인관계적)
- 치료 중인 병리에 대한 명확하게 명시된 모델의 정교화(즉, 환자에게 무엇이 '잘못'되고 있는지 확인하기)
- 치료의 목표가 되는 정신병리 측면에 대한 기술(즉, 치료가 성공적일 때 환자에게 어떤 변화가 나타날지 명료화하기)
- 어떻게 치료가 목표로 한 변화를 가져올 수 있는지에 대한 이론(즉, 변화 기제 모델)

대상관계 이론은 성격장애를 개념화하고, 분류하고, 평가하기 위한 통합된 이론적 토대를 제공하며, 전이초점 심리치료-확장판(TFP-E)의 발달을 이끌었다. 대상관계 이론은 정체성 형성 병리를 중심에 둔다. 이것은 성격장애의 정의적 특징인 자기 및 대인관계 기능의 다양한 혼란을 조직한다. TFP-E의 목표는 정체성 공고화 진행 정도를 촉진시키는 것으로, 이것은 타인과의 관계에서 일관되고 점점 더 복합적인 자기경험의 발달과 상응한다.

이 책의 제 I 부(제2장, 제3장)에서는 성격 및 성격장애에 대한 대상관계 이론에 근거한 모델을 개관한다. 제2장에서는 정상 및 장애가 있는 성격기능의 기술적 및 구조적 특징과 이러한 틀에서 나온 성격장애 분류에 대한 접근을 논의한다. 우리는 자기 및 대인관계 기능의 조직자로서의 정체성뿐만 아니라 관련된 차원인 대상관계, 방어, 도덕성 및 공격성의 질에 초점을 둔다.

제3장에서는 대상관계 이론의 준거틀—부적응적 성격기능에 기저하는 심리적 동기를 설명하고 변화에 대한 저항을 설명하는 갈등, 불안, 방어 모델—안에서 성격의 역동적 특징을 다룬다. 동시에, 이어지는 후속 장을 위한 개념적 토대를 제공한다. 우리는 성격장애에 대한 대상관계 이론 모델을 검토함으로써, 이론과 임상작업의 관계를 강조한다.

대상관계 이론틀 안에서 성격 및 성격장애

성격이라는 용어와 개념은 개인의 특징인 행동, 인지, 정서, 동기의 지속적인 패턴과 타인을 경험하고 관계하는 방식의 역동적 조직을 말한다(Kernberg, 2016). 개인의 성격이란 자신과 세상에 대한 그의 경험의 통합적인 부분이다—그래서 그를 다르게 상상하는 것이 어려울 수 있다. 성격은 타고난 기질적 및 유전적 요인, 발달경험, 그리고 심리적 갈등 및 방어의 상호작용으로부터 발달한다.

1980년 DSM-Ⅲ에서 성격장애가 진단 체계에 도입됐을 때(American Psychiatric Association, 1980), 성격장애 특징들은 시간이 지나도 안정적이라고 가정됐다. 많은 임상가가 이 가정을 유지해 오고 있으며 성격의 역기능을 정말로 수정할 수 있다는 가능성에는 여전히 비관적이다. 그러나 성격 및 성격장애에 대한 경험적 연구가 진행되어 왔고, 이제 자료는 성격장애를 지닌 개인의 장기적인 예후에 대해 좀 더 복합적이고 덜 고정적인 관점과 보다 낙관적인 관점을 지지한다. 최근의 자료는 성격이 안정성과 변화를 수반하고 있음을 시사하며(Clarkin et al., 2015 참조), 종단적 자료는 장애가 있는 성격기능이 성공적인 치료(Bateman & Fonagy, 2008)에서뿐만 아니라 성숙, 시간의 경과, 생활경험의 결과로서도 수정될 수 있다는 입장(Lenzeweger, 2010)을 지지한다.[1]

---

1) 종단연구들은 DSM 준거 및 특성에 의해 정의되고 확인된 바와 같이, 지역사회(Lenzenweger, 2010; Lenzenweger et al., 2004) 및 임상(Grilo et al., 2004; Zanarini et al., 2005) 표본에서 성격장애가 시간이 지남에 따라 범주적 및 차원적으로 감소하는 경향이 있다고 밝혀 왔다. 대체로, 진단 준거로 분류된 증상들은 종종 감소하지만, 기능은 최적이 아닌 수준으로 남아 있다(Zanarini et al., 2012).

제1절 성격 및 성격장애에 대한 심리역동적 기술

대상관계 이론틀 안에서 성격 및 성격병리에 대한 심리역동적 기술은 성격기능의 ① 기술적, ② 구조적, ③ 역동적인 특징들로 이뤄진다. 우리는 이 장에서 기술적 및 구조적 관점에서 정상 성격과 성격장애를 논의한다. 제3장에서는 성격장애의 역동적 특징을 자세하게 살펴보는데, 여기에서는 역동과 구조 간의 관계에 초점을 둔다.

동시에, 기술적 및 구조적 평가는 임상가에게 환자의 객관적이고 주관적인 어려움에 대한 명확한 이해를 제공하며, 진단과 치료계획을 안내하는 데 필요한 정보를 제공한다. 성격장애의 기술적 특징은 비교적 가변적이어서 치료에 더 많은 영향을 받을 수 있다. 반면, 성격병리의 구조적 측면은 좀 더 지속적이어서 변화를 위해서는 특정한 초점이 필요하다. 전이초점 심리치료-확장판(TFP-E)은 역동적 특징에 대한 이해와 검토를 통해 성격장애의 기술적 및 구조적 특징들을 변화시키고자 하는 치료 접근이다.

기술적 관점에서, 정상 성격 또는 장애가 있는 성격은 성격특성군 측면에서 기술될 수 있다. 성격특성은 행동, 인지, 정서 및 대인관계와 관련된 비교적 안정적이고 지속적인 패턴이며, 성격기능의 직접 관찰 가능한 구성요소들을 형성하기 위해 조직된다. 예를 들면, 양심, 이타주의, 낙관주의, 반항심, 이기심, 권리, 자기파괴성, 충동성은 모두 성격특성이며, 이들 중 일부는 다른 특성보다 좀 더 적응적이고 바람직하다. 임상적으로, 성격병리의 기술적 특징에 대한 평가는 주호소와 문제, 부적응적 성격특성, 중요한 타인과의 관계에 대한 정보를 제공한다. 이와 같은 평가는 기술적 진단을 공식화하는 데 활용될 수 있다. 이것은 DSM-5 II편 '진단기준과 부호'에서 채택한 성격장애에 대한 접근이다(American Psychiatric Association, 2013). 성격병리의 기술적 특징에 대한 평가를 통해 임상가들은 DSM-5에 따라 범주적 진단을 할 수 있게 된다.

구조적 관점에서, 개인의 성격은 심리적 기능이나 과정의 비교적 안정적이고 지속적인 패턴으로 기술될 수 있다. 이 심리적 기능이나 과정은 예측 가능한 방식[2]으로 개인의 행

---

2) 성격병리를 개념화하는 가장 좋은 방법은 단지 범주와 진단에 의해서만이 아니라 역기능 영역에 의해서도 개념화되어야 한다는 의견이 일치하고 있다. 그러나 어떤 영역이 성격병리를 담아내는 데 필수적인가에 대해서는 여전히 의견이 일치하지 않는다(이 주제에 관해서는 Clarkin, 2013 참조). 우리는 평가와 치료에 초점을 맞추기 위해 대상관계 이론에서 명시하고 성격조직에 대한 구조화된 면접-개정판(STIPO-R; Clarkin et al., 2016)에서 포착된 영역을 선택하였다.

동, 지각 및 주관적 경험을 조직하며 바탕이 된다. 심리적 기능의 안정적인 패턴은 협력하여 심리적 삶의 특정 측면을 조직한다. 이를 심리구조라 부른다. 심리구조는 심리적 기능의 안정적인 패턴으로서, 특정 맥락에서 반복하여 예측 가능하게 활성화된다. 인지신경과학 수준에서, 우리가 심리구조라고 생각하는 것의 신경상관물은 신경 회로 또는 연상망 간의 연결로 개념화될 수 있는데, 이는 조화롭게 활성화되는 경향이 있다(Western & Gabbard, 2002). 동기 체계, 대처 기제, 관계 패턴, 기분과 충동을 조절하기 위해 기능하는 과정은 모두 심리구조의 예이다. 심리구조의 특성과 조직은 개인적 특징이 있고 시간에 따라 비교적 안정적이다.

　심리역동적 대상관계 이론틀 안에서, 구조적 진단은 성격병리의 심각도에 대한 정보를 제공한다(Kernberg, 1984). 성격 역기능의 심각도가 평가와 치료계획에 중심적이고 성격장애 연구자들 간에 일치가 점점 증가하고 있는 반면(Livesley et al., 2015 참조),[3] 실제 치료에서 그것을 어떻게 측정할 것인가에 대해서는 거의 일치하지 않는다.[4] 대상관계 이론틀 안에서, 성격병리의 심각도는 자기 및 중요 타인에 대한 개인의 경험(관계 또는 대상관계의 질, 방어기제의 특성, 현실검증의 안정성)의 관점을 통해 정의된다(Kernberg, 1984). 성격기능 및 병리를 기술하는 유사한 접근이 성격기능 수준 척도(Level of Personality Functioning Scale)에서 채택되었는데, 이것은 DSM-5 III편의 성격장애에 대한 대안적 모델에 기술되어 있다(American Psychiatric Association, 2013, pp. 775-778). 성격장애를 기술하는 대안적 접근은 그것들을 자기 및 대인관계 기능 손상의 심각도에 따라 특징짓는다. 마찬가지로, ICD-11에 대한 제안에서도 성격장애의 존재 여부와 심각도 평정(즉, 가벼운, 보통의, 심각한; Tyrer et al., 2011)에 초점을 둔다.

　성격장애 분류에서, 대상관계 이론에 근거한 모델은 성격장애의 차원적 분류와 이차분류를 결합한다. 차원적 분류는 구조적 병리 심각도에 따른 분류로서 정체성 형성에 초

---

3) 성격 역기능의 심각도가 진단 범주보다 성과를 더 잘 예측한다고 밝혀져 왔다. Hopwood 등(2011)은 전반적인 심각도가 현재와 미래의 역기능을 가장 잘 예측하지만, 성격 스타일이 어려움의 특정 영역을 시사한다는 것을 발견하였다.
4) 성격 역기능의 심각도를 측정하는 방법에 대한 다양한 의견이 있다. 제안된 접근방법들은 다음과 같다. 대인관계 세계와 협력하고 대처하지 못하는 것을 검토하기(Parker et al., 2004), 전반적 기능평가 척도 점수(Widiger et al., 2013), 모든 성격장애를 통해 관찰된 전체 기준 총합(Tyrer & Johnson, 1996), 대인관계 역기능 영역 평정(Bornstein, 1998). 연구자들이 심각도의 종합점수를 얻는 최적의 방법을 찾고 있는 반면, 임상적으로는 심각도를 나타내는 결함 영역을 확인하는 것이 좀 더 유용할 수 있다는 것을 알았는데, 이 영역들은 치료반응의 수정인자가 될 수 있다. 예를 들어, 대상관계 이론으로 정의된 다차원 공간은 장애의 원형 범주와 역기능의 핵심 영역에 대한 차원적 평정을 모두 포함한다.

점을 두며, 이차 분류는 기술적 특징이나 성격특성에 근거한다. 따라서 임상적으로 그리고 개념적으로, 대상관계 이론 접근은 먼저 심리구조의 특성, 조직 및 통합 정도를 평가함으로써 성격병리 심각도를 특징짓는 것과, 그다음 성격 '유형' 또는 '스타일'을 진단하는 성격병리의 기술적 특성을 특징짓는 것에 근거한다.[5] 우리의 두 가지 축 접근은 다음의 임상 현실을 반영한다. 유사한 성격 스타일이나 부적응적 특성이 폭넓은 병리 스펙트럼에 걸쳐 있을 수 있고, 현저히 다른 예후적 함의를 지닌다(Hopwood et al., 2011). 임상적 관점에서, 성격병리/역기능의 심각도 정도는 예후 및 감별적 치료계획에 있어서 성격 '유형'보다 훨씬 더 중요하다(Crawford et al., 2011).

DSM-5 Ⅲ편의 성격장애에 대한 대안적 모델은 두 가지 분류 접근을 반영하며 우리의 접근과 매우 유사하다. DSM-5 Ⅲ편의 모델은 ① 자기 및 대인관계 기능 손상의 차원적 평가와 ② 다양한 성격장애를 특징짓는 병리적 성격특성의 기술을 결합한다. 진단 및 관련 평가에 대한 DSM-5 Ⅲ편의 모델은 '혼합' 접근으로서 기술되는데, 이는 자기 및 대인(즉, 타인)관계 기능의 차원적 평정과 특성에 대한 차원적 평가를 결합한 것이다. 이 차원적 평정은 여섯 개 성격장애 범주 중에서 범주적 진단과 결합된다.

성격장애의 특성 기반 진단과 DSM-5 Ⅱ편

성격장애에 대한 특성 기반 접근은 정상 성격과 성격장애를 성격특성—개인의 특징인 행동, 인지, 정서 및 대인관계의 습관적 패턴—의 관점에서 특징짓는다. 이러한 틀 안에서 개인의 성격장애는 다소 부적응적인 특성군에 기초하여 정의되는데 이 특성군은 함께, 일제히 특정 성격 '유형'이나 '스타일'을 구성하는 경향이 있다. 이것은 DSM 체계에서 전통적으로 채택한 접근이다. 여기에서 특정 성격장애와 관련된 특성들은 범주적 진단에 사용되는 진단 준거로 목록화되어 있다(범주적 진단 체계에서는, 특정 진단기준을 충족하거나 충족하지 못하는지에 따라 특정 성격장애가 있거나 없다).

---

5) DSM-Ⅲ에서부터 DSM-5에 정의되어 있는 성격장애 범주 체계는 경험적 검증이 부족하다(Wright & Zimmerman, 2015 참조). 대규모의 입원 환자 표본에서 수집하여 이요인 통계분석을 거친 자료는 대규모의 성격병리 일반 요인을 밝혀냈는데, 이 일반 요인은 DSM-5에서 인정한 성격장애의 10개 범주 전체에 이른다(Sharp et al., 2015). 저자들은 이 요인구조가 경계선 성격조직에 대한 Kernberg의 주장과 일치한다고 시사했다.

모든 사람은 성격특성을 지닌다. 특성이 유연하게 또는 경직되게 활성화되는지, 그리고 특성이 극단적이고 부적응적이 아닌 규범적이고 적응적인 정도에 따라 특성 수준에서 정상 성격을 병리와 구분한다.[6] 정상 성격에서 성격특성은 극단적이지 않고 여러 세팅에서 유연하며 적응적으로 활성화된다. 특성은 문화적으로 정상으로 받아들여질 수 있는 범위 안에 있으며, 개인은 특성의 표현을 적절하고 적응적으로 설정하여 유연하게 제한할 수 있다. 예를 들어, 한 개인은 유연하고 적응적인 방식으로 세부적인 것에 주의를 기울일 수 있다—그렇게 하는 게 필요하다고 생각되면 비상시에는 빠른 결정을 할 수도 있고 또는 일을 끝내기 위해 세부적인 것을 그냥 넘어갈 수도 있다. 유사하게, 한 개인은 대체로 내성적일 수 있지만, 필요하면 사회적으로 적절한 방식으로 대화를 나눌 수 있다. 특성이 극단적이지 않고 유연하고 적응적으로 활성화될 때, 개인은 정신병리가 없는 특정 성격 '스타일'—예를 들면, 강박적 또는 내향적—을 지녔다고 할 수 있을 것이다.

정상 성격기능 범위에서 병리로 진행되면, 성격특성은 점차 좀 더 경직되고 극단적이 되는데, 성격병리가 심해질수록 개인의 기능을 좀 더 깊이 보다 전반적으로 방해한다. 특성이 경직된 사람은 그의 행동을 변화시킬 수 없는데, 변하지 않는 것이 매우 부적응적일 때조차도 그리고 의도적으로 변화하려고 시도할 때조차도 그렇다. 성격이 경직된 세팅에서는 경험으로부터 배워서 부적응적인 패턴을 수정하기보다 그 세팅에 이러한 행동들이 적절한지에 상관없이, 똑같은 행동과 정서적 반응 그리고 관계방식을 광범위한 상황에서 몇 번이고 계속해서 활성화시킬 것이다.

예를 들어, 세부적인 것에 경직되게 주의를 기울이는 사람은 일시적으로 그의 기준을 느슨하게 할 수 없는데, 그의 상사가 그렇게 하도록 지시하거나 그렇게 하지 않으면 중요한 마감일을 놓치게 될 때조차도 그렇다. 마찬가지로, 내향적인 사람은 취업 면접이나 데이트에서도 적절하게 행동하기 위해 더 적극적으로 할 수 없을 것이다. 극단적인 성격특성인 경우, 흔하게 접하게 되고 문화적으로 규범적인 행동 및 기능 방식으로부터 폭넓게 벗어난다. 따라서 첫 번째 사람은 단지 세부적인 것에만 주의를 기울일 뿐 아니라 그가 문서를 승인하기 전에 다섯 번 읽어야 하고 다른 세 사람에게 다시 읽게 해야만 한다. 그리고 두 번째 사람은 점점 더 내향적이 됨에 따라, 내성적인 것에서 은둔하는 것으로 진

---

6) 특성은 성격기능에 대한 일반적인 관점을 제공하지만 환경 상황에 따른 개인 내 변이를 설명하지 못한다는 점에서 임상가에게는 한계가 있다. 예를 들어, 한 개인이 강한 공격적 특성을 지니고 있을 수 있지만, 그 사실은 언제, 누구에게, 또는 어떤 환경에서 공격적인지에 대한 정보를 제공하지 못한다(Meehan & Clarkin, 2015).

행될 수 있는데, 다른 사람들과 편안하게 상호작용할 수 없고, 사회적 접촉을 피할 수 있다.

스펙트럼의 가장 심한 끝에는 극단적이고 부적응적인 특성뿐 아니라 서로 모순되는 특성을 지닌 사람들이 있다. 예를 들면, 전형적으로 지나치게 꼼꼼한 사람이 간헐적으로 눈에 띄는 누락과 실수가 가득한 서류를 제출할 수 있다. 또는 사회적으로 고립될 정도로 습관적으로 회피적인 사람이 대규모의 사교 모임에서 파티의 중심적 역할을 할 수도 있다.

기술적 관점에서, 성격이 경직된 개인은 상당히 지속적이고 만성적으로 일상 기능을 방해하는 지점에 이르며, 개인이나 그의 주변 사람들에게 상당한 고통을 주는데, 이러한 개인은 성격장애가 있다고 말한다.

성격장애의 구조적 진단과 DSM-5 III편

성격병리에 대한 구조적 접근은 성격장애를 핵심적 심리구조 병리라는 관점에서 설명한다. 정상 및 장애가 있는 성격기능은 주관적 경험과 행동을 조직하는 심리구조의 통합 수준의 관점에서 이해될 수 있다. 낮은 통합 수준은 좀 더 심한 병리에 해당한다. 대상관계 이론틀 안에서, 성격병리에 대한 구조적 접근은 성격장애를 이해하고 분류함에 있어서 정체성의 핵심 구성개념에 특히 초점을 맞춘다.

정체성은 상호작용에서 개인의 자기 및 타인에 대한 경험을 조직하는 심리구조이다 (Kernberg, 2006; Kernberg & Caligor, 2005). 정체성 공고화는 한편으로는 정상 성격과 높은 수준의 성격장애를, 다른 한편으로는 좀 더 심한 성격장애를 구별한다(Kernberg, 1984; Kernberg & Caligor, 2005). 성격병리에 대한 대상관계 이론 모델에서 정체성에 부여된 중심적 위치는 DSM-5의 성격장애에 대한 대안적 모델 일반 규준에 반영되어 있는데, 자기 및 대인관계 기능에서 중등도 또는 그 이상의 손상(진단기준 A)은 모든 성격장애 진단의 특징을 정의하는 것으로 확인된다.

정체성에 대한 초점과 더불어, 대상관계 이론 모델은 대상관계 질(관계 및 대인관계에 대한 내적 작동 모델), 방어기제(외부 스트레스와 내적 갈등을 다루는 관습적 방식), 현실검증(현실에 대한 관습적 개념의 인식), 그리고 도덕적 기능(윤리적 행동, 이상 및 가치)과 밀접하게 관련된 구성개념에 초점을 둔다(Kernberg & Caligor, 2005).

성격장애에 대한 구조적 접근은 심각도 차원에서 성격기능 및 병리의 연속적인 스펙트럼을 기술하는데, 이는 정상 성격에서부터 가장 심한 성격장애에 걸쳐 있다. 정상 성격에서, ① 정체성은 충분히 공고화되는데, 잘 통합되고, 안정적이고 현실적인 자기감과 이에 상응하는 중요한 타인에 대한 감각(타인감)을 지닌다. 더불어 장기적인 목표를 동일시하고 추구하는 역량을 지닌다. ② 타인과의 관계는 관심 역량, 상호 의존성, 친밀성의 특징을 지닌다. ③ 성숙한 방어가 우세하여 삶이 적응적이고 심리적 갈등을 융통성 있게 관리할 수 있다. ④ 도덕적 기능이 내재화되어 있고, 안정적이며, 개인적이고 일관되게 보유한 가치 및 이상과 연결된다. 그리고 ⑤ 현실검증은 갈등 영역 또는 정동이 활성화되는 장면에서도 안정적이다(Horz et al., 2012).

대조적으로, 성격병리가 있으면 이런 모든 영역에서 기능이 악화되며—때로 영역별로 악화가 고르지 않다—, 병리가 좀 더 심해질수록 점점 더 악화된다. 따라서 좀 더 심한 성격장애의 경우, ① 정체성은 빈약하게 공고화되는데, 이는 자기 및 타인에 대한 경험이 왜곡되고, 피상적이고, 안정적이지 않으며, 정동적으로 매우 부하되는 것으로 반영된다. 그리고 장기적인 목표를 확인하고 추구하는 역량이 손상된다. ② 타인과의 관계가 피상적이고, 욕구충족에 기초하며 병리가 더 심할수록 더욱 착취적이게 된다. ③ 분열에 기반한 낮은 수준의 방어가 우세하고 경험이 해리되고 흑백의 성질을 띠는데, 이는 심한 경직성과 적응의 어려움을 가져온다. ④ 도덕적 기능은 일관되지 않으며, 스펙트럼의 가장 심한 끝에는 반사회적 특징과 내재화된 가치 또는 이상의 부재로 특징지어진다. 그리고 ⑤ 현실검증은 정동적으로 활성화되고 심리적으로 갈등적이거나 대인관계에서 스트레스가 되는 장면에서 취약해진다(Horz et al., 2012).

제2절 대상관계 이론 모델 안에서 성격병리 분류

성격조직 수준과 STIPO-R 차원적 프로파일

정체성, 대상관계, 방어, 도덕적 기능 및 현실검증에 대한 면밀한 기술을 통해 임상가들은 환자의 성격조직을 기술하게 되는데, 심각도와 임상적 예후를 반영하는 성격병리에 대한 차원적 평가를 하는 것이다. 이는 치료계획을 안내할 것이다(Kernberg, 1984;

Kernberg & Caligor, 2005). 대상관계 이론 모델 안에, 성격조직 분류에 대한 두 가지 상보적 접근이 있다. ① 성격조직 수준(또는 구조적 진단)과 ② 성격조직에 대한 구조화된 면접-개정판(STIPO-R; Clarkin et al., 2016)에 기초한 차원적 프로파일이다.

첫 번째 접근은 좀 더 친숙한 것으로 임상평가에 가장 흔히 기초한다. 이는 환자의 성격조직 수준 또는 구조적 진단을 기술한다([그림 2-1]). 이 틀 안에서 환자는 정상 성격조직, 신경증적 성격조직 수준(NPO), 높은 경계선 성격조직 수준(높은 BPO), 중간 경계선 성격조직 수준(중간 BPO), 또는 낮은 경계선 성격조직 수준(낮은 BPO)으로 기술될 수 있다. 이러한 용어들은 가장 건강한 수준에서 가장 심한 병리로의 궤도를 기술한 것이다. 이 접근에 관한 두 가지 중요한 고려사항이 있다.

1. 우리는 독자들이 왜 높은 BPO가 가장 덜 심각한 그룹에 표기되고 낮은 BPO가 가장 심각한 그룹에 표기되는지 혼란스러워할 수 있다는 것을 예상한다. 대상관계 이론틀에서 '높은'과 '낮은'은 심각도를 나타내는 것이 아니라, 조직 수준을 나타낸다. 높은 수준의 조직 및 통합은 더 높은 수준의 심리적 건강과 일치한다.

2. 우리는 또한 DSM-5의 경계선 성격장애(BPD)와 경계선 성격조직 수준(BPO) 간의 차이를 명확히 하고자 한다. BPD는 특정 성격장애이며, 일군의 기술적 특징에 기초한다. BPO는 훨씬 더 넓은 범주로서, 특히 정체성 형성 병리에 기초한 구조적 특징이다. BPO 진단(Kernberg, 1984)은 DSM-5의 BPD 진단뿐 아니라 모든 심한 성격장애를 포괄한다. DSM-5 Ⅱ편의 진단기준과 성격조직 수준 간의 관계에 대한 더 많은 설명은 [그림 2-2]를 참조하라.

[그림 2-1]에서 우리는 성격조직의 여러 수준을 정의한다. [그림 2-2]에서는 성격장애에 대한 구조적 접근과 보다 친숙한 DSM-5 Ⅱ편의 성격장애 간의 관계를 그림으로 보여 주는데, 이는 심각도 차원을 강조한다.

DSM-5 Ⅲ편에서 성격기능 수준 척도(LPFS)[7]는 다섯 가지 성격 건강 및 병리 수준(0=손상이 거의 없거나 없음, 4=극도 손상)을 제시하고 있으며, 자기 및 대인관계 기능 차원에 초점을 둔다. LPFS에서 기술하고 있는 이 다섯 가지 수준은 대상관계 이론 모델에서 기

---

7) LPFS는 이 책의 부록 1: 도움 자료에서 확인할 수 있으며 DSM-5 Ⅲ편 성격장애에 대한 대안적 모델에 나와 있다.

술하고 있는 다섯 개의 성격조직 수준([그림 2-1] 참조)과 상당히 밀접하게 일치한다.[8]

성격조직 분류에 대한 대안적이고 덜 친숙한 접근은 반구조화 면접인 성격조직에 대한 구조화된 면접-개정판이다(STIPO-R; Clarkin et al., 2016). STIPO-R은 정체성, 대상관계, 방어, 공격성 그리고 도덕적 가치 영역을 평가한다. 각 영역에 대한 환자의 기능은 심각도의 5점 척도상에서 평정된다(1=정상, 5=가장 심각한). STIPO-R의 다섯 가지 각 영역에 대한 평정은 성격기능 및 병리 수준에 대한 개별적인 프로파일을 제공하기 위해 결합된다(예를 들어, 이 장 뒤에 나오는 임상 예시 1에서 기술되고 있는 환자의 프로파일 [그림 2-3] 참조).

STIPO-R 평정의 기준점들은 정체성, 대상관계, 방어, 공격성 및 도덕적 가치에 대해 기술해 준다. 그것들은 정상 성격과 성격병리의 서로 다른 심각도 수준으로 분명하게 나타난다. 기준점들을 검토함으로써 성격병리의 구조적 분류의 차원적 틀에 관하여 임상적 및 개념적으로 유용하게 개관할 수 있다. 이 책의 뒷부분에 제시된 부록에서 우리는 정체성, 대상관계, 방어, 공격성 및 도덕적 가치의 종합 평정을 위해 임상가들이 사용하기에 편한 STIPO-R 기준점을 제공하였다. 우리는 독자들이 분류에 대한 구조적 접근에 친숙해질 수 있도록 그것을 살펴볼 것을 권장한다. 하위 척도와 종합 평정이 포함된 STIPO-R 면접 및 점수 기록지 전문은 www.borderlinedisorders.com에서 확인할 수 있다.

이 장 뒤에 나오는 예시에서, 우리는 독자들이 분류에 대한 이 접근에 익숙해질 수 있도록 각 환자에 대한 성격조직 수준(제목)과 STIPO-R의 차원적 프로파일(그림)을 제시하였다.

---

8) 두 가지 분류 체계 간의 주요한 차이는 LPFS가 성격장애의 심각도 분류에서 도덕적 기능 및 공격성의 역할에 최소한의 주의를 두면서 오직 자기 및 대인관계 기능에 초점을 둔다는 것이다.

가장 낮은 심각도 - - - - - - - - - - - ▶ 가장 높은 심각도

	정상 성격조직	신경증적 성격조직	경계선 성격조직 수준		
			높은	중간	낮은
성격 경직성	—	경미한-중간 정도	중간 정도로 극심한	극심한	매우 극심한
정체성	공고화된	공고화된	경미한-중간 정도 병리	중간 정도-심한 병리	심한 병리
대상관계	깊은, 상호적	깊은, 상호적	다소 상호적	욕구 충족적	착취적
우세한 방어 유형	성숙한	억압 기반	분열 기반 및 억압 기반	분열 기반	분열 기반
도덕적 기능	내재화된 유연한	내재화된 유연한	고드지 않은/일관되지 않은 경미한 병리	경미한-중간 정도 병리	심한 병리
현실검증	온전한 안정적인 사회적 현실검증이 온전한	온전한 안정적인 사회적 현실검증이 온전한	온전한 약간의 사회성 결함	스트레스에 취약한 일시적 정신증적 상태 사회성 결함	스트레스에 취약한 일시적 정신증적 상태 사회성 결함

[그림 2-1] 성격병리 분류에 대한 구조적 접근

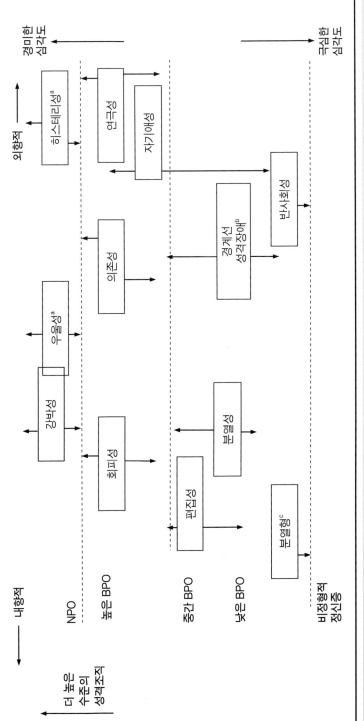

[그림 2-2] 성격조직 수준과 DSM-5 II편 진단 간의 관계

심각도는 가장 정미함(그림의 맨 위)부터 매우 극심함(맨 아래)에 이른다. 화살표는 심각도를 나타낸다.

BPO=경계선 성격조직, NPO=신경증적 성격조직.

[a]우울성 성격과 히스테리성 성격은 DMS-5에 포함되어 있지 않다(전꽌에는 추가 연구를 위한 기준으로 DSM-IV-TR II 축에 포함시켰다). 왜냐하면 둘 다 성격장애의 심각도 기준을 충족시키지 못했기 때문인데, 이러한 성격들은 이중충군 성격병리(포한 높은 수준의 성격병리라고도 함; Caligor et al., 2007)의 혼한 형태로서 가장 잘 설명된다. 그것들이 여기에 포함된 이유는, 임상문헌에서 폭넓게 인식되고 기술되며 외래환자 임상 실제에서 자주 마주치기 때문이다.

[b]DSM-5의 경계선 성격장애(BPD)와 경계선 성격조직(BPO) 간의 차이를 주목하라. BPD는 하나의 특정 성격장애로, 기술적 특징군에 기초하여 진단된다. BPO는 구조적 특징, 특히 정체성 형성 병리에 기초하는 더 넓은 범주이다. 이 BPO 진단은 DSM-5의 BPD 진단과 모두 심한 성격장애를 포괄한다.

[c]우리는 DSM-5 II편에 따라 분열형 성격장애를 포함시켰다. 그러나 가족 및 유전 연구에 따르면, 분열형 성격장애는 하나의 성격장애라기보다는 정신분열 스펙트럼 장애로서 가 장 잘 기술되는 것으로 나타난다.

출처: Caligor et al., 2007, p. 20에서 수정.

원형과 차원적 프로파일

성격조직에 대한 임상적 관점을 논의하기 전에, 우리는 ①과 ② 간의 개념적 관계에 대해 언급하고자 한다. ① 성격조직 수준 및 DSM-5 Ⅲ편에 제시된 성격기능 수준(LPFS). 이 두 가지는 일반적으로 임상 면접에 기초하여 진단된다. ② 반구조화된 면접인 STIPO-R에 의해 제공되는 차원적 프로파일. 성격조직의 다양한 수준—정상 성격조직, NPO, 높은 BPO, 낮은 BPO—및 여기에 상응하는 LPFS의 0에서 4수준이 진단적 원형(prototypes)을 나타낸다(예를 들어, 성격조직 수준 원형과 STIPO-R의 차원적 평정 간의 관계를 보여 주는 〈표 2-1〉 참조). 이 원형들은 임상적으로 매우 유용한 것으로 증명된다. 이것들은 병리의 심각도 및 예후에 대해 매우 결정적인 정보를 전달하며, 치료계획을 안내하고 임상가들 간의 의사소통을 촉진시킨다(Caligor & Clarkin, 2010).

이에 비해, STIPO-R은 구조적 진단, 성격조직 수준 또는 진단적 원형을 제공하지 않는다. 대신 STIPO-R은 각 핵심 영역 전체에 걸쳐 성격기능의 차원적 기술을 제공한다(예를 들어, 이 장 다음에 나오는 임상 예시 1의 [그림 2-3] 참조). STIPO-R에서 취하고 있는 분류의 차원적 접근은 원형보다 좀 더 복잡하지만 해당하는 성격조직 수준의 개인차를 설명할 수 있는 더 많은 여지가 있다(즉, 높은 수준-BPO 환자들 모두가 같은 것은 아니다). STIPO-R 프로파일에 의해 제공된 좀 더 미묘한 분류는 연구 장면뿐 아니라 임상장면에도 도움이 될 수 있다. 특히 하나의 특정 성격조직 원형 수준에 딱 들어맞지 않는 환자(예를 들어, 높은 수준-BPO 범위에 해당하는 것처럼 보이지만 중대한 도덕적 병리를 보이는 환자)와 작업할 때, 그리고 두 가지 성격조직 수준 사이의 경계에 있는 것으로 가장 잘 설명되는 환자(예를 들면, 높은 BPO와 NPO의 중간 영역에 속하는 것처럼 보이는 환자)와 작업할 때 도움이 될 수 있다.

종합하면, 분류에 대한 원형적 접근과 차원적 접근은 모두 이점이 있다. 성격조직 수준을 결정하는 데 목적이 있는 원형적 접근은 좀 더 친숙하며 임상가들이 임상 데이터를 조직하는 방법과 좀 더 밀접하게 일치한다—즉, 임상 경험을 통해 발달한 암묵적 또는 명시적인 원형을 사용함으로써(Westen, 1997; Westen & Shedler, 2000). STIPO-R이 제공하는 차원적 프로파일은 좀 더 구체적이고 개별적인 가변성에 더 많은 여지를 두는데, 이것은 성격장애의 심각도와 변화에 대한 잠재적 조절요인을 고려할 수 있는 더 큰 기회를 제공한다. 〈표 2-1〉은 다섯 가지 성격조직 수준과 STIPO-R의 5점 척도 평정 간의 관계를 기술한다.

〈표 2-1〉 성격조직 수준과 STIPO-R의 차원적 척도

STIPO-R 차원	STIPO-R 점수	PO 수준 × STIPO-R의 영역별 차원적 점수[a]				
		정상 PO	NPO	높은 BPO	중간 BPO	낮은 BPO
정체성	원형 점수	1	2	3	4	4 또는 5
	점수 범위	1	2	3	3-5	4-5
대상관계	원형 점수	1	2	3	4	5
	점수 범위	1	1-2	2-3	3-5	4-5
방어	원형 점수	1	2	3	4	4 또는 5
	점수 범위	1	2-3	3	4-5	4-5
공격성	원형 점수	1	2	3	4	4 또는 5
	점수 범위	1	1-2	2-3	3-4	4-5
도덕적 가치	원형 점수	1	2	3	4	5
	점수 범위	1	1-2	2-3	3-4	4-5

주: BPO=경계선 성격조직 수준, NPO=신경증적 성격조직 수준, PO=성격조직, STIPO-R=성격조직에 대한 구조화된 면접-개정판(Clarkin et al., 2016).
[a]예를 들어, STIPO-R의 정체성 영역의 경우, 정상 성격조직은 STIPO-R의 정체성 평정 1점에 해당된다. NPO는 STIPO-R 정체성 평정 2점, 높은 BPO는 STIPO-R 정체성 평정 3점, 중간 및 낮은 BPO는 각각 STIPO-R 정체성 평정 4점과 5점에 해당하며 다소 변동이 있다.

더 높은 수준의 성격병리

우리는 더 높은 수준의 성격병리(Caligor et al., 2007 참조)라는 용어를 사용하여, NPO 환자들로 구성되어 있는 비교적 건강한 환자 집단과 더불어 높은 BPO와 NPO 경계에 있는 혼합 구조를 지닌 환자들을 기술한다. 전통적인 신경증적 성격유형에 더하여, 더 높은 수준의 성격병리 집단은 회피성, 자기애성 또는 연극성 성격장애를 지닌 비교적 건강한 환자의 부분 집단을 포함한다. 이들은 해리와 억압에 기반한 방어를 혼합하여 나타내는 한에서는 높은 BPO 환자와 유사하지만, 상당히 안정적인 자기감을 지니고 있다는 점에서는 NPO 환자와 유사하다. 더 높은 수준의 성격병리라는 명칭은 임상적으로 의미가 있다. 하나의 집단으로서, 이러한 개인들은 우리가 이 책에서 NPO 환자의 치료에 대해 개관하고 있는 TFP-E의 덜 구조화된 형태에 효과가 있다. 이런 형태의 TFP-E 역시 Caligor 등(2007)에 의해 상세하게 기술되었다.

임상적 관점

지금까지 이 책에서 기술한 바와 같이, 성격장애 분류에 대한 대상관계 이론의 접근은 다른 무엇보다도 정체성 구성개념과 관련해서 조직된다. 성격장애 분류에 대한 구조적 접근은 두 집단을 구분하는 것으로 시작한다. ① 더 경미한 병리 집단. 이들은 정체성 공고화를 보여 주고 억압에 기반한 방어가 우세한데, 더 높은 수준의 성격병리로 여겨지며 신경증적 성격조직(NPO) 수준이라고 부른다. 그리고 ② 좀 더 심각한 병리 집단. 이들은 임상적으로 상당한 정체성 병리를 보여 주고 분열에 기반한 방어 또는 해리 방어가 지배적이다. 이들을 경계선 성격조직(BPO) 수준이라고 부른다(Kernberg, 1984; Kernberg & Caligor, 2005).

임상 평가 및 분류에 대한 STIPO-R의 적용을 보여 주기 위해, 우리는 서로 다른 성격조직 수준에 해당하는 네 개의 예시(대표적으로 환자 N 씨, B 씨, H 씨, L 씨의 사례를 들어)를 제시하고 논의한다. 각 예시마다 그 환자의 특정한 STIPO-R 평정에 대해 논의한다(각각 1-5 평정, 1=정상 그리고 5=가장 심한 병리. 각 기준점에 대한 일련의 기술이 제공된다). STIPO-R의 기준점은 전체적인 지침의 역할을 한다. 전부는 아니지만 일부 기술은 특정 환자에게 적용될 것으로 기대된다. 성격병리의 많은 평가가 결국 패턴 인식으로 귀결되기 때문에, 우리는 이러한 예시 및 관련 논의가 성격장애 환자를 평가할 때 활용할 수 있는 원형을 독자들에게 제공할 수 있길 희망한다. 각 기준점에 대한 모든 기술 목록은 이 책의 부록 1 '성격조직에 대한 STIPO-R 임상 기준점: 심각도 범위에 걸친 정체성, 대상관계, 방어, 공격성 및 도덕적 가치'를 참조.

신경증적 성격조직 수준

신경증적 성격조직 수준인 덜 심각한 개인에게서 우리는 ① 공고화된 정체성, ② 좀 더 높은 수준인 억압에 기반한 방어기제의 우세함, 그리고 ③ 온전하고 안정적인 현실 검증 상태에서의 부적응적인 성격의 경직성(Shapiro, 1965)을 볼 수 있다. 이 집단은 강박성 및 우울성 성격장애(후자는 DSM-5에서 생략되었다) 환자, 더 높은 수준의 히스테리성 성격장애(DSM-5에서 생략되었다) 환자, 회피성 성격장애를 지닌 비교적 건강한 환자 집단, 그리고 임상 실제에서 보게 되는 대규모 환자 집단을 포함하는데, 이 대규모 집단은 DSM 성격장애 기준을 충족시킬 만큼 충분히 심각한 것은 아닌 성격병리를 보인다

(Westen & Arkowitz-Westen, 1998).[9] 신경증적 조직 수준의 개인들은 일반적으로 많은 영역에서 잘 기능하며, 그들의 부적응적인 성격특성은 전형적으로 주로 기능의 핵심 영역을 방해하고 주관적 고통을 초래한다.

임상 예시 1 신경증적 성격조직 수준

N 씨는 28세 미혼 여성으로 초등학교 교사이다. 그녀는 남자들과의 문제로 상담을 받으러 왔다. N 씨는 매력적이고 예뻤으며 매우 유혹적이었다. 그녀는 친구들과 동료들에 비해 자기가 부적절하고 매력적이지 않고, 남자 앞에서는 부끄러움을 많이 타고, 성적으로 억제되어 있다고 기술했다. 하지만 그녀는 종종 사회적 장면에서 관심의 대상이 되어서 놀라곤 했다. 그녀는 많은 친구가 결혼을 하고 약혼했지만 자신은 불안정해서 아직 삶의 동반자를 찾지 못했다고 느꼈다. 그리고 그녀는 요즘에는 더 나아질 능력이 없는 것 같아서 '가라앉는' 기분을 느낀다고 했다.

그녀는 때때로 지나치게 다른 사람들의 요구나 소망에 맞추면서 갈등을 피하는 경향에 대해 기술했다. 그녀는 남자 친구는 없지만 여자 친구들이 있는데, 그들 중 일부는 그녀가 초등학교 때부터 오랫동안 알고 지내던 사이였다. 그녀는 이 집단을 '유대가 긴밀하고 지지적'이라고 설명했다. 가장 친한 친구에 대해 물었을 때, 그녀는 삼차원적이고 미묘하게 기술했다. "그녀는 강하고 독립적이고, 때로 고집스러워요. 하지만 항상 생각이 깊고 다른 사람들을 돌보고 배려해요. 나는 정말로 그녀를 좋아할 뿐 아니라 그녀가 아주 감탄스러워요."

N 씨는 초등학교 교사라는 자신의 직업에 대해 도전적이고 만족스러운 것으로 얘기했다. 아이를 갖기 바라는 충족되지 않은 소망은 학생들에 대한 따뜻함으로 대처할 수 있었다. 그녀에게는 '돌려주는 것'이 중요하고 이는 교육자가 되기로 결정한 이유 중 하나였다. 그녀는 자신을 전반적으로 분별력 있는 사람으로 기술했지만, 때때로 자기 자신에게 극단적으로 높은 요구를 하고 자신의 기대에 미치지 못했을 때는 지나치게 자기비판적이 된다는 것을 알

---

9) 우리는 신경증적 성격조직 수준을 기술할 때 성격장애와는 대조적으로 성격병리라는 용어를 사용했다. 이는 이 장애의 비교적 경미한 정도를 반영하며 이 장애를 가진 사람들의 전형적인 높은 수준의 기능을 반영한다. 우리의 용어 선택은 DSM-5 Ⅲ편의 성격장애의 일반적인 진단기준과 일치한다. 여기서 진단기준 A는 성격기능에서 '중등도 또는 그 이상의 손상'이 있음을 의미한다. [그림 2-2]에서 볼 수 있듯이, 우울성 성격과 히스테리성 성격은 DSM-5에 포함되지 않는다. 두 가지 모두 성격장애 심각도 기준에 미치지 못하기 때문에, 이 성격들은 진단기준을 충족하지 않는 성격병리[또는 좀 더 높은 수준의 성격병리로 불린다(Caligor et al., 2007)]의 흔한 형태로 가장 잘 특징지어진다. 이러한 장애들은 임상 문헌에서 많이 볼 수 있으며 외래 환자 임상 실제에서 흔히 마주친다.

고 있었다.

 90분의 면접이 끝날 무렵, 예비치료자는 N 씨와 그녀의 문제, 그리고 그녀의 삶에서 중요한 사람들에 대한 선명한 인상을 받았다.

 [그림 2-3]은 N 씨의 STIPO-R 프로파일을 보여 주며, 다음은 이 환자의 STIPO-R 평정에 대한 논의가 이어진다.

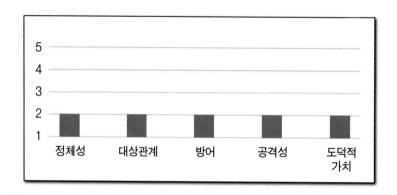

[그림 2-3] N 씨(NPO)의 STIPO-R 프로파일

STIPO-R 평정: 정체성-수준 2, 대상관계-수준 2, 방어-수준 2, 공격성-수준 2, 도덕적 가치-수준 2.
NPO=신경증적 성격조직 수준, STIPO-R=성격조직에 대한 구조화된 면접-개정판(Clarkin et al., 2016)

▶ N 씨(NPO)의 STIPO-R 평정 안내

정체성. N 씨는 복합적이고 안정적이며 시간에 따라 연속적인 자기 및 타인에 대한 전반적인 경험을 보여 준다. 그녀는 직업에 시간과 노력을 쏟고 있고 이것을 매우 만족스러워한다. 임상가는 그녀의 자기감에 왜곡이 있고 그녀에 대한 타인의 평가에 대해서도 다소 왜곡이 있음을 발견할 수 있었는데, 이는 그녀의 성적 매력에 대한 평가에 국한된다. N 씨의 자기감 및 타인에 대한 감각에서 지속적이고 초점화된 왜곡으로 인해 그녀의 정체성 형성을 정상으로 보기는 어렵다. 또한 이 왜곡은 젊은 여성의 자기감에 대한 억압에 기반한 방어의 영향을 반영한다. 이 여성은 성과 경쟁적인 공격성과 관련된 갈등 장면에서 공고화된 정체성을 지니고 있다.

STIPO-R 정체성 평정: 수준 2 공고화된 정체성, 그러나 일부 영역에 경미한 결함—자기감 및 타인에 대한 감각은 대부분의 영역에서 잘 통합되어 있으나, 일/학업 또는 여가에 투자하는 데 있어 경미한 정도의 피상성과 불안정성을 나타내거나, 왜곡 또는 다소 어려움이 있다.

대상관계. N 씨는 충분히 발달된 깊은 대상관계 역량을 보여 준다. 그녀는 안정적이고 오래 지속되는 상호 지지적이고 비교적 갈등이 없는 친구관계를 맺고 있다. 그러나 정상 성격과는 대조적으로, 낭만적/성적 관계에서 초점적이고 중요한 문제가 있는데, 데이트 경험이 별로 없는 방식으로 심한 억제가 나타나고 장기적인 친밀한 파트너를 찾지 못했다는 것이다. 장기적인 친밀한 파트너를 찾는 것은 그녀 주변에서는 흔한 일이다.

> **STIPO-R 대상관계 평정: 수준 2   애착은 전반적으로 강하고, 지속적이며, 현실적이고, 미묘하고, 시간이 지나도 유지되며, 다소 갈등적이거나 충분히 만족하지 못한다.** 관계는 욕구충족적인 관점으로 보이지 않는다. 상호의존과 공감역량이 충분히 발달되어 있다. 친밀/성적 관계에서 어느 정도 손상과 갈등이 있다.

방어. 낮은 수준의 방어는 거의 보이지 않는다. 방어는 유연하고 적응적인 대처(성숙한/건강한 방어)의 결합―특히 아이를 갖기 바라는 소망의 승화와 학생들과 관계된 이타주의―으로 특정지어진다. 임상가들은 또한 갈등이 초점화된 영역―특히 성과 공격성에 있어서―에서 억압에 기반한 방어의 영향을 보게 되는데, 이것은 낭만적 관계 형성을 방해하는 억제 형태로 나타나는 경직성과 대립 및 경쟁의 회피를 포함하는 부적응적인 대처 전략을 가져온다.

> **STIPO-R 방어 평정: 수준 2   적응적인 대처 방략이 일부 영역에서는 덜 일관적이거나 덜 효과적으로 사용되지만, 다른 영역에서는 스트레스에 대체로 탄력적이다.** 일부 낮은 수준의 방어가 쓰이지만(이상화 및/또는 평가절하로 제한될 수 있다), 이것들은 분명 내담자의 지배적인 방어 유형은 아니다. 낮은 수준의 방어가 사용되는 것을 통해 기능 손상이 제한적인지 또는 전혀 없는지 알 수 있다.

공격성. N 씨는 공격성에 대한 적절한 통제를 보여 준다. 이 영역에서 그녀의 기능은 정상 성격과는 구별되는데, 그녀는 공격성의 적응적 표현이 다소 억제되어 있다. 그녀는 자기 자신을 주장하는 데 어려움이 있고 대립을 피하는 경향이 있다.

STIPO–R 공격성 평정: 수준 2　공격성의 비교적 적절한 통제—공격성의 부적응적인 표현은 억제(공격성 표현 실패), 가벼운 자기파괴적 행동이나 무시, 대인관계 유형 통제하기 또는 때로 언어적 폭발에 한정된다.

도덕적 가치. N 씨는 충분히 내재화된 도덕적 가치와 이상을 보인다. 그녀는 '주는 것'에서 기쁨을 얻는다. 이 영역에서 그녀의 기능은 경미한 경직성을 보인다는 점에서 정상 성격과 구별되는데, 그녀는 자신에 대해 스스로 설정한 높은 기준에 미치지 못했을 때 자기 비판적인 모습을 보인다.

STIPO–R 도덕적 가치 평정: 수준 2　내적인 도덕적 기준이 자율적이고 일관되며, 개인적 이득을 얻기는 어려울 수 있는 경직성 및 또는 모호함을 지녔다. 도덕성이 없거나 비도덕적인 행동은 분명하게 나타나지 않았다. 잠재적으로 상처를 주거나 비윤리적인 행동에 대한 우려와 책임에 대한 감각에서 약간의 경직성(과도하거나 약간 부주의한)을 보인다. 죄책감을 경험하지만, 보상하기 위한 예방적인 노력보다는 반추적인 자기 비난의 방식이 더 우세하다.

요약. N 씨는 STIPO–R 평정을 사용하여 다음과 같이 차원적으로 분류될 수 있다. 정체성–수준 2, 대상관계–수준 2, 방어–수준 2, 공격성–수준 2, 그리고 도덕적 가치–수준 2. 〈표 2–1〉을 참조하여, 이 차원적 평가와 더불어, 임상가는 N 씨를 신경증적 성격조직 수준으로 조직되었다고 기술할 수 있다. 그녀의 예후는 아주 좋으며, 임상가는 비교적 원활한 치료과정을 예상할 수 있다.

경계선 성격조직 수준

경계선 수준에서 조직된 성격장애 환자들은 다음의 측면에서 심각하게 부적응적인 성격의 경직성을 보여 준다. ① 임상적으로 중대한 정체성 병리, ② 분열에 기반한 낮은 수준의 방어기제의 우세함, 그리고 ③ 가변적인 현실검증(평상시 현실검증은 대체로 온전하지만 정동이 활성화되는 세팅에서는 취약해질 수 있다)과 사회적 관습을 이해하고 타인의 내적 상태를 정확하게 지각하는 좀 더 섬세한 역량의 손상. DSM–5에서 기술된 대부분의 성격장애는 이러한 좀 더 심한 성격장애 집단에서 발견되는데, 여기에는 의존성, 연극성,

자기애성, 경계성, 편집성, 분열성 및 반사회성 성격장애가 포함된다. 경계선 수준에서 조직된 개인들은 모든 영역은 아니지만 많은 영역에서 기능을 불리하게 떨어뜨리는 만연한 어려움을 가지고 있고, 부적응적인 특성들은 NPO 집단의 부적응적인 특성보다 더 극단적이고 더 경직되어 있다.

임상 예시 2 **경계선 성격조직 수준**

B 씨는 28세 미혼 직장인 여성으로 예비치료를 받으러 왔다. N 씨와 마찬가지로(임상 예시 1), B 씨는 '남성들과의 문제'를 주로 호소하였다. 신체적으로 매력적인 B 씨는 면접에 짧은 치마와 가슴이 깊게 파인 블라우스를 입고 왔다. 그녀는 협조적이었으나 남자 예비치료자가 불편할 만큼 성적으로 도발적이었다. 예비치료자가 그녀의 옷차림에 대해 물었을 때, B 씨는 자신이 '많은 주목을 필요'로 하고 주목을 받지 못했을 때 성질을 부렸던 전력이 있다고 설명했다. 이 언급은 은근한 협박의 분위기를 띠었다.

B 씨는 남자들과의 일련의 짧은 관계를 기술하였는데, 그녀의 말에 따르면 항상 나쁘게 끝났다. 그녀는 '나의 모든 문제를 해결해 줄 사람이야'라는 감정으로 관계를 시작했었는데, 결국에는 언젠가는 실망하고 좌절할 뿐이었다. B 씨는 예비치료자에게 그녀의 남자 친구들에 대한 감정이 변하면, 그들에 대한 분노를 조절하는 게 어렵다고 말했다. 어떤 경우에는 그녀와 데이트 중이던 한 남성에게 폭언을 하고 위협했는데, 그가 경찰을 부를 정도였다.

부모와의 관계에 대해 물었을 때, B 씨는 한번은 그녀가 어머니의 지갑에서 '꼴랑 20달러'를 훔친 것을 들킨 이후로 부모와 멀어졌다고 설명하며 어깨를 으쓱했다. 면접자가 B 씨에게 부모의 감정을 공감할 수 있었냐고 물었을 때, B 씨는 부모가 '나를 좀 내버려 두길' 바랐다고 말했다. 그녀는 그 외에 훔친 전력이나 어떤 다른 불법적인 행동은 없다고 했다.

그녀는 드문드문 왕래하는 친구들—'사실상, 좀 아는 사람들'—이 있었다. 그녀가 유일하게 믿고 애착을 느끼는 자매가 있었다. 지역 전문대학에서 한 학기를 마치고 그만둔 이후로, 여러 직업을 거쳐 왔다. 그녀는 현재 계산원으로 일하고 있다. 다른 일자리나 직업을 생각할 수 없는데도 불구하고, 자신의 일이 따분하고, 지루하고, 무의미하다고 생각했다. 그녀는 업무시간에 툭하면 온라인 쇼핑을 하거나 휴대전화로 사적인 통화를 하곤 했고, 종종 아프다며 결근했다. 그녀는 이러한 행동들을 일이 지루하고 틀에 박혀 있기 때문이라고 정당화했다.

B 씨는 주로 불행하고 화가 난다고 말했다. 그녀는 쇼핑을 즐겼지만 그 외에는 거의 흥미가 없었다. 그녀는 인생이 '망했다'고 느꼈고, 만성적 공허감으로 고통스러워했다. 그녀 자신에 대해 이야기해 달라고 했을 때, 그녀는 처음에 적대적으로 반응했다. "나는 엉망이고 항상 불리한 입장이 돼요—뭘 듣고 싶은 거예요?" 면접 동안, 예비치료자는 깊고 만연한 공허감에 점점 더 부담을 느꼈다. 이 감정은 B 씨의 이야기와 경험, 그리고 복합적인 영역에서 나타나는 혼란스러운 기능수준을 특징짓는다.

[그림 2-4]는 B 씨의 STIPO-R 프로파일을 보여 주며, 다음은 이 환자의 STIPO-R 평정에 대한 논의가 이어진다.

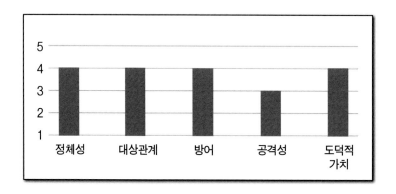

[그림 2-4] B 씨(BPO)의 STIPO-R 프로파일

STIPO-R 평정: 정체성-수준 4, 대상관계-수준 4, 방어-수준 4, 공격성-수준 3, 도덕적 가치-수준 4.
BPO=경계선 성격조직 수준, STIPO-R=성격조직에 대한 구조화된 면접-개정판(Clarkin et al., 2016)

▶ B 씨(BPO)의 STIPO-R 평정 안내

정체성. B 씨의 예시에서, 임상가는 비교적 심각한 정체성 병리의 광범위한 증거를 볼 수 있었다. 그녀의 자기감 및 타인감은 피상적이고, 극단적이며, 불안정했다. 남자 친구에 대한 그녀의 생각은 해리되고, 이상화되고, 편집적인 태도를 오갔다. 그녀는 개인적 흥미나 관심을 두는 것이 없었고 기능의 어떤 영역에서도 그녀 자신을 위한 목표를 확인할 수 없었다. 그녀는 심각한 정체성 병리의 특징인 고통스러운 만성적 공허감을 겪고 있었다.

STIPO-R 정체성 평정: 수준 4 중등도 정체성 병리—자기감 및 타인감이 빈약하게 통합되어 있고(상당히 피상적이거나 일관적이지 않다. 현저히 불안정하고, 모순적이며, 왜곡되어 있다), 일/학업 또는 여가에 투자하는 역량이 적다.

대상관계. 대인관계의 극심한 빈곤을 보인다. 그녀는 자매와의 유일한 안정 애착을 보고한다. 그 외의 관계는 극도로 피상적인데, 다른 사람들은 '아는 사람' 정도로 묘사된다. 대인관계는 욕구 충족, 특히 타인으로부터 주목받고 성적인 감탄을 받고자 하는 욕구에 기초한다. 그녀는 남자 친구들이나 부모에 대한 공감 역량이 없고, 친밀감을 추구하고자 하는 시도는 혼란스럽고 언제나 실패한다.

> **STIPO-R 대상관계 평정: 수준 4　애착이 거의 없거나 매우 피상적이다.** 관계를 일관되게 욕구충족이라는 관점에서 본다. 공감 역량이 거의 없다. 친밀감을 추구하기 위한 어떤 드러나는 노력에도 불구하고, 발전된 친밀한 관계가 거의 없다.

방어. B 씨는 분열에 기반한 방어를 광범위하게 사용하는데, 이는 전반적인 기능 손상을 초래한다. 그녀의 남자 친구들과의 관계에서 이상화와 평가절하, 외재화("나는 항상 불리한 입장이 돼요."), 그녀가 면접자에게 유발한 불편감에서 투사적 동일시가 시사된다. B 씨의 사회적 고립은 낮은 수준의 투사에 상응하는 편집증적 수준을 반영한다.

> **STIPO-R 방어 평정: 수준 4　낮은 수준의 방어들이 지속적으로 사용된다.** 자기 및 타인 지각의 전환이 비교적 심하고 만연하다. 피면접자의 삶에서 볼 수 있는 분명한 손상은 낮은 수준의 방어를 시사한다.

공격성. B 씨는 남자 친구들에게 빈번하게 거친 언어적 폭발, 조종하기 위한 성질부림과 위협과 같은 외부로 향한 공격성의 다소 극심한 형태를 보이는데, 어떤 경우에는 경찰에 연루되기도 했다. 신체적 공격이나 폭력적인 행동은 없으므로 이 영역에서 수준 4인 사람과 B 씨의 기능이 구분된다.

> **STIPO-R 공격성 평정: 수준 3　공격성의 다소 빈약한 통제**—공격성의 부적응적인 표현은 상당한 자기파괴적 또는 고위험 행동, 자기방치나 불순응성 및/또는 잦은 성질이나 증오에 찬 언어적 공격의 폭발, 만성적이고 적대적인 타인 통제 및/또는 다른 사람의 불편이나 불행에서 가학적인 쾌락을 얻는 것을 포함하고 있다.

도덕적 가치. 도덕적 기능이 상당히 부주의하다. B 씨는 어머니의 돈을 훔친 것을 인정하였지만, 돈이 필요했고 다 합쳐 봐야 얼마 되지 않았기 때문에 문제되지 않는다고 합리화했다. B 씨가 아프지도 않으면서 자주 전화해서 아프다고 결근하고 개인적인 일로 업무시간을 쓰면서 고용자를 착취하는 것은 도덕적 기능실패의 추가적인 증거로 보인다. 그녀의 행동은 자아동질적인데, 옳고 그른 것을 분간할 수 있음에도 불구하고, 그녀의 행동에 의문을 제기하면 이를 합리화한다. 이는 적절한 죄책감이나 관심이 결여되어 있음을 보여 준다. 좀 더 광범위한 반사회적 행동이나 착취가 없다는 점에서 이 영역에서 B 씨의 기능은 STIPO-R의 수준 5인 사람과는 차이를 보인다.

STIPO-R 도덕적 가치 평정: 수준 4 도덕적 가치 및 내적 기준이 약하고, 일관되지 않으며, 비도덕적이다. 도덕적 지향은 들키지만 않으면 된다는 것에 맞춰져 있으며 공격적인 반사회적 행동(예를 들면, 강도, 위조, 공갈)을 드러낼 수 있다. 희생자를 대면하여 그러한 행동을 하게 될 수 있지만, 폭력은 없으며, 어떤 폭력이 일어난다 해도 대체로 사전에 계획된 것은 아니다. 타인 착취가 자아동질적이고 타인의 희생으로 개인적 이익을 자유롭게 도모한다. 죄책감이나 가책이 부족하다.

요약. B 씨는 STIPO-R 평정을 사용하여 다음과 같이 차원적으로 분류될 수 있다. 정체성-수준 4, 대상관계-수준 4, 방어-수준 4, 공격성-수준 3, 그리고 도덕적 가치-수준 4. 〈표 2-1〉을 보면, 이 차원적 평가 외에도 임상가는 B 씨가 중간 경계선 성격조직 수준으로 조직되었다고 기술할 수 있다. B 씨의 도덕적 기능의 병리는 잠재적인 치료적 도전이 된다.

분류의 차원적 특성과 높은, 중간 및 낮은 경계선 성격조직

우리의 틀이 지닌 명백한 범주적 특성에도 불구하고, 이것이 이 장에서 기술되고 [그림 2-1]과 [그림 2-2]에서 제시될 때, 사실상 구조적 접근은 성격병리에 대한 차원적 관점을 취한다(Kernberg & Caligor, 2005). 그 결과, 성격조직의 신경증적 수준과 경계선 수준 간의 구분은 차원적이며, 혼합된 특징을 보이는 경미한 정체성 병리를 지닌 환자들도 있다. 유사하게, 본질적으로는 정상 정체성 형성으로 특징지어진 신경증적 성격조직 환자라 하더라도 자기감 및 타인감에 있어서 미묘하고, 매우 초점적인 병리를 나타낼 수 있다. 가장 중요한 것은, BPO 스펙트럼 안에 광범위한 병리 스펙트럼이 있다는 것이다.

경계선 성격조직 수준에 속하는 성격장애 집단은 광범위하고 이질적이며 정체성 병리가 증가하는 정도와 더불어, ① 대상관계의 질과 ② 도덕적 기능에 기초하는 정도에 따라 특징지을 수 있다. BPO 집단 내에서, 이러한 추가적 차원의 평가를 통해 높은 수준의 경계선 조직(즉, 대상관계 병리가 덜하고 좀 더 온전한 도덕적 기능, 더 나은 예후를 지닌 좀 더 건강한 개인)과 낮은 수준의 경계선 조직(즉, 좀 더 심한 성격병리, 심하게 손상된 대상관계, 도덕적 기능의 심한 병리 및 좋지 않은 예후를 보이는 개인)을 파악할 수 있다. 이 두 가지 범주 사이에 중간 수준의 경계선 조직이 있다(즉, 심각도는 앞의 두 집단 사이에 속하고 중간 정도의 예후를 보이는 개인)([그림 2-1]과 [그림 2-2] 참조). 중간 수준 및 낮은 수준의 BPO는 심한 성격장애를 나타낸다(Kernberg, 1984).

높은-BPO 집단과 중간 그리고 낮은-BPO 집단 간의 본질적인 차이는 심리적 기능 및 병리에서 공격성의 역할이다. 낮은-BPO 집단, 그리고 좀 덜하지만 중간-BPO 집단의 심한 정신병리는 빈약하게 통합된 공격성의 형태가 표현되는 것으로 특징지어진다. 공격성은 내부 및/또는 외부로 향할 수 있고 불안의 가장 중심 원인이다. 공격성은 높은 수준의 경계선 성격병리 개인에게는 덜 중심적인데, 이들은 주로 의존성 및 자존감 유지와 관련된 불안과 싸우고, 공격성은 이차적이다. 높은-BPO 집단은 의존성, 연극성, 그리고 좀 더 혼란스러운 회피성 성격을 포함할 뿐만 아니라 자기애성 스펙트럼의 더 건강한 부분을 포함한다. 낮은-BPO 집단은 반사회성 성격장애와 지배적인 반사회적 특성을 나타내는 자기애성 성격장애의 좀 더 심한 형태를 포함하는데, 이는 악성 자기애를 포함하고 있다.

나머지 성격장애—경계선, 분열성, 편집성 그리고 분열형—는 전형적으로 중간 수준의 경계선 범위에 속한다. 이러한 성격장애들은 반사회성 및 자기애성 특징이 동반되는 것에 따라 낮은 수준의 경계선 범위에 속할 수도 있다. 앞의 임상 예시 2에서 소개된 B 씨는 중간 경계선 범위에 해당하는 성격장애를 보여 준다.

임상 예시 3 ▶ 높은 경계선 성격조직 수준

H 씨는 38세 기혼 변호사로 아이가 없었다. 그는 불안을 호소하며 치료를 받으러 왔다. 양복을 입고 넥타이를 맨 H 씨는 비만이었고, 약간 단정하지 않았으며, 눈에 띄게 땀을 흘리고 있었고, 눈 맞춤이 잘 안 됐다. 그는 작은 로펌에서 일하고 있었는데, 일이 힘들고 어쩌면 그

의 능력 밖이라고 말했다. 그는 사무실에서 상당히 많은 시간을 불안한 상태로 보내고 있는데, 동료들이 그를 얕보고 있는 것 같고 등 뒤에서 그에 대해 말하고 있는 것이 아닐까 한다고 예비치료자에게 말했다. 그는 때때로 너무 불편해서 사무실을 도망칠 수밖에 없다고 느꼈고, 결국에는 아이스크림을 마구 먹어 댄다고 말했다.

H 씨는 또한 미루는 버릇에 대해 말했다. 그는 늘 가장 마지막 순간까지 일을 미루는데, 이것은 업무의 질을 떨어뜨렸고 어떤 경우에는 마감일을 놓치기도 했다. 전체적인 업무 수행에 관해 물었을 때, H 씨는 자신에 대한 공식적인 평가는 문제가 있고 개선의 필요가 있다고 나왔으나, 해고한다는 언급은 없었다며, 불안하긴 하지만, 자리는 비교적 안전하게 느낀다고 말했다.

H 씨는 자신이 부끄러움이 많고, 사회적으로 어색하며, 수동적이고, 항상 다른 사람과 자신을 비교하고 열등감을 느낀다고 말했다. 그는 아내가 자신보다 더 강하고 유능하다며 감탄스럽다는 듯 말했고, 그녀가 늘 그를 쥐고 흔든다고 덧붙였다. 그녀는 그가 비만이고 건강을 방치하고 있다고 비난했다. "그렇게 하는 게 당연해요." 부부관계는 어떤지 묻자, H 씨는 '훌륭한 결혼'이라고 대답했다. 그의 아내에 대해 말해 달라고 요청했을 때는, "강하고, 대단해요―그녀가 없으면 나도 없을 거예요."라고 대답했다.

H 씨는 가까운 친구들이 없었다. 그는 고등학교부터 이어져 오는 '술친구'들과 일주일에 한 번 많은 시간을 보내고 있다고 말했고, 다른 도시에 살고 있는 대학교 룸메이트와 연락을 하며 지내고 있었다. H 씨는 온라인 포커 게임을 즐겼고 몇 개의 지속적인 게임에 참여했지만, 그 외에 외부 활동에는 흥미가 없었다. H 씨의 이야기를 들은 후, 예비치료자는 H 씨가 성격병리로 인해 직업을 유지할 수 있는 능력이 있는지 걱정이 됐고, H 씨가 장기 치료를 받으려는 동기가 있는지 의문이 들었다.

[그림 2-5]는 H 씨의 STIPO-R 프로파일을 보여 주며, 다음은 이 환자의 STIPO-R 평정에 대한 논의가 이어진다.

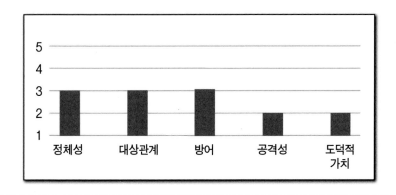

[그림 2-5] H 씨(높은 BPO)의 STIPO-R 프로파일

STIPO-R 평정: 정체성-수준 3, 대상관계-수준 3, 방어-수준 3, 공격성-수준 2, 도덕적 가치-수준 2.
BPO=경계선 성격조직 수준, STIPO-R=성격조직에 대한 구조화된 면접-개정판(Clarkin et al., 2016)

▶ H 씨(높은 BPO)의 STIPO-R 평정 안내

정체성. 정체성 병리의 증거가 있었는데, 가장 분명한 것은 아내에 대한 H 씨의 지속적으로 이상화된 피상적인 경험과 그에 상응하는 평가절하된 자기표상이다. 정체성 병리는 매우 심하진 않으나, 임상적으로 의미가 있다. 좀 더 심한 병리를 특징짓는 매우 불안정하고 불일치하는 자기 및 타인에 대한 경험은 볼 수 없었다. H 씨는 법대를 졸업하고 법조계에서 일하는 데 있어서 목표 지향적인 행동을 보였다. 그러나 그의 경력에 대한 투자는 다소 피상적으로 보이고, 그의 개인적 흥미는 온라인 포커게임에 한정되어 있다.

> **STIPO-R 정체성 평정: 수준 3   경미한 정체성 병리**─자기감 및/또는 타인감이 다소 빈약하게 통합되어 있고(명백한 피상성 또는 불일치성과 불안정성, 때때로 모순되고 왜곡된), 일/학업과 여가에 투자하는 역량에 분명한 손상이 있다. 개인적 투자는 주로 자기애적 욕구를 충족시키는 데 있다.

대상관계. H 씨는 다소 심한 대상관계 병리를 보여 준다. 가장 중요한 관계는 아내와의 관계이다. 이 관계가 안정적이고 지속적이라 하더라도, 이는 H 씨의 깨지기 쉬운 이상화와 의존욕구의 충족에 근거하고 있다. 오랜 시간 동안 유지해 온 다른 관계들이 있지만 거리가 있고 피상적이다.

STIPO-R 대상관계 평정: 수준 3   애착관계가 있으나 피상적이고, 깨지기 쉬우며, 갈등 및 만족의 결핍이 특징이다. 관계들을 욕구 충족의 관점으로 보는 경향이 있다. 어느 정도 타인에 대한 관심 역량 또는 약간의 공감 역량이 있다. 성적 관계에는 친밀성의 문제가 있다.

방어. 억압에 기반한 방어의 증거가 약간 있고(그의 아내에게 복종하는 방식으로 공격성을 억제, 일에서의 지연행동), 아내에 대한 지속적인 이상화와 결혼과 일에서 문제를 부인하는 형태로 낮은 수준의 방어를 지배적이고 일관되게 사용하며, 때로 아이스크림을 폭식하는 행동화를 보인다.

STIPO-R 방어 평정: 수준 3   낮은 수준의 방어들이 혼합된 패턴으로 나타난다. 자기 및 타인 지각에 전환을 보인다. 낮은 수준의 방어 사용에서 약간의 기능 손상이 시사된다.

공격성. H 씨는 비교적 경미한 공격성 병리를 보여 주는데, 우세한 자기 패배적 행동, 자기방치(그는 비만이고 대체로 자신의 건강을 방치한다), 공격성의 억제된 표현에 주로 국한된다. 타인 지향적 공격성의 증거는 없다.

STIPO-R 공격성 평정: 수준 2   비교적 공격성을 잘 통제하고 있다—공격성의 부적응적 표현은 억제(공격성을 표현하지 못함), 가벼운 자기파괴적 행동이나 방치, 통제적인 대인관계 스타일, 또는 간헐적인 언어적 폭발에 국한된다.

도덕적 가치. H 씨는 명백히 비도덕적이거나 부도덕한 행동의 증거를 보이지는 않으나, 임상가는 그의 업무수행과 관련하여 적절한 책임감이나 관심이 없다는 것에 주목한다.

STIPO-R 도덕적 가치 평정: 수준 2   내적인 도덕적 영역이 자율적이고 일관되며, 개인적 이득을 얻기 어려운 경직성과 모호함도 보인다. 명백히 비도덕적이거나 부도덕한 행동의 증거를 보이지 않는다. 잠재적으로 해롭거나 비윤리적인 행동에 대한 관심과 책임감에 있어서 다소 경직성(과도하거나 다소 부주의함을 보인다)을 보인다. 죄책감을 경험하긴 하지만, 개선을 위한 예방적 노력보다는 반추적인 자기비난이 우세하다.

요약. H 씨는 STIPO-R 평정을 사용하여 다음과 같이 차원적으로 분류될 수 있다. 정체성-수준 3, 대상관계-수준 3, 방어-수준 3, 공격성-수준 2, 그리고 도덕적 가치-수준 2. 〈표 2-1〉과 관련하여, 이 차원적 평가에 덧붙여, 임상가는 H 씨를 비교적 치료 예후가 좋은, 높은 경계선 성격조직 수준이라고 기술할 수 있다.

임상 예시 4 낮은 경계선 성격조직 수준

L 씨는 38세 기혼 남성으로, 아이가 없으며 실직한 변호사이다. 그는 '우울'과 '일 문제'를 호소하며 치료를 받으러 왔다. L 씨는 처음에 예비치료자에게 가장 큰 문제는 꾸물거리는 것이라고 말했고, 이것이 '지나치게 양심적인 것'을 반영한다고 설명했다. 그러나 면접이 진행되면서, 그가 10년 전 법대를 졸업한 뒤부터 여러 직장에서 해고되었다는 사실이 드러났는데, L 씨는 프로젝트를 완성하지 못하고 종종 마감 기한을 놓치곤 했기 때문이었다. 그는 또한 아프다며 자주 근무 시간 기록표를 속였고, 상사와 힘겨루기를 하기도 했다. 그는 직장과 해고에 대해 부당한 대우를 받은 것으로 경험했고, 부정적인 결과에 대해서 개인적 책임감이 없었다. 그는 가장 최근에 법률 보조원으로 일했는데 그의 위신을 떨어뜨린다고 생각하였다. 그러다가 치료받기 6개월 전에 해고를 당했는데, 그는 동료를 신체적으로 위협하고 복사기 쪽으로 밀었기 때문이었다. 그는 '그 상황에서는 충분히 정당한' 행동이었다고 말했다.

L 씨는 면접에서 정서적으로 거리가 있었고 미묘하게 적대적이었으며 평가절하하고 있었다. 그는 자신이 다른 누구보다도 똑똑하다는 느낌과 '바보 같은 패배자'라는 느낌이 왔다 갔다 한다고 말했다. 그의 아내는 그가 재정적 및 정서적으로 지원해 주지 않는다고 불평한다고 보고했다. L 씨는 결혼 초기에 아내에 대해 성적 흥미가 떨어졌고 정기적으로 매춘부를 찾아간다고 말했다. 그가 결혼생활을 유지하는 이유는 아내가 그들이 사는 아파트를 소유하고 있고, 그녀의 수입으로 살아가고 있었기 때문이다. 아내에 대해 실물과 똑같이 입체적인 그림을 그릴 수 있도록 설명해 달라고 요청했을 때, 그는 대답했다. "그녀는 지루하고, 항상 불평해요. 난 그녀에게 질렸어요." 면접자가 그에게 추가적인 정보, 아마도 아내에 대한 어떤 긍정적인 것에 대해 말해 달라고 했을 때, L 씨는 대답했다. "그녀는 돈을 잘 벌고 아파트에 살게 해 줘요."

L 씨는 공허함을 느끼고 안절부절못한다고 호소했다. 그는 어떻게 하면 기분이 덜 저조해

지고 덜 불안할 수 있는지, 그리고 좀 더 안정적으로 자신이 특별한 사람이라고 느낄 수 있는지에 대해 예비치료자가 말해 주길 원했다. 90분의 면접이 끝날 즈음, 예비치료자에게는 L 씨에 대한 피상적이고 캐리커처 같은 느낌만이 남았고, 그의 아내에 대해서는 훨씬 더 그림자 같은 이미지만이 남았다. 예비치료자는 L 씨가 솔직하지 못하고, 착취적이고, 평가절하하는 것 때문에 불쾌감을 느꼈다.

[그림 2-6]은 L 씨의 STIPO-R 프로파일을 보여 주며, 다음은 이 환자의 STIPO-R 평정에 대한 논의가 이어진다.

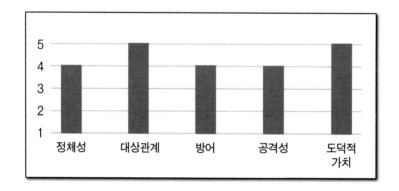

[그림 2-6] L 씨(낮은 BPO)의 STIPO-R 프로파일

STIPO-R 평정: 정체성-수준 4, 대상관계-수준 5, 방어-수준 4, 공격성-수준 4, 도덕적 가치-수준 5.
BPO=경계선 성격조직 수준, STIPO-R=성격조직에 대한 구조화된 면접-개정판(Clarkin et al., 2016)

▶ L 씨(낮은 BPO)의 STIPO-R 평정 안내

정체성. 임상가는 L 씨에게서 중간 정도로 심한 정체성 병리의 증거를 볼 수 있었다. 자기에 대한 경험이 빈약하게 통합되어 있고, 피상적이고, 양극화되어 있으며, 모순적으로 표현되고, 이상화와 평가절하로 채색되어 있었다. 뿐만 아니라 그의 아내에 대해 현저히 피상적이고, 막연하며, 평가절하되고 캐리커처와 같이 경험한다. L 씨는 법대를 가까스로 졸업하였지만, 현재는 직장이 없고 장기적 목표나 투자가 없다.

STIPO-R 정체성 평정: 수준 4 중등도 정체성 병리—자기감과 타인감이 빈약하게 통합되어 있고(상당한 피상성 또는 불일치, 현저하게 불안정하고, 모순적이며, 왜곡되어 있다), 일/학업 또는 여가에 투자하는 역량이 거의 없다.

대상관계. 이 남성은 아내와의 관계 외에는 다른 사람들과의 사회적 관계가 없다. 아내와의 관계는 확실히 욕구 충족적이며 명백히 착취적이다. 이러한 욕구의 만족 외에, 그는 관계에서 어떤 흥미도 보이지 않으며, 공감 역량이나 친밀함에 대한 시도를 보이지 않는다.

STIPO-R 대상관계 평정: 수준 5 진정한 관계가 존재하지 않는다(알고 지내는 관계는 있을 수 있다). 매우 고립되어 있을 수 있는데, 심지어 알고 지내는 사람조차 없을 수 있다. 존재하는 모든 관계는 오직 욕구 충족에 기초한다. 공감 역량을 보이지 않는다. 친밀함의 역량 및/또는 친밀함에 대한 시도가 없다.

방어. L 씨는 분열과 이상화 그리고 평가절하에 만연하게 의존함으로써 자신에 대한 경험이 극단적으로 변하고 왜곡된다. 이것은 기능을 방해하고 되풀이되는 고통의 원인이 된다. 예를 들어, 아내와 같은 타인에 대한 경험 역시 유사하게 변하거나 지속적으로 평가절하되고 왜곡된다.

STIPO-R 방어 평정: 수준 4 낮은 수준의 방어들이 전 상황에 걸쳐 만연하게 사용된다. 자기 및 타인 지각이 심하고 급진적으로 변하는데 기능을 심하게 방해할 정도이며, 불안정성과 왜곡의 많은 예를 보여 준다.

공격성. L 씨는 빈약하게 통합된 공격성을 잘 통제하지 못하고, 공격성이 외부로 향해 있다. 공격성은 미움에 차 있고 폭력적인 언어 폭발, 상사와의 힘겨루기, 언어적 위협, 그리고 동료에 대한 신체적 폭력으로 빈번하게 표현된다.

STIPO-R 공격성 평정: 수준 4 공격성의 빈약한 통제—공격성이 자기를 향할 때는 치명적이지만, 다소 덜 만연해 있고 덜 만성적이며(즉, 좀 더 간헐적인) 또는 수준 5의 공격성보다는 생명을 위협하는 정도가 덜하다. 공격성이 타인을 향할 때, 단편적이지만 빈번한데, 타인에 대한 미움에 찬 언어적 학대를 동반하며, 자기와 타인을 해칠 수 있는 잦은 언어적 및 신체적 위협을 보인다. 신체적 위협은 타인에 대한 신체적 위협이나 공격을 포함할 수 있고, 타인을 다치게 하거나 적대적으로 통제하는 데서 기쁨을 얻을 수 있다.

도덕적 가치. L 씨는 자신에게서 법적인 문제를 찾지 못하지만, 도덕적 가치에 대한 이해가 없어 보인다. 그는 직장에서 보인 폭력적인 행동, 아내에 대한 금전적 착취, 또는 성매매를 하는 것에 대해 죄책감이나 양심의 가책을 보이지 않으며, 직장에서 보인 행동에 대해서도 어떠한 후회도 보이지 않는다. 이 모든 것은 완전히 자아동질적이고 정당화된다.

　STIPO-R 도덕적 가치 평정: 수준 5　도덕적 가치의 개념에 대한 이해가 명백하게 없다. 폭력적이고 공격적인 반사회적 행동(폭행, 구타, 고의성) 또는 폭력적인 행동이 드러나든 드러나지 않든 명백한 정신병질(도덕적 가치에 대한 이해 및 관념이 없다)이 분명히 나타난다. 죄책감이나 양심의 가책이 없다.

요약. L 씨는 STIPO-R 평정을 사용하여 다음과 같이 차원적으로 분류될 수 있다. 정체성-수준 4, 대상관계-수준 5, 방어-수준 4, 공격성-수준 4, 그리고 도덕적 가치-수준 5. 〈표 2-1〉을 보면, 이 차원적 평가에 덧붙여, 임상가는 L 씨가 낮은 경계선 성격조직 수준으로 조직되었다고 기술할 수 있다. 대상관계와 도덕적 가치의 심한 병리로 인해 예후가 극단적으로 제한적이며, 치료동기도 극단적으로 피상적이고 비현실적이다.

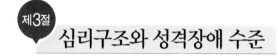

제3절 심리구조와 성격장애 수준

▌정체성

　본문에 기술된 것처럼, 정체성의 구성개념은 성격장애에 대한 대상관계 이론 모델에 기반을 두고 있다—그리고 정체성 공고화는 한편으로는 정상 성격과 신경증적 수준의 성격장애를, 다른 한편으로는 경계선 수준에서 조직된 성격장애를 구분한다([그림 2-1] 참조). TFP-E 접근에서 정상 정체성과 정체성 병리는 개인의 내적 및 외적 기능에 정체성 형성이 미치는 영향의 관점에서 기술된다. 또한 정체성의 기초요소로 기능하고 주관적 경험을 조직하는 내적 대상관계의 조직 및 통합 수준의 관점에서 기술된다.

정상적인 정체성 형성

▶ 정체성 공고화

정상 정체성 형성, 또는 정체성 공고화는 통합된 자기감과 일치한다. 이것은 자기 및 중요 타인에 대한 주관적 경험으로 나타나는데, 이 경험은 복합적이고 현실적이며 시간 및 상황에 걸쳐 연속적이다. 정상 정체성 형성은 직업적, 지적 흥미 및 여가에 오랜 시간에 걸쳐 투자하는 능력과 자신의 가치, 의견, 기호 및 신념에 관해 '자기 자신의 마음을 잘 알고 있는' 능력으로 나타난다. 정상 정체성 형성에 의한 일관된 자기감은 건강한 자존감, 관계 및 일에 헌신하는 데서 즐거움을 만들고 이끌어 내는 역량, 장기적인 목표를 추구하는 능력에 바탕이 된다. 또한 일관되고 통합된 타인 개념은 타인에 대한 내적 경험을 정확하게 인식하는 능력과 연결되는데, 이는 공감 및 사회적 감각에 대한 역량에 기여하고, 그래서 다른 사람들과 성공적으로 상호작용하고 관계를 맺을 수 있는 능력을 갖게 한다(Kernberg, 2006).

정체성 형성은 또한 **정동 경험**의 특성과 관련이 있다. 정체성 공고화는 긍정적인 정동 경험이 우세한 세팅에서 복합적이고 잘 조절된 정동 범위를 경험하는 역량과 연결된다. 또한 정체성 공고화는 충동 조절 실패 또는 현실검증의 손상과 같은 위험 없이도 높은 정동 자극 상태를 경험할 수 있는 역량을 부여하는데, 이것은 강렬한 정동 상태를 맥락화하고 이해하는 데 있어서 지속적이고 안정적인 자기의 역할을 반영한다(Kernberg, 2016).

▶ 내적 대상관계와 경험의 맥락화

이 책에서 발전시킨 성격장애에 대한 대상관계 이론 모델 안에서, 내적 대상관계에 대한 초점은 고차구조의 기초요소로서 그리고 주관적 경험의 조직자로서 대상관계의 기능에 있다. 정상 성격에서 자기 및 타인에 대한 경험을 조직하는 내적 대상관계는 잘 **통합**되어 있다. 이러한 잘 통합된 대상관계들은 합쳐져서 정상 정체성 공고화에 상응하는 안정적이고 유연하게 전체를 아우르는 구조를 형성하는데, 이것은 자기 및 타인에 대한 안정적이고, 연속적이며, 현실적인 감각에 대한 경험을 가능하게 한다. 내적 대상관계가 잘 통합되었을 때, 이들은 복합적이고 잘 조절된 정동과 연결되고, 표상들은 잘 분화되어 있고, 미묘함과 깊이로 특징지어지며, 회색 빛을 포함하고 있다.

정상 정체성에서, 이러한 잘 통합된 내적 대상관계들은 자연스럽게 잘 **합쳐진다**. 서로 간의 관계에서 안정적으로 조직되어 전체를 아우르는 구조를 형성하면서 순간 대 순간의 경험으로 활성화되고 조직된 내적 대상관계가 자기 및 중요한 타인에 대한 지속적인 감각에 새겨지게 된다. 그 결과, 정체성 공고화 세팅에서 여러 가지 비교적 잘 통합된 현실적인 내적 대상관계는 서로 다른 상황과 정서적 상태에 걸쳐 유동적으로 활성화되는 동시에, 개인의 경험은 연속적이고 일관된 자기감 및 타인감을 제공하는 안정된 구조에 기반을 두고 깊이 새겨진다.

다른 사람의 서로 다른 측면을 합쳐서 타인에 대한 통일된 '전체' 이미지를 형성하는 역량뿐만 아니라 시간 및 상황에 걸쳐 연속적인 자기감을 유지하는 역량을 부여하는 것이 바로 이러한 구조적 형태이다. 정상 성격기능은 통합과 유연성을 내포한다. 정상 정체성 공고화는 갈등적인(즉, 자기 자신 및 세계에 대한 감각을 잠재적으로 위협하는) 자기 및 타인에 대한 경험들조차 전체적인 정체성 구조 안에서 유연하게 컨테인할 수 있는 역량을 부여한다. 갈등적인 대상관계를 유연하게 관리할 수 있는 이러한 역량은 성숙한 방어기제가 심리적 기능에 미치는 영향에 상응한다.

신경증적 성격조직 수준에서의 정체성

신경증적 성격조직 수준 세팅에서, 정체성 형성은 정상 성격을 특징짓는 조직과 매우 유사하다. 이 수준에서, 잘 통합된 내적 대상관계의 공고화는 안정적이고, 연속적이며, 대체로 현실적인 자기 및 타인 경험을 형성하도록 돕는다. 그러나 정상 성격에서 갈등적인 대상관계들이 전반적인 자기감 안에 유연하게 컨테인되고 관리되는 것과는 달리, NPO 세팅에서는 심리적 갈등과 연관된 좀 더 극단적이고 매우 정동적으로 부하된 자기 및 타인 경험들이 안정적이고 비교적 길 통합된 사기감 안에 컨테인되기보다는 차단되고 의식에서 지속적으로 벗어나 있다. 이러한 형태는 억압에 기반한 방어의 영향을 반영하는데, 이는 공고화된 정체성으로부터 갈등적 대상관계를 차단하도록 작동한다. 이러한 대상관계와 연결된 갈등적인 자기 및 타인 경험은 의식적인 자기경험이 되지 못하고 대신 억압된다. 이러한 구조적 상황은 공고화된 정체성 세팅에서 자기 및 타인 경험에 작은 왜곡을 가져온다. 갈등의 핵심 영역에서 자기 및 타인 경험은 경직되고, 다소 왜곡되고, 다소 피상적이며, '썰겨 나간다'(앞 절의 임상 예시 1 참조).

정체성 형성 병리: 정체성 혼미 증후군

정상 정체성은 병리적 정체성 형성과 대비되는데, 병리적 정체성 형성의 극심한 형태를 때로 정체성 혼미 증후군(Kernberg, 1980; Kernberg & Caligor, 2005)이라고 부른다. 이는 심한 성격장애(낮은 및 중간 경계선 수준으로 조직된 성격장애)의 구조적 특징이다. 빈약하게 공고화된 정체성 세팅에서는, 자기 및 중요 타인에 대한 전반적인 일관된 감각이 없다. 대신에, 자기 및 타인에 대한 주관적인 경험은 불안정하고, 시간에 걸쳐 파편화되고, 왜곡된다—양극화되고('좋기만 한' 또는 '나쁘기만 한', 이상화되거나 편집적인), 빈약하게 분화되고, 피상적이다. 정체성이 혼미한 개인은 타인을 정확하게 '이해하는' 역량이 결여되어 있고(Donegan et al., 2003; Wagner & Linehan, 1999) 미묘한 사회적 신호에 감각적으로 반응할 수 없을 수 있다. 그들은 직업적, 지적 및 여가 추구에 대한 의미 있는 투자가 부족하다. 기호, 의견 및 가치가 일관되지 않고, 대체로 주위의 다른 사람들에게서 받아들인 것들이며, 이것들은 환경의 변화에 따라 쉽게 그리고 극적으로 바뀔 수 있다. 빈약하게 공고화된 정체성 세팅에서, 정동 경험은 피상적이고 빈약하게 통합되며, 갈등 상황에서 정동경험은 종종 극단적이고 빈약하게 조절된다. 정체성 혼미는 부정적 정동경험의 우세함으로 특징지어지는데, 종종 만성적인 기분 저조, 막연한 불안, 또는 공허감의 형태를 띠며, 즐거움과 기쁨, 또는 만족감의 역량이 제한된다. 또한 정체성 혼미 세팅에서, 고도의 정동 자극 상태는 충동 조절 상실과 연결될 수 있고 일시적으로 현실검증을 손상시킬 수 있다.

정체성 혼미의 구조적 상관물은 안정적이고, 현실적이며, 유연한 자기 및 타인 경험을 형성하기 위해 내적 대상관계들을 합치지 못한다는 것이다. 정체성 혼미 세팅에서, 내적 대상관계들은 빈약하게 통합된다. 내적 대상관계들이 빈약하게 통합되어 있을 때, 그것들은 고도로 부하되고, 복합적이지 않고, 대체로 매우 긍정적이거나 또는 매우 부정적인 정동과 연관된다. 이러한 정동 상태는 극적이고, 빈약하게 분화되고, 피상적이거나, 캐리커처 같고, 좋기만 하거나 나쁘기만 한 것으로 양극화된 표상과 연결되어 있다. 정체성 공고화 실패에서 빈약하게 통합된 내적 대상관계의 질은 심리 조직 및 기능에 대한 분열에 기반한 방어의 영향을 반영한다(다음에 나오는, 분열에 대한 논의인 '방어'를 참조).

빈약하게 통합되고 고도로 정동적으로 부하된 이러한 대상관계들은 안정적인 핵심 자기감을 형성하기 위해 합쳐지는 것이 아니라, 단지 서로 간에 느슨하게 조직된다. 이러한 세팅에서, 여러 상이한 내적 대상관계들이 다양한 상황과 정서 상태에서 활성화될 때, 연속적이고 일관성 있는 자기감에 단단하게 기반을 두거나 맥락화시키지 못한다. 그 결과는 비교적 파편화되고 정동적으로 부하된 일련의 피상적이고 모순된 자기 및 타인 경험이다. 각각은 하나의 특정 내적 대상관계에 의해 조직되고, 한 가지 경험은 다음 경험과 빈약하게 관련된다.

임상 예시 5 ▶ 높은 경계선 성격조직 수준에서의 정체성 혼미

이 젊은 여성은 높은 경계선 성격조직 수준으로, 의존적 특징이 있는 연극성 성격장애를 진단받고 예비치료를 받으러 왔다. 그녀는 대학을 졸업한 이후 출판사, 홈 데코, 조경, 자료 분석을 포함한 다양한 분야의 직장에서 일을 해 왔다. 그녀는 특별히 흥미롭거나 의미 있는 것이 없었고, 장기적인 직업적 목표를 찾지 못했다. 그녀는 소설을 즐겨 읽었고 SNS를 하며 시간을 보냈지만, 그 외에 개인적 흥미나 취미는 없었다.

예비치료자가 그녀 자신에 대해 말해 달라고 했을 때, 그녀는 할 말이 거의 없었지만 대부분의 시간이 우울하고 공허하며 목적이 없는 것 같다고 말했다. 그녀는 자신에 대해서 설명하는 것이 어렵다고 덧붙였는데, 그 이유는 자신이 어디에 있는지 또는 누구(친구, 가족, 동료)와 함께 있는지에 따라 자신에 대한 관점과 기분이 자주 바뀌기 때문이라고 말했다. 그녀는 가장 최근 친구 무리에 맞추기 위해 그녀의 옷 스타일, 음악 취향, 말하는 방식을 바꾸곤 했다. 그녀의 삶에서 중요한 사람들에 대해 물었을 때, 그녀는 남자 친구들이 있다 없다 했다고 말했다. 대체로, 그들은 처음에는 정말 좋아 보였지만 이내 곧 통제하고 학대했다. 타인에 대한 그녀의 기술은 모호하고 막연하고 양극화되어 있었다—예를 들면, 그녀는 사람들을 "좋아요.", "예뻐요.", "재밌어요." 또는 "이기적이에요.", "무정해요."로 묘사했다.

임상 예시 4(계속) ▶ 낮은 경계선 성격조직 수준에서의 정체성 혼미

앞에서 소개된 실직한 변호사 L 씨는, 낮은 경계선 수준에서 조직된 자기애성 성격장애로 진단되었다. 그는 수개월 동안 실직한 상태였고, 텔레비전을 보거나 시내를 배회하면서 하루를 보냈다. 목표와 관심사에 대해 물었을 때, 그는 목표가 없고, 텔레비전에서 축구경기 보는 것을 즐기며, 그 외에 개인적 관심사나 취미가 없다고 말했다. 그의 아내와 함께 있을 때, L 씨는 철수되어 있었고 적대적이었다. 하지만 체육관에서 사람들과 어울릴 때 그는 완전히 다르게 행동했다. 그는 사교적이었고, 매력적이었으며, 들떠 있었다. L 씨는 아내에 대해서는 피상적이고, 모호하고, 일차원적으로 언급했고, 다른 사람에 대해서는 복합적이고 현실적인 묘사보다는 캐리커처 같이 덧붙였다. 그의 아내에 대해 구체적으로 묘사해 달라고 했을때, L 씨는 단지 부정적인 형용사들을 열거하였다—'지루한', '잔소리가 심한', '재미없는'. 그리고 그는 부부관계에서 어떤 기쁨도 결코 얻을 수 없다고 말했다. 좀 더 자세히 말해 달라고 했을 때도, 그녀에 대해 긍정적으로 말할 수 있는 어떤 것도 생각해 낼 수 없었다. 하지만그는 그녀가 '돈을 벌고', '집안일을 한다'는 것을 인정했다. 그 자신에 대해 말해 달라고 했을때, 거의 대부분 그가 다른 사람들보다 '더 낫고 똑똑하다'고 생각하지만, 자신에 대한 이러한 생각이 때때로 무너지고 자신이 '벌레처럼' 느껴진다고 말했다.

정체성 병리는 DSM-5 경계선 성격장애에서 가장 명확하게 나타나지만, 어느 정도는 모든 성격장애의 특징을 나타낸다([그림 2-2] 참조). 정체성 병리의 서로 다른 정도와 그것이 드러날 수 있는 여러 방식이 있다. 경계선 성격장애는 여러 면에서 정체성 혼란이 특징인 성격장애의 원형이다. 자기감 및 타인감이 양극화되고, 모호하며, 비현실적이고 불안정하다. 시간의 불연속성은 경계선 성격장애를 지닌 개인에게 정체성 병리의 두드러진 주관적 징후인 경향이 있다.

그에 반해, 자기애성 성격장애에서 좀 더 안정적인 자기감은 왜곡되고 때로 깨지기 쉽다. 하지만 종종 극적으로 피상적이고, 어슴푸레하며, 캐리커처와 같은 타인 경험이 동시에 나타난다. 심지어 매우 지적이고 뛰어난 사람에게서도 그렇다. 가식적인 감정들은 자기애적 집단에서 정체성 병리의 특히 두드러진 주관적 징후인 경향이 있다. 그와는 다르게, 분열성 성격장애 환자는 현저한 공허감과 함께, 통합되거나 안정된 자기감이 부재한 상태에서 타인을 평가한다. 높은 BPO 범위에 속하는 성격장애에서, 정체성 혼란은 비교적 경미할 수 있는데, 낮은 경계선 수준이 나타내는 특징보다 좀 더 복합적이고 덜 불안정한 자기감으로 특징지어질 수 있다. 더불어 중요한 타인과의 관계를 지속시킬 수 있는 역량을 더 잘 발달시킬 수 있다.

방어

방어는 외부의 스트레스 요인이나 심리적 갈등에 대한 개인의 자동적인 심리적 반응이다.[10] 성격병리의 다양한 수준은 서로 다른 우세한 방어기제와 관련되며, 공고화된 정체성을 지닌 개인들에게서 방어가 작동하는 방식과 그렇지 않은 개인들에게서 방어가 작동하는 방식이 다르다. 스펙트럼의 가장 건강한 끝에서, 방어는 유연하고 적응적이며 내적 또는 외적 현실에 대해 왜곡이 없거나 거의 없다. 스펙트럼의 가장 병리적인 끝에서, 방어는 매우 경직되어 있고 부적응적이며, 현실에 대한 심한 왜곡이 있다(Vaillant, 1992). 성격병리의 스펙트럼에 걸쳐, 방어기제는 갈등적인 자기 및 타인 경험의 표현과 관련된 불안 및 고통으로부터 개인을 보호하는데, 이때 그 대가로 성격기능에 부적응적인 경직성과 구조적 병리를 가져온다.

〈표 2-2〉에서와 같이, Kernberg(1975)는 방어 분류에 대한 접근을 제시했는데, 이것은 방어를 세 가지 그룹으로 나눈다―① 성숙한 방어, ② 억압에 기반한 또는 '신경증적' 방어, 그리고 ③ 분열에 기반한 낮은 수준(때로 '원시적'이라고도 하는)의 방어. 이 분류는 여러 면에서 연구 분야에서 일반적으로 합의된 것과 일치하며(Perry & Bond, 2005), 방어기제의 바탕에 있는 심리적 기제를 더 많이 강조한다. 성숙한 또는 건강한 방어는 내적 및 외적 현실에 대해 최소한의 왜곡이 있으며 정상 성격의 유연하고 적응적인 기능과 관련된다. 신경증적 수준의 방어는 고통을 피하기 위해 정서적 불쾌의 갈등적이거나 잠재적인 근원이 되는 주체의 심리적 경험 측면을 의식으로부터 억압하거나 추방한다. 분열에 기반한 방어는 심리적 내용들을 의식 그 자체에서 추방하지 않지만, 대신 의식적인 심리적 내용들을 구획화하거나 그것들 간의 거리를 유지한다. 이 심리적 내용들은 서로 갈등이 되거나 그것들이 가까워질수록 심리적 갈등을 일으킬 수 있다(Kernberg, 1975).

성숙한 방어

성숙한 또는 건강한 방어는 개인이 불안을 일으키는 상황을 최소한의 정서적 고통으로 다룰 수 있는 가장 적응적이고 유연한 대처 기제로서 기술된다(Vaillant, 1992). 성숙한 방어는 대체로 긍정적인 자기감 및 타인감 안에 갈등적인 내적 대상관계를 유연하게 컨테인하는 역량과 일치한다. 이들은 정상 성격에서 우세한 방어 유형이며 유연하고 적응적인 기능과 연관된다. 성숙한 방어는 어떤 갈등적인 측면도 의식으로부터 차단하지 않으며, 갈등에 있는 정서적 삶의 측면들 간에 거리를 두지 않는다. 오히려, 성숙한 방어

---

10) 대상관계 이론과 애착 이론 모두 방어기제의 역할을 인정하나, 다소 방식이 다르다(Levy et al., 2015).

는 불안을 일으키는 상황의 모든 측면을 거의 또는 아무런 왜곡 없이 주관적으로 인식하게 하는데, 이때 심리적 고통을 최소화하고 대처는 최적화하는 방식으로 한다(Vaillant, 1992).

억제, 예기, 이타주의, 유머, 승화는 성숙한 방어의 예이다. 억제는 의도적, 적응적으로 특정 생각이나 감정들을 건설적인 조치를 취할 수 있을 때까지 보류한다. 예기는 잠재적으로 스트레스 상황을 다루기 위한 방법으로서 미리 계획하는 것이다. 이타주의는 다른 사람을 돕는 것을 통해 대리 만족을 얻는 것이다. 유머는 당면한 사건으로부터 불편감을 줄이고 유용한 거리를 만들기 위한 방법으로서 스트레스 상황에서 희극적인 측면을 볼 수 있는 역량을 말한다. 승화는 갈등적인 동기를 갈등적이지 않은 기능 영역으로 건설적이고 창조적인 방향으로 전환하는 것이며, 정상 적응의 핵심적 특징이다.

〈표 2-2〉 방어의 분류

성숙한 방어: 건강한 적응 및 대처
억제
예기
이타주의
유머
승화
억압에 기반한 방어: 내적 경험의 갈등적인 측면이 의식에서 추방된다.
억압
정동의 격리
주지화
반동 형성
신경증적 투사
전치
분열에 기반한 방어:[a] 의식적 경험 측면이 갈등을 피하기 위해 해리된다.
분열
투사적 동일시
낮은 수준의 이상화
평가절하
전능 통제
낮은 수준의 부인

[a]분열에 기반한 방어는 심리역동적 문헌에서 종종 '원시적' 방어로 불린다. 낮은 수준의 이상화와 낮은 수준의 부인은 때때로 각각 '원시적 이상화'와 '원시적 부인'이라고도 한다.

억압에 기반한 방어

억압에 기반한 방어, 또는 신경증적 방어는 갈등적이거나 정서적 불편의 잠재적 원천이 되는 개인의 심리적 경험 측면을 의식으로부터 억압하거나 추방함으로써 고통을 피하는 것이다. 구조적 수준에서, 억압에 기반한 방어는 갈등적인 내적 대상관계를 공고화된 정체성에서 안정적으로 분리시키는 역량에 상응한다.

신경증적 수준에서 조직된 사람들은 주로 억압에 기반한 방어와 성숙한 방어를 결합하며, 신경증적 성격조직 수준의 특징인 경직성은 심리적 기능의 억압에 기반한 방어의 영향을 반영한다(Caligor et al., 2007; Shapiro, 1981). 경험의 갈등 측면들은 지배적인 자기감으로부터 분리되고 거의 영구적으로 계속해서 의식 밖에 남게 된다. 이것은 성격기능이 경직되긴 하지만, 갈등적인 자기 및 타인경험을 인식하는 것을 막는다. 대상관계 이론 모델 안에서 방어적 대상관계의 상연은 다음에 나오는 예시에서처럼 억압의 증거가 된다.

> **임상 예시 1(계속)** **억압에 기반한 방어**
>
> 앞에서 신경증적 성격조직 수준을 설명하기 위해 소개된, 여성 환자 N 씨는 성적인 경쟁 및 공격성과 관련한 갈등을 다루기 위해 억압에 기반한 방어를 사용한 것으로 볼 수 있다. 예를 들어, N 씨는 파티에서 성적 주목을 받고자 하는 갈등적인 소망을 인식하지 못했다. 이러한 소망은 아마도 강력하고 성적으로 매력적인 여성-자기라는 내적 대상관계에 반영된다. 이 여성-자기는 ① 감탄하고 관심을 보이는 남성과의 관계, ② 열등하고 패배한 여성과의 관계와 관련되는데, 이 두 이자관계는 승리감, 성적 기쁨과 연결된다. 이러한 소망들은 N 씨의 지배적이고 의식적인 자기경험에서 배제되고 억압된다. 대신에, 갈등적이지 않고 방어적인 대상관계—예를 들면, 안전감과 연합된, 인정해 주고 우호적인 타인과 관계에서 유쾌하지만 성적으로 매력적이지는 않고 소녀 같은 자기—의 상연이 N 씨의 의식적인 자기경험을 지배하는 반면, 성적인 힘과 주목에 대한 갈등적 소망은 억압된다. 따라서 억압에 기반한 방어는 N 씨의 갈등을 다루기 위해 갈등적 동기의 인식을 막았지만, 그 대가로 그녀의 기능이 경직되었다. N 씨는 드러내 놓고 성적으로 유혹적인 행동을 할 수 없거나 자유롭게 성을 즐길 수 없었고, 심지어 그것이 허용되고 적절할 때도 그랬다.

억압에 기반한 방어는 주로 주체의 내적 현실을 바꾼다. 갈등 영역에서 정동적인 경험을 어느 정도 씻어 내고(N 씨는 성적 관심을 끌어 모으고 성을 즐기는 기쁨에 도달하지 못했다) 자기 및 타인 관점에서 미묘한 왜곡들을 일으킨다(N 씨는 자신이 어느 정도로 성적 매력이 있는 여성인지 제대로 알 수 없었다). 그러나 억압에 기반한 방어는 보통 주체의 외적 현실감을 크게 왜곡하지 않는다(N 씨는 자신이 성적인 관심을 받는다는 것을 의식하지 못했다. 그녀는 그럴 때마다 그저 계속해서 놀랐다). 따라서 억압에 기반한 방어가 성격 경직성의 원인이며 기능의 핵심 영역을 방해하거나 불편감 또는 고통의 원인이 될 수 있다 할지라도, 분열에 기반한 방어와는 달리 그것들은 전형적으로 극도의 비정상적이거나 파괴적인 행동들로 이어지지 않는다.

서로 다른 방식에서 작동하는 다양한 신경증적 방어가 있지만, 그것들은 모두 비교적 잘 통합된 자기감에서 억압을 수반한다. 주체의 경험 일부분이 분열되어 의식으로부터 차단된다(Kernberg, 1975). 고전적인 억압에서는 사고가 억압된 것으로 봤지만, **정동의 격리**라는 면에서 보면 정동이 억압된 것이다. 주지화는 격리와 유사하다. 여기서 정동은 억압되지만 개인은 의식적으로 추상적인 사고에 초점을 둔다. 반동 형성에서는 정동 및 그와 연합된 사고는 사라지며 그와는 반대되는 것에 의해 대체된다. 신경증적 투사에서는 주체와 그의 동기 그리고 감정들 간의 연결이 억압되고, 전치에서는 동기 또는 감정과 특정 대상 간의 연결이 억압된다.

신경증적 방어로 간주하지 않더라도(즉, 과정이 무의식적이지 않기 때문에), **합리화**는 무의식적 뿌리를 지닌 행동에 대해 겉으로는 합리적인 설명을 제공함으로써 억압을 유지시킨다. 더욱이, 합리화와 부인은 다음과 같은 방식으로 종종 억압과 분열을 뒷받침하기 위해 사용된다.

- 억압의 경우, 합리화는 무의식에 뿌리를 둔 행동에 대해 겉으로는 합리적인 설명을 제공한다. 반면, 부인은 이러한 행동의 중요성을 무시하거나 부인한다.
- 분열이 좀 더 극단적인 경우, 합리화는 명백히 모순적인 행동과 경험을 합리적이라고 주장할 수 있다. 반면, 낮은 수준의 부인은 명백한 모순의 중요성을 전적으로 대수롭지 않게 취급한다.

분열에 기반한 방어

신경증적 방어가 억압을 사용하는 데 반해, 낮은 수준의 또는 분열에 기반한 방어는 심리적 갈등과 정서적 고통을 피하기 위해 해리[11] 또는 분열을 사용한다. TFP-E에서 해리와 분열[12]이라는 용어는 갈등이 되는 경험의 두 측면이 의식에서 동시에 일어나지 않거나 동일한 대상관계와 연결해서도 충분히 일어나지 않는 심리적 과정을 말한다(Kernberg, 1975). 대신에 그것들은 분할되거나 분열된다. 따라서 해리 방어가 사용되었을 때 아무것도 억압되지 않으면서, 심리적 경험의 갈등을 일으키는 측면들은 자기와 관련하여 동시에 경험되지 않고, 이 과정에서 갈등을 피할 수 있다.

분열에 기반한 방어는 몇몇 성격장애 환자가 나타내는 원형적 방어이다. 분열은 경계선 수준에서 조직된 환자에게서 정체성 병리와 밀접하게 연결되어 있다. 분열은 BPO 스펙트럼에 걸쳐 정체성 병리를 특징짓는 양극화되고, 피상적이고, 이상화되고, 편집적인 자기 및 타인 경험들을 유지하는 원인으로 볼 수 있다. 중간 및 낮은 경계선 수준에서 조직된 개인들에게서, 분열에 기반한 방어는 심각한 성격 경직성을 가져오며 대인관계 현실에 대한 명백한 왜곡의 원인이 된다. 이것은 이러한 성격장애를 지닌 사람들의 대인관계 생활에 문제를 일으킨다. 이러한 배경에서 분열에 기반한 방어는 전형적으로 행동적 징후를 포함하고 있어서 종종 파괴적 행동을 낳는다.

높은 BPO 범위에 있는 사람들은 분열에 기반한 방어와 억압에 기반한 방어를 결합해서 사용하는데, 이때 분열에 기반한 방어는 더 심한 병리에서 보이는 것보다는 덜 극단적인 경향이 있다. 이러한 방어적 조직은 많은 영역에서 다소 안정적이지만 경직된 기능의 특징을 전형적으로 보인다. 그러나 스트레스를 받는 상황이나 심리적 갈등이 있는 영역에서 좀 더 많이 정동적으로 부하되고 분열된 자기 및 타인 경험이 의식으로 침투하기

---

11) 우리는 방어기제로서의 해리와 해리 상태를 구분한다. 해리 상태는 해리 방어기제를 수반하지만, 그것들은 또한 변경된 의식상태를 지닌다. 방어기제로서의 해리는 변경된 의식상태를 수반하지 않는다.

12) 심리역동 문헌에서, 해리 방어와 분열이라는 용어는 대체로 교환하여 사용된다. 분열은 이상화되고(매우 긍정적인) 박해적인(매우 부정적인), 또는 사랑하고 증오하는 경험 측면들의 해리를 가리킬 때 가장 흔히 사용된다. 반면, 해리는 갈등하는 자기경험(예를 들어, 성과 의존적 동기)의 다른 측면들을 분리하는 것을 가리킬 때 좀 더 자주 사용된다. 분열에 기반한 방어는 Melanie Klein(1946/1975, 1952/1975)에 의해 처음 체계적으로 기술되었고, 분열 자체 외에도 낮은 수준의 이상화, 평가절하, 투사적 동일시, 전능 통제 및 낮은 수준의 부인을 포함한다. Klein은 이러한 방어기제의 형태들이 지배적인 것이 편집 분열 포지션의 핵심 특징이라고 시사했다. 이것은 심각한 정신병리 환자의 매우 원시적인 특징인 심리 발달 및 심리 조직 수준이다. 그 결과, 그녀는 분열에 기반한 방어 집단을 원시적 방어라고 하였으며, 이것과 억압에 기반한 고전적 신경증적 방어를 비교하였다.

쉽고, 대인관계가 왜곡되고 종종 부적응적 행동으로 나타난다.

정체성 공고화가 실패한 세팅에서, 분열은 긍정적 정동과 연결된 내적 대상관계를 부정적 정동과 연결된 것과 분리함으로써 심리적 갈등을 관리한다. 이러한 분열은 결과적으로 두 개로 해리되고, 정동적으로 부하되고, 마찬가지로 왜곡된 경험 영역으로 나타난다. 하나는 매우 긍정적인(이상화된 것으로 불리는) 것이고 다른 하나는 매우 부정적인(박해적이고, 편집적이거나 평가절하된 것으로 불리는) 것이다. 주관성 수준에서 이것은 양극화되고, 피상적이고, 비현실적인 자기 및 타인 경험을 가져온다—예를 들어, 완벽하게 만족스러운 양육자 또는 견딜 수 없는 좌절의 원천, 완벽한 보호자이거나 자기를 제거한다고 위협하는 대상, 전능한 자기 또는 어떠한 힘도 없는 빈약한 자기.

분열이 통합과정을 방해하기 때문에, 매우 정동적으로 부하되고 양극화된 이 내적 대상관계는 전반적인 구조를 형성하기 위해 결합되지 못한다. 그 결과, 활성화되었을 때 그것들은 지속적인 자기 및 타인 경험에 새겨지지 않는다. 이 구조적 형태의 결과는 파편화되고 불연속적이며, 때로 갑자기 바뀌고 모순되는 일련의 경험으로, 다른 경험과 관련하여 빈약하게 맥락화된다. 어떤 양극화되고 정동적으로 부하된 대상관계든지 간에 그 순간에 조직적인 경험은 개인의 주관성을 전부 떠맡게 된다. 이러한 세팅에서, 내적 경험과 외부 현실 사이의 구분은 희미해질 수 있어서, 그 순간에 경험에 **콘크리트**한 특성을 부여한다. 마치 그 사람이 "내가 지금 그걸 어떻게 경험하는지는 이게 전부예요. 그리고 대안적인 관점에 대해 생각할 여지가 없어요. 당신이 지금 나를 좌절시키는 건 아니지만, 당신은 좌절시키는 사람입니다."

임상 예시 2(계속) 분열에 기반한 방어

앞에서 소개된 여성 환자 B 씨는 개인 역동 치료에 의뢰되었다. 치료 첫 주 동안, 그녀는 치료자에게 그가 얼마나 잘 들어주는지, 그녀를 얼마나 잘 이해해 주는지, 그리고 그가 얼마나 도움이 되는지를 반복적으로 이야기했는데, 대조적으로 그녀의 이전 치료자는 '차갑고', '둔하고', '통찰력이 없었다'고 말했다. 치료를 받은 지 몇 주 지났을 때, 치료자는 처음으로 B 씨에게 청구서를 주었다. B 씨는 다음 회기에 화가 나서 왔고 맹렬하게 치료자를 공격하기 시작했다. 그녀는 그를 믿을 수 없고 실력이 없는 '돌팔이'라고 했다. 그녀는 한 인간으로서 관심을 주는 것이 아니라 단지 돈을 벌기 위해 그녀를 이용하는 사람에게 치료를 받은 자신이 바보였다고 말했다. 치료자는 B 씨의 치료자에 대한 현재 경험과, 그리고 다른 한편으로는 이때까지 그들의 상호작용을 특징지었던 긍정적인 태도 및 치료자를 잘 들어주고 도움을 주는 사람으로 보았던 그녀의 이전 경험이 모순이라고 말했다. B 씨는 그렇게 생각했다는 것을 기억하지만, 이제는 상관없다고 대답했다. 그녀는 이제 치료자가 진정 누구인지 알았고, 중요한 것은 그것뿐이었다.

이 짧은 예시는 타인에 대한 불안정하고, 매우 양극화되고, 피상적이며 비현실적인 관점(및 연관된 자기에 대한 관점)을 보여 주며 이러한 관점은 분열의 전형적인 발현이다. 이러한 분열에서, '좋기만 한', 이상화된 중요한 타인에 대한 관점은 '나쁘기만 한', 편집적이고 증오하는 대상관계에 대한 인식을 일시적으로 막는데, 두 관점은 모두 똑같이 왜곡된 것이다. 처음에 B 씨는 치료자에 대한 이상화된 관계를 상연한다. 치료자가 그녀에게 청구서를 주었을 때, 치료자와의 관계에서 치료자에 대한 관점과 그녀 자신에 대한 관점은 극적으로 변했고, 매우 부정적으로 부하되고, 편집적인 대상관계가 B 씨의 경험에 넘쳐흐른다. 반면, 이상화된 것들은 그녀에게서 사라진다. 비록 기억하고 있었다 하더라도, 그것들은 그 순간에 어떤 정서적인 의미도 가지지 못했다. 따라서 치료관계에 대한 이상화되고 편집적인 이미지는 의식적으로 경험되지만, 동시에 경험되지 않는다. 치료자가 그녀의 치료자에 대한 관점이 빠르게 변하는 것에 주목하게 했을 때, B 씨는 그들의 관계에 대한 그녀의 초기 이상화된 관점의 정서적인 의미를 부인한다. 이것은 B 씨가 그녀의 경험의 편집적인 측면과 이상화된 측면을 계속 분리할 수 있게 해 준다.

분열에 기반한 방어들은 분열 자체뿐만 아니라, 투사적 동일시, 낮은 수준의 ('원시적인') 이상화, 평가절하, 전능 및 낮은 수준의 ('원시적인') 부인을 포함한다. BPO 세팅에서, 분열은 한편으로는 이상화된 자기 및 타인표상과 함께, 매우 보편적으로 긍정적인 정동과 관련된 경험 영역들을, 다른 한편으로는 부정적인 정동과 평가절하 또는 편집증적 (또한 피해의식으로 불리는) 대상관계와 관련된 영역으로부터 분리하는 것을 의미한다. 투사적 동일시는 개인의 내적인 경험 측면을 분열시켜서 그것을 다른 사람에게 투사하기 때문에 자기의 투사된 측면이 다른 사람의 부분으로 경험되는 것을 의미한다. 동시에, 투사적 동일시를 사용하는 개인은 투사된 것과 일치하는 반응을 유발하기 위해 다른 사람과 상호작용할 것이다(이것은 투사적 동일시에서, 투사가 실현되는 경향이라고 말하는 것이다).

낮은 수준의 ('원시적') 이상화는 부정적인 감정들과 연결된 불안을 피하기 위해 다른 사람을 좋기만 한 것으로 보는 분열의 한 형태이다. 이상화는 종종 이것의 반대인 평가절하가 뒤따라온다. 전능 통제에서, 거대 자기는 가치절하되고 정서적으로 비하된 타인을 마술적으로 통제한다. 낮은 수준의 ('원시적인') 부인은 모순적이거나 잠재적으로 위협적인 내적 또는 외적인 세계의 측면을 무시함으로써 분열을 유지한다. B 씨의 사례에서 기술되었듯이, 낮은 수준의 부인이 사용될 때 개인은 위협적인 경험을 인식하긴 하지만, 이 인식에 상응하는 정서적 반응은 나타나지 않는다.

신경증적 수준으로 조직된 개인 역시 해리와 분열에 기반한 방어를 사용한다.[13] 그러나 심한 성격장애와는 달리, 여기서 분열 및 해리는 공고화된 정체성과 비교적 잘 통합된 자기감 및 중요한 타인 경험을 지닌 개인의 심리적 경험에 영향을 미친다. 이 경우, 분열과 해리는 좀 더 심한 성격병리에서보다 덜 극단적이고 좀 더 안정적인데, 그것들은 심각한 성격장애의 특징이 되는 매우 양극화되고, 빠르게 바뀌고, 정동적으로 부하된 내적 및 외적 현실 경험들로 연결되지 않는다.

BPO에서 분열과 함께 나타나는 매우 왜곡되고 정동적으로 부하된 경험들에 비해 신경증적 수준에서 조직된 개인의 분열과 해리는 갈등적이지만 비교적 잘 통합된 심리적 경험 측면들의 분리와 연관된다. 그리고 지배적인 자기경험으로부터 갈등적인 동기를 대체로 미묘하게 해리시키는 것과 관련된다(Caligor et al., 2007). 예를 들어, 한 젊은 남성은 성적으로 수줍어하고 때로 그의 여자 친구들과의 관계에서 발기가 되지 않았다. 하지만 여자 친구가 없을 때는 평소의 억제에서 벗어나 '전혀 자기 자신 같지 않은' 성적으로 모험적인 원나잇을 하곤 했다. 이 젊은 남성은 동일한 파트너에게서 다정함과 열정적인 감정을 통합하는 능력이 없다는 것을 보여 준다. 성적인 갈등을 관리하는 데 억압을 사용했던 N 씨와는 달리, 이 젊은 남성은 해리를 사용하였다. 그는 그의 성적 동기에 따라 행동했지만, 그저 지배적인 자기경험으로부터 해리된 방식에서였다. 다정함과 성적인 동기는 의식적으로 경험되고 상연되었지만, 동시에 또는 동일한 사람에 대해서는 그렇지 않았다.

또 다른 예는 한 여성 환자로, 일반적으로 그녀의 삶에서 남성들을 상당히 비판하고 평가절하함에도 불구하고, 그녀의 남편을 매우 이상화했다. 다른 사람들이 그를 비판하면 그녀는 그를 열심히 방어하면서 그에게서 어떤 결점도 찾지 못했고, '이런 보기 드물고 멋진 남자'를 발견한 것은 그녀 자신에게 대단한 행운이라고 느꼈다. 이 여성은 다정함과 적대감을 통합하는 능력이 없음을 보여 준다. 그녀는 적대감으로부터 남편과의 관

---

13) NPO 환자의 엄밀한 의미의 분열에 대한 논의는 제3장의 임상 예시 '신경증적 수준에서 조직된 환자의 편집성 및 우울성 성향 간의 역동적 관계'와 '우울 포지션의 분열'에 대한 논의를 참조하라.

계를 보호하기 위해 이상화와 해리에 의존했다. 성적 동기와 관련하여 앞에서 언급한 젊은 남성처럼, 이 여성은 남성에 대한 다정함과 적대감을 충분히 경험했지만, 다만 그것들은 해리되었다. 그녀는 남편과의 관계에서 모든 적대감을 해리시킨 반면, 그녀의 삶에서 다른 남성들을 비판하고 평가절하했다.

대상관계의 질

대상관계의 질은 개인의 대인관계를 조직하는 내적 신념, 기대, 역량을 말할 뿐만 아니라 상호 간 친밀한 애착을 형성하고 지속시키는 역량을 말한다. 정상 성격에서 상호 의존적인 관계를 유지하는 능력은 주고받는 것에 대한 이해에 기초하는데, 이것은 자기 욕구와는 관계없이 다른 사람의 욕구를 인정하고 관심을 가지는 능력, 즉 관심 역량을 말한다. 또한 정상 성격은 낭만적인 사랑에서 친밀함과 성적 관심을 통합하는 역량과 관련된다. 신경증적 성격조직 수준 역시 상호 의존 및 관심 역량과 연결되지만, 종종 친밀하고 상호의존적인 관계를 성과 충분히 통합하는 데 실패한다. 따라서 상호의존적인 친밀 관계를 맺을 수 있는 개인일지라도 반복적으로 한 명의 친밀한 파트너와 성적 생활을 즐길 수 없을 수 있다.

대조적으로, 경계선 성격조직 수준은 대상관계 병리가 특징이다. 낮은 및 중간 경계선 성격조직 수준에서, 대상관계 병리는 비교적 심각하고, 대인관계에서 욕구 충족적인 성향이 우세하다. 관계가 자신의 욕구를 어느 정도 만족시키느냐로 바라보고 평가한다. 이러한 성향은 종종 관계가 보상을 기준으로 만들어진다는 가정과 관련된다(즉, "만약 내가 당신을 위해 뭔가를 한다면, 나는 그 보답으로 뭔가를 받길 기대해."). 대상관계 질의 병리는 반사회적 성격에서 가장 극심한데, 이들에게 있어서 모든 인간적 상호작용은 타인을 이용하고 착취하는 것에 기초한다.

높은 경계선 수준에서 조직된 사람들은 적어도 어느 정도—그리고 갈등 영역 밖에서, 종종 매우 많이 발달된—상호의존적인 역량과 자기 이익만을 도모하는 성향을 넘어서는 관계를 유지하는 역량 때문에 좀 더 심각한 병리를 가진 사람들로부터 그들을 가장 명백하게 구분할 수 있다. 대조적으로, 자기애성 병리는 전체 기능 수준에 비해 대상관계 병리가 특징이다. 예를 들어, 이 장의 임상 예시 4에서 기술된 실직한 변호사 L 씨는 그의 아내에게 더 이상 어떤 긍정적 또는 성적인 감정도 남아 있지 않지만, 그녀가 그를 경제적으로 지원해 주는 수단을 가지고 있기 때문에 그녀와 함께 산다고 예비치료자에게 말했다. 그는 누군가에게 '빚진' 느낌을 갖고 싶지 않아서 가까운 관계를 피했다.

도덕적 가치

정상 성격은 자기감 안에 일관되고, 유연하며, 충분히 통합된 가치와 이상 및 '도덕적 나침반'을 따르는 것과 관련된다. 신경증적 성격조직 수준은 가치와 이상을 따르고 반사회적 행동을 보이지 않는데, 이것은 충분히 통합되고 내재화된 가치 및 이상에 대한 감각을 반영한다. 그러나 도덕적 경직성, 자신에게 지나치게 높은 기준(즉, 지나치게 자기비판적이거나 일탈 유혹에 대한 괴로움)을 세우는 경향은 신경증적 수준에서 조직된 성격장애의 공통적인 특징이다.

그에 반해, 경계선 성격조직 수준의 특징은 도덕적 기능 병리의 변동이 심하다는 것이다. 이 스펙트럼의 한쪽 끝에서 임상가는 비교적 잘 발달되었지만 경직되고 지나치게 심각한 도덕적 기능 수준을 볼 수 있는데, 이는 심한 불안과 주관적 고통으로 특징지을 수 있다. 그것이 나타나는 형태는 내적 기준을 따르지 않는 것과 관련하여 자기비판적이거나 다른 사람들로부터 비판받을 것이라고 예상하는 것이다. 이 스펙트럼의 다른 한쪽 끝에는, 어떤 내적인 도덕적 기준도 부재하며 죄책감이나 가책을 느낄 수 있는 역량도 결여되어 있다. 이는 낮은 경계선 수준에서 조직된 환자들의 특징인데, 특히 반사회성 성격장애나 심한 자기애성 병리를 가진 환자들에게서 나타난다.

L 씨(임상 예시 4에서 소개된)로 돌아가면, 예비치료과정에서 그가 아무런 불편함 없이 그의 아내를 경제적으로 착취하고 있다는 것이 드러났고, 그가 일상적으로 매춘부를 찾아간다는 사실을 아내에게 속이고 있다는 것이 밝혀졌다. 그는 이러한 행동에 대해 어떤 불편함도 없었는데, 그것에 대해 결코 두 번 다시 생각하지 않았다. 치료자가 거짓말하는 것에 대해 언급했을 때, 이 환자는 자기 행동의 중요성을 부인했고 '일을 원만히 하기 위해' 한 일이라고 합리화했다.

높은 경계선 수준에서 조직된 개인들이 지나치게 엄격한 도덕적 기준을 보이는 것은 보편적이다. 이 기준들은 도덕 기능에서 분명한 허점과 불편함 없이 공존할 수 있다. 분열과 부인은 도덕 기능에 대한 명백한 모순적 태도를 유지하는 역량의 기저를 이룬다.

현실검증과 성찰 역량

지각적인 현실검증의 지속적인 상실은 성격장애의 특징은 아니다. 환자가 분명하고 지속적인 현실검증의 상실을 보일 때, 정신증을 평가하고 치료하는 것이 가장 우선시되어야 하며, 성격병리 문제는 정신증적 증상이 해결될 때까지 미뤄진다. 그러나 현실검증의 일시적 상실은 좀 더 심한 성격장애 환자들에게서 볼 수 있는데, 특히 매우 스트레스가 되고 정동적으로 부하된 상태(또한 알코올이나 약물남용 상태에서도)에서 나타난다. 이러한 과정은 정신증이 아니라, 갈등 및 정동 활성화 장면에서 분열이 동반될 수 있는 매우 콘크리트한 경험 특성으로 이해된다. 이러한 경우, 그 순간의 종종 편집적이거나 때때로 이상화된 경험은 '그것이 전부'이며, 절대적인 진실이라는 순간적 특성을 띤다. 환자의 지각에서는 자신의 내적 현실과 외부 현실 사이에 구분이 없고, 자신이 생각하고 느끼는 것이 어떤지에 대해 대안적 관점을 생각할 여지가 없다. 환자의 주관성은 단일 대상관계의 영향으로 완전히 지배되는데, 대안적 관점을 고려하거나 무엇이 일어날지를 성찰하는 관찰하는 자기에 대한 감각이 없다.

예를 들어, 임상 예시 2에서 기술된 젊은 여성 B 씨는 남성들과 관계가 불안정했다. B 씨는 그녀의 남자 친구들이 그녀에게 거짓말했기 때문에 많은 연애 관계가 깨졌다고 확신했다. 치료자뿐 아니라 어느 누구도 아무것도 말할 수 없었고 그녀의 생각을 바꿀 수 없었다. 그녀는 남자 친구가 믿을 수 없고 남을 이용하는 거짓말쟁이라는 것을 의심하지 않았다. 매우 극적이지만, 이러한 에피소드들은 일시적이었다. 그를 찬 후, 그녀는 그를 오해했다는 것을 깨달았고 그 후 필사적으로 관계를 복구하고자 했다.

성격장애에서 대체로 사고는 갈등 영역에서 좀 더 콘크리트해지는 경향이 있다. 병리가 좀 더 심각해질수록, 콘크리트한 사고의 취약성도 더욱 심해지며 자기 및 타인의 내적 상태에 대한 성찰 역량(즉, 심리화[14] 역량)도 동시에 감소한다. 이러한 관찰은 중요한 임상적 함의를 지닌다. 우리의 치료 접근은 탐색적 작업으로 들어가기 전에 그 순간 환자의 콘크리트한 경험 특성을 설명할 필요성을 고려한다(제11장, 치료 기략 및 시기에 대한 기술

---

14) 심리화 개념은 광범위한데, 마음챙김, 공감, 정동 의식과 같은 다른 개념들과 겹친다(Choi-Kain & Gunderson, 2008). 심리화에 대한 좀 더 국한된 관점은 Kernberg(2012)에 의해 명확해졌는데, 이는 심한 성격의 역기능을 나타내는 환자에 대한 치료적 개입과 관련된다. 전이초점 심리치료에서 해석의 복합적인 과정(즉, 이 책 전체에서 기술되듯이, 지금 여기에서의 명료화, 직면, 해석의 단계)은 환자의 심리화 능력—즉, 극심한 정동 흥분 상태에서도 비교적 적절하고, 안정적이며, 복합적인 자기 및 타인 개념에 따라 행동하는 능력—에 기여한다.

을 참조).

엄밀한 의미의 현실검증에서 우리가 **사회적 현실검증**이라고 부르는 것으로 넘어가면, 우리는 경계선 수준에서 조직된 사람들이 이 영역에서 자주 결함을 보인다는 것을 알 수 있다. 사회적 단서를 확인하고, 사회적 관습을 이해하고, 대인 상황에서 적절하게 반응하는 능력은 사회적 현실검증에 달려 있다. 이 모든 것은 정상 성격의 특징이며 신경증적 성격조직에서도 볼 수 있다. 경계선 수준에서 조직된 개인은 사회적 현실검증의 결핍으로 인해 사회적 장면에서 부적절하게 행동하고 대체로 그것을 의식하지 못할 수 있다. 또한 사회적 단서를 잘못 해석함으로써 편집적이거나 버림받는 것에 대한 공포를 일시적으로 느낄 수 있다.

예를 들어, B 씨는 자주 남자 친구들을 오해했을 뿐 아니라, 다양한 장면에서 사회적 단서를 잘못 알아듣고 관습을 이해하는 데 실패했다. 그녀는 다른 사람들을 불편하게 하는 방식으로, 직장에서도 여성과 남성들에게 매우 유혹적이었을 수 있고, 그렇게 행동하는 것을 자각하지 못했다. 그녀는 일상적으로 직장에 지각했고 종종 부적절한 옷차림으로 왔는데, 지나치게 캐주얼하거나 노출이 심했다—그러나 그녀의 행동이 불쾌하다는 것을 전혀 인식하지 못했다.

제4절

성격장애 구조 모델의 임상적 함의

NPO와 BPO 간의 구분, 그리고 다른 한편으로는 경계선 성격조직의 높은, 중간, 낮은 수준 간의 구분은 환자의 예후와 차별적 치료계획 및 임상 과정에 중요한 함의를 지닌다. 이들 각각에 속한 환자들은 서로 다른 임상적 필요를 지니며 그들의 특정 정신병리를 대상으로 하는 치료로 효과를 얻을 수 있다.

TFP-E는 모든 수준의 성격병리 환자들이 좀 더 높은 수준의 성격조직을 점진적으로 획득하도록 돕는 것으로 개념화된다. 이는 자기 및 대인관계 기능의 개선으로 나타난다 (〈표 2-3〉). 임상적으로 중대한 정체성 병리를 지닌 경계선 수준에서 조직된 환자들에게, 치료는 해리되고 이상화되고 편집적인 내적 대상관계의 통합과 합일을 촉진시키기 위해 조직된다. 그리고 목표는 좀 더 일관되고 안정적이고 더 잘 분화되고 복합적인 자기 및

〈표 2-3〉 TFP-E의 목표

전체 성격조직 범위
더 높은 수준의 성격조직
향상된 자기 및 대인관계 기능
경계선 성격조직 수준
정체성 공고화
해리되고 이상화된, 편집적인 내적 대상관계의 통합
일관되고 분화된 자기 및 타인 경험
신경증적 성격조직 수준
갈등 영역에서 감소된 성격의 경직성과 풍부한 정동 경험
억압되고 해리된 내적 대상관계를 자기경험에 통합
갈등 영역에서의 유연하고 적응적 기능

타인 경험을 형성하는 것이다—즉, 정체성의 공고화(Yeomans et al., 2015). 정상 정체성 형성 세팅에서 성격 경직성이 있고 신경증적 수준에서 조직된 환자에 대해 치료는 억압되거나 해리된 내적 대상관계를 이미 공고화되고 안정적이며 비교적 복합적인 자기감에 통합되도록 촉진한다. 이때 목표는 갈등 영역에서 성격 경직성을 감소시키고 정동 경험을 풍부하게 하는 것이다(Caligor et al., 2007).

성격병리의 심각도 수준에 걸쳐, 심리치료는 환자의 내적 대상관계가 치료자와의 관계를 포함해서 현재 대인관계에서 펼쳐질 때 이것을 계속해서 탐색하도록 조직된다. 치료적 질문은 지금 여기에 초점을 둔다. 이것은 환자의 현재 삶의 상황과 치료시간 안에서 그의 즉각적이고 정동적으로 우세한 경험에 세심한 주의를 두는 것이다. 매 시간 상연되는 내적 대상관계를 탐색함으로써, 치료자는 환자의 내적 세계에 접근하게 된다. 치료과정 전체에 걸쳐, TFP-E 치료자는 특정 순간이나 장면에서 상연되는 내적 대상관계가 방어적 기능을 할 수 있다는 점을 염두에 둔다. 방어적 기능은 좀 더 위협적이거나 고통스럽고 갈등적인 자기 및 타인 경험에 대한 인식으로부터 그 순간에 환자를 보호한다.

치료가 진행됨에 따라, 방어와 갈등이 탐색되고 작업됨으로써, 치료자는 치료 장면에서 환자의 의사소통과 경험을 조직하는 대상관계의 비교적 예측 가능한 발달과 변화를 예상할 수 있다. 이 책의 치료적 내용들을 담은 장에서는 일반 심리치료 원칙과 방략 및 기략을 전체 심각도 범위에 있는 성격장애 환자의 욕구에 가장 잘 맞게 적용할 수 있는 방법을 개관한다. 이때 각 환자의 순간 대 순간의 심리적 기능과 치료단계에 그것들을 맞춘다(〈표 2-4〉).

〈표 2-4〉 TFP-E의 임상적 접근

치료자와의 관계를 포함한 대인관계에서 펼쳐지는 내적 대상관계 탐색하기

지금 여기에서 작업하기

회기에서 환자의 즉각적이고, 정동적으로 우세한 경험에 초점 두기

환자의 삶의 상황에 초점 두기

전체 심각도 범위와 치료단계 전체를 아우르는 임상 원칙과 기법 사용하기

개별 환자와 치료단계에 기법 맞추기

치료의 구조적 목표: 정체성 공고화를 목표로 하기

성격장애의 대상관계 이론 모델은 임상 개입의 표적으로서 정체성 병리 및 관련된 방어기제를 확인한다. 치료의 구조적 목표는 성격조직 수준을 개선시키는 것이다. 정체성 공고화를 시작으로 해서 더 높은 수준의 통합으로 전반적이고 안정적이며 통합된 자기감 안에 갈등적인 대상관계를 컨테인하고 맥락화시키는 방향으로 나아가게 하는 것이다. 환자의 주관성 수준에서, 환자를 돕는 치료의 구조적 목표는 현실적이고 완전하며 연속적인 자기경험 및 상응하는 중요한 타인 경험을 발달시키는 것이다. 이것은 갈등적인 자기 측면과 타인 측면을 유연하게 컨테인하는 동시에 깊고 복합적인 특성을 지닌다. 환자의 주관적 경험 수준에서 이러한 변화들은 환자의 기능 수준에서 향상된 자기 및 대인관계 기능의 발달에 상응한다. 요약하면, 성격조직의 점진적인 수준을 촉진시키는 구조적 목표가 달성되는 만큼, 호소 문제와 어려움의 영역이 개선될 것이다.

핵심 임상 개념

- 성격장애는 구조 병리의 심각도 또는 성격조직 수준에 따라 분류될 수 있고, 이것은 지배적인 성격특성에 대한 기술과 결합된다.
- 구조 병리 수준은 정체성 형성, 대상관계의 질, 방어, 도덕적 기능 및 현실검증으로 결정된다.
- TFP-E의 전반적인 목표는 환자가 더 높은 수준의 성격조직 및 통합에 이르도록 돕는 것이다.
- 대상관계 모델 안에서, 성격의 통합은 자기감 및 타인감을 조직하는 내적 대상관계를 점진적으로 합치는 것으로 개념화된다.
- 통합적 변화는 개선된 자기 및 대인관계 기능, 증상 개선, 깊어진 정동 경험 및 삶의 도전에 대한 유연한 적응으로 나타날 것이다.

▼ 참고문헌

American Psychiatric Association: Diagnostic and Statistical Manual of Mental Disorders, 3rd Edition. Washington, DC, American Psychiatric Association, 1980

American Psychiatric Association: Diagnostic and Statistical Manual of Mental Disorders, 5th Edition. Arlington, VA, American Psychiatric Association, 2013

Bateman A, Fonagy P: 8-year follow-up of patients treated for borderline personality disorder: mentalization-based treatment versus treatment as usual. Am J Psychiatry 165(5):631-638, 2008 18347003

Bornstein RF: Dependency in the personality disorders: intensity, insight, expression, and defense. J Clin Psychol 54(2):175-189, 1998 9467762

Caligor E, Clarkin J: An object relations model of personality and personality pathology, in Psychodynamic Psychotherapy for Personality Disorders: A Clinical Handbook. Edited by Clarkin J, Fonagy P, Gabbard G. Washington, DC, American Psychiatric Publishing, 2010, pp 3-36

Caligor E, Kernberg OF, Clarkin JF: Handbook of Dynamic Psychotherapy for Higher Level Personality Pathology. Washington, DC, American Psychiatric Publishing, 2007

Choi-Kain LW, Gunderson JG: Mentalization: ontogeny, assessment, and application in the treatment of borderline personality disorder. Am J Psychiatry 165(9):1127-1135, 2008 18676591

Clarkin JF: The search for critical dimensions of personality pathology to inform diagnostic assessment and treatment planning: a commentary on Hopwood et al. J Pers Disord 27(3):303-310, 2013 23735039

Clarkin JF, Fonagy P, Levy KN, Bateman A: Borderline personality disorder, in Handbook of Psychodynamic Approaches to Psychopathology. Edited by Luyten P, Mayes LC, Fonagy P, et al. New York, Guilford, 2015, pp 353-380

Clarkin JF, Caligor E, Stern BL, Kernberg OF: Structured Interview of Personality Organization—Revised (STIPO-R), 2016. Available at: www.borderlinedisorders.com. Accessed September 20, 2017.

Crawford MJ, Koldobsky N, Mulder R, Tyrer P: Classifying personality disorder according to severity. J Pers Disord 25(3):321-330, 2011 21699394

Donegan NH, Sanislow CA, Blumberg HP, et al: Amygdala hyperreactivity in borderline personality disorder: implications for emotional dysregulation. Biol Psychiatry 54(11):1284-1293, 2003 14643096

Grilo CM, Sanislow CA, Gunderson JG, et al: Two-year stability and change of schizotypal, borderline, avoidant, and obsessive-compulsive personality disorders. J Consult Clin Psychol 72(5):767-775, 2004 15482035

Hopwood CJ, Malone JC, Ansell EB, et al: Personality assessment in DSM-5: empirical support for rating severity, style, and traits. J Pers Disord 25(3):305-320, 2011 21699393

Horz S, Clarkin JF, Stern B, Caligor E: The Structured Interview of Personality Organization (STIPO): an instrument to assess severity and change of personality pathology, in Psychodynamic Psychotherapy Research: Evidence- Based Practice and Practice-Based Evidence. Edited by Levy RA, Ablon JS, Kachele H. New York, Humana, 2012, pp 571-592

Kernberg OF: Object Relations Theory and Clinical Psychoanalysis. New York, Jason Aronson, 1975

Kernberg OF: Internal World and External Reality: Object Relations Theory Applied. New York, Jason Aronson, 1980

Kernberg OF: Severe Personality Disorders: Psychotherapeutic Strategies. New Haven, CT, Yale University Press, 1984

Kernberg OF: Identity: recent findings and clinical implications. Psychoanal Q 75(4):969-1004, 2006 17094369

Kernberg OF: Mentalization, mindfulness, insight, empathy, and interpretation, in The Inseparable Nature of Love and Aggression. Washington, DC, American Psychiatric Publishing, 2012, pp 57-80

Kernberg OF: What is personality? J Pers Disord 30(2):145-156, 2016 27027422

Kernberg OF, Caligor E: A psychoanalytic theory of personality disorders, in Major Theories of Personality Disorder, 2nd Edition. Edited by Lenzenweger MF, Clarkin JF. New York, Guilford, 2005, pp 114-156

Klein M: Notes on some schizoid mechanisms (1946), in Envy and Gratitude and Other Works, 1946-1963. New York, Free Press, 1975, pp 1-24

Klein M: Some theoretical conclusions regarding the emotional life of the infant (1952), in Envy and Gratitude and Other Works, 1946-1963. New York, Free Press, 1975, pp 61-93

Lenzenweger MF: Current status of the scientific study of the personality disorders: an overview of epidemiological, longitudinal, experimental psychopathology, and neurobehavioral perspectives. J Am Psychoanal Assoc 58(4):741-778, 2010 21115756

Lenzenweger MF, Johnson MD, Willett JB: Individual growth curve analysis illuminates stability and change in personality disorder features: the longitudinal study of personality disorders. Arch Gen Psychiatry 61(10):1015-1024, 2004 15466675

Levy KN, Scala JW, Temes CM, Clouthier TL: An integrative attachment theory framework of personality disorders, in Personality Disorders: Toward Theoretical and Empirical Integration in Diagnosis and Assessment. Edited by Huprich SK. Washington, DC, American Psychological Association, 2015, pp 315-343

Livesley WJ, Dimaggio G, Clarkin JF (eds): Integrated Treatment for Personality Disorder: A Modular Approach. New York, Guilford, 2015

Meehan KB, Clarkin JF: A critical evaluation of moving toward a trait system for personality disorder assessment, in Personality Disorders: Toward Theoretical and Empirical

Integration in Diagnosis and Assessment. Edited by Huprich SK. Washington, DC, American Psychological Association, 2015, pp 85-106

Parker G, Hadzi-Pavlovic D, Both L, et al: Measuring disordered personality functioning: to love and to work reprised. Acta Scandinavia 110(3):230-239, 2004 15283744

Perry JC, Bond M: Defensive functioning, in The American Psychiatric Publishing Textbook of Personality Disorders. Edited by Oldham JM, Skodol AE, Bender DS. Washington, DC, American Psychiatric Publishing, 2005, pp 523-540

Shapiro D: Neurotic Styles. New York, Basic Books, 1965

Shapiro D: Autonomy and Rigid Character. New York, Basic Books, 1981

Sharp C, Wright AG, Fowler JC, et al: The structure of personality pathology: both general ('g') and specific ('s') factors? J Abnorm Psychol 124(2):387-398, 2015 25730515

Tyrer P, Johnson T: Establishing the severity of personality disorder. Am J Psychiatry 153(12):1593-1597, 1996 8942456

Tyrer P, Crawford M, Mulder R, et al: The rationale for the reclassification of personality disorder in the 11th revision of the International Classification of Diseases (ICD-11). Personality and Mental Health 5:246-259, 2011

Vaillant G: Ego Mechanisms of Defense: A Guide for Clinicians and Researchers. Washington, DC, American Psychiatric Press, 1992

Wagner AW, Linehan MM: Facial expression recognition ability among women with borderline personality disorder: implications for emotion regulation? J Pers Disord 13(4):329-344, 1999 10633314

Westen D: Divergences between clinical and research methods for assessing personality disorders: implications for research and the evolution of Axis II. Am J Psychiatry 154(7):895-903, 1997 9210738

Westen D, Arkowitz-Westen L: Limitations of Axis II in diagnosing personality pathology in clinical practice. Am J Psychiatry 155(12):1767-1771, 1998 9842791

Westen D, Gabbard GO: Developments in cognitive neuroscience, II: implications for theories of transference. J Am Psychoanal Assoc 50(1):99-134, 2002 12018876

Westen D, Shedler J: A prototype matching approach to diagnosing personality disorders: toward DSM-V. J Pers Disord 14(2):109-126, 2000 10897462

Widiger TA, Costa PT, McCrae RR: Diagnosis of personality disorder using the fivefactor model and the proposed DSM-5, in Personality Disorders and the Five-Factor Model of Personality, 3rd Edition. Edited by Widiger TA, Costa PT Jr. Washington, DC, American Psychological Association, 2013, pp 285-310

Wright AGC, Zimmerman J: At the nexus of science and practice: answering basic clinical questions in personality disorder assessment and diagnosis with quantitative modeling techniques, in Personality Disorders: Toward Theoretical and Empirical Integration in Diagnosis and Treatment. Edited by Huprich SK. Washington, DC, American Psychological Association, 2015, pp 109-144

Yeomans F, Clarkin JF, Kernberg OF: Transference-Focused Psychotherapy for Borderline Personality Disorder: A Clinical Guide. Washington, DC, American Psychiatric Publishing, 2015

Zanarini MC, Frankenburg FR, Hennen J, et al: The McLean Study of Adult Development (MSAD): overview and implications of the first six years of prospective follow-up. J Pers Disord 19(5):505-523, 2005 16274279

Zanarini MC, Frankenburg FR, Reich DB, Fitzmaurice G: Attainment and stability of sustained symptomatic remission and recovery among patients with borderline personality disorder and Axis II comparison subjects: a 16-year prospective follow-up study. Am J Psychiatry 169(5):476-483, 2012 22737693

제**3**장

대상관계 이론틀 안에서 임상적 심리역동:

갈등, 불안, 방어 및 내적 대상관계

이 책에서 지금까지 우리는 대상관계 이론틀 안에서 성격장애에 대한 진단적 및 구조적 관점들에 초점을 맞춰 왔다. 우리는 이제 역동적 관점으로 전환하여, 서로 다른 심각도 수준의 성격장애를 특징짓는 심리적 갈등의 특성에 초점을 두고, 내적 대상관계와 방어 및 갈등 간의 관계에 초점을 둔다. 전이초점 심리치료–확장판(TFP–E) 모델에서, 치료자는 내적 대상관계의 점진적인 통합과 구조적 변화를 병인적 방어기제를 동기화하는 심리적 갈등의 훈습과 연결시키는데, 이때 통합 과정을 방해하는 불안의 역할에 초점을 맞춘다. 불안이 컨테인되고 훈습될 때, 환자는 부적응적인 방어를 포기하고, 갈등적 동기에 책임이 있음을 받아들이며, 양가감정을 감내하게 된다. 이러한 역동적 변화는 정체성 공고화와 더 높은 성격조직 수준의 달성 및 성격 경직성의 감소와 상응한다.

대상관계 이론틀 안에서 심리적 갈등

심리기능에 대한 심리역동적 모델은 개인의 주관적인 경험과 행동을 조직하는 의식적 및 무의식적 심리 과정의 역동적인 상호작용에 초점을 둔다. 특히 심리역동적 모델은 의식적 및 무의식적 동기와, 서로 다른 동기들 사이에서 일어나는 갈등 그리고 이러한 갈등들을 중재하는 심리적 방어에 초점을 둔다. 심리적 동기는 타고난 소인인데, 발달 경험에 의해 형성된다. 심리적 동기들은 욕구, 소망 또는 두려움으로 표현된다. 심리역동적 모델 안에서, 의식적 및 무의식적인 심리적 동기 간의 갈등은 고통스럽고 불가피한 것으로 보인다. 심리적 갈등은 고통스러운 정동 또는 '불안'을 만들어 내는데, 이는 방어기제를 활성화시킨다. 심리적 방어는 갈등적인 욕구들 사이를 중재하는 것으로 보인다. 이 갈등적 욕구들은 개인 안에서 대체로 적응적인 방식으로 심리적 기능에 영향을 주는 과정에서 나타난다.

성격장애의 심리역동적 모델은 심리적 갈등들이 성격병리에서 핵심적 역할을 하는 것으로 본다. 이러한 갈등들은 다음과 관련하여 조직되는 것으로 보인다.

1. 갈등적 동기(즉, 다른 동기들과 갈등이 되는 동기), 때로 '충동' 또는 '추동'으로 불리기도 한다.
2. 갈등적 동기의 표현과 연관되는 부정적 정동 경험, 때로 '위험' 또는 '불안을 동기화하는 방어'라는 용어로 기술된다.
3. 억압이나 분열에 기반한 방어

갈등적 동기

갈등적 동기는 개인의 가치나 자기감과 양립하지 않는 강력하고, 고도로 동기화된 소망과 욕구 또는 두려움들이다. 그것들이 직접적으로 표현되면 고통스럽고 위협적이고 또는 위험한 것으로 경험되는 상황으로 이끌 것이라고 예상된다. 서로 다른 동기들은 서로 다른 개인에 의해 대체로 갈등적으로 경험될 것이다. 예를 들어, 어떤 사람은 자신의 의존 욕구를 표현했을 때 굴욕감을 예상하면서 이러한 욕구를 매우 갈등적으로 경험할 수 있는 반면, 다른 사람은 의존 욕구를 자유롭고 즐겁게 표현할 수 있는데, 그때 편안함과 안전감을 예상하기 때문이다. 갈등에 공통적으로 관여하게 되는 동기에는 다음을 표현하는 것과 관련된 동기가 포함된다.

- 공격성(분노, 가학성, 시기, 경쟁, 권력투쟁)
- 의존 욕구(사랑받거나 돌봄받고자 하는 소망)
- 성적 욕망
- 자기애적 욕구(자율성 투쟁, 관심, 감탄, 자기 존중)

일반적으로, 성격병리가 좀 더 심할수록, 갈등적 동기들은 점점 더 빈약하게 통합되고, 공격성은 심리적 갈등과 성격기능에 좀 더 중심이 된다. 좀 더 심한 성격장애에서[즉, 낮거나 중간 경계선 성격조직 수준(BPO)에 해당하는 사람들], 빈약하게 통합된 공격성 형태의 핵심은 완전히 의식될 수 있는데, 예를 들면 증오, 가학성 또는 시기의 형태를 띤다. 스펙트럼의 다른 한쪽 끝인 신경증적 성격조직 수준(NPO)에서, 갈등은 공격적, 성적, 의존적 및 자기애적 동기가 다소 더 잘 통합된 형태로 조직된다. 이 동기들이 갈등적일 때 안정적으로 억압된다. 높은 수준 BPO에서는 의존적 및 자기애적 욕구를 둘러싼 갈등 및 공격성과 관련된 갈등의 응축이 종종 핵심적 역할을 한다.

심리적 불안과 방어

갈등적 동기의 표현은 특정 '불안', '위험' 또는 '두려움'과 관련된다(예를 들면, "만약 내가 공격적으로 경쟁을 하면, 나는 나쁜 사람이 되거나 사람들은 나를 좋아하지 않을 거예요.", "나의 가학성을 봉인 해제하면 내가 소중히 여기는 모든 것을 파괴할 거예요, 아니면 나는 미움을 받고 고립될 거예요.", "내가 의존하게 되면, 나는 시기와 열등감이라는 고통스러운 감정으로 넘쳐흐를 거예요."). 갈등적 동기의 표현과 관련된 불안은 충분히 의식적일 수도 있고 또는 충분히 무의식적일 수 있다. 그러나 불안은 종종 '전의식적'이다—즉, 의식에 접근 가능하지만 자각되지 않는다.

갈등적 동기의 표현과 관련된 위험 또는 불안의 구체적인 특성은 관련된 특정 동기, 개인의 성격조직 수준 및 개인력에 따라 달라질 수 있다. 병리가 좀 더 심할수록, 불안은 점점 더 빈약하게 통합되고 압도적이며 궁극적으로 재앙적일 수 있다. 다음 예에서 볼 수 있다.

1. 경쟁적인 공격성과 관련된 갈등을 나타내는 신경증적 수준에서 조직된 개인은 "내가 너무 경쟁하면, 나는 나쁜 사람이 되거나, 사람들이 나를 좋아하지 않을 거예요. 또는 벌 받을 거예요."라는 두려움을 가지고 있을 수 있다.
2. 의존성과 공격성에 대한 갈등을 지닌 높은 경계선 수준에서 조직된 개인은 "적대감을 표현하면 긍정적인 애착에 대한 어떤 희망도 없는 세상에 남겨질 거예요."라고 두려워할 수 있다.
3. 자기애적 욕구와 공격성에 대한 갈등을 지닌 중간 경계선 수준에서 조직된 개인은 "어떤 방식으로든 내가 취약해지면, 나는 지독하게 공격받거나 굴욕을 당할 거예요."라고 두려워할 수 있다.

4. 불안은 낮은 경계선 수준에서 가장 극심한데, 여기서는 극도로 빈약하게 통합된 공격성의 표현이 지배적이다. 또한 공격성의 투사는 매우 편집적인 불안과 관련되어 있다. 예를 들면, "그가 나를 소멸시킬 거예요. 유일한 보호책은 내가 그를 먼저 파괴시키는 거예요."와 같다.

갈등적 동기의 표현과 관련된 위험 또는 불안의 구체적인 특성과 상관없이, 이는 특정한 부정적 정동, 가장 일반적으로는 불안, 두려움 또는 공포, 편집, 상실, 수치심, 죄책감, 또는 우울과 항상 연결될 것이다. 예를 들어, 앞에서 제시된 목록의 첫 번째 항목(신경증적 수준에서 조직된 개인에 해당)에서, 우리는 경쟁적 공격성의 표현과 관련된 죄책감을 볼 수 있다. 두 번째 항목(높은 경계선 수준에서 조직된 개인에 해당)에서, 우리는 공격성의 표현과 관련된 절망감을 볼 수 있다. 그리고 세 번째와 네 번째 항목에서, 우리는 중간 또는 낮은 경계선 수준에서 조직된 개인에게서 빈약하게 통합되고 투사된 공격성과 관련된 공포와 편집성을 볼 수 있다.

심리적 갈등 상황에서, 방어기제는 갈등적 동기의 표현과 관련된 부정적인 정동을 피하기 위해 자동적이고 불수의적으로 활성화된다. 방어는 갈등적 동기의 인식을 지배적이고 의식적인 자기감으로부터 분리시킴으로써 부정적인 정동을 감소시킨다. 억압에 기반한 방어가 갈등적 동기를 의식으로부터 지속적으로 추방시키는 반면, 해리 또는 분열에 기반한 방어는 갈등적 동기를 그 순간에 마음에서 밀쳐낸다.

제2장에서 논의했듯이, 성격장애에서 잠재적으로 위협적인 동기가 인식되지 않도록 기능하는 방어는 성격기능에 경직성을 가져온다. 따라서 심리적 갈등으로부터 기인한 성격의 경직성은 고통스럽고 위협적인 내재화된 관계 패턴 및 관련된 정동 상태에 대한 인식을 막기 위한 욕구로 이해될 수 있다.

심리적 갈등과 내적 대상관계

대상관계 이론 모델에서, 갈등적 동기, 불안 및 방어는 모두 소망하고, 필요로 하거나, 또는 두려워하는 관계—즉, 내적 대상관계—의 관점에서 개념화된다(Kernberg, 1992). 따라서 이 참조틀에서 동기는 단순히 '충동' 또는 '추동'으로 개념화되는 것이 아니라 오히려 다른 사람을 향한 소망, 욕구 및 두려움으로 개념화된다. 이것은 고도로 부하된 정동 상태와 관련된 매우 동기화된 내적 대상관계를 표상한다.

예를 들어, 신체적 성적 욕구나 충동으로 경험된 갈등적 성적 동기는 강렬한 성적 흥분의 감정과 연관된 성적으로 자극을 주는 부모 대상과 성욕 과잉인 아이 자기의 관계가 심리적으로 표상되었을 수 있다. 또는 가학적 동기는 증오와 연관된 평가절하되고 격분하게 되는 대상과 강력하고 잔인한 자기의 관계로 표상되었을 수 있다. 또는 돌봄에 대한 소망이 돌봐 주는 어머니로부터 양육된 행복하고 의존적인 자기로 표상되었을 수 있다.

유사하게, 방어는 '기제'보다는 내적 대상관계의 방어적 상연이라는 점에서 개념화된다. 이 내적 대상관계는 비교적 비갈등적이며 억압이나 해리를 통해 좀 더 갈등적인 대상관계를 자각하지 못하도록 기능한다(Kernberg & Caligor, 2005). 예를 들어, 내적 대상관계의 방어적 상연은 다음을 포함할 수 있다. 앞에서 살펴본 성적 충동의 방어는 비성적 아이 자기와 양육적인 부모상이라는 내적 대상관계의 상연으로, 안전감과 관련된다. 가학적 동기의 방어는 강력하고 친절한 자기와 숭배하는 대상의 관계의 상연으로, 만족감과 관련된다. 의존성과 관련된 불안의 방어는 자율적이고 자기 만족적인 자기와 거리를 두고 감탄하는 타인과의 관계의 상연이다.

심리적 갈등과 TFP-E

요약하면, 심리적 갈등 세팅에서, 방어적 대상관계의 상연은 자동적이고 불수의적으로 갈등적 동기의 표현과 관련된 불안을 막는다. 그러나 제2장에서 기술하였듯이, 성격병리 세팅에서, 방어는 불안을 막는 대가로 성격기능에 경직성을 가져오고 정상적인 통합 과정을 방해한다. 구체적으로, BPO에서는 분열에 기반한 방어가 정체성 공고화를 방해한다. NPO에서는 억압에 기반한 방어가 이미 공고화된 정체성 안에 갈등적인 내적 대상관계를 통합하는 것을 방해한다. 그리고 성격장애의 심각도 스펙트럼에 걸쳐, 방어는 성격기능에 경직성을 가져오며 더 높고 더 유연하고 적응적인 성격조직 수준의 달성을 방해한다.

이 장에서 좀 더 자세히 기술하면, 방어를 동기화하는 갈등 및 불안의 특정한 특성은 서로 다른 수준의 성격조직에서 다르게 나타나지만, 심각도 전체 범위에 걸쳐 임상목표는 갈등적 동기의 표현과 연관된 불안을 컨테인하고 훈습할 수 있도록 돕는 것이다. 그래서 환자들로 하여금 좀 더 유연하고 적응적인 방어를 채택하게 돕는다. 이러한 과정은 통합적인 과정을 촉진하고, 정체성 공고화를 고무하며, 계속해서 좀 더 높은 수준의 성격조직에 도달할 수 있도록 지지하는 것과 일치한다.

심리적 갈등, 불안 및 성격조직 수준

서로 다른 성격조직 수준은 서로 다른 종류의 갈등 및 불안과 관련된다(〈표 3-1〉). 따라서 환자의 성격조직 수준에 대한 정확한 진단은 성격기능의 중심이 되기 쉬운 불안 및 갈등의 특성에 대한 정보를 제공하며, 임상가는 일어날 수 있는 치료발달 및 문제들을 예상할 수 있게 된다. NPO에서는 더 잘 통합된 우울 불안 및 삼자관계적 오이디푸스 갈등이 중심적 역할을 하는 반면, BPO에서는 편집 불안 및 이자관계적 갈등이 가장 중심적인 경향이 있다.

신경증적 성격조직 수준

이미 논의했듯이, NPO에서 의식적 경험을 채색하는 동기 체계들이 비교적 잘 통합되어 있는 반면, 좀 더 빈약하게 통합되어 있는 갈등적 동기들은 대부분 억압되어 있고 의식되지 않는다. 신경증적 성격조직 수준에서 심리적 갈등은 가장 일반적으로, 성적이고, 경쟁적으로 공격적이며, 의존적, 자기애적 및 가학적인 동기의 표현을 포함한다. NPO에서 갈등적 동기의 표현과 관련된 불안은 전형적으로 자기비판적이거나 수치스러운 감정들, 타인으로부터 인정받지 못하거나 처벌받는 것에 대한 두려움 또는 애착관계의 상실에 대한 불안을 포함한다. 방어기제는 억압에 기반한다.

신경증적 수준에서 조직된 개인들이 맞닥뜨리게 되는 전형적인 갈등의 한 가지 예는 경쟁적인 공격성의 표현에 관한 것이다. 말하자면, 이 개인의 갈등은 다음과 같이 들린다. "내가 관심이 가는 사람에게 적대감이나 경쟁심을 표현한다면, 나는 나쁜 사람이 되거나 사랑받지 못하는 사람이 될 거예요. 이런 갈등에 부딪치면, 나는 자동적으로 적대감에 대한 인식을 방어해요. 그런 감정들을 억압하거나 투사하죠. 결국, 나는 적대적이거나 경쟁적인 나 자신을 의식적으로 경험하지 못해요. 적대감이 억압되어 있는 한, 나는 불안하지 않아요." 주관적으로, 여기서 지배적인 자기감을 보게 되는데, 비교적 복잡하고 현실적이지만, 자기 안의 공격성에 대한 인식(또는 개인에 따라서는 의존 욕구, 성적 요구, 경쟁적 또는 자기애적 투쟁 또는 가학적 동기에 대한 인식)을 편안하게 수용할 수 없다.

갈등적이고 다소 빈약하게 통합된 동기 체계들은 억압되는데, 심지어 그것들이 의식될 때조차도 심한 성격장애의 특징인 갈등적 동기의 압도적인 질과 강도는 나타나지 않는다. 유사하게, NPO에서 갈등적 동기의 표현과 관련된 불안은 전형적으로 자기에 대한

〈표 3-1〉 갈등, 불안 및 성격조직 수준

역동적 배열	NPO	높은 BPO	중간 및 낮은 BPO
방어	주로 억압에 기반한 방어	분열과 억압에 기반한 방어의 결합	분열에 기반한 방어
핵심 갈등 동기	성, 더 잘 통합된 형태의 공격성, 의존성, 자기애적 욕구	의존성 및 자기애적 욕구, 성 및 공격성과 관련된 이차적 두려움	빈약하게 통합된 공격성, 편집적 세계에서 안전 욕구
방어를 동기화하는 불안	자기비판, 인정받지 못하는 것에 대한 두려움, 수치심, 사랑 상실, 사랑하는 사람의 상실	애착인물의 상실에 대한 두려움, 자존감 상실의 두려움, 굴욕감	가학적 공격 또는 처벌, 좋은 것의 파괴 및 안전에 대한 모든 희망 상실에 대한 두려움
동기 체계의 의식 접근성	의식하기 쉬운 동기가 비교적 잘 통합되어 있음, 덜 통합된 동기 체계는 안정적으로 억압되어 있음	의식하기 쉬운 동기가 적절하게 잘 통합되어 있음, 비의식적으로 통합된 동기 체계는 부분적으로 불안정하게 억압되어 있음	빈약하게 통합된 동기가 해리되어 있으며 중요한 의식할 수 있음, 억압 역량이 없음
지배적 갈등의 특성	갈등들이 주로 우울적임, 갈등적 동기에 대한 책임	갈등은 편집 및 우울 사이를 왔다 갔다 함, 가변적 책임감	갈등이 주로 편집적임, 갈등적 동기는 무책임하게 투사됨

주: BPO=경계선 성격조직 수준, NPO=신경증적 성격조직 수준.

또는 자기를 향한 부정적 감정이거나 애착 상실에 대한 것이다. 하지만 자기의 안전, 통합 또는 생존을 위협하지는 않는다. 갈등적 동기로 괴로워하고 궁극적으로 이에 대해 책임을 지는 이러한 유형의 불안은 때로 우울 불안이라고 부른다(이 장의 뒷부분에서 논의된다. '성격장애 치료에 중심적인 불안과 갈등: 편집 및 우울 불안 그리고 오이디푸스적 갈등' 참조).

낮은 및 중간 경계선 성격조직 수준

BPO에서 갈등은 NPO에서와는 다소 다르게 조직된다. 강도가 훨씬 더 크고, 이해관계가 훨씬 더 많다. 낮은 및 중간 BPO에서, 심리적 기능은 빈약하게 통합되고, 공격적이고 파괴적인 동기 체계(때로 원시적 공격성이라고 불린다)의 영향이 지배적이다. 게다가 분열에 기반한 방어가 지배적일 때 공격성이 빈약하게 통합된 고도로 부하된 대상관계는 억압되지 않고 충분히 의식될 수 있다. 강한 부정적 정동 상태와 편집적 대상관계와 관련된 빈약하게 통합된 형태의 공격성이 이상화된 경험 부분을 집어삼키고 압도할 것이라는 불안이 지배적이다. 이들 불안의 특징적인 표현은 내적 또는 외적인 안전의 모든 가능성이 상실된 자기 소멸과 이상화된 대상의 파괴에 대한 두려움이다. 이러한 세팅에서, 매우 공격적인 대상관계를 투사하는 경향은 단지 상황을 더 악화시킬 뿐인데, 종종 편집적이고 심지어 더욱 압도적인 불안과 공포를 초래한다. 이러한 심리적 상황은 자신의 정동 상태나 행동을 책임질 수 있는 능력이 없는 것과 관련되는데, 보통 지각된 (종종 오지각된) 도발에 기초하여 정당하다고 느낀다.

말하자면, 낮은 또는 중간 경계선 성격조직 수준에서 직면하는 전형적인 갈등은 다음과 같을 수 있다. "나는 압도적이고 종종 두렵고 빈약하게 통합된 파괴적인 공격성과 증오, 가학성 그리고 시기심으로 가득 차 있어요. 이것들은 나를 멸절시키고 나를 둘러싼 모든 것을 파멸시키기 위해 위협해요. 나는 그것들을 투사시켜서 이러한 충동들을 나 자신에게서 제거하려고 할 수 있지만, 지금은 이 세상이 견딜 수 없이 위험하고 사악하다고 느껴져요. 유일한 희망은 내가 찾아낼 수 있는 경험의 긍정적인 측면은 무엇이든지 격리시키는 것인데, 이상화된 대상관계를 만들어 내고 그것들을 보호하기 위해서 공격적으로 침투된, 편집적인 대상관계로부터 해리시키죠. 지금 나는 안전한 섬으로서 이상화된 부분을 잡고 매달릴 수 있지만, 이 모든 것은 불안정하고 부서지기 쉽고 약한 방어예요. 가치 있는 모든 것에 대한 파괴의 위협은, 내 안에 그리고 나를 둘러싼 세계에 항상 크게 자리 잡고 있어요."

이러한 '삶과 죽음' 유형의 불안은 때로 편집 불안이라 불린다. 우리는 이 장의 다음에서 이러한 주제를 논의할 것이다('성격장애 치료에서 중심 불안과 갈등: 편집 및 우울 불안 그리고 오이디푸스적 갈등' 참조). 한편으로는, NPO에서 방어를 동기화하는 지배적인 우울 불안의 고통스럽지만 비교적 잘 제한되고 초점화된 특성과, 다른 한편으로는 심한 성격장애에서 경험된 우세한 편집 불안의 파멸적이고 재앙적인 특성의 두드러진 차이가 전달되길 바란다.

높은 경계선 성격조직 수준

낮은 및 중간 BPO에서 빈약하게 통합된 공격성과 관련된 불안이 현저한 반면, 높은 BPO에서 불안은 대체로 의존성 및 자기애적 욕구와 더 관련되고, 편집적 근심과 성적 갈등은 종종 친밀과 취약성에 대한 두려움에 부차적으로 나타난다. 억압 및 분열에 기반한 방어가 결합된 세팅에서, 우리는 의존성, 성, 자존감 유지와 관련된 갈등과 공격성을 둘러싼 갈등 및 억압 방어가 실패했을 때 나타나는 좀 더 빈약하게 통합된 공격성 형태의 압축을 보게 된다. 예를 들어, 말로 표현하면 한 개인의 불안은 다음과 같을 것이다. "내가 애정에 굶주리거나 그에게 무언가를 원하게 되면, 그는 나에게 실망하고 굴욕감을 줄 거예요. 이런 갈등 상황에서 나는 방어적으로 그를 이상화하거나 또는 나의 의존적인 욕구를 억압하거나 투사하려 할 수 있고, 아니면 거리를 두려고 하죠. 하지만 예외 없이, 나의 핵심 갈등이 활성화되거나 현저하게 불안한 상황이 되면 나는 실망과 거절, 굴욕으로 압도될 거라고 예상하게 되죠. 그다음에―나로서는 정당화되는데―격노와 편집증이 뒤따라요. 이러한 경험들은 매우 불안정하고 파괴적이고 나의 평소 심리적 기능 수준과는 달라요."

█ 내적 대상관계, 방어 및 성격조직 수준

모든 성격조직 수준에서, 방어적 대상관계의 상연은 갈등적 동기의 표현과 좀 더 밀접하게 관련된 대상관계의 인식을 막음으로써 불안을 피하는 것으로 볼 수 있다. 정의상 방어적 내적 대상관계는 그것이 방어하고 있는 갈등적 동기보다 개인에게 덜 위협적이기 때문에, 모든 성격조직 수준에서 방어적 대상관계는 방어되는 대상관계보다 훨씬 더 의식하기 쉽다. 이는 갈등 장면에서 어느 순간이든 의식에 가장 가깝고 개인의 주관적 경험을 조직하는 자기 및 타인표상이 방어적 기능의 역할을 한다는 의미로 볼 수 있는데, 이때 좀 더 갈등적인 대상관계를 억압하거나 해리시킨다. 그 결과, 치료에서 그 회기에 환자의 의식적인 경험을 조직하고 있는 방어적 대상관계를 확인하고 탐색하는 것은 통합적인 과정을 방해하는 불안과 갈등을 탐색하는 데 있어서 항상 첫 번째 단계가 된다.

여기서, 우리는 내적 대상관계가 성격병리에서 방어적인 기능을 하기 위해 어떻게 조직되는지 논의한다. 이때 신경증적 구조와 경계선 구조 간의 유사성과 차이점에 주목한다. 어떻게 내적 대상관계가 서로 다른 성격조직 수준에서 방어적 기능을 하도록 구조화되었는지 탐색하는 것은 성격장애에서 갈등과 방어 및 구조적 병리들 간의 관계에 대한 이해를 제공한다. 이러한 개념화는 기법을 안내하는 방략을 조직하고 임상적 개입과 구조적 변화 간의 개념적 연결을 형성한다.

신경증적 성격조직 수준의 내적 대상관계와 방어

▶ 방어적 내적 대상관계의 억압과 층화

신경증적 성격조직 수준에서, 의식에 가장 가깝고 자기경험을 조직하는 내적 대상관계는 갈등 영역에서 방어적 기능을 하는 것으로 볼 수 있다. 이러한 내적 대상관계는 비교적 현실적이고 잘 통합되어 있으며 자아동질적인 특성을 띠는 경향이 있다. 이 내적 대상관계는 갈등적 동기를 배제시키고 또한 종종 어떤 점에서는 어린아이 같은 자기표상을 포함한다. 방어적 내적 대상관계는 갈등을 유발할 수 있는 장면에서 상연될 수 있는데, 이 과정에서 갈등적 동기의 표현에 매우 가까운 좀 더 위협적인 내적 대상관계의 억압을 뒷받침한다.

주체의 관점에서, 이 과정은 자동적이고 습관적이며 매끄럽다. 구조적 관점에서, 이 과정은 내적 대상관계의 층화로 생각될 수 있다. 의식 표면에 있거나 가까이 있는 그러한 내적 대상관계는 방어적 목적을 수행하는데, 이때 좀 더 심하게 갈등적이고 의식에 다가가지 못한 무의식적인(억압된) 심리적 내용들에 기저하는 층들이 활성화되지 못하게 막는다. 따라서 TFP-E 모델에서, 억압은 단순히 방어기제가 아니라 좀 더 갈등적인 대상관계가 지각되지 못하게 기능하는 방어적 대상관계의 상연이다. 요약하면, 신경증적 구조에서 방어적 내적 대상관계는 안정적이고 예측할 수 있는 방식으로 상연되는데, 갈등 영역에서 개인의 자기경험을 조직하고 동시에 좀 더 갈등적인 내적 대상관계의 억압을 뒷받침한다.

NPO에서 방어적 대상관계의 상연이 좀 더 갈등적인 대상관계의 억압을 어떻게 뒷받침하는지를 보여 주기 위해, 우리는 성적 표현을 둘러싼 갈등을 지닌 한 여성 환자를 살펴볼 것이다. 치료자는 돌봐 주는 부모 같은 남성 인물과 비성적이고 아이 같은 자기로 구성된 방어적 대상관계를 볼 수 있었는데, 이것은 행복과 친밀함의 감정과 관련된다. 그녀 쪽에서나 남자 쪽에서 성적인 관심을 자극했을 수 있는 상황에서, 이러한 내적 대상관계가 활성화될 수 있으며, 환자는 이 관계 패턴을 상연할 것이다. 그녀는 편안하게 남자인 친구나 절친의 돌봄이나 동료애를 즐기면서 어떤 성적 감정도 인식하지 못하곤 한다. 또는 이 여성은 공격성과 권위를 둘러싼 갈등이 있을 때, 인정해 주는 부모 권위와 관련하여 자기 자신을 순응적이고, 기쁘게 해 주는 아이 같은 자기로서 방어적으로 경험할 것이다. 이것은 안전감과 연결되는데, 예를 들어 그녀의 직장 상사와의 관계에서 상연된다. 이 환자가 그녀 자신을 비성적이고 아이 같은 자기로 또는 순응적이고 기쁘게 해 주는 자기로 보는 한, 갈등적 동기는 억압된 채로 남게 되며 그녀는 갈등적이고 성적이거나 공격적인 동기의 각 표현과 관련된 불안으로부터 보호된다.

▶ 경직성과 성격 방어

기술한 바와 같이 억압은 갈등적 동기의 표현과 관련된 불안 및 갈등을 막지만, 그 대가로 성격기능에 경직성을 가져온다. 치료자는 다음을 예상할 수 있다. 바로 앞의 예에서 이 여성 환자는 성적이거나 경쟁적으로 공격적인 동기가 자극될 수 있는 상황으로 들어갈 때마다, 자신도 모르게 자동적으로 비성적이고 우호적인 방식이나 기쁘게 해 주고 순응적인 방식으로 행동하는 것을 알게 될 것이다. 이것은 그녀가 추파를 던지고 싶거나 경쟁적이길 원하는 경우에도 그럴 것이다. 사실 이런 상황에서, 아마도 다른 방법으로 행동하려고 결심한 노력에도 불구하고, 그녀는 자신이 **훨씬** 더 과장되게 아이 같거나 순응적으로 된다는 것을 알게 될 것이다.

따라서 방어적 대상관계의 활성화가 매우 자극되며, 그것의 상연과 관련된 행동들은 노력과 연습에도 불구하고 변하기 어렵다. 요약하면, NPO의 특징인 경직성은 갈등적 동기 및 관련된 불안의 활성화를 자극시킬 수 있는 상황에서 방어적 대상관계가 습관적, 자동적, 불수의적으로 상연되는 것으로 개념화될 수 있다.

지금까지의 논의에서, 우리는 갈등의 핵심 영역에서 방어적 내적 대상관계의 상연에 초점을 두었다. 그러나 방어적으로 동기화된 태도 및 행동은 종종 일반화된다. 예를 들면, 앞에서 제시된 아이 같고 비성적이거나 순응적이고 기쁘게 해 주는 환자의 태도는, 처음에는 성이나 공격성과 관련된 핵심적 갈등을 방어하기 위해 기능했지만, 아마도 일반적으로 세상에 나아가는 그녀의 방식을 특징짓게 될 것이며, 이것은 성적이거나 경쟁적인 상황 너머로 확장된다. 이 경우, 그녀의 방어적 태도 및 관련 행동들은 성격 방어로 기술될 수 있을 것이다. TFP-E에서, 성격 방어는 상황과는 별개로 개인을 특징짓는 행동의 집합체, 태도 및 세상의 존재 방식을 나타내며, 본질적으로 '성격 스타일'을 구성한다. 앞의 예에서 환자는 상황과 관계없이, 소녀 같고 비성적이거나 기쁘게 해 주고 순응적인 자기로 자신을 표현하곤 하는데, 아마도 그렇게 하는 것을 충분히 인식하지 못할 것이다. 성격 방어는 습관적이고 자동적일 뿐만 아니라 전형적으로 자아동질적―즉, 비교적 매끄럽고 개인의 눈에 잘 띄지 않는다―이다. 하지만 대체로 타인의 눈에는 좀 더 잘 띈다. NPO에서 성격 방어는 비교적 적응적일 수 있지만 경직성을 지닐 수 있다. 궁극적으로 이 경직성은 개인 및/또는 그가 교류하는 사람들에게 문제를 야기할 수 있다.

▶ 갈등적 내적 대상관계의 층화

NPO를 특징짓는 내적 대상관계의 방어적 층화와 BPO에서 볼 수 있는 내적 대상관계의 방어적 해리 또는 분열을 비교하기 전에, 우리는 NPO의 억압 기제에 대한 주의를 추가하고자 한다. 앞에서 논의했듯이, NPO에서 방어적으로 상연되는 내적 대상관계는 잘 통합되어 있을 뿐만 아니라 갈등적 동기 체계로부터 대체로 꽤 벗어나 있다. 그러나 이것은 고정된 규칙이나 정체된 상황이 아니다. 비성적 사랑 기능으로 특징지어지는 내적 대상관계가 매우 갈등적인 다른 동기의 표현과 관련된 내적 대상관계의 억압을 뒷받침하는 한 여성의 예시에서처럼, 때로 비교적 갈등적인 특정 동기의 상연은 훨씬 더 위협적인 동기 체계의 억압을 뒷받침할 수 있다. 이것은 어떤 내적 대상관계도 잠재적으로 방어적 목적으로 쓰일 수 있다는 것을 강조하기 위함이며, 그러므로 치료자가 환자의 의사소통을 듣고 이해하려고 노력할 때 유연한 태도를 유지하는 것이 임상적으로 중요하다.

치료세팅에서, 특정 갈등이 훈습될수록 갈등적 동기는 좀 더 잘 통합되고 덜 위협적이게 된다. 이러한 세팅에서, 기능에 변화가 일어날 수 있다. 즉, 이전에는 갈등적 동기였던 것이 상연됨으로써 보다 더 갈등적인 대상관계의 억압을 뒷받침하는 방어적 기능을 하게 될 수 있다. 예를 들면, 앞의 예시에서 공격성과 권위를 둘러싼 갈등을 지닌 여성 환자는 이러한 갈등을 성공적으로 다루고 훈습한다면 기능에 변화가 올 수 있는데, 이전에는 방어되었던 공격적인 내적 대상관계가 상연됨으로써 보다 더 갈등적일 수 있는, 가령 성적이거나 의존적인 동기와 불안의 억압을 뒷받침하는 방어적 기능을 하게 될 수 있는 것이다. 이러한 공격적인 내적 대상관계가 방어적으로 상연될 때 이 환자는, 예를 들면 반복적으로 상사나 남편 또는 아마도 치료자에게 짜증내는 그녀 자신을 발견할 것이다. 이러한 맥락에서, 그녀의 짜증은 시비를 거는 내적 대상관계를 방어적으로 상연한다고 볼 수 있다. 이것은 떠오르는 성적 감정이나 보살핌을 받고 싶은 그녀의 소망(이 두 가지는 현재 공격적인 동기보다 좀 더 위협이 된다)을 피하기 위해 기능한다.

따라서 NPO에서 치료자는 층화—의식적이거나 상연된 '표면'에서부터 무의식적인 '심층'에까지—의 측면에서 생각한다. 이 층화는 상연된 표면기능에 있는 것은 무엇이든지간에 비교적 안정적이고 예측 가능한 방식으로 존재하며, 좀 더 심하게 갈등적이고 위협적인 내적 대상관계의 억압을 뒷받침한다.

▶ 방어적 내적 대상관계와 방어의 요약

NPO에서 방어적 내적 대상관계—비교적 잘 통합되고, 현실적이며, 자아동질적인—의 상연은 갈등적 동기의 직접적 표현에 좀 더 가까운 매우 부하된 내적 대상관계의 억압을 뒷받침하는 기능을 한다. 이 과정은 불안을 막고 갈등적 동기가 의식되지 못하게 하지만, 성격기능에 경직성을 가져온다. NPO 환자들은 방어적 내적 대상관계의 상연 및 관련된 성격 방어를 나타내는 그들의 경직된 방어적 행동과 태도를 스스로 수정할 수 없어서 치료에 오게 된다.

경계선 성격조직 수준의 내적 대상관계와 방어

▶ 내적 대상관계의 분열과 상호 해리

NPO에서처럼 BPO에서 내적 대상관계는 방어적 기능을 하도록 조직된다. BPO에서 치료자는 NPO에서처럼 비교적 잘 통합되고 현실적인 방어적 내적 대상관계를 보지 못한다. 즉, 의식적으로 자각되지 않는 매우 부하되고 충동적인 내적 대상관계의 활성화를 지속적으로 방어하는 것이 아니다. 그보다는, 하나는 이상화되고 다른 하나는 편집적으로 상호 해리되고, 매우 부하된 내적 대상관계의 상연이 나타난다. 이때 각각은 다른 한쪽의 상연을 방어하는데, 두 가지 모두 충분히 의식될 수 있지만 동시에 의식되지는 못한다.

BPO에서 방어적 기능을 하는 내적 대상관계와 방어된 내적 대상관계는 모두 빈약하게 통합되어 있으며 고도로 부하된 동기 구조로, 각각 특정 불안과 관련되어 있다. 이러한 내적 대상관계를 상호 해리된 것으로 기술하는 것은 BPO에서 방어와 갈등적 동기가 본질적으로 상호 대체 가능하고, 사실상 기능의 교환이 쉽게 일어난다는 것을 가리킨다. 그 결과, 신경증적 갈등의 전형이 되는 비교적 안정적인 방어−충동 배치가 적용되지 않는다. 대신에, 치료자가 보게 되는 것은 오히려 유동적인(또는 좀 더 정확히 말하면, 불안정한) 상황인데, 즉 어떤 것이든 간에 그 순간에 가장 위협적이지 않은 내적 대상관계가 상연될 것이고, 반면 좀 더 갈등적인 것은 해리될 것이다. 만약 이상화된 내적 대상관계가 현재 주관적 경험을 조직하는 동시에 편집적 대상관계의 활성화를 방어하고 있다면, 그 형태는 쉽게 뒤집힐 수 있고, 그래서 편집적 내적 대상관계가 현재의 주관적 경험을 조직하는 동시에 그에 부합하는 이상화된 대상관계의 상연을 방어할 것이다. 이로 인해 주관적으로는 자기와 타인에 대한 관점이 불안정하게 변화하는데, 이는 상호 해리되고 모순된 것이다.

어떻게 특정 내적 대상관계의 상연이 반대 정동을 지닌 상응하는 대상관계의 해리를 뒷받침하는지를 보여 주기 위해, 의존성과 공격성 갈등을 지닌 높은 BPO 여성 환자에 대해서 살펴보겠다. 치료자는 처음에 이상적이고 관심을 주는 양육자와 완벽하게 돌봄받는 자기로 구성된 이상화된 내적 대상관계의 방어적 활성화를 볼 수 있었다. 이 전체 대상관계는 완벽한 안전감과 연결되어 있었다. 의존적 소망 및 이와 관련된 학대받거나 착취당할 거라는 불안을 자극할 수 있는 상황에서, 환자는 방어적이고 이상적인 관계 형태를 상연하는 경향이 있는데, 그녀는 그 순간에 의존적인 관계에 대한 위험을 분열시키고 부인하게 된다. 다른 경우 아마도 의존 욕구의 좌절에 대한 반응으로 정반대 상황이 일어날 수 있다—적대감과 가학성과 관련된 편집적 대상관계의 상연(예를 들어, 잔인하고 냉정한 양육자와 학대받고 착취당하는 자기). 이 대상관계의 상연은 의존 욕구의 해리를 뒷받침하는 기능을 한다. 이때 환자는 근본적으로는 다음과 같은 자세를 취한다. 즉, "모든 사람은 잔인하고 자기 자신만 위해요. 나는 아무도 믿지 않아서 학대받거나 착취당할까 봐 두려워할 필요가 없어요." 편집적 및 이상화된 대상관계의 상연은 서로가 표현되는 것과 관련된 불안을 방어하는 데 반해, 지속적인 분열 기제는 BPO를 특징짓는 가장 지배적인 불안을 방어한다. 이 불안은 이상화되고 편집적인 영역을 동시에 경험하는 것과 관련된다.

높은 수준 BPO 환자에게서 이상화된 내적 대상관계는 종종 환자의 치료 초기 경험을 채색하는 반면, 의존성에 대한 위험 및 관련된 편집적 내적 대상관계는 해리되고 부인된다. 편집적 내적 대상관계가 치료에서 나타나기 시작하는 것은, 시간이 경과하면서, 그리고 종종 친밀성과 취약성 또는 갈등이 증가한 결과일 수 있다. 대조적으로, 중간 또는 낮은 수준 BPO에게서 치료자는 처음에 편집적 영역이 좀 더 일관되게 활성화되는 것을 보곤 하는데, 이때 이상화된 영역은 지배적인 편집적 대상관계로 인해 능동적으로 차단되고 부인되고 보호된 것이다. 치료에서 환자 경험의 이상화된 측면을 확인하는 데는 시간이 걸릴 수 있는데, 대부분 가려져 있고 단지 일시적으로 나타나서 빠르게 편집적 지향으로 되돌아갈 수 있기 때문이다.

▶ 경직성과 성격 방어

BPO에서 분열은 매우 동기화되고 경직되게 유지된다. 이상화되고 편집적인 대상관계의 상호 해리는 압도적인 불안을 피하기 위해 기능하지만 그 대가로 성격기능에 심각한 경직성을 가져온다. 이 개인은 갈등 영역에서 그의 주관성을 조직하는 자기 및 타인에 대한 고정된―비록 불안정하지만, 비현실적이며 심하게 왜곡되고 콘크리트하게 경험된―관점을 계속 지니게 된다. 갈등이 활성화될 때, 개인은 과거의 왜곡을 알고 행동에 대한 압력을 극복하는 것이 불가능할 수 있어서 사실상 그 환경에서 상황에 대한 부적절하거나 부적응적인 반응을 하게 된다. 고정되고 콘크리트하며 매우 부하되고 분열된 내적 대상관계의 성질은 종종 개인에게 내적 신호에 반응하도록 강요하는데, 이는 매우 부적응적인 행동과 파괴적인 대인관계적 행동을 가져온다.

▶ 내적 대상관계와 방어 요약

BPO에서 방어적 내적 대상관계―상호 해리되고 빈약하게 통합되고 매우 정동적으로 부하되고 이상화되거나 편집적인 내적 대상관계로 구성된―의 상연은 반대 정동을 지닌 동등하게 매우 부하되고 분열된 내적 대상관계의 해리를 지지한다. 이 과정은 경험의 편집적이고 이상화된 영역에 가까워지는 것과 관련된 강력한 불안을 막지만, 성격기능에 매우 부적응적인 경직성을 가져온다. 자기 및 타인에 대한 이상화된 관점이 만들어지고 격려되고 보호되지만, 그 대가로 왜곡되고 매우 정동적으로 부하된 주관성을 가져오고 유지하게 된다. 장기적으로는, 긍정적으로 채색된 대상관계와 정동 상태의 동시적 경험을 통해 공격성을 완화시키는 심리적 통합 과정을 방해하게 된다. BPO 환자는 큰 고통으로 치료를 받으러 오는데, 대체로 그들이 수정할 수 없는 부정적인 정동, 부적응적인 행동, 그리고 대인관계 실패로 특징지어진 반복적인 순환의 함정에 빠지게 된다.

단일 대상관계 안에서의 방어: 신경증적 투사, 투사적 동일시 및 역할반전

지금까지 우리는 NPO와 BPO에서 어떻게 하나의 대상관계의 상연이 또 다른 대상관계의 상연을 방어하기 위해 기능할 수 있는지 기술해 왔다. 하나의 내적 대상관계는 방어적 기능을 하는 반면, 또 다른 하나는 충동적인 기능을 한다. NPO에서는 방어와 충동의 구분이 꽤 안정적이지만, BPO에서는 두 가지가 대체로 상호 교체된다.

이 지점에서 우리는 내적 대상관계가 방어적 기능을 할 수 있는 또 다른 방식을 보려고 하는데, 여기서 단일한 충동적 대상관계가 표현될 때, 내재된 방어에 초점을 둔다. 이러한 방어기제군은 투사의 다른 형태로 이해될 수 있다. TFP-E 접근에서, NPO에서 억압에 의해 뒷받침되는 투사의 형태를 신경증적 투사라고 하며, BPO에서 분열과 해리에 의해 뒷받침되는 투사의 형태는 투사적 동일시로 기술된다. 우리는 또한 면밀히 검토함으로써 어떻게 투사적 동일시에 필수적인 해리 및 역할반전이 NPO에서 투사 방어의 역할을 하는 것으로 볼 수 있는지 논의한다.

신경증적 투사

신경증적 구조에서, 때때로 치료자는 단일한 충동적 내적 대상관계 안에서 갈등적 동기를 대상표상에 돌리는 것을 보게 된다. 이것은 자기표상으로부터 갈등적 동기를 해리시킨 것이다(예를 들면, 성적으로 흥분시키는 대상표상과 성적으로 순진한 자기표상, 공격적인 대상표상과 모든 공격성이 완전히 제거된 자기표상, 빈곤하고 의존적인 대상표상과 돌봐 주는 자기표상). 이러한 대상관계가 상연될 때, 자기의 갈등적 부분은 대상에 돌리면서, 주체는 갈등적 표상과 자기 간의 어떠한 연결도 억압한다("당신은 성적이거나 공격적이거나 의존적이에요. 하지만 나는 전혀 그렇지 않아요."). 이러한 종류의 방어기제는 층화(layering)의 측면에서 엄밀한 의미의 억압(이 장의 앞에서 기술된)과는 다르다. 엄밀한 의미의 억압은 방어적 대상관계가 상연되고 갈등적 동기 및 연결된 자기 부분이 의식에서 추방된 것이다. 반면, 여기에서 작동하는 방어는 갈등적 동기 및 연결된 자기 부분이 의식에서 완전히 추방되는 것이 아니라, 의식적 자기경험에서 추방되는 것이다. 이 과정이 투사와 억압과 관련된다. 투사는 갈등적 동기 및 연결된 자기 부분이 자기경험으로부터 분열되고 해리되어 대상으로 돌려지는 것이고, 억압은 주체가 자기와 받아들일 수 없는 심리적 표상 간의 연관성을 자각하는 것을 억압하는 것과 관련된다.

앞에서 기술된 성적 갈등을 나타내는 여성 환자 예로 돌아가 보자. 돌봐 주는, 남성 부모 인물과 비성적이고 아이 같은 자기라는 대상관계를 방어적으로 상연하는 대신, 이제 그녀는 성적이고 유혹적인 대상과 비성적이고 사랑스럽고 아이 같은 자기로 대상관계를 재상연할 수 있다. 이 대상관계에서, 모든 성적 관심과 유혹은 대상표상으로 돌려지고, 자기표상은 이러한 동기들과 전혀 연관성이 없다(이 모든 것이 환자의 마음 안에 존재하지만, 그녀는 궁극적으로 자기표상과 대상표상으로 동일시된다). 이 여성의 의식적 자기경험은 사랑과 성적 순진성이고, 이것은 아이와 같은 포지션으로 그녀 자신을 느끼는 것과 연결된다. 이러한 자기경험은 그녀의 성적 감정에 대한 자각을 방어한다. 이 여성이 그녀의 성적 욕구에 대한 자각을 완전히 피할 수 없음에도 불구하고, 그녀는 그것들과의 연관성을 충분히 자각하지 못한다.

동시에, 방어적 대상관계에 내재된 것은 환자의 성적 관심과 유혹 소망의 표현이지만, 이러한 것들은 사랑스럽고 순진한 자기와는 완전히 해리되고, 대상으로부터 오는 것으로 경험된다. 그 결과, 이 내적 대상관계는 환자 자신의 성적이고 유혹적인 충동의 은밀한 표현이자 방어로 볼 수 있다. 환자는 그녀 자신의 성적 관심을 자각하는 것을 방어하지만, 동시에 비록 타인에게 돌렸을지라도, 그녀가 성과 접촉하고 있는 경험 세계에 머무르고 있다. 따라서 그녀의 성은 은밀하게 표현되고 아마도 부분적으로 만족된다. 충동이 일제히 방어되는 동시에 은밀하거나 부분적으로 표현되는 이러한 방어 구성을 때로 타협 형성이라고 부른다.

치료 초기에, NPO 환자는 특정한 내재화된 관계 패턴의 한쪽에 우세하게 동일시될 수 있다. 성공적으로 치료가 끝날 무렵, 환자는 자신이 관계의 두 측면과 동일시했다는 것을 자각하고 견뎌 낼 수 있게 될 것이다. 예를 들면, 앞에서 언급한 예시에서, 환자는 처음에는 순진하고 사랑스럽고 아이 같은 자기표상과 동일시되었다. 치료과정 동안, 그녀는 유혹적이고 성적인 표상과의 동일시를 자각하고 견딜 수 있게 되었다. 본질적으로, 순진하고 사랑스러운 아이와의 동일시는 성과 연결된 불안을 방어했던 반면에, 성적인 인물과의 동일시는 취약성 및 사랑과 연결된 불안을 방어했다. 어떤 환자는 어떤 한쪽의 포지션이 불안을 더 유발할 것이고, 또 다른 환자는 다른 한쪽의 포지션이 불안을 더 유발할 것이다.

신경증적 해리와 역할반전

앞에서 말한 방어기제는 전형적으로 받아들여질 수 없는 성적 욕구 및 동기의 투사라는 측면에서 개념화된다. 성애적 동기와 연결된 자기 측면도 투사된다. 갈등적 동기는 자기로부터 분열되어 나가고 대상에게 돌려진다. 그러나 좀 더 자세히 살펴보면, 이 방어 전략은 받아들여질 수 없는 동기 및 관련된 정서 상태뿐만 아니라 갈등되는 서로 다른 동기들의 격리 또는 해리를 전형적으로 포함한다. 이는 앞의 예시에서, 환자의 문제가 단지 그녀의 성을 허용할 수 없는 것이 아니라 성적 동기를 투사할 필요가 있다는 것을 시사한다. 대신에, 그녀의 심리적 상태는 좀 더 복합적인데, 성적 욕구 및 관계를 의존 욕구 및 관계와 통합하는 어려움과 관련되기 때문이다. 그녀의 방어 전략은, 그녀의 방어적 내적 대상관계의 조직과 일상적인 기능 모두에서, 성적 동기가 의존 욕구로부터 계속 분리되어 있는 것을 보장하는 것이다.

치료에서 전형적으로 보게 되는 것은 방어가 덜 경직될 때, 치료자가 처음으로 역할반전—성적인 대상과 관련된 순진하고 의존적인 환자에서 순진한 대상과 관련된 성적인 환자로의 변화—을 관찰한다는 것이다(Kernberg, 1992). NPO 환자의 치료에서, 역할반전의 출현은 전형적으로 중요한 임상적 발달을 나타내며 환자의 방어가 느슨해졌다는 것을 의미한다. 그러나 앞의 예로 돌아가면, 환자가 현재 자신의 성적 욕구에 대한 자각을 더 잘할 수 있다 하더라도, 성적 욕구와 의존 욕구가 분리되어 있는 세팅에서만 그렇게 하는 것이 안전하다. 환자가 분열된 두 측면을 동일시하는 것을 훈습하고, 한 측면의 동일시가 다른 측면의 동일시를 방어하는—또한 갈등이 되는 두 동기를 동시에 경험하는 불안을 방어하는—방식을 동일시하는 것을 훈습한 이후에야 성격의 통합이 증가되고 성격의 경직성이 감소된다. 이것은 환자가 좀 더 다양하고 유연한 자기경험을 할 수 있도록 자유롭게 해 준다. 자신을 순진한 것으로 드러내는 환자라면 성적이고 유혹적인 충동을 자유롭게 즐길 수 있을 것이며, 더 이상 성으로부터 취약성과 사랑을 분리할 필요가 없을 것이다. 이는 환자가 성적 사랑을 경험하고 즐기는 역량을 증가시킨다.

투사적 동일시

BPO에서 방어는 단일 내적 대상관계 안에서 나타나는데, 갈등적 동기를 대상표상에 돌리고 그것이 다시 자기표상을 향해 있는 것으로 나타난다. NPO에서처럼 이러한 내적 대상관계가 상연될 때, 자기의 충동적인 부분은 대상에게 돌리는 반면, 주체는 자기 자신을 자신이 투사한 충동적인 자기표상의 대상으로 경험한다(예를 들어, 희생하는 대상표상과 복수심을 지닌 자기표상이라는 내적 대상관계의 활성화와 적대감을 자극시키는 세팅에서, 환자는 공격적인 자기표상을 다른 사람에게 돌릴 것이고, 자기 자신을 그의 투사된 공격적인 자기표상—즉, 그 대상으로서—으로부터 희생당하는 것으로 경험할 것이다).

그러나 신경증적 구조와 대조적으로, 해리 및 투사는 억압의 뒷받침 없이도 일어나는데, 이는 매우 부하된 단일 정동 상태의 영향 아래 있는 분열되고 빈약하게 통합된 (편집적이거나 이상화된) 대상관계 세팅에서 일어난다. 경계선 수준에서 조직된 개인은 투사된 심리적 내용과 자기 간의 연관성을 억압할 수 없다. 그러나 대신에 투사된 것과의 동일시를 유지하는데, 비록 그것이 해리된 것일지라도 그렇다. 이러한 지속적인 동일시는 다음과 같은 관찰과 관련된다. 즉, 주체는 자기 자신을 복수심을 품고 있고 공격적인 것으로 경험하지 않을지라도, 복수심을 품고 있고 공격적인 자신의 부분에 대한 정서적 연관성을 유지한다는 것이다. 이러한 연관성은 해리되고 부인되며(반면, NPO에서는 억압된다) 대체로 행동으로 표현되는데 이 행동은 지배적인 자기로 경험되지는 않는다(Joseph, 1988).

이 과정은 갈등적 표상을 대상에게 돌리거나 투사하는 것을 포함하고 동시에 자기의 투사된 부분과의 지속적인 **동일시**를 포함하기 때문에, 이러한 과정을 **투사적 동일시**라고 부른다. 투사적 동일시에서 주체는 ① 자기표상 및 관련된 동기(가장 흔하게는 공격적 표상 및 동기이지만, 성적이고, 자기애적 및 의존적인 표상과 동기들이 또한 포함될 수 있다)를 다른 사람에게 돌리고, 그 결과 주체는 ② 자기 자신을 투사의 대상이나 희생자로 경험한다. 동시에, 주체는 ③ 투사된 심리적 내용과의 동일시 또는 연관성을 유지한다. 이 투사된 심리적 내용은 ④ 해리되고 부인된다.

그러한 동일시는 환자의 태도와 행동에서 가장 전형적으로 표현된다—가장 단순하게, 주체는 공격적 대상표상을 투사하는 동시에 공격적으로 행동한다. 그러나 동일시는 해리되기 때문에 주체는 객관적으로 공격적인 방식으로 행동하고 있을지라도, 자기 자신이 공격적이라고 경험하지 않는다. (만약 그의 행동에 주목하게 한다면, 그는 이것을 대상으로부터 받은 공격에 대한 정당한 반응이라고 볼 가능성이 높다.) 임상적으로, 이것은 다음과 같은 다소 혼란스러운 상황으로 이어진다. 예를 들면, 한 환자는 치료자가 공격적이라고 공격적으로 비난할 수 있고, 치료자가 비판적이고 공격적이라고 하면서 비판하고 공격하거나 치료자가 변태라고 비난하면서 공공연하게 유혹적으로 행동할 수 있다.

▶ 투사적 동일시와 역할반전

투사적 동일시에서 주체는 대상관계의 두 측면 모두와 정서적 접촉을 유지하기 때문에 ① 자기 및 대상표상은 서로 잘 구분되지 않는 채로만 경험되고, ② 모순되는 표상들과의 동일시 사이를 빠르게 왔다 갔다 하는 것이 자주 일어난다. 어떤 순간 환자는 희생자가 되고, 다음 순간에는 가해자가 되는데, 조금 전 희생당한 자기표상은 이제 희생당하는 대상표상이 된다. 때때로 이 두 가지 동일시는 교대로 일어날 수 있다. 환자는 희생자와 가해자를 의식적으로 번갈아 가며 동일시하는데, 이것은 매우 부하된 정동 상태와 연결된 단일 대상관계 안에서 자기 및 대상의 빠른 교체를 반영한다. 다른 때에는 이 두 가지 모순된 동일시가 동시에 상연될 수 있다. 한 가지가 의식 경험을 지배하면서 다른 하나는 행동으로 발현되는데, 이는 앞의 '경계선 성격조직 수준의 내적 대상관계와 방어'에서 기술했다.

치료에서 환자는 비판받는다고 느끼면서 비판적으로 행동할 수 있고 또는 어떤 순간에는 비판받는다고 느낄 수도 있으며, 다음 순간에는 그녀가 치료자를 비판하는 것이 정당하다고 느낄 수 있다(첫 번째 예는 해리의 역할을 보여 준다. 두 번째는, 동일시의 불안정성이다). 어느 경우든 환자는 단일 정동 상태의 영향하에서 두 가지 모순된 표상과의 동일시를 왔다 갔다 한다. 이러한 역할반전을 추적하는 것은 모든 BPO 환자에 대한 TFP-E와 역동 심리치료에서 중심 방략이 된다.

예를 들어, 공격성 및 자기애적 취약성을 둘러싼 갈등이 있는 BPO 환자를 생각해 보자. 치료에서 환자가 치료자에게 의존한다고 느끼게 되면, 강력하고 비판적이고 우월한 대상표상과 희생당하고 가치절하된 자기표상을 지닌 편집적 대상관계를 활성화시킬 수 있으며, 전체 대상관계는 죄내감 및 평가절하와 연결된다. 이 환자는 비판적이고 평가절하하는 표상을 치료자에게 돌리는 반면, 희생당하고 가치절하된 표상과 동일시할 것이다.

그러나 NPO와 달리, 이러한 대상관계가 상연될 때 환자는 단지 그 자신을 희생당하고 가치절하된 것으로만 경험하는 것이 아니라, 동시에 치료자를 학대하고 평가절하할 것이다. 본질적으로, 환자의 행동은 가해자 역할을 하는 대상관계를 상연하는 동시에 그는 의식적으로는 반전된 역할로 대상관계를 경험한다(즉, 자신은 공격당한 희생자로 느낀다). 대신에, 희생자와 가해자에 대한 환자의 의식적 동일시는 빠르게 교대할 수 있는데, 어떤 순간에는 공격당하는 느낌이 들 수 있고, 그다음 순간에는 가학적으로 치료자를 공격할 수 있다.

▶ 투사적 동일시, 실현화, 행위

이 지점에서 우리는 다른 것과 구별되는 투사적 동일시의 최종적인—본질적인—특징을 덧붙이고자 한다. 투사는 실현되는 경향이 있는데, 대인관계 현실에서 펼쳐지지만 단지 주체의 마음 안에서만 경험되는 것은 아니다.[1] 신경증적 투사가 주체의 마음속 표상이 상징적으로 조종되는 것인 반면, 투사적 동일시는 좀 더 구체적이며 외부 대상의 실제 조종으로 이어지는 경향이 있다. 그래서 대상은 주체가 투사하고 있는 감정과 생각을 취하게 된다. 즉, 신경증적 투사에서 개인이 자신의 충동을 투사할 때, 그 개인은 타인이 유혹적으로 행동한다고 또는 타인이 화가 났을 수 있다고 느끼거나 믿을 수 있다. 그러나 이는 일반적으로 다른 사람 안에서 성적이거나 화난 감정 또는 행동을 실제로 일으키는 것을 포함하지 않는다. 반면에 투사적 동일시에서, 개인은 타인이 유혹적이거나 적대적이라고 믿고, 그런 다음 타인 안에서 유혹적이거나 적대적인 감정을 무의식적으로 유발하는 방식으로 행동한다. 투사적 동일시는 주체의 마음 안에서 시작하지만 이것은 두 사람 사이에 대인관계적으로 펼쳐지게 된다. 따라서 주체는 **실제로** 종종 그가 투사한 충동의 대상이 된다. 요약하면, 투사적 동일시에서 주체는 대상관계의 두 측면과 투사된 표상과 동일시를 유지할 뿐만 아니라, 또한 무의식적으로 외부 대상으로 하여금 투사한 것과 일치하는 감정을 느끼고 궁극적으로 행동하도록 한다.

바로 앞에서 제시된, 희생당하고 평가절하되는 것으로 느끼는 동시에 치료자를 공격하고 가치절하하는 환자의 예시에서 다음을 추가할 수 있다. 이러한 세팅에서, 환자는 치료자를 가차 없이 공격하고 비난하고 싶은 지속적인 압력을 느꼈는데, 이때 환자는 치료자가 학대하고 가치절하한다고 주장했다. 환자의 관점에서는 마치 투사된 표상이 구체적인 것이 된 것 같았는데, 이 구체적인 것은 자기로부터 그것을 멀리 떼어 놓으려는 노력으로 치료자에게 반복적으로 강력하게 억지로 떠밀어 넣을 필요가 있었던 것이다.

이러한 세팅에서, 시간이 지남에 따라 극단적으로 혼란스러운 상황에서 발생 가능한 (불행한) 결과는 다음과 같다. 비판하고 공격하는 사람은 사실은 환자라는 것을 치료자가 지적하지 못하게끔 유발하는 압도적인 압력이 있고, 이 과정에서 치료자가 실제 환자를 비판하고 공격하게끔 하는 것이다. 따라서 컨테인되지 않은 상황에서, 투사를 사용함으로써 자신의 공격성을 제거하기 위한 환자의 노력으로서 시작되는 것은 맨 먼저 환자가

---

1) 때로 투사적 동일시에서 동일시라는 용어는 외부 대상에 대한 경험을 지칭하기 위해 사용된다. 이 외부 대상은 주체의 투사된 대상표상과 동일시하게 된다(예: Ogden, 1993c 참조).

치료자에게 공격받았다고 경험하고, 다음으로는 환자가 치료자를 공격하고, 치료자가 환자에게 공격받는다고 경험하고, 마지막으로 치료자는 실제로 어떤 식으로든 환자를 공격하게 된다! 이러한 유발 과정은 BPO 환자의 치료에서 강력하고 극도로 도전적인 역전이 반응의 원인이다.

BPO 환자의 역동 치료에서, 치료자는 환자의 행동과 의사소통에서 투사적 동일시의 영향을 빨리 보게 되는데, 그것은 환자의 대인관계뿐만 아니라 전이에서 환자와 치료자 사이에서 전형적으로 펼쳐진다. 따라서 NPO 환자의 치료에서 볼 수 있는 것과는 다른데, 여기서 역할반전은 방어 경직성이 이완되는 것을 반영하는 중간 단계 발달인 데 반해, BPO 환자의 치료에서 치료자는 초기 회기에서부터 역할반전을 볼 수 있고, 그것은 빠르게 개입의 초점이 된다.

성격장애 치료에서 중심 불안과 갈등: 편집 및 우울 불안 그리고 오이디푸스적 갈등

심리적 갈등, 방어 및 성격장애 간의 관계를 이해하는 데 있어서, 특히 유용한 것은 이자관계와 삼자관계 또는 오이디푸스적 갈등 간의 구분과 더불어 우울 및 편집 불안이라는 구성개념이다. 이러한 구성개념들은 심리적 갈등과 불안을 분류하기 위한 임상에 가까운 방법을 제공한다. 심리적 갈등과 불안은 성격장애 내담자의 심리치료에서 임상적 개입의 초점이 된다. 나아가 치료자는 환자의 편집 및 우울 불안과 오이디푸스적 갈등과 상호 연결을 이해함으로써 심리역동적 탐색과 구조적 변화 간의 관계에 대한 개념화의 기초를 형성하게 된다.

편집 및 우울 불안: Melanie Klein

심리적 갈등을 이해하고 분류하기 위한 매우 영향력 있고 임상적으로 유용한 접근을 처음으로 소개한 사람은 Melanie Klein(1935/1975)이다. Klein의 이론들은 정신병리에서 공격성의 역할과 심리발달 및 병리에서 미움과 사랑 충동 사이의 갈등의 영향에 많은 초점을 두고 있다. Klein은 좀 더 미성숙하거나 원시적인 편집-분열 포지션(1946/1975)과 좀 더 발달된 우울 포지션(1935)이라는 구성개념을 소개하였다. 이것은 두 개의 구분되는 심리조직으로 이해되는데, 각각은 대상관계, 불안 및 방어의 고유한 특징적인 패턴을 지니고 있다.

Klein의 모델에서, 편집-분열 및 우울 포지션은 어린아이에 대한 순차적인 발달 단계를 나타내며 본질적이고 지속적인 심리조직을 나타낸다. Klein의 이론은 발달모델로서 경험적으로 지지된 것은 아니지만, 심리역동적 준거틀 안에서 성인의 심리적 기능을 이해하는 데 여전히 매우 강력하다. 편집-분열 및 우울 포지션에 대한 현대 Klein 학파의 관점은 이것이 심리적 경험을 조직하는 두 가지 방법임을 강조한다. 이 두 가지 포지션은 우리 모두의 내면에 다소 안정된 평형 상태로 존재하는 두 가지 서로 다른 심리상태로 개념화된다(Bion, 1963; Ogden, 1993a; Steiner, 1992). 각 포지션은 그것이 지닌 불안 및 방어기제와 관련된다.

편집-분열 및 우울 포지션에 대한 Klein의 모델을 기본틀로 해서 Kernberg(1975)는 경계선 및 신경증적 성격조직 수준 모델을 발달시켰다.[2] 특히 Klein에 의해 발전된 편집 및 우울 불안 구성개념은 역사적 중요성을 지닐 뿐 아니라 성격장애 환자 치료의 발달을 이해하는 데 있어서도 중심적이다. 이러한 이유로, 우리는 여기서 Klein의 이론을 짧게 요약한다.

평형 상태에 있는 편집-분열 포지션

▶ 편집-분열 포지션

Klein(1946)에 있어서, 편집-분열 포지션의 중심적 불안은 타고난 원시적 공격성의 영향을 반영한다. 원시적 공격성은 통합하기 어렵고 재난을 가져올 수 있다. 내적 공격성에 압도된 어린아이에게서, 원시적 공격성의 투사는 편집증과 '나쁜' 외부 대상 세계를 만들어 낸다. 이러한 '나쁜' 외부 대상은 재내사(방어적으로 재흡수)될 수 있고, 내적 박해 경험을 만들어 낼 수 있다. 특히 나쁜 내부 대상을 어머니에게 투사하는 것은 나쁘기만 하고 좌절을 주는 박해하는 어머니에 대한 경험으로 이어지는 반면, 아이의 사랑 충동의 투사는 처음에는 아이의 타고난 사랑 소인이 표현된 것으로 보이는데, 그것은 좋기만 하고 만족감을 주는 어머니에 대한 경험으로 이어진다. 내부 대상, 즉 좋기만 한 대상과 박해

---

2) 정신병리 수준에 대한 Kernberg의 모델과 현대 Klein 학파 모델 간에 겹치는 부분이 많지만, 기저의 정신분석적 준거틀에서의 차이—그리고 특히 추동을 개념화하는 데 있어서도 다를 뿐 아니라 Klein 학파의 준거틀은 정체성 형성 및 진단적 고찰에 대해 비교적 덜 강조한다—가 근본적인 불일치를 가져왔다.

대상은 투사와 내사의 반복되는 순환을 통해 생성되고, 이 과정에서 어머니의 다정하고 만족을 주는 돌봄은 좋기만 하거나 이상화된 부분의 발달에 더 많은 기여를 한다. 동시에 분열은 어머니와의 좋고 유쾌한 경험을 나쁘고 박해하는 경험으로부터 보호하는 역할을 한다.

이러한 불가피한 과정의 결과로, 아이는 어머니와 두 가지 모순된 경험을 지니게 된다. 한편으로는, 만족을 주고 욕구를 충족시켜 줄 수 있다고 생각되는 이상화된 관계를 맺고 있는 어머니에 대한 경험이다. 그리고 다른 한편으로는, 좌절시키고 주지 않으면서 공격한다고 생각되는, 박해 관계를 맺고 있는 어머니에 대한 경험이다. 어린아이는 이 복합성을 관리할 수 없고, 대신에 이러한 이상화된 경험과 박해 경험을 분리된 별개의 경험으로 유지한다.

Klein은 이러한 심리적 상황을 편집-분열 포지션이라고 불렀는데 왜냐하면 공격성의 투사는 편집증을 만들어 내고, 동시에 대상의 분열은 자기 안의 분열을 수반하기 때문이다. 편집-분열 포지션의 근본 불안은 박해하는 대상관계와 원시적 공격성에 의해 이상화된 내부 및 외부 대상관계가 파괴되는 것이다. 그리고 지배적인 방어는 분열과 투사적 동일시이다. 편집 불안 및 분열에 기반한 방어(Klein이 원시적 방어라고 부른)에 더하여, 편집-분열 포지션은 약한 자아 경계와 전능사고 및 콘크리트한 사고, 그리고 소위 **부분 대**상이라고 부르는 것으로 특징지어진다.

▶ 부분 대상과 전체 대상

편집-분열 포지션에서 외부 및 내부 대상은 부분 대상으로 경험된다. 이 용어에서 부분이란 어머니를 오직 부분으로만—즉, 욕구를 충족시켜 주거나 시켜 줄 수 없는 젖을 주거나 주지 않는 가슴으로—경험하는 어린아이의 능력을 말한다. 발달 및 심리 조직의 이 수준에서는, 외부 대상이 주체의 욕구를 채워 주거나 채워 주지 않는 정도에 전적으로 기초하여 경험되고, 그 자체로 존재하고 관심과 걱정을 받을 필요가 있을 수 있는 욕구를 지닌 분리된 사람으로 경험되지 않는다.

이 맥락에서 또한 **부분**은 편집-분열 포지션에서 좋기만 하거나 나쁘기만 한 대상의 특성을 나타내는 것으로 이해될 수 있고, 이것은 **전체**와 대조된다—즉, 전체 대상이란 좀 더 진전된 발달 및 심리 조직 단계를 특징짓는 양가적이고 더 잘 통합된 내부 및 외부 대상을 말한다. 부분 대상과 대조되는 **전체 대상**은 좋기만 하거나 나쁘기만 한 것이 아니라, 대신 긍정적이고 부정적인 속성을 모두 포함하고 있다. 전체 대상에 대한 경험은 양가성을—예를 들어, 만족을 주는 어머니와 좌절을 주는 어머니가 동일한 한 사람이라는 것을 인식하는 것을—견뎌 낼 수 있는 역량과 타인을 전능적으로 통제할 수 있는 것이 아니라 분리되어 떨어져 있는 것으로 인식할 수 있는 것을 의미한다.

Klein은 이상화된 대상과 좋은 대상을 명확히 구분한다. 이상화된 대상이란 편집−분열 포지션에서 만들어진 좋기만 한 부분 대상들이다. 좋은 대상이란 통합되고 양가적으로 유지되는데, 긍정적인 속성과 부정적인 속성 모두를 포함하는 가운데 긍정적인 것이 더 우세한 것으로 보인다. Klein은 내부와 외부의 좋은 대상을 수립하는 것은 중요한 발달적 성취이며 우울 포지션의 시작을 나타낸다고 보았다.

▶ 우울 포지션

Klein 이론의 편집−분열 포지션에서 이상화된 내적 대상 세계의 점진적인 형성은 원시적 공격성 및 박해하는 대상관계의 표현과 관련된 불안을 완화시킨다. 이 부분적인 보호는 분열의 필요를 어느 정도 감소시키며, 인지 발달과 함께 이상적인 어머니와 박해하는 어머니가 동일한 한 사람이라는 인식을 가져온다. "젖을 주는 어머니가 나를 좌절시키기도 한다. 내가 사랑하는 어머니는 또한 내가 미워하는 어머니이고 내가 환상에서 공격하는 어머니이다." 이러한 인식은 새로운 발달 수준과 편집−분열 포지션에서 우울 포지션으로의 변화를 예고한다. 이것은 질적인 변형을 나타내며, 새로운 심리적 통합 수준과 불안, 방어 및 대상관계의 새로운 집합을 나타낸다.

Klein에 따르면, 이상 대상과 박해 대상이 동일한 한 사람이라는 초기의 인식은 심한 불안의 원인이 된다. 편집−분열 포지션에서 불안이 단지 자기의 보존에—공격성을 투사하여 그것을 대상에게 떠넘기고, 대상의 생존에 대한 관심은 없다—관한 것이라면, 이제 아이는 처음으로 분리되고 취약해 보이는 대상의 상태를 걱정한다. 편집−분열 포지션에서, 대상이 아이의 마음에 좌절을 준다면, 이것은 본질적으로 나쁜 대상이 된다(이것은 좀 더 빈약하게 통합된 심리 상태를 특징짓는 전능사고의 예이다). 마찬가지로 간단하게, 대상이 부재하거나 가용하지 않다면 나쁜 대상이 된다. 따라서 편집−분열 포지션에서 아이는 좋은 대상을 향하는 공격성이나, 좋은 대상의 상실을 그리워하거나 애도하는 경험을 하지 못한다. 그리고 그 결과 결코 그의 공격성에 대해 책임지지 않는데, 이것은 편집−분열 지향 안에서 투사되고(그래서 공격적인 것은 자기가 아니라 대상이다) 정당화된다(아이의 공격성은 항상 나쁜 대상을 향한다). 그 결과, 편집−분열 포지션에서 아이는 대상에 대한 관심을 경험하지 못하고, 불안은 오직 아이 자신의 안전과 관련된다.

이와 달리, 우울 포지션의 등장으로 처음으로 아이는 좌절을 주기는 하지만 또한 좋기도 한 대상을 향한 공격성을 경험한다. 자신의 안전을 두려워하기보다 아이는 이제 그 대상의 안전을 걱정하는데, 그 대상이 아이 자신의 가학성과 공격성에 의해 파괴될 위험이 있는 것으로 보이기 때문이다. 이제 이 두려움은 우울 불안 또는 죄책감으로 경험된다.

Klein(1935)은 이 조직을 우울이라 기술하였는데 왜냐하면 이것은 개인이 공격성을 투사하기보다 책임지기 때문이다. 이는 그의 파괴성과 관련한 죄책감과 우울로 이어진다. 우울 포지션은 또한 통합 과정에서 희생되고 애도된 이상화된 대상의 상실과 관련하여 우울 및 애도 과정을 시작한다. 마찬가지로, 대상으로부터 분리되어 있다는 새로운 인식과 관련해서도 우울 및 애도 과정을 시작하는데, 좋지만 부재한 대상을 그리워하는 역량을 지니게 된다. 이제 대상은 주체의 통제를 넘어서고 다른 대상과 함께 있으며, 그 자신의 삶과 욕구를 지닌 것으로 이해된다(Ogden, 1993b). 이 새로운 인식은 오이디푸스 콤플렉스에 필수적인 삼자구도의 시작이다.

▶ 우울 포지션과 심리적 성장

우울 불안에서 개인은 좋은 것으로 지각되는 대상에 대한 공격성이 자신에게 있다는 책임을 받아들이며, 스스로를 탓하고 자기비난을 한다. 이처럼 양가감정을 체험할 수 있는 것, 즉 통합과정 및 심리적 성장과 연결된 역량은 처음에는 고통, 우울, 죄책감, 상실 및 가책으로 이어지고, 궁극적으로는 복구 소망으로 이어진다. 이러한 상황에서 개인은 환상에서 대상에게 가했던 손상과 관련하여 책임을 받아들이고 후회한다. 그러면서 자신과 대상에게 가졌던 이상적인 이미지를 상실하는 것에 대한 정서적 인식을 견뎌 낼 수 있게 된다(Segal, 1964). 현대 Klein 학파는 이 과정을 주체의 '우울 포지션의 훈습'이라는 측면에서 기술한다(Hinshelsood, 1991).

Klein 학파의 모델에서, 우울 포지션의 훈습은 일련의 서로 관련된 중요한 심리적 발달과 연결된다. 우울 불안을 훈습함으로써 개인은 ① 자신의 파괴적이고, 공격적이며, 성적인 충동에 대해 책임을 질 수 있고, 동시에 타인에 대한 이러한 충동의 인식을 견뎌 낼 수 있게 된다. ② 상호 의존적인 관계를 수립할 수 있으며, ③ 타인에 대해 사랑을 느끼고 타인에 대한 관심을 가질 수 있게 된다. 이때 타인은 분리되고 복합적인 것으로 경험된다. 그리고 ④ 상실을 견뎌 내고 애도할 수 있게 된다. 더 나아가, 타인을 분리된 것으로 경험하는 역량은 ⑤ 내부 세계를 외부 세계와 별개의 것으로 인식하는 것과 밀접하게 연결되고(즉, 콘크리트한 사고와 전능 사고에서 벗어나서) ⑥ 상징적 사고 역량과 연결된다

(Ogden, 1993b; Spillius, 1994).

이 책의 정교화된 대상관계 이론 모델 안에서, 이러한 모든 역량은 정체성 공고화에 상응한다. 이 역량들은 정상 성격의 특징이다. 따라서 Klein 학파 모델에서 기술했듯이 우울 불안을 훈습하는 과정이 TFP-E의 핵심 목표인 통합 과정을 촉진시키는 것으로 볼 수 있다.

삼자관계 갈등과 오이디푸스 콤플렉스

Klein이 우울 포지션을 도입했을 때, 그녀는 Sigmund Freud(1887~1902/1954, 1900/1964)의 매우 독창적인 초기 공헌을 기반으로 했다. Freud는 오이디푸스 콤플렉스 구성개념을 도입했는데, 이것은 커플로서의 부모와 아이의 관계의 복합성을 가리킨다. 지금까지 편집 및 우울 불안에 대한 우리의 논의는 이자관계 갈등의 원형으로서 아이와 어머니 간의 관계에 초점을 뒀다. 이제 우리는 삼자관계 세팅에서 어머니와 아이 관계에 초점을 둔다—여기에서 어머니는 다른 사람들과 관계를 맺고, 그녀 자신의 욕구와 내적 삶을 지닌 것으로 보이는데 전적으로 아이를 중심으로만 움직이지는 않는다. 또한 지금까지 우리는 대부분 사랑과 공격성 간의 갈등과 관련된 우울 불안에 대한 논의에 초점을 맞춰 왔다. 하지만 이제 이 논의를 확장하여 복합적인 동기와 욕구 간의 갈등을 포함한다. 이것은 오이디푸스 상황에서 그리고 궁극적으로는 모든 인간관계에서 작동한다.

Freud와 Klein에게 있어서, 오이디푸스 상황—아이와 두 부모 간의 관계—은 원형적 삼자관계 갈등이다. 이자관계 갈등과 달리 삼자관계 갈등의 특징은 사랑하고, 욕망하거나, 필요로 하는 사람 또는 만족의 원천과의 관계가 제삼자와 심리적으로 떼려야 뗄 수 없는 관계를 갖는다는 것이다. 삼자관계 갈등의 관점으로부터, 오이디푸스 상황의 발달적 난관은 자기가 사랑하고 필요로 하는 사람이 자기를 배제한 (뿐만 아니라 자기를 포함하지 않는 그 자신의 욕구를 지닌) 다른 사람과 관계를 맺고 있는 세상에서 살아가는 것을 받아들여야 한다는 것이다. 이 딜레마를 인식하고 씨름하는 역량은 주관적인 내적 삶을 지닌 자기에 대한 자각, 자기로부터 분리되고 자기에 의해 통제되지 않는 다른 사람에 대한 자각 및 제삼자에 대한 자각에 근거한다. 이러한 형태는 심리 및 인지 발달의 비교적 성숙한 수준을 나타낸다. 이것은 Klein이 우울 포지션으로 기술한 것과 상응하며 전형적으로 자기관찰 및 자기성찰 역량과 관련된다.

오이디푸스 갈등에서 성적, 의존적, 경쟁적, 자기애적 및 공격적 소망, 욕구 및 두려움은 부모의 커플 관계를 깨려는 아동기 환상과 연결된다. 이 환상은 부모 중 한 사람 또는 두 사람의 관심을 독점하기 위해서이고, 가족 중 다른 구성원뿐 아니라 다른 한 부모를 배제함으로써 승리하기 위한 것이다. 그 결과, 성적, 의존적, 경쟁적, 자기애적 및 공격적 소망, 욕구 및 두려움 그리고 그것들과 연결된 환상은 갈등적이다. 이러한 동기들과 연합된 대상관계의 상연은 죄책감과 상실(우울 불안)에 대한 감정으로 이어질 것이고, 이는 두려운 보복 환상(편집 불안)과 결합될 것이다.

예를 들어, 오이디푸스 단계에 있는 소녀에게 있어서 아버지를 그녀 자신의 사랑 대상으로서 소유하는 환상은 마찬가지로 그녀의 어머니를 전치하고 승리하고 아마도 제거하는 환상을 수반할 것이다. 이 소녀가 경쟁심에도 불구하고 그녀의 어머니에 대한 긍정적인 이미지를 유지하는 한, 그녀는 고통스러운 갈등에 직면하게 된다. 그녀의 성적 및 가학적 충동을 충족시키려는 소망은 아버지를 소유하려는 그녀의 경쟁적 및 자기애적 욕망과 함께, 어머니에 대한 사랑, 어머니에 대한 의존, 그리고 어머니의 보복에 대한 두려움과 갈등이 된다. 그렇지 않으면 그녀는 편집적 지향으로 후퇴할 수 있는데, 이는 그녀가 어머니에게 그녀의 충동을 투사하는 것이다. 이때 소녀는 두려워하고 적대감을 느끼거나 혹은 평가절하하고 승리감을 느낀다. 성인에게서 이러한 갈등은 해결되지 않고 덮여 있을 수 있다. 이러한 경우 오이디푸스 갈등, 특히 성적 친밀감과 경쟁적 투쟁을 자극하는 상황은 불안, 죄책감 및 두려움을 자극할 것이다. 죄책감을 유발하는 근친상간적 승리라는 아동기 환상과 성적 사랑 간의 무의식적 연결 때문에 NPO 환자들은 종종 열정적 성과 다정함 및 사랑을 통합하는 것이 어렵다.

이자관계 및 삼자관계 갈등, 즉 다른 한 사람에게 의존하고 신뢰하는 것과 관련된 갈등 및 개인이 의존하고 뭔가를 바라면서도 상대의 욕구를 염두에 두고 세상에서 살아가야 한다는 것과 관련된 갈등은 종종 응축되고 서로 경쟁할 수 있다. 의존과 신뢰를 둘러싼 갈등은 삼자관계와 오이디푸스 갈등을 타협하는 것을 어렵게 한다. 동시에 이자관계의 욕구와 갈등에 관한 상황을 경험하는 것은 오이디푸스 및 삼자관계 갈등과 관련된 불안을 피하는 하나의 방법이 될 수 있다. 그 결과, 치료에서 이자적 대상관계의 활성화는 때때로 이자관계 갈등의 우세함을 반영할 것이다. 하지만 다른 때에는 그리고 이러한 갈등이 훈습될 때, 그러한 이자적 대상관계의 활성화는 오이디푸스 수준의 갈등을 피하기 위해 방어적으로 사용될 것이다—오이디푸스 수준의 자료가 활성화되는 것은 때로 의존 및 신뢰를 둘러싼 이자관계 갈등의 출현을 방어하기 위해 사용되는 것과 같다. 삼자관계 및 오이디푸스 갈등은 NPO 환자의 치료에서 핵심 역할을 하는 경향이 있으며, 종종 환자의 치료에서 우울 불안을 훈습하는 맥락이 된다. BPO 환자에게서는 비록 초기부터 오이디푸스 이슈가 명백할지라도, 삼자관계 갈등이 치료의 중기 또는 후기의 핵심으로 출현하는 경향이 있다. 이는 임상 과정에서 우울 불안이 중심이 되는 것과 일치한다.

성격조직 수준과 편집–분열, 우울 및 오이디푸스적 갈등

편집–분열 대 우울 수준에서 불안, 방어 및 대상관계의 조직화는 심한 성격장애 환자와 높은 수준의 성격장애 환자, 그리고 정상 성격을 구분하게 해 준다. 구조적 관점에서 편집–분열 포지션을 특징짓는 심리적 불안, 방어, 대상관계 및 사고의 성질은 심한 성격병리와 정체성 혼미를 지닌 환자의 내적 세계와 일치하는 반면, 우울 포지션의 그것들은 높은 수준의 성격병리와 공고화된 정체성을 지닌 환자의 내적 세계와 일치한다.

유사하게, 좀 더 심한 병리에서는 이자관계 갈등이 우세한 반면, 높은 수준의 성격장애에서는 삼자관계 및 오이디푸스적 갈등이 우세하다. 따라서 잘 통합되지 않은 상태에서 좀 더 잘 통합된 심리상태에 이르는 전체 궤도는 편집 불안 및 이자관계 갈등이 우세한 것으로부터 우울 불안 및 삼자관계 갈등이 우세한 것으로 변화한다—그리고 궁극적으로는 우울 불안 및 삼자관계 갈등에서 좀 덜 불안한 상태로 변화하는데, 갈등적 동기를 유연하고도 도덕적으로 다룰 수 있는 자신의 역량을 편안하게 느낄 수 있게 된다. 좋은 자기감이 우세한 세팅에서, 개인은 타인에 대한 관심과 자기 욕구 간의 균형을 맞출 수 있고, 투사, 분열 및 억압을 하지 않는 대신 공격성과 다른 갈등적 동기에 대한 인식을 견뎌 낼 수 있으며 책임질 수 있다.

편집–분열 및 우울 포지션과 성격조직 수준들 간의 관계에 대한 몇 가지 임상적으로 유용한 일반화가 있긴 하지만, 성격조직의 어떤 수준에서도 편집 및 우울 불안이 평형 상태로 존재한다는 것을 인식하는 것은 중요하다. 따라서 역동적 관점에서, 편집 및 우울 불안의 반복적인 훈습은 성격조직의 **모든** 수준에서 심리적 성장의 보편적인 특징으로 보인다.

BPO 환자의 치료에서 편집 및 우울 포지션 그리고 관련된 불안 간의 이동은 분열을 동기화하는 핵심 갈등을 탐색하고 훈습하는 데 있어 핵심적이다. NPO 환자의 치료에서 편집–분열 조직이 일시적으로 나타나 분열이 우세해질 수 있는데, 다음에 나오는 환자의 임상 예시에서 볼 수 있다. 이 환자는 우울 불안의 고통에서 편집–분열 포지션으로 방어적으로 후퇴한다. NPO 환자의 치료, 즉 신경증적 구조 및 전반적으로 우울 지향을 지닌 세팅에서 좀 더 일반적이고 일관되게, ① 편집 불안(즉, 자신의 투사된 충동 또는 충동의 표현과 연관된 불안으로 인해 박해받는다는 느낌, "그는 내게 화가 났어요.", "내가 화가 났기 때문에 벌 받을 것 같아요."와 같은)과 ② 우울 불안(즉, 자기충동에 대해 책임져야 한다는 느낌, "난 그 사람에게 화가 나요.", "죄책감이 들고, 부끄럽고, 후회돼요."와 같은) 사이를 왔다 갔다 하는 것을 보게 된다. 이러한 변증법은 치료자를 향한 NPO 환자의 태도와 기대에서 나타날 수 있다. 예를 들어, 그러한 환자는 치료자가 충분히 보살펴 주지 않고 관심을 주지 않는다고 느낄 수 있는데, 역설적으로 치료자의 도움과 돌봄을 받을 자격이 없다고 느낄 수도 있다.

요약하면, 심각도 범위에 걸쳐 성격장애 환자의 심리역동 치료의 특징은 편집 및 우울 불안을 반복적으로 훈습하는 것이며, 편집 및 우울 불안은 각각 서로를 방어한다. 통합을 향한 각각의 점진적인 단계에 따라, 이들 불안이 활성화되고, 환자는 그것들을 견뎌 내고, 결국 그것들을 훈습하도록 도움받을 것이다. BPO 환자에게서 이러한 과정은 정체성 공고화와 연관될 것이다. NPO 환자에게 이는 이미 공고화된 정체성 안에서 갈등적 대상관계를 통합하는 것과 연관될 것이다. 통합 수준이 서로 다르지만 이 두 가지 세팅 모두에서, 갈등적 동기를 책임지는 것에 대한 고통과 그것을 투사한 결과로 생긴 불안 사이를 왔다 갔다 할 것이며, 책임과 컨테인하기를 향해 점진적으로 변화할 것이다. 치료가 성공적일 때 편집 및 우울 불안 순환이 반복적이고 점진적인 훈습됨에 따라, 환자는 우울 기능 양식이 좀 더 점진적으로 견고해진다.

▶ 임상 예시 ◀ NPO 환자의 편집 및 우울 지향 사이의 역동적 관계

한 중년 남성은 고압적인 아버지와 오랜 기간 관계가 나빴는데, 그의 아버지는 이제 나이가 많이 들었다. 매우 유익하지만 다소 격렬했던 1년의 치료에서, 환자는 높은 BPO에서 신경증적 성격조직 및 기능 수준으로 나아졌다. 그러나 2주간 치료를 쉬고 와서 환자는 아버지에 대해 몹시 화를 냈다. 그의 어조는 원한이 가득 차 있었다. 그는 아버지가 고집이 세고, 맹렬하게 화를 내고, 이기적이고, 남을 깎아내리며, 잔인하다고 말했다. 환자는 "이번에 진짜 아버지와 한바탕 했어요!"라며 만족스러운 듯 말했다.

치료자는 환자에게 뭐 때문에 최근 아버지에 대한 긍정적인 태도가 이렇게 눈에 띄게 변했냐고 물었고, 환자는 그런 '자기중심적이고, 가학적인 개자식'과는 관계가 불가능하기 때문에 자신을 속여 왔다고 화를 내며 대답했다. 그런 다음 그는 이것을 이해하지 못하는 것 같다고 치료자를 비난하기 시작했다.

치료자는 아버지에 대한 (그리고 비록 그 순간에 정동적으로 지배적이지는 않을지라도 치료자에 대해서도) 환자의 양극화되고, 빈약하게 통합되고, 적대감으로 채색된 관점이 상당히 현저하게 되돌아왔음을 알아챘다. 치료자가 언쟁 상황에 대해 좀 더 물었을 때, 환자는 큰돈을 달라고 요구했지만 아버지가 들어주지 않자 격분했다. 하지만 동시에 환자는 아버지가 재정적 대비를 걱정해 왔다는 것을 알고 있었다.

이때, 치료자는 다음과 같이 환자에 대한 자신의 인상을 공유했다. 그는 현재 아버지에 대한 환자의 상당히 극단적인 태도에 놀랐는데, 아버지에 대한 '나쁘기만 한' 관점으로 어느 정도 되돌아간 것 같다고 말했다. 그가 치료를 받으러 처음 왔을 때 그랬었지만 최근 몇 달 동안 바뀌고 있던 관점이다.

환자는 이때 자신의 태도에서 갑작스러운 변화를 인정했고 생각에 잠긴 것처럼 보였다. 치료자는 다음과 같이 말했다. 아마도 그의 아버지가 나이가 들고 점차 약해지면서, 환자가 걱정하고 또 환자를 걱정해 주는 것 같은 사람(비록 그 사람이 매우 결함이 클지라도)에 대한 환자 자신의 적대감과 탐욕에 대해 생각하는 것이 너무 고통스러웠던 것 같다고 말했다. 아마도 아버지가 사랑받을 자격이 없다고 생각하는 것이 더 쉬웠을 것이다. 환자는 조용히 울기 시작했다.

이 예시는 우울 불안과 편집 불안을 왔다 갔다 하는 것을 보여 준다. 치료의 이 지점에서 특히 우울적 갈등("아버지가 나쁘기만 한 게 아닌데, 저는 아버지에게 상처 주고 싶고 이용하고 싶어요. 그래서 죄책감이 들어요.")으로 주로 씨름하는 환자에게서 편집 지향("아버지는 완전히 나빠요, 저를 마음 아프게 하고 이기적이에요. 그러니까 당연히 화가 나죠.")이 방어적으로 나타나는 것을 보여 준다. 편집 불안의 출현은 방어적으로 보일 수 있는데, 왜냐하면 이 시점의 치료에서 좀 더 중심적인 우울 갈등을 피하는 역할을 하기 때문이다. 우울 불안의 고통으로부터 후퇴하기 위해 이러한 편집 불안이 방어적으로 출현하는 것을 때로 우울 포지션의 분열이라고 부른다.

양가성, 통합 및 구조 변화

양가성은 동일한 대상에게 동시에 존재하는 갈등적 동기의 인식을 견뎌 내는 역량으로 정의된다. 편집 및 우울 불안에 대한 논의에서 우리는 주로 공격적인 대상관계와 사랑하는 대상관계의 통합에 초점을 두었다. 오이디푸스 콤플렉스와 신경증적 해리에 대한 논의에서 우리는 그 관점을 넓혀 어떻게 공격성과 사랑 동기의 통합 그리고 성적, 자기애적 및 의존적 동기의 통합이 도전이 될 수 있는지 살펴보았는데, 이는 우울 및 편집 불안뿐 아니라 오이디푸스 갈등을 활성화시키기 때문이다.

다시 말하면, 우리는 TFP-E에서 통합 과정을 다음과 같이 개념화한다. 개인이 사랑과 공격성을 동시에 경험한다는 비교적 단순한 측면에서뿐 아니라 특정 개인에게는 갈등이 될 수 있는 다른 동기(예를 들어, 사랑과 성, 의존성과 공격성, 자기애적이고 이기적인 동기와 사랑)들을 통합하는 것이 어려울 수 있다는 측면에서 개념화한다. 낮은 수준 BPO에서 NPO에 이르는, 가장 덜 통합된 성격구조에서 좀 더 잘 통합된 성격구조로 이동함에 따라, 의식적인 동기구조의 복합성이 점점 더 커진다. 또한 특정 대상관계 안에서, 그리고 대체로 긍정적이고 도덕적이며 갈등적 동기를 컨테인하고 복구할 수 있다고 경험되는 전반적인 자기감 안에서 서로 갈등이 될 수 있는 동기구조를 동시에 활성화하고 컨테인하며 통합하는 역량도 더 커진다. 이러한 역량들은 자기감 및 타인감에 복합성이 증가하고 타인과의 관계가 깊어지는 것을 의미한다.

이러한 이행—즉, 전반적으로 긍정적인 자기감 안에서 갈등적 동기들의 분열, 억압 및 해리로부터 통합 및 컨테인하기로—은 다음에 나오는 환자의 꿈에서 볼 수 있는데, 이 환자는 치료가 끝나 갈 무렵 꿈을 보고하였다. 꿈에서 그녀는 하얀색 가방을 들고 있었다. 그녀는 가방의 한쪽이 더러워졌다는 것을 깨달았다. 하지만 평소처럼 공황에 빠져서 집에 가야 한다고 느끼지 않고 편안함을 느꼈다. 그녀는 그저 가방을 돌려 들었다. 더러운 게 있지만 실제 보이지는 않으리라는 걸 알고 있었다. 그리고 그게 보인다 해도 괜찮았다. 그녀는 집에 도착해서 가방을 닦을 수 있었다.

핵심 임상 개념

- 심리적 갈등은 갈등적 동기('충동'), 갈등적 동기의 인식이나 표현에 대한 방어 및 부정적 정동이나 '불안을 동기화하는 방어'와 관련하여 조직된다.
- 신경증적 구조에서 방어적 내적 대상관계의 상연은 충동적 대상관계의 억압을 뒷받침한다.
- 경계선 구조에서 방어적 및 충동적 대상관계는 서로 해리되어 있고 서로 바뀔 수 있다(이상화된 대상관계는 편집적 대상관계를 방어하며 그 반대도 성립된다).
- 우울 포지션에서 개인은 우울 갈등과 씨름하는데, 여기서 자신의 충동에 대해 책임지며 전체 대상과 관련된 고통, 죄책감, 후회를 경험한다.
- 편집-분열 포지션에서 개인은 분열 대상의 '부분'과 관련하여 충동에 대한 책임을 투사하고 두려움을 경험한다.
- 양가성을 견뎌 내는 역량은 심리적 통합의 표시이며 건강한 성격기능의 초석이다.

▼ 참고문헌

Bion WR: Elements of Psycho-Analysis. London, Heinemann, 1963

Freud S: Letters to Wilhelm Fleiss (1887-1902). New York, Basic Books, 1954

Freud S: The interpretation of dreams (1900), in The Standard Edition of the Complete Psychological Works of Sigmund Freud, Vols 4-5. Edited and translated by Strachey J. London, Hogarth Press, 1964, pp 1-626

Hinshelwood RD: A Dictionary of Kleinian Thought. Northvale, NJ, Jason Aronson, 1991

Joseph B: Projective identification—some clinical aspects, in Melanie Klein Today, Vol 1. Edited by Spillius EB. London, Routledge, 1988, pp 138-150

Kernberg OF: Countertransference, in Borderline Conditions and Pathological Narcissism. New York, Jason Aronson, 1975, pp 49-68

Kernberg OF: Aggression in Personality Disorders and Perversions. New Haven, CT, Yale University Press, 1992

Kernberg OF, Caligor E: A psychoanalytic theory of personality disorders, in Major Theories of Personality Disorder, 2nd Edition. Edited by Lenzenweger MF, Clarkin JF. New York, Guilford, 2005, pp 114-156

Klein M: A contribution to the psychogenesis of manic-depressive states (1935), in Love, Guilt and Reparation and Other Works, 1921-1945. London, Hogarth Press, 1975, pp 262-289

Klein M: Notes on some schizoid mechanisms (1946), in Envy and Gratitude and Other Works, 1946-1963. New York, Free Press, 1975, pp 1-24

Ogden TH: Between the paranoid-schizoid and the depressive position, in Matrix of the Mind: Object Relations and the Psychoanalytic Dialogue. Northvale, NJ, Jason Aronson, 1993a, pp 101-130

Ogden TH: The depressive position and the birth of the historical subject, in Matrix of the Mind: Object Relations and the Psychoanalytic Dialogue. Northvale, NJ, Jason Aronson, 1993b, pp 67-99

Ogden TH: Projective Identification and Psychotherapeutic Technique (1982). Northvale, NJ, Jason Aronson, 1993c

Segal H: An Introduction to the Work of Melanie Klein. New York, Basic Books, 1964

Spillius EB: Development in Kleinian thought: overview and personal view. Psychoanal Inq 14:324-364, 1994

Steiner J: The equilibrium between the paranoid-schizoid and the depressive positions, in Clinical Lectures on Klein and Bion. Edited by Anderson R. London, Routledge, 1992, pp 34-45

TFP-E 개관:
기본 과제, 치료관계 및 치료방략

대상관계 이론틀 안에서 성격장애를 개념화하고 분류하는 토대를 제공함으로써, 우리는 이제 우리의 치료 접근을 개념화하는 토대를 제공한다. 제Ⅱ부를 구성하는 세 개의 장에서는 전이초점 심리치료-확장판(TFP-E)을 규정하는 일반적인 임상 원칙과 기본 구성개념을 소개한다. TFP-E는 대상관계 이론에 기초한 융통성 있는 치료 모델로서, 자기 및 타인 기능, 환자의 성격조직과 치료방략 간의 관계에 초점을 둔다.

- 제4장에서는 TFP-E 치료자의 기본 과제를 소개한다. 치료를 구성하는 기본 요소를 개관하고 필수 용어를 정의 내린다.
- 제5장에서는 치료관계를 논의한다. TFP-E에서 치료관계는 치료가 펼쳐지는 매트릭스를 형성한다. 이 장에서 치료자의 태도와 자세, 치료동맹, 전이 및 역전이를 고찰한다.
- 제6장에서는 TFP-E의 방략을 논의하면서 개관을 마무리한다. 치료방략은 성격장애 전 범위에 걸쳐 환자들에 대한 임상적 치료 접근을 조직한다. 또한 제6장에서 치료의 기본 방략을 경계선 성격조직과 신경증적 성격조직 환자의 다양한 임상적 요구에 맞춰 어떻게 수정했는지 기술한다. 방략에 대한 논의에서, 우리는 어떻게 치료방략이 상이한 심각도 수준에 있는 환자의 상이한 심리적 역량을 지원하고 치료

적 변화를 촉진하는지에 대한 이해에 초점을 둔다.

평가에 대한 심층적 논의는 제Ⅲ부 '숙련된 예비치료'에서 볼 수 있다. 여기서 분류 모델 및 그것과 환자 예후 그리고 치료계획과의 관계를 검토한다.

치료의 기본 과제 및 요소

이 장에서 전이초점 심리치료-확장판(TFP-E)의 기본 치료 과제를 소개한다. 치료 접근을 개관하고, 뒤따르는 장에서 상세하게 논의될 구성개념을 소개한다. 핵심 용어를 정의하고, 독자들이 치료의 개념적 토대와 기법적 기초 요소를 형성하는 기본 요소들을 잘 알 수 있게 한다. 전반적인 접근은 정체성 공고화와 통합을 조성하기 위해 갈등적인 대상관계들을 합치는 것을 촉진하는 데 초점을 두는 것이다. 이것은 복합성 수준이 증가함으로써 일어날 수 있다. 이미 설명하였듯이, 통합 과정은 성격조직 수준에 따라 다르다. 동시에, 통일된 목표와 임상 원칙에 있어서 심각도 범위에 걸쳐서 작업을 조직한다. 이 장에서 치료의 기본 요소들을 개관하는데, 어떻게 이 요소들이 성격병리의 심각도 함수에 따라 상이한 기능들을 수행할 수 있는지 혹은 상이하게 실행될 수 있는지 주목한다.

기본 과제

- TFP-E 치료자의 첫 번째 과제는 **치료에서 갈등적인 대상관계의 활성화와 상연을 촉진하는 상황을 만드는 것이다.** 이와 동시에 이것이 통제되고 치료적인 방식으로 일어나는 것을 보장하는 것이다. 이 과제는 치료 구조와 계약에 의해 수립된 경계 안에서 안전하게 컨테인된 치료자와 환자 간의 치료적 관계를 만듦으로써 달성된다.
- 치료자의 다음 과제는 **개입의 초점을 찾는 것이다.** 이 과제는 환자가 개방적으로 자유롭게 말할 때 주의 깊게 경청하는 것을 필요로 한다. 그렇게 하는 이유는 특정 회기에서 정동적으로 지배적인 대상관계를 찾기 위한 것인 동시에 치료 바깥의 환자의 삶

에서 발전에 주의를 기울이기 위한 것이다.

• 치료자의 세 번째 과제는 환자의 핵심 갈등이 그의 현재 관계에서 그리고 치료자와 상호작용에서 반복해서 활성화되고 상연될 때, **그것을 탐색하고 훈습하도록 돕는 것이다.** 이것은 통합 과정을 방해하는 방어기제를 작동시키는 불안을 해석하는 것을 필요로 하며, 동시에 자기관찰과 성찰을 촉진한다. 훈습 과정에서 치료자는 환자의 핵심 갈등과 치료목표 간의 연결을 강조한다.

치료의 기본 요소

과제 1: 탐색 단계 설정하기-갈등적 대상관계를 치료에 가져오기

치료계약은 **치료틀**을 수립한다. 그것은 치료자와 환자의 역할을 포함한 치료 조건을 정의한다. 치료틀이 제공하는 구조 안에서, 치료자는 심리치료 관계를 수립한다. 환자와 치료자 사이에 치료동맹이 수립되며, 치료자의 치료적 중립성 자세가 심리치료 관계의 중심 측면이다.

▶ 치료틀

치료틀은 심리치료의 종류를 정의 내리는 특징이며, 치료 작업이 이루어지는 상황을 만들어 낸다. 치료틀은 회기의 빈도와 시간, 참석에 대한 기대, 시간 배정과 치료비 지불에 대해 정한다. 치료틀은 또한 치료자와 내담자 간에 규칙적인 약속 시간 외의 만남에 대해 분명한 기대를 수립한다. 이런 만남에는 직접 만남, 전화, 문자와 이메일, 응급상황 관리가 포함된다. 치료틀은 치료가 시작되기 전에 치료자와 내담자 간의 공식적인 상호 합의로 수립되며, 개별 내담자의 욕구에 맞추어 조정된다. 치료자와 내담자 간의 관계를 환자의 과거나 현재 생활에서 다른 관계와 분명히 구별짓는 것이 바로 이 치료틀이다.

동시에, 치료틀과 심리치료 관계는 현실에 기초한 치료틀을 수립하며, 내담자와 치료자로 하여금 환자 편에서의 파괴적인 및 자기파괴적인 행동을 관리할 수 있게 한다. 치료틀을 수립하는 내담자와 치료자 간의 상호합의를 종종 **치료계약**이라고 부른다 (Etchegoyen, 1991; Yeomans et al., 2015). TFP-E에서 이것은 치료자와 내담자 간에 문서화된 계약은 아니지만 분명하고 구체적으로 기술된 합의로 치료의 필요 조건을 요약한다.

심한 성격장애 환자의 치료에서는 종종 치료계약을 상호합의하기 위해 많은 치료시간을 보낸다. 사려깊고 효과적으로 협의하는 이런 과정을 통해 환자가 치료를 중단할 확률을 줄일 수 있다(Yeomans et al., 1994). 심한 성격장애를 치료할 때 치료틀에 대한 도전은 흔히 일어나며, 치료계약은 상호합의된 기대의 기저선을 제공한다. 그로부터 치료자는 필요한 한계 설정을 사용할 수 있다. 파괴적 행동이 자기파괴적이든, 타인에게 파괴적이든, 치료의 온전성을 파괴하든 간에, 파괴적 행동에 대한 계약 맺기는 환자가 부적응적 행동을 통제하도록 돕는 데 중요한 역할을 하며, 치료틀을 유지하는 것은 특히 치료 초기 단계에서 임상적으로 주목할 초점이 된다.

반면, 높은 수준의 성격병리 환자의 치료에서는 파괴적 행동에 대한 계약 맺기는 일반적으로 필요하지 않다. 이들 환자의 경우, 치료계약과 치료틀이 대부분 예측 가능하고 신뢰로운 상황을 만드는 역할을 한다. 그 안에서 환자의 내적 대상관계가 안전하게 펼쳐지고 탐색될 수 있다.

▶ 심리치료 관계

치료 상황이 제공하는 신뢰로운 구조 안에서, TFP-E 치료자와 환자는 심리치료 관계라고 부르는 특수한 관계를 수립한다. 이 관계는 매우 전문화된 관계이다. 그 안에서 한쪽 편인 환자는 가능한 한 자신의 내적 욕구를 소통하도록 격려되며, 다른 한쪽 편인 치료자는 그렇게 하는 것을 자제한다.

치료자의 역할은 자신의 전문성을 발휘해서 환자의 자기 탐색과 자기 인식 역량을 넓히고 깊게 하는 것이다. 이런 목적으로 치료자는 환자의 내적 경험이 언어적 및 비언어적 의사소통과 역전이를 통해 표현될 때 그것을 이해하기 위한 지속적인 노력에 충분히 몰입하는 것이다. 심리치료 관계는 보통의 사회적인 관습이 상대적으로 덜 적용되고 환자의 욕구에 중점적으로 초점을 두기 때문에, 환자의 핵심 동기 체계가 활성화되도록 자극되어 갈등적인 대상관계의 상연을 촉진시킨다. 심리치료 관계는 치료 시작 단계에서 치료자에 의해 수립되고, 이 책에서 기술되는 심리치료 기법은 그 안에서 적용되는 필수 상황이다. 치료동맹, 전이 및 역전이는 모두 치료관계에 내재되어 있다.

▶ 치료동맹

치료동맹은 심리치료 관계의 중요 구성요소이다(Bender, 2005). 심리역동적 틀에서, 동맹이란 도움을 원하고 이용할 수 있는 환자의 자기관찰 부분과 도움을 주는 전문가 역할을 하는 치료자 사이에서 수립된 관계이다. 동맹은 한편으로는 치료자의 수련, 전문성, 관심에 기반하여 제공해 줄 수 있는 현실적인 기대를 반영하며, 다른 한편으로는 환자를 조력하고 환자에 대한 진전된 이해를 활용할 수 있는 치료자의 헌신을 반영한다 (Kernberg, 2004).

높은 수준의 성격병리 환자는 치료 초기 단계에서 대부분 비교적 안정적인 동맹을 수립할 수 있다(Bender, 2005). 치료과정에서 일어날 수 있는 초기 어려움이나 동맹 결렬은 비교적 쉽게 해결되거나, 일단 훈습이 된다면 종종 환자의 자기 이해가 깊어지는 동시에, 치료자와 환자의 작업 관계도 더욱 굳건해진다(Caligor et al., 2007).

이에 비해, 심한 성격장애 환자는 종종 치료동맹을 수립하는 데 어려움을 겪고, 동맹의 질이 회기에 걸쳐 크게 흔들리기 쉬우며, 심지어 회기 내에서조차 순간 대 순간으로 흔들린다(Yeomans et al., 2015). 동맹을 수립하려는 노력은 치료에서 그리고 현재 환자 안에서 활성화된 갈등의 한쪽 편을 드는 것을 피하는 치료자의 능력에 달려 있다. 결렬은 흔하고 피할 수 없으며, 환자 입장에서는 강한 정서적 반응이 수반될 수 있다. 드물지 않게는 적대감, 비난과 편집이 포함될 수 있다. 치료 전반에 걸쳐 일어나는 결렬에 대한 탐색은 TFP-E에서 특히 심한 성격장애를 치료할 때 심리치료과정의 중심이 된다. 그런 장애를 가진 환자와의 성공적인 치료에서는 안정적인 치료동맹의 점진적인 공고화가 치료과정에 걸쳐 발달한다.

▶ 기법적 중립성과 치료자의 자세

TFP-E 치료자가 환자와 치료동맹을 수립할 때, 치료자는 **기법적으로 중립적인 자세를** 유지한다(Auchincloss & Samberg, 2012; Levy & Inderbitzin, 1992). 여기서 **기법적**이란 치료자에 의해 사용되는 기법을 가리킨다. 구성개념으로서 기법적 중립성이란 TFP-E의 이정표이지만, 그 용어는 다소 문제가 있다. 기법적 중립성이란 TFP-E 치료자가 환자에 대한 태도에서 중립적이라는 의미로 때로 잘못 받아들여지고, 그 용어는 무감각하게 가만히 앉아서 환자의 이야기를 듣고 거의 말을 하지 않는 정신분석가의 캐리커처를 떠오르게 할 수 있다. 사실, 기법적 중립성이란 치료자가 환자의 진행과정에 대해 반응하지 않거나 무관심하거나 치료자가 수동적이라는 것을 의미하지 않는다. 반대로, TFP-E 치료자는 상당히 능동적이며, 환자에 대한 태도는 환자의 안녕과 기꺼이 도우려는 의지를 반영하는데, 이는 따뜻하고 관심 어린 태도와 결합된다(Schafer, 1983).

기법적 중립성에 대해 말할 때, 우리가 가리키는 것은 환자에 대한 치료자의 태도가 아니라 환자의 갈등에 대한 치료자의 태도이다. 기법적 중립성이란 치료자가 환자의 갈등에 대해 어느 한쪽 편을 들거나 적극적으로 관여하는 것을 피하도록 한다. 이런 목표를 염두에 두고, 기법적으로 중립적인 치료자는 조언을 한다든지 환자의 삶에 개입하는 것과 같은 지지적 개입을 하는 것과 관련해서 제한을 둔다. 대신, 중립적 치료자는 환자의 갈등과 행동의 모든 측면에 대해 가능한 한 개방적이 되려고 애쓰고, 환자의 내적 삶을 가능한 한 완전하게 이해하려고 노력한다. 이런 목적으로 중립적 치료자는 자기 관찰 역량을 지닌 환자의 부분과 동맹을 맺는다(Kernberg, 2004).

기법적 중립성이란 아마도 치료적 중립성의 관점에서 가장 잘 이해될 수 있다. TFP-E 치료자의 중립적 자세는 TFP-E에서 치료과정을 이해하는 데 본질적인 요소이며 심리치료 관계 안에서 치료자의 자세를 정의하는 특징이다. 동시에 기법적 중립성으로부터 이탈은 불가피하다. 심한 성격장애 치료에서 계획된 이탈은 심리치료 기법에서 필수적인 부분이며, 환자가 파괴적 행동을 통제할 수 있도록 돕는 한계 설정과 관련해서 가장 흔히 도입된다. 보다 건강한 환자의 치료에서는 중립적 자세를 좀 더 일관되게 유지하는 것이 더욱 쉽다. 중립성으로부터 의도적이거나 계획된 이탈에 덧붙여서, 역전이 압력으로 인해 통상적인 치료 자세로부터 의도치 않은 이탈이 생길 수 있다.

과제 2: 개입 초점 정하기-외부 현실과 치료 우선순위 위계를 주목하는 동시에 정동적으로 지배적인 대상관계를 확인하기

환자가 자유롭고 개방적으로 이야기하기 시작하면서, 환자의 내적 세계와 외적 어려움이 치료에서 형태를 갖추기 시작한다. 그것은 환자의 언어적 소통, 행동, 치료자와의 상호작용뿐만 아니라 역전이를 통해서 이루어진다. 치료자의 과제는 환자의 다양한 의사소통을 분류하고 치료자의 마음에서 조직하는 것으로, 상담시간의 중심 주제를 나타내는 것으로 보이는 대상관계를 확인하는 과제에 초점을 둔다. 이러한 대상관계를 정동적으로 지배적인 대상관계 또는 간단히 지배적인 대상관계라고 한다. 이러한 대상관계를 확인하는 것은 갈등의 영역과 탐색 초점을 가리키고, 지배적인 대상관계를 말로 표현하는 것은 환자의 자기관찰과 성찰 과정을 자극하기 시작하며, 핵심 갈등을 탐색하고 해석하는 단계를 설정한다. 치료자는 환자의 치료 바깥의 삶에서 중요한 발전을 주의깊게 살펴보는 동시에, 치료 우선순위 위계와 치료틀의 통합에 대해 주목한다.

▶ 자유롭고 개방적인 의사소통

TFP-E에서 환자의 역할은 치료 시간에 마음에 떠오르는 것이 무엇이든 가능한 한 자유롭고 개방적으로, 구조화된 순서 없이 구조화되지 않은 방식으로 말하는 것이다. 바로 이런 과정을 통해서 환자의 갈등적인 대상관계가 치료에서 생생해지기 시작한다.

억압에 기반한 방어가 우세한 높은 수준의 성격장애 치료과정은 정신분석 치료에서 사용되는 자유 연상 과정과 많은 방식에서 비슷하다(Auchincloss & Samberg, 2012). 그 목표는 치료에서 갈등적인, 대부분 무의식적인 대상관계와 관련된 방어가 출현하도록 촉진하는 것이다. 갈등적 대상관계의 활성화는 심리치료 관계에서 그리고 설정된 다른 측면에서 개방적이고 자유롭게 소통하도록 초대됨으로써 촉진된다. 갈등적이고 방어적인 대상관계가 치료에서 활성화되고 상연될 때, 그것들은 대부분 언어적으로 소통되면서 환자의 사고, 감정, 연상을 통해 표현된다. 그리고 개방적으로 자유롭게 소통할 때 경험하는 어려움이 무엇인지를('저항'[1]을) 통해 표현된다.

분열에 기반한 방어가 우세한 좀 더 심한 성격장애 환자의 치료에서, 치료자는 또한 환자가 개방적으로 자유롭게 이야기하기를 요청한다. 환자에게 매우 비슷한 지시를 주었을 때, 치료자는 신경증적 성격조직에서 기술된 것과는 다르고, 경계선 수준에서 조직된 환자의 의사소통에 해리 방어가 미치는 영향을 반영하는 그런 국면을 보게 된다. 억압에 기반한 방어 장면에서, 개방적인 의사소통이 무의식적 과정과 방어가 펼쳐지게 하는 것과는 달리, 분열에 기반한 방어 장면에서 자유롭고 개방적인 의사소통 노력은 종종 사소

---

1) 저항이란 용어와 개념은 기법에 대한 고전적인 심리역동적 접근에 핵심적이며(Auchincloss & Samberg, 2012), 저항은 치료와 관련해서 환자의 방어가 활성화되고 상연되는 것을 가리킨다. 억압에 기반한 방어가 우세한 치료 장면에서는 환자의 방어기제가 개방적인 소통이나 자기관찰에 대한 어떤 종류의 어려움으로(저항으로) 빈번하게 나타날 것이다. 그 형태는 종종 침묵, 세부사항이나 특정 내용을 명백하게 빼먹거나, 주제를 바꾸는 것이다. 분열에 기반한 방어가 임상 내용을 조직하는 치료 장면에서 '저항'은 좀 더 확인하기 쉬운 경향이 있다. 종종 그 형태는 침묵이 길어지거나 고집스럽기조차 하고, 사소한 내용을 이야기하고, 중요한 내용을 가져오지 못하는 것이다(이 모두는 치료와 관련된 해리 방어의 상연을 나타낸다). 뿐만 아니라 지속적인 지각이나 상담 취소와 같이 치료틀에 도전하는 것이다. TFP-E에서 저항이란 용어는 다소 문제가 있는데, 사실상 방어의 활성화가 치료의 결정적 요소일 때, 환자가 치료에 대해 의도적으로 반대한다는 것을 의미한다는 점에서 그렇다. 그 결과, 우리는 이 책에서 **저항과 저항 분석**이라는 용어를 사용하지 않기로 했다. TFP-E에서 사용하는 대상관계 이론에 기초한 모델에서, 저항은 환자의 방어적 대상관계가 치료에서 활성화되고 상연된다는 관점에서 좀 더 유용하게 구체적으로 이해될 수 있다. 저항의 분석은 이러한 방어적 대상관계의 영향과 기능이 확인되고 탐색되고 해석된다는 관점에서 이해될 수 있다. 자아 심리학 틀에서 저항에 대한 현대적 논의에 관심 있는 독자에게는, Busch(1995)의 『임상 기법 중심에 있는 자아(The Ego at the Center of Clinical Technique)』의 '저항 분석' 장을 추천한다.

한 내용을 이야기하게 만든다—또는 환자가 겉보기에는 적절한 내용에 초점을 두는 반면, 치료시간 안이나 바깥에서 그 자신의 행동과 경험의 중요한 (때로 긴박한) 측면을 치료에서 분열시키거나 가져오지 못하게 한다. 종종, 환자의 치료시간 행동이나 치료자에게 유발한 감정은 언어적 소통 내용보다 치료시간에서 가장 유용한 소통 경로이다.

그러므로 심한 성격장애의 경우 자유 연상보다는 자유 해리라고 더 정확히 기술될 수 있는 과정을 보게 된다. 이는 분열에 기반한 방어가 임상 과정에 미치는 영향을 반영한다. 분열에 기반한 방어가 우세할 때, 해리 과정과 그것이 환자의 언어적 및 비언어적 소통과 행동에 미치는 영향은 종종 임상적 주의의 초점이 된다.

▶ 참여적 관찰자로서 치료자

TFP-E에서 치료자는 개입을 공식화할 때 중립적 자세를 취한다. 그러나 환자에 대한 치료자 자신의 내적 반응에서 치료자는 중립성을 지키기 위해 노력하기보다, 환자에 대해 그리고 치료자 안에 환자에 의해 자극된 사고와 감정들에 대해 가능한 한 충분히 개방적이 되려고 노력한다. 기법적으로 중립적인 자세를 유지하는 TFP-E 치료자의 능력은 환자에게 개방적일 수 있는 역량, 환자와 자신의 상호작용을 관찰할 수 있는 역량에 달려 있으며, 이는 환자의 언어적 및 비언어적 소통에 의해 치료자 안에 자극된 감정에 반영된다. 그러므로 TFP-E 치료자는 참여자이자 관찰자이며(Sullivan, 1938/1964), 환자와 상호작용하고 환자가 치료자에게 내적으로 영향을 줄 수 있게 허용하며, 치료시간에 무엇이 일어나는지 버티고 서서 성찰할 수 있게 한다.

▶ 치료적 경청과 소통의 세 가지 경로

매 치료시간 치료자는 환자의 소통에 대해 가능한 한 자기 자신을 개방하려고 노력한다. 이러한 소통은 세 가지 경로를 통해 들어오는 것으로 생각하는 것이 유용하다(Yeomans et al., 2015).

1. 환자가 말하는 **언어적** 내용
2. 치료 시간 환자의 행동과 치료자와의 상호작용에 들어 있는 **비언어적** 소통
3. **역전이**의 부분으로서 환자가 치료자에게 유발하는 감정에 들어 있는 소통

치료자는 경청하면서 환자가 말하고 행동하는 것에 대한 자신의 인지적, 정서적 반응

을 번역하려 애쓴다. 그래서 환자의 소통을 조직하는 대상관계를 상상한다. 치료자는 언어적 영역에서 환자의 소통 내용을 들으면서, 특히 타인에 대한 기술과 환자가 타인과 관련해서 자신을 어떻게 보는지에 대해 초점을 두는 경향이 있다.

동시에 치료자는 환자가 무엇을 하고 있는지 밀접하게 주의를 기울이고, 이러한 특정 내용을 특정 방식으로 말할 때 무엇이 치료자와 상연되고 있는지 고찰하며, 환자의 음성 톤, 신체 언어, 표정, 시선 접촉, 치료자와 전반적인 상호작용 방식에 무엇이 들어 있는지 고려한다.

치료자는 또한 자신의 내적 반응 또는 역전이와 환자에 의해 무엇이 불러일으켜지는 지 관찰한다. 높은 수준의 성격병리 환자의 치료에서, 언어적 소통, 자유연상 및 개방적이고 자유롭게 소통하기의 어려움은 종종 지배적인 소통 경로를 형성한다. 좀 더 심한 성격병리 환자의 치료에서, 지배적인 경로는 비언어적 소통으로 변한다: 환자가 치료자에게 어떻게 말하는지, 환자는 무엇을 하고 있는지, 역전이에서 무엇이 자극되고 있는지 (Kernberg & Caligor, 2005).

▶ 정동적 지배성 및 정동적으로 지배적인 대상관계

TFP-E 치료 접근은 다음 관찰에 기초한다. 즉, 갈등적 대상관계 및 이와 관련된 방어가 주관적 경험으로 상연되고 주관적 경험을 조직하는 경향이 있으며, 이 과정이 구조화되지 않은 대인관계 및 애착관계에서 확대된다. 이를 염두에 두고서, TFP-E의 매 치료 시간마다 치료자는 그 치료시간에 정서적으로 가장 두드러진 내용이 나타내는 대상관계를 확인하려 한다(Diener et al., 2007; Ogden, 1989). 우리는 이 대상관계를 정동적으로 지배적이라고 한다. 정동적으로 지배적인 대상관계는 상호작용 중인 자기와 타인에 대한 표상들로서 나머지 임상 자료를 조직하는 것으로 볼 수 있고, 치료시간에 현재 활성화된 핵심 갈등의 표시로 기능한다. 일단 치료자의 마음에서 확인이 되면, 이런 대상관계는 전형적으로 개입의 초점이 된다.

고조된 정동성이나 정서적 표현을 보면 치료자는 종종 지배적 대상관계를 생각하게 되지만, 항상 그런 것은 아니다. 때로 정동적 지배성은 예상되는 정동이 나타나지 않는데, 이는 핵심 갈등과 관련해서 억제, 억압, 부인 또는 해리와 같은 방어가 활성화됨을 나타낸다. 덧붙여 정동적 지배성은 특정 관계 패턴의 반복으로 종종 표현된다. 이는 환자의 대인관계 상호작용에 대한 언어적 기술과 치료자와의 비언어적 상호작용에서 전달된다. 좀 더 심한 성격장애에서 지배적인 대상관계는 치료자와의 관계에서 가장 자주 (늘은 아니고) 직접적으로 활성화되고 상연되는 반면, 더 높은 수준의 성격장애에서 정동적 지배성은 전이 외의 대상관계에서 자주 나타날 수 있는데, 환자의 대인관계 생활에 대한 기술에서 상연된다.

▶ 외부 현실에 주의를 기울이기

TFP-E에서 치료자의 초점은 매 시간 상연되는 대상관계를 확인하고 탐색하는 데 있으며, 환자의 언어적, 비언어적 소통과 역전이에 주목하는 것이다. 그러나 치료자는 치료 시간에 상연되는 지배적 대상관계를 확인하고 탐색하는 데 초점을 두는 동시에, 환자가 치료 바깥에서 어떻게 생활하고 있는지에 대해 '제3의 눈'이 열려 있어야 한다. 이러한 자각은 경계선 수준 조직의 환자 치료에서 필수적이다. 왜냐하면 해리 방어로 인해 치료에서 이야기되는 것과 환자 삶에서 중요한 (때로 긴박한) 사건이 쉽게 따로 놀 수 있기 때문이다. 전이와 환자의 내적 삶을 탐색하는 데 초점을 둘 때, 치료가 환자의 다른 삶으로부터 거리가 있을 위험이 항상 있다. 즉, 계속해서 치료로부터 분리되고 변하지 않게 된다 (또는 때로 우연처럼 치료가 중단된다). 이런 가능성 때문에 치료자는 환자의 현재 기능에 대해 명확하게 알기 위해서 어떤 탐색이 필요하든지 적극적으로 탐색해야 한다. 이런 종류의 개입은 치료 초기에 특히 중심적인 것 같고 치료틀과 계약을 유지하는 것을 중심으로 조직될 수 있다. 환자 삶의 해리된 측면이 확인되고 초점이 되면서, 치료자는 이러한 사건을 치료 중에 다루지 않게 하는 해리 방어를 탐색할 것이며, 그래서 환자 삶의 사건과 기능을 현재 치료에서 탐색되고 있는 전이와 갈등에 연결할 것이다.

신경증적 수준에서 조직된 환자의 치료에서 해리 방어는 중심적인 임상 이슈가 아니며, 환자의 외부 생활과 기능에 대해 적극적으로 탐색할 긴급한 필요는 적을 것이다. 신경증적 조직의 환자는 물론 그날그날의 삶과 관련된 측면을 의도적이든 연상을 통해서든 치료에 가져오는 경향이 있다. 보통, 탐색이 필요한 파괴적 행동을 하지 않는다. 동시에 치료자는 지속되는 치료과정에서 당연히 듣기를 기대할 수 있는 환자 삶의 측면을 만성적으로 빠뜨리는 것에 대해 잘 경청할 것이다. 보통 이러한 종류의 빠뜨리기는 환자 편에서 무의식적 방어 책략을 반영한다. 비록 때로는 이러한 빠뜨리기가 환자가 나누기 꺼려하는 내용을 의도적으로 회피하는 것을 나타낼 수 있다.

▶ 치료적 우선순위의 위계

성격장애 환자 치료에서, 환자가 치료 바깥의 삶에서 위험하고, 자기파괴적이거나 치료를 파괴하는 행동을 할 위험은 늘 있다. 항상은 아니지만 종종 이러한 행동은 치료계약으로부터 이탈과 관련된다. 환자가 파괴적 행동을 하는 한, 이런 행동을 다루는 것은—필요하다면 한계를 설정하는 것이—주어진 시간에 가장 우선순위가 된다. TFP—E는 어떤 이슈가 개입의 최우선순위인지 정할 때 치료자에게 지침이 되는 우선순위 위계를 다음과 같이 제공한다.

- 환자나 다른 사람에게 위험한 행동
- 치료계약 위반과 치료에 대한 다른 위협
- 회기 내 및 회기 간 행동화
- 삶의 위기
- 회기 내 의사소통의 파괴적 형태

이러한 '위급 우선순위' 중 하나가 이슈인 한, 그것은 치료의 기본 방략의 시행을 대체할 것이다. 기본 방략에는 환자의 내적 세계의 탐색과 지배적인 대상관계에 초점을 두는 것이 포함된다.

과제 3: 핵심 갈등을 탐색하기, 해석하기, 훈습하기

우선순위를 대체하는 일이 없을 때, 치료자의 핵심 과제는 지배적인 대상관계와 연결된 핵심 갈등을 확인, 탐색, 훈습하는 것이다. 탐색적인 개입은 환자 편에서 자기관찰, 자기자각, 자기이해를 촉진한다.

▶ 지배적인 대상관계 기술하기

탐색적인 과정의 첫 번째 과제는 환자의 의사소통을 조직하는 상호작용 중인 자기표상과 대상표상에 대해 그리고 그것을 연결하는 현재 정동상태에 대해 환자와 함께 구체적인 기술을 하는 것이다. 지배적인 대상관계를 기술하는 과정은 무의식적 갈등이나 의미에 대해 탐색하고 언급하는 것이 아님을 인식하는 것이 중요하다. 과제는 단지 환자의 의식적 경험의 세부사항을 탐색하는 것이다. 갈등 영역에서 환자 경험의 세부사항에 초점을 두는 동시에 그 경험을 명확하게 표현하도록 작업하는 것은 이중적 기능을 하는데, 첫째는 탐색 초점을 확인하는 것이고, 둘째는 환자의 관찰 및 성찰 과정을 촉진하는 것이다. 환자는 자신의 사고, 감정 및 행동을 관찰하고 기술하도록 요청받으며, 이 과정에서 즉각적인 경험으로부터 거리를 갖기 시작한다. 이는 성찰 과정의 첫걸음으로 요구된다.

수준이 높은 성격장애 환자에게서 지배적인 대상관계를 기술하는 과정은 보통 내적 의미와 동기를 탐색하고 성찰하기 위한 당연한 순서이다. 이에 비해 좀 더 심한 성격장애의 경우, 자기관찰과 성찰, 때로는 인지조차 어느 정도 갈등 영역에서 손상될 수 있다. 그런 경우, 지배적인 대상관계를 명세하게 기술하는 것은—사고와 감정으로 표현하는 것은—환자의 경험에 더 큰 수준의 일치성을 가져올 수 있고 정동을 인지적으로 컨테인할 수 있다. 또한 지배적인 대상관계를 기술하는 과정은 갈등 영역에서 환자의 자기관찰 역량을 지원하고, 내성과 성찰을 준비하게 한다. 심각도 범위에 걸친 모든 환자에 대해 지배적인 대상관계를 기술하는 과정은 환자에게 이해받는 경험을 제공하고 환자는 치료자를 이해하려고 노력하는 사람으로 경험한다.

▶ 해석 과정

일단 지배적인 대상관계가 확인되고 분명히 표현되면, 다음 과제는 이러한 대상관계에 내재된 심리적 갈등을 탐색하는 것이고, 동시에 방어되어 왔던 심리적 경험의 위협적 측면을 환자가 인식하고 견뎌 낼 수 있도록 돕는 것이다. 이러한 과정을 통해 그동안 억압되고 분열되고 부인되거나 자각되지 않고 상연되었던 갈등적인 경험 측면들을 환자가 점차 기술적으로 의식하게 한다. 우리는 해석 과정이란 제목 아래 이러한 접근에 관한 우리의 생각을 조직하고, 이 과정을 일련의 개입으로 개념화한다. 이 개입은 점차 환자가 갈등적인 경험 측면에까지 의식을 확장하게 돕는 동시에 자기이해의 수준을 심화하는 것이다.

해석 과정은 명료화, 직면 및 엄밀한 의미의 해석으로 넓게 개념화될 수 있다(Auchincloss & Samberg, 2012).

- **명료화**는 치료자가 환자의 주관적 경험을 명료하게 하려는 것이다. 환자의 의식적 경험을 환자와 치료자가 분명히 이해할 때까지 모호한 영역을 다룬다. 또는 환자의 사고 바탕에 있는 모순이 드러남으로써 환자가 당황할 때까지 한다.
- **직면**은 환자의 언어적 및 비언어적 소통에서 표현된 모순되거나 서로 맞지 않는 명료화된 정보를 치료자가 함께 취합하여 환자에게 기술적으로 자료를 제시함으로써 탐색과 이해를 더하게 하는 것이다. 직면은 방어의 활성화를 묵시적으로 지적하고 언어적 및 비언어적 소통을 통합하는 것이다(Etchegoyen, 1991).

• 엄밀한 의미의 해석은 명료화와 직면에 뒤따르며, 방어되고 있는 심리적 갈등에 관한 가설을 세운다.

해석은 대체로 방어 영역을 주목함으로써 시작되고, 방어기제를 동기화하는 기저에 있는 심리적 두려움에 관한 호기심을 격려하는 과정으로 가장 잘 개념화된다. 치료자는 환자가 가장 잘 접근할 수 있는 대상관계로 시작하며, 다음으로 좀 더 위협적이고 덜 접근할 수 있는 대상관계를 탐색하는 것으로 넘어간다. 이러한 궤도는 방어적 대상관계를 탐색하는 것에서 시작하여 방어되고 있는 대상관계를 탐색하는 것과 일치한다. 이런 과정에서 치료자는 환자와 함께 왜 환자가 경험을 그렇게 조직하는지에 관해 가설을 세운다.

해석 과정의 목표는 '무의식을 의식화'하는 것이 아니라 자기관찰과 성찰을 지원하고, 내적 삶에 대한 환자의 호기심을 일으키고, 결국 환자가 자기경험의 갈등적 측면을 인식하고 견뎌 내게 돕는 것이다(Caligor et al., 2007). 해석을 활용하여 자각을 확장하기 위해 환자는 자신의 내적, 외적 경험에 대해 관찰하고 성찰할 수 있는 마음 상태에 있어야 한다. 높은 수준의 성격병리를 지닌 환자는 대체로 치료에 올 때 자기 자신에 관해 호기심이 있고 자기 자신을 관찰하고 성찰할 수 있다. 이들과의 치료에서 치료자는 해석 과정의 초기 단계로 종종 빠르게 이동할 수 있고, 엄밀한 의미의 해석, 즉 무의식적 두려움과 갈등적 동기의 탐색이 강조된다.

이에 반해 좀 더 심한 성격장애 환자의 치료에서 특히 치료 초기에는 명료화와 직면이 좀 더 중심 역할을 한다. 이들의 경우, 이 개입들이 정동적 컨테인하기를 제공하고 환자의 자기관찰, 자기자각 역량과 갈등 영역에서 성찰 과정을 증진한다(Caligor et al., 2019). 제10장에서 논의하였듯이, 성찰 과정과 자기이해를 증진시키는 해석의 효율성은 기법적 중립성 원칙에 달려 있다.

▶ 전이분석

TFP-E에서 해석은 주로 지금 여기에서 주어지는데, 이는 Joseph Sandler(1987)가 현재 무의식이라고 한 것에 초점을 둔다. 이것이 의미하는 것은 대부분 해석 과정이 환자의 현재 불안에 초점을 둔다는 것으로, 이 불안은 환자의 일상 생활에서 그리고 치료에서 현재 활성화된 것이다. 갈등적인 대상관계는 환자의 현재 대인관계에서 그리고 치료자와의 대인관계에서 상연될 것이다. 갈등적 대상관계가 치료자와 관계에서 상연되고 해석될 때, 치료자는 전이해석을 한다(Auchincloss & Samberg, 2012).

심한 성격장애 환자의 치료에서, 치료 시간에 갈등적인 대상관계는 종종 치료자와 관계에서 정동적으로 우세하게 나타날 것이다. 그 결과, 이 치료는 전이에 초점을 두게 될 것이다. 전이해석은 치료자에게 환자의 갈등적인 내적 대상관계, 현재 어려움 및 전이 사이의 연결을 해석할 수 있는 기회를 제공한다. 이에 비해 좀 더 건강한 환자의 치료에서 갈등적인 대상관계는 환자의 중요 대인관계와 관련해서 가장 잘 접근할 수 있는 반면, 치료 대부분에서 치료자와 관계에서는 대체로 무의식에 머물러 있다.

일반적으로, 병리가 더 심각할수록 치료에서 전이해석의 역할은 더 중심적이 된다. 그러나 우리는 이것을 유연하고 변화하는 구분으로 본다. 특정 치료를 전이초점이거나 아닌 것으로 개념화하는 대신, 우리의 전반적인 접근을 대상관계 **초점**으로 생각한다. 회기에서 지배적인 대상관계와 관련해서 개입이 조직화될 것이다. 이는 치료의 특정 순간에 치료자와 관계에서 상연될 수도 있고 안 될 수도 있다.

▶ 발생기원적 해석

환자의 초기 역사와 치료 시간에 상연되는 대상관계를 연결하는 해석은 역사적으로 발생기원적 해석으로 불려 왔다(Auchincloss & Samberg, 2012). 수준이 높은 성격병리 환자를 치료할 때, 이러한 연결고리를 만드는 것이 예비치료나 치료 시작 때에도 종종 쉽게 된다. 이에 비해 좀 더 심한 성격장애 환자의 치료에서는 중요한 초기 인물에 대한 환자의 기술이 일관성이 없고 불안정해서 과거와 연결짓고 싶은 마음이 잘 생기지 않는다. 그러나 우리가 발견한 것은, 두 집단의 환자들에 대해 현재 갈등을 과거와 연결짓는 데 초기에 초점을 두는 것은 피하는 것이 가장 좋다는 것이다. 과거에 대해 초기에 초점을 두는 것은 치료 시간이 지나치게 주지화된 성질을 지니도록 할 수 있고 환자가 갈등을 즉시적이고 정동적으로 의미 있는 방식으로 경험하는 것을 막을 수 있기 때문이다. 목표는 환자의 과거를 이해하는 것이 아니라 환자의 현재 심리적 경험과 행동을 이해하고 수정하는 것임을 명심하는 것이 도움이 된다.

그러므로 초기부터 치료자는 환자의 어머니를 게으르다고 특징짓기보다는, 환자의 경험을 '게으른 어머니 인물과 관련된 것처럼' 특징지을 것이다. 그러나 환자의 현재 경험과 갈등에 대한 이해가 어느 정도 정교화되고, 자기와 타인에 대한 습관적인 방어적 관점이 환자에게 더 이상 납득되지 않을 때, 과거와의 연결이 도움이 된다. 훈습 과정의 일부로서 환자의 초기 역사와 현재 어려움, 갈등을 연결하는 해석은 중요한 기능을 하며, 환자의 정서적 경험을 깊게 하고, 갈등적인 대상관계를 인식할 수 있는 역량을 촉진한다.

▸ **지지와 지지적 개입**

심리치료에서 **지지적 개입**이란 환자의 적응적 방어를 직접적으로 강화하고 환경의 요구에 대처하도록 돕는 개입이다(Rockland, 1989). 직접적인 조언, 대처기술 가르치기, 현실검증 지원, 환경적 개입하기가 지지적 개입의 예이다. 지지적 개입은 지지적 심리치료와 인지행동치료의 근간을 이룬다(Rockland, 1989; Winston et al., 2012).[2] 이는 급성이나 만성 주요 정신과적 장애 환자에게 특히 도움이 될 수 있다. 이에 비해, TFP-E에서 지지적 기법은 핵심 역할을 하지 않는다. 사실상은 치료자의 통상적인 기법적으로 중립적인 자세로부터 이탈을 나타낸다.

지지적 기법이 TFP-E에 도입될 때는, 예를 들어 심한 성격병리 상태에서 파괴적 행동을 제한하기 위해, 급성 의학적 문제 상태에서 의뢰나 조언을 하기 위해, 또는 개인적 위기 상황에서 직접적인 정서적 지원을 하기 위해 사려깊게 이루어진다. 이런 접근은 많은 다른 권고와는 다르지만(가령, Gabbard, 2010), TFP-E의 치료틀 안에서 유연하게 시행될 때 사리에 맞고 도움이 된다. 본질적으로, 치료자가 지지적 기법의 사용을 제한할 수 있는 만큼, 치료자는 환자에게 도움이나 해소를 제공하는 단기적인 혜택을 희생하게 되며, 자기인식과 성찰 과정을 촉진하는 장기적 치료목표를 촉진하게 된다.

이에 대해 말할 때, 우리는 환자가 치료자에게 정서적으로 지지받는 감정과 치료자가 지지적 기법을 사용한 것이 다르다는 것을 명확히 하고 싶다. TFP-E 치료자가 대체로 지지적 기법을 사용하지 않을지라도, 환자에 대해—이해받고 도움을 얻으려는 내적인 욕구와 소망에 대해—내재적으로 지지적이다. 이를 위해 일관되고 신뢰로운 치료틀을 제공하고, 헌신, 온정, 관심과 염려를 보여 주고, 환자에 대해 수용적이고 비판단적인 태도를 취한다.

▸ **통찰**

해석 과정은 인식하지 못했던 내적인 삶의 어떤 측면을 인식하고 이해하도록 돕는다. TFP-E 치료자가 현재 상연되고 있거나 적극적으로 방어되고 있는 갈등을 해석하면

---

2) 지지치료에 좀 더 관심이 있는 독자를 위해 『지지치료: 심리역동적 접근(Supportive Therapy: A Psychodynamic Approach)』(Rockland, 1989)을 추천한다. 이는 정교하고 심리역동적으로 알려진 치료 기술서로서 지지적 심리치료와 탐색적 심리치료를 비교, 대조한다. 좀 더 통합적인 접근으로는 『지지 심리치료 배우기: 사례를 통한 안내서(Learning Supportive Psychotherapy: An Illustrated Guide)』(Winston et al., 2012)가 있다.

서, 이를 통해 환자는 그 순간에 능동적으로 경험하고 있는 뭔가를 (또는 경험하지 않으려고 하는 것을) 이해하도록 도움을 받는다. 무엇이 새롭게 이해되는지에 관해 관심 갖는 장면에서, 정서적 경험과 지적인 이해의 이러한 결합을 통찰이라고 부른다(Auchincloss & Samberg, 2012; Caligor et al., 2007). 통찰은 깊어지는 경험, 뭔가가 정서적으로 의미 있는 방식으로 맞아떨어지는 경험을 가져오며 개인의 역사와 역동에 대한 지적인 이해와 혼동되지 말아야 한다. 그렇다고 할지라도 통찰이 TFP-E의 목표인 구조적 및 역동적 변화를 자동적으로 가져오지는 않는다. 통찰이 성격 변화를 가져오는 것은 훈습 과정이다.

▶ 컨테인하기

Wilfred Bion(1962/1967)이 도입한 **컨테인하기**라는 용어는 일반적인 의미에서 정동 상태를 완화하는 생각하기 역량을 가리킨다(Bion, 1962, 1959/1967, 1962/1967). 컨테인하기란 개인이 정서적 경험에 의해 통제당하지 않고 또는 즉시적으로 행동으로 옮기지 않고 그 경험을 충분히 겪어 낼 수 있는 것을 의미한다. 컨테인하기는 또한 정서적 자유도와 자기인식을 의미한다. TFP-E에서 치료자는 환자와 전이에 대한 자신의 정서적 반응을 컨테인하며, 이 과정에서 환자가 치료에서 활성화된 불안을 더 잘 컨테인하도록 돕는다. 치료자 편에서 컨테인하기는 치료과정의 본질적 요소로서, 환자의 성찰 과정을 촉진하고, 갈등적인 대상관계의 인식을 견뎌 낼 수 있는 역량을 지원해서, 결국 지배적인 자기경험 내에서 그것들을 컨테인할 수 있게 한다(Joseph, 1985).

명시적 과정인 해석에 비해, 컨테인하기는 환자의 내적 세계를 탐색하고 이해하는 데 있어서 환자와 치료자 간의 상호작용에 대한 묵시적인 과정이다. TFP-E에서 치료자는 환자가 매우 정동적으로 부하된 심리적 경험을 언어화하고 성찰하도록 돕는다. 컨테인하는 치료자는 환자와의 상호작용에 대해 정서적으로 내적으로 반응하며, 환자가 언어적, 비언어적으로 소통하는 것이 무엇인지에 대해 성찰한다. 언어적이든 비언어적이든 간에 환자의 소통에 대한 반응에서 치료자는 환자가 치료에서 자극된 불안을 컨테인하도록 돕는다. 치료자는 이를 달성하기 위해 환자가 느끼고 소통하는 것을 정확히 인식하고 있다는 것을 소통하는 한편, 동시에 치료자 자신과 환자의 내적 상태에 대해 관찰하고 성찰하는 역량을 유지한다(Fonagy & Target, 2003; Kernberg, 2004).

▶ 훈습

훈습 과정에는 시간 경과에 따라 서로 다른 다양한 상황에서 특정 갈등을 반복해서 활성화, 상연, 컨테인하기, 해석하기가 포함된다(Auchincloss & Samberg, 2012). 사실상 대부분의 성격장애 장기치료는 훈습 과정을 포함한다. 일단 핵심 갈등과 관련 대상관계가 확인되면, 그것들은 치료과정에 걸쳐 반복해서 상연되고 탐색된다. 특정 갈등이 반복적으로 활성화되고, 상연되고, 해석되는 과정과 그것과 관련된 다양한 대상관계와 대인관계 패턴을 연결하는 과정은 환자가 자기 자신에 관해 더 깊고 정서적으로 의미 있는 이해를 갖도록 도울 것이다. 나아가 우리가 생각하는 훈습 과정은 통찰과 치료적 변화 간에 연결고리를 제공하고, 새롭고 좀 더 적응적인 신경 회로를 생성해서 심리적 갈등 영역에서 환자의 경험과 행동을 조직하는 것이다.

훈습과정은 전이-역전이에서 활성화된 편집 및 우울 불안을 컨테인하는 치료자의 역량에 달려 있고, 또한 갈등적인 대상관계와 관련된 심리상태의 활성화와 연결된 불안을 환자가 컨테인하고 정서적으로 경험하는 역량을 발달시키는 데 달려 있다. 이런 과정에서 환자는 어떤 특정 대상관계의 양쪽 모두에 대한 자신의 동일시뿐만 아니라 특정 내적 대상관계나 갈등의 활성화가 다른 것을 방어하는 방식의 역할을 인식하게 된다.

또한 훈습 과정 중에 치료자는 환자의 현재 어려움과 과거를 가장 효과적으로 연결할 수 있다. 과거와 연결시킴으로써 갈등적인 대상관계의 컨테인하기와 상징화를 촉진한다. 환자가 현재 경험에서 발달적 과거의 역할을 새롭고 깊게 인식할수록 현재 경험이 풍부해진다. 결국, 환자는 자기 자신과 자신의 내적 대상, 과거와 현재에 대해 이전의 억압되고 해리된 측면에 대해 책임질 수 있을 것이다.

▶ 치료목표에 초점 맞추기

TFP-E 훈습 과정에서 치료자는 환자의 지배적인 어려움 영역에 초점을 두는데, 이는 주호소와 치료목표에서 확인된다. 이것이 의미하는 바는 환자가 할 이야기를 미리 정해 놓지 않고 개방적으로 자유롭게 소통하도록 격려하고, 치료자는 치료목표를 명심하는 것이다. 갈등적인 대상관계가 치료에서 상연되고, 환자의 핵심 갈등이 초점이 되면, 치료자는 다음과 같이 자문할 수 있다. "현재 탐색되고 있는 대상관계와 치료목표 간에는 무슨 관계가 있나?" 마찬가지로, 치료시간이 초점이 없고 혼란스러울 때, 치료자는 자문할 것이다. "이런 내용은 어떻게 치료목표와 관련되는가 또는 관련이 없는가(즉, 목표의 회피를 나타내는가)?" 훈습 과정에서 치료자는 현재 탐색 중인 갈등과 서로 간에 합의된 치료목표 간의 관계에 해석의 초점을 둘 것이다.

핵심 임상 개념

- TFP-E 치료자의 첫 번째 과제는 치료틀과 심리치료 관계를 수립하고 유지하는 것이다. 이는 환자의 경험과 행동이 탐색될 수 있는 환경을 함께 제공한다.
- TFP-E의 두 번째 과제는 치료시간의 지배적인 이슈를 확인하는 것이다. 이는 임상적 주의의 초점이 될 것이다.
- 개입 지점을 결정할 때 치료자는 환자의 언어적, 비언어적 소통과 역전이를 주목한다. 동시에 개입을 안내하는 명확하게 명세화된 우선순위 위계를 따른다.
- TFP-E 치료자의 세 번째 과제는 치료시간의 지배적 이슈를 체계적으로 탐색하는 것이다.

▼ 참고문헌

Auchincloss AL, Samberg E (eds): Psychoanalytic Terms and Concepts. New Haven, CT, Yale University Press, 2012

Bender DS: Therapeutic alliance, in The American Psychiatric Publishing Textbook of Personality Disorders. Edited by Oldham JM, Skodol AE, Bender DS. Washington, DC, American Psychiatric Publishing, 2005, pp 405-420

Bion WR: Learning From Experience. London, Heinemann, 1962

Bion WR: Attacks on linking (1959), in Second Thoughts. London, Heinemann, 1967, pp 93-109

Bion WR: A theory of thinking (1962), in Second Thoughts. London, Heinemann, 1967, pp 110-119

Busch F: Resistance analysis, in The Ego at the Center of Clinical Technique. Northvale, NJ, Jason Aronson 1995, pp 95-120

Caligor E, Kernberg OF, Clarkin JF: Handbook of Dynamic Psychotherapy for Higher Level Personality Pathology. Washington, DC, American Psychiatric Publishing, 2007

Caligor E, Diamond D, Yeomans FE, Kernberg OF: The interpretive process in the psychoanalytic psychotherapy of borderline personality pathology. J Am Psychoanal Assoc 57(2):271-301, 2009 19516053

Diener MJ, Hilsenroth MJ, Weinberger J: Therapist affect focus and patient outcomes in psychodynamic psychotherapy: a meta-analysis. Am J Psychiatry 164(6):936-941, 2007 17541054

Etchegoyen RH: Fundamentals of Psychoanalytic Technique. London, Karnac Books, 1991

Fonagy P, Target M: Psychoanalytic Theories: Perspectives From Developmental Psychopathology. London, Whurr Publishers, 2003

Gabbard GO: Long-Term Psychodynamic Psychotherapy: A Basic Text, 2nd Edition. Washington, DC, American Psychiatric Publishing, 2010

Joseph B: Transference: the total situation. Int J Psychoanal 66:447-454, 1985

Kernberg OF: The interpretation of transference (with particular reference to Merton Gill's contribution), in Contemporary Controversies in Psychoanalytic Theory, Technique, and Their Applications. New Haven, CT, Yale University Press, 2004, pp 232-245

Kernberg OF, Caligor E: A psychoanalytic theory of personality disorders, in Major Theories of Personality Disorder, 2nd Edition. Edited by Lenzenweger MF, Clarkin JF. New York, Guilford, 2005, pp 114-156

Levy ST, Inderbitzin LB: Neutrality, interpretation, and therapeutic intent. J Am Psychoanal Assoc 40(4):989-1011, 1992 1430771

Ogden TH: The Primitive Edge of Experience. Northvale, NJ, Jason Aronson, 1989

Rockland L: Supportive Therapy: A Psychodynamic Approach. New York, Basic Books, 1989

Sandler J: From Safety to Superego: Selected Papers of Joseph Sandler. New York, Guilford, 1987

Schafer R: The Analytic Attitude. New York, Basic Books, 1983

Sullivan HS: The data of psychiatry (1938), in The Fusion of Psychiatry and Social Science. New York, WW Norton, 1964, pp 32-55

Winston W, Rosenthal RN, Pinsker H: Learning Supportive Psychotherapy: An Illustrated Guide. Washington, DC, American Psychiatric Publishing, 2012

Yeomans FE, Gutfreund J, Selzer M, et al: Factors related to drop-outs by borderline patients: treatment contract and therapeutic alliance. J Psychother Pract Res 3(1):16-24, 1994 22700170

Yeomans F, Clarkin JF, Kernberg OF: Transference-Focused Psychotherapy for Borderline Personality Disorder: A Clinical Guide. Washington, DC, American Psychiatric Publishing, 2015

제5장

치료관계:
치료자의 태도와 자세, 치료동맹, 전이 및 역전이

모든 심리치료는 환자-치료자 관계에 깊이 내재되어 있으며, 이 관계는 단순히 치료를 위한 맥락을 제공할 뿐만 아니라 변화의 핵심 매개체라는 것이 일반적으로 받아들여지고 있다. 이를 염두에 두면, 전이초점 심리치료-확장판(TFP-E)에서 치료관계는 매우 특정한 양식으로 구조화되는데, 임상적 변화를 가져오는 전체 치료목표 및 그 과정에 대한 우리의 이해와 밀접하게 연결된다. 치료자의 태도 및 자세는 ① 치료동맹의 발달을 촉진시키고 동시에 치료에서 환자의 갈등적 내적 대상관계가 펼쳐지는 것을 증진시키기 위한 것이다. 그리고 ② 치료자가 환자의 성찰 능력을 증진하는 방식으로 개입할 수 있도록 하고, 궁극적으로는 점진적으로 일관성 있고 잘 통합된 자기경험 안에서 이러한 대상관계를 탐색하고, 컨테인하고, 맥락화할 수 있도록 하기 위한 것이다.

치료자의 태도와 자세는 발달 중인 전이-역전이 매트릭스 안에 내재되어 있다. 이러한 과정에 주목함으로써 환자의 현재 심리적 상황, 치료과정, 그리고 임상적 장 안에서 활성화되는 갈등적 대상관계에 대한 치료자의 이해를 조직한다. 환자의 갈등적 대상관계에 대한 탐색은 환자와 치료자 사이에 발달한 치료동맹에 달려 있으며 나아가 치료동맹을 결속시킨다.

치료자의 태도

치료자는 환자를 대하는 태도에서 치료의 정서적 톤을 설정한다. 예비치료의 첫 회기에서부터 치료자의 태도는 동맹의 발달에 그리고 잠재적으로는 치료 성과에 영향을 줄 것이다. TFP-E 치료자의 목표는 환자가 관계를 형성하고자 하는 동기를 느끼는 대상으로서 치료자 자신을 가용하게 하는 것이다. 동시에 치료자는 환자와 환자의 욕구에 주목하는데, 이는 치료자의 욕구 및 개인적 관심사에 의한 침범으로부터 치료관계를 가급적 보호하기 위함이다. 오직 환자의 욕구 및 경험에 초점을 두는 이러한 불균형은 치료관계의 독특한 특징이며 관련된 갈등적 대상관계에 따라 핵심 동기 체계를 활성화시키는 경향이 있다.

TFP-E 치료자는 적극적이고 협력적이며 따뜻하고 관심이 있다—환자를 대하는 태도 및 상호작용에서 비교적 조용하고 익명으로 존재하며 자제하는 역동적 치료자라는 구시대적 캐리커처와는 거리가 멀다. TFP-E 치료자는 공감하고 이해하고 도우려는 소망을 전달한다. 치료자는 환자에게 정서적으로 반응하고 자신의 성격을 숨기려고 하지 않는다. 동시에 자신의 개인적 삶에 대해 길게 말하지 않는다. 그는 환자와의 상호작용에서 전문적이고 정서적으로 절제되어 있다. 환자의 말과 행동에 반응하면서, 치료자는 견뎌내고 비판단적이고 유연하며, 환자가 거부하는 것을 포함한 환자의 모든 내적 상황에 열려 있음을 전달한다(Schafer, 1983). 때로 경험이 부족한 치료자들은 어렵겠지만, 모르는 것을 견뎌 내고 인정할 수 있는 능력을 포함한 차분한 자기확신과 능숙함이 TFP-E 치료자의 목표가 된다.

임상 예시 1 공감의 표현과 기법적 중립성의 실제

전문직 종사자인 한 중년 남성은 수동성, 자존감 문제, 우울감을 호소했다. 그는 치료자에게 직장에서 새로운 업무를 맡기 원했지만, 그 일은 다른 사람에게 배정됐다고 말했다. 환자는 극도로 화가 나 보였고, 금방이라도 울음을 터트릴 것 같았다.

치료자: 매우 화가 나 보이네요. [환자는 침묵하고 있었지만 치료자를 뚫어지게 쳐다보았다. 치료자는 계속하라는 의미로 느꼈다.]

치료자는 먼저 공감적인 말을 했는데, 따뜻함과 관심을 전달하기 위해서였다. 계속해서 그녀는 환자가 한걸음 뒤로 물러나서 현재 사건을 자기표상 및 개인력 맥락에서 살펴보게 했다.

치료자: 나는 이게 특별히 어려운 이유에 대해서 우리가 이해할 수 있다고 생각해요…… 우

리는 당신이 자신에 대해 가지고 있는 부정적인 견해에 관해 많은 이야기를 해 왔어요. 당신은 일이 결코 당신 뜻대로 되지 않을 거고, 그 이유는 당신이 부족하기 때문이라고 생각해요. 이런 건 그냥 확신일 뿐이에요.

이러한 말은 다음 내용을 암묵적으로 전달한다. 비록 환자의 현재 상황이 그가 겪어야 할 객관적으로 고통스러운 현실을 보여 주긴 하지만, 또한 환자가 느끼는 고통의 정도는 성찰하고, 재구성하고, 결국엔 이해할 수 있는 상황에 대해 좀 더 개인적이고 주관적인 경험을 반영하고 있다.

환 자: 하지만 당신은 어떻게 해도 진짜로 이해할 수 없어요—당신에겐 이런 일이 일어나지 않잖아요.

환자는 치료자의 관심과 돕고자 하는 마음을 거부했다. 이때, 치료자는 자신이 최근 크게 좌절했던 내용을 공유함으로써 환자의 왜곡을 교정할 수도 있었다. 잠시 동안 치료자는 그렇게 할지 고민했지만, 곰곰이 생각해 보니 이러한 자기개방이 실망감을 효과적으로 처리하는 데 환자에게 거의 도움이 되지 않을 것이라는 생각이 들었다. 또한 이러한 자기개방으로 치료자와 치료자의 욕구에 불필요한 주의를 불러일으키게 된 것이라고 생각했다.

대신에 치료자는 환자가 어떤 가정을 하고 있는지 지적하기로 했는데, 그 가정은 그의 현재 상황을 더욱 고통스럽게 만들고 치료자를 도움이 되는 사람으로서 경험하는 것을 방해하고 있다는 것이다.

치료자: 당신은 내가 당신의 상황을 이해할 수 없거나 공감하지 못할 거라고 생각하네요?
환 자: 맞아요. 당신은 나보다 일이 명백하게 잘되잖아요.
치료자: 나를 차질을 빚거나 실망하지 않는 사람으로 보고 있으니, 여기 있기도 어렵고 나에게 이런 이야기를 하는 게 얼마나 어려울지 알겠어요. 하지만 당신이 왜 내 경험이 당신의 경험과 전혀 다를 것이라고 믿는지 그 이유가 궁금하네요.

이러한 상호작용에서 치료자의 태도는 환자에 대해 호기심과 지속적인 관심을 보이는 것이다. 그녀는 공감적이며 계속해서 그녀 자신을 정서적으로 가용하도록 했는데, 동정을 표하거나 개인적 경험을 공유하지도 철수하지도 않았다. 치료자는 환자의 괴로움에 초점을 두고 환자가 한걸음 뒤로 물러나 치료자에 대해 가졌던(아마도 그가 습관적으로 다른 사람들에게도 가졌던) 고통스럽고 소외시킨다는 가정을 성찰할 수 있도록 돕고자 했다.

동시에, 치료자가 지지적인 존재임을 받아들이는 것을 어려워하는 환자에 대해 치료자는 환자의 거부 반응과 잠재적인 적대감을 견뎌 내면서 치료자의 가용성과 편안함을 암묵적으로 전달한다. 이 모든 행동은 이 회기에서 활성화되는 대상관계에 대한 협력적인 탐색적 장을 마련한다.

치료자의 자세

TFP-E 접근에서 치료자의 자세는 환자의 갈등에 대해 어떤 자세를 취하는가 그리고 이를 염두에 두면서 어떻게 개입을 구성하는가를 의미한다. 치료적 태도(attitude)는 치료적 자세(stance)와 구분되는데(다른 접근에서는 구분되지 않을 수도 있다) ① 대인관계적 관점에서 환자를 대하는 치료자의 태도와 ② 환자의 내적 욕구 및 갈등과 관련된 치료자의 자세 간에는 의도의 차이가 있기 때문이다.

TFP-E 참조틀 안에서 치료자의 태도는 정서적으로 지지적인 것으로 기술될 수 있지만, 치료자의 자세는 지지 치료(Rockland, 1989)나 심리화 기반 치료(MBT; Bateman & Fonagy, 2006), 변증법적 행동치료(DBT; Linehan, 1993), 인지행동 치료(CBT; Beck et al., 2004), 또는 표현지지 치료(Gabbard, 2010; Luborsky, 1984)에서 취하고 있는 것과는 상당히 다르다.

지지 치료자는 환자 안에 있는 가장 적응적인 힘과 적극적으로 동맹을 맺으며(Winston et al., 2012) 환자의 그러한 적응적인 기능을 즉각적으로 격려하고 지지하는 개입을 한다. 표현지지 치료자는 지지적 자세와 좀 더 표현적 자세 사이를 오가는데, 이는 개개의 환자와 임상적 순간에 따라 달라진다. CBT와 DBT 치료자들은 코치의 자세를 취하는데, 환자가 자신의 부적응적인 사고와 행동을 수정하도록 기술을 가르친다. 반면, MBT 치료자는 심리화 자세를 취하는데, 치료자는 자기 자신이 직접 그런 모습을 취함으로써 환자에게 개방적이고 성찰적인 태도의 모델이 되며 그것을 지지한다.

예를 들어, 직장에서 실망한 환자에게 지지 치료자는 격려와 조언을 할 수도 있고, 관련된 개인적 일화를 공유할 수도 있다. 환자의 실망에 대해 표현지지 치료자의 처음 반응은 유사할 수도 있지만, 환자의 실망감이 줄어들었을 때 좀 더 탐색적인 접근으로 변화가 예상된다. CBT 치료자는 동일한 환자에게 자동적인 부정적 사고를 수정하는 방법을 직접 제안할 것이다. DBT 치료자는 정동 조절을 위한 기술을 강화시킬 수 있다. 그리고

MBT 치료자는 열린 마음 자세를 직접적으로 전달할 수도 있는데, 이 자세는 환자와 치료자의 경험에 대해 대안적 관점을 고려하는 것으로, 이때 과도한 정동적 흥분은 피한다.

이러한 모든 접근과 달리 TFP-E 치료자는 차별화된 접근을 취한다. 정서적인 지지나 지시적인 개입을 하지 않으며, 심리화의 모델이 되지 않는다. 대신에 환자의 고통과 분노를 견뎌 낼 수 있는 누군가로서 그리고 환자가 그의 경험을 관찰하고 성찰할 수 있도록 돕기 위해 동기화된 누군가로서 자세를 취한다.

임상 예시 1에서, 치료자가 환자의 어떤 가정에 주목했을 때, 치료자는 직장에서 환자의 상황에 직접적으로 초점을 두기보다는, 환자의 내적 상황과 기저에 있는 갈등을 탐색하기 시작했다. 치료자의 자세는 환자가 자신의 상황에 대해 어떤 관점을 가질 수 있도록 했으며 그의 고통이 현재 상황의 현실성에서 벗어나 있고 자신의 열등감에 대한 내적인 가정과 많은 관련이 있다는 것을 인정할 수 있도록 했다. 치료자는 그러한 관점의 변화를 통해 환자가 자신의 상황을 객관적으로 매우 심각하다고 경험하게 도울 수 있고, 시간이 지남에 따라 자신의 전문적인 수행을 향상시킬 수 있는 과정의 토대가 되길 기대한다.

이 예시에서 치료자는 치료의 장기 목표에 주의를 기울이고 있는데, 이것은 환자의 방어적이고 평가절하된 자기표상을 탐색한다는 점에서 이해될 수 있다. 치료자의 개입은 단지 단기적인 관점을 제공하는 것이 아니라, 기저에 있는 불안과 갈등적 대상관계—이 환자에게 있어서는 타인에 대한 두려움과 그들을 지배하고 이기고 싶은 소망—의 장기적인 탐색과 훈습을 촉진하는 것을 목표로 한다. 한편, 즉각적인 임상 상황에서 치료자가 지지적인 개입을 잘 사용하지 않더라도, 환자는 치료자가 지지해 준다고 느낄 수 있고, 비로소 자신의 실망과 좌절을 좀 더 잘 다룰 수 있게 된다.

기법적 중립성

TFP-E 치료자가 취하는 임상 예시 1에서 예시한 자세를 고전적으로 기술한 것이 **기법적 중립성**(technical neutrality)의 하나이다(Auchincloss & Samberg, 2012; Levy & Inderbitzin, 1992). 이 문장에서 기법적이라는 단어는 차갑고 기계적인 의미를 함축한다는 점에서 다소 유감스럽다. 하지만 사실상 **기법적**이라는 단어는 단지 치료자의 **기법**을 가리킨다. 이는 TFP-E 치료자의 개입의 중립성을 기술하는 것이지 환자를 대하는 태도가 아니다. 다르게 표현하면, 치료자가 환자의 **갈등**과 관련하여 중립적이고자 하는 것이지, 한 사람으로서의 환자와 관련된 중립적인 태도가 아니다.

어떤 임상 세팅에서 치료자는 환자 안에서 갈등이 되는 서로 다른 동기를 확인할 수 있다. 다른 세팅에서는 특정 소망이나 욕구와 내적 금지 사이의 갈등 또는 특정 동기와 현실의 요구 사이의 갈등을 볼 수 있을 것이다. 갈등의 특성과는 상관없이, 중립적인 치료자는 활성화된 동기의 어떤 특정 측면과도 동맹 맺는 것을 피하고자 한다. 대신에 때로 환자의 관찰 자아—뒤로 물러서서 자신의 행동, 생각 및 감정을 관찰할 수 있는 환자의 부분—라고 부르는 것과 동맹을 맺고자 하며, 이 과정에서 그것을 지지한다. 조작적 관점에서 중립적인 치료자는 환자 안의 갈등하는 모든 힘을 확인하고자 하는데 이때 그러한 갈등의 어떤 특정 측면들도 지지하거나 거부하지 않는다.

중립성은 치료자가 지시하기보다는 환자 안의 모든 갈등, 심지어 환자가 거부하고 있는 갈등까지도 이해하고 생각하려고 하는 것으로, 환자도 그렇게 하도록 돕는 것을 의미한다. 그렇게 함으로써 환자의 자기관찰 및 성찰을 촉진시킨다. 이러한 과정을 촉진시키기 위해 중립적인 치료자는 일반적으로 환자의 삶에 대해 조언을 하거나 적극적으로 개입하지 않으면서 그렇게 하려는 충동을 모니터링한다. 치료자는 환자에 대한 자신의 정서적 반응을 반사적으로 행동하는 대신, 먼저 그것들을 컨테인하고 성찰하고자 한다. 우리는 이것을 이 장의 끝에 나오는 '공고화된 정체성 및 억압에 기반한 방어 세팅에서 역전이 발달'과 제12장의 '역전이 활용하기'에서 더 자세히 다룬다.

다음에 나오는 두 임상 예시는 치료자의 전문성, 따뜻함 및 관심을 강조하는데, 치료자는 환자 안에서 현재 활성화된 갈등에 대해 기법적으로 중립적인 자세를 유지한다. 임상 예시 2에서 환자는 경계선 수준에서 조직되었고, 임상 예시 3에서는 억압에 기반한 방어가 우세한 신경증적 수준에서 조직되었다.

> **임상 예시 2** **BPO 환자에 대해 중립적 자세 취하기:**
> **분열, 외재화 및 행동을 지지하는 대신 갈등을 컨테인하도록 촉진하기**

25세 미혼인 이 여성은 BPO이며, 자기애적 특징이 동반되는 연극성 성격장애를 진단받았다. 이 환자는 다양한 형태의 치료를 시작했었지만 성급하게 중단한 이력이 있었다. 예비치료 동안 치료자는 환자의 치료목표가 주 2회 장기치료를 했을 때 잘 다뤄질 것 같다는 평가를 환자와 함께 논의하면서, 아무래도 과거의 덜 집중적인 치료접근들이 실패한 것 같다고 말했다. 환자와 치료자는 치료계약의 일부로서 주 2회씩 함께 작업하기로 합의했다. 치료가 두 달 정도 진행됐을 때, 환자는 회기 빈도에 대해 불평하기 시작했다. 환자는 업무 스케줄 때문에 주 2회씩 오는 것이 불편하다고 불평했는데, 거기에는 평가절하적인 특성이 있었다. 환자는 주 1회로 줄이고 싶어 했다.

이러한 익숙한 치료 상황에서, 지지 치료자는 환자에게 원래 계획대로 계속하자고 할 수도 있지만, 치료가 불편할 만하고 만약 다른 모든 방법으로 안 되면, 환자가 요구하는 대로 틀을 수정할 수 있다고 환자를 안심시켰을 수 있다. 이 과정에서, 지지 치료자는 환자의 한쪽—도움을 바라는 부분—편에서 적극적으로 지지하려고 할 것이고 환자의 다른 한쪽—도움을 거부하고 치료를 파괴하기 위해 동기화된 부분—은 다루려 하지 않을 것이다.

이와 달리, TFP-E 치료자는 상당히 다른 접근을 취하는데, 환자의 갈등과 관련하여 한쪽 입장을 취하는 것을 피하고 대신에 기법적 중립성 자세에서 임상 상황을 다루고자 한다. 이러한 목적을 위해, 치료자는 환자를 회유하지 않고 대신 환자가 뒤로 물러서서 자신 안에서 갈등하는 양쪽 동기를 보게끔 격려한다. 특히 치료를 파괴하도록 동기화된 환자의 좀 더 파괴적이거나 반항적인 부분들을 탐색하도록 한다.

TFP-E 치료자는 환자의 관찰 자아를 지지하는 것으로 시작할 수 있다. 이는 환자에게 그들의 처음 논의와 합의 내용을 상기시킴으로써, 현재 상황을 맥락 안으로 가져오는 것이다. 그들은 주 2회 치료가 환자의 어려움을 다루는 데 가장 좋은 방법이며, 치료목표를 이루는 데 가장 적합하다고 합의했었다. 치료자는 환자에게 치료에 오게 된 어려움과 그것들을 심층적으로 다룰 수 있는 치료를 하기로 한 당시의 소망을 상기시킬 수 있다. 이러한 특성의 개입은 치료자가 중립적 자세를 취함으로써 환자가 현실 이슈에 적극적으로 주목하도록 요구한다. 또한 부인된 현실 측면을 환기시키는 것이 중립적인 치료자의 필수적인 역할임을 보여 준다. 이러한 종류의 개입은 특히 BPO 환자의 치료에서 핵심적인데, 이들에게 있어서 해리와 부인은 부적응적 기능에 중심적 역할을 하기 때문이다. 이런 세팅에서, 환자가 부인한 내적 및 외적 현실 측면을 주목하도록 하는 것은 치료자의 핵심 과제이며, 그렇게 하지 못하는 것은 본질적으로 환자의 부인과 해리 방어 편에 서는 것이다.

환자에게 초기에 논의했던 것을 환기시킨 후, TFP-E 치료자는 다음과 같이 말할 것이다.

당신 안에는 분열된 게 있는 것 같네요. 한 부분은 치료를 받길 원하고, 당신이 여기에 오게 된 문제를 다루고 시작 전에 우리가 세웠던 목표를 추구하는 데 전념하죠. 동시에, 또 다른 부분은 도움을 바라지 않아요—사실, 과거에도 도움을 지속적으로 거부해 왔죠. 이 부분은 당신의 자기파괴성에 대해 무관심하고 이제는 도움을 받기 위한 또 다른 노력조차도 중단하려고 하는 것 같네요.

이러한 대화를 통해, 치료자는 중립적인 자세를 계속해서 유지해 나간다. 그는 뒤로 물러서서, 어느 한쪽 편에 서거나 판단하지 않고 전체 상황을 관찰하고 기술하며, 그렇게 함으로써 환자도 똑같이 그렇게 하도록 촉진한다. 이 과정에서, 주의는 행동 영역("그만둘까? 계속할까?")에서 내려질 결정으로부터 거리를 두는데, 이때 치료자는 특정 행동을 지지하라는 압력을 받는다. 대신, 치료자는 환자의 내적 심리 상황("나는 치료를 줄이거나 중단하겠다고 말하고 있었는데 내 안에서는 무슨 일이 일어나고 있는 거지?")에 주의를 기울이고, 환자가 뒤로 물러서서 자신의 내적 상황을 관찰하고 그것에 대해 성찰할 수 있도록 돕기 위해 그곳에 있다는 것을 강화한다. 이러한 재구성은 심리역동 치료의 전반적인 목표에 부합하는데, 이는 행동 변화뿐 아니라 갈등 영역에서 환자의 자기관찰 및 성찰 역량을 지지하는 것에도 초점을 맞추는 것으로, 통합 과정을 촉진하는 장기적인 목표와도 부합한다.

현재의 임상 상황을 좀 더 자세히 검토해 볼 때, 심리역동적 관점에서 환자는 분열, 부인 및 투사를 사용함으로써 갈등을 피하고 있다. 이러한 방어는 환자가 노출될 수 있는 불안으로부터 그녀를 보호하는데, 치료자는 도움받고자 하는 그녀의 소망과 도움받는 모든 기회를 파괴하려는 반대 소망을 인식해야 한다. 환자는 자신의 갈등하는 동기들을 떼어놓고, 단지 치료를 파괴하려는 소망만을 경험하며, 자신의 파괴성에 대해 걱정하고 치료를 보호하려는 자기의 다른 측면은 치료자에게 외재화시킨다(이것은 임상 세팅에서 나타나는 투사적 동일시의 한 예이다).

따라서 환자는 방어를 뒷받침하고 갈등을 외재화하기 위해 치료세팅과 치료자와의 관계를 이용하려고 한다. 하지만 치료자의 전반적인 목표는 정확히 그 반대 과정을 촉진하는 것이다. 환자가 갈등을 부인하기 위해 분열, 투사 및 행동화를 사용하도록 하는 것이 아니라, 치료자의 목표는 환자가 갈등을 인식하고 견뎌 내도록 돕고, 컨테인하는 것이다. 이는 성격 통합을 촉진하는 통합 과정의 첫걸음이다. 예를 들어, 치료자가 환자에게 치료를 지속하길 바라는 개인적 소망을 전달하거나 흥정 또는 회유하는 것은 환자의 동기 측면만 상연하거나 대변함으로써 환자의 방어 전략에 '함께하는' 것일 수 있다. 그렇게 함으로써, 치료자는 치료를 중단하고 싶은 동기와 어떤 갈등으로부터 환자가 거리를 더 두도록 할 수 있다. 반면, TFP-E에서 치료자는 역전이 유혹, 예를 들면 환자가 치료를 계속하도록 독려하거나 자신의 좌절감을 표현하고 싶을 수 있는데, 그 대신 치료자는 그러한 감정들을 행동화하기보다는 컨테인하고 성찰할 수 있다.

> **임상 예시 3** NPO 환자에 대해 중립적 자세 취하기:
> 억압을 지지하기보다 자기인식 증진시키기
>
> 한 45세 기혼 남성은 NPO이며, 강박성 성격장애를 진단받았다. 그는 아내를 지나치게 비판적인 성격 특성으로 기술했는데, 특히 이 점을 불쾌해했다. 그는 그녀를 사랑하지만 이런 점은 달라지길 바란다고 말했다. 치료가 몇 달 진행됐을 때, 2주간 휴식을 가진 후 환자는 다른 부부와 함께 외식했던 이야기를 했다. 그는 그곳에서 아내가 공개적으로 자신을 비난한다고 느꼈다. 환자는 불편했고 아내도 난처했던 것 같다고 말했다. 그는 아내에 대해 화난 감정을 부인했다.

무슨 일이었는지 좀 더 질문하고 들은 후, 지지 치료자는 환자가 좀 더 아내에게 자기주장을 하라고 했을 수 있는데, 아마도 그가 화를 내는 게 맞다고 설명하거나 어떻게 반응하는 것이 가장 좋은가에 대해 코치했을 수 있다. 치료자는 환자의 불편함에 공감하거나 아내의 한계를 받아들일 수 있도록 했을 수 있다. 무엇을 선택하든, 치료자는 그의 아내와 관련하여 본질적으로 환자의 편을 들게 될 것이며, 동시에 환자가 아내의 공격성을 의식하지 못하고 방어하지 못하는 대상으로 자기 자신을 보는 것을 지지하게 된다.

반면, TFP-E 치료자는 아내에 대한 환자의 비판과 관련하여 어떤 입장을 취하지 않으려고 할 것이다. 대신 환자의 이야기를 적대감을 둘러싼 갈등을 탐색할 수 있는 기회로 볼 것이다. TFP-E 치료자는 지지 치료자와 마찬가지로, 저녁 식사에서 무슨 일이 일어났는지 좀 더 자세히 말해 달라고 하는 것으로 시작할 것이다—환자가 어떻게 반응했고 그때 어떤 감정을 느꼈는지. 그런 다음 치료자는 다음과 같이 말할 것이다.

당신은 아내에게 그만 비난하라고 하거나 화가 나는 게 자연스러워 보이는 상황에 대해 이야기하네요. 하지만 당신은 아내가 그만하도록 어떤 것도 하지 않으면서 화는 거의 나지 않고 단지 당황하기만 했던 것 같아요. 게다가 내게 그 이야기를 하면서도 정동은 드러나지 않고, 예상될 수 있는 어떤 정서적 표현도 없다는 것에 주목하지 않을 수 없어요. 어떻게 생각하세요?

이러한 개입에서 치료자는 중립적인 자세를 유지한다. 그는 환자나 그의 아내 중 어느 한 편을 들거나 비난하지 않으며, 어떤 행동을 제시하면서 환자의 행동을 변화시키려 하거나, 화를 느낄 수 있게 허용함으로써 환자의 감정을 변화시키려고 하지 않는다. 대신에 치료자는 환자를 그 상황에서 뒤로 물러서서 객관적으로 보도록 하고, 그런 관점에서 뭔가 놓치고 있는 것과 환자의 이야기에서 예상 가능한 반응이 부재하다는 것을 지적한다. 이러한 개입에서 치료자는 저녁 식사 자리에서 무슨 일이 일어났는지에 초점을 두기보다는 환자의 주의를 내부, 즉 감정과 동기로 돌린다. BPO 환자의 예시(임상 예시 2)에서처럼 치료자는 대화를 재구성하는데, 환자의 내적 경험과 갈등으로 방향을 다시 잡고, 자기관찰, 내성 및 성찰을 촉진시킨다.

심리역동적 측면에서, 환자는 아내의 동기나 행동과는 상관없이 아내와의 상호작용에서 비록 문제가 있고 고통스럽긴 하지만, 방어적이고 자아동질적인 자기상을 상연하고 있다고 할 수 있다. 그것은 비판과 평가절하를 의연히 수동적으로 견디는 것이다. 이러한 관점은 어떤 비판적이거나 적대적인 감정도 인식하지 않도록 막는데, 이러한 감정들은 그가 가지고 있지만 받아들일 수 없고, 어떤 점에서는 위협적인 것으로 여기는 것이다. 신경증적 조직에서 이러한 감정 및 관련 대상관계는 대체로 억압되거나 투사된다. 근본적으로, 환자의 아내는 환자의 의식 밖에서 그의 한 부분을 대변하는 것으로 볼 수 있는데, 동시에 환자는 아내와의 상호작용을 이용해서 자신 안에 있는 비판적이거나 적대적인 감정을 인식하지 않도록 방어를 더욱 강화한다.

역동적 치료의 목표는 반대 상황을 만들어 내는 것으로, 이것은 환자가 그의 갈등적 동기를 억압하거나 투사하기보다는 인식하게 되는 것이다. 이는 관용적이고 중립적인 분위기에서 가능한데, 여기서 환자는 그러한 동기들이 자신의 한 부분이며 그의 전체적인 의식적 자기경험 안에서 컨테인될 수 있다는 것을 받아들일 수 있게 된다. 치료자가 환자의 아내를 비판하거나 인정하지 않거나, 심지어 단지 당면한 문제가 아내의 공격성이라고 가정하는 것은 치료자가 암묵적으로 아내의 공격성에 대해 비판적인 자세를 취하면서 환자의 자기 자신에 대한 방어적 관점을 지지하는 것이다. 중립적인 자세를 취하지 않는다면 환자는 자신이 지닌 비판적 감정을 의식하거나 견디는 것이 더 어려워질 수 있다. 공격성을 받아들일 수 없는 환자의 방어와 가정을 지지하는 대신, 중립적 자세를 취하는 치료자는 환자가 완고하게 붙들고 있는 방어를 포기하고 자기경험을 넓고 깊어지게 하도록 가장 잘 도울 수 있다.

TFP-E 치료자의 자세는 환자의 방어와 '함께하지' 않는다

지금까지의 논의에서 우리는 TFP-E 치료자의 기법적으로 중립적인 자세가 치료에서 환자의 갈등적이고 방어된 대상관계의 출현을 어떻게 촉진시키는가에 초점을 두었다. 분열 세팅에서 이 과정은 모순된 동기와 자기 및 타인에 대한 관점을 동시에 인식하게 하는 것이며, 이 모두는 의식적이지만 동시에 방어적으로 해리되거나 분열된 것이다(임상 예시 2, 도움을 추구하는 환자의 부분과 파괴적이고 치료를 거부하는 부분). 억압 세팅에서 이 과정은 갈등적이고 주로 억압된 동기와 내적 대상관계가 의식에 떠오르도록 촉진한다(임상 예시 3, 아내에 대한 환자의 비판 및 평가절하하는 감정). 두 예시에서 치료자의 중립적 자세는 환자가 갈등을 더 잘 인식하도록 촉진시킨다. 이는 다른 관계라면 지지받았을 수 있는 환자의 방어를 치료자가 지지하지 않았기 때문이다(예를 들어, 한 친구는 환자에게 아내에게 맞서라고 했을 수 있고, 가족 중의 한 명은 치료에 반발하는 환자에게 계속해서 치료를 받으라고 간청했을 수도 있다).

기법적 중립성, 치료동맹 및 유연한 시행

TFP-E 치료자가 중립적 자세를 취할 때, 경직되거나 맹목적으로 하는 것은 아니다. 숙련된 치료자는 유연한 방식으로 중립성을 유지한다. 그가 가장 유용하다고 여기는 자세를 취하는데, 치료의 특정 순간에 그렇게 하는 것의 비용과 이점을 고려하는 것이다. 전체 목표는 중립적 자세를 경직되게 유지하는 것이 아니라 중립적인 방식으로 개입했을 때 또는 중립성을 이탈한 위치에서 개입했을 때를 인식하는 것이고, 왜 그렇게 하고 있는지에 대해 아는 것이다. 이것은 치료자의 신중한 고찰—가능하다면 사전에, 또는 그렇지 않다면 사후에라도—을 필요로 한다. 신중한 고찰이란 중립성에서 이탈하려고 하든, 중립적 자세를 유지하려고 하든, 그의 선택이 역전이 압력이나 치료의 전체 궤도에서 가장 최선이라고 여기는 것에 기초한 타당한 임상적 판단에 의해 결정되느냐를 말한다. 요약하면, 기법적 중립성이란 치료자의 자세에 대한 획일화되고 경직된 기술이 아니라 개념적 틀인데, 이를 기반으로 치료자는 개입을 조직할 수 있고 어떻게 심리역동 치료가 성격병리 환자의 통합 과정을 촉진시키는지를 이해할 수 있다.[1]

---

1) 다양한 임상 상황은 치료자로 하여금 기법적 중립성에서 벗어나도록 한다. 더 많은 논의는 제12장 '개입 Ⅲ' 을 참조.

치료동맹

치료동맹(Bender, 2005)은 심리치료 관계의 중요한 요소이다. 치료자의 태도나 자세는 치료자의 특징이자 치료 기략으로 볼 수 있는 반면, 동맹은 치료자와 환자 모두의 참여를 요구한다. 동맹은 이들 사이에 공동으로 수립된다. 대부분의 심리치료 성과 문헌은 동맹의 세 가지 관련 요소—공유된 목표, 명확하게 정의된 과제, 그리고 환자-치료자 간의 유대(Bordin, 1979)—에 초점을 맞춰 왔다. 또한 다양한 형태의 심리치료에서 동맹이 성과의 비교적 강력한 예측변인임이 밝혀졌는데, 동맹이 성과의 약 15%를 예측한다는 것이다(Horvath et al., 2011; Orlinsky et al., 2004).

심리역동적 틀에서 동맹은 도움을 원하고 활용할 수 있는 환자의 자기관찰 측면과 전문가의 역할로서 치료자 사이에 수립되는 작업 관계로 이해될 수 있다(Gutheil & Havens, 1979). 조작적으로, 치료동맹은 한편으로는 치료자가 훈련, 전문성 및 관심에 기초해서 뭔가를 제공할 수 있다는 치료자에 대한 환자의 현실적인 기대와 경험을 반영한다—다른 한편으로는, 전문성과 환자에 대한 진전된 이해를 활용함으로써 환자를 돕고자 하는 치료자의 헌신을 반영한다.

치료동맹의 수립은 치료 시작 단계의 중심 과제이며(제13장 참조), 동맹에 주의를 기울이고 관리하는 것은 치료과정 전체에 걸쳐 치료자의 과제가 된다. 사실상, 동맹의 구축은 예비치료단계에서부터 시작된다. 치료에서 호소문제 공식화하기, 공유된 목표 확인하기 및 치료 절차와 환자 및 치료자의 특정 과제를 명시적으로 이야기하기(제7장 참조) 모두는 치료동맹의 발달에 기여한다(Hilsenroth & Cromer, 2007).

환자와 치료자 간 유대의 발달은 치료자의 비판단적이고 수용적인 태도, 주의와 흥미, 그리고 따뜻함, 관심 및 공감의 소통에 의해 촉진된다. 지지 치료 및 인지행동 치료에서 마찬가지로 치료자는 동맹을 군건히 하고 환자가 치료자에 대해 경험할 수 있는 부정적 감정을 관리하기 위해 격려와 조언, 칭찬을 하지만, 대체로 치료자에 대한 이상화는 탐색하지 않는다(Winston et al., 2012). 반면, TFP-E 치료자는 동맹을 지지하기 위해 치료와 치료자에 대한 부정적인 감정을 탐색한다. 치료자에 대한 좀 더 극단적인 이상화는 동맹을 파괴할 수 있는 기저에 있는 부정적인 감정 지표로 볼 수 있는데, 이를 덮기보다는 탐색하는 것이 좋다.

좀 더 높은 수준의 성격병리 환자들은 치료 초기 단계에서 대부분 비교적 안정적인 동맹을 수립할 수 있다(Bender, 2005; Connolly Gibbons et al., 2003; Marmar et al., 1986; Piper et al., 1991). 치료과정에 걸쳐 일어나게 될 동맹의 초기 어려움, 또는 결렬은 비교적 쉽게 해소되고, 일단 한 번 훈습되고 나면 종종 환자의 자기이해를 깊게 하는 동시에 치료자와 환자 사이의 작업 관계를 더욱 단단하게 한다(Caligor et al., 2007; Safran & Muran, 2000; Safran et al., 2011).

반면, 심한 성격장애 환자들은 안정적인 치료동맹을 형성하는 것이 대체로 어렵고, 동맹의 질은 회기에 걸쳐서뿐 아니라 회기 내 순간순간에도 폭넓게 변동하기 쉽다(Levy et al., 2015; Wnuk et al., 2013; Yeomans et al., 2015). 결렬은 흔하고 불가피한데, 아마도 환자 편에서 강한 정서적 반응이 동반될 수 있다. 이는 흔히 적대감, 비난, 평가절하 및 심지어 편집증을 포함한다. 이러한 세팅에서, 동맹은 환자가 공격성을 경험하고 개방적으로 표현하는 동안 치료자에 대하여 어느 정도 신뢰를 유지하는 역량이라는 측면과, 치료자가 환자 안에서 어떤 긍정적인 부분을 보고 환자의 공격성에 맞서면서 돕고자 하는 태도를 유지하는 역량의 측면에서 조작적으로 정의될 수 있다. 심한 성격장애 환자의 성공적인 치료에서, 치료자는 치료과정에 걸쳐 안정적인 치료동맹이 점진적으로 공고화되는 것을 보게 되며 동맹에 대한 도전을 견뎌 내고 결렬을 복구하는 환자의 역량이 발달하는 것을 보게 된다.

전이와 역전이

TFP-E 치료자를 정의하는 특징 중 하나는 전이와 역전이에 관심을 갖는다는 것이다. 전이의 구성개념은 20세기 초 Freud 정신분석 기법의 발달 이래 역동적 치료의 초석이 되어 왔다(더 나은 개관 및 인용을 위해서는 Auchincloss & Samberg, 2012; Høglend, 2014 참조).[2] 역전이에 대한 관점도 나란히 발전해 왔다. 전이와 역전이 그리고 임상 과정에서 그것의 역할에 대한 심층적인 고찰은 마음과 치료에 대한 특정 모델의 틀 안에 내재되어 있다. 이 장에서 우리는 전이와 역전이를 현대 대상관계 이론틀 안에서 정의하고자 하며, 그런 다음 TFP-E에서 전이와 역전이의 임상적 표현에 대해 논의한다. 이때 이러한 발달의 특성이 성격병리 심각도 범위에 걸쳐 어떻게 다른지에 초점을 둔다.

제11장에서 우리는 TFP-E에서 전이를 어떻게 탐색하는지 상세하게 설명하는데, 이때

---

2) 다양한 심리역동적 참조틀 안에서 전이에 대한 관점을 보고자 한다면 Etchegoyen(1991), Harris(2005), Joseph(1985), Sandler(1976), Smith(2003) 및 Westen & Gabbard(2002)의 논문 참조.

전이 작업이 각기 다른 심각도 수준을 지닌 성격장애 환자의 치료에서 어떻게 서로 다른 도전이 되고 보상이 되는지 논의한다. 제12장에서는 환자의 언어 및 비언어적 소통을 '경청하기' 위해 역전이를 어떻게 활용하는지 다룬다.

전이

▶ 대상관계 이론틀 안에서 전이 정의하기

대상관계 이론 모델에서, 초기에 중요하고 정서적으로 부하된 상호작용은 유전적 및 기질적 요인뿐 아니라 환상과 방어 그리고 발달에 근거한 왜곡에 의해 채색된다. 이러한 상호작용은 기억 구조 또는 내적 대상관계로 불리는 내재화된 관계 패턴 형태로 조직된다(제1장 참조). 신경망으로 조직된 이러한 심리구조는 잠재된 도식—개인이 경험을 잠재적으로 조직할 수 있는 방식—으로서 기능하는데, 이 잠재된 도식은 특정 맥락에서 활성화될 것이다(Kernberg & Caligor, 2005; Westen & Gabbard, 2002). 내적 대상관계가 일단 활성화되면 개인의 주관적 경험을 채색할 것이고, 이러한 내적 대상관계와 상응하는 방식으로 행동하고 느끼도록 이끌 것이다.

우리는 이 과정을 일상생활에서 특히 대인관계 안에서, 개인이 내적 대상관계를 '상연하거나' 또는 '펼치는' 측면으로 생각한다. 내적 대상관계가 상연될 때, 심리구조는 실현화된다. 우리가 상연이라는 용어를 사용할 때, 이것은 반드시 행동을 의미하지는 않는다. 오히려, 상연은 특정 상황이 특정 대상관계(또는 신경회로)의 활성화를 초래한다는 것을 나타내고, 이 대상관계가 개인의 경험 또는 행동을 조직하거나 영향을 주게 된다는 것을 의미한다. 따라서 상연은 행동에 반영될 수 있고, 마찬가지로 주로 개인의 주관적 경험으로 표현될 수 있다.

예를 들어, 경쟁을 둘러싼 갈등을 지닌 환자가 성공한 후 자신이 형, 치료자 또는 어떤 다른 사람보다 열등한 느낌이 들었다면, 그 순간 그의 주관적 상태는 열등한 자기와 우월한 타인에 대한 방어적 대상관계의 상연을 반영한다고 말할 수 있을 것이다. 내적 대상관계가 대인관계에서 상연되는 이런 과정에 대해 전이라는 용어를 사용한다. 따라서 전이는 과거 중요한 관계로부터 비롯된 상호작용 패턴이 현재 관계에서 펼쳐지거나 상연되는 것으로 정의할 수 있다(Auchincloss & Samberg, 2012).[3]

---

3) 개념적으로, 상연과 행동화를 구분할 수 있다. 내적 대상관계의 상연은 심리기능의 일반적이고 보편적인 속성이다. 반면, 행동화라는 용어는 치료에서 현재 활성화되는 내적 대상관계를 자각하지 않기 위해 특정 행동을 하는 상황에 적용된다.

전이라는 용어는 치료자와의 관계에서 일어나는 환자의 내적 대상관계의 상연을 나타내기 위해 가장 보편적으로 사용된다. 명확하게 하기 위해 우리는 이 용어의 사용을 좀 더 구체적인 의미로 제한한다. 그러나 치료자에 대한 전이는 환자의 대인관계 삶과 주관적 경험에서 내적 대상관계가 실현되거나 상연되는 경향이 있는 좀 더 일반적인 과정의 한 예로서 더 널리 받아들여지고 있다(Høglend, 2014). 따라서 전이는 그날그날의 경험 중에 일정하게 왔다 갔다 변하는 구체적인 예를 구성한다. 이때 치료에서, 이러한 경험은 주체의 내적 대상관계를 탐색하기 위한 출발점이 된다. 특히 갈등적 대상관계는 전이 세팅에서 상연되거나 방어적으로 외재화되는 경향이 있는데(Kernberg & Caligor, 2005), 이는 삶의 과정 기저에 있는 부적응적 성격 특성, 대인관계 어려움, 주관적 혼란을 가져오며 이로 인해 환자는 성격장애 치료에 오게 된다.

전이를 내적 대상관계의 상연으로 정의할 때, 이는 단지 또 다른 한 사람에 대한 특정 표상만이 아니라 활성화된 전체 대상관계 또는 관계 도식임을 강조한다. 모든 전이 소인은 자기 및 대상표상 모두로 정의될 수 있을 뿐 아니라, 특정 정동 상태로도 정의될 수 있다. 따라서 예를 들어, 거부하는 아버지와의 관계가 전이에서 상연될 때, 이는 단지 거부하는 아버지에 대한 이미지만이 활성화된 것이 아니다. 그에 상응하는 부적절한 자기 및 관련된 정동에 대한 관점도 활성화된다.

나아가 이러한 상황에서 가장 유념해야 할 것은, 환자가 궁극적으로 전이에서 활성화된 자기표상(거부되고, 부적절한 자기)과 동일시할 뿐만 아니라, 어떤 수준에서는 현재 투사되어 경험되고 있는 대상표상(예를 들어, 거부하는 아버지)과도 동일시한다는 것이다. BPO에서 환자가 어떤 특정 대상관계의 한 측면과 동일시하는 것은 불안정한 경향이 있고, 치료자는 역할반전을 볼 수 있는데, 환자는 자기표상(부적절한 자기) 및 대상표상(거부하는 아버지) 모두와 동일시한다. 두 표상을 동일시하는 것은 서로 다른 시기에 의식적으로 경험될 수 있거나, 한 측면과의 동일시는 어떤 순간 의식되는 경험을 지배할 수도 있다. 동시에 다른 측면과의 동일시는 행동으로는 표현되지만 지배적으로 의식되는 경험으로부터는 해리된다. 반면, 높은 수준의 성격병리에서 특정 자기표상(부적절한 자기)과의 의식적 동일시는 종종 안정적인 반면, 대상표상(거부하는 아버지)과의 동일시는 안정적으로 억압될 수 있고 단지 투사된 형태(비난하는 아버지의 희생자로서 자기)로 경험될 수 있는데, 이는 치료과정 동안 점차 드러나게 될 것이다.

심리치료에서 환자의 치료자와의 관계는 종종 환자와 치료자가 환자의 대인관계에서 환자의 갈등적인 대상관계가 상연되는 방식을 즉시적인 지금-여기 상호작용에서, 탐색할 수 있는 특별한 기회를 제공한다. 전이 발현은 환자의 정신병리 특성에 따라 다르며, 특히 환자의 성격조직 수준에 따라 다르다. 뿐만 아니라, 특정 환자는 많은 다양한 전이 소인을 지닐 수 있고, 환자의 전이의 질과 내용은 치료과정에 걸쳐 바뀔 것이다.

▶ 전이와 발달적 과거

부적절한 자기와 상호작용하는 거부하는 아버지 예시 또한 전이 발달이 부모 및 다른 중요 인물과의 초기 중요 관계를 반영하고 밝혀 준다고 볼 수 있는 정도에 주목하게 한다. 전이에 대한 고전적 접근은 현재에서 과거를 '재체험'하는 데 초점을 두었고, 어린 시절 경험과 현재 관계 패턴 간의 관계를 탐색하는 데 많은 관심이 있었다(Auchincloss & Samberg, 2012). 이 중요한 이슈에 대한 우리의 이해와 접근은 다소 다르며, 물론 심리기능에 대한 대상관계 이론 모델에서 나왔다. 현재에서 과거를 재체험하는 것이 아닌 지금 여기에서의 정보 처리에 초점을 둔다. 우리는 주로 환자의 현재 심리조직이 어떻게 자신의 현재 주관성과 행동에 영향을 미치는지를 정교화하는 데 주로 관심이 있다. 이러한 접근은 Høglend(2014)의 접근과 일치하는데, 그는 전이를 다음과 같이 정의한다.

> 치료관계 안에서 일어나고 환자의 성격기능 측면을 반영하는 환자의 감정, 사고, 지각 및 행동 패턴(이러한 패턴의 발달적 기원과는 무관하다)(p. 1057).

이와 함께, 정체성 공고화 세팅에서 전이는 종종 환자의 부모 대상과의 내재화된 초기 관계 측면이 활성화되는 것으로 가장 잘 이해될 수 있다는 점에 주목하고자 한다. 여기서 그 관계의 실제 측면의 파생물뿐 아니라 방어와 환상으로 채색된 표상을 보게 된다. 반면, 경계선 수준에서 조직된 환자의 특징인 빈약하게 통합된 대상관계가 전이에서 활성화될 때는 부모 대상과의 아동기 갈등을 재구성하지 않는다. 대신, 전이는 해리되거나 분열된 자기 및 대상 측면에 대한 많은 내적 대상관계를 반영하는데, 이는 종종 매우 환상적이고 왜곡된 특성을 지닌다. 정체성 장애 환자의 치료 진전기에 내적 대상관계가 더 잘 통합되었을 때에만 초기 아동기 갈등을 좀 더 규명해 주는 진전된 종류의 전이 발달을 보게 된다.

요약하면, 현대 대상관계 이론틀 안에서, 모든 전이 발달은 애착 인물에 대한 초기 발달 경험, 공상하고 소망하던 경험, 그리고 이 둘에 대한 방어의 결합을 반영한다. 이 모두는 기저에 있는 유전적이고 기질적 요인의 바탕에서 경험되고 조직된다. 예를 들어, 앞에서 거부하는 아버지와 부적절한 자기는 강력하고 거부하는 아버지와의 실제 발달 경험을 반영하는 것일 수 있지만, 아마 동시에 방어적 욕구도 반영하는 것일 수 있다. 이 방어적 욕구는 부적절한 아버지가 있다는 것에 대한 불안이나 아버지에 대한 적대적인 거부감과 관련된다. 이러한 대상관계는 공격성에 대한 체질적 소인 및/또는 거부 민감성이 심리 구조에 미치는 영향을 동시에 반영할 수 있다. 결론적으로 모든 환자는 전이 스펙트럼을 지니는데, 이러한 전이뿐 아니라 중요 애착 인물에 대한 환자의 이미지는 치료과정을 통해 변화하고 발달하게 될 것이다.

▶ 전이와 치료세팅

환자들이 어떤 한정된 갈등들과 잠재적 전이 소인을 갖고 치료에 올 때, 임상 세팅의 세부 사항이 갈등 및 전이가 어떤 순서로 활성화되는지에 영향을 미칠 것이다. 일반적으로, 전문적인 도움을 얻고자 올 때 중요 애착 인물과 관련하여 아동기 감정 및 관련된 갈등뿐 아니라 관련된 불안 및 방어도 활성화되는 경향이 있다. 게다가 환자의 특정 갈등과 발달력에 따라, 다양한 요인이 성, 신뢰, 의존성, 자율성, 경쟁 및 공격성과 관련하여 갈등을 촉발하는 경향이 있다—예를 들어, 치료세팅의 친밀성, 환자 욕구에 대한 치료자의 단일 초점 및/또는 관계에서 힘의 위계적 불균형.

치료세팅의 좀 더 일반적인 특징과 더불어, 치료자의 인품, 행동 및 태도의 구체적이고 특이한 측면 또한 전이 발달에 영향을 줄 것이다(Høglend, 2014). 다음에 나오는 예들은 치료에서 활성화되고 상연되는 대상관계에, 적어도 치료 초기에 어느 정도 영향을 줄 것이다: 치료자의 성별, 나이, 성격 스타일, 따뜻함 대 절제를 솔직하게 보여 주는 정도, 유머의 사용, 활동 수준과 반응 수준. 따라서 우리는 치료자가 절제된 관심의 태도를 유지하는 것을 권하는데, 이러한 태도는 치료세팅과 치료자의 개입이 치료자 및 이 관계에 대한 환자의 경험에 미치는 영향에 지속적으로 주의를 두는 것과 연결된다.

치료자가 대인관계 영역에서 자신의 성격으로 인한 영향을 제거할 수 있다거나, 할 수 있다면 그렇게 하는 것이 바람직하다고 제안하는 것이 결코 아니다. 치료자의 성격 및 행동은 언제나 동맹과 전이의 기준점 역할을 한다. 이를 유념하면서, TFP-E 치료자는 그 역할에 맞게 행동한다. 통상 전문적 관계에 부합하는 그러한 성격 측면이 전이 발달에 영향을 미친다는 것을 받아들인다. 이러한 세팅에서 환자의 내적 어려움을 드러내는 전이 발달을 탐색하는 것이 가능해진다. 하지만 그것들은 치료자의 성격이나 행동 측면과 관련하여 피상적으로 조직될 수 있다. 따라서 전이-역전이는 환자와 치료자의 상호작용을 통해 지속적으로 형성된 복합적인 상호주관적 장을 나타내며, 마찬가지로 전이-역전이는 책임감 있고, 성찰적이고, 충분히 훈련된 임상가에 의해 환자의 내적 세계를 탐색하는 데 활용될 수 있다.

▶ 전이의 임상적 발현

TFP-E에는 전이가 임상 세팅에서 발현될 수 있는 많은 다양한 방식이 있다. 가장 간단하게는, 환자가 치료자에 대해 치료시간 안팎으로 가지는 의식적 사고와 감정의 형태로 나타난다. 이러한 종류의 전이 사고는 너무 희미하고 순식간에 지나갈 수 있어서 환자는 그것들을 말할 생각조차 하지 못하기도 한다. 혹은 그것들은 반복적이고, 매우 침투적이고, 고도로 부하될 수도 있다. 치료자에 대한 생각들은 종종 초기에 호기심으로 드러나거나—예를 들면, "왜 저렇게 말하지?", "나를 매력적이라고 생각할까?", "좋은 아버지일까?", "내 종교적 믿음을 이해할 수 있을까?"—확신으로 드러날 수도 있다.—예를 들면, "나를 안 좋아해.", "나를 희롱하네.", "나를 떼어 내고 싶어 해."

또 어떤 경우에, 전이 발달은 치료자에 대한 의식적 사고 및 감정의 직접적인 언어적 소통보다는 회기에서 나타난 환자의 비언어적 소통과 행동으로 먼저 분명해질 수 있다. 예를 들어, 전이에서 활성화된 대상관계는 환자가 의자에 어떻게 앉아 있는지, 눈을 맞추는지, 또는 목소리 톤으로 표현될 수 있다. 환자는 치료자를 향해 특정 태도—예를 들면, 불안하고, 위협적이고, 비굴하고, 고압적이거나 유혹하는 듯이 보이는—를 전달할 수도 있고 전체적으로 치료에 대한 어떤 태도를 전달할 수도 있다—예를 들면, 회기에 오는 것을 꺼리거나 매우 오고 싶어하는 등. 전이가 처음으로 환자의 비언어적 소통에서 확인될 때, 종종 치료자가 환자의 행동에 주목하게 한 후에야 환자는 그것을 알게 되고 자신의 행동을 조직하고 있는 기저에 있는 전이를 성찰할 수 있게 된다.

성격병리 환자의 치료에서 전이가 치료틀과 관련하여 환자의 태도와 행동에서 먼저 분명해지는 일은 흔하다. 예를 들어, 환자는 시간 정하는 것에 분개할 수도 있고, 빈번하게 약속을 잊거나, 만성적으로 지각하고, 비용을 늦게 내거나 내지 않고, 자주 연락하거나, 솔직하고 자유롭게 이야기하지 않거나 치료계약을 위반할 수도 있을 것이다. TFP-E에서 일단 이 틀이 분명하게 수립되고 나면, 틀에서 이탈하거나 도전하는 것은 전이에서 활성화되고 있는 근본적인 태도나 관계패턴의 표현으로 볼 수 있다. 유사한 방식으로, 전이는 회기 밖에서의 행동화로 먼저 표현될 수 있다.

▶ 심각도 스펙트럼에 걸친 전이의 임상적 발현

TFP-E에서 전이 발달의 특성, 성질 및 과정은 근본적으로 다르다. 이는 다양한 환자의 성격병리 유형과 특히 심각도에 따라 달라진다. 이러한 차이는 각 환자의 방어 유형과 환자의 갈등적 대상관계의 특성 및 조직을 반영하고 심리치료 기법을 안내한다. 이는 경계선 성격조직 수준 세팅에서 치료방략에 중요한 차이를 가져오며, 높은 수준의 성격병리 환자에게 사용되는 방략과 대조된다. 환자의 성격조직 수준과 서로 다른 심각도 수준에 있는 성격병리의 구조적 및 역동적 특징을 이해함으로써 임상가는 전이 발달을 예상할 수 있고 그에 따른 치료와 임상 기법을 구축할 수 있게 된다.

TFP-E에서는 항상 정동적으로 지배적인 대상관계에 초점을 맞춘다(제9장 참조). 하지만 환자의 성격조직 수준에 따라 다음의 차이를 보게 된다: ① 이러한 대상관계들이 환자의 대인관계에서 정동적으로 지배적인 것 대 전이에서 치료자와 관련하여 정동적으로 지배적일 수 있는 정도, ② 전이 발달이 정동적으로 부하되고, 극단적이고, 불안정한 것 대 정동적으로 잘 조절되고 비교적 현실적이고 안정적인 정도.

임상적으로 중대한 정체성 병리와 함께 분열에 기반한 방어가 우세한 세팅에서, 전이 발달은 빠르게 일어나고 비교적 매우 정동적으로 부하되는 경향이 있다. 그것들은 환자와 치료자 관계에 명백한, 때로 미묘하지만, 왜곡을 야기한다. 이러한 세팅에서, 전이에서 상연된 대상관계는 빠르게 정동적으로 지배적인 경향이 있다. 이러한 이유로 심한 및 약간 심한 성격장애 환자의 치료에서 임상적 개입은 전이 탐색(즉, '전이초점'이 되는 경향이 있다)을 강조하는 경향이 있다.

대조적으로, 공고화된 정체성 및 억압에 기반한 방어 세팅에서, 전이는 점진적으로 발달하고, 비교적 현실적이며, 시간이 지나도 비교적 안정적인 경향이 있다. 이러한 세팅에서, 흔히 갈등적 대상관계는 전이에서 활성화되기보다는 환자의 대인관계에서 상연되며 많은 시간 정동적 지배성을 띤다. 그러한 갈등적 대상관계는 억압되어 있을 수 있다(즉, 그것들은 전이 밖에서 상연되고 활기를 띤다). 그 결과, 더 높은 수준의 성격장애 치료에서, 탐색 및 개입의 초점은 종종 전이에 있지 않고, 그 대신 환자의 대인관계 삶, 주관적 경험 및 자유 연상에서 나타난 대상관계에 일차적 주의를 기울인다.

〈표 5-1〉은 성격조직 수준에 걸쳐 나타나는 전이 발달을 요약한 것이며, 다음은 전이 발달에 대한 추가적 논의이다.

〈표 5-1〉 성격조직 수준과 전이 발달

전형적인 전이 발달	경계선 성격조직 수준	신경증적 성격조직 수준
전체 조직	양극화된, 이상화된 및 편집적인	통합된
표상의 질	빈약하게 분화된, 캐리커처 같은	잘 분화된, 복합적인
정동의 질	빈약하게 통합된, 빈약하게 조절된	잘 통합된, 잘 조절된
관계의 왜곡	총체적인	미묘한
발달 속도	종종 빠른	대체로 점진적인
안정성	주로 불안정한	매우 안정적인
순서	혼돈스러울 수 있는	체계적인
경험의 질	콘크리트한	상징적인, '마치 ~인 양'
주요 경로	환자의 행동 및 역전이	환자의 언어적 의사소통
관찰 자아	약한, 쉽게 손상되는	비교적 안정적인
동맹	약한, 쉽게 손상되는	비교적 안정적인
임상적 초점	종종	때로
임상적 도전	컨테인하기, 성찰	동일시, 탐색

▶ **정체성 병리 및 분열에 기반한 방어 세팅에서 전이 발달**

심한 성격장애 환자의 치료에서, 환자의 갈등적, 편집적 및 이상화된 대상관계는 전이에서 생생하게 드러나는 경향이 있다. 빈약하게 통합된 대상관계의 상연은 **콘크리트하게 경험되는 전이 발달**로 이어지기 쉬운데, 더 높은 수준의 성격병리 환자의 전이를 특징짓는 '마치 ~인 양'의 성질이 결여되어 있다. 종종 그러한 전이는 환자의 언어적 소통보다 환자의 행동과 역전이에서 먼저 전달된다. 콘크리트하게 경험되는 전이에 지배되면, 환자는 대체로 그 순간에 뒤로 물러서서 무엇이 일어나고 있는지 관찰하거나 성찰하지 못한다—정말로 그럴 필요가 없다고 생각한다. 지금 이 순간에 느끼고 있는 것은 무엇이든지 환자의 주관성을 독점하고 물리적인 사실로 경험된다. 이러한 종류의 경험들은 종종 환자에게 강한 행동화 압력을 가하는데 치료에서 자극된 고통스러운 정동 상태를 제거하기 위한 것이다. 이것은 회기 안에서 그리고 환자의 치료실 바깥 삶에서, 치료 중단을 포함한 행동화를 이끌 수 있다. 이러한 종류의 발달을 다루는 것은 심한 성격장애 환자의 심리역동 치료에 핵심적인 도전이 된다.

높은 BPO 환자의 치료에서, 전이는 또한 빠르게 일어나는 경향이 있고 콘크리트하게 경험될 수 있는 편집적이고 이상화된 표상이 특징이다. 그러나 높은 BPO 환자들은 대체로 치료자의 도움으로, 좀 더 심한 병리를 지닌 환자보다 전이 경험을 좀 더 잘 성찰할 수 있고 좀 더 수월하게 대안적인 관점을 지닐 수 있다.

높은 BPO 환자의 치료세팅을 지배하는 편집적 대상관계는 심한 성격장애의 전이 특징보다는 덜 극적이고, 덜 공격적·편집적이고, 덜 경직되게 콘크리트하며, 이상화가 더 핵심적인 역할을 한다. 사실상, 높은 BPO 환자는 치료자에 대해 비교적 안정적인 이상화를 활성화시킬 수 있다. 이 이상화는 편집적 대상관계가 치료에서 드러나지 못하도록 한다. 이 집단의 환자들과 함께, 치료자는 치료에서 표면적으로는 원만한 협력이 장기간 이어지는 것을 볼 수 있다. 이때 종종 환자의 삶에 대해 다소 주지화되거나 피상적인 탐색을 하게 된다. 이러한 탐색은 다소 미묘한 형태의 행동화를 수반할 수도 있고 또는 치료에서 해리될 수 있으며, 고도로 부하된 적대적이고, 편집적이며, 평가절하하고, 성애화된 전이가 출현함으로써 불가피하게 방해받을 수 있다.

요약하면, 특히 낮은 및 중간 BPO 환자의 치료 초기와 중기 초반에 전이 발달은 주로 편집적이다. 하지만 편집 전이는 때때로 치료자 및 치료관계에 대한 깨지기 쉬운 이상화에 의해 차단될 수 있다. 대조적으로, 높은 BPO 환자는 이상화와 편집 전이를 빈번하게 드러낸다. BPO 환자에게서 전이는 종종 콘크리트하게 경험되고, 환자는 회기 안팎에서 행동할 수 있다. 환자가 전이 발달에 성찰 대신 행동으로 반응하는 것을 행동화라고 부른다. 이 세팅에서 환자는 행동함으로써 치료에서 자극받은 고통스러운 정서적 경험의 인식을 대체한다.

| 임상 예시 4 | **낮은 BPO 환자의 전이 발달:
급성적이고 콘크리트하게 경험된 편집 전이가 행동화를 이끈다** |

반사회적 특징이 있는 편집성 성격장애 환자는 한 치료자와 처음으로 통화하면서 억지를 부렸다. 예비치료 일정을 잡기 전이었지만 그는 통화 중에 치료자에게 자신을 치료하겠다는 약속을 하라고 했다. 치료자는 환자를 기꺼이 치료할 수 있지만, 그전에 만남을 먼저 갖고 나서 결정할 수 있다고 설명했다. 그러자 환자는 격분하면서, 치료자가 정직하지 않고 자기를 치료하고 싶어 하지 않는다고 비난했다. 그는 자신이 신뢰할 수 없는 치료자와 작업을 할 수 있을지 의문이라고 했다.

대상관계: 학대받고 의심 많은 환자와 신뢰할 수 없고, 정직하지 않고, 거부적인 치료자. 이는 의심 및 격노와 연결된다.

이 예시는 심한 성격장애 환자에게서 빠르게 활성화될 수 있는 극단적이고, 고도로 부하되고, 콘크리트하게 경험된 편집 전이를 보여 준다. 이 예시의 초기 전화 통화에서 활성화된 압도적인 편집 전이로 인해 환자는 치료를 시작하는 것이 불가능해졌다.

임상 예시 5　**중간 BPO 환자의 전이 발달:**
만성적이고 콘크리트하게 경험되는 편집 전이가 행동화를 이끈다

경계선 성격장애를 진단받은 한 환자는 최근 컨디션이 좋지 않다며, 남성 치료자와 최대한 눈맞춤을 피했다. 그들이 처음 만났을 때부터 그랬는데 시간이 지나도 지속되었다. 환자는 아이였을 때, 할아버지에게서 성적 학대를 당했었다. 만약 그녀가 치료자를 쳐다본다면, 치료자가 성적 흥분에 압도될 것이고 치료자 자신을 통제할 수 없을 것이라는 생각이 시간이 지나면서 떠올랐다. 환자의 관점에서, 이것은 그녀가 치료자의 눈길을 사로잡았을 때 불가피한 결과이며, 그녀에게 견딜 수 없을 정도로 강력한 두려움을 느끼게 하는 경험이었다.

대상관계: 통제하고, 매우 강력하며, 자극시키는 환자와 충동적이고, 성적으로 추동되며, 성적으로 몰두된 치료자. 이는 강한 두려움 및 성적 흥분과 연결된다.

이 예시는 좀 더 심한 병리 세팅에서, 환자의 비언어적 의사소통이 종종 전이 발달의 가장 첫 번째 지표가 되는 것을 보여 준다. 이 예시는 또한 전이에서 역할반전의 영향과 그것의 방어적 기능을 보여 준다. 이 경우, 성적으로 통제력을 잃은 치료자와 강력하고, 통제적이고, 성적으로 흥분시키는 자기를 경험하는 것은 성적으로 압도되고 힘없는 자기와 강하고 통제적인 치료자라는 것을 경험하지 못하게 막았다. 두 가지 형태 모두 성적 흥분의 고통스러운 정도 및 두려움과 연결되고, 이들 각각은 서로를 방어했다.

임상 예시 6　**높은 BPO 환자의 전이 발달:**
장기적인 이상화 전이는 좌절을 견디지 못할 수 있다

연극성 성격장애 환자는 치료자와 상호작용할 때 불안해하고, 이상화하며, 기쁘게 해 주려고 애썼다. 치료는 순조롭게 진행됐고, 치료자는 그들이 견고한 동맹을 발달시켜 나가고 있다고 느꼈다. 환자는 처음에 회기에서 결혼생활 갈등에 초점을 두었고, 그 후 남편과의 관계가 매우 개선되었다고 보고했다.

치료가 6개월 정도 되었을 때, 환자는 치료 시간에 임박해서 취소하겠다고 전화했다. 아들을 소아과에 데려가야 했기 때문이었다. 환자는 일정을 변경할 수 있는지 물었지만, 치료자는 그 주에 가능한 시간이 없다고 설명했다. 치료자는 통화하면서 별다름을 느끼지 못했다. 그러나 환자가 다음 회기에 왔을 때 적대적이고 냉랭했다. 평소 태도와는 극적으로 변했다. 그녀는 치료자가 자신을 믿지 못하고, 다시 일정을 잡지 않음으로써 벌주려 한다고 공격했다. 환자가 아들이 아프다고 속이고 조종하려 한다고 치료자가 생각했기 때문이라는 것이었다. 치료자는 완전 깜짝 놀랐다.

대상관계: 의존적인 환자와 의심 많고, 벌을 주는, 냉담한 치료자. 이것은 격노와 연결된다.

이 예시는 좌절에 대한 반응으로 전이에서 편집적 대상관계가 빠르게 나타나는 것을 보여 준다. 지금까지 환자는 치료자를 돌봐 주는 사람으로 그리고 자신을 특별한 환자로 다소 깨지기 쉬운 이상화를 불안정하게 지속해 왔다. 이는 관계를 편집적으로 경험하는 것을 막아 왔다. 치료자가 다시 일정을 잡을 수 없었을 때, 환자의 적대감과 불신을 드러낸 기저에 있는 편집 전이는 치료자에 대한 그녀의 경험을 지배하게 되었다.

> **임상 예시 7** 높은 BPO 환자의 전이 발달:
> 자기애적 전이는 치료자에게 여지를 주지 않는다

자기애성 성격장애가 있는 높은 BPO 환자는 많은 치료 시간을 다른 사람들과 어울리는 문제에 대해 이야기했는데 이 문제로 업무에 지장을 주어 치료에 오게 됐다. 그는 회기 내내 끊임없이 말을 했는데, 보아 하니 모든 것을 상세하게 들어 줄 치료자가 필요한 것 같았고 치료자가 코멘트를 하거나 끼어들 여지를 거의 주지 않았다.

몇 번의 시도가 실패하자, 치료자는 결국 환자의 행동을 이 회기에서 좀 더 강력하게 탐색하고자 했다. 치료자는 환자에게 치료자를 '대화에 끼어들지 못하게' 해야만 하는 것에 대해 성찰해 보자고 제안했다. 환자가 치료자의 말을 본질적으로 무시하자, 치료자는 환자가 자신의 말을 못 알아듣는다고 말하면서, 바로 이것이 치료자가 그와 함께 이해해 보려고 한 것이라고 말했다.

이때, 환자는 말하기를 거부했다. 전이에서 환자는 치료자가 잘난 체하고, '설교만 하지' 듣지 않고, 들어 달라는 요구에 대해 무시하는 태도를 보인다고 경험하는 것으로 드러났다.

대상관계: 가치절하되고 무시당한 환자와 듣지 않고 거만하고 잘난 체하는 치료자. 이는 굴욕
감, 시기심 및 격노와 연결된다.

앞의 예시는 전이에서 자기애적 방어의 동원과 상연을 보여 준다. 환자가 회기와 치료
자를 통제하는 동안은, 치료에서 그의 마음에 연결된 굴욕감(편집 전이의 형태)을 피할 수
있었다. 치료자가 환자의 행동에 주의를 환기시킴으로써, 방어적 대상관계의 상연이 실
패했을 때, 역할반전이 일어나면서 환자는 무시받고 가치절하되었다고 느꼈다.

▶ BPO 환자의 전이에서 역할반전과 분열

BPO 환자의 치료를 특징짓는 전이 발달은 임상 영역에서 분열에 기반한 방어—특히
엄밀한 의미의 분열, 투사적 동일시, 전능 통제 및 부인—의 영향을 반영한다. 이러한 발
달은 개인의 대인관계적 삶을 특징짓는 어려움을 비춰 준다. 우리는 내재적으로 혼란스
럽고 종종 혼돈된 전이의 특성을 보여 주고자 한다. 이는 역할반전이 특징이며 관계에
대한 모순되고 상호 해리되고 이상화되고 박해적인 경험들 간에 급작스러운 변화가 일
어나는 것이 특징이다. 특히 치료자에 대한 환자의 경험과 회기에서 환자의 행동에 대한
투사적 동일시의 영향으로 인해 치료자와 환자 모두 극히 혼란스러울 수 있다. 이것이
일어났을 때, 몇몇 예시에서처럼 환자는 치료자 안에 어떤 대상표상을 투사하는 동시에,
치료자와 그 대상표상의 동일시를 유지한다(예를 들면, 환자 자신이 치료자를 속였을 때 환
자는 자신이 속았다고 경험한다).

전이는 관계 패턴이 상연되는 상황—우리가 역할반전이라고 부르는—을 만들어 낼 수
있다. 환자는 대상관계 양쪽 모두의 영향하에서 행동하거나 모순적인 두 가지 포지션을
빠르게 왔다 갔다 한다(예를 들면, 속이는 사람과 속는 사람, 지배적인 사람과 가치절하된 사
람). 투사적 동일시에 대한 더 많은 논의는 제3장을 참조하라.

▶ 공고화된 정체성 및 억압에 기반한 방어 세팅에서 전이 발달

더 높은 수준의 성격병리에서(즉, NPO 및 NPO와 높은 BPO 사이의 연속선상에 있는 성격
장애), 전이 발달은 처음에는 치료관계에 대한 방어적 대상관계의 영향을 반영하는 반면,
좀 더 갈등적이고 충동적인 대상관계는 지속적으로 억압된다. 이들은 좀 더 나중에 환자

의 방어[4]를 탐색함으로써 나타난다. 더욱이, 좀 더 심한 성격장애 세팅과는 매우 다른데, 많은 NPO 환자는 치료자와 비교적 안정적이고 우호적인 관계를 유지할 수 있고, 갈등적 대상관계에 의해 비교적 침범당하지 않는다. 자세히 관찰하면 치료자에 대한 환자의 경험에서 갈등적 (주로 방어적인) 대상관계를 종종 확인할 수 있다. 하지만 이러한 전이의 출현은 종종 미묘하고 자아동질적이다. 그 결과, 더 높은 수준의 성격병리 환자의 치료에서 갈등적 대상관계가 드러났을 때, 이들은 종종 대개 전이에서보다는 환자의 내적 삶에서 정동적으로 우세하다.

더 높은 수준의 성격병리 환자의 치료에서, 전이가 나타나고 정동적 지배성을 띨 때, 전이는 점진적으로 발달하는 경향이 있으며, 비교적 안정적이고 시간이 지남에 따라 천천히 발달하는 경향이 있다. 먼저, 치료자는 자아동질적, 방어적 대상관계가 치료자에 대한 환자의 경험과 상호작용을 조직할 때 그 영향을 보게 된다. 그 후에 치료자는 기저에 있는 갈등적 대상관계의 영향을 관찰할 수 있게 된다. 이러한 세팅에서 전이가 치료의 초점이 될 때, 전이는 종종 환자의 내적 삶과 관련하여 이미 탐색되어 왔던 경험을 반영하는 것이다.

더 높은 수준의 성격병리 환자들은, 치료자의 도움으로 뒤로 물러서서 치료자에 대한 그들의 관점을 관찰하고 성찰할 수 있다. 그들은 자신의 상황을 살펴보고 경험을 이해할 수 있는 다른 방법이 있을 수 있다고 인식한다. 다시 말해서 좀 더 건강한 환자들은 전이의 '마치 ~인 양' 특성을 보유할 수 있는데, 이는 이 집단의 전이 발달과 심한 성격장애 집단에서 보이는 전이 발달의 주요한 차이이다. 그 결과, 신경증적 전이는 비교적 작업하기가 쉽고, 정동적으로 지배적일 때, 환자의 내적 세계와 갈등적 대상관계를 탐색할 수 있는 유용한 진입지점으로 기능할 수 있다.

임상 예시 8 **NPO 환자의 전이 발달:**
점진적으로 발달하는 부정적 전이는 성찰 역량을 방해하지 않는다

한 남성 환자는 남성 치료자에게 6개월간 치료를 받았는데 협력이 굳건하고 서로 존중한다고 느꼈다. 이 환자는 치료자가 그를 실제로는 인정하지 않는다는 불편한 감정을 느끼기 시작했다. 환자는 치료자가 국내에서 저명한 강연자이자 저자라서, 환자가 직업적 야망이

---

4) 이는 중간 BPO 및 낮은 BPO 환자의 경우와는 대조적이다. 이들에게서 방어적 대상관계와 충동적 대상관계가 서로 바뀔 수 있고 종종 전이에서 뒤바뀐다.

부족하고, 환자의 아내가 좋은 직장에서 일하고 있는 데 반해 아이들의 일차적 양육자가 되
겠다는 환자의 선택을 은근히 비난할 것이라고 걱정하기 시작했다.

> 대상관계: 열등하고 수동적인 자기와 야망 있고 요구적인 부모 대상. 이는 실망감 및 못마땅함
> 과 연결된다.

이 예시는 전이 불안이 수개월에 걸쳐 점진적으로 출현하는 것을 보여 준다. 전이 불
안은 치료자에 대해 친절하고 협력적인 환자의 경험에 영향을 주었다. 환자가 그의 걱정
을 치료자와 공유하고 그것을 탐색하기 시작했을 때, 두 사람은 상당히 구체적이고, 잘
분화되고 잘 통합된 대상관계를 정교화할 수 있었다. 이 예시는 대부분의 시간에 전이
경험에 미묘하게 콘크리트한 특성이 있을지라도, NPO 환자들은 뒤로 물러서서 대안적
관점의 가능성을 성찰하고 고려할 수 있다는 것을 강조한다. 환자가 자신의 관점을 '현
실'로 경험했을지라도, 환자는 그의 지각이 현실적인지 아닌지 생각할 수 있었다. 그리고
그것이 현실적이라고 느꼈을지라도, 그와 동시에 자신의 내적 동기에 대해 뭔가 말할 수
있다고 느낄 수 있었다. 전이를 상징적으로 생각할 수 있는 이러한 역량은 전이 왜곡의
침범을 견뎌 낼 수 있는 안정적인 관찰자아와 강한 치료동맹을 형성하는 것과 함께, 좀
더 높은 수준의 성격병리 환자의 치료에서 전이발달을 특징짓는다.

이 예시는 또한 좀 더 건강한 환자의 전이 발달에서 발달적 과거의 역할을 보여 준다.
이러한 전이는 한편으로는 아버지와 환자의 관계로 연결될 수 있었을 것이다. 환자는 자
기 자신을 아이들의 학업과 직업적 성취에 전적으로 투자한 매우 야망 있는 남자로 경험
했다. 다른 한편으로, 시간이 지나면서 나타난 것은 이 대상관계에 내재된 표상으로 전이
에서 상연되는데, 이는 경쟁과 성취에 대한 환자 자신의 양가감정의 표현이었다. 치료자
에게 실망하고 인정받지 못할 것이라고 지각하는 것은 환자의 한 부분의 표현이었는데,
이것은 그가 선택한 길이 충분히 편하지 않다는 것이며, 좀 더 깊은 수준에서 환자는 경
쟁하고 싶은 자신의 소망을 치료자에게 투사함으로써 이러한 갈등을 처리하고 있었다.

> **임상 예시 9** ▶ NPO 환자의 전이 발달:
> 느리게 나타나는 부정적 전이는 환자가 치료를 꺼리는 것으로 드러난다

한 우울-피학성 성격 환자는 이전에는 치료 시간을 즐기고 기다리곤 했었는데, 갑자기 치

료시간에 가는 것이 꺼려지기 시작했다. 이러한 감정을 탐색했을 때, 환자는 치료와 치료자에게 좌절감을 느끼고 있었다는 것이 분명해졌다. 그녀는 왜 좀 더 빨리 나아지지 않을까 하는 생각을 했었다. 환자와 치료자가 환자의 좌절감을 계속 탐색해 나갔을 때, 그런 좌절을 조직하고 전이에서 나타난 대상관계가 정교화되었다.

대상관계: 화나고─방임된 아이 자기와 무관심한 부모─치료자

이 예시는 치료에 대한 환자의 태도와 관련된 초기 전이가 드러나는 것을 보여 준다. 또한 이는 NPO 환자에게서 전형적인 안정적이고 잘 조직된 전이가 서서히 나타나는 것을 보여 준다.

임상 예시 10 ▶ **NPO 환자의 전이 발달: 전이에 대한 때 이른 주목은 환자를 소외시킨다**

경미한 만성 우울이 있는 강박성 성격장애로 치료를 받는 한 환자는 권위와 관련된 갈등이 있었다. 그는 적절하다고 생각될 때조차도 자기주장을 할 수 없다고 말했다. 치료 초기 몇 주 동안, 치료자는 환자가 대인관계에서 필요하지만 비판적이고 잠재적으로 거부하는 돌봐주는 사람과 수동적이고 의존적인 자기를 반복적으로 상연하고 있음을 인식하도록 도울 수 있었다(성격 방어의 예). 그들은 이것이 그의 경험과 행동에 만연하게 미치는 영향을 탐색했다.

그러나 동일한 역동이 둘 사이에서 미묘하게 발생했을 때, 치료자가 이를 언급하자 환자는 치료자의 의견을 정중하게 거부했다. 환자는 치료자의 직업이 판단하지 않는 것이라고 생각한다며, 때문에 자신이 거부당하거나 비판받을까 봐 걱정하지 않는다고 말했다. 치료자가 계속 주장했을 때, 환자는 조용히 물러서면서 치료자가 자신을 이해하지 못하는 것 같다고 말했다.

대상관계: 의존적이고 기쁘게 해 주려는 자기와 요구적이고 비판적인 권위자. 이는 거절에 대한 두려움과 연결된다.

이 예시는 NPO 환자의 치료에서 나타나는 비교적 보편적인 상황을 보여 준다. 이들에

게서 방어적이고 충동적인 대상관계는 환자의 대인관계 삶에서 상연되고 생산적으로 탐색되는 반면 전이는 보호된다. 이때 환자는 전문적인 도움을 제공하는 치료자와 안정적이고 긍정적인 관계를 유지한다. 이 예시에서, 치료 밖에서 탐색된 대상관계가 또한 치료자와의 관계에서 활성화됐다는 치료자의 이해는 옳았지만, 환자는 그것에 대한 인식을 적극적으로 억압했다. 이 세팅에서 치료자가 전이 탐색을 '밀어붙이는' 것은 임상 과정을 촉진시키지 않았고 단지 동맹에 긴장을 가져올 뿐이었다. 많은 예시에서, 환자가 자기 자신에 대해 편안해지고 자기인식을 하게 될수록, 환자는 그의 일상적 기능과 관련하여 초기에 탐색된 내용들이 전이에서 미묘하게 반영되는 방식을 인식하게 될 것이다.

▶ 성격 방어와 전이 발달

더 높은 수준의 성격병리 치료에서 초기 전이 발달은 환자의 성격 방어를 형성하는 방어적 대상관계의 상연을 반영한다(제3장 참조). 이러한 대상관계는 환자의 일상생활 전반에 걸쳐 또는 대부분의 기능 영역에서 그의 행동과 주관적 경험을 조직한다. 비교적 자기인식을 하고 성찰적인 환자라 할지라도 성격 방어가 '그게 바로 나' 이상의 어떤 것임을 인식하기 매우 어려울 수 있다. 초기 전이 및 관련된 방어적 대상관계는 환자의 자기 자신을 지각하고 타인과 상호작용하는 습관적인 방식을 나타낸다. 그것들을 조직하는 성격 방어와 대상관계는 환자의 성격 스타일을 설명하며, 동시에 성격기능에 경직성을 가져온다.

성격 방어의 상연에 상응하는 전이는 보통 처음부터 (최소한 돌이켜 보면) 알아볼 수 있다. 왜냐하면 그것들은 환자의 모든 대인관계에 있기 때문이다. 이러한 초기의 전이는 고정되어 있고, 비교적 중립적이고, 사회적으로 적절하며, 자아동질적인 경향이 있다. 이것은 상당히 미묘하고, 오직 환자와 치료자의 상호작용에서만 확인할 수 있는데, 특히 치료에 대한 환자의 비언어적 의사소통과 치료에 대한 태도에서 알아볼 수 있다. 성격 방어가 기저하는 갈등적 대상관계의 인식을 막는 한, 환자는 그들의 성격 방어에 내재된 자기 및 타인에 대한 관점을 유지하는 것에 매우 점유된다. 이것은 자기 및 타인에 대한 이러한 관점이 고통스럽고 종종 어느 정도 부적응적일지라도 그럴 수 있다.

임상 예시 11   NPO 환자의 전이 발달:
            자아동질적 성격 방어는 치료적 분위기를 미묘하게 채색한다

　30대 후반의 미혼인 한 전문직 남성은 여성과 만족스러운 관계를 맺지 못하고 성적 억제의 문제 때문에 치료를 받으러 왔다. 그는 신경증적 경직성과 히스테리 갈등을 지니고 있었다. 치료는 순조롭게 시작되었다. 치료자는 환자와 작업하는 것이 유쾌하고 수월하다고 생각했다. 그러나 시간이 지남에 따라, 치료자는 치료가 단조롭고 약간 피상적인 분위기를 띨 때 다소 지루하다는 것을 알았다. 이를 통해 치료자는 환자가 이야기할 때 모든 잠재된 공격적, 성적, 경쟁적 대상관계가 드러나지 않도록 적극적으로 막는 정도에 주의를 기울일 수 있었다. 또한 이는 환자가 지적이고 매력적임에도 불구하고 왜 여성들이 그에게 빨리 흥미를 잃는지 이해할 수 있는 창구가 되었다.

대상관계: 유쾌하지만 무관심한 부모 인물과 순종적이고 단조로운 자기. 이는 불안의 부재와
　　　　　연결된다.

　이 예시는 전이에서 상연된 성격 방어의 한 예이다. 환자의 검증되지 않고, 자아동질적인 자기표상은 순종적이고 유쾌하지만 단조로운 아이 같은 사람이라는 것이었다. 그의 남성 및 여성과의 관계는 양쪽 모두 어떠한 성적 또는 경쟁적 긴장으로부터 벗어나 있었다. 이러한 방어적 대상관계는 환자의 경험과 행동을 다양한 상황에 걸쳐 지속적이고 만연하게 조직했고, 자신도 모르게 그의 모든 관계에 영향을 미쳤다.

역전이

　TFP-E에서 치료관계의 정의적 특징은 치료자가 환자에 대한 자신의 정서적 반응에 지속적인 주의를 기울이는 것이다. 이러한 반응을 지속적으로 관찰하고 컨테인하는 능력을 통해 TFP-E 치료자는 임상적 도전에 직면했을 때 환자를 향한 진정한 따뜻함과 관심 있는 태도를 유지할 수 있고, 동시에 환자의 갈등과 관련하여 중립적인 자세를 유지할 수 있다.

　우리는 환자에 대한 치료자의 정서적 반응을 역전이 개념의 영향하에서 보며 이러한 감정을 활용하는 치료자의 능력을 역전이의 **컨테인하기**(Bion, 1962) 측면에서 고려한다.

이후 제9, 10, 11장에서 논의될, 역전이 분석을 통해 치료자가 환자의 언어적 및 특히 비언어적 의사소통을 경청할 때 치료자의 주의에 초점을 맞추며, 환자의 경험과 행동을 조직하는 대상관계에 대한 치료자의 이해를 돕게 된다. 동시에, 컨테인되지 않은 역전이는 치료자에게 맹점을 야기할 수 있고 치료자가 환자의 의식적인 경험 및 해리되거나 무의식적인 경험의 특정 측면들을 이해하거나 공감하기 어렵게 할 수 있다(Racker, 1957).

▶ 대상관계 이론틀 안에서 역전이 정의하기

어떤 TFP-E 치료시간이든, 치료자는 환자에 대해 지속적인 정서적 반응의 흐름을 경험할 것이다. 우리는 이러한 반응들을 역전이라는 좀 더 넓은 용어로 기술한다. 역전이를 정의하고 이해하는 수많은 방식이 있다(Auchincloss & Samberg, 2012). 하지만 우리는 이 용어를 가장 넓은 의미에서 사용하는데, 그 기원과는 상관없이, 환자에 대한 치료자의 모든 정서적 반응을 포함한다(Kernberg, 2004).

같은 방식으로 우리는 전이를 치료자와의 관계에서 환자의 내적 대상관계의 상연을 반영하는 것으로 생각한다. 따라서 우리는 치료자의 역전이를 환자와의 상호작용의 결과로서 치료자 안에서 활성화된 대상관계라는 측면에서 생각한다. 이 반응들은 다소 정도의 차이는 있지만, 치료자의 내적 및 외적 상황과 환자의 내적 및 외적 상황에 의해 항상 함께 결정된다.

어떤 역전이들은 주로 치료자로부터 일어나는데, 치료자의 갈등과 개인적 욕구를 반영한다—즉, 환자에 대한 치료자의 전이를 나타낸다. 예를 들면, 한 중년의 치료자는 어떤 특정 환자를 보면 자신이 사랑하는 나이 든 어머니가 떠오르고 이로 인해 환자의 성적 갈등에 대한 탐색이 방해받는다는 것을 깨닫는다. 또 다른 치료자는 경제적 어려움을 겪고 있었는데 자신이 돈 많은 환자에게 시기심을 느낀다는 것을 알게 됐다. 이러한 종류의 역전이는 환자보다 치료자에 대해 더 많은 것을 알려 준다.

다른 역전이들은 대체로 환자 안에서 기원할 수 있다. 그런 상황에서 치료자는 환자의 전이에 반응하고 있는 것이다. 예를 들면, 잘 알려져 있는 방송인인 한 환자는 아주 심한 자기애적 방어에 의존하고 있었는데 그의 유능한 치료자를 위축시키고 시기심을 느끼게 했다. 이러한 역전이는 치료자의 것보다는 환자의 갈등 및 방어와 좀 더 관련될 수 있다. 역전이의 첫 번째 형태는 치료자-중심의 역전이로, 어떻게 서로 다른 치료자들이 동일한 환자에게 다르게 반응할 수 있는지를 반영한다. 반면, 두 번째는 환자-중심의 역전이로, 이는 어떻게 서로 다른 치료자들이 동일한 환자에게 유사하게 반응할 수 있는지를 반영한다.

요약하면, 대상관계 이론 준거틀 안에서, 역전이는 다음에 의해 공동으로 결정될 것이다. ① 치료자에 대한 환자의 전이, 이는 환자의 방어 유형과 내적 대상관계의 특성을 반영한다. ② 환자의 삶의 현실, ③ 환자에 대한 치료자의 전이, 이는 치료자의 내적 세계와 갈등에 의해 결정된다. 그리고 ④ 치료자의 삶의 현실.

TFP-E에서 치료자가 환자에 대한 자신의 반응을 모니터할 때, 치료자는 자신의 반응의 원천을 탐색함에 있어서 열린 태도를 유지한다. 특히 치료자는 항상 환자에 대한 자신의 반응이 환자의 내적 세계에 대한 자료를 어느 정도 제공해 주는지 그리고 치료자의 반응이 환자보다 치료자의 현재 욕구 및 갈등에 대해 얼마나 더 많은 것을 말해 주는지 자기 자신에게 질문해야 할 것이다.

원천에 상관없이, 환자에 대한 자신의 반응들을 모니터하고 기록하고 성찰하는 것은 치료자의 과제이다—즉, 그것들을 컨테인하는 것이다. 이 과정을 통해 치료자는 환자의 내적 상황을 알기 위해 역전이를 활용할 수 있을 것이다. 동시에 치료자가 환자의 언어적 및 비언어적 의사소통에 개방적이면서 어느 한쪽에 치우침 없이 주의를 기울일 때 역전이 방해의 가능성을 최소화할 수 있을 것이다. 역전이를 컨테인함으로써 치료자가 기법적 중립성의 포지션에서 개입할 수 있고 치료자 편에서 행동화하는 역전이의 위험을 최소화할 수 있다(제9장과 제10장 참조).

▶ 역전이에서 일치적 및 상보적 동일시

대상관계 이론틀 안에서, 역전이는 일치적 혹은 상보적 동일시로 분류될 수 있다(Racker, 1957). 역전이에서 일치적 동일시는 치료자가 환자의 현재 주관적 경험을 동일시한다—즉, 치료자는 환자가 현재 자기 자신의 부분으로 경험하고 있는 내적 대상 세계의 부분을 동일시하는 것이다(즉, 역전이가 일치적일 때, 치료자의 내적 경험은 환자의 것과 병행한다). 예를 들어, 한 환자가 "아내는 내가 조금만 늦어도 항상 비난해요. 교통 체증도 내 탓이라고 생각하는 것 같아요."라고 말했을 때, 치료자는 가족으로부터 억울하게 비난받는 것에 대해 환자의 감정을 나눌 수 있을 것이다. 다시 말해, 일치적 동일시에서 치료자는 환자의 현재 자기 상태로 살짝 기울게 되는데, 이를 통해 환자가 현재 어떻게 느끼는지 알게 된다.

대조적으로, 역전이에서 상보적 동일시는 환자가 현재 동일시하고 있는 표상과 짝을 이루는 대상표상을 치료자가 동일시하는 것이다. 만약 환자가 자기표상을 동일시한다면,

치료자는 그에 상응하는 대상표상을 동일시한다. 상보적 동일시는 전형적으로 환자의 현재 주관적 경험 측면에 대한 정보를 제공하는데 이 주관적 경험은 환자가 자신 안에서 일어난 것으로 경험하기보다 외부에서 오는 것으로 경험하는 것이다. 예시로 돌아가면, 치료자는 환자에 대해 비판적이었는데, 어떻게 환자가 치료 시간에 5분씩 지속적으로 늦을 수 있지라고 생각했다. 그럼으로써 본질적으로 환자의 아내 및 환자 자신의 비판적인 내적 대상을 동일시했다.

임상 예시 12 ▶ 역전이에서 일치적 동일시: 환자의 자부심과 기쁨을 대리적으로 공유하기

성공적으로 장기치료가 끝나 갈 무렵, 우울 특징이 있는 강박성 성격장애를 지닌 한 중년 남성 환자가 지난주에 있었던 막내아들의 대학 졸업에 대해 말했다. 자녀들이 모두 참석했고, 첫째 아들은 약혼녀와 함께 왔으며, 가족들은 아주 멋진 주말을 함께 보냈다. 환자는 가족들이 얼마나 자랑스러웠는지 그리고 그 주말이 얼마나 기뻤는지에 대해 치료자와 공유했다.

계속해서 그는 자신이 대학을 졸업한 지 얼마나 오래되었는지 되돌아봤는데, 그때 어머니 혼자 떨떠름해하며 참석해서 즐겁지 않고 외로웠었다. 그리고 그는 과거에 아들들과의 관계가 얼마나 팽팽했는지 떠올렸다. 치료자는 환자의 이야기를 들으면서 자랑스럽고 기뻤다. 이는 환자의 기쁨을 대리로 공유하는 동시에 암묵적으로는 하나의 생산적인 아버지로서 환자와 동일시하고 있는 것이었다. 이 예시에서, 치료자는 전이-역전이에서 환자의 아버지 역할을 했다.

임상 예시 13 ▶ 역전이에서 상보적 동일시: 환자의 아내와 동일시하기

한 의존성 성격장애 환자가 아내와 다툼이 한창일 때 치료를 받으러 왔다. 아내가 그를 비난하고 끊임없이 깎아내리고, '공감하지 못한다'고 불평했다. 그가 한 모든 것은 그녀를 기쁘게 하고 그를 사랑하게 만들려는 노력이었지만, 그녀가 한 모든 것은 결점을 찾아내는 것이었다. 그의 이야기를 들으면서 치료자는 짜증이 나는 것을 알아챘다. 그리고 환자를 비난하는 감정과 함께, 아내가 그를 왜 그렇게 느끼는지에 대해 그가 어떤 책임도 지지 않는 것을 지적하고 싶은 환상이 있다는 것을 깨달았다.

이 예시에서 환자는 비난하고 거절하는 배우자와 관련하여 그 자신을 부당하게 비난받는 사람으로 경험하고 있었다. 상보적 역전이가 일어났을 때, 치료자는 비난하고 거절하고 싶다는 것을 알았고, 이것은 환자가 아내에게 경험했던 것처럼 치료자도 환자의 아내와 동일시한 것이다. 그리고 다른 한편으로는 환자가 그의 아내에게 투사했던 비난하고 거절하는 내적 대상과 동일시한 것이다.

요약하면, 일치적 동일시의 결과로 치료자는 환자의 핵심적인 주관적 경험에 동일시한다. 이것은 일상적인 공감의 원천으로서, 치료자는 환자의 입장에서 생각할 수 있고 환자가 의식적으로 경험하는 것을 상상할 수 있다. 반면, 상보적 동일시 상태에서 치료자는 환자의 대상을 동일시한다. 그 결과, 상보적 동일시 예시에서 치료자는 환자의 현재 해리되고 투사되거나 억압된 경험 측면에 공감하게 된다. 치료자는 환자의 주관적 경험에 그리고 환자가 경험을 견뎌 낼 수 없는 것(앞서 제시한 예시에서, 자기 자신의 비난하고 거절하는 부분) 모두에 전체적으로 공감한다. 치료자의 공감에 대한 이러한 관점은 사회적 의미에서 말하는 일상적인 공감을 넘어선다.

▶ 급성 및 만성적 역전이

역전이 반응은 급성적이거나 만성적일 수 있다(Kernberg, 2004). 급성 역전이는 치료자의 순간 대 순간에 영향을 미치며 전이 발달을 반영한다. 전형적으로, 급성 역전이는 비교적 확인하기 쉽다. 치료자가 의식적으로 경험하기도 하고, 어떤 세팅에서는 그것들을 컨테인하기 어려운 강도나 일종의 긴박함으로 느껴질 수 있다. 앞에서 제시된 임상 예시 13에서, 환자가 그의 아내에 대해서 불평할 때, 치료자가 짜증이 나는 것은 급성 역전이의 상당히 전형적인 예이다.

반면, 만성적 역전이는 오랜 시간 동안 치료자에게 영향을 미치는 것으로, 환자를 향한 치료자 편의 지속적인 태도를 나타내며, 환자의 전이 또는 삶의 상황에 대한 치료자의 성격적 반응을 반영한다. 만성적 역전이는 미묘하거나 전의식적일 수 있으며 일반적으로 정동적 부하가 심하지 않다. 만성적 역전이는 시간에 걸쳐 치료자가 환자를 향한 특정 태도나 감정을 유지하는 것으로 종종 표현된다. 흔한 예로는 치료자가 어떤 면에서 환자를 특별하게 보는 것이다―예를 들면, 특별히 가난하거나 취약하거나 또는 매력 있게. 만성적 역전이는 치료자에게뿐만 아니라 환자에게도 자아동질적일 수 있다. 그 결과, 만성적 역전이 반응은 치료자가 인식하지 못한 채 상연될 수 있고, 만약 그것들이 해결되지 않고 남아 있다면 반복적인 전이―역전이 상연의 형태로 교착상태에 빠질 수 있다.

임상 예시 14 **급성 역전이: 급성 무기력감과 좌절감**

자기애성 성격장애 환자가 치료시간에 치료자의 말을 지속적으로 무시하거나 왜곡해서, 치료자는 좌절감과 끝내고 싶은 마음 그리고 무기력감을 느꼈다. 이 경험은 평가절하하고 무시하는 대상과 무기력하고 좌절된 자기라는 대상관계가 치료자 안에서 활성화되는 것을 나타낸다. 치료자의 경험은 급성 상보적 역전이를 나타낸다. 이때 치료자는 환자가 투사한 의존적 자기와 동일시했고, 환자는 좌절시키고 무시하는 부모 대상과의 동일시를 상연했다. 환자와의 힘겨루기에 휘말리지 않는 데 초점을 두고 노력해야 했던 치료자는 이러한 감정들을 충분히 인식할 수 있었다.

임상 예시 15 **만성적 역전이: 오래 지속된 맹점을 회고적으로 확인하기**

한 치료자는 아동기에 성폭행을 당한 적이 있는 환자를 치료하고 있었다. 치료는 초기에는 생산적이었고, 환자는 치료자와 다소 이상화된 관계를 계속 유지했다. 하지만 1년 후, 치료는 실패한 것처럼 보였다. 동료에게 조언을 구했을 때, 치료자는 환자가 애초부터 치료에 매우 수동적이었다는 것을 깨닫게 되었다. 이것은 환자가 자기 자신을 통제할 수 있다는 느낌이 필요하고 간섭받아서는 안 되는 취약한 아이로 보는 것을 반영했다. 이러한 태도로 환자가 치료자를 통제하려는 의미를 치료자는 알아채지 못하고 탐색하지 못했다.

치료자가 환자의 수동성의 원천을 성찰한 후에야 비로소 좀 더 적극적일 수 있었다. 이렇게 했을 때 환자는 치료자를 침입하는 적으로 빠르게 경험하게 됐는데, 이때 환자는 두려움을 느끼고 당연하다는 듯이 격노했다. 이와 관련된 주제가 전이에서 탐색되있을 ㅐ, 이러한 관계 패턴의 활성화로 인해 환자의 친밀관계가 반복적으로 단절되었다는 사실이 분명해졌다.

▶ **심각도 스펙트럼에 걸친 역전이의 임상적 발현**

역전이 발달의 특성과 성질 그리고 의사소통의 수단으로서 역전이의 상대적 중심성은 대체로 환자의 성격병리 특성 및 심각도에 따라 달라진다(Colli et al., 2014). 이러한 차이는 앞의 '전이' 부분에서 개관했듯이, 심각도 스펙트럼에 걸친 전이 발달의 차이와 병행하며 특히 치료자의 경험에 대한 환자의 방어 유형의 영향을 반영한다. 〈표 5-2〉는 성격조직 수준에 걸친 역전이 발달을 요약한 것으로, 이어지는 역전이 발달 부분에서 더 논의하겠다.

〈표 5-2〉 성격조직 수준과 역전이 발달

전형적 역전이 발달	경계선 성격조직 수준	신경증적 성격조직 수준
정동의 질	고도로 부하되고, 강렬한 빈약하게 통합된 치료자에게 친숙하지 않은 정동 경험 범위	잘 조절되고, 미묘한 잘 통합된 치료자에게 친숙하지 않은 정동 경험 범위
경험의 질	'낯설고', 치료자에 대해 강요된 것으로 경험되는	치료자 안에서 나온 것으로 경 험되는
치료자에게 도전이 되는 것	심한 불편감 컨테인하기 어려움	자아동질적일 수 있는 놓치기 쉬운
치료자의 임상 과정에서 핵심	의사소통의 주요 경로	덜 핵심적인 의사소통 경로
전형적 원천	치료자에 대한 환자의 전이	환자 및 치료자 요인의 다양한 조합
역전이에서 동일시의 특성	대체로 상보적	일치적 또는 상보적일 수 있는

▶ 정체성 병리 및 분열에 기반한 방어 세팅에서 역전이 발달

일반적으로, 성격병리가 좀 더 심해질수록, 역전이 분석은 치료자의 임상 작업에서 점점 더 중심이 된다. 치료시간에 정동적으로 지배적인 대상관계를 확인하는 관점과 전이의 어떤 순간에 환자의 경험을 조직하는 관점뿐만 아니라 역전이의 행동화를 최소화하는 관점에서 중심이 된다. BPO 환자의 치료에서 역전이는 종종 환자의 전이에 대한 치료자의 반응(앞의 '대상관계 이론틀 안에서 역전이 정의하기'에서 환자-중심의 역전이라고 부른 것이다)과 임상 과정에 대한 분열에 기반한 방어의 영향을 반영한다. 때로, 이 상황은 좀 더 심한 병리가 있는 환자의 삶에서 비교적 심각한 환경에 의해 악화된다. 이러한 세팅에서 역전이는 그 순간에 환자의 경험을 조직하는 대상관계에 대한 핵심적 정보의 원천이 된다.

BPO 스펙트럼에 따르면, 병리가 좀 더 심해질수록 역전이는 정동적으로 점점 더 부하되고 치료자는 종종 불편감을 느낀다. 심한 성격장애 치료에서 치료자는 역전이에서 행동하도록 압박받거나 '뭔가 하도록' 강요받는 느낌이 들 수 있는데, 이것은 전이에서 BPO 환자들이 종종 경험하는 행동에 대한 압박을 반영한다. 본질적으로, 심한 성격장애 환자의 치료에서, 치료자의 역전이 정동 경험은 환자에게서 활성화된 정동을 반영할 수 있으며, 이것은 치료자의 정동 경험의 전형적인 범위를 벗어난다. 이러한 역전이로 인해 치료자는 극도로 불편할 수 있고 컨테인하기 어려울 수 있으며, 치료자 안에서 나온 것이라기보다 치료자에 대해 강요된 것으로 자주 경험된다. 이는 치료자가 환자의 투사적 방어에 의해 치료자 안에 활성화된 낯선 정동 경험 및 관련된 대상관계에 의해 통제되고 그것을 제거하기 위한 행동을 하도록 추동되는 것과 같다.

대조적으로, 높은 BPO 환자의 치료에서 역전이는 좀 더 미묘하고 정동적으로 딜 심하게 부하되는 경향이 있으며, 치료자는 통제받는다는 느낌을 덜 받고 성찰을 위한 심리적 공간을 좀 더 지닐 수 있다.

임상 예시 16 ▶ 급성 역전이: 공격적으로 통제당한다는 느낌

편집적 특징이 있고 경계선 성격장애인 한 환자는 중간 경계선 수준에서 조직되었는데 치료자를 위험하고 통제하는 적으로 경험했다(편집 전이). 환자의 관점에서, 치료자가 어떤 말을 하려 할 때마다 자신이 치료자를 공격하고 공격적으로 차단하는 것은 정당했고, 치료자가 말을 하는 것은 사실상 불가능했다. 치료자는 만약 어떤 방식으로든 적극적으로 하면 공격받을 것이라고 느꼈고 침묵할 수밖에 없다고 느꼈다.

역전이: 임상 상황은 치료자가 환자로부터 통제당한다는 느낌을 받았고 좌절되고 결국 무력했다.

이 임상 상황에서, 치료자의 역전이는 환자의 행동과 치료자에 대한 환자의 전이에 의해 강력하게 영향을 받았다. 어쩌면 치료자의 심리와 갈등이 환자에 대한 그의 반응에 어느 정도 기여했을지라도, 대부분 치료자는 자신의 개인적 갈등과 상관없이, 환자의 지속적인 공격에 대해 비슷하게 반응하기 쉽다. 동시에, 역전이는 환자 자신에 대한 경험을 반영하는 것으로 볼 수 있는데, 환자는 자신을 쥐 켤시기는 직의 손에 동세낭하고 무력한 것으로 경험할 수 있다. 이는 임상 과정에서의 투사적 동일시와 전능 통제의 영향을 보여 주는 예이다. 환자는 공격적으로 치료자를 통제하는 동시에 자신이 공격적으로 통제당하는 것으로 경험한다.

임상 예시 17 ▶ 급성 역전이:
환자를 대신해서 극심한 불안과 행동을 취해야 한다는 압박을 느낌

한 20세 환자는 높은 경계선 성격조직 수준으로, 명시되지 않은 성격장애를 진단받았으며, 가학피학적이고 자기애적이며 경계선 특징을 지녔다. 그녀는 다가오는 학교 졸업일에 대해 이야기했다. 그녀는 필요한 시간 내에 뭔가 할 수 있다는 희망이 거의 없다고 보았고, 졸업하지 못할 것이라는 위협이 머리를 떠나지 않는다고 치료자에게 말했다. 환자는 자신의 비참한 학업 상황을 이야기하면서, 의자에 기대어 앉아 이완되어 보였는데 그녀의 태도와 행동은 그 상황에 맞는 불안 수준이 아니었다. 치료자는 환자에 대해 불안해지기 시작했는데, 환자가 스스로를 망치는 것 같아서 걱정됐기 때문이다. 치료자는 환자가 학업을 마치기 위해 움직일 수 있도록 뭔가를 해야 한다는 충동을 느꼈다.

역전이: 이 임상 상황에서 치료자는 환자에 대해 불안을 느꼈고, 이와 더불어 책임감과 행동을 취해야 한다는 압박감을 느꼈다.

이 예시에서, 역전이에서 치료자의 경험은 부인되고 투사된 환자의 부분을 반영하는 것으로 볼 수 있는데, 치료자는 환자가 학교에서 금방이라도 퇴학을 당할까 봐 불안해지곤 했다. 환자에 대한 치료자의 불안과 구해 주고 싶은 소망은 학업 상황에 대한 환자의 태도와 아주 뚜렷하게 대비된다는 것을 깨달았다. 이는 마치 환자가 다음과 같이 말하는 것 같았다. "이건 제 문제가 아니에요, 당신 문제예요." 역전이의 이러한 상호작용에서 치료자는 이 상황을 해결하기 위해 무언가를 해야 한다는 불안과 압력을 느꼈던 반면, 환자는 완전히 편해 보였고 자신을 기쁘게 파괴하고 모든 불안으로부터 자유로워 보였다.

임상 예시 18 급성 및 만성적 역전이: 급성적으로 평가절하된다고 느끼고 환자에 대한 만성적인 냉담함을 회고적으로 확인하기

자기애성 성격장애와 폭식증 이력이 있는 한 높은 BPO 환자는 치료자에 대한 분명한 이상화 태도를 유지했다. 그녀는 치료자의 결함을 전혀 찾지 못했다. 하지만 치료자가 말을 할 때마다, 환자는 치료자의 말을 마음에 간직할 수 없고, 그래서 치료자의 말을 붙잡기 위해 몸부림치며, 자신의 '해리'를 통제하는 능력이 없어서 매우 좌절한다고 말했다. 치료자는 환자의 행동을 탐색했지만 환자는 자기 자신이 '올바르게 사고하지' 못하는 것에 대해 좌절감만을 인식하고 있었다. 동시에 그녀는 계속해서 치료자를 명백하게 이상화했고 치료자의 말을 붙잡기 위한 의식적인 노력을 계속했다.

급성 역전이: 이 임상 상황에서 치료자는 평가절하되고 좌절감을 느꼈는데, 치료자는 환자가

전혀 수용적이지 않고 닿을 수 없다고 경험했다.

이러한 상황은 수개월 동안 지속됐다. 치료자가 환자와 '통하고자' 지속적으로 노력했음에도 불구하고 아무런 변화가 없었다. 치료자가 이 예시를 동료들에게 제시하고 임상상황을 설명했을 때, 자신이 환자에 대해 점차 그리고 조용히 일종의 냉담한 태도가 자리 잡아 왔다는 것을 깨달았다. 이것은 미묘하지만 지속적인 평가절하로 나타났다. 치료자는 환자에 대한 태도를 드러냈다고 생각하지 않았지만 그럼에도 불구하고 차갑게 보일 수 있다는 가능성에 대해서는 유감스러워했다.

만성적 역전이: 이 임상 상황에서 치료자는 환자에 대해 냉담함—적대감과 경멸 및 불수용성의 결합을 반영하는 태도—을 느꼈다. 이후 치료자는 염려하고 죄책감을 느꼈다.

이 예시에서, 치료자의 역전이 반응은 해리된 전이 측면에 의해 주로 결정된 것으로 보인다. 치료자는 역전이에 주목함으로써 시간이 지남에 따라 환자의 냉정하고 변하지 않는 측면을 가장 잘 동일시할 수 있었다. 이는 치료자에 대한 피상적인 이상화와 협력 관계로부터 해리된 것이었다. 치료자는 따뜻하고 주는 사람이었다. 치료자가 환자에 대해 전체적으로 냉담했던 것은 치료자의 임상 작업과 대인관계에서 매우 평소답지 않은 모습이었다. 이러한 상황에서 치료자는 환자에 대한 자신의 태도가 환자가 다른 사람, 즉 남편, 친구, 동료들에 대해 은밀하게 가지고 있다고 인정했던 태도와 같다는 것을 인식하게 되었다. 그러나 환자는 치료자에 대해 이러한 감정들을 품고 있다는 것을 알지 못했고, 치료자가 환자에 대해 그런 감정을 품고 있을 수 있다는 것도 생각하지 못했다.

치료자는 역전이 탐색을 통해, 회기에서 환자의 행동을 조직하는 대상관계와 치료자를 향한 무의식적 태도를 확인할 수 있었다. 적대적이고 경멸적이며 수용적이지 않은 환자와 평가절하되고 차단하는 치료자.

▶ BPO 환자에 대한 역전이에서 투사적 동일시와 전능 통제

분열에 기반한 방어—특히 투사적 동일시와 전능 통제—는 대인관계에 기반한 방어들이다. 이것들은 전형적으로 다른 사람에게 감정을 유발한다(Kernberg, 1975). 투사적 동일시 세팅에서 환자는 치료자를 전이에서 특정 방식으로 단순히 경험하지 않는다. 환자는 전이를 상연하거나 펼치는 데 있어서 치료자의 참여를 이끄는 방식으로 대인관계에서 치료자와 상호작용한다(Britton, 1998; Ogden, 1993).[5] 이는 BPO 세팅에서 역전이 반응이 특히 유용한 이유이다. 역전이 반응을 통해 환자의 전이를 이해할 수 있고 환자의 대인관계에서 나타나는 만성적인 문제에 대해 보다 명확한 정보를 얻을 수 있다. BPO 환자에 대한 역전이 반응은 또한 특히 다루기가 어렵다. 우리가 논의한 많은 예시에서, 환자는 투사적 동일시를 사용하는 것으로 볼 수 있다. 그 결과 전이와 직접적으로 관련된 치료자의 특정 역전이 반응을 가져온다. 각 예시에서 치료자는 자신이 느끼는 것을 성찰하고 즉각적으로 행동하지 않고 자제할 필요—즉, 역전이를 '컨테인'할 필요(제12장 참조)—를 알았다.

투사적 동일시 세팅에서 역전이가 정의상 상보적이라는 것을 아는 것은 유용하다. 투사적 동일시에서 환자는 자신이 부인하고 투사한 부분과 상응하는 감정을 치료자에게 유발한다(임상 예시 17에서처럼, 여기서 치료자는 환자를 대신해서 불안을 느끼지만 환자는 편안함을 느낀다). 임상 예시 18에 분명하게 기술되어 있듯이, 여기서 치료자는 환자에 대해 확실한 냉담함을 느끼게 되는데, 이러한 과정은 환자의 내적 상황을 공감하는 치료자의 능력을 쉽게 손상시킬 수 있다.

유사하게 임상 예시 16에서, 치료자는 공격당하고 통제받는다고 느낀다. 이는 환자가 공격적이고 통제하는 행동을 함에도 불구하고 환자가 정확히 동일한 것을 느낀다는 사실을 놓치기 쉬울 수 있다. 환자가 전이에서 투사적 동일시를 사용할 때, 치료자는 환자가 치료자에게 또는 치료자 안에 무언가를 하도록 강요하는 것처럼 느낀다. 또한 환자가 투사한 것이 무엇이든 간에 이는 환자의 내적 경험과 밀접하게 연결되어 있기 때문에, 투사적 동일시는 치료자를 역전이에서 낯설고 매우 불쾌한 정동 경험에 노출시킬 수 있다. 치료자의 내적 상황과 환자의 내적 상황에 대해 컨테인하고, 행동을 억제하고, 성찰함으로써만 치료자는 역전이를 활용해서 환자의 행동과 경험을 조직하는 대상관계를 더욱 충분하고 깊게 인식할 수 있다.

예를 들어, 임상 예시 16에서, 환자는 치료자가 공격받고 통제받는 느낌이 들도록 했는데, 이러한 반응을 성찰하는 치료자의 능력은 마치 위험한 적의 손 안에 있는 것처럼, 통제되고 무기력함을 느끼는 환자의 부분을 공감하도록 할 수 있었다.

---

5) 이 과정은 Thomas Ogden(1993)이 유발(induction)이라고 불렀던 것이다. 환자는 투사에 상응하는 역전이 감정을 치료자에게 유발하는 방식으로 치료자와 상호작용한다. 예를 들면, 환자는 비판적인 부모를 투사하고, 치료자로부터 비판받을 것을 예상한다. 그런 다음 환자는 치료자로 하여금 환자에 대해 몹시 비판적인 방식으로 행동하게 한다.

▶ **공고화된 정체성 및 억압에 기반한 방어 세팅에서 역전이 발달**

더 높은 수준의 성격병리 환자의 심리치료에서, 환자의 지배적인 의사소통 경로는 언어이다. 그 결과, 역전이는 치료자가 이러한 환자에 대한 임상적 그림을 이해하는 데 있어서 BPO 환자에서보다는 덜 중심적인 역할을 한다. 그럼에도 이는 여전히 중심적인 작동 원리가 된다. 환자에 의해 치료자에서 유발된 감정은 환자가 자신의 내적 경험을 언어로 전달할 수 있는 것만큼 중요하다.

전이를 반영한다는 점에서, NPO 환자에 대한 역전이는 비교적 잘 통합되어 있는 경향이 있다. 이는 환자에 의해 치료자에게 또는 치료자 안에 강요된 정서적 상태라기보다는 사고나 연상의 형태로 나타나거나 환자에 대한 반응 또는 대부분 환자로부터의 압력으로 경험된 감정으로 나타난다. 이러한 역전이에서 치료자는 대체로 행동해야 한다는 압력을 느끼지 않는다.

더 높은 수준의 성격병리 환자는 방어적 욕구를 만족시키기 위해 치료자에게 미묘하고 사회적으로 적합한 방식으로 영향을 미칠 수 있다. 치료자가 자신의 역전이를 조율하고 모니터링하는 것은 방어적 대상관계를 확인하는 것을 도울 수 있다. 방어적 대상관계는 종종 회기에서 미묘하게 상연될 수 있는 성격 방어와 연관된다. 이러한 상연은 처음에는 거의 감지할 수 없는 역전이를 가져올 수 있다. 환자는 보통 자신이 '뭔가 하고 있다'는 것을 모를 것이고 치료자도 그것을 포착하는 데 다소 시간이 걸릴 수 있다.

예를 들면, 이 장의 앞에서 보았듯이, 비판받는 것을 두려워하는 환자는 조용히 비위를 맞추거나 치료자를 기쁘게 하는 방식으로 행동할 수 있는데, 이는 어떤 갈등의 기미도 피하려 하는 것일 수 있다(임상 예시 3). 또는 성애적 감정을 두려워하는 환자는 치료자가 지루함을 느끼게 될 수 있다. 이는 환자를 자극적이거나 흥미롭다고 보지 않는 부모와 성적 욕망이 없는 어린아이의 관계를 상연하는 것이다(임상 예시 11). 이러한 역전이는 치료자와의 관계에서 갈등적 대상관계를 피하려는 환자의 방어적인 노력을 반영한다.

그 대신에, 흔히 BPO 환자에게서 볼 수 있듯이, 환자는 갈등적 정서 상태를 없애거나 투사하기 위해 치료자와의 관계를 이용할 수 있다. 한 가지 예는 만성적 역전이의(임상 예시 20) 예로 기술한 환자이다. 이 환자는 아내에게 유발했던 것과 동일한 짜증스러운 감정을 치료자에게 서서히 유발한 데 반해, 환자는 차분하게 있었다.

임상 예시 19　급성 역전이: 지지적인 부모가 되고 싶은 유혹을 느낌

　자존감 문제와 만성적 기분저하 문제가 있는 우울한 환자는 언제나 자기 자신을 비난했다. 근면하고 성실함에도 불구하고, 그녀는 자신에게 결코 휴식을 허락하지 않는 듯했고 노동의 결실을 신뢰하지 않는 것처럼 보였다. 그녀가 직장의 특정 상황에서 '더 많이 하지' 못했다고 자신을 질책하는 것을 들었을 때, 치료자는 그녀를 격려하고 칭찬하고 싶고, 그녀의 매우 긍정적인 모습을 말해 주고 싶었으며, 그녀의 직업윤리에 감탄한다고 말하고 싶었다. 치료자는 자신의 큰딸을 그리워한다는 것을 알았다.

역전이: 치료자는 환자를 보호해 주고 싶다고 느꼈다. 그는 애정 어린 부모가 해 주듯이, 환자를 지지하고 환자가 얼마나 감탄할 만한지 말해 주는 환상을 가지고 있었다.

　이 예시는 NPO 환자에 대한 역전이 반응의 비교적 잘 통합된 성질을 보여 주며 또한 치료자의 개인적 소망과 갈등이 작동하는 방식을 보여 준다. 이러한 역전이 반응은 치료자에게 강요된 감정이라기보다는 종종 환자의 상황과 의사소통에 대한 반응이나 연상으로 경험된다. 그리고 이 예시에서처럼 처음에는 치료자 측면의 환상으로 표현되거나 치료자의 개인적 연상으로 표현된다. 이 예시에서 치료자가 환자에 대한 역전이에서 자신의 감정과 소망에 조율하게 되었을 때, 치료자는 환자를 격려하고 칭찬하는 자신의 환상이 대체로 애정 많고 소중한 부모라고 느끼고 싶은 자신의 욕구를 말해 주는 것은 아닌지 의문을 가졌다. 치료자는 처음에는 확신할 수 없었지만, 시간이 지나면서 비록 역전이가 그 자신의 개인적 소망을 반영하기는 하지만, 동시에 환자의 숨겨진 소망을 건드렸다는 생각이 들었다. 이 소망은 환자가 부끄럽게 여기는 것이었다: 사랑하는 부모 대상과 총애받고 감탄받는 아이.

임상 예시 20　만성적 역전이: 환자에게 정서적 거리를 느낌

　부부문제가 있는 강박적인 환자는 아내와의 관계에 대해 이야기했는데, 주지화되고 정서적으로 거리가 멀게 느껴졌다. 처음에 치료자는 환자와 동일시했는데, 환자의 아내가 왜 그렇게 짜증을 '내야만 하고' 비난'해야만 하는지' 이해하기 어려웠다. 비록 처음 만났을 때 치료자는 환자의 주지화 유형을 알아챘음에도, 시간이 지나면서 치료자는 서서히 점점 더 짜

증이 났고 환자의 매우 상세하고 거의 로봇과 같은 화법이 싫어졌다. 치료자는 환자의 아내에게 공감하게 되었는데, 환자의 말에 따르면 아내는 환자가 정서적으로 거리를 둔다고 '끊임없이' 불평했다.

역전이: 치료자는 비난하고 싶고 짜증이 났는데, 환자가 정서적으로 거리가 있고 가용하지 않았기 때문이다.

역전이에서 치료자 편에서의 이러한 상보적 동일시는 환자의 부부생활의 어려움을 보여 주는 창이 되었다. 치료자가 자신의 짜증스러움에 주목함으로써, 환자의 태도가 어떻게 억압된 적대감을 미묘하게 표현하는지를 볼 수 있었다(타협형성에 대한 예시: 제3장 '신경증적 투사' 부분 참조). 환자는 적대감을 의존적 관계로 편안하게 함입할 수 없었다.

핵심 임상 개념

- 심리치료 관계는 환자의 내적 세계가 상연되고 탐색될 수 있는 맥락을 제공한다.
- 환자를 향한 치료자의 태도는 비판단적이며 이해하고자 하는 소망과 환자의 안녕에 대한 관심을 전달하는데, 이는 치료동맹의 기초를 형성한다.
- 치료자의 흥미와 관심의 태도는 기법적 중립성 자세에 의해 보완되는데, 기법적 중립성은 치료자가 환자의 갈등에 한쪽 편을 드는 것을 피하고, 대신 환자의 갈등하는 힘을 관찰하는 것이다.
- 치료자의 중립적 자세와 전이 및 역전이에 대한 지속적인 주의를 통해 치료자는 환자가 거부하는 측면을 포함하여 환자의 내적 상황의 모든 측면을 인식하고 공감할 수 있고, 환자도 치료자처럼 그렇게 할 수 있도록 돕는다.

▼ 참고문헌

Auchincloss AL, Samberg E (eds): Psychoanalytic Terms and Concepts. New Haven, CT, Yale University Press, 2012

Bateman A, Fonagy P: Mentalization-Based Treatment for Borderline Personality Disorder. New York, Oxford University Press, 2006

Beck AT, Freeman A, Davis DD, et al: Cognitive Therapy of Personality Disorders, 2nd Edition. New York, Guilford, 2004

Bender DS: Therapeutic alliance, in The American Psychiatric Publishing Textbook of Personality Disorders. Edited by Oldham JM, Skodol AE, Bender DS. Washington, DC, American Psychiatric Publishing, 2005, pp 405-420

Bion WR: Learning from Experience. London, Heinemann, 1962 Bordin ES: The generalizability of the psychoanalytic concept of the working alliance. Psychotherapy (Chic) 16:252-260, 1979

Britton R: Naming and containing, in Belief and Imagination. London, Routledge, 1998, pp 19-28

Caligor E, Kernberg OF, Clarkin JF: Handbook of Dynamic Psychotherapy for Higher Level Personality Pathology. Washington, DC, American Psychiatric Publishing, 2007

Colli A, Tanzilli A, Dimaggio G, Lingiardi V: Patient personality and therapist response: an empirical investigation. Am J Psychiatry 171(1):102-108, 2014 24077643

Connolly Gibbons MB, Crits-Christoph P, de la Cruz C, et al: Pretreatment expectations, interpersonal functioning, and symptoms in the prediction of the therapeutic alliance across supportive-expressive psychotherapy and cognitive therapy. Psychother Res 13:59-76, 2003

Etchegoyen RH: Fundamentals of Psychoanalytic Technique. London, Karnac Books, 1991

Gabbard GO: Long-Term Psychodynamic Psychotherapy: A Basic Text, 2nd Edition. Washington, DC, American Psychiatric Publishing, 2010

Gutheil TG, Havens LL: The therapeutic alliance: contemporary meanings and confusions. Int Rev Psychoanal 6:447-481, 1979

Harris A: Transference, countertransference, and the real relationship, in The American Psychiatric Publishing Textbook of Psychoanalysis. Edited by Person ES, Cooper AM, Gabbard GO. Washington, DC, American Psychiatric Publishing, 2005, pp 201-216

Hilsenroth MJ, Cromer TD: Clinician interventions related to alliance during the initial interview and psychological assessment. Psychotherapy (Chic) 44(2):205-218, 2007 22122211

Høglend P: Exploration of the patient-therapist relationship in psychotherapy. Am J

Psychiatry 171(10):1056-1066, 2014 25017093

Horvath AO, Del Re AC, Flückiger C, Symonds D: Alliance in individual psychotherapy. Psychotherapy (Chic) 48(1):9-16, 2011 21401269

Joseph B: Transference: the total situation. Int J Psychoanal 44:447-454, 1985

Kernberg OF: Object Relations Theory and Clinical Psychoanalysis. New York, Jason Aronson, 1975

Kernberg OF: Acute and chronic countertransference reactions, in Aggressivity, Narcissism, and Self-Destructiveness in the Psychotherapeutic Relationship. New Haven, CT, Yale University Press, 2004, pp 167-191

Kernberg OF, Caligor E: A psychoanalytic theory of personality disorders, in Major Theories of Personality Disorder, 2nd Edition. Edited by Lenzenweger MF, Clarkin JF. New York, Guilford, 2005, pp 114-156

Levy SR, Hilsenroth MJ, Owen JJ: Relationship between interpretation, alliance, and outcome in psychodynamic psychotherapy: control of therapist effects and assessment of moderator variable impact. J Nerv Ment Dis 203(6):418-424, 2015 25988432

Levy ST, Inderbitzin LB: Neutrality, interpretation, and therapeutic intent. J Am Psychoanal Assoc 40(4):989-1011, 1992 1430771

Linehan MM: Cognitive-Behavioral Treatment of Borderline Personality Disorder. New York, Guilford, 1993

Luborsky L: Principles of Psychoanalytic Psychotherapy: A Manual for Supportive-Expressive Treatment. New York, Basic Books, 1984

Marmar CR, Horowitz MJ, Weiss DS, Marziali E: The development of the Therapeutic Alliance Rating System, in The Psychotherapeutic Process. Edited by Greenberg LS, Pinsof WM. New York, Guilford, 1986, pp 367-390

Ogden TH: The depressive position and the birth of the historical subject, in Matrix of the Mind: Object Relations and the Psychoanalytic Dialogue. Northvale, NJ, Jason Aronson, 1993, pp 67-99

Orlinsky DE, Ronnestad MH, Willutzki U: Fifty years of psychotherapy processoutcome research: continuity and change, in Bergin and Garfield's Handbook of Psychotherapy and Behavior Change, 5th Edition. Edited by Lambert MJ. New York, Wiley, 2004, pp

307-390

Piper WE, Azim HFA, Joyce AS, et al: Quality of object relations versus interpersonal functioning as predictors of therapeutic alliance and psychotherapy outcome. J Nerv Ment Dis 179(7):432-438, 1991 1869873

Racker H: The meanings and uses of countertransference. Psychoanal Q 26(3):303-357, 1957 13465913 Rockland L: Supportive Therapy: A Psychodynamic Approach. New York, Basic Books, 1989

Safran JD, Muran JC: Negotiating the Therapeutic Alliance. New York, Guilford, 2000

Safran JD, Muran JC, Eubanks-Carter C: Repairing alliance ruptures. Psychotherapy (Chic) 48(1):80-87, 2011 21401278

Sandler J: Countertransference and role responsiveness. Int Rev Psychoanal 3:43- 47, 1976

Schafer R: The Analytic Attitude. New York, Basic Books, 1983

Smith HF: Analysis of transference: a North American perspective. Int J Psychoanal 84 (Pt 4):1017-1041, 2003 13678504

Westen D, Gabbard GO: Developments in cognitive neuroscience, II: implications for theories of transference. J Am Psychoanal Assoc 50(1):99-134, 2002 12018876

Winston A, Rosenthal RN, Pinsker H: Learning Supportive Therapy: An Illustrated Guide. Washington, DC, American Psychiatric Publishing, 2012

Wnuk S, McMain S, Links PS, et al: Factors related to dropout from treatment in two outpatient treatments for borderline personality disorder. J Pers Disord 27(6):716-726, 2013 23718760

Yeomans F, Clarkin JF, Kernberg OF: Transference-Focused Psychotherapy for Borderline Personality Disorder: A Clinical Guide. Washington, DC, American Psychiatric Publishing, 2015

치료방략과 변화 기제

이 장에서 우리는 전이초점 심리치료 확장판(TFP-E)의 방략을 기술한다. 이는 치료 전체를 조직하는 기본 원리로, 정체성 공고화와 심리적 통합을 촉진시키는 것을 목표로 한다. TFP-E의 방략은 치료자가 치료 전 과정에 걸쳐 또는 각 회기에서 사용하는 가장 중요한 접근을 말한다. 또한 어떻게 치료가 환자에게 통합 과정을 촉진할 수 있는지를 이해하는 것과 밀접하게 관련된다. TFP-E 방략은 제1~3장에서 소개된 심리 기능과 성격장애에 대한 대상관계 이론 모델 안에 그리고 제5장에서 기술된 치료관계 모델 안에 내재되어 있다. 이 장에서 제시되는 TFP-E 방략은 앞으로 상세하게 기술될 치료를 위한 발판으로 기능할 것이다.

제1절에서 우리는 먼저 TFP-E의 기본 방략을 소개한다. TFP-E 기본 방략은 심각도 범위에 걸쳐 모든 성격장애 치료에 대한 전반적인 TFP-E의 임상적 접근을 조직한다. 제2절에서는 방략의 기능에 대해 상세하게 논의한다. 제3절에서는 이러한 일반적인 TFP-E 접근이 서로 다른 심각도 수준의 병리를 지니고 서로 다른 것을 호소하는 환자들의 임상적 요구를 맞추기 위해 어떻게 수정되는지를 논의한다. 특히 제3절에서 경계선 성격조직 수준(BPO) 환자와 신경증적 성격조직 수준(NPO) 환자에 대한 방략에서 좀 더 특정한 측면을 개관한다. 우리는 어떻게 치료방략이 환자의 방어조직을 반영하는지 그리고 서로 다른 성격조직 수준에 있는 개인의 주관성에 방어가 미치는 영향을 반영하는지 강조한다. 또한 우리는 어떻게 치료방략이 서로 다른 심각도 수준에 있는 환자들의 서로 다른 심리적 역량을 지원하면서 치료 변화를 촉진시키는지에 대한 이해에 특히 초점을 맞춘다.

제1절 TFP-E의 기본 방략 개관

TFP-E의 모든 치료단계에 대한 핵심 방략은 각 회기에서 상연되는 대상관계에 주목하는 것이다. 환자가 치료회기에서 솔직하고 자유롭게 이야기하거나 또는 환자 스스로 그렇게 하는 것이 어렵다는 것을 알 때, 치료자는 한두 가지 가장 두드러지는 관계 패턴을 확인할 수 있어야 할 것이다. 이러한 대상관계를 지배적 대상관계라고 한다. 지배적 대상관계는 회기에서 현재 활성화되는 갈등의 표면적 또는 가장 접근하기 쉬운 표현이다. 치료자가 지배적 대상관계를 확인했다면, 치료자는 갈등 영역을 확인하고, 지배적인 대상관계에 초점을 두면서 현재 활성화된 갈등을 탐색하는 과정에 착수한다.

TFP-E 방략 1에서 치료자는 주어진 회기에서 지배적 대상관계를 확인하고, 그런 다음 환자에게 지배적 대상관계를 기술하면서 작업한다. 방략 2에서 치료자는 환자로 하여금 지배적 대상관계의 상연이 환자의 경험과 임상 자료를 반복적이고 경직되게 조직하는 방식에 주목하도록 한다. 이러한 초점은 자연스럽게 방략 3으로 이어지는데, 치료자는 현재 상연된 대상관계와 방어된 대상관계 간의 관계를 탐색하고 해석한다. 이때 분열에 기반한 방어 또는 억압에 기반한 방어를 동기화하는 불안에 초점을 둔다.

방략 4에서는 핵심 갈등과 연결된 갈등적 대상관계가 시간에 따라 그리고 서로 다른 맥락에서 반복되는데, 이것을 확인, 탐색, 해석함으로써—즉, 핵심적 갈등의 훈습—갈등적 내적 대상관계를 컨테인하는 것을 촉진시키고 TFP-E의 목표인 통합 과정을 촉진시킨다. 훈습과정에서 치료자는 치료목표에 초점을 두며 환자의 발달력과 연결시킨다.

치료방략은 치료자가 환자의 주관적 경험을 통해 임상 자료에 접근하게 하며, 그런 다음 환자 자신의 행동과 내적 삶에 대한 관점을 점차 넓고 깊게 하는데, 먼저 자기인식을 촉진시킨 다음, 자기이해를 촉진시킨다. 치료자는 먼저 환자가 그의 지배적인 의식적 경험에 주의를 기울이고 정교화하도록 돕는다(방략 1). 그런 다음, 치료자는 환자가 자신의 관점을 넓히도록 돕는다. BPO 환자의 경우에는 분열에 기반한 방어에 의해 생긴 불안정성을, NPO 환자의 경우에는 억압에 의해 생긴 경직성을 보게 한다(방략 2).

환자의 경험이 방어에 의해 조직되는 한, 반복되고 예측 가능한 경험 특성에 반복적으로 주목하게 하고 기술함으로써 그리고 환자가 기술해 온 것을 관찰하고 성찰함으로써 방어는 자아이질적이 되고 효과적이지 않게 되며 환자는 좀 더 성찰할 수 있게 된다. 이

때 치료자는 환자의 행동과 경험을 단순히 관찰하고 말하는 것에서 불안과 갈등을 탐색하는 것으로 강조점을 바꾼다. 이 불안과 갈등은 환자가 왜 그렇게 경험하는지를 설명해 줄 수 있을 것이다(방략 3). 마지막으로, 치료자는 환자가 다양한 기능 영역에서 자신의 경험과 행동에 영향을 미치는 갈등 및 방어를 충분히 인식할 수 있도록 돕는다(방략 4).

〈표 6-1〉은 TFP-E의 네 가지 기본 방략과 그 기능을 개관한 것이다. 이어서 우리는 치료방략 및 그 기능(제2절)에 대해 좀 더 논의하고, BPO와 NPO에 대해 어떻게 치료방략을 맞출 수 있는지 논의한다(제3절).

〈표 6-1〉 TFP-E의 기본 방략 및 기능

방략 1. 지배적 대상관계 정의하기

> 1a. 지배적 대상관계 확인하기
> 기능: 갈등 영역으로 초점을 좁힌다.

> 1b. 지배적 대상관계 기술하기
> 기능: 갈등 영역에서 환자의 자기관찰 역량을 지지하고 정동을 컨테인한다.

방략 2. 환자의 반복적이고, 경직되며, 또는 모순적인 경험 및 행동 특성에 주의를 환기시키기

> 2a. 억압 및 분열에 기반한 방어의 영향으로 지배적 대상관계가 임상 자료를 예측 가능하게 조직할 때 환자의 반복적인 경험 및 행동 특성을 주목하게 하기
> 기능: 자기관찰 및 성찰을 촉진한다.

> 2b. 분열과 억압이 환자의 경험 및 행동에 미치는 영향과 역할반전에 초점 맞추기
> 기능: 대안적 관점을 가져오며, 나아가 자기관찰 및 성찰을 촉진하는 동시에 내적, 주관적 경험 특성을 인식할 수 있도록 지지한다.

방략 3. 지배적 대상관계에 내재된 불안과 갈등을 탐색하고, 기저에 있는 소망, 두려움, 개인적 의미에 대한 가설 세우기

> 기능: 방어기제를 추동하는 불안의 자각을 견딜 수 있는 역량을 지지한다. 이는 방어 기능을 한층 더 유연하게 한다. 주관성의 구조적, 상징적 특성과 궁극적으로 심리적 갈등이 환자의 경험과 행동에 미치는 영향을 인식하는 환자의 관점을 넓힌다.

방략 4. 확인된 갈등이 시간에 따라 서로 다른 맥락에서 활성화될 때 이를 훈습하고 치료목표 및 환자의 발달력과 연결짓기

> 기능: 환자가 갈등적 내적 대상관계 및 관련된 불안을 컨테인할 수 있고 부적응적 방어를 포기할 수 있게 한다. 이는 통합적 변화, 경험의 맥락화 및 기능의 유연성을 촉진한다.

제2절 TFP-E의 기본 방략 및 기능

방략 1 : 지배적 대상관계 정의하기

1a: 지배적 대상관계 확인하기

이 과정은 초점을 갈등 영역으로 좁힌다.

TFP-E의 첫 번째 방략은 회기에서 활성화된 지배적인 내적 대상관계를 확인하는 것이다. 내적 대상관계는 자기 자신에 대한 그리고 자신의 내적 및 외적 현실에 대한 개인적 경험을 조직하는 심리 표상이다. 심리 표상들이 직접적으로 관찰될 수 없지만, 특정 순간 활성화된 자기 및 대상표상의 특성은 그것들이 개인의 생각과 감정 및 행동을 형성하는 방식에서 추론할 수 있다. 우리는 이 과정을 내적 대상관계의 상연(enactment)이라고 부른다.

TFP-E에서 치료자는 치료자에 대한 환자의 의사소통에 기초해서 그 순간 환자의 경험을 조직하는 내적 대상관계에 대해 추론한다. 이때 환자의 언어적 및 비언어적 의사소통과 역전이에 초점을 둔다. 치료자는 현재 지배적인 자기 및 대상표상을 정의할 때, 환자가 자신의 대인관계 상호작용에 대해 기술하는 것에 특히 주목한다. 이때 치료자는 환자의 타인과의 상호작용에서 그리고 현재 치료관계에서 활성화되는 관계 패턴에 주목하고, 특히 임상 과정에서 반복되는 관계 패턴에 주목한다.

제5장에서 기술한 것처럼, 좀 더 심한 성격병리에서 지배적 대상관계 및 관련 갈등은 전이에서 정동적으로 지배적인 경향이 있다. 심한 성격장애에 대한 역동 치료에서 전이-역전이는 전형적으로 임상 과정을 지배하게 되는데, 이는 치료자가 환자의 내적 세계를 볼 수 있는 중요한 창이 된다. 병리가 덜 심할수록, 임상 과정에서 전이의 중심성은 좀 더 변하기 쉬우며, 환자와 치료자의 상호작용이 임상적 관심이 되지 않을 수 있다. 이런 상황에서 치료자는 환자가 타인과의 상호작용 및 자기 상태에 대해 기술하는 것에 상대적으로 좀 더 많은 주의를 둔다.

치료자가 지배적 대상관계를 확인하기 위한 목적으로 환자에게 경청할 때, 치료자는 우리가 소통의 세 가지 경로라고 부르는 것에 주목한다. 치료자는 환자의 언어적 의사소통 뿐 아니라 비언어적 의사소통에 기초하여 내부 대상 세계를 추론할 수 있다. 이때 회기에서 환자의 행동과 환자가 역전이에서 자극하는 것이 무엇인지―즉, 환자에 대한 치료자의 개인적 반응―에 주의를 둔다. 세 가지 각 경로의 상대적 중요성은 다양하며 병리의 심각도와 관련되는 경향이 있다. 이는 방어 유형이 임상 과정에 미치는 영향을 반영한다.

NPO 환자와의 작업에서 환자의 자유연상과 솔직하고 자유롭게 소통하기 어려워하는 것을 포함하는 언어적 의사소통은 무의식적 갈등 및 방어에 대한 정보의 주요 원천인 경향이 있다. 이러한 환자가 언어적 경로를 통해 전달할 수 있는 것은 비언어적 의사소통과 역전이에 의해 보완된다. 반면, 좀 더 심한 성격병리를 지닌 환자와의 작업에서, 행동은 회기에서 상연되는 대상관계에 대한 정보의 좀 더 핵심적인 원천이 되는 경향이 있고, 환자의 언어적 의사소통은 그의 정서적 경험으로부터 해리되고 덜 유용할 수 있다. 더욱이, 분열에 기반한 방어기제를 사용하는 환자와의 작업에서, 환자가 치료자에게 불러오는 정서적 반응은 환자의 경험을 조직하는 현재의 대상관계에 대한 정보의 핵심적 원천이 된다. 사실상, 역전이가 때로 의사소통의 가장 유용한 경로가 되는 것은 흔한 일인데, 이는 임상 과정에서 투사적 동일시의 영향을 반영한다.

치료자가 환자에게 귀 기울이고 환자와 상호작용할 때, 치료자는 현재 상연되고 있는 내적 대상관계에 대한 가설을 세울 수 있을 것이다. 이 단계에서 치료자는 말 그대로, 상호작용에서 각자 맡고 있는 특정 역할을 생각하는 것이 도움이 될 수 있다. 일반적으로, 환자는 어떤 특정 관계 패턴에서 주로 한 가지 특정 역할과 동일시할 수 있다. 때로 관계 패턴의 두 가지 측면(또는 삼자관계 패턴의 경우 세 가지 측면)과의 동일시는 의식과 꽤 가까울 수 있다. 예를 들어, 치료자는 환자를 다음과 같이 볼 수 있다: 관심 있는 양육자와 관련된 의존적이고 만족하는 자기, 거절하는 부모상과 관련된 화나고 요구적인 아이 같은 자기, 강력하고 모욕을 주는 타인과 관련된 평가절하되고 열등한 자기, 또는 가학적인 박해자와 관련된 학대받은 희생자.

치료자는 어떤 대상관계가 뚜렷해지기 시작한다고 느낄 때, 환자가 기술하거나 치료자와 상연하고 있는 환자의 상호작용 경험에 대해 추가적으로 세부사항을 물어볼 것이다. 왜냐하면 분명히 지배적 대상관계는 치료에서 현재 활성화된 갈등에 가장 접근하기 쉬운 표현이기 때문이다. 지배적 대상관계를 확인함으로써, 치료자는 또한 갈등 영역에 임상적으로 주목하기 시작한다.

1b: 지배적 대상관계 기술하기

이 과정은 갈등 영역에서 환자의 자기관찰 역량을 지지하고 정동을 컨테인한다.

　치료자가 자신의 마음에 지배적 대상관계라고 생각한 것을 공식화했다면, 그다음 과제는 이러한 대상관계 명명을 환자와 함께 발전시키고 공유하는 것이다. 이것은 두 연기자로 기술될 수 있다. 즉, 각자 특정 역할을 하는 환자와 치료자 또는 환자의 삶의 다른 사람이다. 환자가 맡은 역할과 치료자 또는 다른 사람이 맡은 역할을 생각하고 분명하게 표현함으로써, 치료자는 환자의 내적 세계에 대한 생생한 감각을 얻을 수 있다.
　그와 같은 '연기자 기술'을 발전시키고 제시하는 과정은 전형적으로 치료자가 자료를 명료화하는 질문으로 시작한다. 이때 치료자에 대한 환자의 경험에 직접적으로 초점을 두거나 환자가 말하고 있는 타인들과의 상호작용에 대해 좀 더 세부사항들을 물을 수 있다. 치료자가 지배적 대상관계를 기술할 때 이는 항상 가설로서 제시된다. 이때 환자의 반응에 따라 치료자의 이해가 수정될 수 있다고 기대되어야 한다. 다음은 그 예이다.

> 치료자: 당신이 얘기했던 것처럼, 상사가 사람들 앞에서 당신을 비난하려 했던 것으로 보이네요. 그가 일부러 그렇게 한 것 같나요?
> 환　자: 그는 매 순간 좋아했어요!
> 치료자: 그럼, 내가 잘 알아들었다면, 상사가 당신을 비난하고 열등감을 느끼게 하면서 즐거워하는 것 같지만, 당신은 저항할 수 없다고 느끼는군요. 맞나요?
> 환　자: 네 그는 진짜 개자식이에요.
> 치료자: 그 모든 게 당신을 무력하고 굴욕적으로 느끼게 한다고 들리네요.

　따라서 치료자가 지배적 대상관계에 대한 현재의 가설을 제시할 때, 치료자가 환자의 내적 과정을 환자와 공유하는 것이 종종 도움이 된다. 이는 이후 공식화로 이어질 수 있다. 그러면 환자는 치료자의 연상이 마술적이거나 독단적인 평가도 아니고 비난도 아니며, 오히려 이해를 위한 노력이라는 것을 이해할 수 있다. 그런 점에서 가능하다면, 다음과 같이 치료자는 환자의 말을 사용하는 것이 특히 도움이 된다.

　내가 당신에게 늦은 이유를 물었을 때, 당신은 내 질문이 '냉정하다는' 듯이 반응했어요—이건 당신이 침대에서 일어나 여기에 오는 게 얼마나 힘든지 내가 이해하지 못하는 것 같거나, 아니면 더 심하게는, 내가 그런 걸 신경 쓰지 않는다는 것 같네요. 그때부터 줄곧 당신은 눈물을 흘리고 있어요. 이건 마치 당신이 나를 불가능한 요구를 하고 있는 냉정한 감독관처럼 보면서, 당신은 무력하고 압도됐다고 느끼는 동시에, 자기 자신을 방어할 수도 없을 뿐 아니라, 그저 여기 앉아서 울기만 할 수 있다고 여기는 것 같아요. 내 말이 맞나요?

환자가 정동적으로 관여되어 있지만 치료자가 제안하는 것을 고려할 수 없을 만큼 정서에 휩쓸리지 않을 때 연기자를 명명하는 것이 가장 좋다. 때로, 정서가 고조되었을 때, 연기자를 명명하는 형태로 환자의 경험을 말로 표현하는 것은 어느 정도 정동을 컨테인할 수 있게 한다. 또한 이는 환자가 정동적으로 압도되는 느낌을 덜 받고, 좀 더 뒤로 잘 물러나서 자신의 경험을 관찰하고 무엇을 느끼는지에 대해 생각할 수 있게 한다. 이는 특히 BPO 환자의 경우에 해당되며, 일반적으로 지배적 대상관계가 전이에서 활성화될 때도 마찬가지이다.

방략 2: 환자의 반복적이고, 경직되며, 또는 모순적인 경험 및 행동 특성에 주의를 환기시키기

2a: 억압 및 분열에 기반한 방어의 영향으로 지배적 대상관계가 임상 자료를 예측 가능하게 조직할 때 환자의 반복적인 경험 및 행동 특성을 주목하게 하기

이 과정은 자기관찰 및 성찰을 촉진한다.

지배적 대상관계를 확인하고 기술한 후, 치료자는 단일 회기 및 여러 회기에 걸쳐 특정 관계 패턴이 나타나는 경직되고 반복적이며 예측 가능한 방식에 환자가 주목하도록 할 수 있다. 이 과정은 환자가 서로 다른 상황과 시간대에 동일한 관계 패턴을 경험하는 경향이 있다는 것을 치료자가 주목하는 것을 포함한다. 다음 예와 같다.

지난밤 당신의 형과 무슨 일이 있었는지에 대해 들었을 때, 당신이 상사와 상호작용하는 것과 비슷하다는 생각이 들었어요. 다시 한번, 당신은 공개적으로 비난받는 익숙한 자리에 있고, 그는 우월한 개자식처럼 행동하고요. 이런 패턴이 계속 나타나는 것 같네요.

음주에 대해 물었을 때, 또다시 나를 통제하고 비난하는 감독관처럼 보는 것 같네요. 마치 당신이 해낼 수 없다고 느끼는 것에 대해 생각하라고 강요하는 사람으로요. 당신이 좋아하지 않는 것을 내가 말하거나 할 때마다, 이런 관계가 반복해서 나타나는 것 같네요.

2b: 분열과 억압이 환자의 경험 및 행동에 미치는 영향과 역할반전에 초점 맞추기

이 과정은 대안적 관점을 가져오며, 나아가 자기관찰 및 성찰을 촉진하는 동시에 내적, 주관적 경험 특성을 인식할 수 있도록 지지한다.

일단 환자가 회기에 걸쳐 자신의 경험을 조직하는 경향이 있는 지배적 대상관계를 알게 되면, 치료자는 개입을 확장해서 지배적 대상관계와 환자 경험의 다른 측면 간의 관계를 언급한다. 이 단계에서 치료자는 현재 환자의 주관성을 조직하는 관계 패턴을 좀 더 넓은 관점으로 볼 수 있도록 하는데, 이때 현재 상연되는 대상관계와 분열 또는 억압을 기반으로 방어되는 대상관계 간의 관계를 탐색한다. 이러한 방략을 수행할 때, 치료자는 분열 및 억압에 기반한 방어가 환자의 주관적 경험에 미치는 영향에 주목하게 한다.

분열에 기반한 방어가 지배적일 때, 치료자는 역할반전으로 발현되는 투사적 동일시의 영향과 이상하되고 바해적인 경험 측면의 해리로 말현되는 분열 자체의 영향을 언급할 기회를 찾는다. 치료자는 일반적으로 역할반전으로 시작한다. 이때 치료자는 방략 2a에서 정교화된 동일한 관계 패턴이 다시 상연되는 것을 보고 있지만, 이번에는 환자가 반대 위치에 있음을 강조하거나 또는 환자가 대상관계의 한 측면과 의식적으로 동일시하고 있으면서 동시에 행동적으로는 해리된 방식으로 다른 측면과의 동일시를 상연하고 있음을 강조한다.

역할반전에 주목하게 할 때, 치료자는 환자가 뒤로 물러서서 종종 부인되거나 해리된 그의 행동을 관찰할 수 있도록 하며, 대안적 관점을 가질 수 있도록 한다. 다음 예와 같다.

나를 통제적인 사람으로 보는 동시에, 당신이 생각하기 싫은 주제를 꺼내지 말라고 주장할 때는 날 통제하는 것 같네요. 어떻게 생각해요?

그다음 치료자는 환자가 자기와 타인을 해리되고 모순적으로 보거나 이상화되고 편집적으로 보는 것을 오갈 때, 환자 경험의 불안정하고 모순적인 특성에 초점을 맞춘다. 이러한 상황에서, 동일한 대상관계의 두 측면을 동일시하는 역할반전과는 반대로, 치료자는 환자의 관점을 넓혀서 두 분리된 대상관계를 연결하고, 시간에 걸쳐 이어지게 한다.

> 회기를 시작할 때, 당신은 여기에 돌아온 게 안전하고 행복하다고 말했어요. 하지만 내가 당신의 음주 문제를 꺼내자마자, 당신 눈에는 마치 내가 거절하고 비난하는 것 같고, 비난하고 돌봐 주지 않는다고 느꼈던 당신의 차가운 어머니 같은가 봐요.

억압 세팅에서 환자의 반복적이고 경직된 경험 특성에 주목하게 한다. 이는 방어적 대상관계의 비교적 고정적이고 반복적이며 예상할 수 있는 활성화를 성찰하게 한다. 그 후 치료자는 상호작용에서 환자의 자기 및 타인에 대한 관점의 비연속적이고 체계적인 왜곡에 주목하게 한다. 이것은 방어적 대상관계의 경직성과 환자의 주관성에서 억압에 기반한 방어의 영향을 성찰할 수 있게 한다.

> 또다시 당신이 직장에서 굴욕감을 느낀다고 말할 때, 당신은 마치 자신을 경쟁적인 사람들에게 둘러싸인 무능력한 실패자로 느끼는 것 같네요. 그리고 그 사람들에 대해서는 당신을 깔아뭉개는 걸로 기쁨을 느낀다고 생각하는 것 같고요. 이건 익숙한 패턴이긴 한데, 하지만 당신은 최근 승진했는데 왜 지금 이런 게 떠오르는지 의아하네요. 당신의 실제적인 성공과 당신이 받은 인정은 자신을 어떻게 보는지에 별로 영향을 주지 않는 것 같아요. 이건 마치 당신이 자기 자신을 계속 고통스러운 관점으로 보고 싶은 것 같아요.

분열에 기반한 방어가 우세할 때 전형적인 임상 발달과는 대조적으로, 억압에 기반한 방어 세팅에서 역할반전은 특히 치료 초기에 일어날 수도 일어나지 않을 수도 있다.

NPO 및 BPO 환자의 치료에서, 두 번째 치료방략의 성과는 환자의 경험 및 행동을 조직하는 방어적 대상관계가 점차 자아이질적이 되는 것이다. 이는 환자의 관점에서 보면 더 이상 그것이 매끄럽지 않다고 말할 수 있다. BPO 환자는 그의 경험이 얼마나 불안정하고 모순적인지 인식하게 되고, NPO 환자는 자기 자신과 타인에 대한 특정 관점을 얼마나 경직되게 붙잡고 있는지 인식하게 된다. 더 나아가, 환자의 경직되고 반복적인 경험 특성을 언급하는 개입은 환자가 뒤로 물러서서 자기 자신—그의 행동과 내적 경험—을 관찰하도록 한다. 이러한 자세는 환자가 대안적 관점을 가질 수 있도록 한다. 환자는 자신의 관습적인 관점을 당연시하기보다는, 현재 자신의 관점을 볼 수 있고, 다른 관점을 받아들이고 성찰할 수 있게 된다.

갈등 영역에서 대안적 관점을 갖는 것은 근본적인 변화를 나타낸다. 이는 BPO 환자에게는 경험을 맥락과 관련시키는 역량을 촉진시키고, NPO 환자에게는 자기 및 타인에 대한 방어적 관점에 의문을 제기할 수 있도록 한다. 이러한 변화를 통해 또한 환자는 탐색의 초점이 자신의 내적, 주관적 경험에 있다는 것을 좀 더 충분히 인식할 수 있게 된다. 이는 실제 외부 사건이나 물리적 현실과 다를 수 있다. 많은 NPO 환자는 이러한 역량을 갖고 치료에 올 수 있지만, 주관적 및 내적 경험 특성을 인식하는 능력은 BPO 환자의 치료에서 특히 중요한 발전일 수 있다. 그들 중 대부분은 갈등 영역에서 경험에 대한 콘크리트한 관점을 포기하기 어려워한다.

BPO 환자 또는 NPO 환자와의 작업에서, TFP-E의 두 번째 방략의 개입은 환자의 내적 경험을 탐색하는 데 주의의 초점을 맞추는 것이며, 왜 경험을 그렇게 조직했을지에 대해 호기심을 갖도록 하는 것이다. 이는 지배적 대상관계와 관련된 불안 및 갈등의 탐색을 위한 초석을 다지는 것이다. 동시에 심리적 갈등 및 방어 영역에서 성찰 역량을 증가시킨다.

방략 3: 지배적 대상관계에 내재된 불안과 갈등을 탐색하고, 기저에 있는 소망, 두려움, 개인적 의미에 대한 가설 세우기

이 과정은 방어기제를 추동하는 불안의 자각을 견딜 수 있는 역량을 지지한다. 이는 방어 기능을 한층 더 유연하게 한다. 주관성의 구조적, 상징적 특성과 궁극적으로 심리적 갈등이 환자의 경험과 행동에 미치는 영향을 인식하는 환자의 관점을 넓힌다.

방략 3은 지배적 대상관계와 연결된 갈등을 탐색하고 해석하는 것이다. 지금까지 개입의 초점은 환자의 심리적 기능과 행동에 대한 기술적 특징에 맞춰 왔으며, 환자 자신과 타인에 대한 환자의 경험 측면에 주의를 돌리고 말로 표현하는 것을 강조했다. 세 번째 방략으로, 치료자는 불안 및 갈등을 탐색하기 위해 개입을 확장한다—즉, 이러한 방어동기는 본질적으로 다음 질문을 하게 한다. "무엇이 환자가 경험을 그렇게 조직하도록 동기화하는가?" 치료자는 이러한 질문들을 하기 전에, 좀 더 초기의 개입들을 통해 환자가 탐색의 초점이 자신의 내적 경험에 있고, 또 그것이 어떻게 조직되는지에 있다는 것을 깨닫게 한다. 또한 환자가 자신이 왜 그렇게 경험과 행동을 조직하는지에 대해 호기심을 느낄 수 있을 때에만 치료자는 해석을 제공한다.

BPO 환자의 치료에서, 갈등 탐색에 앞서 방략 1과 2는 성찰 역량을 지지함으로써 특히 핵심적 역할을 한다. 성찰 역량은 BPO 환자의 갈등 영역에서 쉽게 방해받을 수 있다. 이러한 역량은 BPO 환자가 의미 있고 생산적인 방식으로 내적 동기와 갈등을 탐색하기 위해 순간 대 순간 준비되어 있어야 한다. NPO 환자에서 성찰 역량은 대체로 좀 더 안정적이다. 이 집단의 환자들은 BPO 환자 집단에서보다 좀 더 빠르고 쉽게 내적 동기와 의미를 탐색하기 위해 나아간다.

치료자가 핵심 갈등을 탐색하고 마침내 해석할 때, 치료자는 지배적 대상관계의 반복적이고 경직된 활성화를 이해하는 가능한 방식을 제안한다. 이러한 제안은 방어의 동기를 해석하는 형태로 제시된다(제10장 참조). 예를 들어, 분열에 기반한 방어에서 치료자는 다음과 같이 말할 수 있다. "아마도 당신은 나에 대해서 좀 더 부정적이고 비판적인 관점으로 되돌아간 것 같네요. 우리 관계를 좀 더 긍정적으로 희망적으로 보는 관점을 보호하고, 안전한 장소에 두기 위해서요. 그리고 공격받거나 실망할 위험이 없도록 말이죠." 억압에 기반한 방어에서 치료자는 다음과 같이 말할 수 있을 것이다. "고통스럽지만 아마도 어떤 면에서는 직장에서 자기 자신이 능력 없고 어린아이 같다고 보는 것이 더 안전하다고 느끼는 것 같네요. 마치 이건 자기 자신의 경쟁적이거나 공격적인 면을 보지 않으려고 하는 것 같네요—마치 당신이 조금만 경쟁적인 감정이 있어도 당신 마음에는 당신의 상사 같은 개자식이 되는 것 같아요." 핵심 갈등의 탐색과 해석은 환자로 하여금 방어를 동기화하는 불안의 자각을 견딜 수 있도록 돕는다. 해석 과정의 첫 단계는 훈습을 격려하는 것이다. 우리는 제10장, 제11장에서 해석 과정을 기술할 것이며, 나아가 이것이 통합적인 변화를 촉진시키는 방식에 대한 우리의 이해를 기술할 것이다.

> ## 방략 4: 확인된 갈등이 시간에 따라 서로 다른 맥락에서 활성화될 때
> ## 이를 훈습하고 치료목표 및 환자의 발달력과 연결짓기

이 과정은 환자가 갈등적 내적 대상관계 및 관련된 불안을 컨테인할 수 있고 부적응적 방어를 포기할 수 있게 한다. 이는 통합적 변화, 경험의 맥락화 및 기능의 유연성을 촉진한다.

갈등들이 시간이 지남에 따라 상연되고 탐색되고 반복적으로 해석될수록 이러한 갈등과 관련된 대상관계들이 좀 더 익숙해지고 덜 위협적이게 된다. 확인된 갈등을 훈습하는 과정에서 환자는 갈등적 대상관계 및 관련된 불안의 인식을 견뎌 내고 책임질 수 있고, 궁극적으로는 지배적인 자기감 안에서 그것들을 컨테인할 수 있는 더 큰 역량을 발달시키며, 이는 통합적인 변화로 이어진다. 이 과정에서 환자는 다양한 관점에서 그리고 다양한 맥락에서 특정 갈등의 표현과 관련된 방어와 갈등을 표상하는 대상관계를 상연하고 탐색하는 경험을 갖는 것이 필요하다. 훈습의 일부는 환자가 치료와 그의 일상생활에서 새로운 방식의 행동하기, 사고하기, 느끼기를 시도하는 것을 포함한다.

특정 갈등을 훈습하는 과정은 수개월에 걸쳐 일어난다. 단지 간헐적인 재활성화만이 뒤따르기도 하고 나아가 나중에는 동일한 군집의 내적 대상관계의 훈습이 뒤따르기도 한다. 이 과정에서 환자들은 갈등적 대상관계를 견뎌 내고 다루고 책임지고 컨테인하기 위해 분투하면서 편집 불안과 우울 불안 사이를 왔다 갔다 한다. 훈습 과정에서 치료자는 지배적인 갈등과 환자로 하여금 치료에 오게 하며 치료 초기에 치료목표 결정에 기여하는 어려움 사이를 연결할 기회를 찾는다. 또한 훈습 과정에서 치료자는 환자의 발달적 과거로부터 자료를 가져오고 환자의 현재 내적 세계와 어려움이 중요한 초기 경험을 반영하는 방식을 고려할 것이다. 훈습 과정 동안 일어나는 발달적 과거와의 연결은 현재 경험을 깊이 있게 하고 맥락화하는 기능을 한다. 동시에 환자가 시간에 걸쳐 일관된 내적인 자기 내러티브를 발달시키도록 돕는다.

제3절 개별 환자에게 TFP-E 방략 맞추기

이 장의 다음 두 부분에서 우리는 치료방략에 대한 앞선 기본 개관에 더해 두 가지 변

형을 제시하고자 한다. 처음에는 BPO 환자의 치료, 그다음으로는 NPO 환자의 치료에서 핵심 방략을 이행할 때 그 차이를 강조한다. 두 접근 간의 차이는 분열 대 억압에 기반한 방어가 환자의 심리 기능과 주관적 경험 및 성찰 역량에 미치는 영향을 반영한다.

다음은 치료방략을 요약한 것이다. 치료자는 방어가 환자의 주관성 및 행동에 미치는 영향을 추적한다. 이때 가장 의식에 근접해 있고 정동적으로 지배적인 대상관계에서 시작해서 좀 더 갈등적이고 고도로 방어되어 있는 경험 측면에 다가간다. 이 과정 동안 치료자의 초점은 환자의 순간 대 순간의 주관적 경험에 있다. 치료자는 치료의 어떤 지점에서 때가 되면 방략적 접근을 개별 환자의 욕구에 맞춘다. 환자가 치료에서 진전을 보이거나 일시적으로 퇴행할 때, 치료자는 그에 따라 접근을 바꾼다(Joseph, 1989).

우리는 BPO 환자 및 NPO 환자의 치료에서 치료방략을 기술하였는데, 두 개의 장기 임상 예시를 활용하였다. 중요한 것은 치료과정 동안, 치료 변화를 가져오기 위해 몇 주, 몇 개월, 몇 년에 걸쳐 방략들이 반복적으로 시행되었다는 것을 이해하는 것이다. 보통 치료 초기에, 방략 1과 2로부터 지배적 대상관계와 관련된 갈등의 탐색 및 훈습을 시작하는 것으로 이동하기까지 많은 치료시간이 걸릴 수 있다. 치료가 진행됨에 따라 치료자는 일반적으로 방략들을 좀 더 빨리 시행할 수 있고, 때로 단일 회기에서 여러 번 시행할 수도 있다. 궁극적으로 치료는 앞에서 상세하게 설명된 핵심 갈등을 훈습하는 것에 주로 초점을 맞추게 된다.

부득이하게도, 제시한 예시들은 임상 발달을 압축해서 보여 준다. 예시에서 우리는 하나 또는 두 가지 핵심 갈등에 초점을 둔다. 물론 어떤 치료에서든 환자의 방어 구조에 따라, 시간 경과에 걸쳐서 또는 종종 동시에, 많은 서로 다른 갈등 및 지배적 대상관계와 관련하여 방략들이 시행될 것이다.

경계선 성격조직 스펙트럼 환자

심한 성격장애(낮은 BPO와 중간 BPO)를 지닌 환자의 치료뿐 아니라 높은 경계선 성격조직 수준에 있는 환자의 치료를 위한 전체 심리치료방략은 앞에서 개관한 네 가지 전반적인 순차적 과제로 개념화된다. 하지만 BPO 환자의 특정 임상 요구를 다루기 위해 맞춰진 각 과제와 분열에 기반한 방어가 환자의 경험 및 행동에 미치는 영향에 초점을 맞춘다. 〈표 6-2〉는 BPO 환자를 위한 치료의 TFP-E 방략을 개관한 것이다.

M 씨가 치료에 왔을 때, 그녀는 실직한 30세 미혼 여성이었다. 그녀는 최근 다른 주에서 살다가 어머니의 집으로 돌아왔는데, 웨이트리스로 일하다가 해고되었기 때문이다. 그녀는 자신을 무례하게 대한다고 느꼈던 손님과 언쟁에 휘말리게 됐고, 결국 손님의 얼굴에 뜨거운 피자를 던지려고 위협했다.

M 씨는 사회적으로 고립되어 있어서, 직계 가족 외에는 장기적인 관계가 없었다. 그녀는 일련의 피상적이거나 짧은 폭풍 같은 친구관계를 이야기했고, 데이트나 친밀한 관계에 대한 이야기는 없었다. 그녀의 어머니는 함께 사는 조건으로 치료를 받으라고 했다.

M 씨는 덩치가 크고 과체중에 거만한 여성이었고, 확연히 적대적이었으며, C 박사를 노려보는 것 외에는 거의 눈을 마주치지 않았다. C 박사가 개인력을 들으려고 하자, 그녀는 퉁명스럽고 불충분하게 반응했다. 이것은 비언어적으로 C 박사의 질문이 거슬리거나 바보 같다는 것을 전달했다. 동시에, M 씨는 자신을 '아무 짝에도 쓸모없고 형편없다고' 보고 있다는 것을 전달했다.

예비치료에서 환자를 만난 후, C 박사는 중간 경계선 수준에서 조직된, 편집적 및 자기애적 특징을 지닌 경계선 성격장애 진단을 내렸다. 성격장애의 구조적 면접-개정판(STIPO-R; Clarkin et al., 2016)에 의한 환자의 프로파일은 빈약한 대상관계와 높은 수준의 공격성에서 높은 점수를 보였다.

〈표 6-2〉 TFP-E의 방략 및 기능, BPO에 맞춰 수정

방략 1. 지배적 대상관계 정의하기

1a. 지배적 대상관계 확인하기
   기능: 임상 초점을 갈등 영역으로 좁히면서 자신의 정동을 좀 더 잘 컨테인하도록 돕는다.

1b. 지배적 대상관계 기술하기
   기능: 환자의 자기관찰 역량을 지지하며 고도로 부하된 정동 상태를 컨테인한다.

방략 2. 환자의 반복적이고, 경직되며, 또는 모순적인 경험 및 행동 특성에 주의를 환기시키기

2a. 단일 대상관계가 분열에 기반한 방어의 영향 아래 임상 자료를 예측 가능하게 조직할 때 환자의 경험 및 행동의 반복적인 특성을 주목하게 하기
   기능: 자기관찰 및 성찰을 촉진한다.

2b. 역할반전에 초점 맞추기
   기능: 투사적 동일시가 환자의 주관적 경험과 행동에 미치는 영향에 초점을 맞춤으로써, 대안적 관점을 가져오고 성찰과 자기인식을 촉진한다.

2c. 이상화된 및 박해적인 대상관계의 해리에 초점 맞추기
　　기능: 환자의 주관적 경험 및 행동에 대한 분열의 영향을 강조함으로써 내적 상태에 대한 성찰을 촉진하며 동시에 환자가 시간에 걸쳐 이상화된 및 편집적인 경험을 맥락화하도록 한다.

방략 3. 분열을 동기화하고 지배적 대상관계를 조직하는 불안 및 갈등을 탐색하고, 기저에 있는 소망과 두려움에 대한 가설 세우기

　　기능: 이상화된 및 편집적인 대상관계를 상호 해리시키는 불안의 인식을 견뎌 내는 역량을 촉진시키며, 방어 기능을 좀 더 유연하게 한다. 주관성의 구조적, 상징적 특성과 궁극적으로 심리적 갈등이 환자의 경험과 행동에 미치는 영향을 인식하는 환자의 관점을 넓힌다.

방략 4. 확인된 갈등 훈습하기

4a. 확인된 갈등 및 관련된 불안이 서로 다른 맥락에서 시간에 걸쳐 상연될 때 이를 훈습하면서 치료목표와 환자의 대인관계를 연결시키기
　　기능: 환자가 공격성 표현과 관련된 불안을 컨테인할 수 있도록 하며 분열에 기반한 방어를 포기할 수 있도록 한다. 이때 이상화된 및 박해적인 내적 대상관계의 통합을 촉진시키고 정체성 공고화 과정을 점진적으로 이끄는 동시에 대인관계 기능을 향상시킨다.

4b. 확인된 갈등을 환자의 발달력과 연결하기
　　기능: 환자의 자기이해 수준을 심화시키고 나아가 방어를 동기화하는 불안을 컨테인하도록 촉진시킨다. 이는 시간에 따른 경험의 맥락화와 정체성 공고화 과정을 지지한다.

방략 1: 지배적 대상관계 정의하기

M 씨는 처음에 주 2회 치료를 포함한 치료계약에 동의했으나, 곧 치료틀을 따르는 것을 어려워했다. C 박사의 사무실로 가는 것이 객관적으로 불편했을 뿐만 아니라, C 박사가 M 씨에게 부과했다고 여기는 치료틀을 따르는 것이 그녀에게는 피해를 입는 느낌을 주었다. M 씨는 자주 회기에 늦었고, 때론 빨리 뛰어 나갔고, 종종 아무 말 없이 앉아 있었다. 그녀는 '파업 중이었다'. 그녀는 C 박사를 조용히 흘겨보거나 일주일에 두 번 와야 한다고 주장하는 C 박사가 얼마나 자기 잇속만 차리고 무정한지 불평했다. M 씨는 C 박사가 치료 모델을 경직되게 고수하는 것에만 관심이 있고 이 모든 것이 M 씨에게는 얼마나 어려운지에 대해서는 별로 신경 쓰지 않는다고 공격했다.

종종 C 박사가 말하려고 할 때 M 씨는 말을 자르고, 가로막았으며, 언쟁을 하거나, 단지 의자에 걸터앉아서 주먹을 쥐었다 폈다 하고 노려보았다. 역전이에서, C 박사는 좌절감과 통제받는다는 느낌과 무기력감을 느꼈으며, 때로는 겁을 먹기도 했다.

▶ **1a: 지배적 대상관계 확인하기**

이 과정은 치료자가 임상 초점을 갈등 영역으로 좁히면서 자신의 정동을 좀 더 잘 컨테인하도록 돕는다.

C 박사의 역전이와 M 씨의 언어적 및 비언어적 의사소통을 활용함으로써, C 박사는 M 씨의 지배적 대상관계에 대해 가설을 세웠다. M 씨의 지배적 대상관계는 그 순간 M 씨의 관계 경험을 조직했다(방략 1a). C 박사는 분노하고 반항적이며 무기력한 누군가와 통제하고 공격적이며 괴롭히는 사람에 대한 대상관계를 생각했는데, 전체 관계는 적대감과 두려움으로 채색되어 있었다.

역전이에서 C 박사는 M 씨에 의해 통제받는다고 느꼈다. 때로는 희생당한다고 느꼈고, 때로는 무기력하고 두려웠다. M 씨는 행동으로 괴롭히는 사람을 연기했다. 그러나 C 박사가 M 씨의 비난과 항변을 반영했을 때, 환자는 C 박사에게서 괴롭힘을 당하고 통제받는 것으로 느끼는 것 같았고, 자기 행동의 영향을 자각했는지는 분명하지 않았다. 이와 같이 C 박사는 마음속으로 무기력하고 반항적인 환자—자기와 괴롭히고 공격하는 치료자—타인에 의해 통제받는 지배적 대상관계를 공식화했다. C 박사는 또한 이러한 동일한 패턴이 M 씨의 어머니와의 관계에서 펼쳐지고 있다는 것을 인식했다. M 씨는 어머니가 그녀를 괴롭히며 치료를 받아야 한다고 생각한 반면, M 씨는 통제받는다고 느끼고, 격분하고 반항했다.

▶ **1b: 지배적 대상관계 기술하기**

이 과정은 환자의 자기관찰 역량을 지지하며 고도로 부하된 정동 상태를 컨테인한다.

이 회기에서 M 씨는 10분 늦게 도착하고는 C 박사의 사무실까지 오는 것이 불편하다고 불평했다. 그녀는 C 박사가 M 씨의 시간이나 편의를 전혀 '신경 쓰지' 않는다고 불평했다. M 씨는 상당히 동요되었고 C 박사의 대답을 기다렸다. C 박사는 이 기회를 지배적 대상관계를 기술하기 위해 활용했는데(방략 1b), 이것이 M 씨에게 어느 정도 정동을 컨테인하게 하고 자기관찰 과정을 촉진시키길 원했다.

C 박사는 M 씨가 자신의 지배적인 의식적 경험을 이해했을 때, 이를 말로 표현하려고 했다. "나는 통제적이고 이기적이고, 내 욕구를 채우기 위해서 치료틀을 경직되게 고수하고, 이

게 당신에게 얼마나 어려운지는 전혀 신경 쓰지 않는 동안 당신은 통제당하고 무기력하고 좌절감을 느끼네요. 당신이 매우 화가 날 거라는 것을 이해합니다." M 씨는 대답했다. "그렇고 말고요. 제가 그렇게 느낀다고요. 안 그럼 내가 어떤 걸 느낄 수 있겠어요?" 그때, 그녀는 덜 동요되고 덜 두려운 듯 보였다.

논평: BPO 환자와 작업할 때, TFP-E 치료자의 첫 번째 목표는 현재 회기에서 환자의 경험을 조직하는 현저하게 이상화되거나 박해하는 대상관계를 확인하는 것이다. 이 대상관계는 종종 전이에서 정동적으로 지배적일 것이다. BPO 환자의 정동이 좀 더 고도로 부하되고 전이에서 활성화될 때, 환자의 비언어적 의사소통과 역전이는 전형적으로 가장 유용한 의사소통 수단이 된다. 언어적 의사소통은 때로 그 회기에서 정동적으로 지배적인 것으로부터 해리될 수 있다.

치료자는 먼저 잠재적으로 혼란스러운 임상 상황에서 자신의 혼란을 견딜 필요가 있고, 역전이를 행동화하기보다는 컨테인해야 한다. 그다음, 치료자는 자신이 느끼고 있는 것, 환자가 상연하고 있는 것, 그리고 현재 환자의 경험을 조직하는 대상관계에 대해 가설을 세우기 위해 환자가 말하는 것을 반영한다. 치료자 편에서 이러한 내적 과정은 전형적으로 치료자가 자신의 불안과 혼란을 컨테인하도록 돕는다. 환자의 경험에 대해 추가적인 설명을 해 달라고 한 뒤, 치료자는 관계에 대한 환자의 관점을 말로 나타내기 위해 환자와 함께 작업한다. 이는 수반된 표상에 대한 기술을 만들어 내는 것이며 환자가 의식적으로 동일시하고 있는 대상관계가 어느 측면인지 확인하는 것이다.

지배적 대상관계를 명료하게 하고 말로 표현함으로써 환자가 정동을 컨테인하게 할 수 있고 그 회기에서 환자와 치료자 모두의 전반적인 혼란 및 불안 수준을 줄일 수 있다. 지배적 대상관계를 확인하는 것은 혼란스러운 임상 상황처럼 느껴질 수 있는 것에 구조를 가져온다. 환자의 경험을 말로 표현하는 것은 또한 환자가 이해받는다고 느끼게 하며 환자는 치료자가 자신을 이해하려고 노력한다고 볼 수 있게 된다. 마지막으로, 지배적 대상관계를 정의하는 것은 BPO 환자 측면에서 자기관찰 과정에 착수하는 것으로, 치료자가 후속 개입을 수립하는 과정이다.

방략 2: 환자의 반복적이고, 경직되며, 또는 모순적인 경험 및 행동 특성에 주의를 환기시키기

BPO 환자 치료에서 두 번째 TFP-E 방략은 일반적으로 상호 기반을 둔 세 가지 순차적 단계로 개념화된다.

- 치료자는 임상 과정에서 단일한 지배적 대상관계의 반복에 주의를 기울인다. 이 대상관계는 그 회기에서, 종종 여러 회기에 걸쳐, 그리고 전이의 안과 밖에서 환자의 경험과 의사소통을 조직한다.
- 치료자는 앞에서 정의된 대상관계의 역할반전에 초점을 맞춘다. 이는 환자가 어떻게 서로 다른 때에 대상관계의 양 측면과 동일시하는지, 또는 어떻게 한 측면과 동일시하면서 동시에 다른 측면을 상연하고 있는지를 강조한다.
- 치료자는 환자로 하여금 따로 떨어진, 이상화되고 박해적인 대상관계에 대해 그리고 시간에 따른 자기경험의 해리된 특성에 주의를 두도록 한다.

이러한 방략 각각은 환자가 즉각적인 정동 경험에서 벗어날 수 있도록 촉구한다—첫째, 경직되고 반복적이며 예측 가능한 경험 특성을 자각하도록 하기(방략 2a), 둘째, 자신의 현재 경험과 현재 행동 사이의 모순을 볼 수 있도록 하기(방략 2b), 셋째, 자신의 현재 지배적인 경험과 다른 시점에 가졌던 경험 간의 모순에 주목하기(방략 2c).[1]

이후 회기들에서, C 박사는 M 씨가 어떻게 그렇게 지주 괴롭힘을 딩하고 통세당하고 화난 느낌을 받았는지에 M 씨의 주의를 돌렸다(방략 2a). M 씨는 동의했다. 그녀는 실제로 다른 사람들과의 모든 만남에서, 특히 그의 어머니와 C 박사를 만날 때 통제당하고 괴롭힘 당하는 느낌이라고 말했다. M 씨는 말했다, "당연히 저는 화가 나요. 나처럼 계속 당하면 누군들 이런 기분을 느끼지 않겠어요?"

---

1) 분열을 설명하기 전에 역할반전을 설명하는 이 일반적인 순서의 예외가 일부 높은 BPO 환자의 치료에서 나타난다. 비교적 안정적이고 방어적인 이상화를 유지하는 동시에 편집적인 영역을 분리시킬 수 있는 환자에게, 치료자는 역할반전을 설명하기(방략 2b) 전에 분열을 설명하면서 시작한다(방략 2c). 이러한 환자에게 이상화에 초점을 두는 것은 궁극적으로 기저에 있는 가벼운 편집적 대상관계를 가져온다. 일반적으로는, 역할반전과 분열의 증거가 확인될 때, 치료자는 역할반전을 먼저 설명한다.

C 박사와 M 씨는 그녀가 통제당한다고 느끼는 다양한 상황과 또한 그런 포지션으로 그녀 자신을 보는 것에 수반된 강력한 부정적 정서를 확인하기 시작했다. C 박사와의 관계에서, 통제 이슈는 치료틀을 두고 지속적으로 투쟁하는 것을 중심으로 조직되었다. C 박사의 사무실로 이동하는 불편함, 주 2회 상담에 대한 부담, 회기가 정해진 시간에 시작하고 끝나는 것, 심지어 회기에서 M 씨가 말을 해야 한다는 기대 이 모든 것이 M 씨에게 괴롭힘 당하고 통제당하는 느낌, 적대감, 반항심을 느끼게 했고, C 박사에게는 경직되고, 통제하고, 자기 잇속만 차리는 역할이 주어졌다. 유사한 어려움들이 M 씨의 어머니와의 상호작용에서도 반복적으로 나타났다.

▸ **2a: 단일 대상관계가 분열에 기반한 방어의 영향 아래 임상 자료를 예측 가능하게 조직할 때 환자의 경험 및 행동의 반복적인 특성을 주목하게 하기**

이 과정은 자기관찰 및 성찰을 촉진한다.

M 씨는 상담에 15분 늦었는데, 자신이 어머니를 얼마나 경멸하는지 아냐면서 화를 내며 고함쳤다. 그녀의 어머니가 고양이를 잔인하게 대한다고 여겨지는 것에 대해 말하기 시작했는데, 어머니는 보통 출근하기 전에 거실 문을 잠근다고 했다. 어머니는 고양이를 돌보지 않고, 오직 자신의 편의만 생각했다. C 박사가 말하기 시작했을 때, M 씨는 위협적으로 의자에 걸터앉으며 C 박사를 흘겨보았고, 주먹을 쥐락펴락했다. C 박사는 자신의 불안을 컨테인했다. 그런 다음 C 박사는 M 씨에게 자신의 생각을 공유하고 싶고 M 씨도 공유하고 싶은 것이 있는지 궁금했다. M 씨는 곰곰이 생각한 다음 그렇다고 했다.

C 박사는 말하기 시작했다. "그러니까 당신의 어머니가 고양이를 통제하고, 이기적으로 거실은 신경 쓰면서 고양이의 편의는 전혀 신경 쓰지 않는다고 했지요. 이런 경험은 당신이 원하지 않는데도 그리고 당신이 여기에 있는 게 그렇게 힘든데도 치료받아야 한다고 어머니가 고집할 때 당신이 어떻게 느꼈을지 생각하게 하네요."(방략 2a)

M 씨는 C 박사의 말을 인정하지 않았고 대신 사무실까지 올 때의 교통체증과 주 2회 상담에 대한 부담을 불평했다. 이 지점에서 C 박사는 전이에서 나타나는 이러한 패턴에 대해 말했다. "당신의 지금 불평을 들으면, 당신은 지금 나와 여기서 어머니에 대해 말한 것과 같은 경험을 하고 있지 않은가 싶어요. 이건 우리가 많은 시간 동안 우리 사이에서 관찰해 온 패턴이에요. 나는 통제하고 이기적으로 보이고, 당신은 괴롭힘 당하고 통제받는다고 느끼죠." (방략 2a)

▶ 2b: 역할반전에 초점 맞추기

이 과정은 투사적 동일시가 환자의 주관적 경험과 행동에 미치는 영향에 초점을 맞춤으로써, 대안적 관점을 가져오고 성찰과 자기인식을 촉진한다.

C 박사의 말에 대답하면서 M 씨는 좀 더 침착해지고, 좀 더 억제하고, 어느 정도 성찰적으로 보였다. C 박사는 M 씨가 그 순간에 관점을 넓혀서 자신의 행동과 통제적이고 괴롭히는 사람에 대한 해리된 동일시를 고려할 수 있는 마음 상태에 있었을 것이라고 생각했다. C 박사는 자주 통제적이고 괴롭히는 사람과 연결되었다. 이 점에서 C 박사는 임상 과정에서 상연된 역할반전에 M 씨의 주의를 환기시키고자 했다. 그래서 C 박사는 다음과 같이 말했다. 그녀는 M 씨가 통제당하고 괴롭힘당한다는 감정을 이해하는 동시에, 또한 M 씨 자신이 C 박사와의 관계에서 때로 통제하거나 괴롭히는 행동을 하고 있는 것을 볼 수 있는지 궁금하다고 했다—예를 들어, C 박사가 말을 하려고 할 때 말을 자르거나, 의자에 걸터앉아 C 박사를 노려보면서 주먹을 쥐었다 폈다 한다고. "당신은 내가 당신을 통제한다고 느끼는 동시에, 나를 통제하고 있어요. 그리고 당신이 나를 괴롭히는 사람으로 경험하는 동시에, 같은 방식으로, 당신이 나를 괴롭힐 수 있죠."(방략 2c)

그 후 수개월 동안, C 박사는 전이에서 핵심적인 지배적 대상관계의 반복적인 상연을 확인하기 위해 함께 작업했고, 이를 통해 M 씨가 임상 과정에서 역할반전의 영향을 알아차리게끔 했다.

▶ 2c: 이상화된 및 박해적인 대상관계의 해리에 초점 맞추기

이 과정은 환자의 주관적 경험 및 행동에 대한 분열의 영향을 강조함으로써 내적 상태에 대한 성찰을 촉진하며 동시에 환자가 시간에 걸쳐 이상화된 및 편집적인 경험을 맥락화하도록 한다.

치료틀에 대한 어려움이 계속되고 간헐적으로 폭풍 같은 회기들에서 M 씨가 적대적인 비난과 편집증적 특징을 보였음에도 M 씨는 치료를 지속했고 진전을 보이기 시작했다. 전반적으로, 그녀는 회기에서 덜 공격적이었고, 역할반전이 덜 혼란스러워졌으며 치료과정에 덜 파괴적이었다. 그녀는 꾸준히 일자리를 찾았고, 집에서는 덜 힘든 것 같았다. 동시에, 그녀는 나아지고 있다고는 거의 말하지 않았고 C 박사에 대한 불평을 계속했다(비록 완전히 열성적

으로 하지는 않았지만). 그럼에도 M 씨는 때때로 무척 망설이며 치료 및 치료 밖 환경에 대한 긍정적인 관점을 인정했다. 그러고 나면 그녀는 빠르게 평소의 적대적이고 편집적인 태도로 돌아가곤 했다. 이러한 발전으로 C 박사는 임상 과정을 예측 가능하게 조직했던 익숙한 편집적 대상관계를 분명하게 말할 수 있었을 뿐 아니라 관계에 대한 좀 더 감춰져 있고 이상화된 관점을 포착할 수 있었다. 이 관점은 C 박사가 M 씨의 모든 문제를 해결해 줄 거라고 M 씨가 기대했던 것이다.

그들의 관계에 대한 편집적이고 새롭게 분명해진 이상화된 관점을 M 씨와 함께 이야기하고 검토함으로써, C 박사는 M 씨가 시간에 걸쳐 활성화된 관계에 대한 모순되고 해리된 관점을 연결하도록 시도했다. 예를 들면, 치료한 지 6개월째 되는 회기에서, M 씨의 편집적 시위에 대해 C 박사는 다음과 같이 말했다. "당신은 내가 당신을 통제하고 당신을 돕는 것엔 관심이 없을까 봐 두려워하고 화를 내요. 이건 지난 회기에서 당신이 말한 것과는 달라요. 그때 당신은 나아지고 있고, 치료가 그것과 관련 있을 수 있다고 인정했어요."(방략 2c) C 박사는 M 씨가 경청하고 있는 것을 볼 수 있었고 이 개입을 '성찰을 위한 노력'으로 경험하고 있다는 것을 알 수 있었다.[2] C 박사가 모순에 주목하게 하자 M 씨는 호기심을 가졌고 그때 C 박사는 이어서 치료방략 3으로 넘어갔다—즉, 왜 M 씨가 관계에서 해리되고 박해적인 관점과 이상화된 관점 사이를 오가면서 부정적인 관점에 우선적으로 초점을 두게 되는지에 대한 가능성 있는 설명을 제공하기 위해서이다.

논평: 시간이 지남에 따라 전이 및 타인과의 관계 모두에서 지배적 대상관계가 반복적이고 예측 가능한 방식으로 상연될 때, TFP-E 치료자는 환자가 지배적 대상관계에 친숙해지도록 돕는다(방략 2a). 어떻게 단일한 지배적 대상관계가 서로 다른 상황에서 반복적으로 환자의 경험을 조직하는지에 주목하게 하면서 치료자는 환자가 자신의 경험을 관찰하도록 촉진시킨다. 이러한 역량은 환자가 탐색을 위한 심리적 공간, 즉 주어진 순간이나 정동적 경험에 단순히 '있기'보다는 그것을 '보기' 위한 공간을 만들도록 돕는 첫 번째 단계이다. 갈등 영역과 정동 활성화 상황에서 이러한 패턴을 명료하게 하고 환자 자신의 경험을 관찰하는 역량을 지지함으로써 환자는 분열에 기반한 방어가 경험에 미치는 영향을 다룰 수 있는 준비가 된다.

---

2) BPO 환자가 수용적인 마음 상태에 있을 때, 이러한 종류의 개입, 즉 고전적으로 방어의 직면이라고 기술되는 것으로 환자가 뒤로 물러서서 자신의 내적 경험을 관찰하고 성찰할 수 있도록 격려할 수 있다.

치료자는 투사적 동일시에서 시작하며, 역할반전에 환자의 주의를 환기시킨다(방략 2b). 역할반전을 설명하면서, 치료자는 먼저 환자의 관점에서 지배적 대상관계를 기술한다(C 박사에게 괴롭힘을 당한다고 느끼는 M 씨). 이 대상관계는 환자가 의식적으로 그 순간에 동일시하는 것이고, 치료자나 외부 대상에게 해당한다고 돌리는 것이다. 일단 환자가 이런 형태에 대해 분명한 관점을 가지게 되면, 치료자는 동일한 대상관계가 상연되었을 때 이것과 역할반전에 대해 재치 있게 주목하게 한다(C 박사를 괴롭히는 M 씨). 이때 환자가 치료자를 사람으로 경험하는 동시에, 예를 들면 환자는 실제 치료자를 학대하고 있음을 언급한다. 대안적으로 치료자는 한 가지 형태를 회기 초기에 언급할 수 있고, 그런 다음 회기 후반에 환자에게 지금 상황이 반전되고 있다는 것을 언급할 수 있다. 환자는 그 지점에서 학대자 역할을 하는데, 이는 이전에 치료자에게 부여했던 것이다.

환자의 관점에서 임상 자료에 전체적으로 접근하는 치료방략 1과 달리, 역할반전에 주의를 돌리는 것은(방략 2b) 좀 더 적극적인 개입이다. 치료자는 환자의 관점을 넓혀서 갈등적인 경험 측면을 보게 한다. 갈등적 경험은 행동으로 표현되지만 그의 지배적 경험으로부터 방어적으로 해리되어 있다. 역할반전에 초점을 두는 것은 환자가 대안적 관점("내가 당신을 괴롭힌다고 보는군요. 하지만 당신이 뒤로 물러서서 당신의 행동을 바라본다면, 당신이 나를 괴롭히는 것 같지 않아요?")을 생각할 수 있도록 하는 동시에, 갈등 영역에서 자기관찰 및 자기자각을 촉진시킨다. TFP-E가 BPO 환자의 이러한 역량을 지지하는 만큼, 치료자는 환자가 콘크리트하고 그 순간 잃어버린 경험을 넘어갈 수 있도록 돕고, 암묵적으로 뒤로 물러서서 관찰하고 성찰하도록 한다.[3]

임상적 주의가 역할반전에 초점이 맞춰져 있을 때, 관련된 정동은 좀 더 잘 컨테인되고 덜 불안정한 경향이 있다. 동시에, 역할반전을 작업함으로써 환자는 투사와 해리에 완전히 의지하기보다, 적어도 자신의 공격성에 부분적으로 책임을 지게 된다. 역할반전에 주의를 둠으로써 환자는 자신이 매우 편집적인 세계에 살고 있다는 것을 알게 된다. 즉, 환자가 '선'하고 박해하는 치료자의 무고한 희생자인 게 아니라, 오히려 치료자와 환자 둘 다 '악'하고 각자가 박해자이자 적대적인 희생자임을 깨닫게 된다. 환자가 자신의 경험의 분열된 측면을 인식함으로써 치료의 다음 방략을 위한 맥락이 만들어지며, 여기서는 엄밀한 의미의 분열을 다루게 된다(방략 2c).

---

3) 반복적인 대인관계 갈등을 관찰하고 성찰하도록 환자를 돕는 이러한 치료목표는 다른 치료 접근들과 유사한데, 가령 심리화 기반 치료(Bateman & Fonagy, 2006)에서 심리화를 증진시키는 목표 및 치료 파괴의 해결(Safran & Muran, 2000) 등이 있다.

치료자는 엄밀한 의미의 분열을 다룰 때, 이상화된 대상관계와 박해하는 대상관계 사이의 이동에 초점을 맞춘다. 이들은 한 회기 또는 여러 회기에 걸쳐 서로 다른 시간에 상호 해리되고 상연된다. 이 과정에서 치료자는 여러 시간 동안 환자 경험의 불안정하고 모순적인 특성에 주의를 환기시킨다. 암묵적으로 환자가 인지적으로 '분열을 연결'시킬 수 있도록 하고, 상이하고 모순적인 대상관계를 나란히 두고 볼 수 있게 한다. 이 대상관계는 다른 하나로부터 방어적으로 해리되어 왔던 것이다.

이들을 연결함으로써 환자는 다른 시점에 겪은 경험들과 관련하여 현재 경험을 맥락화하기 시작한다. 이 과정에서 환자는 분열의 어떤 쪽도 '현실'이 아니라 오히려 두 가지 표상 모두 자신의 경험에 대한 방어적으로 왜곡된 관점이며, 외부 현실이라기보다는 자신의 내부 세계의 측면이라는 것을 좀 더 깊게 인식하게 된다. 동시에, 환자의 주관성을 특징짓는 불안정성과 잠재적 왜곡에 대한 인식이 발달함으로써 외부 사건과 물질적 현실에만 초점을 두는 것으로부터 그의 내적 경험을 탐색하고, 그의 경험이 얼마나 주관적인지 충분히 인식할 수 있게 된다(이 말은 시간이 지나면 환자가 치료자와 다른 사람들에게 돌렸던 엄청난 모순들이 자신의 내적 경험과 어느 정도 관련이 있을 것이라고 인식하기 시작한다는 것이다).

요약하면, TFP-E 방략 1과 2는 BPO 환자의 치료, 특히 치료 전반에서 핵심적이고 중추적인 역할을 한다. 이들 방략은 자기인식 및 핵심적인 심리적 역량의 발달을 책임지는데, 먼저 자기관찰 및 정동 컨테인하기 역량을, 그다음으로 심리적 갈등 상황에서 성찰 및 대안적 관점을 발달시킬 수 있도록 한다. 이러한 역량들은 정체성 공고화의 기초 요소가 되며, 환자는 다른 시점에 경험한 모순적인 경험과 관련하여 그 순간의 경험을 맥락화하기 시작한다.

방략 3: 분열을 동기화하고 지배적 대상관계를 조직하는 불안 및 갈등을 탐색하고, 기저에 있는 소망과 두려움에 대한 가설 세우기

이 과정은 이상화된 및 편집적인 대상관계를 상호 해리시키는 불안의 인식을 견뎌 내는 역량을 촉진시키며, 방어 기능을 좀 더 유연하게 한다. 주관성의 구조적, 상징적 특성과 궁극적으로 심리적 갈등이 환자의 경험 및 행동에 미치는 영향을 인식하는 환자의 관점을 넓힌다.

TFP-E 방략 2는 환자가 치료에서 탐색하고 있는 경험들이 자신의 내적 삶의 반영이라는 인식을 발달시키는 데 영향을 준다. 환자의 주관적 경험이 외부 현실과 거리가 있다는 것이다—즉, 환자의 관점이 덜 콘크리트하고 좀 더 유연해지게 된다. 이러한 관점은 대체로 처음에는 일시적이지만, 역할반전과 분열에 지속적인 임상적 주의를 둠으로써 시간이 지남에 따라 좀 더 안정적이게 된다. BPO 환자가 경험의 내적이고 주관적인 특성을 인식할 때, 치료자는 성찰의 순간을 지배적 대상관계에 내재된 불안과 갈등을 탐색하기 위한 기회로 삼을 수 있다. 여기서 치료자는 앞의 개입들을 바탕으로, 이제 이상화된 및 편집적인 대상관계의 상호 해리에 주의를 집중시킨다. 이것은 이 대상관계들이 어떻게 다른 하나를 방어하는지를 강조하기 위함이며 분열을 동기화시키는 불안을 탐색하기 위함이다.

　　C 박사는 이전 개입(방략 2c)에 대해 M 씨가 호기심을 가지는 걸 감지했다. C 박사는 C 박사와의 관계에 대한 환자의 현재 친숙하고 편집적인 관점과 M 씨가 이전 회기에서 얘기했던 이상화된 관점 사이의 모순에 주의를 환기시켰다. M 씨는 열심히 집중하는 것 같았다. C 박사는 계속해서 왜 M 씨가 관계의 해리되고 모순적인 관점들 사이를 왔다 갔다 했는지 가능성 있는 설명을 해 나갔다. 그러면서 먼저 부정적인 것에 초점을 맞추었다(방략 3).

　　C 박사는 다음과 같이 제안했다. "아마도 당신은 우리 사이의 부정적인 관계에 다시 초점 맞추는 것을 좋아하는 것 같아요. 왜냐하면 그래야 친숙하고 안전하다고 느끼기 때문이죠. 긍정적인 관계를 경험하는 그 순간은 좋을 수 있지만, 그렇게 하는 것은 위험하다고 느낄 수 있죠. 부정적인 감정은 너무 압도적이어서 모든 좋은 감정이 언제든지 쉽게 사라질 수 있어요. 만약 당신이 부정적인 것을 계속 고수하면서 긍정적인 것을 숨긴다면, 그건 좋은 감정들을 비밀 장소에 보호하는 걸 거예요."

논평: 방략 3에서 치료자는 환자와 함께 무엇이 그런 식으로 그의 내적 경험을 조직하게 하는지에 대해 살펴보는 작업을 한다. 이전의 개입을 기반으로, 치료자는 이미 정교화해 온 이상화된 및 박해적인 대상관계들 간의 관계를 그려 나간다. 그리고 나서 하나의 대상관계가 어떻게 반대되는 다른 하나를 방어하는지를 언급하고, 그것들의 상호 해리를 동기화하는 불안을 탐색한다. 이러한 종류의 개입은 마음에서 이상화된 및 편집적인 대상관계를 동시에 견뎌 내는 BPO 환자의 역량을 지지하며 분열을 동기화하는 불안을 좀 더 잘 컨테인하도록 한다.

　　동시에 TFP-E의 세 번째 방략을 구성하는 개입들은 설명적 특성을 지닌다. 여기서 개입들은 무엇이 환자로 하여금 분열에 의지하게 하는지, 그의 경험을 그런 식으로 조직하도록 동기화하는지에 대해 가능한 설명을 한다. 이러한 종류의 설명적 개입은 앞의 개입들처럼 자기자각뿐만 아니라 자기이해를 넓히는 데 초점을 맞춘다. 이러한 종류의 개입은 방어를 추동하는 의미와 동기들에 대한 가설의 형태로 도입되며, 해석에 대한 고전적 정신분석 개념화에 상응한다(우리는 제10장에서 해석에 대해 자세하게 논의할 것이다). BPO 환자, 특히 낮은 및 중간 범위에 있는 BPO 환자의 치료에서, 이러한 종류의 개입은 치료의 진전기로 나아갈 때까지 효과적이지 않을 수 있는데, 환자가 좀 더 기초적이고 구체적인 개입으로부터 도움을 받은 후에야 가능하다(제13장 치료단계에 대한 논의 참조).

BPO 환자가 설명적 개입들을 잘못 해석하고 이해하지 못하는 위험은 항상 있다. 환자는 치료자의 개입을 콘크리트하게 해석할 수 있고 치료자의 말을 다음과 같이 들을 수 있다. "물론, 당신은 긍정적인 감정들을 숨겨야 해요. 안 그러면 그것들은 파괴될 거예요." 또는 환자는 치료자의 의사소통을 단순히 텅 빈 단어로만 경험할 수도 있다.

방략 4: 확인된 갈등 훈습하기

▶ 4a: 확인된 갈등 및 관련된 불안이 서로 다른 맥락에서 시간에 걸쳐 상연될 때 이를 훈습하면서 치료목표와 환자의 대인관계를 연결시키기

이 과정은 환자가 공격성 표현과 관련된 불안을 컨테인할 수 있도록 하며 분열에 기반한 방어를 포기할 수 있도록 한다. 이때 이상화된 및 박해적인 내적 대상관계의 통합을 촉진시키고 정체성 공고화 과정을 점진적으로 이끄는 동시에 대인관계 기능을 향상시킨다.

훈습 과정(방략 4a)의 일환으로 M 씨의 치료 중기 동안에, C 박사는 우리가 기술해 왔던 방략들을 여러 차례 사용했다. 훈습을 통해 M 씨가 분열에 기반한 방어를 동기화하는 불안을 탐색할 수 있었고 궁극적으로 C 박사가 강력해진 M 씨의 두려움에 초점을 맞추게 되었다. 만약 이상화된 형태의 C 박사가 M 씨를 돕는다면, 그땐 C 박사가 매우 강력해지게 될 것이다. 만약 C 박사가 강력해진다면, C 박사 또한 위험해질 것이다. 그러면 C 박사는 언제라도 M 씨를 공격할 수 있고 착취하거나 좌절시킬 수 있을 것이다. 아니면 C 박사는 치료를 중단할 수 있을 것이고 M 씨가 감당할 수 없을 정도로 상담비를 올릴 수도 있을 것이다.

이후의 개입에서 C 박사는 또한 M 씨가 치료자를 외부의 적으로 경험했던 것처럼, M 씨가 마찬가지로 내부의 적과 투쟁하고 있다고 말했다. 그것은 내부의 강력하고 통제적인 독재자로, 삶에서 M 씨가 이득을 얻을 수 있는 기회를 파괴하길 원했다. M 씨가 자신의 가능성

들을 파괴하려는 욕구에 기저하는 다양한 불안을 탐색했을 때 거기에는 시기하고 잔인하고 공격적인 부모상으로부터 공격받을 거라는 두려움이 있었다. 그리고 만약 M 씨가 자신을 속여서 거짓된 희망을 느낀다면 견딜 수 없는 실망과 굴욕을 경험할 거라는 두려움이 있었다. 궁극적으로, 부모상으로부터 완벽한 사랑과 돌봄을 받으려는 깊이 간직했던 희망을 잃어버릴 거라는 두려움과 C 박사로부터 그러한 사랑과 보호를 받을 가능성을 간직하려는 소망은 관계에 대한 분열된 관점을 유지하려는 동기로 보였다.

이러한 불안들이 확인되고 탐색될수록 그것들은 덜 콘크리트해졌고 덜 믿을 만해졌다. 그것들은 실제 두려움이라기보다는 두려움과 환상 같은 느낌이 되었다. 이러한 상황에서, 초기 우울 불안이 좀 더 친숙한 편집적인 근심과 함께 나타나기 시작했다. 이러한 불안은 그녀가 C 박사의 도움과 어머니의 관심을 받을 만하지 않고 그녀가 공격적이고, 그들을 괴롭히고 위협하는 걸 즐겨서 그들로부터 온당한 대우를 받을 만하지 않다는 감각을 중심으로 나타났다.

치료 후기에 M 씨는 아버지가 가족을 떠나기 전에 가졌던 아버지와의 초기 경험을 연상하기 시작했다. 아버지는 그녀를 괴롭히고 위협했는데, 하라는 대로 하지 않는다고 생각되면 벨트를 풀어서 그녀를 때리겠다고 위협했다. 그녀는 얼마나 그를 싫어하고 두려워했는지, 그리고 청소년기에 아버지가 가족을 떠난 후 자신이 어머니를 괴롭혔던 것에서 아버지와 자신의 연관성을 어떻게 인식해 왔는지 되돌아봤다(방략 4b). 삼자구도 및 오이디푸스 갈등 역시 치료 후기에 드러났다. 매우 성공한 동생에게서 승리하고 굴욕감을 주고 싶은 소망에 대한 죄책감으로 나타났는데, 분명 아버지는 환자보다 동생을 더 좋아했었다.

치료가 끝나 갈 무렵, M 씨는 전일제 일을 시작하고 고등학교 친구 몇몇과 다시 연락을 취하고, 운동도 하고 집안일을 돕기 시작했다. 이후 그녀는 자신의 이전 행동들을 되돌아보았다. 치료를 시작했을 때 얼마나 화가 나 있고 겁을 냈는지, 그리고 자신의 행동이 얼마나 저항적으로 보였을지에 대해 이야기했다. 그녀는 자신을 용서하는 데 오랜 시간이 걸렸다고 말했다. 그녀는 "나는 나 자신을 싫어했어요……. 난 모든 사람을 싫어했어요."라고 말했다. 그녀는 C 박사가 자신을 어떻게 참고 견뎠는지 궁금했다. "많은 다른 치료자는 도망가곤 했어요. 하지만 당신은 왜 그런지 항상 치료를 믿었는데 아마도 제 안에 있는 무언가를 봤겠죠……. 내가 나아질 수 있다는 걸요. 더 이상 당신이 완벽해지길 바라지 않아요. 그러지 않아도 괜찮아요. 나도 그럴 거예요."

논평: TFP-E의 마지막 방략은 방략 3에서 정교화된 갈등들을 훈습하는 것이다. BPO 환자에게 훈습은 분열에 기반한 방어의 활성화와 관련된 불안, 소망, 두려움에 대한 반복되

는 동일시, 탐색 및 해석 그리고 이상화된 및 편집적 대상관계의 상호 해리에 초점을 맞춘다. 불안과 방어는 다양한 관점과 맥락에서 탐색된다. 그러면서 환자는 새로운 방식의 행동하기, 생각하기 및 느끼기를 치료와 일상생활에서 연습한다.

BPO 환자의 치료에서, 훈습 과정은 분열을 동기화하는 편집 불안을 탐색하는 것으로 시작한다. 궁극적으로 분열에 기반한 방어를 동기화하는 우울 불안도 탐색된다. 분열에 기반한 방어를 추동하는 갈등을 훈습함으로써, 환자는 방어를 동기화하는 편집 및 우울 불안을 컨테인하기 위한 역량을 더 발달시킨다. 불안이 더 잘 컨테인되는 그러한 순간에 분열은 덜 극단적이고 덜 경직되는데, 분열이 더욱 감소함에 따라 불안을 더욱 컨테인할 수 있게 된다. 이러한 역동적 변화는 실제적인 순환을 만들어 낸다. 불안을 컨테인함으로써 통합을 향한 (일시적인) 변화가 촉진되며, 그 순간에 향상된 통합은 공격성을 조절하도록 돕고, 정동의 강도와 분열의 극단성을 감소시키며 통합을 더욱 촉진시킨다.

시간이 지남에 따라, 훈습 과정은 박해적 및 이상화된 내적 대상관계의 점진적인 통합을 가져온다. 이와 함께 신경증적 수준에서 조직된 환자들에게 전형적인 좀 더 현실적인 대상관계와 전이가 형성된다. 편집 및 우울 불안이 훈습되고 대상관계가 점진적으로 잘 통합될수록, 회기에서 탐색된 자료와 환자의 발달력이 자연스럽게 연결되는 경향이 있으며, 이는 탐색 및 해석 과정에 생산적으로 포함될 수 있다. 훈습 과정에서 치료자는 핵심 갈등이 치료목표 및 환자가 치료받으러 오게 된 어려움과 관련된 방식에 초점을 맞춘다. 그리고 어떻게 환자의 변화가 그의 삶에서 중요한 사람들과의 대인관계에 상응하는 변화로 옮겨 가는지에 초점을 맞춘다.

상호 해리된 이상화된 및 박해적인 내적 대상관계의 성공적인 통합은 상응하는 자기 및 대상표상의 통합을 가져올 뿐만 아니라, 관련된 정동 상태의 통합을 가져온다. 이 과정에서 환자는 자신과 타인에 대한 좀 더 편안하고 현실적인 경험을 발달시킨다. 그리고 그의 정서적 경험은 분열에 기반한 방어를 포기하고 이상화된 및 편집적인 대상관계가 하나로 합쳐지면서 깊어진다. 환자의 경험은 좀 더 잘 맥락화된다. 그는 자기에 대한 핵심적인 감각을 발달시키는데, 이는 정체성 공고화와 부합한다.

치료자는 어떻게 BPO 환자의 치료에 과거 자료를 통합하는가

BPO 환자의 현재 경험 및 어려움과 발달력을 언제 어떻게 연결짓는가는 종종 혼란스러운 문제이다. TFP-E에서는 오직 환자가 어느 정도 정체성 공고화를 이룬 후에야 이러한 종류의 가설이 도입될 것이다. 따라서 BPO 환자에 대한 TFP-E의 네 번째 방략을 고려할지라도, 이 방략은 전형적으로 치료 후기까지 사용하지 않는다. 이는 방략 4b의 논의에서 설명하고 있다.

▶ 4b: 확인된 갈등을 환자의 발달력과 연결하기

이 과정은 환자의 자기이해 수준을 심화시키고 나아가 방어를 동기화하는 불안을 컨테인하도록 촉진시킨다. 이는 시간에 따른 경험의 맥락화와 정체성 공고화 과정을 지지한다.

TFP-E에서 초점은 지금-여기 치료 상황에서 환자의 경험을 조직하는 대상관계에 있다. 이 대상관계는 치료자와의 관계에서 그리고 환자의 현재 삶의 사람들과의 관계에서도 상연된다. 치료자가 전이에서 나타난 내적 표상을 환자가 정교화하도록 도울 때, 환자의 발달력에 대한 이해는 환자의 현재 경험에 대한 이해를 도울 수 있다. 그러나 여기에는 몇 가지 중요한 주의 사항이 있다. 가장 중요한 것은 BPO 환자의 전이와 대인관계에서 나타나는 대상관계는 정의상 환자의 초기 삶으로부터 온 중요 인물에 대한 모순적이고 부분적이며 왜곡된 표상이라는 점이다. 유사하게 환자의 초기 역사에 대한 기억과 설명은 실제 사건과 인물에 대한 신뢰할 수 없는 표상이다. 현재의 표상이 초기 경험 측면을 반영하는 것일지라도, 이것들은 환자의 과거 및 현재의 소망, 두려움, 환상 및 방어의 관점을 통해 조직된다.

이를 염두에 두면서 치료자는 전이를 기술할 때 실제 과거 관계에 근거하는 것이 아니라 원형에 근거하여 언급하려고 한다. 심지어 전이가 부모나 형제자매와의 관계를 재현하는 것으로 보일지라도 그렇다. 예를 들면, C 박사는 M 씨에게 다음과 같이 말하지 않을 것이다. "나는 마치 당신의 어머니 같네요. 당신의 기분은 신경 쓰지 않으면서 자신의 욕구를 충족시키기 위해 당신을 통제하는 것 같아요." 그 대신 C 박사는 다음과 같이 말할 수 있다. "나는 마치 당신의 기분은 전혀 신경 쓰지 않으면서 자신의 욕구를 충족시키기 위해 당신을 통제하는 엄마 같네요." 이는 M 씨가 그녀의 어머니에 대한 여러 가지 다른 관점과 모순된 관점을 가질 수 있다는 것을 인정하는 것이다.

치료 후기에 BPO 환자의 경험이 시간이 지나면서 좀 더 잘 통합되고 의식됨에 따라, 치료자는 가족 구성원에 대한 연상과 그들과의 초기 경험 및 관계에 대한 기억이 환자의 언어적 의사소통에서 자발적이고 확실하게 드러나기 시작한다는 것을 주목할 것이다. 이 지점에서, 훈습 과정에서 현재의 갈등과 과거의 재구성을 연결하는 것은 환자의 자기 이해뿐만 아니라 자기감의 응집성을 깊게 할 수 있다. 나아가 통합 과정을 촉진시킬 수 있으며, 동시에 현재 경험이 개인의 내러티브 안에서 맥락화된다.

예를 들어, M 씨의 경우, 치료 후기에서야 환자는 아버지에 대한 초기 기억과 아버지와의 동일시를 언급했다. 이때까지 M 씨의 학대하고 괴롭히는 사람과의 동일시는 주로 전이에서 훈습되어 왔지만, 이러한 역사적 재구성은 없었으며, 오히려 M 씨의 어머니와의 현재 투쟁에 초점이 맞춰져 있었다. 그러나 치료 후기에서 M 씨가 아버지와의 초기 경험을 이야기하자 어떻게 그녀가 처음 치료를 시작했을 때의 모습이 되었는지 해명되었고, 궁극적으로 어머니뿐만 아니라 자기 자신에 대한 용서와 인정도 깊어졌다.

신경증적 성격조직 스펙트럼 환자

신경증적 수준에서 조직된 환자의 치료를 위한 전체 심리치료방략은 이 장의 초반에서 개관한 총 네 개의 순차적 과제로 개념화될 수 있다. 하지만 각 과제는 NPO 환자가 나타내는 특정 임상 과제를 해결하기 위해 맞춰진 것이어야 한다. 이때 환자의 경험과 행동에 있어서 억압에 기반한 방어의 영향에 초점을 맞춘다. NPO 환자를 위한 전체 치료방략이 대부분 BPO 환자의 치료로 앞에서 개관한 것과 본질적으로 동일하다는 것을 알아챘을 것이다. 차이는 임상 과정에서 각 방략의 상대적 중요성과 (어느 정도) 그 기능에 있다.

대체로, NPO 환자의 치료에서는 후기 치료방략인 방략 3과 4에 더 많은 강조점을 두는데, 비교적 초기에 효과적으로 쓰일 수 있다. 반면, BPO 환자의 치료에서는 방략 1과 2가 좀 더 중심적 역할을 한다. 이러한 차이는 억압에 기반한 방어의 안정성을 반영한다. 이는 자기관찰, 성찰 및 대안적 관점을 고려하는 NPO 환자의 비교적 잘 발달된—정체성 공고화에 의해 부여된—역량과 연결된다. BPO 환자의 치료에서처럼 NPO 환자를 위한 치료방략은 점진적으로 환자의 자기인식을 넓히고 자기이해를 깊어지도록 기능한다. 〈표 6-3〉은 NPO 환자를 위한 TFP-E 방략을 개관한 것이다.

임상 예시 ▶ NPO 환자의 치료방략

S 씨는 50대 기혼 여성으로, 두 명의 성공한 자녀가 있었다. 그녀는 자존감 문제가 있었고 자기주장을 못했으며 사회적으로 고립되어 있었다. 객관적으로 매우 지적이고 꽤 매력적이었지

만, 그녀는 자신을 열등하고 매력적이지 않고, 관심 가질 만한 게 아무것도 없다고 봤다. 남편과 자녀들과의 관계를 제외하면 사회적으로 고립되어 있었는데, 다른 사람들이 그녀의 생각에 대해서나 한 개인으로서 관심을 표현했을 때 그녀는 알아채지 못하는 것 같았다. 대학 졸업 후 바로 결혼했는데, 그녀는 모든 직업적이고 지적인 열망들을 잃어 갔고, 젊은 시절을 아이들을 기르고 남편의 일을 지원하는 데 바쳤다. 최근 몇 년 동안, 그녀는 일련의 자원봉사를 맡아 왔다.

S 씨의 태도는 겸손했지만 매력적이었고, C 박사와의 상호작용에서 그녀는 지나치게 친절하면서 미묘하게 순종적이었다. 예비치료에서 환자를 만난 후, C 박사는 신경증적 수준에서 조직화된, 의존적 및 연극적 특성을 지닌 우울 성격장애 진단을 내렸다. 그녀의 STIPO-R 프로파일은 STIPO-R 전체 영역에 걸쳐서 경미하지만 전반적인 손상이 있었다.

〈표 6-3〉 전이초점 심리치료의 치료방략 및 기능-신경증적 성격조직 수준에 맞춰 수정

방략 1. 지배적 대상관계 정의하기

　1a. 지배적 대상관계 확인하기

　　기능: 임상 초점을 방어적 대상관계 및 갈등 영역으로 좁힌다.

　1b. 지배적 대상관계 기술하기

　　기능: 갈등 영역에서 환자의 내적 경험을 탐색하는 데 초점을 둔다.

방략 2. 환자의 반복적이고, 경직되며, 또는 모순적인 경험 및 행동 특성에 주의를 환기시키기

　2a. 방어적 대상관계의 반복적인 상연이 임상 자료를 예측 가능하게 조직할 때 환자의 경험 및 행동의 반복적인 특성을 주목하게 하기

　　기능: 방어의 자아이질성을 촉진시키고 갈등 영역에서 성찰을 증진시킨다.

　2b. 자기 및 타인에 대한 환자의 경험에서 불일치, 생략 및 체계적인 왜곡을 주목하게 하기. 이는 환자의 주관적 경험 및 행동에 대한 억압에 기반한 방어이 영향을 빈 영안나.

　　기능: 길등 녕벽에 대안적 관점을 가져오며 방어의 경직성을 감소시키는 동시에 성찰을 촉진한다.

방략 3. 억압을 동기화하고 지배적 대상관계를 조직하는 불안을 탐색하고, 기저에 있는 소망, 두려움, 개인적 의미에 대한 가설 세우기

　　기능: 방어적 대상관계의 활성화를 추동하는 불안의 인식을 견딜 수 있는 역량을 지지하는데, 이때 기저에 있는 동기와 개인적 의미에 대한 가설을 세운다. 해석은 갈등 영역에서 주관적 경험의 구조적이고 상징적인 특성을 인식하게 함으로써 방어 기능을 더 유연하게 한다.

방략 4. 확인된 갈등이 시간에 따라 서로 다른 맥락에서 활성화될 때 이를 훈습하고 치료목표 및 환자의 발달력과 연결짓기

　　기능: 환자가 갈등적 동기의 표현 및 관련된 불안을 인식하고 견딜 수 있도록 하며, 이러한 불안을 상징으로서 경험하도록 한다. 궁극적으로 지배적인 자기경험 안에서 갈등적 동기를 컨테인할 수 있도록 한다. 이러한 통합적 변화는 갈등 영역에서 억압에 기반한 방어를 포기하고 성격의 경직성이 감소하는 것을 의미한다.

방략 1: 지배적 대상관계 정의하기

▶ **1a: 지배적 대상관계 확인하기**

이 과정은 임상 초점을 방어적 대상관계와 갈등 영역으로 좁힌다.

S 씨는 주 2회 치료를 시작하는 데에 흔쾌히 동의했다. 또한 치료틀을 따르고 회기에서 솔직하고 자유롭게 이야기하는 데 어려움이 없었다. 초기 회기에서 그녀는 R 박사의 자원봉사 연구 보조원이라는 현재 위치에 대해 장황하게 이야기했다. R 박사는 지방 대학에서 매우 높이 평가되는 여성 학자였다. 최근 S 씨는 자신의 학문적 흥미를 발전시키기 시작하면서 이런 상황에서 자신에 대한 희미하나마 한 줄기 희망을 느끼기 시작했다. 이는 그녀의 인생에서 처음으로 치료에 오도록 용기와 동기를 준 것으로 보였다.

S 씨가 R 박사와의 경험에 대해 말할 때, C 박사는 R 박사가 S 씨를 평가절하하고 이용하는 것처럼 보였는데, R 박사는 충동적으로 그녀에게 장시간 일을 시키거나 개인적인 심부름을 시켰기 때문이었다. 동시에 R 박사의 연구에 대한 S 씨의 기여가 논의되는 회의에 그녀를 제외시켰다. C 박사가 S 씨가 이용당했다고 느끼는지에 대해 질문했을 때, S 씨는 그녀가 '다른 사람들에게—특히 (이제는 꽤 나이가 든) 어머니, 남편 그리고 R 박사—봉사하며' 평생을 살아왔다고 설명했다. 이들 모두는 그녀가 자신보다 훨씬 더 뛰어나다고 생각했던 사람들이었다.

S 씨가 그녀의 남편과 어머니와의 상호작용에 대해 말하는 것과 그녀 자신에 대해 말하는 것을 들으면서, 그리고 C 박사 자신에 대한 S 씨의 태도를 되돌아보면서 C 박사는 속으로 지배적 대상관계에 대한 이미지를 발달시켰다(방략 1a). C 박사가 보기에 임상 자료를 지배하는 이자관계는 뛰어난 어머니상과 열등하고 하찮은 소녀인 것 같았다. 뛰어난 어머니상은 강하고, 유능하고 존경받는 인물이었다. 이러한 이자관계는 부적절감과 기쁘게 해 주고 싶은 소망을 반영했다. 이 이자관계는 S 씨의 자기경험을 채색했다: R 박사, 남편, 어머니와의 관계, 다른 사람들과의 일상적 상호작용, 그리고 치료자에 대한 숨은 기대. 고통스럽긴 하지만 환자의 자기 자신에 대한 관점은 **자아동질적**이었다.

이 이자관계의 습관적인 상연은 성격 방어로서 기능했다. 이 세상에서 S 씨 자신에 대한 경험과 모든 상황에서 다른 사람들과의 관계에서 나타나는 그녀의 행동을 조직하고 있었다. 그녀는 온순하고 순종적이며 쉽게 떠밀려 다니고 있었다. 그녀는 자신의 욕구를 단 한 번도 우선순위에 두지 않았던 것 같았다. 동시에 C 박사는 이 방어적 이자관계에 기저하는 대상관계를 감지했다. 좀 더 자율적이고 야망 있는 자기와 갈등하는 착취적이고 이기적인 모성적 인물로, 이는 자기주장과 분한 감정으로 채색되어 있었다. C 박사의 가설은 S 씨의 새롭게 찾은 학문적 흥미와 비밀스러운 열망이, 아마도 어머니가 점점 병약해지면서 오랫동안 지속되어 온 확고한 성격 방어를 흔들기 시작했다는 것이다. 오랫동안 억압된 직업적 열망을 추구하고자 하는 비밀스러운 소망으로 인해 그녀는 불안을 느끼고 치료를 받으러 왔던 것이었다. C 박사와의 관계에서 S 씨는 감탄하고 순종적이면서 소녀 같았지만 그녀 자신을 이해하기 위해 회기에서 그리고 회기 밖에서도 열심히 작업했다.

▶ 1b: 지배적 대상관계 기술하기

이 과정은 갈등 영역에서 환자의 내적 경험을 탐색하는 데 초점을 둔다.

C 박사는 S 씨의 언어적 의사소통과 연상을 들으면서 회기에서 그녀의 행동과 역전이에 주의를 두었다. S 씨는 몇 주 전 약속을 취소해야 했던 이유를 사과하듯 설명하기 시작했다. 그녀는 남편과 함께 출장을 가고 있었다고 설명했다. S 씨는 출장에 대해 감정을 덧붙이지 않았다. C 박사가 출장에 대한 S 씨의 태도를 물었을 때, S 씨는 기존의 다른 계획들을 취소해야 했지만 "별일 아니었어요."라고 설명했다. 그녀의 남편은 중요한 회의가 있을 때 그녀와 함께 출장 가는 것을 좋아했다.

그런 후 S 씨는 대학교의 새로운 상황에 대해 이야기하기 시작했다. 그녀는 대학교에서 서류들을 보관할 장소를 찾기 이러웠다. R 박사는 S 씨의 도와달라는 미묘한 요청을 무시했다—정말, 관심이 없는 것 같았다.—S 씨는 이 일을 사실에 입각해서 이야기했다. 그녀는 R 박사가 중요한 원고 마감 기한을 맞추느라 그 밖에 다른 것에는 시간을 들이거나 신경 쓸 수 없었다고 설명했다.

C 박사는 S 씨가 그녀의 남편, 상사와의 상호작용에 대해 이야기할 때 익숙하고 반복되는 패턴이 있다고 말했다(방략 1b): "둘 모두에 대해, 마치 우월하고 강력한 모성적 인물과 관련해서 당신 자신은 열등하고, 부족한 여자아이로 경험하는 것 같네요. 그들은 당신이 의존하는 사람들이죠. 마치 그들의 욕구만 중요한 것 같아요. 당신은 상관없고요."

논평: NPO 환자와의 작업에서, TFP-E 치료자의 첫 번째 목표는 회기에서 환자의 경험

을 조직하는 대상관계를 확인하는 것이다. 자기와 타인에 대한 안정적이고, 자아동질적
이며, 비교적 현실적인 관점이 임상 자료를 통해 나타나고 또 나타난다는 것이다. BPO
환자와는 달리, NPO 환자의 언어적 의사소통과 연상은 대체로 정동적으로 부하된 대상
관계의 유용한 지표가 되곤 하는데, 환자의 비언어적 의사소통과 역전이에 의해 보완된
다. 마찬가지로 BPO 환자의 치료에서와는 달리, 신경증적 병리에서는 초기 회기들이 대
체로 정동적으로 매우 부하되거나 혼란스럽지 않으며, 지배적 대상관계가 전이에서 반드
시 상연되는 것은 아니다.

치료자는 환자의 타인과의 상호작용에 대한 기술이나 그의 내적 경험에 대한 기술에
서 반복되곤 하는 관계 패턴을 경청한다. 종종, 이러한 관계 패턴들은 치료자와의 상호
작용에 미묘하게 반영될 수 있는데, S 씨가 회기를 취소한 것에 대해 C 박사에게 사과하
는 태도처럼 말이다. 그러나 치료자가 전이에서 상연된 정동적으로 지배적인 대상관계
를 확인할 수 있을 때조차, 이러한 대상관계는 다른 맥락이나 관계에서보다도 전이에서
환자에게 잘 받아들여지지 않는다. 일단 치료자가 그의 마음에서 지배적 대상관계를 확
인한다면, 그는 환자와 함께 그와 관련된 패턴에 대한 이야기를 발전시키고자 할 것이다.
BPO 환자의 치료에서 역할반전이 가져온 동일시의 혼란스러움과는 달리, NPO 환자는
지배적 대상관계의 한 측면과 안정적으로 동일시할 수 있는데, 종종 어린아이와 같은 위
치에 그 자신을 놓는다.

BPO 환자의 치료에서처럼, NPO 환자의 치료의 첫 번째 방략은 환자의 경험을 조직하
여 명명하는 것이며, 동시에 공감을 전달한다. 임상 과정의 관점에서 지배적 대상관계를
확인하고 명명할 때, 첫째, 치료자의 주의에, 둘째, 환자의 갈등 영역에, 셋째, 그 맥락 안
에서 환자의 경험에 초점을 맞춘다. NPO 환자와의 작업에서 지배적 대상관계를 관찰하
고 기술하는 것은 자기관찰 및 성찰 역량을 요구하고 지지한다. 이러한 역량은 갈등 및
방어가 있을 때 미묘하게 손상될 수 있는데, 비록 이 역량이 NPO 환자에게 전형적으로
잘 발달되어 있고 비교적 안정적일지라도 그렇다. 더욱이, 정의상 지배적 대상관계가 방
어적 기능을 하기 때문에, 지배적 대상관계에 초점을 둠으로써 NPO 환자의 방어를 탐색
하기 시작한다.

방략 2: 환자의 반복적이고, 경직되며, 또는 모순적인 경험 및 행동 특성에 주의를 환기시키기

두 번째 치료방략은 방어적 대상관계 상연이 환자의 경험 및 행동에 미치는 영향을 주목하게 하는 것을 포함한다. 치료자는 억압에 기반한 방어가 가져온 경직성, 불일치성, 미묘하지만 종종 체계적인 왜곡에 초점을 둘 것이다. NPO 환자의 치료에서 방략 2a와 2b는 모두 '방어 분석' 과정을 나타낸다. NPO 환자에 대한 TFP-E의 두 번째 방략의 궁극적인 결과는 방어가 점진적으로 자아이질적이 되는 것이다.

▶ **2a: 방어적 대상관계의 반복적인 상연이 임상 자료를 예측 가능하게 조직할 때 환자의 경험 및 행동의 반복적인 특성을 주목하게 하기**

이 과정은 방어의 자아이질성을 촉진시키고 갈등 영역에서 성찰을 증진시킨다.

C 박사가 임상 자료를 조직하는 대상관계를 기술한 것을 듣고서(방략 1b)—즉, S 씨는 자신이 열등하고 부적절한 소녀로서 자기 욕구는 돌보지 않고, 우월하고 강력한 모성적 인물에게 '봉사하며' 산다고 보았다—S 씨는 즉각적으로 동의했다. 그녀는 이것이 대부분의 상황에서 느꼈던 것이라고 말했다. 또한 물론 이는 그녀의 고통스러운 열등감과 부적절함으로 완전히 정당화됐다. 그녀의 관점에서, 뭘 알아채거나 C 박사가 언급할 만한 것은 없었다—S 씨의 경험을 조직하는 그녀 자신에 대한 평가절하된 관점은 완전히 자아동질적이었다. C 박사는 이 패턴이 S 씨의 많은 관계를 어떻게 조직하고 있는지, 그리고 얼마나 경직되고 굳어져 있는지 놀랍다고 말했다.

C 박사는 '봉사하며' 살아간다는 S 씨의 관념에 박혀 있는 그녀 자신과 타인에 대한 관점을 좀 더 구체적으로 명료화하기 위해 작업했다. S 씨는 이 모델에 따라 자신의 모든 경험을 어떻게 조직하고 있는지 함께 확인했다—그녀의 상사, 남편 및 어머니뿐 아니라 아이들과 그녀가 거래하고 있는 가게 주인과 심지어 그녀의 가사 도우미까지도. C 박사가 이러한 패턴의 경직성과 편재성과 더불어 어떤 상황에서는 그것들이 얼마나 부적절해 보이는지를 강조하는 대화에서 S 씨는 적극적이고 호기심 많은 참여자였다(방략 2a). 예를 들어, 한 회기에서 S 씨는 가사 도우미의 편의를 봐주기 위해 그녀의 하루 일정을 조정했던 것을 덤덤하게 이야기했는데, 왜냐하면 가사 도우미가 다른 일과 사적인 일로 시간을 끼워 맞추려고 했기 때문이었다. C 박사는 의아해하며 큰 목소리로 말했다. "누가 누구의 일을 해 주는 거죠?"

▶ 2b: 자기 및 타인에 대한 환자의 경험에서 불일치, 생략 및 체계적인 왜곡을 주목하게 하기. 이는 환자의 주관적 경험 및 행동에 대한 억압에 기반한 방어의 영향을 반영한다.

이 과정은 갈등 영역에 대안적 관점을 가져오며 방어의 경직성을 감소시키는 동시에 성찰을 촉진한다.

또 다른 회기에서, S 씨는 치료에 몇 분 늦었는데 물이 뚝뚝 떨어질 정도로 다 젖어서 왔다. 그녀는 폭우가 쏟아지는데 R 박사가 그녀에게 서류를 다른 기관에 옮겨 놓으라고 시켰다고 했다. 그녀와 R 박사가 서류들을 옮길 수 있는 다른 방법을 마련할 수는 없었냐고 C 박사가 물었을 때, S 씨는 다른 선택지는 떠오르지 않았다고 대답했다.

C 박사는 대답했다. "결국은 다른 대안이 없었을 수도 있어요. 하지만 다른 방법이 있을 거라는 생각이 어떻게 전혀 떠오르지 않았는지 놀랍네요. 당신의 말대로라면, 당신은 당신이 '봉사하는 것'이 너무도 뻔하고 아마도 유일한 해결책이라고 자동적으로 당연하게 생각한 것 같아요." C 박사는 S 씨가 그날 하루의 경험과 생각들에 대해 이야기하는 것을 들으면서, S 씨가 이 세상에서 자신에 대한 관점을 빡빡하게 붙들어 놓음으로써 생긴 왜곡을 주목하게 했다. 자기 자신과 자신이 부여한 가치에 대한 지나치고 깊은 평가절하, 자기 욕구의 최소화, 그리고 이러한 패턴에 박혀 있는 타인을 의심 없이 추켜세우기(방략 2b, 다음에 나오는 논평 참조).

논평: 전이-역전이에 종종 반영되는 NPO 환자의 언어적 의사소통에 초점을 맞추면서, 치료자는 방어적 대상관계가 반복적으로 상연될 때, 환자가 갈등 영역에서 나타나는 경험의 반복적이고 경직된 특성을 자각할 수 있도록 돕는다. 치료자는 또한 환자의 욕구가 자신과 타인에 대한 방어적 관점을 유지하기 위한 미묘한 왜곡과 생략에 주의를 환기시키기 시작할 것이다. 이러한 개입들은 대안적 관점을 가져오며—환자가 자신과 타인에 대한 관습적이고, 습관적이며, 방어적인 관점 밖으로 물러나도록 한다—환자가 갈등 영역에서 그의 경험에 대해 좀 더 성찰적이고 호기심을 가질 수 있도록 한다. 환자는 그가 보통 '원래 그래'라고 받아들였던 자신과 타인에 대한 방어적 관점에 의문을 가지기 시작한다. 예를 들면, S 씨는 자신에 대한 관점이 그저 현실적이라기보다 지나치게 자기비하는 아닌지 가끔씩 궁금해하기 시작했고, 그녀는 가사 도우미나 아마 R 박사까지도 그들

의 편의를 봐주기 위해 자신을 불편하게 하는 습관적이고 앞뒤 생각 않고 기꺼이 하는 마음이 다소 이상할 수도 있다는 가능성을 고려하기 시작했다.

전반적으로, NPO 환자에 대한 방략 2가 포함하고 있는 개입은 방어적 대상관계가 자아이질적이 되도록 한다. 환자가 과거에는 그의 주관성에서 방어의 영향에 대해 알지 못했지만, 환자는 이제 자각을 하고 호기심이 많아진다. 이러한 발전은 자기와 타인에 대해 오랫동안 지속되어 왔지만, 미묘하게 구체화되고 왜곡된 방어적인 관점에 대한 의문을 나타낸다. 또한 갈등 영역에서 자기와 타인에 대해 좀 더 복합적이며 주관성의 구성적 특성을 보다 충분히 고려하는 관점이 가능해진다. 간단히 말해서, S 씨는 궁극적으로 다음을 고려하게 됐다. "제가 정말로 하찮은 사람은 아닐 수도 있어요. 어쩌면 제가 저 자신을 그렇게 생각하고 느끼는 것 같아요." 이러한 변화는 억압된 방어의 약화를 나타낸다. 방어가 덜 효과적일수록, 방어를 동기화하는 불안이 인식되고, 기저에 있는 갈등적 동기는 덜 안정적으로 억압된다. 방략 3에서 치료자의 과제는 환자가 이전에 억압되었던 이러한 경험 측면들에 대한 인식을 견디도록 돕는 것이다.

방략 3: 억압을 동기화하고 지배적 대상관계를 조직하는 불안을 탐색하고, 기저에 있는 소망, 두려움, 개인적 의미에 대한 가설 세우기

이 과정은 방어적 대상관계의 활성화를 추동하는 불안의 인식을 견딜 수 있는 역량을 지지하는데, 이때 기저에 있는 동기와 개인적 의미에 대한 가설을 세운다. 해석은 갈등 영역에서의 주관적 경험의 구조적이고 상징적인 특성을 인식하게 함으로써 방어 기능을 더 유연하게 한다.

C 박사는 이제는 익숙한 방어적 대상관계의 상연에 S 씨의 주의를 계속 환기시키면서, 회기에서 S 씨의 의사소통에서의 미묘한 변화에 주목하기 시작했다. 그 후 치료에서 처음으로 S 씨가 실제로 자신이 상당히 잘 발달되고 수준 높은 지적 흥미를 가지고 있다는 것을 어느 정도로 부인했는지 명백해졌다. S 씨가 직장에서 받은 긍정적인 관심을 어느 정도로 부인했는지도 서서히 좀 더 분명해졌다. 대학 도서관의 다른 사람들은 그녀의 재능을 알아봤지만, R 박사는 S 씨에게 바쁘기만 하고 실속 없는 일만 시켰고 그녀를 무시했다.

C 박사는 S 씨의 방어가 약해지고 있음을 인식했다. 그리고 그녀의 장점을 숨기고 그녀의 성공을 내적으로 부인하는 습관에도 불구하고, 그녀의 행동과 열망의 다른 측면들이 치료에서 드러나기 시작하고 있음을 깨달았다. S 씨의 회기 밖에서의 행동 및 회기에서 그녀의 성

공과 장점을 축소시키는 경향에 지속적으로 초점을 맞춤으로써, S 씨는 때때로 성취와 성공을 인식하고 인정할 수 있게 되었다. 하지만 이 시기에, 그녀가 자기 자신에 대한 좋은 감정을 인식했을 때, 그녀는 곧바로 두려움과 불안을 느끼곤 했는데, 어떤 식으로든 그녀 자신이 공격당할까 봐 두려워한다는 것을 알게 됐다—경찰관이 그녀에게 고함을 지르는 상상을 하거나 그녀의 상사가 비난할 것을 예상하거나 또는 어쩌면 C 박사가 인정해 주지 않을까 봐 걱정했다. 그로부터 얼마 지나지 않아 S 씨는 자신이 평소보다 보다 더 열등하고 부족하다고 느꼈다.

C 박사는 S 씨가 최근의 성공을(예를 들어, 어떤 사람은 그녀가 쓴 에세이에 대해 언급했었다. 또 다른 어떤 사람은 회의를 여는 것에 대해 그녀의 의견을 구했었다) 지나가는 말로 모호하게 넌지시 이야기하는 방식에 주의의 초점을 두기 시작했고, 그런 다음 재빨리 다음 단계로 나아갔다. C 박사는 S 씨가 이 행동 이면에 있는 불안과 갈등을 탐색하도록 격려했다(방략 3). 예를 들어, C 박사는 S 씨가 그녀의 눈에, 그리고 C 박사의 눈에도 그녀 자신을 계속 작게 만들 **필요가** 있는 것 같다고 언급했다.

S 씨는 R 박사에 대해 다른 견해를 가지기 시작했다며, 이제는 덜 친절하고 좀 더 이기적으로 보이는 것 같다고 대답했다. S 씨는 R 박사가 그녀를 혹사시키고 이용하는 방식을 좀 더 알아채고 솔직하게 말하기 시작했다. 동시에, S 씨는 자신이 푸대접을 받아 마땅하다는 기분이 지속됐고 계속해서 R 박사를 만족시키려고 노력했다. 비록 그렇다 할지라도, S 씨는 망설이며 그녀에 대한 R 박사의 대우를 비판하기 시작했고 때로는 억울한 기색을 보였다. 그것들 안에 있는 감정과 대상관계가 탐색되었을 때, C 박사와 S 씨는 경쟁적이고 착취적인 인물에 대한 대상관계를 확인할 수 있었다. 이 인물은 약하고, 착취당하고, 억울해하는 누군가와 관계하는 권력을 쥐고 있고 주목을 받고 있는 인물이었다. C 박사는 이러한 발전이 이전에 억압되었던, 기저에 있는 충동적 대상관계의 출현을 나타낸다는 것에 주목했다. 이는 어쩌면 R 박사의 실제에 대한 이전의 방어적 대상관계보다도 좀 더 밀접하게 상응할 것이다. 하지만 더 중요한 것은, 이것이 S 씨가 성공하고 주목받고 싶은 소망의 표현을 나타내는 것일 수 있으며, 방어적으로 역할반전되었을 수 있다.

이 기간 동안, S 씨는 그녀가 봉사활동을 했던 대학의 학과가 발행하는 작은 학술지에 그녀의 첫 번째 논문을 게재했다. 그녀는 긍정적인 피드백을 받았고 대학원 세미나에서 그녀의 연구에 대해 강의를 해 달라는 요청을 받았다. S 씨는 자신이 그 일을 할 수 없을 것이라고 확신했다. 그녀는 자격증도 경험도 없었다. 그건 R 박사와 같은 사람들의 일이지 그녀의 일이 아니었다. C 박사는 S 씨에게 그녀의 논문에 기초해서 요청을 받은 것이며, 무엇보다도 세미나 강사가 분명 그녀가 뭔가 할 말이 있다고 느꼈을 것이라고 말했다. 그러자 S 씨는 매우 불안해졌다. 그녀는 의아해하며 소리쳤다. "어쩌면 제가 경쟁적인 착취자일까요? 저는 R 박사를 당황하게 하고 초라하게 만들고 싶은 걸까요?"

이러한 발달은 S 씨의 자기 자신에 대한 불안을 탐색하는 것으로 이어졌다. 만약 그녀가 부족하지 않다면, 아마도 그녀는 주목받고 싶었을 것이다. 어쩌면 그녀는 착취자이자, 이용하는 사람 그리고 권력을 쥔 사람일 수 있는데, 성공하길 원하고 R 박사를 이기고 그녀의 어머니를 이기고 그녀의 남편에게 반항하고 어쩌면 C 박사에게도 반항하길 원하는 사람 말이다. 이러한 불안은 매우 두렵고, 이전에는 억압된 대상관계와 연결되어 있었다. 이 대상관계는 악랄하게 경쟁적이고, 착취적인 자기로, 경멸적이고 취약한 모성적 대상을 이기고 무시하고 싶어 한다. "이게 진짜 나일까요?" 그녀는 물었다. "만약 내가 더 이상 복종하지 않으면, 나는 이렇게 될까요?"

C 박사는 한 가지 설명적 가설을 제시했다. S 씨의 불안과 자기축소를 이해하기 위한 방법이었다. "당신은 마음속 깊이 약하고 복종하지 않으면, 자신이 자동적으로 괴물이 될 거라고 생각하는 것 같아요. 어쩌면 당신은 자신을 보호하기 위해서, 작고 봉사한다는 익숙한 관점을 붙들고 있는 것 같아요. 당신이 아주 조금이라도 경쟁적이라고 느끼거나 작은 성공이라도 인정하는 그 순간, 당신은 즉시 자기 자신을 무서운 괴물로 보는 것 같아요. 착취적이고 잔인하고, 취약한 사람들을 이용하는 괴물이요. 마치 당신의 마음에는 자기 자신을 보는 똑같이 극단적인 방법, 단 두 가지만 있는 것 같아요. 전적으로 보잘것없고 순종적이거나 아니면 강력하고 잔인하거나 말이죠."

논평: 환자의 방어가 좀 덜 효과적이고, 방어를 동기화하는 불안이 치료에서 드러나기 시작할수록, 기저에 있는 갈등적 대상관계 및 관련 동기들이 좀 더 접근 가능해진다(예시에서 이러한 불안은 S 씨의 자율성과 관심, 궁극적으로는 경쟁적인 승리에 대한 소망과 관련되었다). 이 점에서 치료자의 과제는 NPO 환자가 그의 불안을 탐색하고 기저에 있는 갈등을 정교화할 수 있도록 돕는 것이며, 억압된 갈등적 대상관계를 인식하고 견딜 수 있도록 돕는 것을 목표로 한다. 이러한 과정은 방어적 대상관계의 기능을 확인하고 탐색하는 것을 포함한다. 이는 방어적 대상관계의 활성화를 방어를 동기화하는 불안과 연결시키고, 궁극적으로는 기저에 있는 갈등적 동기와 연결시킨다(이 일련의 개입은 해석 과정과 일치하는데, 이는 제10장에서 자세하게 논의한다). 종종, NPO 환자는 핵심적 갈등을 주로 전이 밖에 둘 수 있는데 그것들이 치료자와 함께 협력적으로 탐색될수록, 치료자는 비교적 중립적

이고 친절하고 도움을 주는 것으로 경험될 수 있다.

방략 4: 확인된 갈등이 시간에 따라 서로 다른 맥락에서 활성화될 때 이를 훈습하고 치료목표 및 환자의 발달력과 연결짓기

이 과정은 환자가 갈등적 동기의 표현 및 관련된 불안을 인식하고 견딜 수 있도록 하며, 이러한 불안을 상징으로서 경험하도록 한다. 궁극적으로 지배적인 자기경험 안에서 갈등적 동기를 컨테인할 수 있도록 한다. 이러한 통합적 변화는 갈등 영역에서 억압에 기반한 방어를 포기하고 성격의 경직성이 감소하는 것을 의미한다.

S 씨는 더 많은 성공을 거두고 좀 더 주장하기 시작했는데, 예상대로 각 단계마다 불안감에 휩싸였다. 그러는 사이에 치료에서는 탐색된 핵심적 갈등을 훈습하기 위한 충분한 기회를 가졌다. 성공과 더불어, S 씨는 그녀가 착취적이고, 경쟁적이며, 당연히 모든 사람으로부터 미움을 받는다고 걱정했다. 매번 그녀는 자신의 욕구를 남편의 욕구 뒤에 두었다. 그녀는 자신이 냉정하고 이기적인 것은 아닌지, 오직 그녀 자신만 챙기는 건 아닌지, 남편이 그녀를 재정적으로 지원하기 때문에 남편을 곁에 두는 건 아닌지 궁금해했다. C 박사는 S 씨의 마음에 오직 두 가지 선택만—억압되고 눈에 띄지 않거나 아니면 착취적이고 경쟁하고 이용하는 사람—있는 것 같다고 반복적으로 지적했다. 두 가지 선택 모두에 대해 S 씨는 자기혐오로 가득찼다. 그녀의 마음에는 역시나 혐오감을 느끼지 않고서는 강한 힘을 느낄 방법이 없는 것 같았고, 그래서 그녀는 자신을 무력한 것으로 봐야만 하는 것 같았다.

이러한 불안을 탐색하는 과정에서, C 박사와 S 씨는 발달력을 매우 성공적이고 경쟁적이지만 차가운 어머니와 연결시켰고, S 씨가 치료에 오게 된 어려움과 연결시켰다. C 박사와 S 씨는 강력하고 경쟁적이고 관심의 중심이 되는 것과 관련하여 S 씨의 우울 불안("저는 나쁜 사람이에요. 제가 싫어하는 사람들보다도 훨씬 더 나빠요.", "제가 다른 사람들을 희생시키고 성공하길 바라는 걸까요? 그걸 즐기는 걸까요?", "제가 엄마랑 닮았나요?")뿐 아니라 편집 불안("만약 제가 성공한다면, R 박사가 저를 망칠 거예요. 이 대학은 저를 침입자로 생각하고 쫓아낼 거예요.", "어머니는 저를 싫어했을 거예요.", "그래도 저를 치료해 주실 건가요?")을 반복적으로 확인하고 탐색했다. 시간이 지남에 따라, S 씨는 그녀의 경쟁적인 공격성과 야망 그리고 과시욕을 좀 더 잘 인식하고 견뎌 낼 수 있게 되었다. 이러한 동기들은 덜 극심해 보였고, 그녀는 점점 더 자신 있게 그것들을 내적으로 다루는 능력이 생겼는데, 그것들을 행동으로 옮기거나 억압하거나 부인하지 않았다.

이러한 갈등들이 훈습됨에 따라, S 씨는 21세에 자신의 모든 지적이고 직업적인 열망들을 내려놓은 것이 어떻게 된 일인가 되돌아보게 되었다. 그녀는 치를 떨며 그녀의 어머니가 그녀에게 비서가 되라고 얼마나 강요했는지에 대해 다시 떠올렸다. 그리고 그녀는 자신의 어머니가 어머니 자신의 직업에 얼마나 집중했었는지와 이 일을 비교했다. 이로 인해 S 씨는 삶의 많은 선택에서 얼마나 어머니에게 순종하려고 노력하였는지 생각했다. 그녀의 어머니는 S 씨가 성공하거나 주목받는 것을 원하지 않는 것 같았다. 또한 자신의 모든 경쟁적인 소망을 완전히 분열시킴으로써 그녀가 어머니와는 다르다는 것을 증명하려고 얼마나 노력하였는지 생각했다.

동시에, S 씨는 어머니가 매우 독이 있다는 관점을 동일시하고 억압하고 있는 것 같았다—그리고 그녀는 부분적으로 왜곡되어 있다는 것을 알았다. 이러한 관점은 가학적이고 탐욕적이며 힘과 관심을 움켜잡는 어머니와 증오에 차고 복수심에 불타는 딸에 대한 대상관계를 나타낸다. 여기서 S 씨는 이 대상관계의 양쪽과 동일시하고 있었다. 이 기간 동안, 치료에서 S 씨의 아버지가 좀 더 중심적인 인물로 등장했다. S 씨는 아버지에게 얼마나 애착을 느꼈는지 되돌아봤다. 그녀는 아버지를 그리워하면서 단 둘이 책을 읽으며 행복한 시간을 보냈던 것을 기억했다. S 씨는 아버지가 틀림없이 그녀를 좋아하고 더 사랑할 것이라는 어린 시절의 환상을 회상했다. S 씨는 어쩌면 그때 그 순간에도 어머니를 이기고 싶어 했을 수 있다는 것을 성찰했다. 그녀는 이제 아버지가 어머니에게 얼마나 헌신적이었는지를 알았을 뿐만 아니라, 어머니가 어머니로서는 실패했음에도 불구하고, 여러모로 뛰어나고 훌륭한 사람이라는 것을 깨달았다.

치료가 끝나 갈 무렵, S 씨는 본격적으로 관심 있는 분야에서 독립적인 연구를 하기 시작했고 학술지에 출판 요청 글을 쓰기 시작했다. 그녀는 또한 사회적으로 좀 더 적극적이게 되었고 일에서 좀 더 자신감이 넘치게 되었으며, 동료관계를 맺고 적절하게 발전시켜 나갔다.

어느 날 S 씨가 치료에 와서는 그녀의 논문이 '순조롭게 진행되고 있다'고 평소와는 매우 다르게 이야기했다. 그리고 그녀는 머리를 염색하기로 결정했다. 그녀의 기분은 '매우 긍정적'이었다. 그녀는 전날 밤 꿈에 대해 이야기했다. 그녀는 하얀색 가방을 들고 있었다. 그녀는 한쪽이 더러워졌다는 것을 알았지만, 그녀가 전형적으로 했던 것처럼 전전긍긍하며 집으로 달려가야 한다고 느끼지 않고 편안했다. 그녀가 가방을 반대로 돌리면 흙 묻은 것이 잘 보이지 않거나 보인다 하더라도 괜찮았다. 그녀는 집에 도착해서 그것을 깨끗하게 닦았다.

같은 회기에서 S 씨는 비록 간접적이었지만 평소와는 다른 목소리로 C 박사를 비난했다.

그녀는 C 박사에게 그녀가 읽은 뉴스 기사를 이야기했는데, 최근 폭설이 내리던 날 스키를 타고 병원에 간 의사에 대한 이야기였다. 하지만 C 박사는 궂은 날씨 때문에 내담자와의 약속을 취소했었다. 다음 회기에서 S 씨는 그 가방 꿈이 매우 긍정적이라고 생각한다고 말했다. 그녀의 비밀에 대한 것으로, 예를 들면 그녀의 출간된 논문과 이전에는 말하기 두려워했던 모든 긍정적인 일과 같은 것이다. C 박사는 이는 또한 C 박사에 대한 그녀의 화나고 비난하는 감정이라고 말했다. 이러한 감정들은 이제 덜 놀랍고 좀 더 받아들일 수 있었다. 그녀는 더 이상 그것들을 필사적으로 숨길 필요가 없었다. S 씨는 동의했다. 그녀는 이전에는 치료를 취소한다고 말할 수 없었다. 그녀는 어쩌면 C 박사가 자신을 미워할 거라고 생각했다고 말했다—하지만 그녀는 그것이 사실이 아니라는 것을 안다고 덧붙였다.

논평: NPO 환자의 치료에서, 방략 4는 심리치료 작업의 대부분을 구성한다. 상대적으로 치료 초기에 대부분의 임상 시간 및 임상적 주의는 방어적 대상관계의 기저에 있는 갈등의 훈습에 초점을 둔다. 이러한 방략은 갈등과 연결된 억압 및 편집적 불안의 훈습을 수반한다. 이 갈등들은 방략 3에서 자세히 설명되었던 것으로 방어적 대상관계의 활성화를 동기화한다. 이 과정에서 환자는 두려움, 죄책감 및 후회를 훈습하게 된다. 이러한 감정들은 이전의 무의식적 동기와 욕구, 소망 및 두려움을 인식하고 견뎌 내는 것과 관련되며 궁극적으로는 그것들에 대한 책임을 받아들이는 것과 관련된다. 이 무의식적 동기와 욕구, 소망 및 두려움은 정동적으로 부하된 내적 대상관계로 표상된다. 환자는 또한 이 과정의 어느 순간에 자신이 방어적이고 충동적인 대상관계 두 부분으로 이루어진 양 측면과 무의식적으로 동일시하고 있다는 것을 인식하게 된다.

훈습과정에서 치료자가 환자의 자기이해 및 자기수용을 심화시키면서, 치료자는 핵심적 갈등과 환자의 발달적 경험들을 연결시켜 통합과정을 촉진시킨다. 치료자는 또한 상호합의된 치료목표로 돌아가서, 환자가 치료에 오게 된 어려움을 얼마나 이해할 수 있는지에 초점을 맞추고 호소 문제와 연결된 환자의 부적응적인 패턴을 포기하도록 하는 치료적 노력에 초점을 맞춘다. 마지막으로, 훈습과정의 일부로서 전이 밖에서 탐색되고 정교화된 갈등들을 치료관계를 채색하는 미묘한 전이의 발현과 관련지을 수 있다. 이는 전이 훈습을 회피하는 경향이 있는 NPO 환자들에게도 가능하다. 갈등이 훈습되고 환자가 갈등적 대상관계의 인식을 좀 더 잘 견뎌 낼 수 있게 됨에 따라, 자신의 갈등이 치료자와의 관계에서 펼쳐지는 방식을 좀 더 잘 인식할 수 있게 된다.

갈등적 욕구와 소망 및 두려움을 알고 이해하고 책임을 받아들이는 과정의 결과로 이러한 동기의 표현과 관련된 대상관계가 덜 위협적이고 덜 극단적이게 된다. 이전에는 억압되었던 자기경험의 측면들이 의식적으로 견뎌지고 탐색되면서, 좀 덜 콘크리트하게 볼 수 있게 된다. 따라서 갈등적 동기 및 그 표현과 관련된 두려움을 콘크리트한 현실로서 경험하기보다는("내가 경쟁적이 되는 것은 괴물이 되는 것과 같다."), 환자는 갈등적 동기를 내적 소망과 욕구 및 두려움으로서 경험할 수 있다.

예를 들면, S 씨는 그녀의 경쟁적 소망 때문에 자신이 실제로 괴물이 되는 게 아니라, 그렇게 될까 봐 두려웠다는 것을 느끼게 되었다—즉, 그녀는 자신의 두려움을 상징적 용어로 이해하게 된 것이다. 이는 공격적으로 경쟁하는 것이 무엇을 의미하는지에 대한 두려운 환상으로서 이해하는 것이지, 파멸적이고 콘크리트한 현실로서가 아니다. 따라서 갈등적 대상관계가 덜 콘크리트하고 덜 극단적이게 됨에 따라, 자기경험 및 타인 경험을 깊고 풍요롭게 하는 과정에서, 환자는 그것들을 자신의 지배적인 자기감 안에 포함시키고 컨테인할 수 있다.

S 씨의 치료에서 전이 탐색은 어떤 역할을 했는가

대부분 S 씨는 C 박사와 비교적 중립적이고 긍정적인 (매우 이상화하는) 관계를 유지했다. 치료 초기, S 씨는 C 박사가 그녀를 치료자의 시간과 관심을 받을 만하지 않다고 볼까 봐 걱정했다고 말했다. 이후 그녀는 때때로 자신의 열망이 너무 크거나 혹은 너무 공격적이어서 C 박사가 비판하고 거절할까 봐 두려웠다. 이때, 전이는 일시적으로 정동적으로 지배적이었다. 그러나 C 박사가 S 씨가 상연하고 있는 대상관계를 명료화하고 성찰할 수 있도록 도왔을 때, S 씨는 빠르게 그것들을 그녀의 삶에서 중요한 인물들과 관련된 대상관계의 이미지를 반영하는 것으로 볼 수 있었고, 그녀의 불안의 표현으로 볼 수 있었다(이는 이 장의 앞에서 소개된 M 씨와 현저하게 대조된다. 그녀는 오랜 시간 동안 자신의 전이 불안을 구체적인 현실로 경험했다). S 씨는 그녀와 C 박사의 관계를 많이 걱정하지는 않았다고 설명했다. 그녀의 감정과 두려움은 R 박사, 그녀의 남편, 어머니, 심지어 때로는 가사 도우미에게 좀 더 강렬했다.

C 박사는 그녀에게 이 대상관계들이, 특히 방어적 이상화와 관련된 대상관계들이 얼마나 자주 전이에서 다소 만성적으로 상연되는지 잘 알고 있었다. 그러나 이러한 전이를 탐색의 초점에 두고자 한 노력들은 대체로 실패했고, S 씨는 C 박사의 개입이 반드시 틀린 게 아님에도 초점을 벗어났다고 느꼈다. 그래서 동일한 대상관계가 C 박사와의 관계에서 그리고 S 씨 삶 안팎의 중요 인물들과의 관계에서 분명 동시에 상연되었지만, 이러

한 전이는 주로 무의식으로 남아 있었다. 심지어 의식에 있을지라도 그것들은 정동적으로 거의 지배적이지 않았다. S 씨의 치료에서 전이 현상을 C 박사가 "여기서 나하고도 그런 것 같네요."라고 표현했을 때 가장 효과적이었다.

치료자는 어떻게 NPO 환자의 치료에 과거 자료들을 통합하는가

BPO 환자가 치료를 시작할 때와는 대조적으로, NPO 환자들은 초기 회기에서 중요한 초기 관계에 대해 일관되고 생생하게 이야기한다. 그러나 특히 BPO 환자가 나타내는 불안정하고 부분적인 표상과 비교했을 때, 초기 어린 시절 경험 및 과거와 현재 중요한 관계에 대한 NPO 환자의 기술이 현실적이고 믿을 만할지라도, 이러한 기술은 구성된 것이다. 치료과정 동안, 치료자는 초기 대상에 대한 환자의 기술 및 기억이 서서히 변화할 것으로 예상할 수 있다. 이는 치료자가 현재 대상에 대한 환자의 기술이 서서히 변화될 것이라고 예상할 수 있는 것과 같다. 이러한 변화는 갈등이 훈습됨에 따라 방어가 변하고 통합이 진전됨을 반영한다.

예를 들면, S 씨는 어머니에 대해 처음에는 좋지만 피상적인 관점을 보였다. 이후에도 매우 부정적이지만 역시 피상적인 관점을 보였고, 결국에는 긍정적인 요소와 부정적인 요소를 모두 포함하는 좀 더 유연한 관점에 이르게 됐다. 대학에서 R 박사에 대한 이미지 역시 발전했는데, 좀 더 복합적이고 좀 더 현실적이며 완전히는 아니지만 부정적인 게 우세해졌다. 결과적으로, 이 장의 앞에서 BPO 환자인 M 씨에 대해 논의한 바와 같이, 치료자가 부모 또는 다른 중요한 인물을 지금 여기의 지배적 대상관계를 기술하는 과정에서 언급할 때, 치료자는 개개인이 아닌 원형이라는 측면에서 이야기하는 경향이 있다—예를 들어, '당신 어머니'라기보다는 지배하는 어머니 또는 모성적 인물과 순종적이고 소녀 같은 자기이다.

NPO 환자들이 대체로 삶에 대해 일관되게 이야기할 수 있기 때문에, 초기 발달적 경험이 현재 심리적 상황과 어려움에 미치는 영향에 대한 가설을 만들어 내는 데 있어서 환자가 참여하게 하려는 유혹이 생길 수 있다. 그러나 그러한 가설이 어느 정도는 만족스럽게 환자와 치료자 모두에게 받아들여질 수 있다 하더라도, 이는 지적인 논의를 낳는 경향이 있다. 때문에 이러한 접근은 일반적으로 문제의 소지가 있다. 이 지적인 논의는 환자의 현재 정동적 경험 및 현재 삶의 직접성과는 다소 거리가 있고, 따라서 치료에 도움이 되지 않을 수 있다. 사실상, 치료 초기에 NPO 환자들은 과거가 그들의 어려움에 미치는 영향에 대한 이론에 몰두하는 경향이 있다. 이것은 갈등을 좀 더 즉각적인 방식으로 경험하는 것을 피하기 위한 것이다. 또한 이러한 이론은 임상 과정의 발달을 방해하는 것으로 볼 수 있다.

반면, 치료가 더 진행됨에 따라 훈습 과정에 있어, 일반적으로 지금 여기에서 훈습되고 있는 불안과 갈등을 환자의 발달력에서 중요한 인물과의 경험과 연결짓는 것이 도움이 된다. 이러한 연결은 임상 과정에서 유기적으로 나타나는 경향이 있는데, 환자 편에서 자발적인 연상과 기억의 형태로 드러난다. 또한 이러한 연결은 환자의 자기이해 및 자기수용 수준을 심화시키고, 통합 과정을 촉진하는 기능을 한다.

핵심 임상 개념

- 치료방략은 치료목표를 촉진하기 위해 각 회기에서 그리고 치료 전체에 걸쳐 TFP-E 치료자의 전반적인 접근을 조직한다.
- 치료방략은 우리의 변화 모델과 밀접하게 관련되어 있다.
- TFP-E는 네 가지 가장 중요한 방략의 관점에서 기술될 수 있다. 각 방략은 환자의 핵심 역량의 발달과 안정화를 지지하는 특정 기능을 한다.
- 전체 TFP-E 방략의 각각은 환자의 욕구를 충족시키기 위해 맞춰져야 하는데, 이는 환자의 성격조직 수준과 지배적인 방어 유형에 근거한다. 서로 다른 TFP-E 방략들은 임상 과정에서 서로 다른 기능을 하고 상대적 중심성 역시 다르다. 이는 성격병리 심각도와 치료단계에 따라 달라진다.

▼ 참고문헌

Bateman A, Fonagy P: Mentalization-Based Treatment for Borderline Personality Disorder. New York, Oxford University Press, 2006

Clarkin JF, Caligor E, Stern BL, Kernberg OF: Structured Interview of Personality Organization—Revised (STIPO-R), 2016. Available at: www.borderlinedisorders.com. Accessed September 20, 2017.

Joseph B: Psychic Equilibrium and Psychic Change: Selected Papers of Betty Joseph. Edited by Feldman M, Spillius EB. London, Tavistock/Routledge, 1989

Safran JD, Muran JC: Negotiating the Therapeutic Alliance. New York, Guilford, 2000

숙련된 예비치료

　모든 치료는 주의 깊은 평가로부터 시작되며, 환자의 치료목표에 대한 논의와 치료의 선택이 그 뒤를 따른다. 환자의 적극적 참여 속에 숙련되고 심도 있게 이루어진 예비치료는 어떤 치료가 진행되는지에 대해 권고를 제공한다.

　예비치료는 종합적 평가로 시작되며, 이는 환자의 호소문제와 증상, 부적응적 성격특성, 일, 관계 및 여가시간에서의 현재 기능, 그리고 성격조직 수준에 초점을 맞춘다. 성격기능과 성격조직 수준을 평가할 때, 우리는 제2장에서 기술한 성격장애의 분류 모델을 근거로 한다. 또한 우리는 임상 과정과 성과에 영향을 미칠 수 있는 각 심각도 수준 내에 있거나 걸쳐 있는 요인들을 추가로 살펴본다.

　평가는 치료자와 환자 모두에게 환자가 겪는 문제의 본질과 심각도에 대한 명확한 이해를 제공한다. 평가를 마친 후에 치료자는 환자에게 진단적 인상을 공유하고 환자와 함께 치료목표를 정한다. 치료자는 치료의 선택과 각각의 상대적 위험요인 및 이점에 대해 제시한다. 그리고 어떻게 진행되는지 알려 준 후 환자의 개인적 목표와 욕구를 반영하면서 치료자의 전문성에 입각한 결정을 하도록 돕는다. 예비치료가 끝날 때 환자는 자신의 진단과 이것이 어떻게 기능을 방해하고 있는지 이해하게 될 것이다. 또한 구체적이고 현실적인 치료목표를 확인하게 될 것이고, 전이초점 심리치료-확장판(TFP-E)이 어떻게 진행될지에 대해 전반적으로 이해하게 될 것이며, 치료를 시작하는 것에 대해 관심(또는 관심의 결여)을 표현하게 될 것이다.

제7장

환자 평가 및 치료계획

환자를 처음 만날 때, 우리는 항상 종합적 평가로 시작한다. 이 장의 제1절에서 기술한 바와 같이, 평가는 환자의 호소 증상과 병리적 성격특성, 전반적인 성격기능, 성격조직 수준, 그리고 해당된다면 DSM-5(APA, 2013) 진단을 포괄한다. 임상적 진단 면접은 증상 및 부적응적 성격특성에 대한 구조적 질문지의 도입을 통해 보완될 수 있다. 성격조직에 대한 구조적 면접-개정판(STIPO-R; Structured Interview of Personality Organization; Clarkin et al., 2016) 또한 임상 평가에 통합되어서 성격조직 평가를 향상시킬 수 있다. DSM-5와 구조적 진단을 포함하는 종합 평가는 치료계획을 준비시킨다.

이 장의 제2절에서 자세히 다루어지듯이 예비치료의 나머지 반은 환자와 진단적 인상을 공유하고, 치료목표를 정하고, 치료의 선택과 각각의 상대적인 위험요인과 이점을 기술하는 것이다. 그리고 어떻게 진행되는지에 대해 알려 준 후, 정보에 입각한 결정을 하도록 돕는다. 이 결정은 환자의 개인적 목표를 반영하며 치료자의 전문성을 필요로 한다.

성격조직에 대한 평가는 구조적 진단으로 이어지면서, 임상가에게 예후, 치료의 선택, 계약의 필요성에 대한 정보를 준다. 동시에 증상 및 특성, 기능적 결함에 대한 평가는 임상가에게 치료과정에서 개입의 초점이 될 만한 문제에 대한 정보를 준다. 전이초점 심리치료-확장판(TFP-E)의 평가 모델은 이 책의 제Ⅰ부에서 제시한 성격병리의 분류에 대한 대상관계 모델에 임상적 초점을 맞추며 이를 토대로 한다. 평가는 치료계획과 가장 관련이 높은 영역에 초점을 두며, 임상가로 하여금 구조적 병리의 심각도, 호소 증상, 성격특성을 토대로 개별 환자의 욕구에 맞게 치료를 조정할 수 있도록 한다. 요약하자면, TFP-E 모델에서는 철저한 평가를 통해 치료 구조와 초점, 돌봄의 수준을 선택한다.

치료적 예비치료

치료적 예비치료는 단순히 임상가에 의해 실시된 자기보고식 질문의 모음이나 증거기반 치료 선택의 축소가 아니며 그 이상을 의미한다. 예비치료(consultation)란 두 사람 사이의 임상적 상호작용이다([그림 7-1]). 면접자는 다음 두 가지를 주요 목적으로 평가와 예비치료를 수행한다. ① 환자의 어려움, 강점, 성격기능에 대한 완전한 이해를 얻는 것이다. ② 환자가 면접자를 관심과 식견이 있으며 자신을 이해하고 자신의 문제의 본질을 이해할 수 있는 사람으로 여기는 관계의 발전을 위한 기초를 닦는 것이다. 임상가가 예비치료과정을 구조화하고 수행하는 방식은 치료동맹 발전의 초석을 다질 수 있고, 환자를 치료과정에 참여할 수 있도록 돕는다(Bachelor, 1995; Hilsenroth & Cromer, 2007).

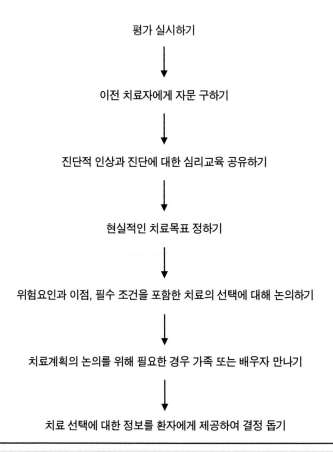

평가 실시하기

↓

이전 치료자에게 자문 구하기

↓

진단적 인상과 진단에 대한 심리교육 공유하기

↓

현실적인 치료목표 정하기

↓

위험요인과 이점, 필수 조건을 포함한 치료의 선택에 대해 논의하기

↓

치료계획의 논의를 위해 필요한 경우 가족 또는 배우자 만나기

↓

치료 선택에 대한 정보를 환자에게 제공하여 결정 돕기

[그림 7-1] 치료적 예비치료

예비치료에 대한 이러한 전반적 접근은 Hilsenroth와 Cromer(2007)의 연구와 일치한다. 그들은 치료동맹의 발달과 참여를 촉진하는 예비치료의 특징을 밝혔다. 그들은 좀더 길고, 협력적이고 심층적인 평가, 즉 환자가 관심사를 표현하고 면접자와 이를 논의할수 있는 충분한 기회를 제공하는 것이 특히 중요하다는 것을 밝혔다. 환자의 당면한 관심사에 대해 세부적으로 탐색하는 것은 동맹을 촉진하고, 환자가 치료에 참여하는 것을 돕는다. 환자 입장에서 평가가 어떻게 진행되고 있다고 생각하는지, 그리고 면접자와 자신의 문제에 대해 이야기하는 동안 어떻게 느끼는지에 대해서 환자로부터 피드백을 구하는 것도 마찬가지이다.

Hilsenroth와 Cromer는 평가자가 환자의 당면 문제에 대해 새로운 방식으로 생각해볼 수 있도록 돕고 심리교육을 진행하는 과정에서 환자의 문제에 대해 논의하고 인상을 공유할 때 전문용어를 피하고 경험에 가까운 표현을 사용하기를 권고한다.

예비치료의 구조

예비치료 첫 시간은 90분을 추천한다. 대안적으로는 두 번에 나누어 짧게 만나는 것이 가능하다. 그러나 일정이 허락한다면 비교적 여유로운 느낌을 주는 90분의 첫 면접이 바람직하다. 첫 면접 후에 환자가 재방문하도록 하여 45분의 회기를 통해 진단적 인상과 치료계획에 대한 논의를 마무리하는 것은 종종 유용하다. 두 번째 면접을 갖는 것은 환자와 치료자에게 첫 면접을 되돌아볼 시간을 준다는 장점이 있다. 치료자는 두 번째 면접을 활용하여 환자의 내적, 외적 상황 중 첫 면접에서 생략되거나 충분히 탐색되지 못한 내용을 다룰 수 있다. 또한 두 번째 면접은 치료자가 초기 면접에 대한 환자의 반응을 탐색하고, 환자의 질문들에 충분히 답하고, 환자의 관심사를 다룰 수 있는 기회를 제공한다. 특히 좀 더 복합적인 문제를 가졌거나, 진단이 불확실한 몇몇 환자는 치료계획을 결정하기 위해 예비치료를 연장해서 두 번 혹은 심지어 세 번의 추가 회기가 필요할 수도 있다.

제1절 진단적 평가

성격병리 환자들은 매우 다양한 이유로 치료를 찾게 된다. 많은 환자는 우울, 불안, 혼란스러운 사고와 같은 증상이 없어지기를 바란다. 정서조절 및 분노조절의 어려움, 자존감의 동요를 호소하는 경우도 있으며, 물질 오용이나 섭식장애 등의 충동적이고 강박적인 자기파괴적일 수 있는 부적응 행동을 호소하는 경우도 있다. 성격장애를 가진 많은 환자는 그들의 삶의 특정 영역에서 기능적 어려움을 호소한다—예를 들면, 남들과 잘 어울리거나 관계를 유지하는 것, 친밀한 관계를 맺거나 유지하는 것, 일에서 잘 기능하고 성공하는 것. 그 외에도 성격병리와 연결된 고통스럽거나 저조한 주관적 상태를—예를 들어, 끊임없는 자기비난, 공허감, 만성적인 권태, 전반적인 불만족, 의미 있는 목표를 찾지 못함을—호소하며 치료를 찾는다.

대상관계 이론틀 안에서, 성격병리 환자로 하여금 치료를 받게끔 하는 많은 호소문제는 성격병리의 직접적인 표현으로 이해된다—예를 들어, 자기파괴적 행동, 공허감, 만성적인 기분저조. 다른 호소문제들은 환자의 성격에 내재된 동반이환—예를 들면, 물질오용 또는 주요우울장애—으로 가장 잘 개념화된다.

때로는 성격병리의 직접적 표현과 동반이환의 증상을 구별하는 것이 어려울 수 있다. 예를 들어, 치료자는 다음과 같이 스스로 질문해 볼 수 있다. 이 호소문제는 기분장애의 일부로서 잘 이해될 수 있는가, 또는 빈약하게 공고화된 정체성과 연결된 기분저조로서 잘 이해될 수 있는가? 이 환자는 일차적 불안장애로 고통받는가? 아니면 성격병리와 관련된 유동 불안으로 인해 고통받는가? 성격장애가 있는 개인과 없는 개인에 대한 종단 연구에 의하면, 최소한 일부 사례에서는 불안과 일시적인 성격 역기능 같은 증상들 간의 상호작용이 성격병리와 증상 표현 간의 경계에 대해 의문을 제기한다(Hallquist & Lenzenweger, 2013).

성격장애의 존재는 동반이환 치료의 예후에 부정적인 영향을 미치기 때문에(Grilo et al., 2004), 그리고 공허감과 우울 증상과 같은 몇몇 증상은 기저의 성격병리에 대한 치료를 통해서만 개선될 여지가 있기 때문에(Gunderson et al., 2004; Skodol et al., 2011; Zanarini et al., 2006), 이 장에서 제시된 전반적인 평가는 모든 환자에게 어떤 종류의 치료를 하든 실시할 가치가 있다. 즉, 성격장애 치료를 할 환자들 또는 중대한 성격병리를 명

백하게 드러내고 있는 환자에만 국한되지 않는다.[1)]

요약하면, 전반적인 정신과적 예비치료에 대한 TFP-E의 접근에서는 호소문제와 증상, 병리적 성격특성, 그리고 기능적 어려움이 언제나 특정한 성격조직에 내재되어 있다고 개념화된다. 임상가는 처음 환자를 만날 때, 환자가 임상장면으로 오게 된 문제의 본질이나 상황이 무엇이건 종합적 평가로 시작한다.

- 호소 증상과 병리적 성격특성은 분명히 기술되어 기술적 진단[예: DSM-5(ICD-10-CM) 또는 ICD-10 진단]으로 이어진다.
- 성격기능의 평가는 환자의 전반적인 기능 수준 평가(예: Global Assessment of Functioning Scale)로 이어진다.
- 성격조직이 심층적으로 탐색되어 구조적 진단[예: 성격조직의 수준(이 장의 〈표 7-2〉 참조) 또는 STIPO-R의 차원적 평정]으로 이어진다.

임상적 진단 면접

TFP-E 접근에서 평가는 주로 임상적 진단 면접에 근거하는데, 이는 좀 더 구조화된 다른 접근에 비해 이점을 갖는다(Clarkin & Livesley, 2016). 특히 임상적 진단 면접은 임상가로 하여금 정보를 끌어내는 과정에서 치료동맹을 발전시키고 환자를 치료에 참여하도록 한다. 동시에 환자-면접자 상호작용을 평가 과정의 일부로서 주의를 기울이고 탐색하는 기회를 제공한다. 면접자의 역할은 주도적이어야 하는데, 환자에게 특정 질문들을 하고, 호소문제와 증상, 부적응적 특성 및 행동, 성격기능, 그 밖에 환자의 성격조직의 수준을 평가할 수 있는 정보라면 무엇이든 확인해야 한다. 면접은 지금-여기에 초점을 맞춘다. 즉, 발달적 과거보다는 환자의 현재 삶의 상황과 면접자와의 현재 상호작용에 초점을 둔다. 면접이 진행되는 동안 면접자는 환자의 의사소통을 명료화하고 어느 정도는 직면하는데, 이는 환자와 면접자 간에 일어나는 관계에 주의를 기울이면서 이루어진다.

[1)] 예를 들어, 표면적으로는 '정상'으로 보일 수 있는 높은 수준의 경계선 성격조직을 가진 환자들의 경우조차 (예: 자기애성 성격장애를 가진 일부 사람들) 성격장애 진단은 치료를 복잡하게 만들고 동반이환 치료의 예후에 부정적인 영향을 미칠 것이다.

임상적 진단 면접은 증상과 부적응적 특성에 대한 자기보고식 질문지 형태의 구조적 평가 도구를 사용하여 보완되고 종종 질적으로 향상된다(Clarkin et al., 2018 참조). 반구조화 면접인 STIPO-R을 사용하는 것은 성격조직의 임상적 평가를 촉진한다. 이 1시간짜리 면접은 정체성 형성, 방어, 대상관계, 공격성, 도덕적 가치 영역에 초점을 두고 있다. STIPO-R은 비교적 경험이 부족한 임상가뿐만 아니라 경험이 많은 임상가일지라도 우리의 병리와 평가 모델에 덜 익숙한 경우에 특히 유용할 것이며, 물론 연구 환경에서도 유용하다.

STIPO-R의 55문항은 성격조직 평가를 위한 임상적 진단 면접에서 사용될 수 있는 질문의 구체적인 예시와 후속 탐색사항을 제공한다. STIPO-R의 예시 질문은 영역별 평가에 대한 TFP-E의 접근과 마찬가지로, 독자가 각 영역에 해당하는 내용의 본질을 좀 더 구체적으로 인식할 수 있도록 돕는 기술적인 문구를 포함한다. 또한 STIPO-R은 임상가가 정체성 형성과 병리의 심각도를 5점 척도로 평가할 때 지침이 되는 유용한 기준점을 포함한다. STIPO-R에 대해서는 이 장 제1절 후반부의 '구조화된 평가와 STIPO-R' 부분에서 추가적으로 논할 것이다. 질문과 탐색사항, 채점표를 포함한 STIPO-R 전체 내용은 www.borderlinedisorders.com에서 확인할 수 있다.

임상적 참조를 위해, 임상가용 STIPO-R 기준점('성격조직에 대한 STIPO-R 임상 기준점: 심각도 범위에 걸친 정체성, 대상관계, 방어, 공격성, 도덕적 가치')을 책 부록 1의 도움 자료에 제시했다. 제2장에서 제시하였듯이, STIPO-R의 기준점은 진단적 면접에서 평가되는 각 영역의 기능에 대한 내용의 요약이다. 본질적으로 이 기준점들은 STIPO-R 평정에 근거한 정체성, 대상관계, 방어, 공격성, 도덕적 가치의 분류를 위한 임상척도를 제공한다. 우리는 독자들이 이 장을 읽어 나가며, 우리가 논의하는 가 영역의 기능에 대한 임상적 기준점들을 참조할 것을 제안한다.

명확성과 경제성을 목적으로, 임상적 진단 면접에 대한 우리의 논의는 다음과 같이 세 개의 파트로 진행될 것이다. 첫째, 면접의 개념적 흐름을 개관하고 면접이 제공하려는 자료를 제시하며, 임상가가 진단을 내리기 위한 정보를 기술한다(〈표 7-1〉). 둘째, 자료가 수집되는 방법과 절차를 제시한다. 이는 Kernberg(1984)의 구조적 면접과 STIPO-R에서 가져온 것이다. 셋째, 임상적 진단 면접의 결과인 성격유형과 진단에 대해 논의한다.

〈표 7-1〉 임상적 진단 면접의 내용 영역

호소 증상, 병리적 성격특성, 정신과 병력
환자를 치료에 오게 만든 증상과 병리적 성격특성
모든 증상과 어려움에 대한 철저하고 체계적인 평가, 현재 어려움의 영역부터 시작하여, 과거력에 대해서도 검토
이전의 정신과적 치료, 약물치료, 입원 이력
병력, 물질 오용 이력, 정신과적 질환에 대한 가족력, 외상, 신체적 또는 성적 학대, 방임의 역사
증상에 대한 철저한 정신과적 검토−정동, 불안, 정신증, 섭식 및 학습 장애 증상을 포함, 물질 오용, 자기파괴적 행동, 폭력 또는 불법 행위의 역사
이전 치료에 대한 검토−치료과정에서 발생한 어려움, 어떻게 치료가 끝났는지, 이전 치료경험 각각에 대한 환자의 생각을 포함

관계, 일, 여가 시간에서의 성격기능
증상 및 병리적 성격특성이 성격기능을 방해하는 정도
대인관계 기능−친밀관계 및 성적 기능 포함
일에서의 기능, 현재와 과거
개인적 관심사와 자유 시간의 사용

성격의 구조적 특징: 성격조직의 차원적 평가 및 구조적 진단
정체성 형성−자기감, 타인감, 장기 목표에 투자하고 추구하는 역량
대상관계의 질−대인관계 기능, 관계에 대한 이해가 상호적인지 욕구충족적인지 여부
방어유형−대체로 유연하고 적응적인지, 억압에 기반하고 있는지, 분열에 기반하고 있는지
공격성의 조절−공격성의 잘 조절된 적응적 표현 대 자기 및 타인에 대한 억제된 표현 또는 부적응적 공격적 행동
도덕적 기능−행동을 이끄는 내재화된 가치와 이상 대 비윤리적 또는 반사회적 행동을 지닌 내재화된 가치와 이상의 실패
건강에 대한 전반적인 차원적 평가 대 다섯 영역 각각에 대한 병리의 심각도

개인력/발달력[a]
발달력−외상의 역사, 반사회적 행동, 긍정적 관계

[a] 추가적인 논의를 위해서, 이 장 제1절의 '4단계: 과거력' 참조.

개념적 흐름과 자료 수집

임상적 진단 면접의 개념적 흐름과 그 결과 수집된 자료는 성격 평가의 다음 측면들을 구성한다—성격기능 및 병리의 기술적 특징, 성격의 구조적 특징: 성격조직에 대한 차원적 평가와 구조적 진단, 성격기능 및 병리의 핵심 기능 영역.

성격기능 및 병리의 기술적 특징

▶ 호소 증상, 병리적 성격특성, 정신과 병력

　환자를 평가하는 것은 치료에 오게 된 증상 및 병리적 성격특성을 확인하고 기술하는 것으로 시작하여 모든 증상과 어려움에 대한 철저하고 체계적인 평정으로 이어진다. 이는 현재 어려움을 겪는 영역부터 시작하여 과거 정신과 병력에 대한 검토를 포함한다.

　예비치료의 이 부분은 일반적인 정신과적 평가의 일부가 될 수 있는 자료 수집을 포함한다. 만약 환자가 과거의 정신과 치료, 약물치료 내지는 입원 이력이 있다면, 이 정보는 심층적으로 검토된다. 환자의 병력과 물질 오용 이력, 정신과적 질병 및 물질 사용과 관련된 가족력도 마찬가지이다. 덧붙여, 면접자는 외상, 신체적 또는 성적 학대, 방임의 역사에 대해서도 구체적으로 묻는다.

　이전 치료경험에 대한 철저한 검토는 치료과정에서 발생한 어려움, 어떻게 치료가 끝났는지, 이전 치료경험 각각에 대한 환자의 생각을(예: 무엇이 도움이 된다고 느꼈고 무엇은 아니었는지) 포함하는데 이는 치료계획을 세울 때 특히 유용하다. 그러한 검토는 예비치료과정에서 또는 이후 진행되는 치료 중에 발생할 수 있는 예상되는 어려움을 다루도록 돕는다. 과거 치료에서 발생한 어려움이 다른 치료자와는 다시 나타나지 않으리라고 예상하고 싶겠지만, 임상 경험은 그 반대를 시사한다. 요컨대, 이전 치료경험의 긍정적인 면과 부정적인 면에 대한 주의 깊은 검토는 매우 귀중한 정보를 제공할 수 있다. 면접자는 이 지점에서 추가 자업을 위해 꾀기 치료자들에게 연락을 취하여 과거의 모든 치료 이력을 얻기도 한다.

▶ 관계, 일, 여가시간에서 성격기능

　치료자는 환자의 어려움을 기술한 후, 평가의 다음 단계로 넘어간다. 환자의 성격을 탐색하고, 증상과 부적응적 성격특성이 성격기능을 방해하는 정도에 초점을 맞춘다. 면접자는 환자가 자신의 대인관계 기능, 친밀한 관계, 직장에서의 현재 기능과 이력, 그리고 여가시간의 사용에 대해 기술하도록 한다.

　대인관계 기능을 평가함에 있어서, 치료자는 개인이 관계를 맺는 정도, 그 관계들의 지속성과 안정성을 고려한다. 친구가 있는가? 친구가 많은가? 친구관계가 오래 가는가? 가장 가까운 친구들을 신뢰하는가? 그들에게 의존할 수 있는가? 그 관계에 만족하는가?

대인관계 기능을 평가할 때, 치료자는 친밀한 관계에 대해서도 구체적으로 묻는다. 현재 파트너가 있는가? 있다면, 그 관계의 특성은 무엇인가? 없다면, 과거에는 친밀한 관계를 형성하고 지속시킬 수 있었는가? 사랑에 빠진 적이 있는가? 성관계는 즐길 수 있는가? 그동안 맺어 온 친밀한 관계들은 안정적이었는가, 폭풍이 쳤는가, 만족스러웠는가, 극도로 지루했는가? 만약 자녀가 있다면, 자녀와의 관계의 특성은 어떠한가?

치료자는 또한 현재와 과거의 일 기능에 대해서도 상세히 질문한다. 전일제로 일하거나 공부하고 있는가? 고용 수준이 자신의 교육 수준이나 능력과 일치하는가? 직장에서 동료나 상사, 부하와 잘 지내는가, 혹은 대인관계 문제를 일으키는 편인가? 자신의 일 또는 학업에서 만족을 느끼는가? 이와 관련한 장기 목표는 무엇인가? 목표는 현실적인가? 목표를 성취하기 위해 실제적인 조치를 취하고 있는가? 일에서 중요한 실패나 실망을 한 적이 있는가? 만일 그렇다면 무슨 일이 있었는가? 만일 전일제로 일하지 않는다면 이유는 무엇이며, 어떻게 먹고사는가?

마지막으로 치료자는 환자의 개인적 관심사와 자유 시간에 무엇을 하는지 묻는다. 시간을 들여 투자하거나 꾸준히 하는 활동이 있는가? 여가 시간에 기쁨을 느끼는가, 아니면 자기만의 시간을 보낼 때 목적도 없고 지루하게 느끼는가?

이 단계의 임상 면접이 끝날 무렵, 치료자는 환자의 기능과 병리에 대해 심층적으로 이해하게 되었을 것이다. 여기에는 현재와 과거의 증상과 문제, 부적응적 성격특성, 성격기능이 포함된다. 이 정보는 정동장애 또는 불안장애, 섭식장애, 물질남용장애, 그리고 DSM-5 II편 성격장애 진단기준으로 진단하거나 검토하기에 충분해야 한다.

성격의 구조적 특징: 성격조직에 대한 차원적 평가와 구조적 진단

제2장에서 기술하고 〈표 7-1〉에 제시하였듯이, 구조적 평가는 다음 영역에 초점을 맞춘다.

- 정체성 형성: 자기감, 타인감, 장기 목표에 투자하고 추구하는 역량
- 대상관계의 질: 대인관계 기능, 친밀감의 역량, 관계에서의 내적 작동 모델
- 방어유형: 주로 유연하고 적응적인지, 억압-기반인지, 분열-기반인지

- 공격성의 관리: 공격성의 잘 조절된 적응적 표현 대 자기 및 타인에 대한 억제된 표현 또는 부적응적 공격적 행동
- 도덕적 기능: 행동을 이끄는 내재화된 가치와 이상 대 가치와 이상의 내재화 실패로 인한 비윤리적/반사회적 행동

구조적 평가는 결국 건강 대 병리에 대한 차원적 평가를 한다. 또한 앞에 제시된 다섯 가지 영역 각각에 대해 병리의 심각도를 평가한다. 이 평가는 임상가가 예후를 이해하도록 돕고 치료계획을 안내한다.

▶ 성격조직 수준, 병리의 심각도, 예후

정체성 형성, 대상관계의 질, 방어유형, 공격성의 관리, 도덕적 기능의 다섯 가지 영역에 걸친 차원적 평가를 통해 환자의 성격조직 수준을 결정할 수 있다. 정상 성격조직, 신경증적 성격조직(NPO), 높은 경계선 성격조직(BPO), 중간 BPO, 낮은 BPO로 갈수록 (제2장의 [그림 2-1] 참조) 점점 심각도가 높아진다. 성격조직의 다양한 수준은 변하지 않는 범주가 아니라, 심각도의 차원에 걸친 성격병리의 공통적 표현을 나타내는 것으로, 예후와 치료계획에 중요한 함의를 갖는다. 대안적으로, 다섯 가지 영역에 대한 차원적 평가를 결합해서 성격조직의 개별화된 차원적 프로파일을 구성할 수 있는데, 이때 STIPO-R의 기준점을 활용하여 임상 면접을 평정한다. 이런 두 가지 접근과 그들의 관계는 제2장에서 기술한다.

성격조직의 구조적 평가는 DSM-5 성격장애 진단과 성격특성의 평가를 보완하고 심화한다. 이때, 구조적 평가는 성격기능과 장애에 대한 TFP-E 모델 안에서 장기적인 예후와 치료계획에 가장 관련이 높은 차원에 초점을 맞춘다. 병리의 심각도를 고려하면 DSM-5 진단 범주 안에는 상당한 양의 가변성이 존재한다(예를 들어, 연극성 성격장애를 가진 어떤 환자들은 정체성과 대상관계에서만 약간의 병리를 가지고 비교적 잘 기능하는 반면, 다른 환자들은 기능을 파괴하는 더 심한 병리를 가지기도 한다). 가변성은 특성과 결합될 때도 발생하는데, 이는 예후나 치료에 있어서 다소 문제가 될 수 있다(예를 들어, 경계선 성격장애일 때 무모함이나 자극추구적, 충동적 공격성은 나타날 수도 있고 아닐 수도 있다).

이와 유사하게, 비록 특성에 대한 차원적 평가가 치료목표나 임상적 초점에 대해 임상적으로 유용한 정보를 제공할 수 있다 해도, 그것은 심각도 이슈를 적절하게 다루지 못하거나 치료계획에 필요한 정보를 제공하지 못한다. 요컨대, DSM-5의 성격장애 진단이나

특성에 대한 차원적 기술은 성격병리의 심각도나 예후를 명확하게 반영하지 못하며 성격조직의 차원적 평가처럼 특정한 치료 모델로 연결되지도 않는다(Meehan & Clarkin, 2015).

이와 대조적으로, 성격조직 수준에 대한 TFP-E 모델은 구체적으로 조직되어 환자의 '치료 가능성' 및 전반적 예후에 대한 정보를 제공한다(〈표 7-2〉). 성격조직의 특정 수준에 대한 진단은 성격병리의 심각도에 대한 평가를 제공하며, 이 심각도는 현재 호소문제와 상관없이 예후와 관련되는 것으로 이해된다(즉, '이 환자는 삶을 살아가고 치료를 받는 데 있어서 성격조직 수준이 낮거나 높은 환자에 비해서 더 잘할 가능성이 높다'). 성격조직 수준이 낮을 때, 어떤 형태의 치료이든 큰 위험요인을 가지며, 치료들은 더욱 광범위한 계약 과정 및 높은 수준의 구조를 필요로 할 것이다. 또한 치료 그 자체가 임상 기법 수준 및 역전이 관리 측면에서 더욱 도전적인 것이 된다.

성격기능과 병리의 핵심 기능 영역

▶ 정체성 형성: 자기감, 타인감, 장기 목표에 투자하고 추구하는 역량

정체성 형성에 대한 평가는 구조적 평가의 초석이 된다. 정체성 평가에서 치료자는 다음 각각에 대해서 개인이 어느 정도 수준인지 평가한다. ① 장기 목표를 수립하고 추구하며, 일, 학업, 개인적 관심사에 투자하는 역량이 있는지, ② 자신에 대해 통합된, 잘 분화된, 현실적인, 안정적인 경험을 하는지, ③ 중요한 타인에 대해 그와 유사하게 통합된, 잘 분화된, 현실적인, 안정적인 감각을 갖고 있는지 평가한다. 임상 면접 동안에 치료자는 환자가 공고화된 정체감을 가졌는지, 혹은 정체성 형성 병리의 증거를 어느 정도 보이는지를 계속해서 평가한다.

전반적 제시. 가장 폭넓고 주관적인 수준에서 예비치료자는 환자 및 면접에 대해 다양한 경험을 하게 될 것이다. 이는 환자의 전반적인 성격조직 수준, 특히 정체성 형성에 달려 있다.

〈표 7-2〉 성격조직의 다른 수준에서 성격병리의 심각도, 예후, 임상적 경과

NPO 환자	가벼운 병리, 전반적 예후가 우수함 치료가 고도로 구조화될 필요 없음 다양한 치료에서, 특히 신경증 병리를 위한 TFP-E에서 효과가 좋음(Caligor et al., 2007 참조) 병리는 '성격장애'라기보다는 '부적응적 성격 경직성'이라는 표현으로 가장 잘 기술되며 비교적 손상의 심각도가 가볍고 대체로 높은 수준의 기능을 보임 더 초점적인 병리(즉, 모든 영역의 기능에 전반적으로 영향을 미치기보다는 특정 영역의 기능에만 주로 제한됨)와 덜 심한 경직성은 더 나은 예후를 보임 강박성, 우울성, 히스테리성 성격을 종종 나타냄[a]
높은 수준 BPO 환자	BPO 스펙트럼 내에서 가장 덜 심한 성격장애를 가짐, 긍정적인 예후를 보이나, NPO 집단에 비하면 일관성이 덜함 비구조화된 치료에서 효과가 좋지 않음 구조화된 형태의 치료에서 효과가 좋고, 일반적으로 TFP-E에서 매우 효과가 좋음 도덕적 기능에서 중대한 병리가 비교적 없고, 의존적 관계를 형성하는 역량이 있는 점이 이 집단의 특징이고, 이는 TFP-E에서 긍정적인 예후 특징임 연극성, 의존성, 회피성 성격장애로 종종 진단되며, 좀 더 건강한 자기애적 특성을 보일 수 있음
중간 수준 BPO 환자[b]	증상의 심각도에도 불구하고, 다양한 범위의 전문화된 치료에서 비교적 긍정적인 예후를 보이며 도움을 받음 고도로 구조화된 치료틀과 계약을 필요로 하며, 치료의 초기 단계에서 종종 행동화가 나타남 TFP-E에서 효과가 좋음 도덕적 기능과 대상관계에서 좀 더 손상이 심할 때 예후도 좀 더 신중해야 함 경계선, 편집성, 분열성 성격장애로 종종 진단됨
낮은 수준 BPO 환자	드물고 신중한 예후, 치료는 파괴적 행동화라는 높은 위험요인을 수반함 치료의 계약은 매우 광범위해야 하고, 제3의 구성원 참여가 필수적임 반사회적 특징을 보이는 자기애성 성격장애(종종 경계선 성격장애가 동반됨), 악성 자기애성 성격장애, 반사회성 성격장애로 일반적으로 진단됨 반사회성 성격장애는 외래 심리치료에 부적합함

주. BPO=경계선 성격조직 수준, NPO=신경증 성격조직 수준.
a 몇몇 환자는 NPO와 높은 BPO의 경계선상에 있다. 이 환자들은 NPO 환자에 비하면 좀 더 전반적이고 심각한 병리를 보이지만, 자기감과 타인감에서 경미한 불안정감을 보이는데, 이는 전반적으로 공고화된 정체성을 가지면서 억압기반과 분열기반 방어가 결합되어 있음을 반영한다. 가장 건강한 회피성, 연극성, 자기애성 환자가 이 집단에 해당한다. 이 집단은 더 높은 수준의 성격병리라는 용어로 설명되며, 익숙한 신경증적 성격유형을 함께 보인다.
b 중간 수준과 낮은 수준의 BPO 집단은 둘 다 심한 성격장애로 일컬어진다. 이 집단의 환자들은 높은 BPO 집단의 환자들에 비해 공격성의 병리가 더 심하다. 낮은 수준의 BPO 집단과 중간 수준 BPO 집단을 구분 짓는 것은 도덕적 기능과 대상관계에서 병리의 심각도이다. 둘 다 BPO 스펙트럼의 나쁜 예후를 예측하는 주요 지표이다.

예비치료를 할 때 공고화된 정체성을 가진 환자는 그 자신과 자신의 어려움에 대해서 조직화된 방식으로 정보를 제공할 수 있다. 90분의 예비치료과정 동안 면접자는 틀림없이 환자의 내적 경험과 외적 기능, 강점과 약점에 대해 점진적으로 선명하고 구체적인 인상을 형성하게 될 것이다. 공고화된 정체성을 가진 환자에게서 자기지각이나 자기표현에서의 명백한 왜곡 그리고 자기경험에 대해 통합이 빈약한 측면은 갈등의 특정 영역들에 제한될 것이다. 예를 들어, 성공한 전문가임에도 고용주들에게 높이 평가받는다는 사실을 인식하지 못할 수 있다. 유사하게, 환자가 다른 사람과의 관계를 기술할 때 환자의 삶에서 중요한 사람들은 삼차원적이고 현실적이며 이해가 가능한 복합적인 개인으로 나타날 것이다.

이와 대조적으로 정체성이 빈약하게 공고화된 환자와의 임상 면접에서 면접자는 환자가 치료에 오게 된 호소문제나 동기에 대해서 이해하기가 모호하고 불충분하거나 혼란스러운 경향이 있다. 환자가 제시하는 개인력은 직선적이지 않고 혼돈스러울 수 있으며 몇몇 사건이나 어려움을 겪는 영역들에 초점을 맞추면서 다른 중요한 정보를 생략할 수 있다. 때문에 면접자가 적극적으로 자주 환자에게 안내하고 방향을 다시 잡아 줄 필요가 있다. 그렇게 해도 면접자는 드물지 않게 환자가 치료를 통해서 무엇을 얻고자 하는지 분명히 알지 못할 수 있다.

정체성이 빈약하게 공고화된 세팅에서, 환자가 자신에 대해서 제공하는 정보는 일반적으로 모호하고 상세함이 부족하고, 피상적이며, 종종 내적으로 일관적이지 않다. 예를 들어, 환자는 자신이 만성적으로 자살하고 싶고 불안에 압도된다고 기술할 수 있는데, 바로 다음 문장에서 자신이 몹시 성공적인 직업적 생활을 하고 있다고 할 수 있다. 또는 환자는 자신이 사는 도시에 친구가 하나도 없음에도 불구하고 자신이 '매우 외향적이고 사회적'이라고 기술할 수 있다. 유사하게, 정체성 병리 세팅에서 환자가 속한 세계의 사람들에 대해 기술할 때 피상적이고 분화가 덜 되어 있고, '흑과 백' 또는 캐리커처 같고, 내적으로 일관되지 않는 경향이 있다. 때문에 면접자는 환자의 삶에서 타인에 대해 충분하거나 일관성 있는 감각을 형성하기 어렵다. 예를 들어, 환자는 한 순간에는 자신의 여자 친구를 '내게 일어난 최고의 일'이라고 했다가, 다음 순간에는 지루하고 부담스러운 존재로 설명할 수도 있다. 면접자는 환자의 내적 경험 또는 외적 기능에 대해 선명한 인상을 형성하기 어렵게 된다.

목표지향성. 정체성 형성의 평가에서 면접자는 개인이 장기 목표를 조직하고 추구하며 일/학업 및 개인적 관심사에 꾸준히 투자할 수 있는 역량을 탐색한다. 즉, 이 역량은 정상 정체성 형성에 의해 부여된 것이다. 이 정보는 치료자가 환자의 호소 문제, 성격기능 및 개인력을 평가할 때 일반적으로 임상 면접 과정 전면에 걸쳐 나타난다. 정체성이 빈약하게 공고화된 개인은 일반적으로 일/학업에 대한 투자가 결여되어 있고, 일/교육의 역사가 불안정하거나 방향성이 없거나 전망이 어둡다. 몇몇 사례에서, 낮은 동기, 만연한 수동성과 장기 목표가 완전한 부재하다는 것은 주목할 만하다. 좀 더 경미한 사례에서, 환자는 목표를 설정하지만 장기 목표를 성취하기 위해 필수적인 노력을 지속하는 데 어려움을 겪을 수 있다. 낮은 자기지향성, 낮은 자기효능감, 그리고 목표의 부재는 환자의 일 기능을 평가할 때, 또는 개인력을 수집할 때 특히 명백해진다. 분명하게 하기 위해, 면접자는 다음과 같이 질문할 수 있다. "당신의 삶을 통제할 수 없다고 느낍니까? 또는 당신이 기술하고 있는 것들을 바꾸기 위해 할 수 있는 것이 없다고 생각합니까?"

자기 및 중요한 타인에 대한 감각. 환자의 자기감에 초점을 맞춰 평가하기 위해, 면접자는 환자가 호소문제를 기술하는 과정에서 드러나는 자료를 유기적으로 따라갈 수 있다. 예를 들어, 만약에 환자가 '우울'하다고 할 때 지속적으로 우울한 상태라기보다는 불안정한 것으로 자신의 기분을 기술한다면, 면접자는 다음과 같은 방식으로 명료화할 수 있다.

아마 당신의 기분 외에도, 당신이 말하는 감정은 당신의 자기감이나 자존감과 관련이 있을 것입니다. 당신은 자신에 대한 관점이 변하는 편이라고 할 수 있습니까? 때로는 자신에 대해 매우 긍정적인 관점을―예를 들어, 특별하다거나 독특하다고― 갖는 반면, 다른 때에는 부정적인 관점으로―예를 들면, 작다거나 결함이 있다거나―보게 되기도 하나요?

만약 환자가 그렇다고 답하면, 면접자는 "당신의 기분은 자신에 대한 관점에 따라서 변동되는 경향이 있나요?"라고 물어볼 수 있다.

또는 만성적 기분저조를 호소하는 환자에 대해서, 면접자는 "당신은 공허하거나 속이 빈 것 같거나, 삶이 무의미하다고 느낍니까?"라고 물어보거나 결혼생활 문제를 호소하는 환자가 아내와 서로 간에 분노하고 뒤엉키는 것을 기술할 때, 면접자는 다음과 같은 질문을 할 수 있다.

결혼생활 동안에 당신의 자기감을 유지하기가 어려웠나요? 당신 자신의 관심사, 태도, 취향을 유지하기가 어렵고 다른 사람의 취향이나 태도, 선호를 받아들여야 했습니까?

결혼생활 외에서도 이런 경험이 일어나나요? 즉, 당신은 일반적으로 자신의 마음을 잘 몰라서 다른 사람이 어떤 관점과 의견을 가지고 있는지 살펴보고 그것을 받아들이는 편인가요? 예를 들어, 새로운 친구, 직업 기회, 혹은 심지어 옷 스타일이나 음악 취향과 같이 사소한 것에 대해 어떻게 느끼는지에 대해서도 마찬가지인가요?

중요한 타인에 대한 환자의 감각도 비슷한 방식으로 탐색될 수 있다. 예를 들어, 만약 환자가 격렬하고 짧게 끝나 버리는 연애관계를 보인다면, 면접자는 좀 더 정보를 탐색할 수 있다.

연애를 할 때, 여자 친구에게 실망하거나 화가 났을 때, 여자 친구에 대한 이미지가 바뀌기도 하나요? 그럴 때, 당신이 그녀를 끔찍하게 보는 것 같나요? 다시 말해, 그녀를 견디기가 힘들고, 역겹게 느껴지고, 이전에 봤던 좋은 것을 생각도 못하게 되나요? 아니면 당신은 계속해서 화가 나면서도 친밀하게 느낄 때, '그래, 난 정말 화났어. 하지만 그녀는 여전히 가장 친밀한 사람이야.'에 더 가까운 느낌인가요?

우리는 독자가 STIPO-R의 정체성 부분을 읽어 보기를 권한다. 여기에 앞에 포함된 것과 비슷한 질문들과 평가를 도울 수 있는 후속 탐색사항이 제공된다. 정체성 형성과 관련된 유용한 질문의 포괄적 예를 보려면, STIPO의 87문항을 참고할 수 있다(STIPO-R과 STIPO는 둘 다 www.borderlinedisorders.com에서 이용 가능하다).

구조적 평가에서 임상가는 환자에게 자기 자신과 중요한 타인에 대해 기술하도록 함으로써, 정체성 형성 평가를 마무리한다. 환자의 원가족 외의 사람에 대해 기술하도록 하기를 추천하는데, 부모나 형제자매에 대한 기술은 개인이 다른 사람과 겪는 전반적 경험을 대표하지 않을 수 있기 때문이다. 이러한 질문과 요청은 성격병리 평가에서 가장 민감하고 가장 효율적인 임상적 탐색인 것으로 일관되게 입증된다. 이는 환자의 자기감과 중요한 타인에 대한 감각이 어느 정도 통합되고 분화되어 있는지 빠르게 밝혀 준다. 이 연쇄적 질문들은 면접의 후반부를 향해 가며(이 장의 나중에 나오는 '구조적 면접' 참조), 종종 환자의 호소문제와 현재 기능을 기반으로 형성된 성격조직에 대한 가설을 확인하는 역할을 한다.

환자에게 자기기술을 요청하는 것은 자기성찰뿐만 아니라 자신의 내적 경험과 외적 기능에 대한 통합된 견해를 제시하라는 것이다. 공고화된 정체성을 가진 환자들은 약간의 자극만 줘도 자기 자신에 대한 3차원적이고 복잡한 기술을 제공할 수 있으며, 핵심 가치와 성격특성에 초점을 맞춘다. 예를 들면, 환자는 다음과 같이 말할 수 있다.

어려운 질문이네요……. 어디 보자. 나는 이성적이고, 약간 괴짜이고 사실 일 중독자입니다. 나는 바쁘게 지내는 것을 좋아하고, 좋은 프로젝트를 사랑해요. 난 정서적으로 표현이 풍부한 사람은 아닙니다……. 나는 내 직업을 좋아하고, 나는 변호사이고요……. 나는 가족에게 헌신하며, 부양하는 것에 자부심을 느낍니다. 가끔 힘든 하루를 마무리할 때 아이들에게 짜증스러워질 때도 있긴 하지만, 당신도 어떤 건지 알 거예요……. 나는 헌신적인 아들이 되려고 합니다. 부모님도 나이가 드셨네요. 아마 나는 항상 최선을 다하고, 그러려고 노력하는 사람이라고 할 수 있을 것 같아요. 이런 얘기를 하면 되는 건가요?

이와 대조적으로, 정체성 병리를 가진 환자들은 반응하는 데 훨씬 큰 어려움을 겪을 것이다. 어떤 환자들은 그 과제에 대해 어려워하는 게 드러날 수 있고, 자기가 누구인지 잘 모르겠다고 할 수 있다. 반면, 다른 환자들은 비특정적이거나 구체적인 몇 가지 특성으로 된 짧고 피상적인 기술을 할 수도 있다. 예를 들어, 환자는 이렇게 말할 수 있다. "무슨 말을 해야 할지 모르겠어요. 나는 키가 크고, 갈색 머리예요……. 나는 별로 똑똑하지 않고, 돈도 별로 못 벌어요. 그래서 엄마랑 같이 살죠……. 물어보신 게 이게 맞나요?"

좀 더 경미한 정체성 혼란을 가진 환자들은, 도움을 받으면 일반적인 자기기술을 할 수 있다. 이는 대체로 구체적인 특성이나 형용사들의 나열이거나, 자신이 누구인지보다는 자신이 무엇을 하는지에 대한 기술로 이루어진다. 면접자는 이에 따라서 추가적 탐색을 할 수 있다. "당신은 자신을 기술하기 위해 몇 가지 형용사를 사용했어요. 그 기술을 좀 보충해 줄 수 있을까요? 그 특성 중 일부를 나타내는 예나 이야기가 있다면 좀 더 생생해질 것 같은데요."

이와 대조적으로, 심한 정체성 혼란을 가진 경우에는 자기감이 매우 모호하고 혼란스럽고 빈약하여, 환자는 가장 기본적인 것, 종종 신체적 특성을 제외하고는 어떤 것도 인식하기 어려워할 수 있다. 이는 앞서 제시한 갈색 머리 환자의 예시에서도 드러난다. 또는 환자는 그저 당황스러워하며 이렇게 말할 수도 있다. "질문이 뭐였죠?" 또는 "나 자신에 대한 느낌은 계속 변하기 때문에, 정말 뭐라 말할 수가 없네요."

환자가 어려워할 때 면접자는 환자가 추가 정보를 제공하도록 다음과 같이 촉진할 수 있다. "당신의 성격이나 당신이 어떤 사람인지 충분한 그림을 그릴 수 있도록 더 이야기해 줄 게 있나요?", "당신은 대체로 부정적인 특성들을 이야기하네요. 긍정적인 특성에 대해서 간단하게 말해 줄 수 있나요?", "당신이 잘하는 것들에 대해 강조를 했는데요. 어려운 영역이 있나요?" 또는 아마도 면접자는 환자가 다른 사람들이 자신을 어떻게 보는지에 대해 기술은 잘했지만, 내면에서 스스로에 대해 어떻게 느끼는지에 대해서는 거의 말하지 않았다고 언급할 수 있다.

환자의 자기감이 어느 정도로 통합되었는지 탐색한 후, 면접자는 환자가 자신의 세계에서 중요한 사람들에 대해 어떻게 경험하는지에 대해 다시 물을 수 있다. 면접의 이 단계에서 임상가는 가장 친밀한 관계에 초점을 둔다. 그 이유는 심한 성격장애 환자의 경우—즉, 그들의 삶 속의 사람들에 대해 안정적이고 통합된 상을 갖지 못한 경우—, 타인감의 결핍은 일반적으로 환자에게 중요한 사람들에 대한 기술에서 가장 잘 드러나기 때문이다. 또한 비교적 안정된 자기감을 가진 더 잘 통합된 자기애성 환자들이 면접의 이 시점에서 타인에 대해 기술할 때, 미묘함이나 깊이가 없는 것으로 분명하게 확인될 수 있다. 이는 환자가 자신과 가장 밀접하게 관련된 사람들에 대해 기술할 때 가장 극적으로 나타난다.

면접자는 환자에게 현재 생활에서 중요한 사람에 대해 기술해 달라고 한다. 만약 환자가 어려워할 경우, 면접자는 환자에게 누가 제일 가까운지 구체적으로 질문할 수 있고, 그 사람에 대해서 한 문단으로 하나의 이야기를 쓰듯이 기술해 달라고 할 수 있다.

자기기술의 경우와 마찬가지로, 약간의 촉진을 받으면 공고화된 정체성을 가진 개인은 중요한 타인에 대해 3차원적인 기술을 할 수 있다. 이는 미묘함과 깊이를 가져서 면접자가 그 사람을 상상하기 쉽다는 특징을 갖는다. 다음이 그 예시이다.

환　자: 음, 가장 가까운 사람은 물론 아내입니다. 우리는 대학교 1학년 때부터 사귀었어요. 어디 보자……. 그녀는 자상하고, 체계적이고, 솔직담백하고, 믿을 만한 사람이에요. 그녀는 요즘 아이들과 함께 집에서 지내고 있고, 나보다 훨씬 더 인내심이 많고 훌륭한 엄마입니다. 그녀는 미술 갤러리에서 시간제로 일합니다. 돈을 많이 주지는 않지만, 육아 도우미의 비용을 감당하기에 충분하고, 그녀는 그 일에서 창의적인 면이 발휘된다고 합니다. 그녀는 대학에서 미술사를 전공해서 미술에 대해 많이 알고 있고,

정말 좋아합니다. 또한 그녀는 사람들에게 잘 귀 기울여서 사람들이 무슨 생각을 하는지, 원하는 게 무엇인지 잘 알아요. 덕분에 갤러리에서 매출을 올리는 데도 많은 도움이 됩니다.

면접자: 칭찬을 많이 하시네요. 단점은 없나요?

환 자: 그녀는 혼자만의 시간이 필요해요. 그렇지 않으면 좀 압도당하는 것 같아요. 솔직히 말하자면, 좀 짜증스러워지는 거죠. 아이들한테는 별로 안 그러는데요. 요즘 그녀에게 휴식을 주려고 해요. 주말 아침이나 점심에 아이들을 데리고 나간다든지 해서요. 그녀는 나의 노력에 대해 매우 고맙다고 합니다. 그건 그녀에게 큰 의미가 있는 것 같아요.

이와 대조적으로, 정체성 병리를 가진 환자는 종종 다른 사람들을 일련의 형용사들로 기술한다. "그녀는 괜찮아요. 예뻐요……. 뭘 더 얘기하길 바라세요?" 또한 종종 자기참조적으로 이야기한다. "그녀는 내게 좋은 사람이고, 항상 내 기분을 알고, 기꺼이 도와줘요." 또는 "그녀는 나보다 더 똑똑해요. 나만큼 예쁘진 않아요."

때로 환자는 매우 극단적인 관점을 보일 수 있다. "아내는 대단해요. 남자가 가질 수 있는 최고의 아내이고, 예쁘고, 똑똑하죠." 혹은 완전히 부정적일 수도 있다. "재앙 그 자체예요. 들러붙어서 떨어지지도 않고, 요구가 엄청 많아요. 내가 어쩌다 그런 사람과 결혼하게 되었는지 이해할 수가 없어요." 환자가 극단적으로 기술할 때는, 한쪽으로 치우쳐 있음을 지적하고 추가적인 특성을 말해 줄 수 있는지 물어보는 것이 도움이 된다. "당신은 아내를 완전히 긍정적으로 말했어요. 그녀에게도 한 인간으로서 단점이 있나요?", "당신은 일련의 형용사들로 가장 친한 친구에 대해 이야기했어요. 당신이 앞에서 이야기한 것을 좀 더 보충해 줄 수 있겠어요? 그 특성들을 나타내는 사례나 이야기가 있다면 좀 더 생생해질 것 같은데요." 이러한 촉진을 통해, 정체성 병리가 덜 심한 환자는 좀 더 구체적이고 덜 극단적인 요소들로 기술할 수 있다. 이와 대조적으로, 더 심한 병리를 가진 환자는 중요한 타인에 대한 경험이 너무 경직되게 극단적이거나 또는 피상적이어서 어떤 복합성이나 미묘함을 추가할 여지를 남기지 않는다.

제2장에서 기술하였듯이, 정상 성격과 높은 수준 성격병리(즉, NPO)의 정체성 공고화는 더 심한 성격장애(즉, BPO 스펙트럼)에서 나타나는 정체성 공고화의 실패와 구분된다. 정체성 병리는 심각도의 범위가 경미한 것에서부터 가장 심각한 것에 걸쳐서 나타날 수 있다. 심각도가 증가할수록 자기와 타인에 대한 경험에서 왜곡과 불안정성이 증가하며,

목표를 수립하고 추구하는 역량과 일/학업 및 개인적 관심사에 투자하는 역량의 손상 또한 증가한다.[2]

▶ **대상관계의 질: 대인관계 기능, 친밀성의 역량, 관계에 대한 내적 작동 모델**

대상관계의 질을 평가할 때, 임상가는 ① 환자의 대인관계 기능, ② 친밀성의 역량, ③ 타인에 대한 내적 점유, 즉 친밀한 관계의 특성에 대한 기본적 이해와 타인의 욕구와 감정을 알아보고 보살피는 역량(공감)에 관심을 가진다.

친밀성의 역량을 평가할 때, 임상가는 환자가 친밀한 관계를 맺을 수 있었는지, 그 관계를 오랜 시간 유지할 수 있었는지, 만족스러운 성 경험을 친밀하고 다정한 관계 안에 통합할 수 있는지를 고려한다. 타인에 대한 환자의 내적 점유를 평가할 때, 임상가는 환자가 관계를 욕구 충족의 관점에서 보는지, 또는 관계에서 누가 무엇을 얻으며 누가 더 많이 얻는지의 관점에서 보는지, 또는 상호적인 주고받기의 감각이 있는지 고려한다. 그는 공감하는 역량을 가졌는가? 즉, 타인의 욕구와 감정을 정확히 지각하고 보살필 수 있는가? 그는 관계에서 착취적인가, 아니면 타인에게 관심을 기울이고 돌보는 것에서 만족을 느끼는가? 그는 돌봄을 받을 역량이 있는가?

제2장에서 기술하였듯이 정상 성격과 NPO에서 대인관계는 질적으로 안정적이며 오랜 시간 지속되며, 타인을 개인으로서 신뢰하고 존중하는 것으로 특징지어진다. NPO의 경우 친밀성의 역량이 충분히 발달했으나 친밀성과 다정함을 성과 충분히 통합하는 데는 어려움이 있을 수 있다. NPO에서 대인관계 기능의 손상은 일어나는 정도에 따라 갈등의 특정 영역에 제한된다. 정상 성격과 NPO에서의 대상관계는 자신의 욕구와는 별개로 타인의 욕구에 관심을 갖는 것, 타인의 감정에 공감할 수 있는 충분히 발달된 역량, 상호적인 주고받기의 역량, 타인이 의존할 수 있게 할 뿐만 아니라 타인을 의존할 수 있는 역량으로 특징지어진다.

---

2) 특히 자기애성 성격장애 환자는 정체성 형성의 평가에 특별한 도전이 될 수 있다. 자기애성 성격장애에서 나타나는 정체성 병리의 특정 양상은 진단의 혼란을 야기한다. 초기 평가에서 이들의 정체성 병리는, 가령 경계선이나 연극성 성격장애에서보다도 두드러지지 않을 수 있다. 자기애성 성격장애에서의 정체성 병리는 피상적으로 통합된 자기감이 특징적인데, 이는 깊이가 없고 종종 깨지기 쉬운 한편 직업적이고 개인적인 목표를 추구하는 능력과 결합될 수 있다. 이러한 형태는 정체성 병리의 정도와 심각도를 과소평가하게 할 수 있다. 그러나 정체성 형성 평가가 자기감만큼이나 타인감에도 초점을 맞춘다는 점을 면접자가 명심할 때, 자기애성 성격장애의 정체성 병리 진단을 실수하지 않을 수 있다. 자기애성 성격장애에서, 겉보기에 비교적 잘 통합되어 보이는 자기경험은, 놀라울 정도로 피상적이며, 모호하고, 어슴푸레하며, 구체성이 결여된 타인 경험과 결합된다.

심한 성격장애 환자의 경우 대인관계는 종종 격렬하고 불안정하며 혼돈스럽고, 불신과 적대감으로 채색되어 있으며, 친밀성이 결여되어 있다. 어떤 환자의 경우 관계가 극도로 결핍되어 있거나, 심지어 완전히 부재할 수도 있다. 대상관계는 관계를 욕구 충족의 관점에서 보는 것으로 특징지어진다. 예를 들어, 대상관계는 다음과 관련해서 조직된다—돌봄의 추구, 혼자가 되는 두려움의 관리, 지위가 높거나 부유한 누군가에게 들러붙고 싶은 소망, 착취당하는 것에 대한 두려움, 또는 스펙트럼의 가장 극단적인 끝에서는 개인적, 금전적 이득을 위해서 타인을 자아동질적으로 착취하는 것. 가장 극단적인 경우, 자신의 욕구와 별개로 타인의 욕구에 초점을 두고 돌보는 역량은 제한된다—예를 들어, 사랑하는 사람이나 가족이 아프다는 이유로 개인적인 일정을 취소하는 것에 대해 분노할 수 있다. 따라서 심한 성격장애에서는 공감 역량이 제대로 발휘되지 못하거나 전적으로 결여될 수 있다.

높은 BPO 집단에서는, 대상관계에서 좀 더 경미한 병리가 나타나며, 흔히 상호의존적이며 돌보는—비록 가끔 격렬하지만—관계를 유지하는 역량으로 특징지어지는데, NPO 집단에 비해서 안정성과 깊이는 덜하다. 높은 BPO 집단의 환자는 공감 역량이 들쭉날쭉한데, 이는 종종 자신의 욕구 및 소망에 대한 관심과 갈등한다.

정체성 형성 평가에서와 같이, 환자의 대상관계의 질과 관련된 많은 정보는 호소문제를 기술하고 현재 기능을 평가하는 과정에서 자연스럽게 나타날 것이다. 이 정보는 초점화된 질문을 추가함으로써 보완될 수 있는데, 이는 환자의 대인관계 기능과 내적인 점유(investments)의 질을 구체화하기 위해 특별히 고안된 것이다. 예를 들어, 환자가 면접자에게 결혼한 지 5년 되었다고 말할 때, 이런 질문들을 할 수 있다.

당신과 아내의 관계는 친밀하고 신뢰롭다고 생각하나요? 아내와 터놓고 이야기를 나눌 수 있나요?

성관계를 하면 더 가까워진다고 느끼나요?

관계에서 의존할 수 있나요?

또는 친구관계에서 어려움을 보고하는 환자에게, 면접자는 다음과 같은 질문을 할 수 있다.

　　그 관계들에서, 당신은 '이득을 보는' 편인가요? 즉, 관계에서 얻는 게 많다고 생각하나요? 또는 자주 이용당하는 편인가요?

　　당신은 한때 가까웠던 사람들과 관계를 끊는 경향이 있나요?

　　당신은 가까운 관계에서 신뢰하고, 솔직하고, 개방적인가요? 또는 가장 가까운 사람들에게조차 조심하고 경계하는 편인가요?

　　대상관계의 질은 정상에서부터 가장 심각한 수준의 병리까지 심각도 차원에 걸쳐서 기술될 수 있다. 제2장의 [그림 2-1]과 〈표 2-1〉에서 보여 주듯이, 심한 대상관계 병리 (즉, STIPO-R의 4, 5수준)는 도덕적 기능의 병리와 함께 낮은 BPO를 중간 및 높은 BPO와 구분해 주며, 나쁜 예후의 징조가 된다.

▶ 방어와 성격 경직성: 주된 방어유형

　　방어기제를 평가할 때, 임상가는 다음을 평가한다: ① 개인이 ⓐ 건강하고 적응적인 방어, ⓑ 억압에 기반한 방어, ⓒ 분열에 기반한 방어를 우세하게 사용하는 정도, ② 방어의 부적응적인 정도, 즉 경직된 정도와 성격기능을 방해하는 정도.

　　심한 성격장애에서 낮은 수준 또는 분열에 기반한 방어는 매우 부적응적이며, 환자의 행동에 영향을 주고 주관성을 심하게 왜곡한다. 제2장에서 논의하였듯이, 심한 성격병리의 많은 핵심 특성은 분열에 기반한 방어기제가 환자의 내적 경험과 외적 기능에 미치는 영향을 반영한다. 그 결과, 심한 성격병리를 가진 환자가 분열에 기반한 방어기제가 우세할 때 임상적 진단 면접이 진행되는 동안 진단하기가 대체로 비교적 쉬우며, 환자의 기능에 부정적인 영향을 미치고 있음이 언제나 증명될 것이다. 호소문제와 함께, 관계와 성격 기능에 대한 환자의 기술은 대체로 흑-백, 뜨거운-차가운, 불안정한, 모순적인 경험이라는 것이 빠르게 부각되는데, 이는 분열에 기반한 방어에 의한 것이다.

　　면접 중에 환자가 상반된 성격특성을 설명할 때, 낮은 수준의 방어의 영향 또한 종종 드러날 것이다. 예를 들어, 얌전한 초등학교 교사가 사교모임의 이성동반자(escort)로 일해서 추가로 돈을 벌 수도 있다. 또한 개인력을 탐색하는 동안, 환자는 종종 현실의 중요한 측면을 부인하는 뚜렷한 증거를 보여 줄 것이다. 예를 들어, 학사 경고를 받은 환자가 자신을 훌륭한 학생으로 기술할 수 있다. 이 명백한 모순에 대해 추가적으로 질문했을 때, 그는 학사 경고는 그저 성적만을 반영하기 때문에 학업 능력이나 성취를 측정하는 데는 좋지 않다고 대답할 것이다.

환자가 분열에 기반한 방어를 사용한다는 것을 좀 더 명확하게 하기 위해, 면접자는 특정 질문을 추가로 할 수 있다. 예를 들어, 만성적으로 학업적 어려움을 지닌 학생에게 면접자는 다음과 같이 질문할 수 있다.

> 당신은 고통스럽거나 혼란스러운 현실들을 부인하는 경향이 있나요? 그런 것들을 '잊으려고' 하나요? 문제가 될 정도인가요?—예를 들면, 논문을 쓰거나 시험공부를 하기 위해 충분한 시간을 들이지 않는 것 말이에요.

또는 피상적이고 양극화된 방식으로 자신의 경험을 기술하는 환자에게 면접자는 다음과 같이 물을 수 있다.

> 당신은 자신과 다른 사람 또는 상황을 흑과 백, 전부 아니면 아무것도 아닌 것으로 보는 경향이 있나요?

> 당신은 사람들에게 많은 것을 기대하거나 혹은 그들을 추켜세우면서 이상화하나요? 시간이 지나서야 그들이 당신이 생각했던 것과 다르다는 걸 깨닫게 되나요? 그러고 나면 그들에게 매우 실망해서 결점을 찾나요?

면접 동안 면접자와의 상호작용에서, 분열에 기반한 방어를 주로 사용하는 환자는 종종 어떤 방식으로든 면접자를 통제하는 것과 관련된 방어를 사용할 것이다. 특히 투사적 동일시, 전능 통제 및 이상화/평가절하는 심한 성격병리를 지닌 환자에 대한 임상평가에서 역전이를 통해 진단될 수 있다. 예를 들면, 면접자는 환자를 화나게 할까 봐 두려워서, 특정 핵심 이슈를 회피해 왔다는 것을 인식하게 될 수 있다. 또는 그는 환자가 '약하고', '특별히 주의해서 다루어야 할 필요'가 있다는 것이 두려워서 평소와는 달리 '정중하게 대하고 격려했다는' 것을 인식하게 될 수 있다. 또는 아마도 환자와의 상호작용으로 자신이 평소와 달리 평가절하되고 짜증났다는 것을 인식하게 될 수 있다.

BPO 스펙트럼의 심한 성격장애에서 좀 더 건강한 쪽으로 넘어가면, 면접자는 계속해서 분열 및 해리 방어의 영향을 보게 되지만 대체로 좀 더 미묘하고 덜 만연된 형태를 띤다. 이는 기능을 좀 덜 극적이거나 좀 더 초점적으로 방해하며, 더 높은 수준의 방어의 혼합물과 결합된다. 예를 들면, 행복한 결혼을 한 한 젊은 여성은 남편에 대한 의견이 갑자기 바뀌었다는 것—이상적인 배우자로 보는 것에서 짜증스럽고 지루하다고 여기는 것으로 갑자기 변한다—을 주기적으로 발견하곤 했다고 말했다. 환자는 남편이 짜증스럽고 지루하게 느껴질 때 냉담하게 행동하지 않기 위해 최선을 다하고 있다고 말했다. 그리고 그녀의 감정이 남편에 대해 평소 느꼈던, 다소 이상화된 감정과는 상반된다고 말했다.

분열에 기반한 방어와는 대조적으로, 억압에 기반한 방어는 진단 면접에서 좀 더 확인하기 어려울 수 있는데 환자의 행동이나 면접자의 경험에 영향을 줄 가능성이 더 적기 때문이다. 그 결과, 환자에게서 공고화되고 안정적이며 통합되고 현실적인 자기감 및 타인감과 함께 성격의 경직성을 보게 될 때, 면접자는 억압에 기반한 방어의 우세함을 관찰하지 못하지만 추정하는 경향이 있다. 억압에 기반한 방어는 주로 기능의 경직성에 반영될 것이다. 스트레스와 변화를 다루는 어려움, 환자가 변화를 인식하지 못하거나 변화할 수 없는 반복적이고 부적응적인 행동 패턴의 역사—이는 정상 성격에서의 유연하고 적응적인 대처 기제와는 대조적이다. 진단면접에서, 억압에 기반한 방어의 활성화를 반영하는 부적응적인 성격특성, 예를 들어 기분을 맞추려 하거나 통제감을 느끼려는 지나친 욕구는 환자와 면접자의 상호작용에서 상연될 수 있다.

건강한 방어는 대체로 의식적인 대처 기제이다. 예를 들어 환자가 고통스러운 상황을 다루기 위해 유머를 사용하거나 스트레스가 되는 사건과 관련된 불안을 다루기 위해 미리 계획을 세우는 것으로 표현된다. 분열에 기반한 방어와 마찬가지로, 건강한 방어도 초점적 질문을 통해 직접적으로 평가될 수 있다.

당신의 삶에서 스트레스 사건이나 기간이 예상될 때, 그 스트레스를 어떻게 다룰지에 대해 미리 계획을 세우나요?

당신은 확신했던 계획이 실패했을 때, 쉽게 적응할 수 있고 힘든 상황에 대처하고 새로운 계획을 세울 수 있는 사람인가요? 아니면 그런 일이 일어났을 때 아무것도 하지 못하는 경향이 있나요?

▶ 공격성 관리: 내적 및 외적 지향

공격성을 관리하는 역량을 평가하는 것은 성격장애를 평가하는 데 있어서 중심적 역할을 한다. 성격병리가 좀 더 심해질수록, 공격성이 빈약하게 통합된 형태의 부적응적 표현은 병리적 성격기능에 점점 더 중심적 역할을 하는 경향이 있다. 공격성은 종종 타인을 향하거나 자기를 향한 행동으로 표현되는데, 그 결과 공격성 평가는 주로 행동에 집중되는 경향이 있다.

공격성 관리가 핵심문제라면, 임상면접에서 호소문제의 역사와 현재의 성격기능에 초점을 둘 때 가장 자주 나타날 것이다. 정신과적 체계 검토에 포함되어 있는 공격성과 관련된 특정 질문들—자기파괴적 또는 파괴적인 행동, 공격적 폭발, 언어 및 신체적 위협이나 공격 이력에 대한 질문들을 포함한다—은 성격병리 평가에서 간과되어서는 안 된다. 자기를 향한 공격성은 타인을 향한 공격성만큼 심각하고 파괴적일 수 있다. 좀 더 경미한 형태의 자기를 향한 공격성은 만성적 자살사고 또는 자기파괴적 환상, 자기방임, 피부 뜯기, 또는 위험 부담이 있는 행동으로 나타날 수 있다. 심각도가 높아질수록, 치료자는 목적적인 자해—예를 들어, 칼로 긋기, 화상 입히기, 또는 거의 치명적인 자살시도—를 보게 되며 이 스펙트럼의 가장 심각한 끝에는 심각하거나 잠재적으로 치명적일 수 있는 자해행동 또는 준-자살행동이 만성적일 수 있다.

공격성의 표현과 관련된 특정 질문은 체계적인 방식으로 시작되는데, 이는 성격장애 평가에 필수적이다. 환자는 적극적으로 공격적 행동 이력을 숨길 수 있고, 또는 해리나 부인의 영향으로, 분명하게 묻지 않는 한 초기 면접 동안 말해야 한다고 생각하지 않을 수 있다.

면접자가 물어야 할 몇 가지 질문은 다음과 같다.

당신은 때로 건강을 방치하나요? 예를 들면, 아플 때 병원에 가요? 상처를 잘 돌보나요? 당신이 방치해서 심각해진 적이 있나요?

당신은 때로 분별없고 잠재적으로 위험해 보이는 행동을 하나요? 예를 들면, 무방비한 성관계를 하거나, 만취하거나 약물을 복용한다거나, 신체적으로 위험할 수 있는 상황에 들어간다든지요.

당신은 자신의 몸에 상처를 내거나 칼로 긋거나 신체적 고통을 유발하나요? 예를 들면, 피부를 긁어서 상처를 내거나 칼로 긋거나, 피부를 뜯거나, 뾰루지를 뜯거나 폭식하거나 토하거나 또는 다른 것들을 하나요?

지난 5년 동안 자살시도를 한 적이 있나요?

다른 사람에게 화가 나서 이성을 잃는 경향이 있나요? 최근에 그 일이 일어났던 예를 들어 주시겠어요?

지난 5년 중에 언제든, 의도적으로 누군가를 신체적으로 해친 적이 있나요? 만약 그렇다면, 무슨 일이었는지 얘기해 주시겠어요.

공격성의 행동적 표현에 대한 질문에 덧붙여 면접자는 공격성의 내적, 주관적 표현을 평가한다. 예를 들면, 극도의 시기심, 극심한 증오 또는 복수에 대한 종종 반복적이고 즐거운 환상이다. 다음은 질문의 예시이다.

당신은 다른 사람의 정서적 또는 신체적 아픔이나 고통을 유발하거나 보는 것을 즐기나요?

누군가가 당신을 해치거나 또는 당신이 무시당하고 학대당한다고 느낀다면, 당신은 그 사람에게 복수하고 싶은가요? 당신은 머릿속으로 복수하는 장면을 그리나요? 당신은 복수하는 시나리오를 실행에 옮긴 적이 있나요?

▶ 도덕적 기능

공격성 평가와 마찬가지로, 도덕적 기능의 평가는 NPO 스펙트럼에 있는 환자를 평가할 때 덜 중심적이다. 높은 수준의 성격병리를 지닌 환자는 비교적 잘 통합되고 안정적인 내재화된 가치 체계와 도덕적 기능을 가지고 있다. 도덕적 기능의 병리가 다른 기능을 방해할 때 이러한 환자들은 유연하지 못한데, 종종 과도하게 자기비난을 하고 지나치게 높은 내적 기준을 세우는 경향이 있다. 성격조직의 BPO 스펙트럼으로 이동할수록, 도덕적 가치의 평가는 점차 평가의 중심이 되고 근본적으로 중요한 측면이 된다. 공격성 평가와 마찬가지로, 도덕적 기능 평가는 주로 행동에 관한 것이다. 이는 환자가 내적인 도덕적 나침반 및 죄책감을 경험할 수 있는 역량이 있는지 (또는 없는지) 평가하는 것과 결합된다.

정체성 병리를 지닌 환자들의 스펙트럼에서, 도덕적 기능은 매우 다양할 수 있다(제2장 [그림 2-1]과 〈표 2-1〉을 참조). 성격병리의 경미한 형태를 지닌 사람들은, 대체로 높은 BPO 집단에 속하는데, 종종 충분히 내재화되지 않거나 일치하지 않는 가치체계를 보여 준다. 한 환자의 도덕적 가치는 일부 영역에서 경직될 정도로 행동을 이끌기도 하지만 '결함'이 있을 수 있다(예를 들면, 윤리를 잘 지켰던 과학자가 자료를 조작한다. 매우 성실하게 환자를 돌보고 자기 일의 어떤 단점에도 과도하게 자기비판적인 간호사가 처방전을 위조한다). 그렇지 않은 경우, 도덕적 기능은 좀 더 일관되게 조직될 수 있는데, 하지만 내재화된 가치라기보다는 주로 들킬까 봐 두려운 것과 관련된다. 다른 예로, 지나치게 엄격하거나 경직된 도덕적 기능은 작은 위반에도 고통스럽게 자기를 공격하는 것으로 채색된다(예를 들면, 한 젊은 남자는 직장에서 사소한 실수를 한 후 며칠 동안 잔인하게 자신을 자책하고 공격하는데, 그의 상사와의 관계에서 불안해하고 다소 편집적이게 된다).

도덕적 기능의 좀 더 심한 병리는 거짓말, 부정행위 및 훔치는 것을 수반한다. 어떤 사람들은 만성적으로 속인다(예를 들면, 존경받는 한 성직자가 몇 년 동안 교회 금고에서 조금씩 돈을 빼돌린 것으로 밝혀졌다; 결혼한 지 몇 년 후, 사랑하는 남편이자 아이들의 아버지가 종종 출장을 갔었는데, 다른 도시에 딴 살림을 차리고 오랫동안 속였다는 것을 알게 됐다). 도덕적 기능 병리의 스펙트럼을 좀 더 따라가면 공공연하게 공격적인 반사회적 행동 형태로 나타난다—예를 들어, 협박, 횡령, 강도 또는 폭행. 스펙트럼의 가장 심한 끝에서, 반사회적 행동이나 특성을 넘어 모든 도덕 기능 및 기준이 전반적으로 붕괴되는데, 이는 반사회적 성격장애의 특징이다. 반사회성 및 정신병질 환자에 대해서는 표준적인 심리적 개입이 효과적이지 않고 다면적 치료 프로그램이 가장 희망적인 것으로 나타났다(Patrick, 2007).

심한 성격장애를 지닌 환자의 평가에서, 도덕적 기능 평가는 중요한—아마도 가장 중요한—고려 사항이 된다. 이는 다양한 치료계획을 안내하고 예후에 크게 (반대로도) 영향을 준다. 따라서 특정 질문은 도덕적 기능 체계 및 반사회적 행동을 충분히 검토하기 위해 고안된 것으로, 성격장애를 지닌 환자, 특히 좀 더 심각한 병리를 지닌 환자의 평가에 필수적이다. 이러한 질문들은 다음과 같다.

당신은 의도적으로 타인을 속일 때가 있나요—예를 들면, 이력서나 지원서를 과장하거나 다른 사람의 작업을 표절한다든지요? 노골적으로 거짓말을 하나요? 이 면접에서도 질문에 답할 때 속이거나 정직하지 않은 적이 있나요?

지난 5년간, 위법 행위를 한 적 있나요? 범죄를 저지른 적이 있나요?

당신은 물건을 훔치거나 도둑질, 또는 불법 약물을 사용하거나 마약 밀매를 한 적이 있나요? 돈이나 약을 얻으려고 섹스를 한 적이 있나요?

당신은 공금을 횡령하거나, 옳지 않다는 걸 알면서도 수표를 발행하거나, 또는 세금을 내지 않은 적이 있나요?

도덕적 기능의 중대한 병리가 진단되거나 의심될 때, 제3자(중요한 타인이나 부모, 형제
자매 또는 보호자)를 평가과정에 참여시키는 것이 필요하다. 이는 자신에 대한 솔직한 정
보를 제공할 수 없는 환자에 대한 정확한 이야기를 얻어서 평가를 완성하기 위한 것이
다. 이 집단의 환자들은—반사회성 성격장애 규준에 미치지 않는 환자들도 마찬가지
로—예후가 빈약하고 치료에 중대한 도전이 된다. 극심하게 빈약한 도덕적 기능을 지
닌 사람들(STIPO-R 수준 4-5)은 낮은 BPO 집단에 속한다(제2장 〈표 2-1〉 참조). 이 집단
에 속한 환자에 대한 어떤 형태의 치료라도 특수한 조건을 요구할 것이다. 특수한 조건
은 매우 구조화된 치료틀과 지속적인 제3자의 참여를 포함한다. 이는 반사회적 특징을
관리하고 회기 밖에서의 환자의 행동을 치료자에게 정확하게 알려 주기 위한 것이다. 높
은 BPO 집단에서, 도덕적 기능의 중대한 병리의 유무와 정도는 치료과정 및 예후에 특히
유용한 예언 변수이다.

방법과 절차

지금까지 주로 면접의 흐름과 평가 단계에서 수집된 자료에 초점을 맞췄다. 이는 면접
자가 환자와 환자의 어려움 및 성격에 대한 철저한 진단 평가를 할 수 있게 하고, 치료계
획을 안내하는 데 활용된다. 이제 이러한 자료를 수집하는 과정에서 고려해야 할 사항을
보고자 한다.

성격병리 환자의 평가에 필요한 자료를 수집하는 다양한 방법이 있다. 연구 상황에서
자기보고식 질문지와 구조화된 면접이 선호된다. 이들의 신뢰도를 높이고 평정자가 달
라도 평가하는 핵심 영역은 보장될 때 그렇다. 그러나 임상 상황에서 대부분의 실무자는
임상적 진단 면접을 선호하며 종종 자기보고식 질문지로 보완한다. 이는 우리가 선호하
는 방식이기도 하다(Clarkin et al., 2018). 구조화된 평가가 신뢰도를 높일 수 있지만, 임상
적 진단 면접을 통해 면접자는 환자의 어려움에 대한 언어적 소통의 내용과 평가자의 질
문에 대한 반응뿐 아니라, 예비치료과정에서 환자의 행동, 면접자와의 상호작용, 그리고
면접자의 역전이(즉, 제4장에서 논의했듯이, 임상 면접은 **소통의 세 가지 경로**를 활용할 수 있
다)에도 주의를 기울일 수 있게 된다.

　다양한 임상가가 임상 면접에서 서로 다른 접근을 선호한다. 중요한 것은 그 과정의 끝에서 〈표 7-1〉(이 장의 앞부분)에서 개관한 자료와 기능 영역이 명확하게 정교해진다는 것이다. 임상 면접에 대한 TFP-E 접근은 ① 성격기능 및 병리의 기술적 특징을 평가하는 동시에 ② 자신의 문제에 대한 환자의 이해 및 태도를 묻고 ③ 면접과 면접자에 대한 환자의 경험에 주의를 기울인다. 구조적 면접(Kernberg, 1984)에서 온 이러한 다면적 접근을 통해 면접자는 방어기능 및 성찰 역량을 실시간으로 평가할 수 있고, 동시에 정신과 병력을 얻을 수 있다. 이 장의 다음에서 추가적으로 논의될 구조적 면접은 BPO와 NPO를 구분하기 위한 것이다. 이는 정체성 형성과 방어뿐만 아니라 현실검증 및 정신증의 미묘한 형태를 평가하는 데 초점을 둔다. 동시에, 전형적으로 일반 정신과적 면접에서 나온 증상 및 성격특성에 대한 기술적 정보를 얻을 수 있다.

　구조적 면접에서 탐색된 내용 영역의 전반적인 구조는 이 장 앞에 있는 〈표 7-1〉에서 개관한 흐름을 따른다. 하지만 이러한 전반적인 순차적 구조에서, 면접자는 융통성을 발휘할 수 있다. 면접을 진행하는 동안 면접자는 과거력을 듣는 것과 면접에서의 환자의 행동과 경험에 주의를 기울이는 것 사이를 왔다 갔다 할 것이다. 마찬가지로 면접 과정 동안, 면접자는 처음에 명확하지 않거나 나중에 나온 자료와 모순되는 자료로―필요하다면 반복해서―되돌아갈 것이다. 이러한 반복적인 과정은 BPO 환자에게 특히 유용하다. 자신과 자신의 어려움에 대한 BPO 환자들의 의사소통이 종종 막연하고 불완전하며 또는 모순되고 혼란스럽기 때문이며, 이들이 종종 초기 만남에서 평가자에 대한 전이를 빠르게 발달시키기 때문이다.

　임상 면접의 이러한 전반적인 틀은―내용 영역을 따라 진행하면서 과거력과 면접 경험 사이를 왔다 갔다 하고, 면접 내내 순환하는 방식으로 불분명하거나 모순적인 자료로 되돌아가기도 하는 것은―환자 방어의 특성을 밝혀 줄 것이다. 환자의 방어가 면접에서 환자의 의사소통과 면접자에 대한 경험에 영향을 미치기 때문이다. 각 질문 단계에서, 정보가 수집되고 가설을 세우는 데 활용된다. 가설은 질문의 다음 단계에서 임상가의 접근을 안내하고 초점을 맞춘다. 면접자는 면접을 진행하면서, 환자의 성격기능 및 조직에 대한 좀 더 충분히 발달된 이해를 계속해서 받아들인다. 이때 모순적으로 나타나거나 불분명하게 남아 있는 어떤 영역이든 명확하게 하기 위해 이전 질문 단계로 되돌아간다.

구조적 면접

임상 면접에 대한 TFP-E 접근은 Kernberg(1984)의 구조적 면접에 기원을 두고 있다. 이 구조적 면접은 구조화된 임상 면접으로 경험 많은 임상가가 약 90분에 걸쳐 시행할 수 있으며, 면접자의 임상적 판단 및 기술을 활용할 수 있다. 면접은 환자의 증상 및 병리적 성격특성뿐만 아니라 그것들과 관련된 기능 문제, 문제를 성찰할 수 있는 환자의 역량, 환자의 어려움이 면접자와의 상호작용에서 드러나는 특정 방식에 초점을 맞춘다.

구조적 면접에서 예비치료자는 명료화와 직면을 활용하여 환자의 어려움과 기능 수준을 탐색하면서 주기적으로 가지를 쳐 나갈 것이다. 이때 명료화와 직면은 환자-면접자 상호작용에서 활성화되는 방어기제와 갈등적 이슈를 강조하고 탐색하는 데 활용된다. 이러한 과정은 면접자에게 환자가 자신의 이야기로 제공하는 것을 보완하는 추가적인 자료를 제공한다. 궁극적으로 이러한 과정을 통해 임상가는 정신증을 배제시킬 수 있고 신경증 대 경계선 성격조직 수준에 대한 감별 진단을 할 수 있다.

구조적 면접 과정에서, 정보가 모호하고 불분명하거나 공백이 있을 때마다 면접자는 환자의 주관적 경험을 **명료화**하기 위한 질문을 할 수 있다. 또한 면접자는 환자의 이야기에서의 생략과 모순 또는 언어적 및 비언어적 의사소통 간의 불일치를 부드럽게 언급하는 직면을 사용한다. 면접자는 계속해서 환자가 이러한 모순과 불일치를 어떻게 이해하고 있는지 묻고, 일어나고 있는 것을 명확하게 할 수 있는 추가적인 정보를 주도록 환자를 독려한다. 예를 들면, 면접자는 이렇게 말할 수 있을 것이다. "당신은 아내를 부정적으로 얘기하네요. 처음에 당신은 아내가 당신이 상상했던 가장 최고의 배우자라고 말했어요. 서로 안 맞지 않나요?"

면접자는 환자가 이러한 개입에 어떻게 반응하는지에 세심한 주의를 기울인다. 이러한 방식은 환자로 하여금 방어적으로 조직된 행동과 의사소통을 성찰하고 탐색하도록 한다. 또한 면접자에게 환자의 그러한 역량을 평가할 수 있는 기회를 제공한다. 끝으로 예비치료자는 환자의 주관적 경험에 대해 들은 것과 면접 동안 환자의 행동 및 그와의 상호작용에서 관찰한 것을 임상 병력과 결합해서 환자의 성격조직 수준을 평가한다.

구조적 면접은 네 단계와 최종 단계로 나뉜다. 이는 면접자의 접근에 전반적인 구조를 제공하며 〈표 7-1〉에서 설명한 것과 매우 일치한다. 단계는 다음과 같다.

- 1단계: 호소문제와 증상 및 일반 정신과 자료

- 2단계: 성격기능
- 3단계: 정체성 형성
- 4단계: 과거력
- 최종 단계: 미해결 문제와 질문

▶ 1단계: 호소문제와 증상 및 일반 정신과 자료

임상적 진단 면접은 환자의 호소문제에 대한 질문으로 시작한다. 면접자는 정보를 요청하는 것으로 시작한다. "어떻게 오게 됐나요? 어려운 게 무엇인가요? 치료에서 뭘 기대하나요?"와 같이 말할 수 있다. 이러한 시작은 환자에게 자신의 증상과 치료에 오게 된 주된 이유, 그리고 현재 삶에서 경험하는 다른 어려움들에 대해 이야기하는 기회를 제공한다.

환자의 이야기를 들으면서, 면접자는 환자 자신의 병리에 대한 인식, 치료의 필요성 인식 및 치료에서 기대하는 것이 현실적인지 비현실적인지에 대한 정도를 평가할 수 있다. 현실검증의 실패와 사고장애는 대체로 이러한 복합적이고 추상적이며 비구조화된 정보의 요청에 환자가 답하려고 애쓸수록 (또는 답하지 못할수록) 빠르게 나타난다. 더욱이, 빈약하게 공고화된 정체성을 지닌 환자는 초기 질문에 대해 그들의 어려움과 삶의 상황 및 치료에 대한 기대를 겉보기에 생각 없고 혼란스럽게 대답함으로써 정체를 드러낸다.

만약 환자가 정보를 묻는 초기 질문에 대해 따라가기 쉽고 이해하기 쉽게 반응한다면, 즉 면접자가 명확하게 이야기해 달라고 했을 때 자신의 증상과 호소 문제를 분명하게 이야기하고 적절하게 대답한다면, 면접의 첫 부분은 일반 정신과적 면접과 매우 유사하다. 면접자는 계속해서 현재 질병의 역사와 과거 정신과 병력, 치료 역사, 그리고 정신과적 및 의학적 체계별 문진을 진행한다. 반대로, 만약 이러한 초기 면접에 대한 환자의 반응이나 면접에서의 행동이 빈약하게 조직되고 이상하거나 혼란스럽다면, 면접자는 이러한 영역에 초점을 두거나 나중에 다시 확인할 수 있도록 메모해 둔다. 면접자는 모호하거나 모순된 영역을 언급하는 것으로 시작하는데, 이때 명료화를 하고 면접자의 혼란을 이해할 수 있는지에 대해 질문한다. 정신증적 장애를 지닌 환자는 이 일련의 질문을 따라가는 것이 어렵고 면접자의 혼란을 이해하는 것이 어려우며 동시에 점점 더 혼란스러워진다.

임상 예시 1 ▶ **A 씨[3]의 구조적 면접, 1단계**

A 씨는 30세 싱글 여성으로, 그녀의 주치의가 치료를 의뢰했다. 그녀는 캐주얼하지만 세련된 옷차림과 화장을 하고 머리도 예쁘게 하고는 U 박사에게 왔다. 면접자는 일련의 개방형 질문으로 구성되어 있는 구조적 면접의 표준적인 방식으로 시작했다.

U 박사: 무슨 문제로 여기에 왔나요? 다른 어려움들이 있나요? 치료에서 무엇을 얻길 바라
　　　나요? [이 복합적이고 비교적 비구조화된 질문의 특성으로 인해 환자가 분명한 감각
　　　을 지니고 있는지 그리고 정신증이 있는지를 초기에 감별할 수 있다.]

A　　씨: 나는 우울해요. 너무 심해져서 지난 2주 동안 침대에만 있었어요. 눈물이 멈추지 않
　　　아요. 마비된 것 같아요─말 그대로 움직일 수가 없어요. 뭘 할 수가 없어요. 일어날
　　　수가 없어요. 정신을 차리고 그걸 마주할 수 없어서 다시 잠을 자요─침대를 떠날
　　　수가 없어요.

U 박사: 마주할 수 없는 게 뭐죠?

A　　씨: 내 삶이요─끔찍해요. 아무도 나를 신경 쓰지 않아요. 아무 의미가 없어요. … 내 삶
　　　을 마주할 수 없어요. 그냥 거기 누워 있을 뿐이에요.

이 지점에서 U 박사는 우울의 자율신경 증상에 대해 물었으나 없다고 했다. A 씨는 자살사고는 부인했지만 '계속 살고 싶지 않다'고 했다. U 박사는 A 씨의 현재 어려움과 계속 침대에만 있는 이유에 대해 좀 더 알아보기로 했다.

U 박사: 이렇게 우울한 게 얼마나 오래됐죠?

A　　씨: 한 달 째예요. 여기서 벗어날 수가 없어요─움직일 수가 없어요.

U 박사: 전에도 이런 적이 있었나요?

A 씨는 지난 10년간 유사한 에피소드가 몇 차례 있었는데 기간은 다 달랐다. 그녀는 여러항우울제를 복용했으나 효과는 미미했다.

---

3) 이 사례는 BPO 환자의 면접에 대한 것이다. NPO 환자의 면접에 대한 자세한 기술은, Caligor 등(2007)의 제9장 '환자 평가와 차별화된 치료계획' pp. 175-201을 참조하기 바란다.

U 박사: 한 달 전 당신이 우울해졌을 때, 어떻게 지냈었나요? 우울할 만한 일이 있었나요?

A　씨: 남자 친구 Mike와 헤어졌었어요. 음, 그는 **원래** 제 남자 친구는 아니었어요. 몇 년간 일을 하면서 그를 알게 됐어요. 우리는 가장 친한 친구였다가 사귀게 됐어요. 그는 일부일처제를 믿지 않는다고 하더라고요. 거짓말은 절대 아니었어요―솔직한 게 나는 정말 중요해요. 그래서 그가 솔직해서 좋았어요. 하지만 그는 단 한 번도 나랑 데이트를 하려 하거나 내 가족을 만나려 하지도 않았어요. 전부 그의 생각대로예요. 밤에 오라고 나에게 전화를 하곤 했어요. 그를 사랑했고 그도 나를 사랑한다고 생각했죠. 그는 나에 대해서 참을성이 있었고 매우 친절했어요. 그런데 한 달 전쯤 뜬금없이 혼자이고 싶다고 하더라고요.

U 박사: 그가 다른 여자를 만난다는 게 신경 쓰였나요?

A　씨: 당연하죠! 완전 미칠 것 같았어요. 그것 때문에 항상 싸웠어요.

U 박사: 그래서 헤어진 건가요?

A　씨: 아니요―제가 말했듯이, 뜬금없었어요. 무슨 일인지 전혀 모르겠어요. 나보고 떠나라고 오랫동안 경고를 많이 했었는데, 내가 그 말을 듣지 않았대요. 근데 그건 사실이 아니에요. 지금은 나랑 말도 안 할 거고, 내 문자에는 답장도 안 할 거예요.

　　U 박사는 A 씨가 Mike와의 관계에 대해 상당히 혼란스럽고 보기에도 모순적으로 기술하는 것에 강한 인상을 받았다. U 박사는 면접의 다음 단계에서 이 문제를 다시 언급할 예정이었다. 그렇게 하기 전에 U 박사는 A 씨에게 다른 증상들에 대해 물었는데, 불안장애, 섭식장애, 양극성장애 또는 정신증, 주의집중장애, 학습장애 또는 물질남용에 관하여 질문했다. A 씨는 오랫동안 간헐적인 '공황 발작' 이력이 있었냐고 말했는데, 대체로 며칠 동안 계속되고, 클로나제팜으로 치료하고 있었다. 그녀는 주의력 결핍/과잉행동장애를 진단받았고, 마찬가지로 과거에 약물치료를 받았었다. 그녀는 자기파괴적이거나 부정직한, 또는 불법적인 행동 이력은 부인했다. 입원한 적은 없었다.

▶ 2단계: 성격기능

　　면접의 두 번째 단계는 환자의 성격에 대해 탐색하는 것이다. 면접자는 면접 초기에 나타나는 환자의 성격기능 측면을 추적하는 것으로 시작하는데, 불분명한 것이 무엇이든 적어 두고 혼란스러운 영역이 있으면 되돌아온다. 면접의 이 부분에서, 평가자는 환자가 자신의 대인관계 기능, 현재 일에서의 기능과 이력 및 여가시간의 활용에 대해 기술하도록 한다. 환자 자신에 대한 추가적인 정보를 제시하는 과정에서 면접자가 그의 마음속에서 하나로 합칠 수 없는 정보—특히 면접자가 그린 환자 및 환자 삶에 대한 내적 이미지와 맞지 않는 모순된 정보—가 전달될 때 임상적으로 중대한 정체성 병리를 진단할 수 있다(예를 들어, 환자의 주호소가 자신이 극도로 불안하고 수동적이고 소심한 것이라고 했지만, 면접 후반에는 자신의 이력을 기술하면서, 환자의 관리하에 있던 직원이 환자가 그 직원과 다른 직원들을 괴롭혔다고 불평한 이후에 해고됐다고 말했다).

면접의 바로 이 지점에서 잠재적이거나 또는 명백한 모순의 적절한 탐색이 시사된다. 여기서 모순된 자기상이 나타나는 정도 또는 환자가 견고하고 잘 통합된 자기개념을 나타내는 정도를 평가한다. 목표는 더 높은 수준의 성격병리를 정체성 혼란과 구별하는 것이다. 더 높은 수준의 성격병리에서는 갈등적 기능 영역이 공고화되고 중심적인 자기경험으로부터 분열되어 있다. 정체성 혼미에서는 중심적인 자기감이 결핍되어 있고 자기경험이 전반적으로 해리된 성질이 특징이다. 실제에서 이러한 구별은 대체로 꽤 쉽다. 중대한 성격병리를 지닌 환자의 의사소통에서 명백히 모순된 영역을 탐색함으로써, 면접자는 근본적이고 중심적인 자기감의 부재 속에서 많은 모순된 기능영역 및 자기경험을 확인할 수 있다(예를 들면, 추가적으로 탐색했을 때, 불안하고 수동적인 환자가 다른 사람을 괴롭혀서 해고되었다는 것은 자기상태의 변동을 보여 주었다. 그는 때로 모든 사람보다 우월하다고 느끼는데, 그의 부하직원들을 괴롭히는 것을 정당화하는 것처럼 보였고, 다른 때에는 열등한 느낌을 느끼고 부하직원들이 그를 업신여긴다고 느꼈다).

임상 예시 1(계속) **A 씨의 구조적 면접, 2단계**

U 박사는 A 씨의 현재 삶의 상황과 기능을 체계적으로 평가하기 시작했다. 다음과 같은 질문을 했다. "치료에 오게 된 증상과 어려움이 꽤 분명한 것 같습니다. 이제는 당신이 일상생활에서 어떻게 기능하고 있는지, 그리고 당신의 어려움으로 인해 기능이 방해받았거나 방해받지 않은 방식에 대해 말씀해 주세요." 이러한 방식으로 U 박사는 A 씨의 현재 기능과 좀 더 장기적인 기능 모두를 살폈다. 이는 현재의 장애(예를 들어, 우울 에피소드)와 좀 더 만성적 장애(예를 들어, 성격장애에서 기인한 장기적으로 낮은 기능)를 구별하기 위한 것이다. 이때 각기 다른 시간틀과 기능 양상뿐 아니라 탐색하려는 행동의 빈도, 만연한 정도 및 심각도에 주목한다(예를 들어, "이것이 당신이 대체로 일 문제를 다루는 방법인가요?").

U 박사는 A 씨의 직업적 기능, 관계, 연애, 여가시간의 활용뿐만 아니라 이러한 영역들에

서 증상이 기능에 어떤 영향을 끼쳤는지에 대해 상세하게 물었다. U 박사는 A 씨만의 의사소통을 조직화하기 위해 최대한 명료화하려고 노력함으로써, A 씨가 대학을 졸업한 이후 몇 군데 신입사원으로 들어간 적이 있었지만 직업적인 목표나 기술 또는 관심이 부족하다는 것을 확인했다. 환자는 가장 최근에는 최근 헤어진 Mike 형의 보조원으로 가끔씩 일을 했었다고 말했다. A 씨는 Mike와 헤어졌을 때, 그 일을 급작스럽게 그만뒀다. 그녀는 현재 실직 상태로 실업수당을 알아보고 있는 중이었다.

A 씨에게는 중학교 이후부터 계속 이어오고 있는 동성친구 모임이 있었다. 그녀는 이 관계가 폭풍 같고 대체로 만족스럽지 않다고 말했는데, 좀 더 긍정적인 관계를 유지하는 몇몇 친구는 최근 다른 도시로 이사를 갔다고 덧붙였다. 그녀는 남자들과 장기간 연애를 해 왔는데, 결국 모두에게 차였었다. 그녀는 혼자 살고 있었고 텔레비전을 보거나 운동을 가거나 친구들을 만나면서 하루를 보냈다. 그녀는 일을 하고 싶다고 말했지만 특별한 직업적 목표가 없었고 개인적 관심사도 없었다.

U 박사는 A 씨의 기능이 BPO와 일치한다는 것을 알게 됐다. 그녀는 직업적 또는 개인적 목표가 부족했고, 자신의 내적 삶과 연애에서 중대한 병리를 나타냈으며, 목적이 없는 느낌과 공허감을 느꼈고, 관심사를 발달시키지 못했다. 반사회적 특징이 없고, 남자들(만족스럽지 않은 사람일지라도)과 장기적인 관계를 지속하고 친구관계를 유지하는 역량이 있으며, 매우 공격적인 행동은 없다는 것은 높은 BPO를 시사했다.

▶ 3단계: 정체성 형성

구조적 면접의 다음 단계는 명확하게 정체성 형성에 초점을 맞추는 것이다. 이때 환자가 자기 자신과 중요한 타인에 대해 기술하도록 한다. 그런 다음 대상관계의 질, 도덕적 기능 또는 공격성에서 여전히 명확하지 않은 것에 초점을 두는데, 이는 성격조직 수준을 평가하고 치료계획을 안내하기 위한 것이다. 이는 면접의 또 다른 중요한 지점으로서 막연하고 모순적인 것을 기술적으로 직면하는 기회를 제공한다.

A 씨의 사례에서 제시된 바와 같이, 성격조직을 평가하기 위해 필요한 많은 자료가 자연스럽게 나타났을 것이다. 또한 부적응적 성격특성 및 전반적인 성격기능을 평가하는 과정인 진단 면접의 초기에 추수 질문에 대한 대답에서도 나타났을 것이다. 임상 면접의 이러한 초기 부분이 끝날 즈음, 경험이 많은 면접자는 대체로 환자가 자신의 성격기능에 대해 무엇을 어떻게 전달하는지에 대해 그리고 면접자와의 상호작용에 기초하여 환자의

성격조직 수준에 대해 상당히 분명한 이해를 가지게 된다.[4]

TFP-E 접근에서 치료자는 개방형 질문을 통해 환자가 자기와 중요한 타인에 대해 기술하도록 함으로써, 환자의 자기감 및 타인감을 평가하는 것으로 성격 평가를 마친다. 환자의 반응을 임상적으로 평가할 때, 치료자는 환자가 말하는 것의 내용뿐 아니라 환자가 관여하는 사고 과정 및 표현에 주의를 기울인다. 예를 들면, 일관되고 구체적인가 또는 모호하고 혼란스러운가? 생각이 깊은가, 아니면 가벼운가? 성찰이 가능한가? 면접자는 환자의 반응을 따라가면서 불일치, 모순, 생략 및 또는 면접 과정 동안 나타난 눈에 띄는 패턴을 재치 있게 언급한다.

환자가 자기 자신과 중요한 타인에 대한 기술을 명료하고 자세하고 다층적으로 구성할 수 있는 정도는 정체성 통합 대 병리의 지표이며 면접자가 성격조직 수준을 결정할 수 있도록 돕는다. 또한 이러한 질문들은 면접자가 좀 더 환자의 내적 경험에 대해 알 수 있게 하고 정체성 병리뿐 아니라 좀 더 잘 통합된 자기애성 병리의 좀 더 미묘한 형태를 확인할 수 있도록 한다. 좀 더 잘 통합된 자기애성 병리는 비교적 안정적인 자기감을 보여 줄 수는 있지만 중요한 타인에 대한 기술이 종종 극적일 정도로 모호하고 피상적이기 때문에 면접 당시에 분명하게 확인될 수 있다.

다음에 나오는 두 개의 비디오 클립은 일관된 자기기술을 하는 역량에 심한 정체성 혼미(비디오 1)가 미치는 영향을 자세히 보여 준다. 이는 정상적으로 공고화된 정체성(비디오 2)과 대조된다.

비디오 1, '정체성 통합 평가: 경계선 성격조직 수준'에서, Caligor 박사는 연인과 헤어진 후 자살사고를 보이는 한 남자를 평가한다. 이 환자는 처음에 Caligor 박사가 환자 자신에 대해 설명해 달라고 한 질문에 대해 혼란스러워한다. 그리고 궁극적으로 환자의 이야기는 피상적이고 빈약하고 양극화되어 있는데, 이 모두는 심한 성격병리를 반영한다. 면접 후반에, Caligor 박사는 환자에게 중요한 타인에 대해 기술해 달라고 함으로써 환자의 정체성 형성 평가를 마쳤다. 환자의 자기기술과 마찬가지로, 이전 여자 친구에 대한 이야기는 모호하고 피상적이며 매우 이상화되어 있다. 이 비디오 클립은 정체성 혼미가

---

4) 예를 들면, 짧고 혼란스러운 실패한 많은 연애관계나 고용주와의 반복되는 문제를 이야기하면서, 환자는 면접자에게 다른 사람에 대한 환자의 경험과 대상관계 질에 대한 정보를 제공할 것이다. 마찬가지로, 면접자는 도덕적 기능에 대한 정보들을 모으기 위해, 환자가 자신의 결혼을 재정적 착취의 관점에서 이야기하거나, 자신의 경력 단절을 직장에서의 반복되는 사소한 절도 사건의 관점에서 이야기하는 것을 경청하고, 자신의 행동에 대한 환자의 태도를 탐색한다. TFP-E 접근에서 면접자는 이러한 순간들을 활용해서 병리의 표현에 초점을 두고 정교화하는 특정 질문을 한다. 이는 이 장의 앞부분에서 개관했다.

자기 및 타인에 대한 일관된 기술을 조직화하는 역량에 미치는 영향을 자세하게 보여 준다. 특히 자기와 여자 친구에 대한 환자의 경험에서 분열과 이상화 및 낮은 수준의 부인의 영향을 볼 수 있다.

▶ **비디오 예시 1**

정체성 통합 평가: 경계선 성격조직 수준(8:33)

비디오 2, '정체성 통합 평가: 자기기술, 정상 정체성 형성'에서, Caligor 박사는 불안과 자존감 문제를 호소하는 한 젊은 여성을 평가한다. 비디오 1에서처럼 Caligor 박사는 환자에게 자신에 대해 이야기해 달라고 한다. 비디오 1의 환자와는 달리 이 환자는 자신의 성격에 대해 분명하고 구체적이며 뉘앙스가 있게 말한다. 이는 정상 정체성 형성과 일치한다. 또한 충분히 공고화된 정체성과도 일치하는데, Caligor 박사가 그녀의 이야기에서 잠재된 모순을 언급하자 환자는 높은 수준의 자기인식 및 성찰을 보여 준다.

▶ **비디오 예시 2**

정체성 통합 평가: 자기기술, 정상 정체성 형성(3:36)

임상 예시 1(계속) ▶ **A 씨의 구조적 면접, 3단계**

U 박사는 A 씨에게 자기 자신에 대해 상세하게 이야기해 달라고 했다.

U 박사: 당신의 증상과 어려움에 대해서 이야기해 주셨습니다. 이제 조금 바꿔서, 한 사람으로서 당신에 대해 좀 더 듣고 싶습니다. 자기 자신, 즉 당신의 성격, 당신에 대해 중요하게 알아야 하는 것, 자기 자신을 지각하는 방식, 다른 사람들이 당신을 어떻게 지각한다고 느끼는지, 당신을 한 사람으로서 제대로 느끼는 데 도움이 된다고 생각하는 것은 무엇이든 얘기해 줄 수 있습니다.

A 씨[혼란스러워 보인다]: 무슨 말이에요? 뭘 알고 싶으신 거죠? 내가 우울했다는 거 말씀하시는 건가요?

U 박사: 우울에 대해서는 말씀을 하셨어요. 이제는 한 사람으로서 당신에 대해—당신이 어떤 사람인 것 같은지—좀 더 듣고 싶습니다. 예를 들면, 만약 당신이 자신에 대해 짧은 글을 쓴다면, 당신이 한 사람으로서 어떤 사람인지, 당신의 성격이 어떤지를 제가 알 수 있도록 뭘 써넣을 건가요?

A   씨: 음……. 나는 바보라고 할 것 같아요. 그리고 나는 제대로 하는 게 하나도 없다. 또 내 가족은 항상 나를 헐뜯는다. 선생님이 말한 게 이건가요?

U 박사: 음, 한 사람으로서 당신에 대해 다른 게 또 있나요, 당신에 대해 알아야 할 중요한 거?

A   씨: 나는 바보이고 실업자이고 남자 친구도 없다, 말고요?

U 박사: 자기 자신에 대해 말해 줄 수 있는 긍정적인 것들은요?

A   씨: 음, 나는 내가 좋은 사람이라고 생각해요. 사실 난 꽤 괜찮아요. 모든 사람이 나를 이용해 먹는데, 내가 항상 다른 사람들이 원하는 걸 들어주거든요.

　　U 박사는 A 씨의 자기감의 질이 빈약하고 일관되지 않아 보였고, 그녀가 질문에 대답하는 것이 현저히 어려워 보였는데, 이는 정체성 병리의 인상을 뒷받침한다. U 박사는 이와 일치하는 것을 확인했는데 A 씨가 자기 자신을 '꽤 괜찮고' 지나치게 남을 잘 도와주는 것으로 말한 것은 면접 초기에 U 박사에게 보였던 행동과 명백하게 불일치했다. 그녀는 때때로 화를 내고 은근히 반항적으로 보였다.

　　U 박사는 중요한 타인에 대해 이야기해 달라고 했다.

U 박사: 현재 당신의 삶에서 가장 중요한 사람에 대해 듣고 싶습니다. 예를 들어, 지금 당신에게 가장 중요한 사람은 누군가요?

A   씨: 내게 가장 중요한 사람은 Mike예요. 우리가 헤어졌지만 난 여전히 항상 그에 대해 생각하고, 그는 내게 가장 중요한 사람이에요. 아직도 나는 그를 사랑하고 그 없이는 살 수 없어요.

　　U 박사는 Mike에 대한 A 씨의 기술에서 자기참조적인 특성이 있고, 한 개인으로서 Mike에 대한 정보가 결여되어 있음을 주목했다.

U 박사: Mike에 대해 좀 더 이야기해 줄 수 있나요? 내가 그에 대해서 실제로 생생한 인상을

그릴 수 있도록 말이죠. 그는 어떤 사람인가요—당신은 그의 성격을 어떻다고 말할 수 있나요?

A   씨: 그는 나를 이해했던 유일한 사람이에요. 그는 나에게 정말 친절했고 허용적이었어요. 누구도 나를 그렇게 잘 다루지 못했거든요. 그가 있으면 안심이 됐어요. 나의 베스트 프렌드였어요. 항상 지지해 줬어요.

U 박사는 A 씨의 피상적이고 이상화된, 그리고 자기참조적 기술을 다시 한번 확인 했다. A 씨의 정체성 병리에 대한 인상을 확신하게 되었다. Mike에 대한 A 씨의 모순된 기술을 적절하게 직면함으로써 정체성 병리 평가를 마치기로 했다. 환자가 U 박사의 개입을 어느 정도 성찰할 수 있고 통합할 수 있는지를 확인하기 위한 것이다.

U 박사: 당신은 지금 나에게 Mike가 당신을 이해했던 유일한 사람이고, 친절하고 허용적이고, 당신을 안심시켜 준다고 말하네요. 내가 기억하기론 면접 초반에, 당신은 다르게 말했어요. 당신은 그를 못 믿겠다고 말했었죠. 그래서 당신이 매우 화가 나고 싸우는 원인이 된다고요. 모순 같은데 어떻게 생각하세요?

A   씨: 그는 그냥 멋있었어요. 내가 말했잖아요. 선생님은 정말 이해를 못하네요—다른 건 아무 의미 없어요. 그는 단 한 번도 나한테 거짓말을 한 적이 없어요.

U 박사가 Mike에 대한 매우 이상화된 관점을 직면했을 때, A 씨는 자신이 말했던 부정적인 역사의 영향을 부인했고 U 박사의 개입에 관심이 결여되거나 성찰이 부족한 반응을 보였다. 직면에 대한 이러한 반응은 정체성 장애의 추가적인 증거가 되며 분열, 이상화 및 낮은 수준의 부인에 따른 것이다. U 박사는 A 씨가 U 박사의 혼란을 공감할 수 있는지를 알아보기 위해, 그녀의 현실검증을 마지막으로 확인했다.

U 박사: 내가 이해하지 못하는 게 뭔가요? 당신이 말한 것에 대해 내가 왜 혼란스러워하는지 아시겠어요?

A   씨[다소 좀 더 성찰적으로]: 알아요—모든 게 왜 혼란스러운지. 미친 소리처럼 들릴 수 있다는 거 알아요. 하지만 선생님은 Mike를 개인적으로도 모르고 얼마나 특별한지 모르니까 이해 못하실 거예요.

이 지점에서 높은 BPO 진단이 분명해 보였는데, NPO나 좀 더 심한 성격장애 또는 정신증과는 달랐다—정체성 병리와 낮은 수준의 방어 사용 그리고 온전한 현실검증을 보였고, 비교적 온전한 도덕 기능과 장기적인 친구관계 및 연인관계를 형성하고 유지하는 역량이 있었으며, 안으로든 바깥으로든 과거에 명백하고 중대한 공격적인 행동이 없었기 때문이다.

▶ 4단계: 과거력

일단 면접자가 환자의 호소문제와 성격기능 및 성격조직 수준에 대해 분명하게 이해하게 되면, 현재의 어려움과 관련된 환자의 과거에 대해 간단하게 질문한다. 4단계에서, 면접자는 환자의 발달력 및 부모형제들과의 현재 및 과거 관계에 대한 정보를 얻는다. 환자가 높은 수준의 성격병리일 때, 환자의 과거와 관련된 정보들은 현재 성격을 탐색하면서 자연스럽게 나타난다. 환자가 자신의 역사와 원가족에 대해 이야기하는 것은 환자에 대한 면접자의 이해를 깊게 하고 대체로 면접자가 환자의 갈등의 특성 및 기원에 대해 예비적인 가설을 세울 수 있게 한다.

반면, 환자가 정체성 병리일 때, 과거에 대한 정보는 일반적으로 환자의 현재 성격문제에 의해 충분히 오염된다. 이때 환자가 제공하는 정보들을 어떻게 활용할지 알기 어렵다. 환자의 과거에 대한 기술은 현재 삶에 대한 기술만큼 혼란스럽고 무질서하며 내적으로 모순될 것이다. 그 결과, 심한 성격병리를 지닌 환자를 면접할 때는 현재의 삶과 정체성 공고화 및 대상관계 질에 대한 주의 깊은 평가가 필요한데 이는 성격병리 평가에 필요한 자료를 얻기 위한 것이다. 이 점에서 전체적인 흐름을 따라가며 과거를 탐색하는 것이 나을 수 있다. 즉, 과거 경험에 대한 환자의 기술을 명료화하거나 직면하려 하지 않는 것이다. 면접자는 전체적인 역사를 듣는 데 집중하며, 이때 환자의 가족 구성원 및 성장과정에서 중요하고 의미 있고 긍정적인 관계(긍정적 예후 지표)뿐 아니라 반사회적 행동의 역사(부정적 예후 지표)에 대한 정보도 함께 포함한다.

> **임상 예시 1(계속)** ▶ **A 씨의 구조적 면접, 4단계**

U 박사의 질문에 답하면서, A 씨는 자신의 가족 구성원에 대해 매우 양극화된 용어로 기술했다. 그녀는 어머니와 형제자매들을 전반적으로 부정적이고 적대감과 원망으로 채색된 단어로 기술했다. 하지만 아버지에 대해서는 좀 더 이상화되고 다소 모순적으로 묘사했다.

어린 시절과 청소년기 그리고 대학 이후에 대해서는 모호하고 피상적으로 기술했다. 그녀는 주의력 결핍/과잉행동 장애 및 학습 장애를 지닌 학생들을 위한 특화된 프로그램을 통해 고등학교와 대학을 졸업했다. 그녀의 학창시절은 복합적인 실패와 결석 그리고 전학이 특징이었다.

남자 친구인 Mike와의 꽤 긴 역사를 자세히 기술하면서 그게 성인으로서의 삶의 대부분인 것처럼 말했는데, 그것은 모호하고 혼란스럽고 매우 일관되지 않았다. 친구들은 서로 잘 구분되지 않았고, Mike와의 관계를 제외하고는 과거의 어떤 관계도 특별히 중요하거나 의미 있는 것으로 나타나지 않았다.

▶ 최종 단계: 미해결 문제와 질문

면접의 최종 단계는 면접자가 환자에게 과제를 마쳤음을 알리는 것으로 시작한다. 이 지점에서 환자가 중요하게 생각하는 이슈가 더 있는지 묻고, 진단 및 치료 제안에 대한 논의로 넘어간다.

구조화된 평가와 STIPO-R

임상 상황에서 환자를 평가하기 위해, 임상 면접은 좀 더 구조화된 접근으로 보완되고 풍부하게 될 수 있다. 연구 장면에서, 구조화된 평가는 환자가 균일한 방식으로 평가되는지 확인하고 진단 평가가 서로 다른 평정자 간에 그리고 서로 다른 장소에 걸쳐 신뢰할 수 있는지 확인하기 위해 필요하다. 임상적 요구를 충족시키고 임상 연구에서 성격조직 평가를 용이하도록 하기 위해 STIPO-R을 개발했다. 이는 웹사이트(www.borderlinedisorders.com)에서 이용할 수 있다. STIPO-R의 반구조화된 면접 형태는 성격조직에 대한 정보를 모으고 이를 객관적으로 채점하는 표준화된 방식이다. **임상 진단 면접과 달리, STIPO-R은 증상이나 치료 이력 또는 개인력을 묻지 않는다.**

STIPO-R은 본래 연구 목적으로 개발되었지만, 임상 상황에 용이하게 통합될 수 있다. 또한 유용한 교육적 도구로 활용할 수 있다. STIPO-R를 사용함으로써 수련생들은 실제에서 전체 성격기능 및 병리를 임상적으로 평가할 수 있는 기술을 향상시킬 수 있다. 구조적 평가와 심리역동적 면접이 비교적 낯선 임상가를 위해, STIPO-R은 일련의 특정 질문들과 후속 탐색 사항을 제공하는데, 이것들은 성격조직 수준 평가에 상응하는 성격 차원을 평가하는 데 활용된다.

   반구조화된 형태인 STIPO-R을 활용함으로써, 면접자는 후속 탐색 사항을 선택할 때 그리고 항목 수준 및 영역 수준에서 채점의 기준점을 선택할 때 임상적 추론을 따라갈 자유가 있다. 이와 같이, STIPO-R은 유연한 반구조화된 면접 형태로 임상적 판단을 위한 여지를 주는 동시에 면접자 간의 편차를 줄인다. STIPO-R의 흐름은 임상 평가의 흐름과 유사하기 때문에, 임상 평가에 STIPO-R을 용이하게 도입할 수 있다. 환자들은 대체로 그 경험을 가치 있게 여기는데, 그 과정에서 자기 자신에 대해 배우고 임상가가 시간을 들여 철저하게 한다고 인식한다.

   STIPO-R 면접은 60분 정도 소요된다. 이는 성격조직에 대한 임상 평가에서처럼 동일한 성격기능 영역을 평가한다. 동시에 채점 과정과 성격조직 분류를 돕기 위해 명확하게 공식화된 질문과 기준점을 제공한다. STIPO-R은 6개의 영역을 평가하는 55문항으로 구성되어 있다: ① 정체성 ② 대상관계 ③ 낮은 수준(원시적)의 방어 ④ 높은 수준의 방어 ⑤ 공격성 ⑥ 도덕적 가치(제2장, STIPO-R에 대한 논의와 성격장애 분류에서 그 역할 참조).

   항목 수준과 후속 탐색 사항 및 항목별 평정 과정(예를 들어, "사람들이 당신이 모순적으로 행동한다고 말하나요, 또는 사람들은 당신의 행동을 잘 예상할 수 있나요?")에 대한 개별 기준점으로 점수가 매겨진다. 또한 예비치료자는 각 영역 및 하위 영역(예를 들어, 환자의 자기감 및 타인감)을 종합적으로 평정하여 채점한다. 마지막으로, 전체 성격조직 수준은 임상적으로 결정되는데, 정상에서부터 신경증과 경계선 성격조직 수준으로 평정된다.

   성격병리 환자들을 체계적으로 평가하기 위해 다른 도구들도 개발되어 왔다. 대상관계 수준 척도(Piper & Duncan, 1999)는 단기 심리치료의 다양한 방식에 대한 환자의 반응을 예측하기 위해 만들어졌다. Shedler-Westen 평가 절차(SWAP; Westen & Shedler, 1999a, 1999b)는 성격 및 성격병리의 신뢰로운 평가를 위해 Q-분류 기법을 사용한다. SWAP는 자기와 타인에 대한 환자의 기술에 근거하여 채점하는데, 임상 면접이나 치료회기에서 대인관계적인 내러티브에서 포착한다. 성격기능 수준 척도—단축형(Hutsebaut et al., 2016)은 사용자가 사용하기에 편리한 자기보고식 도구로 성격병리 심각도를 빠르게 감별하기 위해 개발되었다. 성격장애의 DSM-5 대안적 모델을 위한 구조화된 임상 면접(SCID-5-AMPD; First et al., 2018)은 DSM-5 Ⅲ편 성격장애에 대한 대안적 모델에 대한 연구 및 임상적 활용이 모두 가능하고 이를 증진시키기 위해 개발된 새로운 도구이다. 면접은 세 개의 독립된 모듈로 되어 있는데 각각 성격기능 수준, 성격특성 그리고 범주적 성격장애를 평가한다.

성격유형과 진단

성격조직 평가와 더불어, 임상 면접을 통해 평가자는 다음 중 한 가지로 진단할 수 있다.

- DSM-5 II편의 10가지 성격장애 중 한 가지 또는 그 이상. 임상 면접 중에 환자가 특정 진단기준에 해당될 때
- DSM-5의 달리 명시된 성격장애 또는 DSM-5의 명시되지 않은 성격장애. 환자가 성격장애의 일반적인 기준은 해당되지만 어떤 한 가지 장애의 기준을 완전히 해당되지 않은 경우
- 명시된 특성이 있지만, 성격장애는 아님(대부분은 아닐지라도, NPO 환자가 이 범주에 속한다).

일반적으로, 환자가 DSM-5 성격장애 기준에 해당되는지 아닌지 그리고 주된 부적응적 특성이 있는지 없는지는 면접 과정에서 분명하게 드러나게 될 것이다. 이는 병력에 그리고 면접 시 환자의 행동 및 치료자와의 상호작용에 반영된다. 임상 면접 이후 DSM-5 진단기준에 맞지 않는 사례에서, 면접자는 감별 진단 이슈를 명확하게 하기 위해 이러한 기준과 관련해 환자를 명시적으로 평가할 수 있다. 필요하다면 특성에 대한 종합적인 평가를 위해, 면접자는 임상 면접에 앞서 환자에게 한 가지 또는 그 이상의 자기보고식 설문지를 작성하도록 하는 것이 유용할 수 있다. 부적응적 및 적응적 성격 질문지(SNAP; Clark, 1993)나 DSM-5 성격검사(PID; Krueger et al., 2012)를 여기에 포함시킬 수 있는데, 이는 DSM-5 III편에 나와 있는 성격장애에 대한 대안적 모델을 기초로 구성되었다.

[그림 7-2], [그림 7-3] 및 [그림 7-4]는 잘 알려진 성격장애 유형을 요약한 것으로, 대부분은 DSM-5 II편에 포함되어 있다(제2장 [그림 2-2], 성격조직 수준과 DSM-5 II편 진단 간의 관계 참조). 그림에 제시되어 있는 이 틀은 이미 잘 알고 있는 성격유형을 개념화하고 분류하는 데 있어서 매우 유용하다. 평가자는 환자의 성격 특징이 나타나도록 환자의 정체성 통합, 정동적 톤, 인지 유형, 대인관계 유형, 그리고 자기에 대한 태도에 초점을 맞춘다. 그런 다음 여기에 다양한 성격장애와 관련된 공통 증상들을 덧붙인다. 이러한 정보는 평가자가 환자의 성격유형을 기술할 수 있도록 하며, 동시에 마찬가지로 환자의 어려움에 기저할 법한 핵심 역동에 대한 추론을 할 수 있게 하고, 치료 초기에 나타날

수 있는 초기 전이와 지배적 대상관계를 예측할 수 있게 한다.

성격장애의 다양한 유형에 대한 기술적, 심리역동적, 임상적 특징에 대한 포괄적인 논의는 다음에 제시되는 책이 특히 유용하다: 『정신분석적 진단: 임상 과정에서 성격 구조 이해(Psychoanalytic Diagnosis: Understanding Personality Structure in the Clinical Process)』 (McWilliams, 1994)와 『정신역동적 진단 매뉴얼 2판(Psychodynamic Diagnostic Manual)』 (Lingiardi & McWilliams, 2017).

	강박성	우울성	히스테리성
정체성	공고화된	공고화된	공고화된
정동적 톤	정서적으로 제한된	침울한 심각한	정서적인
인지 유형	세부사항에 초점을 두는	생각이 많은, 철저한	인상주의적
대인관계 유형	통제하는, 고집스러운, 판단적인	사랑을 갈구하는 상실에 민감한	관심받고 싶어 하는 유혹적인
자기에 대한 태도	도덕적으로 우월한 완벽주의적	완벽주의적 자기비판적	아이 같고 부적절한, 성적으로 이미 있는 세팅에서 부자연스러운
고통 증상	불안 반주	우울, 죄책감 반주	성적 억제
핵심 역동	오이디푸스적 공격성 및 의존성을 둘러싼 타협 형성과 함께 자기 및 타인에 대한 통제를 둘러싼 갈등으로 방어적 철수	공격성을 견디지 못함, 이는 공격성이 자기에게로 향한 것이다. 오이디푸스적 갈등에 대한 방어로 보상받음을 받는 것 등에 대한 갈등을 둘러싼 갈등	성과 의존성을 둘러싼 오이디푸스적 갈등
초기 전이/지배적 대상관계	의무적이지만 은밀하게 비판적인 반항적인 자기와 판단적인 부모	기쁨을 주고, 비위를 맞추는 열등한 자기와 감탄받는 양육자	흥감이 가고 아이 같은 자기와 감탄하고 관심을 보이는 타인

[그림 7-2] 신경증적 수준에서 조직된 성격장애의 핵심적인 기술적 특징

| | 내향적 ←→ 외향적 | | | |
	회피성	의존성	자기애성	연극성
정체성 병리	공고화의 정밀한 실패	공고화의 정밀한 실패	병리적 공고화("거대 자기")	공고화의 정밀한 실패
정동적 톤	불안하고 두려워하는 수치스러운 우울한	불안한, 궁핍한	차가운	과잉 정서적 피상적
인지 유형	경계하는	변덕스러운	세부사항이 변덕스럽고 피상적인 사용 또는 무연하고 과장된	세부사항의 결여 피상적
대인관계 유형	수줍은 모욕 또는 비난에 과민한	비위를 맞추는 복종하는 매달리는	관심과 감탄을 추구 자기중심적이고 관계에 관심이 없는	관심에 대한 요구 공격적으로 유혹적인
자기에 대한 태도	열등한 바람직하지 않은	무능한 궁핍한	이상화되고 거대한 또는 평가절하 하되	유아적, 거대한, 성애화되
공통 증상	사회 불안, 사회적 고립 타인이 비웃는다고 상상	유기불안 관계가 끝났을 때 비탄하고 불안	친밀성의 부재 불안정한 자존감 끝없는 관심 욕구	성적 문란 정동적 불안정성 분노 발작
핵심 역동	공격적인 자기비판의 투사와 취약한 대상을 평가절하하는 방어하는 의존성 신뢰와 돌리 소망과 관련된 의존성 갈등	강력하고 중요한 타인에 대한 이상화와 자기에 대한 평가절하를 방어하는 의존성 신뢰와 돌리 쌍 갈등	이상화되고 평가절한된 자기상 간의 분열을 통합을 방해, 평가절 하되 자기를 타인에게 투사	의존적이고 공격적인 욕구를 만족시키기 위한 성이 방어적 사용과 관련된 의존성 갈등
조기 전이/ 지배적 대상관계	열등한, 결함이 있는, 바람직 하지 않은 자기와 우월하고 가혹하는 타인	보살핌을 잘 받는 자기와 이상화 된 보상적으로서의 치료자	조연한, 반항과의로서의 치료자 우월한 거대 자기와 열등하고 평 가절하된 타인	성적으로 욕망하고 흥분되 자기와 반응적인 타인

[그림 7-3] 높은 경계선 수준에서 조직된 성격장애의 핵심적인 기술적 특징

| | 내향적 ←　　　　　　　　　　　　　　　　　　　　　　→ 외향적 | | | | |
	편집성	분열성	경계선 성격장애	자기애성	반사회성
정체성 공고화	중간 정도에서 심한 정도의 실패	중간 정도에서 심한 정도의 실패	중간 정도에서 심한 정도의 실패	'거대 자기'가 있는 중간 정도에서 심한 정도의 실패	중간 정도에서 심한 정도의 실패
정동적 톤	적대적, 짜증을 잘 내는, 분개하는, 두려워하는	정동이 없는, 정동이 단조로운 화의 부재	정동적으로 부하된, 불안정한 부정적 정동이 우세함	냉정한, 적대적인	악의적인
인지 유형	과잉 경계하는 극도로 경직된 콘크리트한	주지화된 반추하는 내부 지향적인	모호한, 극단적인 모순된	과장되고 모호하거나 과도하 게 피상적인 세부사항 사실을 중요하게 하기와 편의상의 하구	말뿐인
대인관계 유형	의심이 많은 분개하는 앙심을 품은 거대한	소원한, 냉정한, 수동적으로 준엄한, 뻣뻣한	의존적인, 요구적인, 통제적인	관심을 추구하는, 유혹적인 내 평가절하하는, 착취적인	착취적인 가학적인 통제적인 경멸적인
자기애에 대한 태도	위협을 받는 굴욕적인 별시받는 내 전능한 정당화하는, 의기양양한	우월한 따로떠로인 과잉조율되고 자기보호 적인	정체성 혼란 자기혐오	거대 및 평가절하되 자기 상태의 교대	우월한
공통 증상	화를 잘 냄 의심이 많음 편집적 사고	고립 무감동 쾌락의 결여 성관계에 흥미 결여	폭풍 같은 관계 정동의 불안정성 과격적 행동	불안정한 자존감 지속적인 관심 욕구 우울, 공허감, 지루함	비도덕성 공감의 결여 무모함 신체화

[그림 7-4] 중간 및 낮은 경계선 수준에서 조직된 성격장애의 핵심적인 기술적 특징(계속)

| 내향적 ← | | | | → 외향적 |
편집성	분열성	경계선 성격장애	자기애성	반사회성
핵심 역동 중요와 시기심의 투사는 적대적이고 평가절하하 는 적들의 세계를 만듦 투사적 동일시는 타인을 적대적으로 도발함	친밀에 대한 소망과 섬세 한 내부가 평가절하하 될 거라는 두려움 간의 해심 갈등이 방어적 적대 와 철수를 이끔	비우호하게 통합된 공격성 의 과잉을 방어하기 위한 분열은 불안정성을 이끌 고 완벽한 양육자에 대한 소망으로 이어짐	자기의 이상화와 평가절하된 자기 측면의 투사, 방어적인 자기 자기 구조를 유지하기 위한 가대 자기 구조를 유지하기 위한 안정적인 감탄 욕구	중요의 투사는 적대적인 적들의 투사, 방어적인 적들의 세계를 만듦, 이 적들의 실패는 오직 비도 덕적인 '냉혹한' 세계만을 남김
초기 전이/지배적 대상관계 박해받고 중요에 찬 자기 와 비난하고 평가절하하 는 우월한 타인	정서적으로 동떨어진 자 기와 평가절하하고 전 능한 타인	편집적이고 적분하는 가 생자 자기와 가해자 타 인, 또는 완벽하게 만족 한 자기와 이상화된 양육 자	펼시하고 우월하며 이상적인 자기와 열등하고 평가절하된 타 자기와 열등하고 평가절하된 타인	부정직하고 조종하는 자 기와 위협적이고 조종하 며 기만하는 타인

[그림 7-4] 중간 및 낮은 경계선 수준에서 조직된 성격장애의 핵심적인 기술적 특징

진단적 인상의 공유와 차별적 치료계획

제1절에서 논의된 예비치료의 전반부는 DSM-5 및 구조적 진단에 필요한 정보를 묻는 것을 중심으로 구성된다. 예비치료의 후반부 구성은 다음과 같다. ① 진단적 인상 나누기, ② 치료목표 정하기, 그리고 ③ 가능한 치료 선택을 검토하고 환자가 하게 될 치료 종류에 대한 정보를 제공함으로써 선택할 수 있도록 돕기.

진단적 인상의 공유와 심리교육

예비치료의 후반부는 면접자가 환자에 대한 진단적 인상을 공유하는 것으로 시작한다. 치료자가 진단적 인상을 공유할 때, 증상 장애 및 성격병리 모두를 검토하는 것이 중요하다. 성격장애가 있는 환자가 진단에 대해 한 번도 들어 보지 못한 것은 흔한 일인데, 치료를 오랫동안 복합적으로 받았음에도 그렇다. 환자의 어려움에 대한 치료자의 기술과 진단적 이슈에 대한 논의는 명확하고 중립적이며 가능한 구체적이어야 하는데, 이때 진단에 대한 논의와 환자의 호소문제를 연결한다. 이 과정 전체에 걸쳐, 치료자는 기술적인 용어 또는 전문 용어의 사용을 피해야 한다. 진단을 공유한 후 치료자는 환자에게 진단적 함의에 대해 교육하게 된다. 이때 과정, 병인론 및 관련 증상뿐 아니라 만약 환자가 치료를 하지 않았을 때 예상되는 결과도 포함한다.

TFP-E 접근에서 진단적 이슈를 논의할 때, 치료자는 먼저 환자의 증상, 호소문제 및 부적응적 성격특성을 요약해서 말해 주고, 그런 다음 환자에게 이 공식화가 정확한지 추가하거나 수정하고 싶은 것이 있는지 묻는다. 이때, 어떤 증상장애(불안, 정동 또는 섭식 장애, 물질 오용 또는 정신증)의 진단도 환자와 공유해야 한다.

그런 다음 치료자는 환자의 성격기능과 병리에 대해 논의한다. DSM-5 진단이나 성격장애 유형을 말하기 전에, 치료자는 성격병리에 대해 논의한다. 이때 정체성 형성과 성격의 경직성, 자기기능 및 타인기능이라는 두 가지 핵심 측면에 초점을 둔다. 이러한 접근은 다음과 같이 다양한 기능을 한다. ① 환자의 어려움에 대해 경험에 가까운 기술을 제공한다. ② 겉보기에 이질적인 호소문제들을 관련짓는 방식을 소개한다. ③ 성격기능 및 장애에 대한 교육 과정을 시작한다. 그리고 ④ 환자의 어려움과 치료목표의 잠재적 조직자로서 자기 및 대인관계 기능을 소개한다.

환자와 신경증적 수준의 성격병리에 대해 논의할 때, 치료자는 성격의 **경직성**에 대해 이야기하면서 시작한다. 예비치료에서 어떤 부적응적 패턴이 나타나든 그것을 강조한다. 이때 부적응적 패턴이란 자기 및 타인을 바라보는 친숙하고 자기보호적인 방식을 반영하는 것으로, 그리고 의식 밖에 있지만 다소 위협적인 자기경험의 특정 측면을 충분히 편안하게 경험하지 못하는 것으로 본다.

BPO 환자와 함께 성격장애를 논의할 때, 치료자는 정체성 구성개념을 중심으로 논의를 조직한다. 이는 환자가 불완전하게 공고화되거나 불안정한 자기감을 가지고 있다는 관점에서 자신의 문제를 개념화할 수 있도록 돕는다. 이러한 자기감은 편안함을 느끼기 어렵게 하고, 관계 및 일/학업에서 최고로 기능할 수 있는 역량을 방해하며, 장기적인 목표를 조직하고 추구해 나가는 것을 어렵게 한다.

NPO 환자와의 논의에서, 성격장애[5]라는 용어를 사용하는 것은 일반적으로 도움이 되지 않으며 반드시 정확하지도 않다. 더 높은 수준의 성격병리를 성격장애라는 측면에서 기술하는 것은 환자를 혼란스럽게 할 수 있고 다소 오해의 소지가 있다. 대신, 치료자는 성격의 구성과 성격의 경직성을 설명하고 그것들이 환자의 호소문제 및 부적응적 성격특성과 어떻게 관련이 있는지 논의한다. 이때 성격 '스타일'(예를 들어, 강박성, 연극성, 회피성, 자기애성)에 대해 추가한다.

BPO 환자와 논의할 때, 정체성에 대한 논의로부터 정체성이 성격 및 성격장애와 어떻게 관련이 있는지에 대한 논의로 넘어가는 것이 유용하다―이는 사전 동의의 관점에서도 필요하다. 예비치료에서 장애 유형의 세부 특성으로 들어갈지에 대해서, 최근 문헌은 경계선 성격장애 진단을 공유하는 것을 권장하며(Yeomans et al., 2015), 자기애성 성격장애 진단도 공유하는 것을 점점 더 권장하고 있다(Caligor & Petrini, 2016). 이 진단들은 정신병리와 예후 및 치료에 대한 경험 문헌에서 증가하고 있다.

대부분은 아닐지라도 BPO 환자들은 DSM-5 성격장애 범주에 명확하게 맞지 않거나 많은 범주에 해당될 것이다. 만약 특정 장애에 대해 가용한 문헌이 제한적이라면, DSM-5 진단을 공유하는 것은 이러한 환자들에게 도움이 되지 않을 수 있다. 그러나 흔히 BPO 환자는 치료자가 진단하는 성격장애가 어떤 종류인지 관심을 나타내는데, 이러한 경우에

---

5) TFP-E 접근에서 신경증적 수준의 병리는 성격장애 진단과 관련하여 임상적으로는 의미 있지만 역치 아래 또는 아증후군적인 것으로 가장 정확하게 기술된다. 이러한 실제는 성격장애 진단을 위해서는 중등도 손상이 있어야 한다는 일반적인 합의와 일치한다(DSM-5 III편 성격장애에 대한 대안적 모델, 진단기준 A 참조).

는 솔직하고 재치 있게 인상을 공유하는 것을 추천한다. 우리의 경험상, 성격장애의 심각도에 대한 논의는, 특히 이것이 예후와 연결될 때 일관되게 유용하다. 요약하면 진단적 인상에 대한 논의에서 전반적인 목표는 치료자가 환자의 어려움과 성격에 대해 어떻게 생각하는지를 환자와 공유하는 것으로, 이때 환자가 자신에 대해 새롭게 생각할 수 있는 길을 제공하고 동시에 치료 선택 논의를 위한 환경을 만든다.

서로 다른 성격조직 수준 환자에게 진단적 인상을 공유하는 과정을 예시하기 위해, 제2장의 임상 예시 1~3에서 소개되었던 환자로 돌아간다.

임상 예시 2 NPO 환자와 진단적 인상 공유하기

N 씨는 28세의 여성 교사로 NPO 수준이며 '남자 문제'로 상담에 찾아 왔다. 그녀는 제2장 임상 예시 1에서 소개되었다.

면접자: 당신은 자신에 대해서 여러 방면에서 충실한 삶을 살고 있는 사람이라고 했어요. 당신이 즐거워하고 가치 있게 여기는 사회적 관계와 직업을 가지고 있고요. 동시에, 어떤 영역에서 '막혀' 있어서 거기에 충분히 만족하지 못하고 있는 것 같아요. 당신에게 가장 중요한 이슈는 연애 같아 보이네요. 배우자를 만나길 바랐지만 적합한 사람을 찾지 못했고, 그래서 친구들보다 덜 매력적으로 느끼고 남성들의 관심과 감탄을 받을 만하지 않다고 느낀다고 했어요. 그리고 큰 문제가 아닌 것 같다고 하긴 했지만, 때로 적절하게 자기주장을 하는 것이 어렵다고 했어요—당신이 말한, '밀어붙이기' 말이죠—그래서 지나치게 다른 사람들에게 친절하게 대하고요. 마지막으로, 자신의 비교적 높은 기대에 부응하지 못했을 때 지나치게 자기비판적이 되는 경향이 있다고 말했는데, 그래서 최근엔 기분도 가라앉았고요. 당신이 말한 어려움을 요약하면 이런 건가요?

N　씨: 네.

면접자: 당신이 말한 걸 듣고 내가 어떻게 이해했는지 얘기해 볼게요.

N　씨: 네. 그래요.

면접자: 음, 먼저 사람들은 이 상황에 대해 서로 다른 관점을 가질 수 있다고 말할 수 있어요. 어떤 사람들은 다른 무엇보다도 당신의 기분에 초점을 맞출 수 있고, 다른 사람들은 어쩌면 부정적인 생각이나 대인관계 기술에 초점을 맞출 수 있죠. 하지만 나는 당

신의 성격과 소위 성격의 **경직성**이라는 측면에서 이해하려 합니다. 내가 **경직성**이라고 말할 때, 그건 예를 들면 이론적으로는 당신은 좀 더 추파를 던지고 싶지만 그렇게 할 수 없는 거예요. 그렇게 하지는 못하고 남자들을 만날 수 있는 사회적 상황에서 수줍어하거나 자동적으로 친구에게 마지못해 양보한다는 것입니다. 유사하게, 당신은 더 주장하고 싶어 해요. 어쩌면 당신은 어떤 상황에는 다른 사람들에게 흔들리지 않고 밀어붙이려는 계획을 실행할 수도 있지만, 그러고 나서는 결국 불편해지고 끝까지 밀고 나갈 수 없죠. 이런 것들은 당신이 바꾸고 싶은 행동들이고, 그렇게 할 수 있다면 기분이 더 좋아지고 더 나아진다는 것을 압니다. 하지만 당신은 마치 어떤 식으로든 막혀 있는 것 같아요. 당신은 최선을 다했음에도 불구하고 이러한 행동들을 바꿀 수 없었어요. 그게 바로 제가 말하고 있는 **경직성**입니다. 내 말을 이해했나요? 계속해도 될까요?

N 씨: 계속하세요.

면접자: 아마도 의식하지 못하는 것 같은데, 마치 당신은 자신이 어떤 사람인지 또는 어떤 사람이어야 하는지에 대해서 다소 협소하게 정의된 관점만을 고집하는 것 같아요. 당신은 자신을 항상 최선을 다해서 돌봐 주고 보살펴 주는 사람으로 보고 있어요—말하자면, '착한 아이' 같은 거죠. 이 정도면 괜찮지만, 이 관점의 문제는 유연하지 않다는 겁니다. 마치 어떤 수준에서 당신은 이 방법이 **유일하다**고 믿는 것 같아요. 만약 스스로 뭔가 원한다면, 즉 이런 자기상과 일치하지 않는 것을 하기 원한다면, 당신은 그것을 하기 힘들 거예요. 그렇게 하려면, 자신에 대한 관점을 넓혀야 할 거예요. 당신이 그동안 할 수 없었던 거죠. 만약 그 틀에서 벗어나기 위해 노력한다면, 말하자면 경직되게 붙들고 있는 자기상에서 벗어나면, 당신은 불안해지고 철수할 거예요. … 내가 앞에서 **경직성**이라고 말한 거예요. 훨씬 더 놀라운 건, 당신이 볼 수조차 없거나 자신에 대한 이런 관점을 유지하기 위해서 또는 이런 자기상이 모순되었다는 피드백을 무시하기 위해 애써 온 것 같아요. 예를 들면, 그런 일들이 많이 있었는데도, 당신은 파티에서 주목받은 게 놀라웠다고 말했던 것에서 볼 수 있어요. 왜냐하면 당신이 강하게 붙들고 있는 자신에 대한 관점과 앞뒤가 맞지 않는데, 그걸 볼 수 없거나 받아들이지 못하기 때문이죠. 당신은 다른 사람들이 당신을 어떻게 보는지 충분히 알지 못하네요.

N 씨: 인정해요. 단 한 번도 이것에 대해서 생각해 본 적이 없어요. 맞아요……. 그저 관심받는 게 잘못인 것 같고 그런 일이 일어날 때마다 놀라웠어요. 선생님이 말하는 게

뭔지 이해했어요. …… 맞는 것 같은데, 그래도 이해가 잘 안 돼요.

면접자: 음, 그렇기도 하고 아니기도 하죠. 대체로, 성격의 경직성과 당신이 말한 어려움은 우리의 인식 밖에 있는 심리적 힘에 의해 추동됩니다. 그래서 표면적으로는 이해할 수 없기도 하죠. 하지만 심리적 관점에서는 이해될 수 있습니다. [잠깐 쉼] 많은 얘기를 했네요. 내 말에 대해서 어떻게 생각하세요? 질문 있으세요?

이 예시에서 보듯이, 인상을 공유할 때 여러 지점에서 면접자는 환자에게 명료화를 요청하거나 의견 차이를 표현할 시간을 준다. 또한 면접자는 환자의 어떤 비언어적 의사소통에도 주의를 기울이고 탐색한다. 이는 면접자가 말하는 것에 대한 태도를 반영한다—예를 들면, 의심, 의견 차이, 혼란, 수치, 불신 또는 적대감에 대한 무언의 표현.

임상 예시 3 BPO 환자와 임상적 진단 공유하기

B 씨는 28세 여성 환자로 BPO 수준이며 '남자 문제'를 호소했다. 이 예시는 제2장의 임상 예시 2에서 소개되었다.

면접자: 많은 영역의 문제들을 이야기했는데요. 당신이 오늘 여기에 오게 된 가장 중요한 문제는 남자들과의 관계가 격렬하고 불만족스러운 것 때문인 것 같네요. 그런가요? [환자는 고개를 끄덕이며 동의했다] 이 관계들이 시작은 괜찮지만 끝이 안 좋은 것처럼 들려요. 문제의 일부는 당신의 성질 때문일 수 있다고 말했는데요—남자가 당신을 실망시키거나 당신의 기대를 충족시키지 못할 때 폭언을 퍼붓는다고 했어요. 그리고 여자 친구들과도 비슷한 문제가 있는 것 같았는데, 그건 당신에게는 별로 문제가 아닌 것 같이 들려요. 내가 지금까지 말한 게 맞나요? 계속할까요?

B 씨: 네.

면접자: 또한 만족스러운 진로를 찾을 수도 구할 수도 없고, 이 세상에 좀 더 참여하고 살아 있다는 느낌을 줄 수 있는 관심사를 찾을 수도 없다고 했어요. 당신은 이 나이에 바랄 수 있는 중대 목표를 이룰 수 없었던 것 같아요. 남자들과의 안정적인 관계, 어떤 진로나 안정적인 일, 어쩌면 활발한 사회생활도 말이죠. 이런 실망으로 자신에 대해 좋게 느끼기 어렵고 더 많이 가진 것처럼 보이는 다른 사람들에 대해 분개하곤 하죠. 그러면 당신은 점점 더 불행해지고 화가 나고요.

B 씨: 맞아요. 비참하고……. 늘 화가 나요.

면접자: 고통스러울 수 있죠. 내 생각에는, 당신이 말한 많은 어려움은 서로 관련 있는 것 같습니다. 설명해 드릴게요. [환자는 끄덕인다] 나는 당신의 어려움이 성격과 관련 있는 근본적인 문제의 표현이라고 생각해요. 우선 첫 번째로, 성격이 뭘까요? 모든 사람은 성격을 가지고 있어요. 성격은 자신과 타인에 대해서 어떻게 느끼는지 그리고 세상에 어떻게 기능하는지를 조직하죠. 성격의 기능에서 특히 중요한 부분은 정체성 또는 자기감 그리고 타인감이에요. 내가 보기엔 당신 문제의 큰 부분은 당신이 자기 자신과 중요한 사람들에 대한 안정적이고 일관되게 조직된 감각을 지니지 않은 것 같다는 거예요. 당신의 관점은 바뀔 수 있는 것 같아요. 한순간에는 남자 친구가 당신의 불행을 해결해 주는 대단한 남자 같고, 그래서 그가 멋져 보였다가 순식간에 적이 되어서는 그를 공격하죠. 이런 불안정함으로는 관계를 유지하거나 목표를 추구하기도 어려워요. 그리고 공허감과 무의미함을 느끼기도 하고 매우 고통스럽죠. 그런가요?

B 씨: 그런 것 같네요……. 네, 그래요.

면접자: 그냥 동의하느라 맞다고 한 건가요, 아니면 내가 당신을 제대로 이해한 게 맞나요?

B 씨: 맞아요, 내 얘기인 것 같아요. 나도 그게 싫어요.

면접자: 네, 그럴 수 있어요. 그리고 당신이 싫다는 게 뭔지에 대해서도 앞으로 더 논의할 기회를 가질 겁니다. 하지만 지금은 계속하겠습니다……. 우리가 얘기하고 있는 이런 문제들은—당신의 자기감과 관계 문제를 고려해 볼 때—성격장애의 관점에서 말할 수 있습니다. 이전에 이것에 대해서 당신에게 얘기하거나, 당신이 성격장애를 겪고 있다고 말한 사람이 있었나요?

B 씨: 네, 치료자 몇 분이 내가 경계선 성격장애라고 말했었어요. 한 분은 내가 자기애성, 연극성이라고 했고요.

면접자: 그렇군요, 그러면 이미 잘 알고 있을 것 같네요. 우리는 최근 몇 년 동안 성격장애에 대해 많이 알게 됐는데 성격장애는 과거에 생각했던 것보다 훨씬 덜 고정되어 있어서 치료가 가능하다고 생각해요. 특히 경계선 성격장애가 그렇고 성격장애 전반적으로 그렇습니다. DSM 진단이 한 가지 좋은 점은 장애와 그와 관련된 치료에 대한 정보를 줄 수 있다는 거예요. 당신이 경계선 성격장애라고 말할 수는 있지만, 종종 DSM-5의 특정 성격장애 명칭은 우리에게 더 많은 것을 알려 주지 않습니다. 경계선 성격장애에 대해 알 수 있는 많은 다양한 방식이 있습니다. 그렇긴 해도, 치료목표와

가능한 치료 접근을 이야기하기 전에 당신의 문제에 대한 명확한 이해를 나누는 게 중요하다고 생각합니다. 질문 있으신가요?

임상 예시 4 ▶ 높은 BPO 환자와 진단적 인상 공유하기

H 씨는 38세 남성 변호사로 불안 때문에 치료를 받으러 왔다. 그는 제2장의 임상 예시 3에서 소개되었다.

면접자: 그러니까 당신은 주로 불안을 호소하는데, 당신이 일반적으로 불안한 사람일 수도 있지만 대부분의 불안은 직장에 대한 걱정과 관련이 있고 직장에 있을 때 불안하다고 했어요. 맞나요?

H 씨: 네.

면접자: 당신이 말한 또 다른 주된 어려움은 자존감에 대한 것이네요. 전반적으로 부적절하고 열등하게 느끼는 것 같아요. 사실 생각해 보면, 직장에서 느끼는 불안의 많은 부분은 당신이 기대에 미치지 못할 거라는 두려움 또는 직장 동료들이 당신을 깔보거나 뒤에서 비웃을까 봐 걱정하는 것과 관련된 것 같네요. 그래서 이 두 가지 어려움은 연결되어 있는 것 같습니다. 당신이 얘기한 걸 미뤄 보면, 많은 불안이 직장과 연결되어 있을 뿐만 아니라 이러한 열등감과도 연결되어 있는 것 같습니다……. 이런 어려움으로 당신은 항상 불안해하면서 주위를 살피고 다른 사람들과 자신을 비교하고, 그러면서 자신이 기대에 미치지 못한다고 느끼거나 다른 사람들이 당신을 깔보는 것을 두려워하죠. 그런가요?

H 씨: 맞아요, 정말 그래요.

면접자: 직장과 자존감 문제를 제외하면, 결혼생활이 행복하고, 정말로 아내를 끔찍이도 사랑한다고 했어요. 동시에 당신이 말한 걸로 봐서는, 어떤 점에서는 자기 자신을 부적절하다고 보는 걸 당신 아내가 인정하는 것 같이 들려요. 여기에 대해서 말하기가 좀 망설여졌는데 끄덕이는 걸 보니 다행이네요. 당신이 이걸 문제로 생각하고 있는지 잘 모르겠어요.

H 씨: 나도 잘 모르겠어요.

면접자: 그래요. 적어도 지금은 당신과 아내 관계가 괜찮은 것 같네요—당신이 반드시 바꾸고 싶은 건 아니네요.

H　　씨: 맞아요.

면접자: 그럼 주요 문제에 대해서는 일치하는 것 같네요. 불안, 직장에서의 불안정과 자존감 문제, 또는 적어도 당신의 자존감의 특정 측면 문제요. 이 모든 걸 어떻게 이해할 수 있을까요? 음, 당신은 불안장애가 있는 것 같은데, 불안을 치료할 수 있는 특정 심리치료나 가능한 약물치료에 대해 이야기해 보죠. 그 얘기로 넘어가기 전에, 당신이 겪고 있는 다양한 어려움이 어떻게 연결되어 있을 수 있는지에 대해서 생각해 봤으면 합니다. 이상하게 들릴 수 있는데, 저는 이 문제들이 모두 근본적으로 성격문제와 연결되어 있다고 생각해요. 계속해도 될까요?

H　　씨: 네.

면접자: 모든 사람에게는 성격이 있어요. 성격은 우리가 자신과 타인을 어떻게 보고 느끼는지 그리고 이 세상에서 어떻게 기능하는지를 조직합니다. 성격기능에서 특히 중요한 부분은 정체성 또는 자기감이에요. 저는 당신 문제의 가장 큰 부분이 자신에 대한 고정된 관점과 그에 상응하는 타인에 대한 관점이라고 생각해요. 당신은 자신을 다른 사람들보다 열등하고 부적절하고 더 못하다고 보죠. 그리고 다른 사람들—가장 두드러지게는 당신의 아내와 직장 동료들—에 대해서는 다방면에서 당신보다 우월하고 더 잘났다고 생각해요. 이상적인 상황에서는 그렇지 않아요. 사람은 자기 자신과 중요한 타인에 대해서 보다 복합적인 관점을 가지고 있는데, 좋고 나쁜 것이 섞여 있죠. 하지만 당신에게 있어서는, 마치 당신은 나쁜 것만 있고 다른 사람들은 좋은 것만 있는 것 같아요—전적으로 강하고, 감탄스럽고, 유능한 당신 아내처럼요. 당신의 관점은 다소 양극화되어 있는 것 같은데, 마치 뭔가 단조롭거나 다소 이차원적인 것 같아요. 이해되나요? 무슨 말인지 알겠어요? [환자가 끄덕인다] 네, 상황을 이런 식으로 경험하면 세상이 다소 혼란스러울 것 같습니다—확실히 사기를 떨어뜨리죠. 당신은 불안을 느끼고 비난받을까 봐 두려워하죠. [잠시 쉼] 우리가 얘기하고 있는 이런 종류의 문제—경직되고 부정적인 자기감과 다른 사람들을 당신보다 더 잘나게 보는 경향, 그리고 상황을 보는 이런 방식이 관계에 미치는 영향—는 보통 성격장애의 측면에서 얘기됩니다. 이전에 이것에 대해서 말한 사람이나, 당신이 성격장애일 수 있다고 얘기한 사람이 있었나요?

H　　씨: 전혀 없었어요. 불안 치료를 받았었지만, 나에게 성격장애에 대해서 얘기한 사람은 아무도 없었어요. 겁나네요—내가 위험하다는 건가요?

면접자: 물론 아닙니다. 성격장애는 전혀 무서운 게 아니고, 분명한 건 당신은 위험하지 않아

요—그렇지만 자기 자신에게나 때로 건강을 소홀히 할 때는 위험할 수 있어요. 성격 장애는 비교적 경미할 수도 있고 비교적 심할 수도 있어요. 좀 더 심한 장애는 폭력 적이거나 반사회적 특징과 관련될 수 있다는 점에서 당신 말이 맞죠. 하지만 당신의 경우에는 폭력이 문제는 아니에요. 당신은 비교적 경미한 성격장애이고, 많은 성격 의 장점이 있어요. 솔직하고, 아내와의 관계가 안정적이고, 물론 문제가 있긴 하지만 직업도 있죠. 우리는 최근 몇 년 동안 성격장애에 대해 많이 알게 되었는데, 성격장 애는 과거에 생각했던 것보다 훨씬 더 흔하고, 고정되어 있지 않아서 훨씬 더 치료할 수 있습니다. 특히 당신과 같은 경미한 성격장애는 더욱 그렇죠.

H 씨: 내가 어떤 성격장애인가요? 내가 알고 있기로는 삼촌이 자기애성 성격장애를 진단 받았거든요.

면접자: 많은 사람이 특정 성격장애 범주에 들어가기보다는, 혼합된 특징을 가지고 있어요. 당신의 어려움은 논문이나 DSM-5에 기술된 회피성 성격장애에 가까워요. 온라인에 서 찾아볼 수 있어요. 자기애성 성격장애는 자존감의 문제가 많아서, 당신이 자기애 적 특성과 어느 정도의 의존적 특성을 지녔을 수 있는데, 당신이 아내의 관계에 대해 이야기했던 것에서 볼 수 있죠. [잠시 쉼] 많은 주제를 다뤘네요. 질문 있습니까?

치료목표 정하기

TFP-E 예비치료에서 치료자는 환자가 분명한 치료목표를 정하는 것을 강조한다. 치료의 다양한 형태는 서로 다른 목표를 지닌다. 치료자는 먼저 치료에서 얻고자 하는 것이 무엇인지 확인하지 않고는 치료 형태를 선택할 수 없다. 나아가 일단 치료가 선택되면, 치료의 성공 가능성은 현실적인 확인된 목표에 달렸다. 현실적이라는 것은 환자의 병리와 치료동기 및 선택된 치료 형태를 고려하는 것이다. 확인된 목표는 치료과정 동안 치료자가 자신의 생각과 개입에 초점 맞추도록 방향을 잡아 주고, 목표는 치료자와 환자가 시간이 지남에 따라 치료의 진전을 평가할 수 있도록 해 준다. 치료자는 치료를 시작하기 전에 환자와 치료자 모두가 적절한 목표에 동의하도록 한다.

넓은 의미에서, TFP-E의 목표는 자기 및 대인관계 기능을 향상시키는 것이다—이때 변화는 정체성 공고화의 반영 또는 지배적인 자기경험에서 갈등적 기능 측면의 통합으로 이해된다. 특정 치료의 좀 더 구체적인 목표와 관련하여 치료자가 환자와 함께 목표를 논의할 때, 개인적 **목표**와 **치료목표**를 구분하는 것이 도움이 될 수 있다. 환자의 개인적 목표는 결혼하기, 직장생활 유지하기, 또는 더 나은 배우자나 부모, 친구 되기일 수 있다. 이에 상응하는 각각의 치료목표는 다음을 방해하는 환자의 내적 경험과 행동 측면에 초점을 맞추는 것이다. 배우자를 찾고 사랑에 빠지기, 일을 좀 더 지속적이고 성실하게 하기, 또는 관계에서 좀 더 호의적이고 현실적이며 유연하기가 될 수 있다.

치료목표에 대한 솔직한 논의는 다양한 형태의 치료가 다양한 종류의 변화를 촉진하기 위해 고안된 것임을 분명하게 한다. 또한 환자의 역할은 무엇을 얻고자 하는지 확인하는 것과 치료의 필수조건으로 요구되는 것을 이해하는 것임을 분명하게 한다. 이러한 과정이 강조하는 것은 환자가 치료에서 적극적인 참여자라는 것이다. 이는 성격장애 환자에게는 항상 명확하지 않을 수 있는 뭔가를 따라야 하는 것이다. 그들은 치료에 참여하기보다는 '받기'를 기대할 수 있다. 이 과정은 다음에 나오는 계약 맺기 단계를 준비한다(제8장에서 논의).

치료목표를 결정하는 것은 항상 간단한 과정만은 아닌데, 특히 정체성 병리가 있는 환자를 대할 때 그렇다. 성격장애 환자는 보통 위기가 한창일 때 예비치료에 온다. 환자는 압도되어 있고 절망적이거나 혼란스러울 수 있다—A 씨의 경우에서처럼(이 장의 임상 예시 1), 그녀는 Mike와 헤어진 후 기가 죽어 있었다. 위기 상황에서 환자의 치료목표는 아마도 극심한 고통으로부터 위안을 얻는 것으로 한정될 수 있고, 환자는 현재 이 순간을 벗어날 수 있다고 생각하지 못하거나 벗어나고 싶지 않을 수도 있다. 비록 위기 상황이 아닐지라도 많은 성격병리 환자는 '기분이 나아지는 것', '행복해지는 것', 또는 '자기 자신을 이해하는 것' 이상으로는 구체적인 목표를 제시하지 못한다. 또 다른 환자들은 그들의 주호소를 매우 빈약한 형태나 모호한 방식으로 말해서 그들이 무엇을 기대하고 있는지 그리고 치료자가 도와줄 수 있는지 아닌지 이해하기 어렵게 한다.

반면, 일부 성격장애 환자들은 매우 구체적인—어떤 경우에는, 비교적 한정된—치료목표를 제시한다. 평가에서 어려움의 영역을 광범위하게 기술했음에도 불구하고 그렇다. 예를 들면, 치료자는 다음과 같은 환자들을 만날 수 있다. H 씨는 불안치료를 원하지만 기저하는 성격병리를 다루는 데는 관심이 없다. 또는 전반적이고 심한 성격병리가 있는 B 씨는 자기감이나 타인에 대한 불안정한 경험을 변화시키는 데는 관심이 없고, 자신의 분노를 좀 더 잘 조절하는 것이 목표이다. 또는 N 씨는 연애 문제를 다루는 것이 목표인 것 같아 보이지만 결국은 성적 억제나 경미한 우울 삽화에 대한 구체적인 치료를 필요로 할 것이다.

예비치료자의 책임은 환자가 무엇을 치료하고자 하는지 정확하게 결정하도록 돕고—즉, 치료가 끝났을 때 무엇이 개선되길 바라는지—치료동기가 자신의 목표와 양립할 수 있는지에 대해 생각하도록 돕는 것이다. 예비치료자는 비현실적인 치료목표에 동의해서는 안 된다. 예를 들면, H 씨가 '강한 인물과 외향적인 사람'이 되길 기대한다면, 이는 현실적으로 이뤄질 수 있다고 생각되지 않을 것이다. 예비치료자는 환자에게 작업해 나갈 현실적인 변화가 무엇인지에 대해 교육해야 한다. 또한 예비치료자는 환자에게 지나치게 욕심이 과한 목표를 받아들이도록 강요해서도 안 된다. 예를 들면, H 씨의 경우 예비치료자가 받아들여야 할 것은, 예비치료자가 H 씨의 문제에 대한 평가를 설명하고 난 후 성격장애 치료를 추천한 후에 H 씨가 자신의 성격장애로 인해 치료성과가 저해될 수 있다는 것을 이해했어도, 단순히 불안치료만을 원할 수도 있다는 것이다.

요약하면, 예비치료자의 과제는 환자에게 호소문제와 추가적인 문제 영역을 포함한 전체적인 그림에 대한 그의 이해를 공유하는 것이다. 그리고 나서 환자가 자신의 목표를 결정할 수 있도록 돕는데, 다양한 치료 선택과 상대적인 위험요인과 이점을 비교 검토한다. 이때 치료를 받지 않을 가능성도 포함한다.

차별적 치료계획 및 치료 선택 논의

환자의 목표 및 동기의 특성은 성격구조 진단 및 DSM-5 진단과 결합하여 치료 선택을 결정한다. 예비치료자는 선택지를 제시한 다음 환자가 치료 선택과 관련하여 자율적으로 정보에 입각한 결정을 할 수 있도록 돕는다. 치료계획은 예비치료자의 전문성과 추천으로 안내되지만, 결국 개인적 목표와 치료 동기 수준에 반영되는 환자의 욕구와 소망으로 결정된다. 임상가가 치료 선택을 검토하고 특정 형태의 치료—심리치료 또는 약물치료—를 추천하면서 정보를 주고 동의를 받는 과정으로 시작한다(Beahrs & Gutheil, 2001). 임상가는 환자가 치료를 시작할 것인가에 대해 심사숙고하여 결정할 수 있도록 충분한 정보를 제공할 의무가 있다.

가족이나 중요한 타인과 같은 다른 사람에게서 재정적인 지원을 받는 환자의 경우, 특히 치료비를 환자가 아닌 다른 사람이 낸다면, 환자뿐 아니라 관련된 제3의 인물과 함께 치료 선택을 논의할 것을 추천한다. 이는 예비치료자가 환자와 중요 인물과의 가족 모임에서 위험요인과 이점 및 기대되는 성과를 포함한 치료계획을 공유함으로써 가장 잘 이뤄질 수 있다. 치료 선택을 논의하고 치료를 선택하는 과정에서, 파괴적이거나 자기 파괴적인 행동의 위험이 높은 환자의 가족 구성원이나 중요한 타인을 만나는 것 또한 매우 추천된다. 우리는 이 주제를 제8장의 계약에 대한 논의에서 좀 더 깊이 검토한다.

심리역동 치료의 정보에 입각한 동의

정보에 입각한 동의 과정의 목표는 자율적인 의사결정을 촉진하는 것이다. 정보에 입각한 동의는 다음 내용을 수반한다.

- 환자의 문제의 진단과 공식화에 대한 논의
- 환자의 호소문제의 경과, 병인론 및 관련된 증상 논의
- 환자가 치료를 원하지 않을 때 예상되는 결과 논의
- TFP-E 및 TFP-E의 위험요인과 이점에 대한 기술. 예상 치료기간 및 부작용(예: 일시적인 불안 증가 및 다른 증상) 포함
- 그 밖의 주요 치료와 그에 수반되는 위험요인 및 이점 논의

정보에 입각한 의사결정은 앞에서 기술한 과정으로 시작한다. 예비치료자는 환자에 대한 인상과 진단평가를 공유한 후, 환자가 목표를 명확히 할 수 있도록 돕는다. 그런 다음 치료자는 가능한 치료 선택과 함께, 각 치료접근이 지닌 잠재적인 이점과 비용 및 위험요인을 검토한다. 성격장애 환자들에게 논의된 각 치료의 치료틀과 필수조건을 개관해 주는 것이 중요하다. 예비치료자는 또한 지금 치료를 받지 않았을 때 있을 수 있는 위험요인과 이점도 이야기해 준다.

경미하거나 아증후군 성격병리가 있는 환자에게는—예를 들면, 신경증적 수준에서 기능하면서 비교적 초점화된 성격 경직성을 나타내는 N 씨—많은 가능한 치료 선택이 있는데, TFP-E뿐 아니라 단기 역동 치료, 지지치료, CBT도 가능하다. 예비치료자는 이런 다양한 선택에 대해 각각 기술하고, 단기 역동 치료, 지지치료나 CBT가 TFP-E보다 시간과 비용이 적게 들고 덜 힘들 수 있음을 설명한다. 다른 한편으로는 이런 다른 치료들은 취하는 목표가 작고, 오직 TFP-E만이 남성들로부터 관심을 얻으려는 것과 관련된 갈등을 목표로 하며 그녀의 연애 억제를 해결하는 것을 목표로 한다는 것을 설명한다. 예비치료자는 N 씨가 각 접근의 장단점을 비교할 수 있도록 돕고, 개인적인 추천을 하더라

도 N 씨가 자유롭게 받아들이거나 거절할 수 있도록 한다.

중대한 정체성 병리를 지닌 B 씨와 같은 환자들에 대해서, 지지치료가 폭넓게 적용되고 있고, 좋은 정신과적 관리(GPM; Gunderson, 2014) 역시 점점 더 많이 사용되고 있다. 하지만 좀 더 구체화된 치료들이—특히 변증법적 행동치료(DBT; Linehan, 1993)를 포함한 CBT, 심리화기반 치료(MBT; Bateman & Fonagy, 2006), 도식초점치료(SFT; Young et al., 2003) 및 TFP-E—병리의 특정 측면이나 변화에 대해 환자가 선호하는 접근에 가장 적합할 것이다. 더욱이 구체화된 치료들은 정체성 병리 환자들의 다양한 호소문제에 대해 더 많은 것을 제공할 수 있다. DBT는 행동 및 정서 조절의 어려움을 목표로 삼는다. MBT는 자기와 타인의 마음 상태를 정확하게 확인하는 능력을 향상시키는 것을 목표로 한다. SFT는 부적응적 도식을 수정하는 것을 지향한다. TFP-E는 자기 및 대인관계 기능의 향상과 정체성 공고화 증진이라는 명확한 목표를 지닌다.

성격장애 환자들은 종종 다른 장애를 동반하기 때문에—대개 정동장애, 불안장애, 섭식장애 또는 물질오용장애—임상가는 기저에 있는 성격병리를 치료하는 데 초점을 둘 것인지 아니면 호소증상을 먼저 치료할 것인지를 환자가 결정하도록 돕는 과제에 직면한다. 일부 환자들은 호소증상이나 동반이환을 다루기 바라는 반면, 다른 환자들은 오직 성격병리만 다루길 바란다. 환자가 성격병리를 제외하고 배타적으로 호소문제나 동반이환 치료에만 초점 맞추길 원할 때, 예비치료자는 환자가 ① 적합한 치료계획을 세울 수 있도록 돕고 ② 동반하는 성격장애(특히 그것이 BPO 범위에 속할 때)가 다른 정신과적 증후의 치료와 예후를 악화시킨다는 것을 이해하도록 도울 수 있다.

동반이환은 무시하고, 오직 성격병리만을 치료하고자 하는 환자들에게는 ① TFP-E는 대부분의 정동, 불안, 섭식 및 물질오용 장애를 포함한 동반이환에 대한 치료가 아니라는 것, 그리고 ② 성격병리 치료가 효과적이려면 성격병리에 대한 치료와 함께 이전 또는 동시에 발생한 정신과적 동반이환의 치료가 필요하다는 것을 이해하도록 돕는다.

많은 경우, 약물관리 또는 특정 증상(예를 들면, 물질오용이나 섭식장애 증상)에 초점을 둔 치료에는 환자가 TFP-E를 시작하는 동안 다른 서비스 기관, 자조집단 또는 12단계 프로그램이 함께 도입될 수 있다. 좀 더 증상이 심한 환자들에게는(예를 들면, 주요우울장애, 심한공황장애 또는 강박장애, 물질사용 또는 섭식장애 증상이 TFP-E 과정을 악화시킬 수 있는 사람들) TFP-E를 시작하기 전에 순차 치료 모델을 추천한다. 이는 이러한 장애의 치료를 가장 먼저 시작하는 것으로, 치료자가 환자에 대해서 좀 더 지지치료가 필요하다고 보거나 전문화된 치료에 의뢰할 때 시작된다. 상당한 물질남용이나 물질의존 이력이 있는 환자에게는, TFP-E가 고려되기 전에 최소 6개월간 맨 정신을 유지하는 것이 권장된다.

동반이환이 TFP-E의 시작과 양립할 수 없을 때, 예비치료자는 환자에 대한 평가를 공유해야 하고 계획에 대해 합의해야 한다. 예비치료자는 환자의 현재 증상으로 인해 지금 바로 TFP-E를 시작할 수 없음을 설명해야 한다. 증거기반 양식을 사용하여 증상초점적 및 행동지향적인 치료에 먼저 초점을 두는 것이 권고된다는 것, 이 치료가 약물치료, 초점적 심리치료의 형태 및 물질남용이나 섭식장애 치료를 포함할 수 있다는 것, 동반이환이 안정화되었을 때 치료 선택으로서 TFP-E를 다시 논의할 수 있다는 것을 설명해야 한다.

매우 활성화된 증상이나 위기 상태에 있는 환자들은 TFP-E를 시작하기 전에 증상 완화나 위기의 해결을 표적으로 하는 예비치료를 연장하거나 단기 지지치료가 종종 유용하다. 예를 들면, 구조적 면접을 보여 주기 위해 이 장의 앞에서 소개한 A 씨는 단기 지지치료를 시작했는데, 이것의 목적은 그녀의 현재 위기가 해결되었을 때 TFP-E로 전환하기 위한 것이었다. 이 지지치료에서 치료자는 실용적인 접근을 취했는데, 구조에 한계를 설정하고 약물치료를 다시 고려했다. 이러한 개입은 A 씨가 침대에서 벗어나고 낮은 기능 수준이 아닌 기준선으로 돌아올 수 있게 했다. 이 시점에서 치료자는 A 씨가 지지치료에서 TFP-E로 전환하도록 도왔다. 이때 치료의 특성이 변한다는 것을 분명하게 밝힌다. 또한 목표와 방식도 변하는데 치료자와 내담자가 함께 작업해야 할 것이다. 이 모든 것은 자기 및 대인관계 기능을 향상시키는 것을 돕는 데 초점을 맞춘다. 치료를 전환하기 전에 U 박사는 A 씨가 구체적인 치료목표를 설정하도록 도왔고 함께 TFP-E 치료계약을 맺었다.

B 씨의 예시에서, 예비치료자는 예비치료를 연장했다. 이때 심리교육에 초점을 맞추었고 B 씨가 종종 자신의 적대감에 의해 감춰진 불행을 정교화할 수 있도록 했으며, 기저에 있는 고립감과 공허감을 공유할 수 있도록 도왔다. 몇 주에 걸쳐 계속된 이 과정은 B 씨가 예비치료자에 대한 신뢰를 발달시키고 성격장애 치료를 시작하게 된 동기를 공고화하도록 도왔다. 예비치료 중에 그녀가 원래 인정했던 것보다 더 심하게 술을 마셨다는 것도 드러났는데, 그녀는 치료의 전제조건으로서 단주 모임에 참여하는 것에 동의했었다.

B 씨와는 달리 예비치료를 연장하는 동안 H 씨는 성격병리 치료에 무관심했다. 예비치료자는 불안을 치료하기 위해 그를 약물치료와 함께 CBT 과정에 의뢰했다. 시간이 지남에 따라 CBT는 장기 지지치료로 진행되었고, CBT 치료자는 H 씨가 자신의 불안을 관

리하고 자기 자신에 대한 끊임없는 부정적인 생각에 의문을 갖도록 도왔다.

요약하면, 예비치료자의 역할은 환자에게 자신이 평가한 것을 솔직하게 나누는 것인데, 어떤 치료가 환자 병리의 어떠한 측면을 다루는지뿐만 아니라 시간과 돈, 그리고 어떤 잠재적인 부작용과 관련된 비용에 대해서도 공유한다. 우리가 아는 한, TFP-E는 특히 자기 및 대인관계 기능을 표적으로 하는 유일하게 가용한 성격장애 치료로 종합적인 성격기능 모델에 부합한다. TFP-E를 추천할 때, 예비치료자는 치료비용 및 잠재적 위험과 이점 그리고 예상되는 과정에 대한 정보를 기술해야 한다.

높은 수준의 성격병리 환자에게 TFP-E를 기술하기 위해서(Caligor et al., 2007 참조), 예비치료자는 다음과 같이 말할 수 있다.

> TFP-E는 당신이 치료에 오게 된 문제와 연결된 당신의 내적 경험 측면을 우리가 좀 더 잘 알 수 있도록 고안된 치료입니다—이것은 당신이 좀 더 자기인식을 할 수 있도록 돕고 자기 자신을 더 잘 이해할 수 있도록 돕습니다. 이 치료는 회기를 진행하는 동안 당신의 마음이 어떤지에 대해 숨김없이 솔직하게 이야기하는 것이 필요합니다. 내 역할은 당신의 어려움에 기저하고 있는 행동, 정서, 생각의 패턴을 확인하는 것을 돕는 겁니다. 전반적인 개념은 당신이 행동하고 생각하고 느끼는 것들에 대해 좀 더 알게 될수록, 그리고 무엇이 그것들을 이끄는지 더 잘 이해하게 될수록, 당신은 내적 경험과 외적인 행동을 보다 유연하고 적응적인 방식으로 조절할 수 있게 될 거라는 겁니다.

추가적으로, 예비치료자는 TFP-E가 주 2회 최소 1년, 대체로 2년에서 4년 동안 진행되는 치료라는 것을 설명해야 한다. 치료 중 중요한 지점에서 강한 감정이 일어날 수 있고, 고조된 불안이나 일시적인 '부작용'과 같은 다른 증상을 경험할 수 있지만, 치료와 관련된 심각한 위험은 거의 없다. 좀 더 심한 성격장애를 지닌 환자에게, 예비치료자는 치료로 인해서 휘저어진 정서가 행동화 충동으로 이어질 수 있다는 것과 환자로 하여금 그와 같은 충동을 통제할 수 있도록 고안된 치료계약을 포함하고 있다는 것을 덧붙인다. 예비치료자가 성격병리 치료를 위해 TFP-E를 추천했을지라도, 환자는 다른 치료 선택이 존재한다는 것과 각각의 근거, 위험 및 장점을 이해해야 한다.

핵심 임상 개념

- 예비치료는 평가, 진단적 인상 공유하기, 치료목표 결정하기, 치료 선택 논의하기 그리고 환자가 정보에 입각한 치료를 선택하도록 돕는 것으로 구성된다.
- 진단적 평가는 표준 정신과적 면접을 포괄하는 영역뿐 아니라 성격기능 및 성격조직에 대한 철저한 평가를 포함한다.
- 성격조직의 결정과 함께 동반이환의 존재 여부는 치료계획을 안내한다.
- 성격조직 평가는 정체성, 방어, 대상관계, 공격성 및 도덕적 기능 영역에 초점을 맞춘다.
- 성격조직은 임상 면접이나 성격조직에 대한 구조화된 면접을 사용하여 평가될 수 있다.
- 진단적 인상을 공유하고 진단에 대한 심리교육을 제공하는 것은 예비치료과정의 중요 요소이다.
- 치료 선택 논의에서, 예비치료자는 가능한 치료의 잠재적 이점과 위험을 기술한다.

▼ 참고문헌

American Psychiatric Association: Diagnostic and Statistical Manual of Mental Disorders, 5th Edition. Arlington, VA, American Psychiatric Association, 2013

Bachelor A: Clients' perception of the therapeutic alliance: a qualitative analysis. J Couns Psychol 42:323-337, 1995

Bateman A, Fonagy P: Mentalization-Based Treatment for Borderline Personality Disorder. New York, Oxford University Press, 2006

Beahrs JO, Gutheil TG: Informed consent in psychotherapy. Am J Psychiatry 158(1):4-10, 2001 11136625

Caligor E, Petrini MJ: Treatment of narcissistic personality disorder, in UpTo-Date. Available at: http://www.uptodate.com. Accessed December 9, 2016.

Caligor E, Kernberg OF, Clarkin JF: Handbook of Dynamic Psychotherapy for Higher Level Personality Pathology. Washington, DC, American Psychiatric Publishing, 2007

Clark LA: Manual for the Schedule for Non-adaptive and Adaptive Personality (SNAP). Minneapolis, University of Minnesota Press, 1993

Clarkin JF, Livesley WJ: Formulation and treatment planning, in Integrated Treatment for Personality Disorder: A Modular Approach. Edited by Livesley WJ, Dimaggio G, Clarkin JF. New York, Guilford, 2016, pp 80-100

Clarkin JF, Caligor E, Stern BL, Kernberg OF: Structured Interview of Personality Organization—Revised (STIPO-R), 2016. Available at: www.borderlinedisorders.com. Accessed September 20, 2017.

Clarkin JF, Livesley WJ, Meehan KB: Clinical assessment, in Handbook of Personality Disorders: Theory, Research, and Treatment, 2nd Edition. Edited by Livesley WJ, Larstone R. New York, Guilford, 2018, pp 367-393

First MB, Skodol AE, Bender DS, Oldham JM: Structured Clinical Interview for the DSM-5 Alternative Model for Personality Disorders (SCID-5-AMPD). Arlington, VA, American Psychiatric Association Publishing, 2018

Grilo CM, Sanislow CA, Gunderson JG, et al: Two-year stability and change of schizotypal, borderline, avoidant, and obsessive-compulsive personality disorders. J Consult Clin Psychol 72(5):767-775, 2004 15482035

Gunderson JG: Handbook of Good Psychiatric Management for Borderline Personality Disorder. Washington, DC, American Psychiatric Publishing, 2014

Gunderson JG, Morey LC, Stout RL, et al: Major depressive disorder and borderline personality disorder revisited: longitudinal interactions. J Clin Psychiatry 65(8):1049-1056, 2004 15323588

Hallquist MN, Lenzenweger MF: Identifying latent trajectories of personality disorder symptom change: growth mixture modeling in the longitudinal study of personality disorders. J Abnorm Psychol 122(1):138-155, 2013 23231459

Hilsenroth MJ, Cromer TD: Clinician interventions related to alliance during the initial interview and psychological assessment. Psychotherapy (Chic) 44(2):205-218, 2007 22122211

Hutsebaut J, Feenstra DJ, Kamphuis JH: Development and preliminary psychometric evaluation of a brief self-report questionnaire for the assessment of the DSM-5 level of Personality Functioning Scale: the LPFS Brief Form (LPFSBF). Personal Disord 7(2):192-197, 2016 26595344

Kernberg OF: Structural diagnosis, in Severe Personality Disorders: Psychotherapeutic

Strategies. New Haven, CT, Yale University Press, 1984, pp 3-26

Krueger RF, Derringer J, Markon KE, et al: Initial construction of a maladaptive personality trait model and inventory for DSM-5. Psychol Med 42(9):1879-1890, 2012 22153017

Linehan MM: Cognitive-Behavioral Treatment of Borderline Personality Disorder. New York, Guilford, 1993

Lingiardi V, McWilliams N (eds): Psychodynamic Diagnostic Manual, 2nd Edition. New York, Guilford, 2017

McWilliams N: Psychoanalytic Diagnosis: Understanding Personality Structure in the Clinical Process. New York, Guilford, 1994, pp 168-188

Meehan KB, Clarkin JF: A critical evaluation of moving toward a trait system for personality disorder assessment, in Personality Disorders: Toward Theoretical and Empirical Integration in Diagnosis and Assessment. Edited by Huprich SK. Washington, DC, American Psychological Association, 2015, pp 85-106

Patrick C: Antisocial personality disorder and psychopathy, in Personality Disorders: Toward the DSM-V. Edited by O'Donohue W, Fowler K, Lilienfeld S. Thousand Oaks, CA, Sage, 2007, pp 109-166

Piper WE, Duncan SC: Object relations theory and short-term dynamic psychotherapy: findings from the Quality of Object Relations Scale. Clin Psychol Rev 19(6):669-685, 1999 10421951

Skodol AE, Grilo CM, Keyes KM, et al: Relationship of personality disorders to the course of major depressive disorder in a nationally representative sample. Am J Psychiatry 168(3):257-264, 2011 21245088

Westen D, Shedler J: Revising and assessing Axis II, part I: developing a clinically and empirically valid assessment method. Am J Psychiatry 156(2):258-272, 1999a 9989563

Westen D, Shedler J: Revising and assessing Axis II, part II: toward an empirically based and clinically useful classification of personality disorders. Am J Psychiatry 156(2):273-285, 1999b 9989564

Yeomans F, Clarkin JF, Kernberg OF: Transference-Focused Psychotherapy for Borderline Personality Disorder: A Clinical Guide. Washington, DC, American Psychiatric Publishing, 2015

Young JE, Klosko J, Weishaar ME: Schema Therapy: A Practitioner's Guide. New York, Guilford, 2003

Zanarini MC, Frankenburg FR, Hennen J, et al: Prediction of the 10-year course of borderline personality disorder. Am J Psychiatry 163(5):827-832, 2006 16648323

제 **IV** 부

치료틀 수립하기

  전이초점 심리치료-확장판(TFP-E)에서 치료틀은 치료계약의 형태로 수립되며, 이는 치료가 시작되기 전에 환자와 치료자 간에 합의된다. 치료계약을 맺고 치료틀을 수립하는 것은—이 과정을 계약 맺기라고 한다—예비치료와 공식적인 치료 시작 사이에 다리를 놓는다.

  치료계약은 치료의 필수조건, 즉 환자와 치료자가 성공적으로 작업할 수 있는 조건을 정의한다. 계약 맺기 단계의 과제는 환자에게 일반적인 치료틀, 치료에서 환자와 치료자 각자의 과제, 환자의 성격병리와 치료 이력, 현재 삶의 상황에 따라 치료틀이 필요로 하는 특정한 변형을 소개하는 것이다. 치료자와 환자는 그들이 함께 작업할 수 있기 위한 상호합의에 도달할 때까지 이러한 치료방식들을 논의한다. 이 과정은 평가 단계에서 논의한 목표를 검토하는 것으로부터 시작하여—환자와 치료자가 치료에서 다루어질 문제(들)에 대한 이해를 공유한다는 것을 확증하며—이 목표들을 달성하기 위해 두 사람이 어떻게 작업할 것인지 상호합의와 함께 마무리된다.

제**8**장

필수 치료계약:

행동, 보조치료 및 약물치료

전이초점 심리치료-확장판(TFP-E)의 치료계약은 치료틀을 수립하고 환자가 치료의 필수조건을 이해하고 동의하도록 보증한다. 계약 과정은 예비치료가 종료되는 지점부터 시작되며, 구체적으로 치료에서 각 당사자의 역할을 규정함으로써 환자와 치료자 간의 작업 관계를 더욱 발전시킨다. 치료계약은 치료가 현실에 뿌리를 내리도록 하며 환자와 치료자 모두의 한계를 인정한다. 성격병리의 심각도가 높아질수록 계약에 대한 위협 또한 증가한다(Links et al., 2016).

이 장은 TFP-E에서 계약 맺기에 대한 포괄적인 논의를 제공한다. 제1절에서는 계약에서 다루는 주제와 역할을 포함하여 치료틀과 계약에 대해 개관하고, 제2절에서는 모든 TFP-E 계약의 보편적 요소를 논의하며, 제3절에서는 특정 환자에게 맞춰진 TFP-E 계약의 개별화된 요소들, 즉 파괴적이거나 치료에 방해가 되는 행동들, 동반이환, 약물 관리, 기타 특수 주제에 관한 논의를 제공한다.

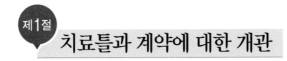

제1절 **치료틀과 계약에 대한 개관**

치료틀은 치료 및 환자와 치료자의 관계를 정의하고 조직한다(〈표 8-1〉). 치료틀이 없으면 치료도 없는 것이며, 치료틀이 유지되지 못할 때 치료는 필연적으로 실패하게 된다. TFP-E에서 치료틀은 환자의 갈등적 대상관계가 펼쳐지고 탐색될 수 있도록 컨테인하는 세팅을 제공한다. 치료틀은 탐색을 위한 필수조건을 수립하고 치료자의 중립성을 보호하도록 돕는다. 계약에 대한 철저한 논의를 통해 환자가 치료를 시작하고 계속하는 데 필요한 조건을 반드시 이해하도록 한다.

　치료틀은 치료의 기본적인 변형기법들을 명시하는데, 여기에는 치료의 빈도와 치료시간의 길이, 치료기간, 일정 조율 및 치료비 지불 방식, 비밀보장 이슈, 치료시간이 아닐 때 환자와 치료자의 연락, 제3자(보호자)와의 연락, 응급상황 대처 및 약물관리, 치료에서의 환자 및 치료자 각각의 역할과 책임이 포함된다(〈표 8-2〉).

　이와 더불어 치료틀은 개별화된 기준에 따라 도입된 변형기법들도 포함하는데, 이는 환자나 치료자가 효과적이고 생산적으로 탐색적 치료를 하는 것을 방해할 수 있는 특정한 행동들을 다루기 위해서이다. 계약 맺기 단계에서 치료자는 환자의 정신병리, 개인력, 생활 환경, 과거 치료경험에 대한 이해를 바탕으로 구체적인 사항을 제시한다. 예를 들어, 약물 오용이나 섭식장애 증상, 긋기, 무모한 운전, 안전하지 않은 성관계 등의 자기파괴적 행동과 관련된 이슈가 합의에 포함될 수 있다(〈표 8-3〉). 행동 통제의 필요성은 탐색적 치료를 실시하기 위한 필수조건을 만들고 보호할 필요가 있다는 관점에서 도입된다.

　치료틀은 치료계약의 형태로 정식으로 수립되고 환자와 치료자 간에 상호합의된다. 이것은 서면상의 계약이라기보다는 환자와 치료자 간에 치료 필수조건의 개요를 확인하며 동의가 명확하고 구체적으로 기술되는 것이다. 계약 맺기 단계의 목적은 환자와 치료자가 심리치료과정을 지원하기 위해 필요한 최소한의 제한 조건들에 대해 의견을 일치시키는 것이다.

〈표 8-1〉 치료틀과 계약의 기능

치료에서 다룰 문제(들)에 대한 상호이해를 수립한다.

치료목표 및 환자와 치료자 각각의 책임과 관련해서 조직되는 치료관계의 실제를 정의한다.

환자의 역동이 펼쳐질 수 있는 일관되고 '안전한' 장소를 제공한다.

치료와 관련된 환자의 행동을 갈등적 대상관계의 상연의 관점에서 탐색할 수 있는 세팅을 만든다.

환자의 파괴성 및 파괴적인 행동을 컨테인하고 제한하도록 돕는다.

질병의 이차 이득을 최소화한다.

치료틀과 계약에서 벗어나는 의미를 탐색하기 위한 장면을 설정한다.

파괴적이고 방해가 되는 행동의 동기와 의미를 탐색하기 위한 뼈대를 만든다.

환자가 갈등을 부인하고 외재화하는 것을 최소화하며 파괴적인 행동을 제한하고 직면하는 치료자
　의 역량을 지원한다.

치료자가 역전이를 컨테인하도록 돕는다.

〈표 8-2〉 치료틀과 계약의 보편적 요소

치료빈도와 치료시간의 길이

일정 조율 및 치료비 지불 방식

비밀보장 및 제3자(보호자)와의 연락과 관련된 이슈

치료시간이 아닐 때의 연락

응급상황 대처 방법

약물관리 방법

치료목표에 대한 관심

환자가 구조화된 활동에 참여할 것(예: 일, 학교, 낮 병원 프로그램, 전업 육아)

치료에서 환자와 치료자의 역할

〈표 8-3〉 TFP-E의 치료계약에 도입될 수 있는 개별화된 요소들

경미한 자해를 포함한 자기파괴적 행동들

타인에게 파괴적인 행동들

물질 오용

섭식장애 증상

거짓말하기 및 다른 형태로 속이기

의학적 또는 정신과적 문제에 대한 약물 관리에 응하지 않음

무모한 행동(예: 위험한 성적 활동, 음주 운전)

과도하게 전화 걸기, 통신 연락, 또는 다른 방식으로 치료자의 삶에 침범하기

치료자 업무와 관련된 파괴적인 행동(예: 과도하게 시끄럽게 굴기, 가구 훼손시키기, 회기가 끝났지
　　만 나가지 않기, 쓰레기 두고 가기 또는 대기실의 잡지 가져가기)

치료관계의 경계 위반(예: SNS에서 치료자 또는 치료자의 가족 구성원 스토킹하기, 치료자의 사회
　　적, 개인적 영역의 구성원들과 사회적 접촉을 시도하기)

치료비를 낼 능력이 없는 것을 포함하여 치료를 지속하는 환자의 역량을 방해하는 상황

환자가 나아지려는 동기를 방해할 수 있는, 질병에 의한 과도한 이차 이득(예: 가족 구성원 또는 사
　　회복지를 통한 재정적 지원 방식)

　　TFP-E에서 치료틀과 계약은 치료과정 전체에 걸쳐서 여러 가지 기능을 제공한다. 계약 맺기 단계에서 치료목표, 틀, 계약은 치료관계의 실제를 정의하고 수립하는 기능을 하는데, 이는 환자와 치료자가 환자의 특정한 목표를 달성하게끔 돕는 것을 목적으로 명확하게 정의된 방식으로 함께 작업한다는 것이다. 이러한 현실적인 관계는 치료동맹이 발달하는 토대가 되며, 동시에 치료에서 환자의 갈등적인 대상관계가 펼쳐짐으로써 정도의 차이는 있어도 예외 없이 왜곡될 것이다. 치료계약의 형태로 상호합의된 치료

틀을 수립하는 것은 앞으로 이어질 치료의 초석을 마련하는 것이며, 계약의 수립은 치료자와 환자 공동의 중요한 과제이다. 효과적인 계약 협의는 긍정적 치료동맹(Hilsenroth & Cromer, 2007), 조기종결의 감소(Yeomans et al., 1994), 긍정적 치료성과(Horvath et al., 2011)를 예측한다. 치료하는 동안에 필요하다면 어떤 시점에서든 계약은 수정될 수 있지만, 치료틀이 수립되고 환자와 치료자가 치료계약에 대한 의견이 일치할 때까지 치료는 정식으로 시작되지 않는다.

　　치료계약은 모든 TFP-E 치료에 적용되는 보편적인 요소들과(제2절에서 기술) 개별 환자의 임상적 필요에 맞춰 고안된 개별화된 요소들(제3절에서 기술)이라는 관점에서 개념화된다.

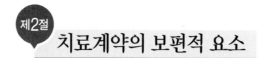

제2절 치료계약의 보편적 요소

　　TFP-E 계약의 기본 요소는 성격병리 심각도의 전 범위에 걸쳐서 환자들의 치료에 적용되는 보편적이고 필수적인 지침들을 포함한다.

실행 계획

　　치료틀은 치료의 구체적인 방식과 환자와 치료자가 함께 작업하면서 각자가 맡게 되는 과제를 규정한다. TFP-E에서 이상적인 치료시간은 주 2회이며(다음에 나오는 '치료시간의 빈도' 참조), 치료는 일반적으로 최소 1년 진행되고, 4년을 넘어가는 경우는 드물다. 치료시간은 45분 또는 50분씩 진행되며, 환자와 치료자는 편안한 의자에 앉아서 얼굴을 마주 본다. 매주 같은 날, 같은 시간에 정기적으로 일정을 잡는 것이 종종 도움이 되지만, 그럴 수 없는 상황이라면 유연한 일정도 괜찮다. 중요한 것은 치료를 시작할 때 약속을 정하고 변경하고 취소하는 표준 절차가 명시적으로 정해지고, 약속은 사전에 정하는 것이며, 아주 드문 경우를 제외하고는 필요할 때마다 약속을 잡는 것이 아니라는 점이다. 모든 치료시간은 비밀보장이 되는데, 응급상황이 발생하거나 환자 또는 다른 사람의 안전이 위험한 경우는 예외가 된다. 치료시간이 아닐 때 전화를 걸거나 다른 식으로 연락을 하는 것은 일정 변경과 응급상황에 꼭 필요한 경우로 제한된다. 환자들은 긴급한 문제라도 치료시간이 아닐 때 치료자에게 전화하거나 다른 식으로 연락하기보다는 치료시간에 이야기하도록 권장된다.

치료비나 보험, 빠진 치료시간에 대한 치료자의 방침을 포함하여 이러한 모든 치료지침은 치료를 시작하기 전에 환자와 명시적으로 논의되어야 한다. 치료자는 환자가 전화를 하거나 통신 연락을 했을 때 표준적으로 어떻게 응답할 것인지, 환자가 무엇을 기대할 수 있는지에 대해서도 다루어야 한다.

환자의 입장에서, 환자는 치료틀의 구체적이고 실행적인 측면에 대한 명확하고 명시적인 논의과정 및 표준적인 방침에 대한 안내를 통해 합의내용을 충분히 이해하고 치료를 시작할 수 있게 된다. 환자는 치료를 수행하게 되는, 비교적 안전한 세팅을 제공하는 치료틀의 안정성과 예측가능성을 신뢰할 수 있다. 치료자의 관점에서, 구조화된 치료틀과 표준적인 절차는 환자가 치료틀에서 이탈하는 것에 대해 기저하는 의미와 동기를 갖는 것으로서 접근할 수 있는 장을 만든다. 동시에 치료자가 일상적인 접근을 수정하려는 유혹을 느낄 때 주의를 환기시켜서, 현재의 임상 상황에서 무엇이 일어나고 있는지 정보의 원천으로서 치료자의 역전이를 활용하는 문을 열어 준다는 추가적인 이점도 있다.

치료시간의 빈도: 주 2회 대 주 1회

TFP-E는 전이초점 심리치료(TFP; Yeomans et al., 2015)와 마찬가지로 주 2회 이루어진다. 그러나 어떤 환경에서는 주 2회 치료를 고집하는 것이 비현실적이거나 가능하지 않을 수도 있다. 사실 어떤 건강관리 체계에서는 한마디로 심리치료를 주 2회씩 하는 것이 허용되지 않는다. 비록 이상적이지는 않지만, 이런 경우라면 주 1회 진행하는 TFP-E가 많은 성격장애 환자에게 최선의 선택지로 드러날 것이다.

하지만 특히 더욱 심한 성격병리를 가진 환자들의 경우에는 변증법적 행동치료(DBT)와 심리화 기반 치료(MBT) 같은 대안적 선택을 신중하게 고려해야 한다. 이러한 치료들은 일반적으로 주 1회의 개인 치료시간과 주 1회 집단 모임을 병행하기 때문에, 주 1회 개인 치료만 하는 경우보다 더 강한 구조와 치료자와의 만남을 제공하고, 주 2회 개인 심리치료를 지원하지 않는 상황에 있는 환자들에게 좋은 선택이 될 수 있다. 주 1회 TFP-E는 분명히 치료적 잠재력을 갖지만, 주 2회 TFP-E와는 질적으로 다르고, 치료자들은 시간이 지나면서 좀 더 지지적인 입장과 기술적인 접근으로 표류하게 되는 경향이 있다.

주 2회 TFP-E의 긍정적인 효과는 시간단위당 개입의 증가와 회기 빈도의 증가에 의해 구체적으로 제공된 추가적인 지원을 넘어선다. 비록, 후자는 임상 과정에 중요 영향을 미치지만(Evans et al., 2017), 경계선 성격조직(BPO) 수준 환자를 치료할 때 주요한 기략적 도전은, 정동적으로 많이 부하된, 의식적으로 경험되거나 상연되는 갈등적 대상관계가 치료에서 활성화되고, 이 과정에 의해서 자극되는 행동화 경향을 컨테인하는 것이다. 잘 정의되고 상호합의된 치료틀 및 계약과 함께할 때, 주 2회 치료시간은 치료자와 환자가 둘 다 압도되지 않고 이러한 대상관계들을 치료에 가져올 수 있도록 좋은 기회를 제공한다. 주 2회 치료시간은 환자에게는 치료시간이 아닐 때 그의 정동적 경험을 다루면서 (또는 다루지 못하면서) 한 주 내내 '홀로 남겨져' 있지 않다는 것을 의미하며, 치료자에게는 치료의 전개를 따라가는 동시에 환자 삶의 전개를 따라가면서 때로는 부족할 수 있는 시간과 숨 돌릴 여유를 준다.

한편, 신경증적 성격조직(NPO) 수준의 환자를 치료할 때 중심이 되는 기략적 도전은 환자가 더 깊은 정동적 경험을 할 수 있도록 돕는 것이다. 이러한 환자들을 만날 때, 치료시간의 빈도가 늘어나면, 방어작용의 분석과 함께 환자 편에서 더 높은 정동적 참여가 가능해져서, 지속적으로 억압된 무의식적이고 갈등적인 대상관계 및 이와 연결된 정동이 치료에서 나타날 수 있는데, 주 1회 치료시간에서는 많은 환자가 그러기 어렵다.

요약해 보면, 주 2회 치료시간은 ① NPO 환자에게는 치료시간에 '마음을 열게' 하고 더 즉각적이고 정동적으로 참여할 수 있는 기회를 제공하며, ② BPO 환자에게는 치료자와 만남을 증가시킴으로써 정동 및 파괴적 행동을 컨테인할 기회를 늘린다는 점에서 도움이 된다. 따라서 주 2회 치료시간은 치료자가 치료시간에 환자의 경험이 정동적으로 부하되게 하면서도, 다룰 수 없을 정도로 압도적이지는 않게끔 정동적 참여 수준을 최적화하는 치료자의 역량을 용이하게 한다(제11장에서 기략에 대한 논의 참조).

치료계약의 보편적 요소를 도입하고 협의하기

치료계약을 수립하는 과정은 일반적으로 1~2회기가 걸리지만 더 복합적인 상황에서는 더 오래 걸릴 수도 있다. 치료자는 계약을 도입할 때, 환자가 치료에 대해 정확하거나 현실적인 기대를 할 것이라고 가정하지 않는 편이 좋다. 치료자가 치료의 필수조건, 환자와 치료자가 어떻게 함께 작업할 것인지의 세부사항을 더 구체적으로 개관할수록, 이후에 환자가 합의한 대로 치료에 참여하는 것에 대해서 어떤 어려움을 경험하든 그 의미를 탐색하기가 용이해진다.

계약 맺기 단계에서 치료자가 제안하는 것과 치료자가 치료의 세팅을 위해서 근거를 설명하는 것에 대해 환자가 어떻게 참여하고 반응하는지에 치료자는 세심하게 주의를 기울인다. 제안 내용에 대해서 환자가 진지하게 고려하고 있는가? 혹은 피상적으로 의미 없이 동의하고 있을 뿐인가? 환자가 치료 조건에 대해서 액면 그대로 기다렸다는 듯이 동의하는 것은 유혹적일 수도 있다. 예를 들어, 환자는 낮에 치료를 받으러 오기 위해서 직장에서 자리를 비우는 것이 문제없다고 하거나 혹은 어린 환자는 자신의 아버지가 기한 없이 치료받는 것을 기꺼이 지원할 것이라고 치료자를 설득하려 할 수 있다. 그러나 가장 도움이 되는 것은 그 대화와 관련된 이슈들과 환자의 반응을 상세히 탐색하고 살펴보는 것이다. 예를 들어, 치료자는 업무시간 중에 치료를 받으러 온다는 환자에게 다음과 같이 물어볼 수 있다. "상사와 논의해 본 것인가요? 상사에게 뭐라고 했고 상사가 뭐라고 답하던가요?", "당신 직장에서는 중간에 자리를 비우는 게 흔한 일인가요? 아니면 이후에 문제가 될 수 있는 일인가요?"

치료동기를 평가하기

치료를 시작하기 전에 치료계약에 대해 철저히 논의하는 것은, 치료에 대한 환자의 동기 및 치료에 생산적으로 참여하는 능력을 평가할 수 있도록 하며, 치료가 실제로 시작된 후에 나타날 수 있는 초기 문제들을 확인하도록 돕는다. 평가 단계에서는 잠재적으로 적합해 보였던 어떤 환자들은 치료계약에서 개관하는 치료의 필수조건에 동의하지 않거나 마지못해 동의할 수 있다. 이런 상황에서 치료자는 환자가 치료의 조건에 동의하기를 꺼리는 것에 대해 탐색할 것이다. 만약 환자가 TFP-E 치료틀의 제약 속에서 작업할 수 없거나 작업하기를 원치 않는다면, 환자는 현재의 같은 치료자에게든 의뢰된 다른 치료자에게든, 아마도 다른 치료세팅에서 다른 형태의 치료를 받을 수도 있다.

치료자는 이 장에 개관된 지침에 따른 엄밀한 의미의 계약을 하지 않고 TFP-E를 시작하고자 하는—환자 또는 제3자(보호자), 혹은 치료자 내면으로부터 느낄 수 있는—압박감에 저항할 필요가 있다. 성공적인 수술을 위한 필수조건인, 무균실과 항생제 없이는 수술하지 않는 외과 의사에 비유해 볼 수 있다. '예외를 두는' 조건에서 시작된 TFP-E는 실패하는 경향이 있다.

> **임상 예시 1**　**치료에 대한 동기 부족과 관련하여 계약 맺기**
>
> 　35세 남성 F 씨는 높은 BPO 수준에서 기능하며 자기애성 및 연극성 특징을 가지고 있었는데, "자기 문제에 대해 당장 시작하고 싶고 원인을 밝혀내고 싶다"고 했다. 그러나 치료자가 속도를 좀 늦추고 치료의 조건에 대해 환자와 자세히 살펴보자, F 씨는 그것들은 모두 '훌륭한' 것 같지만, 꾸준히 치료시간에 참석하기는 어렵다고 설명했다—물론 치료자는 F 씨가 기회가 될 때마다 언제든 여자 친구와 여행을 가고 싶다는 것을 인정할 수 있고, 확실히 숙련된 치료자라면 결과적으로 치료에서 나타날 수 있는 반복적인 결석과 중단에 대해서도 다룰 수 있으며, 환자가 시내에 있을 때마다 상담할 수 있다고 인정할 수도 있었다. 치료자는 환자의 편에서 '케이크를 가지고도 싶고 먹고도 싶은' 기저의 소망 환상을 추론했고, 이는 주호소 문제와 밀접하게 관련됐다.
>
> 　치료자는 이 점을 F 씨에게 재치 있게 지적한 후, 환자의 소망이 공감되지만, 만약 F 씨가 꾸준히 치료에 참여할 수 없다면 치료를 시작하는 것이 현실적이지 않다고 설명했다. F 씨가 자신의 여행을 줄이는 것에 대해 더 유연해질 수 있는지 탐색한 후(환자는 단호하게 그럴 수 없다고 했다), 치료자는 TFP-E가 오랜 시간 꾸준한 치료 참여를 필요로 하는 야심찬 치료라고 다시 말했다. 선택은 환자의 몫이었다. 그는 지금 TFP-E를 시작하거나 여행의 자유를 계속 누리거나 선택할 수 있었다. 치료자는 어떤 선택을 하든 지지한다고 말했다. 만약 F 씨가 지금 치료에 전념하는 것이 불가능하거나 원치 않는다면, 치료자는 덜 야심찬 치료목표와 더 유연한 틀을 갖는 지지치료를 제공할 수도 있다.

　이 예시는 치료자가 치료를 위한 필수조건과 현실적인 전제조건에 관해서 능동적인 입장을 취하면서도, 치료를 시작하는 것에 대한 환자의 갈등과 관련해 중립적 입장을 취하는 것을 보여 준다.[1] 치료자는—환자가 치료를 시작할 것인지 말 것인지에 대해 갈등

---

1) 이 예시에서 치료자는 명백한 현실을 지적하고, F 씨를 위한 논리적 결론을 확인한다. 이 자세는 치료자가 중립적 자세를 지키는 것과 모순되는 것이 아니라 일치한다는 것을 강조하고 싶다. 치료자의 개입은 환자가 현실을 방어적으로 부인하는 것을 직면한다는 관점에서 이해할 수 있다. 이 예시에서 치료자는 F 씨가 치료를 받아야 한다고 권하지 않고, F 씨가 치료를 받지 않는 것이 좋은 생각이 아니라는 태도를 취하지도 않으며, 중립적인 자세를 유지하고 있다. 대신에 치료자는 집중적인 치료에 참여하는 것에 대한 내적, 외적 갈등에 대해 현실적으로 볼 수 있도록 돕는다.

을 외재화하는 것을 허용하기보다는, 예를 들어서 환자가 동의하도록 부추기거나, 혹은 치료 참여에 대한 명확한 이해 없이 시작하기에 동의하여 환자가 비현실적인 기대를 고집하도록 두는 대신에—암묵적으로 환자가 자신의 내적 딜레마에 직면하도록 하고, 현실에 기반을 둔 결정을 내리도록 돕는다.

치료계약에 있는 다양한 요소의 근거를 자세히 설명하면서 치료자가 이런 중립적인 자세를 취할 때, 환자가 치료자의 제안을 거절하는 경우는 드물다. 치료자는 치료 초기에 환자가 치료조건을 피상적으로 동의하거나 거절하는 것을 액면 그대로 받아들이지 않으며—예를 들어, '당장 시작하고 싶다'는 F 씨의 소망 표현—그보다는 환자가 동의하는 것이 무엇을 포함하는지 주의 깊게 고려하도록 한다. 치료를 시작하는 것에 대한 환자의 갈등과 감정은 언제나 환자의 기능을 방해하고, 환자가 치료에 오게 된 핵심 갈등을 건드리기 때문에, 신중하게 계약을 수립하는 과정은 치료가 시작된 후에 이러한 갈등을 탐색하기 위한 장을 마련한다.

몇몇 성격장애 환자는 스스로에 대해 치료자가 제시하는 계약을 지킬 수 있을 정도로 자신의 행동을 책임지는 것이 불가능하다고 생각한다. 어떤 환자들은 일정을 지키기에는 자신이 너무 와해되어 있다거나, 합의한 내용에 따라서 살기에는 너무 무책임하고 충동적이라거나, 꾸준히 침대 밖으로 나와서 치료에 참석하거나 직업을 갖기에는 너무 우울하다고 느낀다("그렇게 할 수 있다면, 여기에 올 필요도 없겠죠!"). 경험상, 많은 성격장애 환자는 그들 자신 또는 그들 주변 사람들이 평가하는 것에 비해 더 유능하다. 치료계약은 그들이 잠재력의 정점에서 기능할 수 있도록 한다.

하지만 만약 성격장애 진단을 받은 환자가 문자 그대로 너무 와해되어서 일정을 지킬 수 없거나, 너무 우울하고 정신운동이 지체되어서 침대 밖으로 나올 수가 없다면, 또는 치료시간에 자신의 행동을 통제하기 어려울 만큼 충동적이라면, TFP-E에 대한 환자의 적합성을 재검토하기 전에 어쩌면 인지행동치료와 함께 충분한 정신의학적 평가와 약물 개입이 이루어져야 할 것이다.

치료의 필수조건을 성공적으로 수립하는 작업 없이 TFP-E로 환자의 치료를 시작하고 싶은 치료자의 유혹은 일반적으로 역전이 문제의 초기 단서이며, 시간이 흐를수록 관리하기 어려워지는 역전이 압력의 가능성을 나타낸다. 반면에 만약 치료자가 계약의 지침을 고수하며 치료의 필수조건을 수립할 수 있다면, 같은 환자라도 더 잘할 수 있다. 많은 성격장애 환자는 비구조화된 치료에서 성과가 좋지 않더라도 계약이 있는 경우에는 생산적으로 작업할 수 있다(이 장의 후반부에 나오는 '행동을 예측하고 조절하기 위해 치료틀 도입하기' 참조). 제9장('개입 초점 확인하기')에서 보여 주듯이 환자의 건설적인 참여는 계약이 치료에 잠재적으로 파괴적인 행동을 제한하기 때문만이 아니라, 치료자가 환자의 이런 행동을 생산적으로 탐색할 수 있도록 하는 참조틀을 제공하기 때문에 가능하다.

TFP–E에서 일단 치료가 시작되면, 치료틀을 지키는 것은 환자와 치료자 둘 다의 필수적인 책임이다. 치료틀의 파괴 또는 계약에서의 이탈이 있을 때, 틀을 재수립하고 파괴의 의미를 탐색하는 것이 치료시간의 우선순위 주제가 된다.

초기 전이 발달을 확인하기

치료계약은 환자와 치료자 간에 현실적인 관계를 수립한다. 하지만 계약의 첫 순간부터 이 관계는 환자의 방어 및 갈등적 대상관계의 활성화에 의해 왜곡된다. 치료를 시작하는 것은 대부분의 환자에게 스트레스를 주는 동시에 의존성, 권위, 친밀성을 둘러싼 갈등을 자극하는 경향이 있기에, 환자의 성격 방어와 초기의 전이 경향은 종종 계약 맺기 과정에서 즉시 상연되며 환자의 성격유형과 핵심 갈등에 영향을 받는다. 예를 들어, 더 편집적인 특성을 가진 환자들은 통제당한다고 느끼거나, 착취당할 것을 두려워하는 경향이 있으며, 자기애적 특성을 가진 환자들은 특별한 치료와 치료규칙의 예외를 기대하고, 가학피학적 특성을 가진 경우에는 미묘한 (또는 그다지 미묘하지 않은) 힘의 성질에 빠르게 휘말릴 수 있다. 더 의존적인 BPO 환자들은 빠르게 치료자를 이상화하는 경향이 있으며, 더 통제적인 환자들은 치료틀을 유연하게 협상하는 것에 어려움을 겪을 수 있다. 심지어 비교적 잘 적응한 NPO 환자들과 계약을 맺는 과정에서도 성격 방어가 활성화된다. 예를 들어, 연극성 환자는 눈에 띄게 따뜻하고 유연하고 매력적일 수 있다. 우울성 환자는 맞춰 주려 하고 환심을 사려 할 수 있다. 강박성 환자는 효율적이고 사무적일 수 있다.

계약 맺기 단계에서 치료자는 치료의 전제조건에 대한 치료자의 설명에 대한 반응으로 나타나는 전이 발달, 핵심 갈등 및 방어적 대상관계의 활성화에 주목하지만, 계약이 합의되고 치료가 정식으로 시작하기까지는 충분한 해석을 하는 것을 자제한다. 그 대신 치료자는 환자의 염려에 대해 일반적인 진술을 할 수 있는데, 환자가 치료의 지침 내에서 작업하는 것이 가능하다고 보는지에 초점을 둔다.

> **임상 예시 2** 해석을 피하면서 초기 전이 발달에 주목하기

D 씨는 편집적 특성을 가진 높은 BPO 환자인데, 치료에 온 것은 아내가 그의 가족관계, 직장동료와의 관계 문제를 다룰 것을 권했기 때문이다. 그는 치료자가 경제적인 이득을 위해서 주 2회씩 치료를 받으라고 한다고 말했다. 치료자는 D 씨의 염려를 인정하며 시작했다. "당신이 내 동기를 의심하는 것도 이해가 가요." 그러고는 주 2회 치료를 제안하는 임상적 근거를 설명했다. "내가 이것을 추천하는 이유는, 평가에 따르면 당신의 어려움에 대해서 더 깊이 이해하고 치료목표를 달성하기 위한 가장 효과적인 방법이기 때문입니다. 아마 그 문제를 주 1회 치료로 다루기는 훨씬 어려울 것입니다."

D 씨는 아무 말도 하지 않았고, 치료자가 이어서 말했다. "하지만 조금 덧붙인다면, 나는 당신의 이 불신 경향성이 치료에 오게 된 관계 문제와 관련이 될 것이라는 생각이 들어요. 만약 우리가 작업하는 것에 동의하면, 남을 믿는 것을 극도로 경계하는 것이 우리 치료에서 초점이 될 것이라는 건 의심의 여지가 없네요. 하지만 지금 난 당신이 주 2회의 TFP-E 치료를 하는 데 동의할 수 있는지, 아니면 주 1회 진행에 적합한 다른 형태의 치료를 고려하는 것이 나을지가 궁금합니다."

때로는 계약 맺기 단계에서 해석을 피한다는 원칙에는 예외가 필요하다. 특히 환자가 불안으로 인해서 계약을 거부하게 되거나, 치료를 시작하는 것에 대해 마음을 바꿀 때, 환자의 불안을 탐색하고 해석하는 것은 그러지 않았다면 치료를 받지 않았을 환자에게 치료를 받게 할 수도 있다. 이런 세팅에서, 치료자는 (환자에게서 활성화되고 있는 어떤 전이와 연결된) 불안을 해석해 볼 수 있으며, 이 과정을 통해 환자가 좀 더 성찰적이게 될 것이라는 기대를 할 수 있다.

> **임상 예시 3** 계약 맺기 단계에서 전이 불안을 초기에 해석하기

10대의 두 딸을 가진 중년 여성인 E 씨는 NPO 수준에서 기능하며 매우 자기비판적이었다. 그녀는 직업적인 야망에 대한 갈등을 느끼면서 직장에서 승진하는 것과 관련된 어려움을 호소했다. 환자는 치료자가 제시한 틀에 대해서 어떤 질문이나 명료화 요청도 없이 즉시 동의했고, 치료자도 다른 질문이나 탐색 없이 환자의 빠른 수용을 받아들였다. 다음 날 아침에 치료자는 E 씨가 전날 밤 늦게 보낸 음성 메일을 확인했는데, 치료가 '잘될 거라고' 생각

하지 않기 때문에 다음 치료시간을 취소하겠다는 내용이었다. 치료자는 환자에게 다시 전화를 걸어서 치료자가 어떻게 도울 수 있으며 어떻게 진행하는 것이 최선일지 논의하기 위해서 다시 올 것을 요청했다. E 씨는 동의하고 치료에 왔는데, 치료자가 제시하는 치료의 실행 계획을 들으면서 '너무 많이 전념해야 한다'고 느껴졌다고 설명했다. E 씨는 그때서야 자신이 무엇을 '해야 하는지' 알아차렸다는 것이었다.

치료자가 명료화를 했더니, 환자는 정기적으로 주 2회 치료 일정을 잡고 전념하는 것은 그녀가 딸들에게 필요한 만큼 시간을 쓸 수 없게 될 것이라고 생각했다는 것이 드러났다. 치료자는 E 씨의 염려를 파악한 후, 아이들을 희생시킬 때만 자신의 욕구를 충족시킬 수 있다는 환자의 잠재적인 생각을 지적하고, 이는 직장에서 승진하는 데 겪는 어려움의 일부일 가능성이 있다고 말했다. E 씨가 다소 조심스러운 태도를 유지했기 때문에, 치료자는 이어서 그녀가 치료자가 융통성이 없을 것이며 그녀의 일정을 배려하는 데 관심이 없을 것처럼—마치 복종적이고 자기희생적인 환자만 받아들일 것처럼—생각한 것 같다고 말했다.

이 지점에서 E 씨는 미소를 지었고 눈에 띄게 안심하는 것 같았다. 그녀는 치료자에게 남편이 집에 있을 저녁시간으로 치료시간을 잡을 수 있는지 물었다. 이것은 매우 성공적인 치료의 시작이었으며, 아이들에게 완전한 헌신을 해야 하는 어머니 표상과의 내적 협상과 연관되어 조직되었다.

치료틀 도입하기

치료틀 도입하기는 환자에게 치료계약의 보편적인 측면에 대해 개관하는 것을 포함하며, 먼저 환자의 책임을 설명하고, 치료자의 책임도 설명한다(〈표 8-4〉에 요약). 환자의 책임은 치료에 빠지지 않기, 정해진 치료시간의 틀 지키기, 치료비 제때 내기, 치료시간에 자유롭고 개방적으로 소통하기를 포함한다. 이에 상응하는 치료자 편의 책임은 치료에 빠지지 않기 및 치료일정 챙기기, 주의 깊게 경청하여 환자가 자기자각과 자기이해를 확장할 수 있도록 돕고, 자신이 관여하는 한계를 명확히 하는 것이다.

〈표 8-4〉 환자의 책임과 치료자의 책임

환자의 책임

　치료에 빠지지 않기

　치료비 제때 내기

　개방적이고 자유롭게 소통하기 위해 최대한 노력하기

치료자의 책임

　치료에 빠지지 않기 및 치료일정 챙기기

　주의 깊게 듣기

　환자가 자기자각 및 자기이해를 확장할 수 있도록 최대한 노력하기

　필요한 경우 치료자가 관여하는 한계를 명확히 하기

▶ 환자의 책임 소개하기

치료에 빠지지 않기. 　치료 참석에 대한 환자의 책임을 소개할 때, 치료자는 치료의 성과를 얻기 위해 치료에 빠지지 않고 참석하는 것의 중요성과 가치에 대해 전달한다. 환자의 책임을 소개할 때, 치료자는 이런 식으로 말할 수 있다.

　치료시간에 빠지지 않고 참석하는 것은 당신의 책임이며, 우리는 정해진 시간에 시작하고 마칠 것입니다. 만약 치료시간을 취소해야 한다면 가능한 일찍 알려 주세요. 일주일에 2번씩 치료를 받는 것이 너무 많다는 느낌이 들거나, 치료를 빠지고 싶은 마음이 들 수 있어요. 아마 기분이 좋지 않을 때나, 기분이 좋을 때 그럴 수 있습니다. 치료를 빠지고 싶거나, 횟수를 줄이고 싶은 유혹은 종종 치료에서 중요한 일이 일어나고 있다는 신호이고, 그것을 탐색하면 도움이 될 수 있어요. 그러니까 오고 싶지 않거나 불편하게 느껴지더라도 꼭 올 수 있도록 최선을 다하면 좋겠어요. 어떻게 생각해요?

　계약 맺기 단계에서 치료자가 제안하는 것에 환자가 동의하기 어려워할 때, 치료자는 치료가 이미 시작된 것처럼 환자의 반대나 두려움을 깊이 탐색하기보다는, 환자의 염려에 대해 일반적인 진술을 하고 다시 환자가 치료의 지침 내에서 작업할 수 있겠는지 초점을 맞춘다. 예를 들면, 이런 식이다.

　치료를 정해진 시간에 시작하고 끝낸다는 것이 어렵게 느껴지는 것 같네요. 이전 치료에서는 늦게 오면 시간을 연장하고, 무슨 일이 생겨서 정해진 시간에 오기가 어려울 때는 다시

시간을 조율하고 했던 것과는 상당히 다르죠. 내가 제안하는 것이 더 불편하다는 것을 이해해요. 이게 다양한 불편한 감정을 불러일으킬 수 있는데, 당신이 의식하고 있는 것도 있고, 어떤 것은 의식하기가 어려울 거예요. 우리가 같이 작업하기로 한다면 이 감정들은 중요해질 겁니다. 그리고 치료에서 그것들을 더 충분히 이해하기 위해 노력할 거예요. 하지만 지난 치료에서는 이런 것들이 깨졌다는 것을 알고 있어요. 당신 치료자가 말해 주었는데 당신은 시간이 지날수록 제시간에 오지 않았고, 치료를 자주 빠졌고, 결국 치료자는 당신이 일정을 자주 바꾸는 불편감을 다루기 어려웠다고 했어요. 이러한 이유 때문에 내가 제안하는 틀에서 작업할 수 있는지 당신이 잘 생각해 봤으면 합니다.

이런 종류의 논의는 환자가 치료에 빠지지 않고 오게 되는 경향성을 늘릴 뿐만 아니라, 치료가 시작된 후 환자가 계약을 지키기 어려워할 때 환자 행동의 의미를 탐색하는 장을 만들어 준다.

치료비 제때 내기. 치료를 시작하기 전에 환자는 치료비, 치료비를 내는 법, 치료비나 보험 처리에 대해 어떤 것을 기대하는지, 취소하거나 빠진 치료시간에 대해서는 비용을 어떻게 하는지에 대한 명확한 이해를 가져야 한다. 모든 치료자는 자기의 공식적인 지침을 세울 필요가 있으며, 이는 치료자가 초기의 역전이 저항으로 인해 예외를 만드는 경향성을 줄여 줄 것이다. 예를 들어, 치료자는 다음과 같이 말할 수 있다.

치료비는 회기당 150달러입니다. 매월 1일이나 가능한 빨리 청구서를 줄 테니, 중순까지는 지불해 주세요. 매주 2번의 치료를 예약해 둘 것이고, 만약 치료시간을 취소해야 한다면 적어도 48시간 전에는 알려 주길 바랍니다.

치료자는 치료비와 비용을 내는 절차에 대해서 분명하고 당당하게 전달하는 것을 충분히 편안하게 느껴야 하는데, 이는 치료자의 시간과 노력, 전문성이 가치 있다는 것을 암시적으로 전달하게 된다. 젊거나 경험이 부족한 치료자들에게는 어려울 수 있는데, 자신이 제공해야 하는 것에 대해 자신감이 부족한 경우 그렇다. BPO 환자의 경우에는 특히 환자가 어떤 특정한 성과에 대해서가 아니라 치료자의 시간과 노력에 대해 비용을 내는 것임을 치료자가 기억하는 것이 중요하다. 환자는 치료에서 이득을 얻었거나 이득이 없었다는 이유로 치료자에게 금전적으로 보상할 수도 없고 벌줄 수도 없다.

일단 치료틀과 계약이 자리잡고 치료가 공식적으로 시작하게 되면, 치료 성과에 대한 치료자의 투자 및 치료 비용에 대한 환자의 생각과 태도는 전이 함의에서 탐색될 수 있을 것이다.

G 씨는 잘 기능하는 자기애적인 환자인데, 예비치료에서 그녀를 만난 치료자는 여러 가지로 흥미를 느꼈다. 환자는 돈은 '문제가 아니'지만 '단기적인 현금 흐름에 문제'가 있다고 설명했다. 치료자는 환자에게 압박감을 주는 것이 꺼려져서, 매월 중순까지 치료비를 내도록 하는 평소의 지침에 대해서 말하는 것을 보류했다.

이어지는 몇 달 동안, G 씨는 미안해하면서 반복적으로 치료비 내기를 미루었고, 치료자에게 다음 달에는 꼭 낼 것이라고 했다. 처음에 치료자는 치료비를 내라고 하는 것에 대해 죄책감을 느꼈다. 결국 환자는 예상된 문제를 드러냈고, 치료자는 치료비를 언제 내야 하는지 공식적으로 말하지 못했다. 치료가 시작된 지 몇 달이 지나서 이제 와서 지침을 말하는 것이 불편하게 느껴졌다. G 씨가 4개월째 치료비를 내지 않았고 치료자에게 상당한 빚을 지게 됐으며, 환자가 그것을 갚을 수 있을지도 불분명할 때, 치료자는 환자의 치료비와 관련해서 짜증이 나고 주의가 분산되는 것을 알아차렸다. 치료자는 악화될 것이 뻔한 상황에서 함정에 빠진 기분이었다. 그리고 G 씨는 갑자기 치료비를 감당할 수 없고, 치료자에게 진 빚을 갚을 수도 없다고 하면서 치료를 그만둬 버렸다.

만약 치료자가 계약 맺기 단계에서 지침을 소개했다면, 상황은 다르게 흘러갔을 것이다. 환자는 진지하게 자신이 비용을 감당할 수 있을지 생각해 봐야 했을 것이다. 만약 실제로 그녀가 치료비를 감당할 수 없다면, 이에 대해 대안적인 계획을 세울 수도 있었다. 만약 치료비를 감당할 수 있다면, 현금 흐름 문제가 있는 상황에서 치료비를 정기적으로 내기 위해 필요한 것들을 조율하고 논의할 기회가 있었을 것이다. 일찍이 계획을 세웠다면, 어떤 달에 환자가 치료비를 늦게 내더라도, 치료자는 그들이 동의한 대로 환자가 치료비를 낼 것인지 확인하기 위해서 초기 논의와 그녀의 계획에 대해서 편안하고 중립적으로 언급할 수 있을 것이다.

치료자가 환자에게서 돈을 뜯어내려 한다는 느낌을 받으며 불편한 논의를 하거나 치료자의 중립적 자세를 이탈하여 치료를 지속하기 위한 자금을 마련하도록 격려하거나,

또는 더 큰 협상을 하기 위해 논의하는 것을 피하기보다는, 치료자는 환자의 명백한 심경 변화를 지적하고, 환자가 합의한 내용에서 이탈한 것과 관련된 동기를 탐색할 수 있을 것이다. 치료를 시작하기 전에 치료비와 관련해 계약할 때, 본질적으로 치료자는 환자가 내적 갈등을 관찰하도록 돕는 위치에 있는 것이다. 환자와 치료자 간의 갈등을 탐색하기보다는 환자 내면에서 치료를 받고 싶고 치료비를 정기적으로 내는 것에 동의하는 부분과 치료를 지속할 기회를 방해하는 부분 간의 내적 갈등에 대해서 말이다. 이 이슈는 치료비 그 자체에 대한 문제라기보다는 치료계약을 지키는 것, 치료를 지속하는 것과 방해하는 것의 문제로 볼 수 있다. 먼저, 환자가 치료비를 내거나 내지 않는 것이 어떤 의미인지 살펴본 후 환자가 치료를 시작하기 전에 분명히 이해한 대로 치료비를 내지 않거나, 앞으로 치료비를 내는 것에 합의하지 않는다면 치료가 진행될 수 없다는 현실을 다룬다.

> **임상 예시 4(계속)**　**치료비와 관련해 재계약하기**

　　G 씨는 급작스러운 중단 이후 몇 달 후에 돌아와서 치료비와 관련해서 재계약하는 것에 동의했다. G 씨가 처음으로 치료비를 제때 냈을 때, 이전의 치료비 미지급에서 상연되기도 하고 감춰지기도 했던 역동이 분명하게 드러났다. 환자는 자신에게만 어떤 예외가 있을 거라고 기대했고 치료를 받기 위해서 경제적 희생을 감수해야 하는 것을 어렵게 느꼈다. 이렇게 밝혀진 사실의 기저에는 치료자를 평가절하하고 통제하고자 하는 숨겨진 동기가 있다. 이는 G 씨의 치료에서 단순히 상연되기보다는 성공적으로 깊이 탐색된 핵심 역동이자 전이가 되었다. G 씨가 돌아왔을 때 치료자가 계약 맺기에 초점을 두었기 때문에 이런 탐색이 이루어질 수 있는 세팅이 만들어졌다.

개방적이고 자유롭게 소통하기.　치료자와 환자가 치료의 구체적인 실행계획에 대해서 일단 합의점을 찾게 되면, 치료자는 환자에게 질문하도록 장려하며, 만약 아직 설명하지 않았다면 치료틀의 근거에 대해서도 설명한다. 이런 접근은 협력적인 분위기를 조성하고 치료자의 접근이 자의적인 것이 아님을 전달한다. 환자가 치료의 합의에 대해서 동의한다면, 치료자는 매 치료시간에 치료자와 환자가 어떻게 함께 작업할 것인지, 각자에게 책임이 있는 구체적인 과제들에 대해서 설명한다.

　　성격장애 환자들은 치료를 받으러 올 때 온갖 종류의 기대를 한다. 어느 정도는 이전의 개인적인 경험에 근거하고, 한편으로는 매체 또는 다른 외적인 영향에 근거하는데 대부분은 방어의 직접적인 표현이다. 예를 들어, 마법 같은 보살핌에 대한 소망, 무조건적으로 사랑받고 아껴 주길 바라는 소망, 통제당하고 모욕당하고 착취당하는 것에 대한 두려움, 또는 기억의 회복 또는 완벽한 통찰이 환자의 모든 어려움을 해결해 줄 것이라는 기대가 있을 수 있다.

환자가 얼마나 '치료경험을 했든' 상관없이, 환자는 심리치료가 무엇인지 현실적인 이해가 없을 것이라고 가정하는 것이 최선이다. 나아가서 환자에게 치료가 어떻게 작용하는지, 환자의 역할은 무엇인지, 치료자의 역할은 무엇인지 설명하는 것은 치료동맹의 발달을 위한 토대가 된다. 이는 환자가 개방적이고 자유롭게 소통하는 데 겪는 어려움의 의미를 치료자가 궁극적으로 탐색하고 해석하는 데도 도움이 된다.

모든 치료자는 치료에서 환자와 치료자의 역할을 소개하는 자기만의 방식을 개발해야 한다. 예를 들어, 치료자는 이렇게 말할 수 있다.

> 치료시간에 당신의 역할은 마음속에 떠오르는 것이면 무엇이든 가능한 개방적이고 자유롭게 이야기하는 거예요. 치료에 오게 된 어려움과 관련해서 특히 주의를 기울이면서요. 난 당신이 여기에 있는 동안 생각하고, 느끼고, 행동하는 어떤 것에든 관심이 있어요. 당신의 생각과 감정을 개방적으로 표현하는 것은 어려운 과제일 수 있기 때문에, 나도 도울 수 있는 한 도울 거예요. 이런 식으로 작업하기를 제안하는 이유는 그것이 당신이 여기에 오게 된 어려움 기저에 있는 생각, 감정, 행동을 이해하기 위한 내가 아는 가장 좋은 방법이기 때문입니다.
>
> 때로는 치료시간에 떠오른 생각이 중요하지 않은 것 같거나 창피하게 느껴질 수도 있지만, 그렇다고 해도 이야기하기를 권합니다. 비슷하게 당신이 만약 나에 대한 생각이나 궁금한 게 생긴다면, 그것들이 일상적인 사회적 관계에서는 이야기하지 않을 만한 내용이더라도 이야기했으면 해요. 당신이 치료시간에 올 때와 갈 때 떠오르는 생각도 탐색하는 데 도움이 됩니다.[2] 어떤 때는 말을 시작하는 것이 불편할 수도 있고, 말하는 것을 유보하고 싶은 유혹을 느낄 수도 있고, 무슨 말을 해야 할지 모를 수도 있어요. 사실 그건 이상한 일이 아닙니다. 어떤 것이든 여기서 당신의 생각을 그리고 개방적이고 자유롭게 소통하는 것을 방해하는 것을 이해하는 것이 치료의 중요한 부분이고, 우리가 당신의 어려움을 더 잘 이해할 수 있도록

---

2) NPO 환자들에게 꿈이나 공상에 대해서 다루는 것은 잠재적인 가치가 있다. BPO 환자 치료에서 꿈 작업은 일반적으로 치료의 후기 단계까지 특별한 가치가 없다. 추가적인 논의를 위해 제13장을 참조하라.

도울 거예요.

충동적인 또는 자기파괴적 행동의 이력을 가진 환자들의 경우 (이 장의 이후에 나오는 '행동을 예측하고 조절하기 위해 치료틀 도입하기', '특수한 행동, 보조적 치료, 약물치료와 관련하여 계약 맺기' 참조) 치료자는 이렇게 덧붙일 수 있다.

치료시간에 자유롭게 말한다는 일반적인 규칙이 있지만, 만약 당신 삶에서 당신이나 다른 사람들을 해칠 위험이 있거나, 치료를 지속하기 어렵게 하는 일이 일어나고 있다면, 당신은 그 얘기를 해야 합니다. 예를 들어, 만약 당신이 주말 사이에 성적인 행동문제가 있었거나, 직장에서 문제가 생겨서 일을 그만둘 위험에 처했다면, 그다음 치료시간이 시작될 때 우선 그 문제부터 이야기하는 게 중요해요.

▶ **치료자의 책임 소개하기**

치료자의 핵심적인 책임은 환자가 더 자기자각을 할 수 있고, 환자의 문제를 해결하는 것을 돕기 위해서 환자 자신, 그의 성격, 어려움에 대해 더 충분히 이해할 수 있도록 돕는 것이다. 치료자의 다른 책임에는 일정 잡기, 탐색적인 치료를 위해서 치료자의 관여에 한계를 두기, 비밀 보장하기 등이 포함된다. 치료자의 책임을 명시적으로 분명하게 표현하는 것은 치료과정의 협력적 특성과 치료에서 환자와 치료자 둘 다 능동적인 참여자라는 현실을 전달한다.

치료에 빠지지 않기 및 치료일정 챙기기. 치료자는 환자와 일정을 잡기 위한 절차를 논의하고, 환자에게 정해진 일정 또는 어떤 예상치 못한 취소에 대해서 알린다. 이렇게 말할 수 있다.

우리는 일주일에 두 번, 서로 시간이 맞는 날에 만날 거예요. 치료시간은 매번 45분씩 진행됩니다. 내가 사무실을 비울 계획이 있으면 한 달 전에 미리 알릴 거예요. 만약 내 사정으로 치료시간을 취소하게 된다면, 그 주에 내가 사무실에 있을 때 다시 일정을 잡도록 최선을 다할게요. 응급하게 취소해야 할 때는 당신의 휴대전화 번호로 전화할게요. 당신과 일주일에 2번씩 정기적으로 작업하는 것을 약속해요.

주의 깊게 듣고 자기자각 및 자기이해를 확장하도록 돕기. 치료자가 치료에서 자신의 역할에 대해 설명하는 것은 환자가 치료의 특성과 치료시간에 무엇이 일어나는지 일반적인 이해를 하도록 돕는 과정의 일부이다. 치료자의 역할에 대한 설명은 주의 깊게 듣고, 환자가 더 깊은 수준의 자기이해를 하도록 기여하는 것에 초점을 둘 것이다. 무엇보다 중요한 목적은 환자가 치료에 오게 된 어려움에서 의식하지 못하고 있는 행동, 동기, 생각, 감정에 대해 더 많이 자각할 수 있도록 돕는 것이다. 더불어 치료자는 자신이 말할 때를 어떻게 정하는지, 비밀보장의 특성, 치료자 관여의 한계에 대해서도 설명한다. 예를 들어, 치료자는 이런 식으로 말할 수 있다.

내 책임은 당신이 하는 말을 주의 깊게 듣고, 내 생각을 나누는 거예요. 당신의 어려움에 기저하는 생각, 감정, 행동의 패턴을 더 깊이 이해하도록 도울 수 있는 무언가가 있다고 느낄 때 말이에요. 어떤 때는 많이 말할 수도 있고, 어떤 때는 비교적 말이 없을 거예요. 어떤 때는 당신 질문에 대답하지 않을 수도 있어요. 그건 무례하게 하거나 당신의 호기심을 막으려는 게 아니라, 당신의 질문 뒤에 있는 생각과 감정에 초점을 맞추려는 거예요. 비슷하게 당신이 내 조언이나 지도를 원하는 경우도 있을 수 있어요. 그건 자연스러운 현상이지만, 우리가 시작하려는 형태의 치료는 당신이 스스로 생각하고 스스로 결정을 내릴 수 있는 능력을 키우기 위한 것입니다. 내 역할은 당신에게 어떻게 하라고 말해 주는 것이기보다는, 당신이 무엇을 원하는지, 원하는 것과 관련해서 어떤 갈등이 있는지 이해하도록 돕는 것입니다. 당신이 여기서 나에게 말하는 모든 것은 비밀이 보장된다는 점을 강조하고 싶어요. 우리가 여기서 말하는 것은 우리 사이의 사적인 문제입니다. 나는 우리가 여기서 먼저 논의하고 동의하기 전에는 제3자에게 어떤 정보도 주지 않을 거예요. 그 경우에 난 당신에게 정보 공개를 위해 서면으로 승인을 요청할 거예요. 내 얘기에 대해서 궁금한 점이 있나요?

자살시도 또는 다른 파괴적인 행동의 이력이 있는 환자들에게, 치료자는 이렇게 덧붙일 수 있다.

비밀보장의 규칙에 대해서 유일한 예외는 당신이 자기 자신이나 다른 사람의 생명을 위험하게 하는 경우예요. 그런 경우에 난 당신이나 관련된 누구든 보호하기 위해서 할 수 있는 모든 조치를 취할 의무가 있어요.

치료자가 관여하는 한계를 명확히 하기. 환자의 개인력과 호소문제에 따라서, 치료자는 환자에 대해 관여하는 한계를 보다 명확하게 설명하기를 원할 수 있다―구체적으로, 응급상황을 제외하면 치료는 정해진 치료시간 동안 사무실 세팅에서 언어적 상호작용으로만 이루어진다. NPO 환자 대부분은 전문적 관계에서의 이러한 지침들을 당연하게 받아들이기 때문에 일반적으로 이런 설명이 필요하지 않지만, 몇몇 BPO 환자에게는 매우 중요하다. 치료자에게 전화로 도움을 요청하고 의존했던 이전 치료경험이 있거나 경계가 명확하지 않은 경우에 특히 그렇다.

치료자는 전화통화를 제한하는 근거에 대해 설명해야 한다. 이것은 단지 치료자가 방해받고 싶지 않기 때문이 아니라, 치료가 어떻게 작용하는지와 본질적으로 관련되는 지침이라는 것이다. 예를 들어, 치료자는 이런 식으로 설명할 수 있다.

이런 형태의 치료에서 우리가 하는 일은 일정하게 정해진 치료시간에, 우리가 동의한 시간틀 안에서 이루어집니다. 당신의 이전 치료와 다르다는 걸 알아요. 그때는 당신이 저녁이나 주말에 괴로움을 느끼면 의사에게 전화를 하는 것이 일상적이었죠. 그게 어느 정도는 도움이 되었겠지만, 당신이 지금 여기 와 있는 것은 이전의 치료가 어떤 수준 이상으로 도움을 주기 어렵다고 느껴서일 것 같아요. 일반적으로 내가 제안하는 치료는 당신과 전화로 통화하면서 지지해 주거나, 심지어 치료시간에도 당신을 지지하는 식으로 항상 즉각적인 안심을 주는 것은 아닙니다. 사실 만약 내가 지지를 해 주거나 코칭을 해 주는 역할을 한다면, 그게 전화이든 대면이든, 치료에서 당신이 장기목표를 달성하도록 가장 잘 돕는 것을 방해하게 될 거예요. 당신 내면에서 무슨 일이 일어나는지 생각하고 조절하도록 돕는 것, 당신이 세상에서 독립적이고 적응적으로 잘 기능하도록 돕는 것, 그리고 당신이 자신에게 좋은 결정을 내릴 수 있도록 자신에 대한 새로운 지식을 활용하게 돕는 것들이요. 그렇긴 하지만 당신이 치료시간이 아닐 때 나에게 연락을 하고 싶어질 수도 있다는 것을 이해합니다. 치료시간을 마치고 괴로운 감정을 느끼는 경우도 있을 거예요. 우리는 당신이 이런 종류의 치료를 받고 싶은 동기가 있는지 잘 고려해 볼 필요가 있어요. 만약 그렇다면 당신이 괴로움을 느끼는 순간에 그런 감정을 잘 다루기 위해서 무엇이 도움이 되는지 생각해 봅시다. 그리고 당신 내면에서 삶에서 활용할 수 있는 자원이 뭐가 있는지 생각해 봐요. 예를 들어, 당신은 DBT 기술을 활용하거나, 친구에게 전화를 걸거나, 나가서 달리기를 하거나, 모임에 가거나, 책을 읽거나 하면서 그 상황을 다룰 수 있습니다.

제3절
치료계약의 개별화된 요소

계약 맺기 단계의 목표는 치료를 위한 최소한의 제한적인 틀을 수립하는 것이다. 최소한일 때, 이 단계는 치료목표, 실행 계획, 그리고 환자와 치료자의 역할에 초점을 두는 치료틀 수립을 포함한다. 대부분의 NPO 환자와 많은 BPO 환자에게, 이 장의 제2절에서 개관한 치료의 보편적 지침은 환자의 갈등적 대상관계가 펼쳐지기에 안전한 구조를 만들기에 충분할 것이다. 이러한 환자들에게 있어서 계약은 치료틀을 수립하고 치료를 조직하며, 환자와 치료자가 합의된 치료약속으로부터의 이탈이 갖는 의미를 탐색할 수 있도록—그리고 필요하다면 한계를 설정하도록—한다. 여기에 해당하는 이탈은 치료시간을 잘 지키지 않는 것, 치료비를 늦게 내는 것, 만성적으로 지각하는 것, 치료시간에 충분히 자유롭게 소통하며 참여하지 못하는 것 등이다.

반면에 동반이환을 갖는(예를 들어, 물질 오용, 섭식장애, 또는 만성적인 질병) 상당수의 성격장애 환자, 그리고 행동이 명백하게 파괴적이거나, 질병으로부터 중요한 이차 이득을 얻고 있는 더 심한 병리의 환자를 치료할 때, 치료자는 치료를 수행하고, TFP-E의 구조 안에서 파괴적인 행동을 다루고 탐색할 수 있기 위해서 추가적인 합의를 도입할 필요가 있을 것이다. 또한 만약 TFP-E 치료자가 정신과적 약물을 처방한다면, TFP-E의 구조 안에서 약물 관리를 어떻게 다룰 것인지에 대한 동의도 치료틀의 일부로서 도입된다.

치료계약에 특정 변형기법이 필요한 흔한 행동들

다양한 여러 행동으로 인해 치료계약에 특정 변형기법이 필요할 수 있다. 가장 명백한 것은 환자 행동을 통제하고자 치료자가 직접 개입해야 할 정도로 위험한 자기파괴적 행동들인데, 이는 탐색적 작업을 대체하고 잠재적으로 불가능하게 한다. 예를 들어, 자살시도 및 시늉, 긋기(모두 경계선 성격장애 환자들에게서 가장 흔히 나타난다), 무모한 운전 또는 음주운전, 위험한 성관계, 법에 저촉되는 행동들이 포함된다. 다양한 형태의 물질 오용, 섭식장애 증상도 여기에 해당한다.

잠재적으로 생명을 위협하는 의학적 또는 정신과적 만성장애가 있는 환자들이 해당

치료에 따르지 않은 이력이 있다면, TFP-E 치료의 전제조건으로 약물 관리 준수 역시 계약에 포함될 수 있다. 이처럼 명백하지는 않지만 마찬가지로 문제가 되는 것은 환자의 변화 동기를 방해하기에 충분히 만족스러운 행동들이다—예를 들면, 가족 또는 사회복지를 통해서 재정적 지원을 받으며 수동적이고 기생적인 생활을 하는 것, 또는 질병을 이용해서 가족이나 다른 사회적 지원 혹은 치료자를 통제하는 것, 마지막으로 이전 치료에서 만성적이고 방해가 되는 저항으로 기능했던 행동들도 종종 특수한 지침을 필요로 할 것이다.

일반적 원칙: 치료계약에 특정 변형기법 도입하기

계약 맺기 단계 동안, 치료자는 TFP-E 계약에 개별화된 요소를 도입해야 하는 특정한 행동과 관련해 다음 단계를 수행한다.

① 주의 깊은 평가 및 개인력 탐색을 통해서 특정 변형기법이 필요한 행동을 확인한다(다음에 나오는 '치료계약에 특정 변형기법이 필요한 행동 확인하기' 부분 참조).
② 환자와 함께 이러한 행동을 예측하고 관리하기 위한 틀을 도입한다—이는 환자가 그 행동에 책임을 지게 하고 치료자가 환자의 행동을 통제할 필요가 없도록 하는 것이다 ('행동을 예측하고 조절하기 위해 치료틀 도입하기' 부분 참조).
③ 환자와 함께 과도한 이차 이득이 있는 삶의 상황을 없애고, 환자가 고용되어 일하거나 구조화된 활동에 참여할 것을 보장한다('사회적 의존, 이차 이득, 구조화된 활동의 중요성 다루기' 부분 참조).
④ 계약 맺기 단계 동안 환자 가족 또는 중요한 타인을 환자와 함께 만나는 자리를 갖는 것도 고려한다('제3자를 개입시키기' 부분 참조).

치료계약에 특정 변형기법이 필요한 행동 확인하기

자기파괴적이거나 위험한 행동, 물질오용, 섭식장애, 주요한 질병 또는 정신질환의 현재 또는 과거력은—어느 것이라도 특정 변형기법이 필요한 것이라면—예비치료의 일부로서 확인되고 신중하게 평가될 것이다. 치료자는 치료계약을 협상할 때 이러한 행동의 관리에 대해 잠재적인 위협의 맥락에서 논의할 것이다. 특정한 행동이 치료에 위협이 되거나 지나치게 방해될 가능성이 있는지 알 수 있는 가장 좋은 지표는 이전 치료에서의 환자의 행동과 평가 및 계약 맺기 단계 동안 현재 임상가에 대한 환자의 행동이다. 방해가 되는 행동을 보이는 경향이 있는 환자들은—만성적으로 치료에 빠지기, 지속적으로 늦기, 치료자를 전화로 괴롭히기, 합당한 방식으로 치료비를 지불하지 않기, 치료시간이 끝나도 떠나지 않기 등—종종 이러한 행동을 평가 및 계약 맺기 단계에서부터 드러낸다. 마찬가지로 이전 치료에서 방해가 되었던 행동들은 그다음 치료에서도 나타날 가능성이 매우 높다.

▶ 이전 치료자와 이야기하기

성격장애 환자와 계약 맺기 단계를 시작하기 전에, 치료자는 환자의 이전 치료에 대한 명확한 관점을 가질 필요가 있다. 여기에는 무엇 때문에 환자가 치료에서 벗어나고 싶었는지, 치료를 통해 성취할 수 있었다고 느끼는 것은 무엇인지, 환자는 치료자를 어떻게 봤는지, 치료가 어떻게 끝났으며, 환자가 치료의 종결에 적극적인 역할을 했는지, 치료에서 나타난 주된 문제가 무엇이었는지, 환자가 이번 치료에서는 뭔가 다르게 할 것이라고 생각하고 있는지 등이 모두 포함된다. 계약 단계의 일부로서 이전 치료자와 대화를 나누어도 되는지 허락을 구하고, 그 대화를 통해 발생하는 어떤 염려에 대해서든 환자와 공유하는 것이 중요하다. 만약 환자가 이전 치료자와 연락하는 것을 허락하지 않는다면 그 문제가 해결될 때까지는 진행하지 않는 것이 최선이다.

행동을 예측하고 조절하기 위해 치료틀 도입하기

▶ 치료를 방해하는 행동과 관련하여 계약 맺기

특정한 행동 혹은 이차 이득의 원천에 대해서 계약을 맺을 것인지, 어떻게 계약할 것인지를 정할 때, 치료자는 한편으로는 가능한 한 제약을 두지 않는 이상적인 방식을 고려하고, 다른 한편으로는 고려하고 있는 행동에 대해 특정한 계획 또는 안전장치가 없는 상태에서 치료를 진행하는 것이 불합리할 정도로 충분히 심각하거나 방해되는지 고려한다. 이러한 결정은 행동의 위험성, 그 행동이 치료를 잠재적으로 방해하는지 (치료자가 환자의 이야기를 자유롭게 듣고, 정서적으로 가용하고, 중립적 자세를 유지할 수 있는 역량을 어느 정도 방해할 것 같은지를 포함하여), 환자가 바뀌어야 하는 진정한 동기가 무엇이든 그보다 그 행동이 더 중요한지 등을 반영한다.

만약 계약 맺기 단계 동안 치료자가 치료에 잠재적 위협이 되는 행동을 확인한다면, 다음 순서는 이를 환자와 공유하는 것이다. 임상 예시 5~8에서 보여 주듯이, 치료자는 문제행동에 주의를 환기시키고, 그것이 치료에 잠재적 위협이 된다는 염려를 공유하며, 왜 그 행동이 TFP-E와 양립할 수 없는지 근거를 설명한다. 그 목적은 환자의 이성에 호소하는 동시에, 치료자가 판단적이거나 자의적인 것이 아님을 설명하기 위한 것이다. **치료자는 그 이슈가 환자의 행동에 대한 치료자의 개인적인 태도가 아니라, TFP-E의 치료틀 내에서 문제를 부과할 수 있는 행동에 대한 치료자의 평가라는 것을 전달한다.**

치료자는 자신의 염려와 근거를 공유한 후 환자의 반응을 듣는다. 만약 환자가 수용적이거나 궁금해한다면, 치료자는 파괴적인 행동을 제한하는 구체적인 계획을 환자가 제안하도록 할 수도 있고, 또는 치료자가 환자에게 계획을 제안하는 더 적극적인 역할을 할 수도 있다. 어느 경우든 치료자와 환자는 치료 내에서 확인된 행동을 관리하는 방법의 세부사항을 논의하며, 이는 두 사람이 치료의 최소조건을 대표하는 명확하게 기술된 계획에 합의하거나 또는 합의하는 것이 불가능하다는 결론을 내릴 때까지 진행된다.

임상 예시 5 ▶ **치료에 방해가 되는 행동을 확인하고 계약 맺기**

높은 BPO 환자인 K 씨는 이전에 긴 치료를 받았고 이후 몇 년 만에 예비치료를 받으러 왔다. 그녀는 가학피학적 특성을 가진 자기애성 성격장애로 진단받은 45세 가정주부였다. 환자는 처음에는 치료에 대해서 기대를 했지만 결국 실망하게 되었다고 했다. 그녀는 약 10년 전에 치료를 받았던 것과 동일한 대인관계 문제로 여전히 괴로웠다.

K 씨는 그녀의 이전 치료와 치료자인 A 박사에 대해서 단조롭고 모호하게 기술했다. 환자는 TFP-E 예비치료를 한 P 박사에게 A 박사와 연락해도 된다고 했다. P 박사는 A 박사와 통화했을 때, 환자가 그와 치료를 받았던 기간 동안 내내, 최소 5분씩 (보통 10분) 계속해서 치료시간에 늦곤 했다는 사실을 알게 됐다. A 박사는 이 행동에 문제를 제기했지만, K 씨는 계속해서 지각했다. A 박사는 결국 그것이 '환자가 할 수 있는 최선'이라고 생각하고, 치료를 아예 하지 않는 것보다는 짧게라도 치료를 하는 게 낫다고 결론을 내렸다고 P 박사에게 설명했다.

K 씨는 P 박사와의 다음 치료시간에 몇 분 늦게 왔고, P 박사는 환자가 이전 치료에서 계속해서 지각했던 문제에 대해서 꺼냈다. 환자는 그게 대수롭지 않은 일이며 치료시간이 종종 '지루하고, 도움이 안 됐다'고 하면서 무시했다.

P 박사는 K 씨에게 지각이 그녀에게는 중요하게 여겨지지 않는 것을 이해하지만, 그의 관점에서는 비록 몇 분밖에 안 된다고 해도 만성적인 지각은 매우 중요했고, 그의 판단으로는 그로 인해 이전 치료에서 실망스러운 결과를 얻었을 가능성이 높다고 설명했다. P 박사는 환자가 치료에 계속 늦게 옴으로써 치료에 대한 중요한 감정을 피했을 것 같다고 말했다. 만약 환자가 P 박사와 함께 작업한다면 새로운 치료에서는 어떻게 그러한 감정을 가져올 것인지 알아내는 것이 중요한 목표가 될 것이다.

이어서 P 박사는 만약 K 씨가 그녀의 행동을 고치고 제시간에 치료에 참석할 수 없다면, 치료는 또다시 실패할 것으로 예상되며, 이런 조건에서 치료를 시작하는 것에 대해서는 의구심을 느낀다는 것을 공유했다. P 박사는 일관되게 제시간에 도착할 것을 치료조건으로서 제안했다. 환자는 동의했고, 치료는 시작되었다.

K 씨는 다음 치료시간에 또다시 몇 분 늦게 왔다. P 박사는 환자가 늦은 것을 우선순위 주제로 확인했고, 어떻게 최근에 그렇게 논의하자마자 또 늦을 수 있는지 탐색했다. 환자가 이를 무시하자 P 박사는 그들이 논의하고 동의한 것을 상기시키며, 그녀의 행동이 호기심을 준다고 했다. 그는 환자의 계속되는 지각이 치료의 효과를 방해할 것이라는 점을 분명히 말했다. 이 명료화에 대해서 그녀는 이 치료시간에 지각한 것을 어떻게 이해했을까? K 씨는 분노의 섬광을 눈에 띄게 드러냈지만 이를 부인하고 자세히 말하지 않았으며, 앞으로는 제시간에 오겠다고 간단히 말했다.

K 씨는 다음 치료시간에는 제때 왔다. 그녀의 태도는 처음에는 감정을 억누르는 것 같았다가 점차 조심스러워졌다. 치료자를 대하는 태도를 탐색하자, 환자는 P 박사가 자신을 좌절시키거나 모욕하려는 숨은 의도를 갖고 '데리고 노는', 통제적이고 신뢰할 수 없는 사람이라고 경험하는 것을 자세히 설명하게 되었다. 이전 치료에서는 분열되고, 역할이 반전되어 상연되었던 이 정동적으로 부하된 편집 전이를 확인하고 탐색하는 것은, 환자의 대인관계 문제를 마침내 이해하고 궁극적으로 해결하기 위한 첫걸음이었다.

이 예시는 특정한 형태의 행동화를 통제하는 것의 중요성을 보여 준다—환자의 행동 그 자체를 고치기 위한 목적이 아니라, 그러한 행동이 치료에서 갈등적인 대상관계가 전개되는 것에 대해 방어적인 역할을 하기 때문이다.[3] 이 예시에서 환자의 행동은 위험하지도 않고 명백하게 방해가 되지도 않았음에도 불구하고, K 씨가 치료와 전이에서 병인

---

3) 심리역동적 언어로, 이 환자의 지각은 전이 저항으로서의 행동화라는 용어로 기술될 수 있다—즉, 편집 전이의 출연을 방어하는(저항하는) 환자의 행동(행동화).

적 대상관계를 경험하지 않도록 보호함으로써 치료의 성공적인 결과를 위협했다. 환자가 늦게 오는 한, 그녀는 치료자가 자신을 통제하고, 잠재적으로 좌절시키고 모욕한다는 느낌을 피할 수 있다. 이 예시에서 제시간에 치료에 오는 것에 대해 계약하는 것은 성공적인 결과와 또 다른 치료 실패를 구분짓는다.

이 예시는 또한 이전 치료에서 나타났던 문제, 특히 치료에 방해가 되었거나 오래 동반되었던 문제에 대해 명확한 이해의 필요성과 가치를 보여 준다. 과거의 실패가 이전 치료자 또는 치료접근의 한계 때문이라고 생각하는 것이 유혹적일 수 있지만, 대개는 환자 성격병리의 본질을 반영하는 것이기도 하다. 같은 행동이 곧 시작되는 새로운 치료에도 위협이 될 것이라고 예상하며 치료계약을 구조화하는 것이 바람직하다. 치료계약이 과거의 문제를 설명하고, 치료를 보호하기 위해 구조화하지 못한다면, 역사는 되풀이될 가능성이 있다.

▶ 파괴적인 행동과 관련하여 계약 맺기

성격장애를 가진 몇몇 환자는 불안 및 우울을 관리하거나 감정 상태를 조절하기 위해 파괴적인 행동에 의존할 수 있다—예를 들어, 가벼운 긋기, 주기적인 폭식과 보상행동, 물질 오용, 모르는 사람과의 성관계. 이러한 환자 중 일부는 치료에 동기부여가 될 수 있지만, 처음부터 이러한 행동을 완전히 포기하겠다고 동의하기는 어려울 수 있다. 이러한 행동이 장기간 지속된다면 TFP-E 치료를 방해할 수 있지만, 치료를 시작하지 못할 정도로 충분히 위험하거나 심각하게 걱정되는 것은 아닐 수 있다. 치료자는 그 행동이 치료에 부과하는 위험에 대한 염려를 환자와 공유하고, 치료의 초기 단계 동안 환자가 파괴적인 행동을 포기하겠다는 목표를 설정할 만큼 동기가 부여되었는지 확인할 수 있다.

이러한 환자들과 계약을 맺을 때(또는 이러한 개인들과 재계약할 때), 치료의 제약 안에 행동을 관리하기 위한 계획을 통합하는 것이 필수인데, 동시에 환자가 TFP-E 치료자와 작업하면서 기저의 성격병리를 다루고 그 행동의 계기와 동기, 의미를 확인하는 것이다. 이 접근이 도움이 되려면, 환자가 치료자 또는 환자의 가족에게서 얻을 수 있는 이차 이득은 어떤 것이든지 다루어져야 한다—예를 들어, 파괴적인 행동을 해도 치료자를 추가로 만나지 못하며, 가족을 통제하지도 못한다는 것이 보장되어야 한다.

나아가서 환자는 이 행동이 장기적으로는 TFP-E와 양립할 수 없으며 궁극적으로는 치료의 실패를 보장한다는 점을 이해해야 한다. 따라서 환자는 TFP-E가 시범적으로 시작되며 합의된 기간 안에 자신의 행동을 통제하여 치료를 활용할 수 있을지 지켜볼 것을 합의하며 치료를 시작한다. 치료 초기 몇 개월 동안 환자가 확인된 행동을 포기하지 못한다면—또는 최소한 현저하게 감소시키지 못한다면—TFP-E를 중단하고 행동지향 접근으로 전환하는 것을 권한다.

임상 예시 6 **고위험 행동과 관련하여 계약 맺기**

성격장애 치료 전문가인 M 박사는 A 박사의 연락을 받았는데, A 박사는 그가 치료하던 환자를 M 박사에게 의뢰할 수 있는지 물었다. O 박사는 38세의 미혼 남성으로 대인관계 문제를 호소하는 내과 의사였다. M 박사는 이 환자가 가학피학적 및 자기애적 특성을 가진 연극성 성격장애이며, 중간에서 높은 경계선 수준조직이라고 진단했다.

A 박사는 지난 12개월 동안 O 박사를 치료했는데, '절충적인' 접근으로 주 2회 비구조화된 심리치료였다. 처음에는 치료가 잘되는 것 같았다. 환자의 우울한 증상이 해소되었고, 괴로운 어린 시절에 초점을 맞추는 치료에 '열심히' 참여하면서 이상화 전이를 유지했다. 치료가 시작된 후 몇 달이 지나자, O 박사는 A 박사에게 자신이 불안할 때 결박, 징벌, 피학성(BDM) 웹사이트에서 성관계를 할 여성을 찾곤 한다고 말했다. '위험한' 성관계 게임을 한 것은 아니라고 부인했지만, 그는 A 박사에게 최근 몇 달 동안 이런 종류의 '모험'을 하면서 안전하지 않은 성관계를 여러 번 가졌다는 사실을 이야기했다.

이후 몇 달 동안, A 박사는 O 박사의 패턴에 대해서 알게 되었는데, 특히 감정적인 치료시간을 마치고 집에 가면 파트너를 찾고 원나잇하는 것으로 반응한다는 것이었다. A 박사는 이런 사건의 진행이 불편하게 느껴졌다. 그는 환자 행동의 의미를 해석하려고 했지만, 자신의 노력이 환자 행동에 영향을 미치지 못한다는 것을 알게 되었다. 시간이 흐르면서 A 박사는 '성적 행동화'를 촉진할까 봐 두려워서 정동적으로 부하된 자료를 피하게 되는 것을 알아차렸다. A 박사는 M 박사에게 그가 이 시점에 역전이에 완전히 통제된다고 느낀 것을 인정했다. 그는 O 박사의 행동에 사로잡혀 걱정했고 걱정 이면에는 깊은 죄책감과 수치심을 느꼈다. 그는 환자와 잠재적으로 파괴적인 치료관계에 참여하고 있는 것 같았고, 이를 멈출 수 없다는 무력감을 느꼈다.

한편, 환자는 A 박사에 대해 점점 더 비판적이 되었다. 그는 치료를 일 년째 받고 있지만 시작할 때에 비해 나아지지 않았다고 일상적으로 불평했고, 새로운 치료자를 요구하기 시작했다. A 박사는 M 박사에게 자신이 이 환자의 치료로 인해 '완전히 지쳐 버렸고' 환자의 요청에 기꺼이 응하기로 했다고 설명했다. A 박사는 M 박사가 O 박사를 예비치료한 후 치료해 주기를 바랐다.

M 박사는 O 박사와 예비치료를 한 후, 환자가 전반적으로 TFP-E에 유리한 예후를 보이지만, 불안을 다루기 위해서 고위험 성행동에 주기적으로 빠지는 경향이 이전 치료를 방해했고, 확실히 다시 그럴 가능성이 있다고 평가했다. 평가 과정에서 M 박사는 O 박사에게 그의 성적 행동에 대해서 물었다. 환자는 자유롭게 말하면서 안전하게 BDM 성활동을 즐길 수 있는 안정적인 관계를 맺는 것이 목표라고 했다.

M 박사는 이전 치료에 대해서 물었고, A 박사에 따르면 환자가 불안이 유발된 치료시간 다음에는 성관계 행동을 하며, 때로는 콘돔을 사용하지 않는 것 같다는 인상을 받았다고 말했다. O 박사는 이것이 사실이고, 자기가 이렇게 해 왔다는 것을 알고 있었으며, A 박사가 BDM을 불편하게 여기는 것도 이해했다고 말했다. M 박사는 그의 관점에서 이슈가 되는 것은 A 박사가 BDM을 얼마나 편하게 여기는지가 아니라 환자의 고위험 행동이라고 설명했다.

M 박사는 이어서 O 박사가 치료에 대해 두 가지 전반적인 접근 중 하나를 선택할 수 있다고 말했다. 한 가지는 행동에 초점을 둔 치료로 불안관리와 행동통제에 초점을 두고, 환자가 불안을 관리하고 건강이나 안전을 위험하게 하지 않는 방식으로 성적 관심을 추구할 수 있도록 돕는 것이다. M 박사는 환자가 비교적 안전한 성적 만남으로 제한하는 것이 어렵다고 느낀다면 이 접근이 합리적일 것이라고 제안했다.

다른 가능한 접근은 TFP-E인데, M 박사는 이 접근이 O 박사가 찾고 있는 안정된 관계를 발전시키는 데 가장 도움이 될 것이라 생각한다고 말했다. 이러한 종류의 치료는 주 2회씩 집중적으로 이루어지며, 환자가 자신의 안전을 보장할 수 있을 때만 이루어질 수 있다. 치료는 O 박사의 대인관계 어려움 아래의 감정과 동기에 초점을 맞출 것이다. M 박사는 이런 치료에서 치료자는 환자가 잠재적으로 위험한 성행동을 해야만 할 것 같은 압박감을 포함하여 자신의 행동, 생각, 감정 이면의 동기를 관찰하고 성찰하도록 돕는다고 설명했다. 하지만 이런 방식으로 작업하기 위한 치료자의 자유는 환자가 파괴적인 행동을 제한할 수 있을 때 가능한 것이다.

O 박사는 M 박사와 작업하는 것, TFP-E를 시작하는 것 둘 다에 관심을 보였다. 그는 M 박사가 하는 이야기가 무슨 뜻인지 이해했다며, 이전 치료 동안에 모든 것이 '통제를 벗어나는' 것처럼 느껴졌던 불안감을 이야기했다. M 박사는 환자에게 설명했다. "TFP-E는 때로는 불안을 유발하고, 강한 감정을 불러일으킬 수 있어요. 치료에서 당신이 강한 감정을 조절하고 컨테인할 수 있는 역량을 강화하도록 돕는 것이 중요한 부분이에요. 하지만 이것은 당신이 행동을 통제할 수 있을 때만 가능합니다—충동이 느껴질 때 바로 행동하는 대신에 주의를

기울이고 탐색할 수 있을 때이죠."

M 박사는 계속해서 치료계약에 대해 논의하자면서 치료계약이 O 박사의 행동을 통제하고 좋은 선택을 하도록 도움으로써 환자가 위험에 빠지지 않도록 보호할 것이며, 동시에 치료자가 치료에서 무엇이 일어나고 있는지 차분히 성찰하고, 환자의 내적 삶을 탐색하도록 돕는 역량을 보호할 것이라고 말했다. M 박사는 그의 생각으로는, 이렇게 하는 것이 치료를 시작하고 지속하기 위한 조건으로 환자가 안전하지 않은 성관계를 피해야 하며 '안전한' 온라인 BDM 커뮤니티에 가입하여 성적 파트너를 구하고, 정기적으로 성병 검사를 받는 것에 동의하는 것을 의미한다고 말했다. 그는 O 박사에게 다음 치료시간 전에 이러한 변형기법을 따를 수 있을 것인지, 그리고 이 시점에서 그러한 제한들을 감당하고자 하는지 생각해 보라고 제안했다.

환자는 다음 시간에 와서 M 박사가 제안한 조건들에 동의하며 치료를 시작하고 싶다고 말했다. 앞선 A 박사의 치료경험을 활용하여 적절한 계약과 함께 시작된 새로운 치료에서 M 박사는 O 박사가 자기파괴적인 성행동을 통해서 피하고 상연해 온 불안을 탐색하도록 도울 수 있었다—특히 자신의 욕구를 추구하고, 자율성과 성을 즐길 수 있도록 허용하는 것과 절제하고 순종하며 자기파괴적으로 있고자 하는 다른 부분에 굴복하도록 강요받는 것 간의 갈등이었다. 치료에서 이러한 갈등은 지배적이고 통제적이며 가학적인 타인과의 관계에서 순종적이고 무력한 자기라는 방어적 대상관계의 상연을 통해서 나타났다. A 박사와의 이전 치료에서 O 박사는 그의 성적 생활에서 이 이자관계를 실행했고, 전이에서는 역할반전이 상연됐지만(즉, A 박사는 결국 환자와의 관계에서 통제받고 무력하다고 느꼈다), M 박사는 새로운 치료계약을 통해 O 박사가 전이에서 치료자에게 복종하거나 치료자를 통제하려는 환자의 소망과 미묘한 노력들에 초점을 두면서, 이 대상관계를 탐색하도록 도울 수 있다.

▶ 치료의 필수조건에 초점 맞추기

치료자가 치료계약의 일부로 특정한 행동에 대해 한계를 도입할 때, 치료자는 자신이 제안하는 변형기법이 **환자 행동에 대한 평가가 아니라, TFP–E 치료가 성공하기 위해서 무엇이 필요한지 알려진 정보를 반영하는 것이라는 점**을 분명히 한다. 치료계약의 이러한 측면을 치료의 필수조건을 만들고 보호하는 것으로서 개념화하는 것은 환자와 치료자 모두에게 매우 도움이 된다. 환자가 매우 관심을 쏟는 행동에 관해 계약할 필요가 있을 때, 그 행동이 종종 고통을 관리하기 위한 자아동질적인 기제로 '효과가 입증되는' 한, 치료자는 환자의 자율성을 존중하면서 왜 그러한 행동이 TFP-E 치료와 양립하지 않는지 근거를 설명하고, 환자가 정보에 입각하여 자유롭게 선택할 것을 지지한다. 치료자의 접근은 중립적이고 논리적이며, 치료의 안전에 필요한지에 기초하고, 환자 행동에 관해 다른 입장을 취하지 않는다(예를 들어, 치료자는 마리화나를 매일 피우는 것이 '건강에 나쁘다'고 하지 않으며, TFP-E 치료를 시작하는 것과 양립할 수 없다고 말하는 것이다).

요약해 보면, 파괴적이고 치료에 방해되는 행동과 관련한 치료계약의 효과적인 협상은 치료자가 환자의 행동에 대해 중립적 자세를 유지하고, 환자가 자신의 행동을 관리하고 기꺼이 책임지려는 의지 또는 행동통제의 필요성에 대한 논쟁을 피하는 것을 전제로 한다.

사회적 의존성, 이차 이득, 구조화된 활동의 중요성 다루기

성격장애 환자는 자신의 역량 또는 교육수준보다 낮은 수준에서 기능하는 것이 일반적이며(Torgersen, 2014), 많은 경우 직업적 기능의 개선이 치료의 목표가 될 것이다. 하지만 어떤 환자들은 일도 하지 않고 학교에도 다니지 않는다. 그들은 수당, 투자 또는 가족 구성원의 지원을 받을 수 있다. 다른 환자들은 공적 지원을 받아 살아간다. 이런 상태를 만드는 동기는 서로 다르지만, 의존적, 유아적 또는 수동적 특성을 가진 환자들, 자기애적, 반사회적 특성을 가진 환자들이 특히 이런 상태에 빠지기 쉽다.

예를 들어, 높은 경계선 수준에서 기능하는 30대 여성 V 씨는 몇 년 전에 직장을 잃은 후 계속 실직 상태였고 부유한 아버지에게 지원을 받고 있었다. 환자는 일하는 것이 매우 '스트레스가 된다'고 설명했다. V 씨는 쉽게 압도되고 눈물이 나고, 지시를 따를 수 없거나 사실상 전혀 기능할 수 없곤 했고, 직장을 벗어남으로써 '또 다른 굴욕을 모면하는 것'을 훨씬 선호했다.

또 다른 환자는 낮은 경계선 수준에서 조직되었고 반사회적 특성을 가진 자기애성 성격장애였는데, 공적 지원을 받고 있었다. 환자는 과거에 사무직으로 일했지만 '아무나 상대하는 것'을 좋아하지 않았으며, 직장에서 벌 수 있는 것만큼 공적 지원을 받을 수 있다고 설명했다.

환자의 의존적 생활방식을 이끄는 동기와 상관없이 만성적인 의존과 실업 상태는 치료에 중요한 위험을 부과한다. 이는 정서적인 이유에서든 재정적인 이유에서든 이차 이득이 나아지고자 하는 동기를 넘어설 수 있기 때문이며, TFP-E는 치료에서의 환자 행동과 세상에서의 기능에 동시에 초점을 두기 때문이다. 따라서 치료시간에 오지만, 세상에서 그의 불안과 갈등을 마주하기보다는 집에서 피하기만 하는 환자는 치료에서도 갈등을 피할 수 있다.

경험에 따르면 학생의 신분이거나 아이를 돌볼 책임이 있는 경우를 제외하고는 성격장애 환자가 TFP-E에서 도움을 받고자 한다면 구조화된 활동에 참여할 필요가 있다. 이러한 활동은 환자의 실제 장애 수준에 맞춰서 조정될 수 있고 시간이 지나면서 책임의 수준을 더 높일 것을 기대한다. 어떤 환자들은 일일 프로그램에만 참여할 수 있을 것이고 반면에 다른 환자들은 매우 높은 수준에서 상근직으로 일할 수도 있다. 그 중간 범위에는 봉사활동 참여로 시작하는 환자부터 직업훈련, 시간제, 자신의 능력 이하의 상근직으로 일하는 사람들이 포함된다.

평가가 진행되는 동안, 치료자는 환자가 어떻게 스스로 생계를 유지하는지, 일상적인 기능을 어떻게 관리하는지, 시간을 어떻게 보내는지 등에 대해 구체적인 이력을 듣는다. 사회적으로 의존적인 환자의 경우, 치료자는 환자의 교육 및 직업 이력, 역량, 무엇이 일하기를 방해하는지에 대한 이해, 일하고자 하는 동기 대 심리적이거나 재정적인 이차 이득으로 인해 비기능적인 생활에 매달리는 것을 철저히 평가한다. 환자가 일하지 않는 경우, 치료자는 계약 맺기 단계에서 이를 치료의 위협으로 개념화한다. 만약 환자와 치료자가 치료를 시작하기로 한다면, 치료계약에는 치료의 전제조건으로서 구조화된 활동 및 고용과 관련된 변형기법이 포함된다.

대부분의 환자는 적어도 제한된 시간 동안 어떤 구조화된 활동을 해야 하는 것에 동의한다. 하지만 반사회적인 환자들뿐만 아니라 특히 가족 구성원으로부터 돈을 얻어 내는 것에서 기쁨을 느끼는 어떤 환자들의 경우, 궁극적으로는 고용에 대한 계약을 꺼리는 경향이 있다. 이 경우에 치료자는 환자가 치료에서 도움을 받고자 한다면, 구조화된 활동에 참여하고 재정적으로 독립하는 것을 목표로 하는 것이 치료의 전제조건임을 설명해야 한다. 구조화된 활동에 참여하기 또는 의존적인 위치를 포기하는 목표를 완강히 거부하는 환자에게는 TFP-E가 적합한 치료가 아니라는 말이 가장 적절한데 왜냐하면 TFP-E의 목표 중 하나가 자율적 기능이기 때문이다. 이 집단의 환자들은 지지적 치료나 일반적인 임상 관리로 의뢰될 수 있다. 만약 환자가 다른 방법으로 좋은 예후를 갖는다면, 치료자는 환자가 기꺼이 구직할 때 치료에서 도움을 받을 것이라는 인상을 공유할 수 있고, 환자가 그렇게 한다면 미래에 환자를 치료하겠다고 제안할 수 있다.

비디오 3 '계약 맺기'에서 Yeomans 박사는 경계선 성격장애 환자와 TFP-E 계약을 맺는 과정의 몇 가지 측면을 보여 준다. Yeomans 박사는 우선 환자의 긋기 이력과 이 행동에 대한 TFP-E의 접근을 논의한다. 그다음에 그는 치료에 참여하기 위해서는 일을 하거나 어떤 구조화된 활동을 해야 할 필요에 초점을 둔다. Yeomans 박사는 구조화된 활동에 대한 제안을 환자가 처음에 거부하는 것을 수용하지 않고, 치료에서 구조화가 필요한 근거를 있는 그대로 재치있게 설명한다. Yeomans 박사는 환자가 다시 일하는 것이 자신의 능력 밖이라고 느끼는 것에 공감하는 동시에 환자가 생산적인 삶을 살 수 있다는 신뢰를 전달한다. 이 비디오는 자해 및 구조화된 활동에 대한 계약을 보여 줄 뿐만 아니라, TFP-E 치료자가 계약 맺기 단계에서 진단의 공유 및 심리교육을 어떻게 활용하는지 강조한다.

▶ **비디오 예시 3**
계약 맺기(4:52)

임상 예시 7 **이차 이득과 관련해 계약 맺기**

30대 미혼 V 씨(바로 앞에 나옴)는 의존성 성격장애이며, 몇 년째 실직한 상태로 부유한 아버지에게 지원을 받고 있었다. 그녀는 TFP-E를 시작하고 싶어 했다. 환자의 주호소는 만성 우울, 오래 지속된 남자 관계 문제, 그리고 결혼하고 싶은 소망이었다. 그녀는 이전의 여러 번 긴 치료를 받았지만 도움을 받지 못했다.

계약을 맺는 첫 시간에 치료자는 치료가 효과적이려면, V 씨가 어떤 종류의 구조화된 활동에 참여할 필요가 있다고 설명했다. 처음에는 그것은 시간제로 일하거나 심지어 봉사직일 수도 있지만, 적어도 반일제 근무가 치료의 전제조건이었다. 환자는 일하는 것이 매우 '스트레스가 된다'고 답했고, 앞에서 말했듯이 쉽게 압도되고 눈물이 나며, 지시를 따를 수 없고 사실상 전혀 기능할 수가 없다고 느낀다고 했다. 치료자는 환자의 어려움에 공감하면서 이것이 그들이 치료에서 함께 작업해야 할 것이라고 강조했다.

V 씨는 치료자가 맞다는 것을 알지만—일을 **해야 한다**고 생각하지만—마감시간과 무엇을 하라고 지시받는 것이 싫다고 대답했다. 치료자는 이것 역시 치료에서 작업할 수 있는 어떤 중요한 것이라고 대답했지만 그녀가 일을 하지 않는다면 치료에서 도움을 받을 수 없을 것이라고 답했다. 만약 V 씨가 몇 달 안에 일을 구하는 것에 동의할 수 없다면 TFP-E는 지금 당장은 그녀에게 맞는 치료가 아니며, 지지치료 또는 CBT 등의 다른 치료 선택을 논의해 볼

수도 있었다.

제3자를 개입시키기

환자의 가족 또는 중요한 사람을 계약 맺기 단계에 참여시키는 것은 종종 도움이 되는데, 특히 환자의 병리가 심한 경우에 그렇다. 환자가 함께 참석하는 상태에서 만남이 이루어져야 하고, 모든 당사자는 응급상황이 아닐 때 환자가 치료자와 이야기한 내용은 비밀보장이 되어야 한다는 것을 이해해야 한다. 동시에 가족들은 치료자에게 자신이 중요하다고 느끼는 어떤 정보라도 자유롭게 이야기할 수 있다.

경험적으로 도움이 되는 규칙, 만약 가족 또는 중요한 타인이 재정적이건 정서적이건 일차적으로 지원해 주는 사람이라면 일반적으로 환자가 치료를 시작하기 전에 그 사람을 함께 만나는 것이 좋다. 환자가 부모와 함께 살고 있거나 재정적으로 지원을 받고 있을 때 또는 환자의 배우자나 부모가 치료비를 부담할 때는 가족 만남이 분명히 바람직하다. 가족 만남은 파괴적이거나 자기파괴적인 행동의 위험이 심한 환자와 계약할 때 매우 권장된다. 경험적으로 환자 지지체계의 협력이 없을 때 TFP-E 치료자가 파괴적인 환자에게 중립적 자세를 유지하기는 매우 어렵다.

계약 맺기 단계의 가족 만남은 치료가 탄탄한 기반에서 시작될 수 있게 하고 향후에 발생할 수 있는 잠재적인 문제들을 예방할 수 있다. 여기에는 환자가 치료자와 가족 사이를 분열시키려고 하거나 환자가 치료계약을 교묘하게 피해 가려고 하는 노력을 가족이 무심코 돕는 것 등이 포함된다. 계약 맺기 단계에서 가족 만남의 목표는 무엇에 대한 치료인지, 치료계약에 어떤 것이 포함되는지 이해하는 것인데, 치료비는 어떻게 할 것인지에 대한 논의뿐만 아니라 무엇을 기대할 수 있는지, 치료가 일단 시작되면 환자 행동을 어떻게 다룰 것인지가 포함된다. 파괴적이거나 자기파괴적 행동의 위험이 있는 환자를 치료할 때 치료자가 가족과 만나는 것은, 응급상황이 발생하면 TFP-E의 틀 안에서 어떻게 다룰 것인지 논의하고 치료자 개입의 한계가 무엇에 근거하는지 논의할 기회를 제공한다. 치료자는 또한 환자에게 응급상황이 발생한다면 어떻게 하는 것이 가장 도움이 될 것인지 가족 및 중요한 타인에게 교육할 수 있다.

특정한 행동, 보조적 치료, 약물치료와 관련하여 계약 맺기

앞서 도입한 일반적인 원칙을 적용하며, 다음으로 특정한 행동과 관련한 계약 맺기에 대한 TFP-E 접근을 제시한다: 자살 경향성, 동반이환(물질사용 및 섭식장애 포함) 및 약물 관리(비준수 포함).

자살 경향성 및 유사자살 경향성

심한 성격장애 환자들은 반복적인 자살시도, 시늉, 또는 다른 형태의 극단적이고 명백하게 위험하거나 심지어 생명을 위협하는 형태의 파괴적인 행동의 이력을 가질 수 있다. 이러한 행동은 특히 경계선 성격장애 환자들에게서 나타나지만, 자기애성 성격장애 또는 반사회성 성격장애를 가진 일부 환자들에게서도, 특히 낮은 BPO 수준이나 때로는 중간 BPO 수준에서 나타난다.

DBT는 유사자살 경향성의 치료를 위해 특수하게 개발된 치료이며, 이것이 주호소 문제인 환자들은 초기에 DBT로 연계할 때 도움을 받을 수 있다. 하지만 만성적인 자살 경향성 또는 자기파괴적 행동을 호소하는 많은 환자는 행동 통제를 넘어서 야심찬 목표를 갖는다. 만약 치료계약이 적절하게 이루어진다면, 이들 중 몇몇은 TFP-E에서도 잘 해낼 수 있다(Clarkin et al., 2007; Doering et al., 2010; 제7장의 '다양한 치료 기법 및 치료 선택 논의' 참조). 이 접근은 경계선 성격장애 치료를 위해서 특수하게 개발된 TFP-E의 형태를 기술하고 있는 TFP 매뉴얼(Yeomans et al., 2015)에 상세히 설명되어 있다.[4]

만성적이고 위험한 형태의 파괴적 행동을 중심으로 계약 맺는 전반적인 방략은 치료자와 환자가 치료시간 외에 치료자의 개입 없이 자기파괴적 충동을 관리할 수 있는 계획에 동의한다는 것이다. 좀 더 정확히 말하면, 환자는 치료시간 밖에서 행동을 관리하고, 그 행동을 추동하는 동기와 거기에서 상연되는 대상관계를 탐색하기 위해 치료시간을 활용하며, 이는 종종 전이 발달과 관련된다. 처음의 계약 맺기에서 검토한 계획은 환자의 책임을 포함하는데, 우선 환자가 자신의 충동을 스스로 조절할 수 있는지 정하고(예를 들어, DBT 기술 또는 대처 기제 사용, 가령 운동이나 명상 또는 지지 자원에게 연락하는 등), 그렇

---

4) 낮은 수준 BPO 환자를 광범위하게 치료하는 독자를 위해, 인용된 TFP 매뉴얼은 심각한 장애를 가진 집단에 대한 계약 및 응급 관리에 대해 심층적인 논의를 제공한다.

게 할 수 없다면 응급실 또는 위기평가를 위한 응급 팀을 찾아가기로 약속하는 것이다. 후자의 경우 TFP-E 치료자는 응급실 의사에게 자문하지만, 위험성의 판단과 처분 결정은 평가하는 의사가 수행하게 된다. 그러한 결정은 치료자가 통제할 수 없는 영역이다.

치료자는 환자에게 이렇게 설명할 수 있다.

> 내가 추천하는 치료는 당신이 스스로 행동을 통제할 수 있는 것을 전제로 해요. 나는 당신의 행동을 동기화하는 감정과 동기를 탐색하도록 돕습니다. 당신을 이런 식으로 돕기 위해서, 나는 당신의 이전 치료자들이 했던 방식으로 당신의 행동을 관리하고 통제하는 데 관여할 수 없어요. 당신 자신으로부터 당신을 보호하기 위해 내가 적극적인 역할을 하는 것은 당신이 어떻게 하면 덜 자기파괴적일 수 있는지 배우는 데 도움이 되지 않고, 결국에는 역효과가 날 수도 있어요. 따라서 우리는 이게 당신에게 적합한 접근인지 함께 결정해야 합니다.

이 기략은 치료자를 통제하거나 겁주는 것에서 파생되는 이차 이득에 의해 파괴적 행동이 강화되는 환자들의 치료에서 특히 필수적이다. 계약 맺기에 대한 TFP-E 접근은 파괴적 행동에 대한 잠재적 추동이 되는 이러한 동기를 감소시킬 것이다. 이러한 세팅에서 치료계약이 수립되면, 환자가 ① 치료를 활용하고 치료자와 작업동맹을 맺고 싶은 부분과 ② 치료를 생산적으로 활용하는 대신에 치료자를 통제하고 괴롭히는 가학적 기쁨을 즐기고 싶은 부분 간에 갈등을 겪는 것을 확인하고 탐색하는 것이 치료자의 과제가 된다.

동반이환

알코올 남용 또는 약물 남용, 섭식장애, 정동장애 또는 불안장애 등의 정신과 질환이 동반되는 성격병리 환자에게 접근할 때 TFP-E는 성격병리와 함께 흔히 동반되는 장애에 특별하게 맞추어진 치료가 아니라는 것을 인식하는 것이 필수적이다. 주호소는 성격장애이지만 동반이환이 있는 경우의 방략은, 동반이환 자체 또는 그 치료로 인해 성격병리 치료에 효과적인 TFP-E가 배제되지 않도록 하는 것이다. 이를 위해서는 TFP-E의 예비치료 및 계약 맺기 단계에서, TFP-E를 시작하기 전에 동반이환을 철저히 평가하고 치료하기 위한 방략을 수립할 필요가 있다. 약물 관리에 덧붙여서 이런 장애에 대한 증거기반 치료는 전형적으로 CBT 또는 다른 형태의 지지적 심리치료 또는 또래상담을 포함한다. 이러한 환자 집단을 평가하고 계약 맺는 단계에서 전반적인 목표는 TFP-E 치료자가 TFP-E를 정의하는 자세와 기법을 유지하는 동시에, 행동적, 구조적으로 병리를 다루는 치료를 결합하는 것이 실현 가능한 일인지 판단하는 것이다.

동반이환에 대한 특수한 방략은 동반이환이 경미하고 치료에 잘 반응하는 경우와 대조적으로 심각하고 치료하기 어려운 정도를 반영할 것이다. 일반적으로 더 심각한 경우에는 순차 치료의 관점에서 생각하는 것이 최선이다(예를 들어, 중간 또는 높은 심각도의 물질 의존 및 섭식장애, 환자의 기능 및/또는 사고를 크게 방해할 정도로 심각한 정동장애 및 불안장애). 동반이환에 대한 특수한 치료가 먼저 시작되고, TFP-E에 대한 환자의 동기가 재평가된다. 보다 경미한 경우에는, 약물 관리를 TFP-E에 통합시키거나, 동반이환을 다루는 치료와 협력체계를 구축하여, 성격장애 및 동반이환을 동시에 치료하는 것이 종종 가능하다. 이러한 치료협력은 TFP-E 치료자가 아닌 다른 치료자가 제공하는 특수한 형태의 치료를 포함할 수 있다—예를 들어, 12단계 프로그램 또는 물질 남용 상담, 섭식장애 치료 또는 영양 상담, 정신약물적 자문 또는 단기 인지행동적 개입, 또는 성 문제 또는 부부 문제를 가진 환자들에게는 커플 상담 또는 성 상담. 환자 치료에 이러한 양식을 통합하는 것은 TFP-E 치료의 전체 틀에서 일부가 될 것이다.

가장 경미한 경우에—예를 들어, 환자가 때때로 폭음을 한다거나, 주말에 약물을 사용하는 등—TFP-E 계약 맺기는 TEP-E를 시범적으로 시작하기 위해 적정하게 동반 문제를 충분히 통제할 수 있다. 이런 치료는 확인된 행동이 치료에 잠재적인 위협이 될 수 있고, 앞으로 지속적인 평가가 필요하다는 것을 이해한 상태에서 이루어진다. 만약 TFP-E 세팅에서 정신의학적 약물치료가 병행된다면, 치료틀의 일부로 약물 관리를 치료에 통합하는 절차가 도입될 것이다.

▶ 물질 사용

많은 성격장애 환자는 물질 남용 또는 의존의 현재 또는 과거력을 가진다. 현재 알코올 또는 다른 물질에 의존하거나, 회복의 초기 단계에 있는 환자는 TFP-E에서 잘 기능하지 못하며, 이 환자들은 해독, 위험 감소 및/또는 맨 정신 유지와 재발 방지에 초점을 둔 치료로 연계되어야 한다. 어떤 경우에 TFP-E는 정서적 고통을 유발하고, 특히 회복의 초기 단계에 있는 환자들에게 재발 가능성을 잠재적으로 높일 수 있다. 이러한 이유에서, 물질 의존 이력을 가진 환자의 경우에는 그들이 안정적인 완화 상태에 있을 때만 TFP-E가 권장된다. 환자의 물질 사용 이력에 따라서, 치료자는 TFP-E 시작을 고려하기 전에 일반적으로 **최소한 6개월의 절제 상태 및 구조화된 회복 계획을 확인**해야 한다.

치료자는 재발 방지를 뒷받침하는 엄격한 지침을 도입해야 하며, 가장 일반적으로는 환자가 12단계 프로그램 또는 물질 남용 치료에 꾸준히 참여하기, 추가적인 약물치료 관리 등이 치료계약에 포함된다. 치료에 협조하는 환자의 신뢰성에 의문이 드는 경우, 치료를 시작하기 전에 환자를 평가하고 재발 위험을 조언할 수 있는 물질 남용 전문가를 참여시키는 것이 도움이 되며, 만약 치료가 시작되었다면, 무작위로 물질 검사를 실시하고 재발 방지에 대해 환자와 작업하는 것이 좋다.

실제로 물질 의존을 보이는 환자보다 더 흔한 것은 알코올, 대마초, 코카인, 처방약, 진통제, 또는 기타 불법 약물들을 남용하는 환자들이다. 이런 환자들과 계약하는 것은 도전적일 수 있으며, 특히 환자가 속한 사회적, 직업적 집단이 물질 사용에 대해 자유롭게 허용적인 분위기일 때 그렇다. 경험적으로 불안과 고통을 관리하기 위해 일상적으로 물질을 사용하는 환자들은 진정으로 물질을 끊겠다고 동기 부여되지 않는 한, TFP-E에서 잘하기 어려운 경향이 있다. 이 집단의 환자들이 치료를 시작하기 전에 완전히 절제 상태여야 할 필요는 없지만(이 장 후반의 임상 예시 8에서 설명됨), 그들은 ① TFP-E가 물질 남용에 대한 치료가 아니고, ② 심각한 물질 남용은 TFP-E의 긍정적인 성과를 불가능하게 하며, ③ 사실상 TFP-E는 물질 관련 문제를 악화시킬 수도 있다는 것을 이해할 필요가 있다.

만약 예비치료 기간 또는 치료 도중 어느 시점에서든지 물질 남용이 중심 이슈로 떠오른다면, 환자가 TFP-E를 시작하거나 계속하기 전에 이를 행동지향적 치료에서 다룰 것을 논의하는 것이 좋다. 어느 시점에서든 물질 남용 정도의 임상적 중요성이 불분명하다면, 가족 구성원 또는 배우자를 만나서 더 완전한 이력을 듣고 염려를 공유하며, 환자의 행동과 안전을 평가할 수 있는 위치에 있는 외부 당사자를 확인하는 것이 도움이 될 것이다.

▶ 섭식장애

섭식장애에 대한 TFP-E의 접근은 본질적으로 물질 남용 때와 같다. 심각한 거식증 또는 폭식증이 진행 중인 환자는 기저의 성격병리를 고려하는 치료 이전에 CBT로 증상을 안정화시킬 때 가장 잘 치료된다. 증상이 경미하고 심한 합병증 이력이 없는 환자들의 경우, TFP-E의 성격병리 치료와 섭식장애 증상에 대한 행동지향 개입을 유용하게 결합할 수 있다. 예를 들어, TFP-E를 시작할 때 섭식장애 전문가 또는 영양사에게 환자를 연계하여, 환자의 체중을 확인하고 비정상적인 식습관에 대해 작업하도록 하는 것이 합리적이다.

환자와의 계약에 전형적으로 포함되는 것은 체중이 일정 목표 이하로 떨어진다면, 폭식 후 보상행동의 빈도가 특정 역치를 넘으면, 대사 또는 치과 합병증이 발생한다면, 치료자는 기존의 치료를 중단하고 섭식장애 증상에 초점을 둘 것이라는 조건이다. 일단 이 증상들이 안정화되면 치료자는 TFP-E를 다시 시작하는 것이 타당한지 평가할 수 있다. 비교적 경미한 증상을—예를 들어, 보상행동을 하거나 하지 않거나 가끔씩 하는 폭식, 경미한 음식 제한, 강박적 운동—가진 환자들에 대해서는, 환자가 섭식장애 관련 증상이 발생하면 회기를 시작할 때 곧바로 그 이슈를 이야기하도록 하는 것으로도 충분할 수 있다. 추가적으로 환자는 정기적으로 체중을 확인하거나, 담당 의사에게 체중을 확인하여 치료자에게 보고해야 한다.

약물 관리

많은 성격장애 환자는 이미 약물치료를 받고 있는 중에 TFP-E에 온다. 정동장애 및 불안장애 또는 편집증, 충동 통제의 어려움 또는 정동 조절의 어려움 등 특정한 증상의 치료로 약물치료를 시도했으나 도움을 받지 못한 경우도 많다. 어떤 환자들은 TFP-E 도중에 정신약물적 개입을 필요로 하는 증상이 발생하기도 한다. 향정신성 약물을 복용하는 많은 환자는 치료반응을 최적화하고 부작용을 최소화하기 위해서 식이요법의 조절이 필요할 수도 있고, 안정적으로 약물을 복용하고 있는 환자도 장기적인 부작용 및 증상의 재발에 대한 지속적인 평가가 필요하다.

따라서 성격장애 치료에서 치료자는 증상의 과정을 확인하고 검토할 필요가 있다. 환자들이 약물을 복용할 때, 치료자는 치료과정 동안 발생하는 약물에 대한 반응 및 부작용을 철저하게 확인하고 검토할 필요가 있다. 이는 치료자가 의사인지 아닌지, 치료자 또는 외부 전문가가 약물을 처방하고 검토하는지와 상관없이 적용된다.

환자와 약물 관리에 대해 논의할 때, 치료자는 TFP-E 치료자가 일반적으로 하는 것에 비해서 더 구조화된 질문을 하고 지시적으로 개입한다. 약물을 관리하고 증상을 추적할 때, 치료자는 종종 이것이 정동적으로 지배적인 주제이든 아니든, 안건을 제시하고 환자가 구체적인 정보를 제공하도록 체계적으로 질문할 것이다. 그 결과 환자가 정신과 약물을 복용하고 있을 때, 치료에 통합적인 약물 관리를 조직하는 틀을 마련할 필요가 있다. 이 틀은 치료자와 환자 간에 치료틀 안에서 약물 관리를 어떻게 다룰 것인지 논의하여 동의한 형식으로 도입된다. 치료틀의 필수적인 부분인 이러한 조율은 치료계약의 일부이며, 치료자와 환자가 어떻게 함께 작업하고 치료에서 각자의 역할이 무엇인지 논의하는 맥락에서 도입될 수 있다.

TFP-E 치료의 구조 안에서 약물 관리를 다루는 다양한 방법이 있지만, 매 치료시간의 처음 몇 분 동안 약물 관련 문제를 논의하기로 정해 두는 것도 도움이 된다. 치료자는 환자가 약물과 관련해 증상의 상태, 부작용, 처방을 바꿔야 할 필요 등을 포함해서 어떤 이슈나 질문이 있다면 이 시간을 활용할 것을 설명한다. 치료자는 자신도 약물치료와 관련된 이슈를 제기할 것이 있다면 치료시간 초반에 할 것이라고 설명한다.

약물 관리에 대한 이 접근은 치료계약의 개별화된 측면에 포함된 다른 특정한 행동을 논의할 때와 유사한 방식이다. 예를 들어, 이 장의 앞에서 제시된 임상 예시 6에서 M 박사는 그의 환자인 O 박사에게 그가 치료계약을 위반하고 안전하지 않은 성관계에 참여했거나 그래야 할 것 같은 압박감을 느꼈다면, 다음 치료시간에는 평소에 머릿속에 떠오르는 것은 무엇이든지 이야기하는 통상의 절차를 따르는 대신에 이를 첫 번째 주제로 제시해야 한다고 설명한다.

▶ 중요한 질병 및 정신과 질환에 대한 약물 복용 비준수

만성 질환의 치료 또는 성격장애를 동반하는 정신과 질환의 치료를 위해 처방된 약물과 관련해서 행동화 이력이 있는 환자들의 경우, 다음 예시와 같이 약물 복용 준수와 관련된 계약을 하는 것이 바람직하다.

1형 당뇨를 가진 젊은 여성이 TFP-E 치료를 시작할 때 혈당 조절이 잘 이루어지지 않고 있었고, 과거에 생명을 위협하는 저혈당 증세를 보인 이력이 있어서 가족 및 치료 팀 모두의 주의를 요하곤 했었다. TFP-E의 계약에는 내분비학자 및 환자의 당뇨병을 관리하는 간호사와 긴밀히 협력하는 것이 포함되었다. 치료자와 환자는 환자가 의도적으로 또는 의도치 않게 인슐린을 잘못 관리하거나, '저하'가 발생하는 경우에는 어떤 상황이든 치료자와 상의하기로 합의했으며, TFP-E 치료자, 내분비학자, 간호사는 환자 관리에 대해서 자유롭게 소통할 것이다.

자기애성 성격장애를 가진 중년 남성은 심각하고 만성화된 우울증과 잠재적으로 치명적인 자살시도, 항우울제 및 안정제의 복용을 준수하지 않은 이력이 있었는데(이는 자살 경향성의 재발을 촉발한다), 현재는 약물 유지로 정동적으로 안정되었으며, 대인관계 문제를 호소하며 TFP-E를 받고자 했다. 이전 치료에서 환자는 치료자와 약물을 줄이거나 중단하는 것에 대해 협상하며 많은 시간을 썼다. 이전 치료자는 환자에게 약물을 복용해야 한다고 반복적으로 설득하고 약물 복용을 중단하지 않도록 간절히 부탁해야 할 것 같은 느낌이 들었는데, 여러 번에 걸쳐서 그렇게 했음에도 불구하고 결국 병원에 입원했다. 새로운 치료자는 환자가 약사와 정기적으로 만나고, 약사의 권고를 따르며, 항우울제의 혈중 수치를 정기적으로 검토하는 것에 협조하는 것을 치료조건으로 했다.

치료가 시작된 후 재계약하기

계약 단계에서 치료자는 그 시점에 가용한 정보를 토대로 치료에 특수한 위협이 될 수 있는 것을 다룰 필요에 대해 최선의 평가를 한다. 하지만 치료과정 동안 이전에는 없었던 부적응적 행동이 나타나거나, 인식되지 않았거나 잠잠했던 것이 다시 나타나서 한계 설정을 필요로 하고 치료계약을 잠재적으로 수정하거나 정교화해야 하는 일은 흔한 일이다. 치료를 시작하기 전에 환자와 치료자가 합의한 계약은 돌에 새겨진 것 같은 최종 계약이 아니다. 필요하다면 초기 계약 단계에서와 같은 접근을 통해서 치료 도중의 어느 시점에든 수정하고 정교화할 수 있다.

> **임상 예시 8** ▶ **알코올 사용과 관련하여 재계약하기**
>
> 우울, 편집적 특성이 있는 회피성 성격장애를 가진 높은 경계선 수준의 25세 대학원생 R 씨는 사회 불안을 호소했는데, 저녁 때 '긴장을 풀기 위해서' 남편과 '와인 한두 잔을 마시곤 한다'고 했다. 이 환자는 계약 단계에서 상당히 조심스러웠고, 알코올과 관련해서 기억을 잃거나 금단 증상을 부인하며, 음주로 인한 장애가 없고, 어떤 식으로든 문제가 된 적이 없었다고 주장했다. 환자는 차분하고 적대적인 태도로, 알코올에 대한 치료자의 '틀에 박힌' 태도는 환자의 또래 집단에서는 받아들여지지 않을 것이라고 비난했다.
>
> 치료자는 자신이 가치 판단을 하는 것이 아니라 상당량의 알코올을 일상적으로 섭취하는 것은 현재 고려하고 있는 치료와 양립할 수 없기 때문이라고 설명했다. 이 치료는 맨 정신으로 참여해야 하며, 종종 불안과 정서적 고통을 자극할 수도 있었다. 사실 R 씨의 치료목표는

감정을 더 잘 감내하고 조절하도록 돕는 것이며, 불안을 잠재우기 위해 알코올을 사용하는 것은 이 과정을 방해할 수도 있다.

R 씨는 치료자에게 자신이 한번에 와인 한두 잔 이상을 마시는 일은 거의 없으며, 도수가 높은 술을 마시는 것은 절제한다고 장담했다. 치료자는 여전히 염려되었지만 계속 진행하기로 했다. 그는 환자에게 이 상황에서 치료를 시작하는 것은 타당하다고 생각하지만, 환자의 음주가 치료를 충분히 활용할 수 있는 역량을 잠재적으로 방해할 수 있다는 염려를 설명했다. 치료자는 R 씨가 정서적 고통을 관리하기 위해 알코올을 사용한다면 치료기간 동안 알코올 사용이 증가할 위험이 있다고 염려했다. 그렇기 때문에 치료자는 환자에게 그녀가 알코올을 얼마나 섭취하는지, 더 많이 마시는 일이 있다면 치료자에게 알릴 것을 요청했다. 환자가 동의했고, 치료가 시작되었다.

치료가 시작된 후 몇 달이 지나고 R 씨는 11시인 치료시간에 늦기 시작했다. 그녀는 아침에 일찍 일어나는 데 어려움을 겪고 있고, 이것이 대학원 과정을 마치는 것도 방해하고 있다는 것을 인정했다. 치료자가 그녀의 음주에 대해 물었을 때, R 씨는 음주가 늘었으며, 최근에는 저녁에 와인을 몇 병씩 나눠 마시곤 한다고 했다. 이 시점에서 환자는 치료를 시작할 때 그랬던 것처럼 치료자가 몹시 평가적이라고는 느끼지 않았으며, 따라서 덜 방어적이었다. 치료자가 R 씨에게 만약 술을 더 마시게 된다면 알리기로 동의했던 것을 상기시키자, 환자는 치료자가 자신을 어떻게 평가할지 두렵고, 치료에서 '쫓겨날까 봐' 더 일찍 말하지 않았다고 대답했다.

그 후 R 씨는 처음으로 자신도 음주에 대해 염려됐다고 인정했다. 치료자가 '정상적인 것'을 과소평가한다고 계속해서 주장해 왔지만, 그녀의 와인 섭취는 과거 어느 때보다 많았으며 자신도 과도하다고 느꼈다. 치료자는 환자에게 알코올 남용이 치료와 양립할 수 없다는 초기 논의를 상기시켰고, 환자가 어떻게 잘 진행할 수 있을지 선택지를 고려하도록 했다. R 씨는 단주 모임에 참여할 것을 권하는 치료자의 제안을 거절했다. 대신에 그녀는 알코올 섭취를 대폭 줄이는 것부터 시작하기로 했는데, 만약 이것이 실패한다면 다음 단계가 단주 모임이 될 것이라는 것을 수용했다.

R 씨는 남편에게 전반적으로 음주를 줄일 것이고, 평일에는 금주하기로 했다는 결정을 이야기하고 이 결정을 지지해 달라고 부탁했다. 그리고 그녀는 매일 아침 일찍 시작하는 인턴십을 시작했다. 게다가 R 씨는 처음으로 선택적 세로토닌 재흡수 억제제를 복용하는 것에 동의했다. 그녀는 약물을 복용하면 낮에 사회적으로 기능하기가 훨씬 쉽다는 것을 알게 되었고, 저녁의 음주 제한을 돕기 위해 날트렉손을 복용하기 시작했다.

이 예시는 치료자들이 모든 환자에게 물질 사용에 대해서 적극적으로 질문할 필요를 강조한다. 치료자는 환자의 알코올 섭취에 대해 유연한 자세를 취했는데, 알코올 섭취는 치료 초기 몇 달 동안 증가했다. 치료자는 위험 수준이 완전히 명확하지 않은 초기에 강경한 노선을 취하는 대신에, 알코올을 잠재적 문제로 지목하고 환자의 사용량을 스스로 알 수 있도록 했다. 이 경우에, 환자가 생활습관을 바꾸는 데 남편이 도움을 주는 것만으로도 알코올 섭취를 조절하는 것이 충분했다. 만약 문제가 더 다루기 힘든 것으로 드러난다면, 치료자는 환자의 음주와 관련해 특정한 변형기법을 도입해야 한다. 예를 들면, 환자와 남편을 함께 만날 것을 제안하거나, 물질 남용 치료자 또는 알코올 남용을 위해 고안된 다른 형태의 치료에 환자를 의뢰할 수도 있다. 더 극단적인 경우—예를 들어, 환자가 알코올 관련 행동을 고칠 수 없거나, 고치고 싶지 않은 경우—물질 남용 치료에 집중하기 위해서 성격병리 치료를 중단해야 할 수도 있다.

핵심 임상 개념

- 치료틀은 어떤 형태의 심리치료에서도 필수적인 요소이며, 치료가 수행되기 위한 세팅을 만든다.
- TFP-E에서 치료틀은 치료계약의 형태로 수립된다.
- 치료계약은 치료의 필수조건을 대표한다.
- 치료계약은 치료의 변형기법 및 환자와 치료자가 함께 작업하는 태도를 수립한다.
- 특정한 행동 및 약물 복용 관리와 관련된 계약 맺기는 치료자가 복합적인 동반이환을 가진 환자를 치료하고, 다른 접근들을 TFP-E의 전반적인 구조에 통합시킬 수 있도록 한다.
- 상호합의된 치료계약이 이루어지지 않으면 치료는 시작되지 않는다.

▼ 참고문헌

Clarkin JF, Levy KN, Lenzenweger MF, Kernberg OF: Evaluating three treatments for borderline personality disorder: a multiwave study. Am J Psychiatry 164(6):922-928, 2007 17541052

Doering S, Hörz S, Rentrop M, et al: Transference-focused psychotherapy v. treatment by community psychotherapists for borderline personality disorder: randomised controlled trial. Br J Psychiatry 196(5):389-395, 2010 20435966

Evans LJ, Beck A, Burdett M: The effect of length, duration, and intensity of psychological therapy on CORE global distress scores. Psychol Psychother 90(3):389-400, 2017 28261919

Hilsenroth MJ, Cromer TD: Clinician interventions related to alliance during the initial interview and psychological assessment. Psychotherapy (Chic) 44(2):205-218, 2007 22122211

Horvath AO, Del Re AC, Flückiger C, Symonds D: Alliance in individual psychotherapy. Psychotherapy (Chic) 48(1):9-16, 2011 21401269

Links P, Mercer D, Novick J: Establishing a treatment framework and therapeutic alliance, in Integrated Treatment for Personality Disorder: A Modular Approach. Edited by Livesley WJ, Dimaggio G, Clarkin JF. New York, Guilford, 2016, pp 101-119

Torgersen S: Prevalence, sociodemographics, and functional impairment, in The American Psychiatric Publishing Textbook of Personality Disorders, 2nd Edition. Edited by Oldham J, Skodol A, Bender D. Washington, DC, American Psychiatric Publishing, 2014, pp 109-129

Yeomans FE, Gutfreund J, Selzer MA, et al: Factors related to drop-outs by borderline patients: treatment contract and therapeutic alliance. J Psychother Pract Res 3(1):16-24, 1994 22700170

Yeomans F, Clarkin JF, Kernberg OF: Transference-Focused Psychotherapy for Borderline Personality Disorder: A Clinical Guide. Washington, DC, American Psychiatric Publishing, 2015

전이초점 심리치료의 기법 및 기략

제Ⅴ부의 제9~12장에서는 ① 전이초점 심리치료-확장판(TFP-E)의 기법, 즉 치료자가 각 치료시간에 매 순간 무엇을 하는지와 ② 치료자가 언제 어디서 어떻게 개입할지 결정하기 위해 사용하는 기략을 기술한다.

우리는 먼저 치료자가 각 회기에서 개입의 초점 또는 우선순위 주제를 확인하도록 돕는 기략부터 다룬다. TFP-E에서 우선순위 주제는 일반적으로 정동적으로 지배적인 대상관계이다. 이는 회기 내에서 환자의 행동과 경험, 의사소통을 조직하는 대상관계를 말한다. 그러나 치료틀로부터 이탈이 나타날 때, 다시 말해 환자가 치료를 방해하거나 파괴적인 행동을 할 때, 또는 치료목표를 적극적으로 추구하지 못할 때, 치료자는 이런 행동들을 우선순위 주제로 볼 것이다.

일단 치료자가 우선순위 주제를 확인하면, 이 이슈는 그 치료시간에 개입의 초점이 된다. 그리고 치료자는 확인된 초점과 관련하여 어떻게 개입할지를 고려한다. 개입할 때 치료자는 TFP-E의 다양한 기법을 체계적으로 선택하고 조직하여 활용할 것이다. TFP-E의 핵심 기법은 탐색적 개입인 명료화, 직면, 해석과 이들 기법을 적용하여 전이분석을 하는 것이다. 기법적 중립성의 상태에서 이러한 개입들이 사용되고, 역전이분석에 의해 뒷받침된다. 탐색적 개입을 안내하는 기략은 치료자가 그 순간 환자의 지배적 경험에서 시작하도록 하며, 환자의 시야를 차츰 넓혀서 의식되지 않았던 경험의 측면을 볼 수 있게 하는 것이다. 이는 환자의 자기관찰 및 성찰의 역량을 지지하면서 이루어진다.

탐색적 기법과 더불어 TFP-E 치료자는 지지적인 또는 구조화하는 개입을 필요한 만큼 활용한다. TFP-E에서 사용되는 일차적인 지지적 기법은 계약 맺기 및 한계 설정이다. 지지적 개입들은 치료의 필수조건을 보장하면서도, 치료틀을 유지하는 데 사용되고, 방해가 되거나 파괴적인 행동을 컨테인하기 위해 사용된다.

TFP-E 치료자는 항상 치료틀에서의 이탈을 우선적으로 다룬다. 여기에는 파괴적인 행동이나 치료를 방해하는 행동이 포함된다. 탐색적 개입이 확인된 행동을 해결하는 데 실패하는 경우, 치료자는 한계를 설정하고, 필요하다면 계약을 다시 맺는 구조화 기법을 활용한다. 치료자가 한계 설정 또는 재계약을 한다는 것은 기법적 중립성으로부터 이탈하는 것이다.

요약하자면, TFP-E의 다섯 가지 기본적인 탐색적 기법, 즉 치료자가 각 치료시간의 매 순간 임상 과정을 촉진하기 위해 하는 것은 다음과 같다.

- 명료화
- 직면
- 해석
- 기법적 중립성의 관리
- 역전이의 활용

그리고 이 다섯 가지 기본 기법은 상위의 탐색적 개입의 구성요소가 된다. 이는 다음과 같다.

- 해석 과정
- 전이분석
- 훈습

다섯 가지 기본 기법은 임상 과정을 보호하기 위해 필요한 만큼 지지적 개입들에 의해 보완된다. 이는 주로 다음과 같다.

- 한계 설정

- 재계약

치료의 기략은 치료자가 어떤 자료를 다루고 어떻게 개입을 조직할지 안내하는 것으로 다음과 같다.

- 치료 시작 전 계약 맺기
- 우선순위의 위계에 따라 각 회기에서 우선순위 주제 또는 지배적 이슈를 확인하기
- 해석 및 훈습의 과정을 안내하는 기략을 사용하여 지배적 이슈와 관련해 언제 어디서 어떻게 개입할지 결정하기

제9장에서는 우선순위 주제를 확인하기 위한 원칙들에 대해 논의한다. 제10장에서는 명료화, 직면과 해석을 다루고, 제11장에서 그 기법들을 적용한 전이분석을 논의한다. 제11장의 후반부에서는 탐색적 기법의 사용을 안내하는 기략에 대해 논하고, 치료자가 언제 어디서 어떻게 탐색을 시작할지 알 수 있도록 돕는다. 제12장에서는 지지적 개입의 사용에 대해 논의하고 해석 과정에 대한 논의를 마무리한다. 여기서 초점이 되는 것은 기법적 중립성의 관리, 역전이의 활용, 훈습의 과정이다.

제9, 10, 12장에 걸쳐서 비디오 4~7이 제공되며, 비디오에서 독자들은 특정 기법과 기략에 대한 논의를 볼 수 있다. 그러나 제V부에서 다루고 있는 주제들은 치료과정을 반영하기 위해 불가피하게 중복되는 부분이 있기 때문에, 이 비디오들은 현실적인 임상적 만남을 반영하기 위한 다양한 기법의 통합도 보여 준다. 그러므로 그것들은 제V부 전체의 내용을 다루고 있다고 볼 수 있겠다.

개입 초점 확인하기

어떤 치료시간이든 치료자가 다룰 수 있는 이슈는 광범위하다. 어떤 이슈는 환자가 치료자에게 하는 말에 포함되어 있을 것이다. 다른 이슈는 환자가 치료시간에 하는, 또는 하지 못하는 행동에 있을 것이고, 회기 중에 환자가 만들어 내는 분위기와 그가 치료자에게 불러일으키는 감정에도 있을 것이다. 다른 중요한 이슈는 회기 내 환자의 의사소통에서 분열될 수 있는데, 이는 해리 방어가 환자의 인지 과정과 의사소통에 미치는 영향을 반영한다. 이 자료는 회기 바깥에서 행동의 형태로 표현될 수 있으며, 잠재적으로 환자에게 해롭거나 치료를 파괴하거나 또는 치료에서 환자의 진전을 잠재적으로 방해할 수 있다.

궁극적으로, 치료자는 임상적 주의와 치료적 탐색의 초점을 어디에 둘 것인지 적극적인 선택을 해야 한다. 이 결정은 한 회기가 어떻게 펼쳐지는지, 그리고 시간이 지남에 따라 전체 치료가 어떻게 펼쳐지는지에 지대한 영향을 미칠 것이다. 우리는 이 과정을 회기 안에서 우선순위 주제, 또는 중심 이슈를 확인하는 것으로 생각할 수 있다[우선순위 주제 또는 중심 이슈라는 이 개념은 Bion(1967)의 '선별된 사실(selected fact)'과 유사하다].

우선순위 주제 확인하기

우선순위 이슈를 확인할 때, 전이초점 심리치료-확장판(TFP-E) 치료자는 두 관점에 걸쳐 있다. 하나는 회기 내에서 환자의 내적 경험에 초점을 맞추고, 다른 하나는 환자가 회기에 가져온 자료로부터 분열되어 있을 수 있지만 치료틀, 치료목표, 회기 바깥의 일반적 기능과 관련하여 행동으로 표출되는 환자의 경험에 초점을 맞춘다. 환자가 회기에 가져오는 자료에 대해, 치료자는 환자의 언어적, 비언어적 의사소통 및 역전이에 주의를 기울이면서 정동적으로 지배적인 대상관계를 확인하는 절차를 따른다. 환자가 회기에 가져온 자료로부터 분열되어 있을 수 있지만 환자 기능에 중요한 측면을 확인하기 위해서 치료자는 치료틀과 계약이 온전한지 세심하게 주의를 기울인다. 또한 환자의 외부 기능 중 특히 호소문제 및 치료목표와 관련된 것에 대해서 환자가 어떤 것을 가져오거나 가져오지 않는지도 주의 깊게 살핀다.

개입을 안내하는 우선순위 위계

TFP-E는 주로 탐색적 치료이다. 동시에, 우리는 성격병리의 치료에서 탐색적 개입의 효과성은 치료틀의 온전함과 환자 삶의 위험하거나 파괴적인 행동을 컨테인하기에 달려 있음을 염두에 둔다(Yeomans et al., 2015). 이 필수조건들은 개입의 우선순위 위계에 반영된다.

우선순위 주제의 세 가지 수준

우선순위 주제 또는 중심 이슈를 확인하기 위해 TFP-E 치료자는 개입을 안내하는 우선순위 위계(《표 9-1》)를 따른다. 우리는 앞으로 이 장에서 우선순위의 각 수준을 구체적으로 논의할 것이다. 위험하거나 파괴적인 행동의 위급성, 치료의 중심이 되는 심리역동적 요인, 그리고 성격병리의 심각도는 모두 우선순위에서 치료적 초점에 영향을 준다.

▶ 위급성 정도에 따른 우선순위 주제
상대적 위급성의 정도에 따른 우선순위 위계는 다음과 같다.

① 치료자는 항상 드러난 **응급주제(우선순위 1)**와 관련하여 우선 개입한다. 여기에는 환자 또는 타인을 위험하게 하거나, 치료의 연속성을 위협하는 행동들, 예를 들어 약물 오용, 위험한 성행동, 자살제스처, 무모한 운전, 깊게 긋기 등의 모든 행동이 포함된다.

② 다음으로, 치료자는 **치료틀의 온전함(우선순위 2)**에 주의를 기울인다. 여기에는 치료가 시작되기 전에 협의된 치료계약의 준수 및 합의한 **치료목표**에 대한 관심이 포함된다.

③ 마지막으로, 치료틀이 온전하면서 응급주제가 없을 때, 치료자는 환자가 회기에 가져온 **정동적으로 지배적인 대상관계(우선순위 3)**에 직접적으로 초점을 맞출 것이다.

〈표 9-1〉 개입을 안내하는 우선순위 위계

우선순위 1: 응급주제, 위험한 행동과 치료의 연속성에 대한 위협을 포함
우선순위 2: 치료틀의 온전함, 치료목표에 대한 관심을 포함
우선순위 3: 정동적으로 지배적인 대상관계

▶ 치료에서 중심적인 우선순위 주제

치료에서 보다 중심이 되는 우선순위 위계는 (앞에서 논의된) 상대적 위급성과는 역순이다.

정동적으로 지배적인 대상관계. 정동적으로 지배적인 대상관계를 탐색하는 우선순위 3은 치료의 중심이며, TFP-E가 환자 안에서 성찰적, 통합적 과정을 촉진하는 수단이다. 지배적인 대상관계를 확인하는 것은 치료의 핵심을 이루는 기법을 실행하는 첫 단계이며, 또한 우선순위 1과 2를 추구해서 얻은 궁극적인 성과이다. 동시에, 비록 정동적으로 지배적인 대상관계를 탐색하는 것이 TFP-E의 중심이 되는 기법적 개입이지만, 이러한 탐색적 개입의 효과성은 치료틀의 온전함과 환자의 파괴적 행동을 컨테인하기에 달려 있다(제12장 참조).

치료틀의 온전함. TFP-E의 치료계약에서 협의된 치료틀은 치료의 필수조건을 나타낸다. 따라서 환자가 치료틀을 준수하지 않는 경우, 이는 회기의 우선순위 주제가 된다. 마찬가지로, 환자가 지속적으로 자신의 일상생활에서 치료목표를 추구하기 위한 분명한 조치를 취하지 않고 있다면 이 또한 우선순위가 된다. 이 관점에서 치료자는 계약 단계에서 치료목표가 상호합의되었을 때, 치료목표를 치료틀의 일부로 여긴다.

위험한 행동 및 치료의 연속성에 대한 위협. 파괴적 행동으로부터 치료를 보호하는 것

은 필요하다면 항상 개입의 최우선순위이다. 만약 환자가 명백하게 위험한 행동을 보인다면, 행동적인 협조가 없는 상태에서 탐색에만 지속적 노력을 기울이는 것은 기껏해야 무의미하고, 최악의 경우 파괴적이다. 치료자가 지켜보는 중에 파괴적 행동을 함으로써 얻는 만족감(이차 이득의 형태로서 가장 잘 개념화됨) 때문에, 어떤 환자들의 경우 파괴성이 더 가중될 수 있다. 이는 심지어 환자들이 처음에 치료받으러 왔던 기저 상태보다 심할 수도 있다.

▶ 우선순위 주제와 임상 과정

치료계약의 목적은 파괴적 행동을 컨테인하고, 행동 변화를 지지하며, 치료의 필수조건을 유지하는 것이다. 치료틀에 대한 도전은 치료에서 활성화된 대상관계의 상연 그리고/또는 방어라는 관점에서 궁극적으로 이해된다. 예를 들어, 자기애성 성격장애를 가진 환자가 지속적으로 회기를 취소하거나 건너뛴다고 하자. 이 행동은 환자의 마음속에서 치료자의 일정에 맞추어야 하는 것에 대한 굴욕감을 피하고자 하는 노력으로 이해될 수 있다. 치료틀 안에서 이탈은, 우월하고 평가절하하는 환자와 평가절하되고 부적절하며 굴욕을 당한 치료자로 이루어진 대상관계의 상연이다. 이는 그 반대―즉, 우월하고 평가절하하는 치료자와 열등하고 굴욕을 당한 환자―를 방어하는 것이다. 치료자가 치료틀에서의 이탈을 다룰 때 목적은 경직되거나 환자가 규칙을 지키도록 강요하는 것이 아니라 이탈과 관련된 대상관계를 탐색하기 위한 필수조건을 유지하기 위한 것이다.

일단 계약이 수립되면, 치료자는 어떤 습관적인 파괴적 행동이라도 치료에 대한 환자의 갈등을 드러내는 계약으로부터 이탈이라는 관점에서 개념화한다. 예를 들어, 만약 환자가 긋기 행동을 하고 이것이 치료계약에서의 이탈이라면, 치료자는 환자가 긋기 행동에서 상연하고 있는 것이 무엇인지에 초점을 맞춘다. 이는 종종 자신 안에서 치료를 받고 도움받고 싶은 측면과, 그 기회를 파괴하고 싶은 측면 간의 갈등의 관점에서, 그리고/또는 전이에서 활성화된 대상관계 관점에서 개념화된다―예를 들어, 긋기는 임의의 권위에 복종하길 거부하는 것으로서 개념화된다. 대부분의 경우, 계약에 초점을 두는 것은 점차 행동적 개선으로 이어진다(제8장 참조). 때로는 치료자가 이 과정에서 한계 설정을 사용해야 할 수도 있다(제12장 참조).

▶ 심각도 범위에 걸친 우선순위 주제

신경증적 성격조직 환자의 경우, 치료자는 상당히 일관되게 정동적으로 지배적인 대상관계를 확인하고 탐색하는 데 초점을 둘 수 있다. 치료틀의 이슈는 우선적으로 나타나지 않는 경향이 있고, 응급상황은 더욱 그렇다. 이와 대조적으로, 경계선 성격조직 환자의 치료 초기 단계에서는 치료계약으로부터의 이탈이 지극히 일반적이며, 종종 회기 안에서 정동적으로 지배적인 대상관계를 표현하는 지배적인 수단이 된다. 대체로 환자의 병리가 더욱 심할수록, 치료틀의 온전함을 유지하는 방향으로 좀 더 빈번한 개입이 이루어진다. 병리의 심각도가 점점 높아질수록 응급주제가 우선순위가 될 수 있고, 특히 치료의 시작 단계에서 그렇다.

▶ 치료의 초점에 우선순위를 통합하기

종합해 보면, 치료틀의 온전함을 유지하는 것과 파괴적 행동을 컨테인하는 것은 TFP-E에서 지지적이며 예비적인 역할을 하는 것으로 이해될 수 있다. 이는 치료의 필수 조건을 보호하고, 갈등적인 대상관계들을 분열시키거나 또는 단순히 행동으로 표현하게 하는 대신 치료 안으로 가져옴으로써 이루어진다. 파괴적 행동과 치료틀의 위반에 초점을 맞추는 것의 목적은 단순히 그것을 제거하는 것뿐만 아니라(물론 이는 말할 것도 없이 중요하고 필요하지만), 병인적이고 성격적인 행동들을 치료에서 그리고 전이에서 상연된 대상관계로 변환하는 데 있다.

우선순위 1: 응급상황 우선순위에 주목하기-위험한 행동과 치료의 연속성에 대한 위협

환자가 위험한 행동 또는 치료의 연속성을 직접적으로 위협하는 행동을 하는 것을 치료자가 인식할 때마다, 그러한 행동에 주목하는 것은 자동적으로 회기의 우선순위 주제가 된다(〈표 9-2〉). 그것은 합의된 치료틀 안에서의 다른 잠재적 이탈뿐만 아니라 치료와 환자의 삶에서 무엇이 일어나건 그보다 우선시된다.

〈표 9-2〉 우선순위 1: 응급주제 – 위험한 행동 및 치료의 연속성에 대한 위협의 흔한 예들

환자의 생명에 대한 위협: 잠재적으로 치명적인 자살시도, 위험한 물질 사용

타인의 안전에 대한 위협: 타인에 대한 물리적인 공격 행동, 타인을 해치는 중대한 위협, 스토킹, 아동방임 또는 아동학대

무모한 행동: 음주운전, 잠재적으로 위험한 성적 만남, 신체적 싸움

잠재적으로 치명적인 자살행동: 약물 과다 복용, 의료적 개입이 필요할 만큼 심한 자해

불법 행동: 절도, 협박, 위조

치료 중단의 위협: 다른 도시로 이사하는 계획의 개시, 치료 참여를 불가능하게 하는 직책에 대한 면접, 대안 없이 현재의 직업, 학교, 구조화된 활동을 그만둠

치료를 위한 경제적 생활력 파괴의 위협: 실직, 직장을 그만두겠다는 협박, 치료를 도와주는 가족, 배우자 또는 타인에게 반감을 삼

위험한 행동이 우선순위 주제가 되는 임상적 발달은 중간 수준 및 낮은 수준 BPO 환자의 치료에서 가장 보편적이며, 종종 환자를 치료에 오게 한 바로 그 문제를 나타내곤 한다. 높은 수준의 BPO 환자 몇몇도 역시 우선순위 주제가 될, 파괴적인 또는 자기파괴적인 행동에 관여할 수 있다. 가끔 NPO 환자도 잠재적으로 위험한 행동(예를 들어, 불법약물 사용을 선택한 공인 또는 학생과 연애를 시작하는 교수 등)에 관여하는데, 이런 발달은 비교적 드문 편이다.

많은 경우에 치료의 이슈가 되는 위험한 행동은 치료계약에 포함되지만, 치료과정 동안에 새롭게 응급한 우선순위가 나타나는 것 역시 비교적 흔히 있는 일이다. 만약 치료계약에 포함되지 않은 새로운 행동이 치료과정에서 나타난다면, 우선순위 주제는 그 행동을 평가하고, 필요하다면 계약을 다시 맺는 것이다(제8장 '치료가 시작된 후 재계약하기' 참조). 비록 문제행동을 치료계약에서 다루었다고 해도, 환자들이 오래 지속해 온 파괴적인 패턴을 즉시 포기할 수 있거나 기꺼이 포기할 것이라고 기대하는 것은 현실적이지 않다. 종종 파괴적인 행동은 만족감 그리고/또는 이차 이득의 강력한 원천이며, 방어 기능이 있다(이 장에 제시되는 임상 예시 1 참조).

치료에서 새로운 파괴적인 행동이 나타나는 것뿐만 아니라 잠재적으로 위험한 행동화의 형태로 치료틀에 도전하는 것은 비교적 흔한 일인데, 특히 낮은 수준 BPO 환자와의 작업의 시작단계에서 그러하며, 중간 수준 BPO 환자에게서는 그보다 다소 덜한 정도로 나타난다. 어떤 환자들은 치료를 시작하면 시작단계 동안 위험한 행동이 처음부터 두드러져 보인다. BPO 스펙트럼에 걸쳐, 치료를 갑자기 중단할 수 있는 충동적인 결정들

을 비교적 흔히 볼 수 있는데—예를 들어, 환자가 다른 도시로 이사를 가서 치료자를 만날 수 없게 되거나 직장을 그만둬서 치료비를 낼 수 없게 된다—환자가 그러한 '결정'을 통보할 때 이것은 우선순위 주제가 된다. 이러한 상황, 즉 환자가 스스로 친숙한 파괴적 행동에 관여하는 동시에 치료를 파괴하는 결정을 하는 경우에, 치료자는 전형적으로 환자가 도움을 원하고 추구하는 건설적인 부분과 치료를 손상시키고자 하는 파괴적인 부분 간의 갈등의 활성화를 목격한다.

때때로 환자들은 위험하고 파괴적인 행동들을 터놓고 보고한다. 다른 때에는, 위험한 행동은 그저 지나가듯이 언급되거나 환자의 이야기에서 빠진 것을 토대로 치료자가 추론해야 할 수도 있다. 따라서 TFP-E 치료자는, 특히 BPO 환자와의 치료 초기 단계에서 환자가 치료계약에 협조하고 있는지, 위험하거나 잠재적으로 치료에 파괴적인 행동을 하지 않고 있는지를 유의해서 들을 필요가 있다. 환자가 위험하고 파괴적인 행동을 하는지 치료자가 분명히 알지 못한다면 탐색해야 한다.

환자가 행동 통제를 해낼 수 있고 치료를 유지할 수 있는 정도까지, 치료자는 파괴적인 행동 기저의 동기와 의미를 탐색할 기회를 가질 것이고, 그것들의 방어적이며 표현적인 기능 둘 다에 초점을 둘 것이다. TFP-E의 전반적인 기략적 목적은 습관적으로 파괴적인 행동을, 그 행동을 조직하는 내적 대상관계의 갈등으로 변환시키는 것이다. 하지만 위험한 행동 상황에서는 환자의 행동 통제가 가능한 정도일 때만 탐색이 실행 가능하며 생산적인 작업이 된다. 우리의 경험상 환자가 계속해서 위험한 행동에 빠져 있는 한, 동기나 의미에 대해서 이야기하는 것은 거의 도움이 되지 않는다.

심한 성격장애 환자들의 치료에서 위험한 행동의 관리에 대한 추가적인 논의를 위해서, 이 책의 제8장과 『경계선 인성장애의 정신분석 심리치료』(Yeomans et al., 2015)를 참고할 것을 권한다.

위험한 행동 및 치료를 파괴하는 행동이 우선순위 이슈가 되는 임상 예시

임상 예시 1 음주운전을 우선순위 초점으로 다루기-P 씨

중간 BPO 수준으로 기능하는 23세 여학생인 P 씨는 경계선 성격장애 진단을 받았는데, 가학피학성 특성과 가볍게 긋는 이력이 있었다. 그녀는 정동 조절을 개선하고, 관계를 안정

화하는 것을 목표로 치료를 받고 있었다. 회기 중간에, P 씨는 "정말로 피곤하다"고 말했다. 그녀는 전날 밤에 밤새도록 '파티'를 했다. P 씨는 이전에 음주운전의 이력이 있어서, 치료자인 K 박사는 운전을 했냐고 물었다. P 씨는 오만한 태도로 그렇다고 인정했지만, "저는 완전히 멀쩡했어요. 아무런 문제도 없었고, 아무 일도 없었어요. 걱정하지 마세요. 앞으로 다시는 하지 않을게요. 그러니까 그 얘기를 하느라 오늘 치료시간을 낭비할 필요가 진짜 없어요. 저는 엄마가 아빠에 대해서 뭐라고 했는지 정말 말하고 싶어요."라고 고집했다.

K 박사는 P 씨가 음주운전을 했고, 그것의 중요성을 무시하고, 관련된 위험을 부인하는 것을 이 회기의 우선순위 주제로 보았다. "당신은 그 일이 이야기할 필요가 없다고 말하지만, 사실 오늘 여기서 그 얘기가 가장 중요해요. 시간을 낭비하는 게 아니라, 당신의 행동—그러니까 취한 상태로 운전하는 것—과 그 행동이 자신과 다른 사람에게 끼치는 위험에 대해 이야기하는 것은 꼭 필요한 일입니다."

임상 예시 2 ▶ 일을 그만두는 것을 우선순위 초점으로 다루기–G 씨

자기애성 성격장애를 가졌으며, 중간 BPO 수준으로 기능하는 35세 남성 G 씨는 일에서 만성적인 어려움이 있고 주기적인 분노 폭발을 보였으며, 아내의 요구로 치료에 오게 되었다. G 씨는 여러 가지 이슈에 대해 말하다가, 대수롭지 않은 투로 다음 날 회사에 사직서를 낼 것이라고 말했다. G 씨의 계획에 대해서 Y 박사가 들은 것은 그게 처음이었고, 그러한 결정에 대해서 탐색하려 했을 때, 환자는 그 직장이 지겹고, 싫증이 났고, 상사에게 대답해야하는 게 싫다고 술술 대답했다. 그의 의도는 새로운 자리를 찾기 전에 '재충전'을 위한 장기휴가를 갖겠다는 것이었다.

G 씨가 일을 그만두겠다고 계획하는 것은 그것이 치료의 지속을 위협하는 한 그 회기의 우선순위 주제임이 명백했다. 치료자는 G 씨의 '갑작스러운' 통보에 치료비 지불을 위한 협의를 상기시키며 답했다. "당신의 아내가 치료비의 반을 부담하고, 나머지 반은 당신이 벌어서 내는 것으로 합의했었지요. 이 점을 고려할 때, 당신의 현재 계획은 근본적으로 단순히 일을 그만두는 것이 아니라, 치료를 그만두는 것까지 포함하는 것으로 보입니다. 어떻게 생각하세요?"

우선순위 2: 치료목표의 지속적 추구를 포함하는 치료틀의 온전함 유지하기

TFP-E에서 치료계약은 치료를 위한 필수조건들을 수립하며, 더 심각한 정신병리가 있을 때는 그 계약이 파괴적 행동을 컨테인하고 제한함으로써 환자를 돕는다. 따라서 만약 환자가 치료틀을 지키지 않을 때, 이것은 일반적으로 그 회기의 우선순위 주제가 된다. 계약 단계에서 치료목표가 상호합의되었다면 그것도 치료틀의 일부로 여겨진다. 만약 환자가 자신의 일상생활에서 계속해서 치료목표를 추구하기 위한 분명한 조치를 취하지 못한다면 이것 또한 우선순위 주제가 된다.

우리는 제8장에서 치료계약에서 수립된 치료틀과 그 기능들을 소개했다. 치료틀은 환자와 치료자 관계의 현실을 정의하는 것으로 볼 수 있는데, 이는 각 참가자의 책임과 치료목표와 관련해서 체계화된다. 임상 과정의 관점에서, 특히 환자의 행동이 치료틀에서 이탈하고, 치료목표의 추구에 실패할 때, 이를 갈등적인 대상관계의 상연의 관점에서 탐색할 수 있는 세팅을 만들고 보호하는 기능을 하는 것이 치료틀이다. 따라서 치료틀은 이중의 기능을 하게 되는데, 하나는 환자의 행동에 새겨진 갈등적 대상관계의 탐색을 촉진하는 것이고, 다른 하나는 필요하다면 구조를 제공하는 것으로, 치료자는 그 안에서 치료의 필수조건을 유지할 수 있고, 환자가 파괴적이고 방해하는 행동들을 제한하도록 도울 수 있다.

심각도 범위에 걸친 치료틀로부터 흔한 이탈

치료틀로부터 이탈은 다양한 형태를 지닌다. 몇몇은 비교적 사소하고 흔하며 상징적 의미만을 가지지만(〈표 9-3〉), 반면에 다른 것들은 극단적이고 잠재적으로 환자의 안전 또는 치료의 연속성을 위협한다. 치료틀 이탈은 병리의 심각도 스펙트럼에 걸쳐서, 특히 치료의 초기 단계에서 확인될 수 있다. 그러나 병리가 더 심각해질수록 이탈들은 훨씬 흔하고 현저하며 임상 과정에서 중심이 된다.

〈표 9-3〉 우선순위 2: 치료틀의 온전함 – 치료틀 이탈의 흔한 예들

치료의 구조: 치료일정, 치료시간 지키기, 치료비 지불의 불규칙성

치료목표의 적극적인 추구: 치료목표를 잃어버리거나 목표를 이루기 위한 구체적인 조치를 취하지 못함

구조화된 활동: 구조화된 활동을 수립하고 유지하는 노력의 부족

자유롭고 개방적인 의사소통: 치료 밖 행동에 대해 말하지 않음, 유보하거나 거짓말하거나 다른 형태의 속임

치료실제와 관련된 행동: 방해가 되는 행동들. 예를 들어, 사무실이나 대기실에서 과도한 소음을 내는 것, 회기가 끝났는데 사무실을 떠나지 않는 것, 대기실에 비치된 잡지를 가져가는 것, 쓰레기를 두고 가거나 사무실 가구에 흠집을 내는 것, 직원을 괴롭히는 것

치료관계의 경계를 존중하는 것: 회기 사이 접촉을 요구하는 빈번한 전화 통화, 통신 연락을 제한하겠다는 합의의 위반, 취한 상태로 치료시간에 오는 것, 치료자 또는 가족을 소셜미디어로 스토킹하는 것, 치료자와 사회적 또는 성적 접촉을 하려는 시도, 치료자의 사회적, 전문적 영역의 구성원과 사회적으로 접촉하기

계약의 특수한 측면들: 다양한 형태의 고위험 자기파괴적 행동, 약물 남용 및 섭식장애 증상의 관리에 대한 합의를 지키지 못함, 질병 또는 정신질환에 대한 약물치료에 순응하지 않음, 이차 이득을 줄이기 위한 합의를 환자 또는 제3자(일반적으로 환자의 가족 또는 배우자)가 지키지 못함, 응급상황 조치 위반

치료자는 BPO 및 NPO 환자들을 치료할 때, 치료시간 정하기, 지키기, 치료비 지불과 관련해서 치료의 구조를 지키는 데 어려움을 겪을 수 있다. 이는 빈번하게 취소하거나, 상습적으로 지각하거나, 시간을 자주 바꿔 달라고 하거나, 전화를 자주 걸거나, 치료비를 늦게 내는 등의 행동으로 나타난다. 치료계약의 특수한 측면의 이탈은 일반적으로 BPO 스펙트럼 환자의 치료에서 나타난다: 예를 들어, 빈번한 전화 통화에 대한 합의 또는 자기파괴적 행동을 다루는 것. 심각도 범위에 걸쳐서 환자들은 약물남용 또는 섭식장애 행동과 관련된 합의를 지키는 데도 어려움을 겪을 수 있다. 특히 BPO 환자들은 의도적이든 의도하지 않았든, 치료 밖에서의 일상적인 활동 및 기능에 대한 정보를 감추면서 충분하고 개방적인 의사소통에 대한 약속을 위반할 수 있다.

환자들은 또한 치료 및 치료자와 관련하여 **행동화**를 보여 줄 수 있고, 이는 우선순위 주제가 된다. 이러한 행동에는 치료자의 대기실에 쓰레기를 두고 가는 것이나, 회기가 끝나고도 사무실을 떠나지 않으려 하는 것, 또는 사무실 직원에게 부적절한 또는 방해하는 상호작용을 하는 것 등이 포함된다. 노골적인 거짓말(빠뜨리는 것과는 대조적으로), 치료자와 사회적 접촉 또는 신체적 접촉을 시도하는 것, 약이나 술에 취한 상태로 치료시간에

오는 것, 치료자의 사생활을 침해하는 것 등은 특히 파괴적인 치료틀 이탈의 예시이며 일반적으로 중간 또는 낮은 경계선 범위 환자들에게 나타난다. 이러한 행동은 모두 치료틀 위반에 해당하며 우선순위 이슈가 된다.

심각도 범위에 걸쳐 볼 수 있는 흔히 간과되는 치료틀의 이탈은, 치료목표를 적극적으로 추구하지 않는 것이다. 치료목표는 치료틀의 일부이며, 치료목표를 상실하게 되면 시간이 지날수록 치료는 피상적이고 종잡을 수 없는 성질을 띠게 될 것이다. 치료목표는 TFP-E의 '북극성'이다. 결과적으로, 우선순위 주제를 확인하는 치료자의 과제 중 하나는 환자는 그렇지 않더라도 치료목표의 자각을 유지하고, 환자가 자신의 일상생활에서 그 목표를 합리적으로 추구하고 있는지 주목하는 것이다.

심각도 범위에 걸쳐서 환자들은 적어도 잠시 동안은, 자신의 치료목표를 무시하거나 잃어버릴 수 있다. 그러나 NPO 환자의 경우 대부분은 그들이 치료시간 밖에서 어떻게 시간을 보내는지 치료자가 알 수 있게 하고, 치료목표를 적극적으로 추구하는지 못하는지를 드러낸다. 대조적으로, BPO 환자는 종종 치료자를 모르게 하고, 일상의 기능에 대해 불분명하거나 고르지 않은 이해를 제공하여, 치료자마저도 환자와 마찬가지로 합의된 목표를 잃어버리게 할 수 있다. 이런 상황에서 환자의 의사소통 실패는 의도적인 빠뜨리기를 나타낼 수 있다. 그러나 이러한 실패에는 치료자와의 의사소통에서 환자의 해리방어의 영향 또한 반영될 수 있다―환자는 그저 어떤 이슈를 떠올리지 못했거나 특정한 일에 대해 치료자와 말할 생각이 들지 않았을 뿐일 수도 있다는 것이다.

우선순위 주제를 고려할 때 치료틀의 온전함 평가하기

개입의 초점을 고려할 때, 치료자가 환자의 내적 경험에 주의를 기울이는 것과 동시에, 치료자는 환자의 외부도 주의 깊게 살피게 되는데, 치료틀의 상태와 환자의 기능을 검토한다. 치료자가 이를 염두에 두고 환자와 함께 있을 때, 주기적으로 자신에게 질문할 수 있다. "치료의 구조가 온전한가?", "환자는 합의한 치료의 필수조건들을 지키고 있는가?", "환자는 치료를 잠재적으로 방해하는 행동을 자제하고 있는가?", "환자가 치료목표를 이루기 위한 분명한 조치를 취한 적이 있는가?"

만약 이 질문들에 대한 대답이 '아니요'라면, 이 이슈는 회기의 우선순위 주제가 된다. 만약 질문에 대한 대답이 명확하지 않다면―만약 환자가 계약 및 치료목표와 관련된 영역에서 어떻게 기능하는지 분명히 알지 못한다는 느낌이 든다면―치료자는 질문해야 한다. 예를 들어, 만약 환자가 12단계 모임에 참여하기로 계약했다면 치료자는 "우리는 당신이 매일 집단에 참여하는 것으로 계약했는데, 최근에 당신으로부터 들은 얘기가 아무것도 없네요."라고 말할 수 있을 것이다. 또는 만약 환자가 제시간에 회사에 가기로 계약했는데 환자가 이것과 관련해 어떻게 하고 있는지 치료자가 확실하지 않다면, 다음과 같이 말할 수 있다. "우리는 당신이 회사에 일관되게 제시간에 가기로 동의했는데, 몇 주동안 당신이 어떻게 하고 있는지 아무것도 들은 바가 없네요."

심각도 범위에 걸친 치료틀, 우선순위 주제, 내적 대상관계

BPO 스펙트럼에 속하는 환자의 치료에서 치료틀에 대한 명백한 도전과 시험은 거의 보편적으로 발생하는 일인 반면, NPO 환자는 대부분 거의 어려움 없이 치료틀을 기꺼이 지킬 수 있다.

▶ 경계선 성격조직 수준

BPO 환자의 치료에서 치료틀에 주목하는 것은 치료의 필수조건을 유지하고, 치료가 환자의 일상기능의 현실에 기반을 두게 하며(앞선 예시에서 치료자가 환자의 12단계 모임 참석에 대해서 질문한 것과 같다), 동시에 갈등적인 대상관계를 치료에서 탐색한다. 계약을 위반하거나 치료를 파괴할 위협이 있는(환자 또는 다른 사람을 위험하게 할 수 있는, 앞서 '우선순위 1: 응급상황 우선순위에 주목하기' 절에서 논의함) 치료틀 이탈이 있다면, 환자가 그 회기에 무엇을 가져왔는지와 상관없이 우선순위 주제가 된다.

예를 들어, 빠른 속도로 치매가 진전되고 있는 어머니를 만나고 온 것이 얼마나 혼란스러웠는지 말하던 중에, 환자가 지나가는 말처럼 너무 혼란스러워서 외출을 했고 "너무 많이 마셨다"고 말했다. 만약 환자가 폭음 이력이 있고 음주를 제한하기로 계약했다면, 환자가 그의 어머니 때문에 얼마나 혼란스러웠는지와는 상관없이 음주는 회기의 우선순위 주제가 될 것이다. 치료틀을 지키는 문제들은—예를 들어, 치료시간을 잘 지키지 않기, 지각하기, 치료비를 늦게 내기, 치료목표에 주의를 기울이지 않기—응급하지는 않아도 우선순위 주제가 된다.

치료자가 치료틀의 이탈에 주목하게 될 때, 가장 최선은 지체 없이 반응하는 것이다. 이탈을 그냥 '두거나' 그런 행동이 패턴이 되도록 기다리기보다는 처음 일어났더라도 다루는 것이 낫다. 합의된 치료틀 이탈이 종종 명백한 문제가 될 때까지 그 중요성을 무시하거나 축소하고 싶은 유혹은 흔한 역전이이다. 우리의 경험에 근거하면, BPO 환자와 작업할 때 치료자가 치료틀 이탈을 초기에 지속적으로 다루는 것이 훨씬 바람직한데, 왜냐하면 이 행동들은 일반적으로 지배적인 대상관계의 행동화를 나타내기 때문이다. 그 행동이 다루어지지 않는 한, 지배적 대상관계는 회기의 내용으로부터 분열되어 있을 것이다.

치료자는 그저 간단히 환자의 행동에 주의를 환기시키며, 그것이 합의된 치료틀로부터의 이탈이라는 점을 지적하고, 호기심을 표현하는 것부터 시작할 수 있다. 만약 그 행동이 다시 발생하면, 치료자는 환자에게 이전에 논의한 것을 상기시키고 치료틀 이탈이 탐색의 우선순위 주제가 됨을 확인시킬 필요가 있다.

일반적으로, 치료자가 환자의 치료틀 이탈이나 치료목표를 추구하지 않는 것에 임상적으로 주의를 기울일 때 환자의 행동에 새겨지거나 가려진 대상관계가 전이에서 가장 흔하게 나타날 것이다(이 행동들을 고전적으로 저항이라고 한다). 따라서 치료틀에 주의를 기울이는 것은 BPO 환자의 치료에서 파괴적인 행동을 통제하고 치료의 필수조건을 보장하는 것이며, 치료틀 이탈에 주의를 기울이는 전반적인 기략적 목적은 병인적 행동(종종 성격병리의 만성적 표현이자 환자의 현재 호소문제와 관련됨)을 (일반적으로 전이에서) 치료와 관련해 상연된 대상관계로 변환하여, 그것들이 탐색될 수 있도록 하는 것이다.

예를 들어, 어떤 환자는 회기에서 권위와 관련된 문제 또는 아내와의 관계에 대해서 이야기하는 동시에, 그가 동의한 대로 일을 구하는 것에 실패하고 있거나, 치료시간에 빈번하게 빠지거나, 대기실에 쓰레기를 두고 갈 수 있다. 이 상황에서 환자가 회기에 가져온, 외견상으로는 적절해 보이는 자료를 따라가는 것은 별로 쓸모가 없을 가능성이 높다. 치료틀 위반이 계속 반복되는 한 환자의 행동이 곧 우선순위 주제이며 정동적으로 지배적인 이슈이다. 종종 이런 상황에서 경험이 많은 치료자라면 역전이를 통해 그 내용이 겉으로는 의미 있는 듯이 보이더라도 환자가 '공허한 말'을 하고 있다는 느낌을 알아차릴 것이다. 이런 순간들은 Bateman과 Fonagy(2006)가 **가장 모드**(pretend mode)라고 언급한 것과 상응한다.

치료틀에 주의를 기울이게 되면 환자 기능의 문제적이고 모순적인 측면을(일하고 싶다고 말하지만 일을 구하지 않는다, 치료에 참여하고 싶다고 말하지만 자기 방식대로만 참여할 것이다) 치료시간의 주제에서 빠뜨리지 않고 치료에서 직접적으로 다룰 것이다. 일단 이런 행동들을 치료에서 다루게 되면, 상사와의 문제 또는 결혼생활의 어려움에 대한 논의도 의미 있어지는데, 왜냐하면 그것들이 더 이상 추상적이지 않고, 그 순간 환자의 행동, 치료 및 전이와 관련하여 구체적으로 연결되기 때문이다.

환자가 일을 구하거나 규칙적으로 회기에 오지 않는 것에 주목함으로써 회기에서 말하는 내용과 회기 밖 행동 간의 해리에 주목하게 한다(변하고 싶다고 말하면서 명백히 자유롭게 멋대로 행동하고 있다). 동시에, 치료계약의 위반을 나타내는 분열된 행동에 주목함으로써 대부분의 경우 환자를 치료에 오게 한 핵심문제가 치료 안에서 치료자와의 관계에서 어떻게 활성화되고 있는지 주목하게 한다(이 경우, 지시받는 것 또는 외부 일정에 묶이는 것을 참지 못하는 것과 권위 있는 위치에 있는 사람들을 무시하면서 '알겠다고' 대답만 하는 것). 우리의 현재 예시에서, 환자가 일을 구하는 데 실패한 것 또는 규칙적으로 회기에 오지 않는 것은 개입의 우선순위 주제가 될 것이다. 일을 구하는 것에 대한 그의 태도와 행동을 조직하는 해리 방어에 주의를 환기하면서, 치료자는 다음과 같이 말할 수 있다. "당신은 최근에 일을 구하는 것에 대해 아무 이야기도 하지 않았어요. 우리는 치료조건으로서 직업을 구하는 데 동의했고, 당신은 직업이 없는 것이 속상하다고 말하지만, 직업을 구하려는 어떤 노력에 대해서도 들은 바가 없네요. 어떻게 생각해요?"

요약하자면, BPO 환자의 치료에서 치료틀의 온전함에 주의를 기울이고, 치료틀 이탈을 알아차리는 것은 치료자에게 우선순위 주제가 무엇인지 알려 줄 것이다. BPO 환자들이 행동화하고 해리시킨다는 것은 그들이 기능에서 문제가 되는 측면을 치료에 자연스럽게, 최소한 의도적으로 가져오지는 않는다는 뜻이다. 치료자가 치료틀과 목표에 대해 모니터링하고, 이탈에 대해서 주의를 환기하고, 환자가 책임지게 하는 것은 ① 치료의 필수조건 ② 치료목표와 관련된 환자의 일상적 기능이라는 현실에 입각해서 회기에서 무엇이 일어나고 있는지 알 수 있도록 한다. 동시에, 치료틀 이탈을 탐색하는 것은 만성적인 병인적 행동(부적응적 성격특성)을 대상관계로 변환시켜서 치료에서 탐색될 수 있도록 한다.

▶ 신경증적 성격조직 수준

치료틀은 NPO 환자의 치료에서도 마찬가지로 중심이 된다. 그러나 그 기능은 좀 더 미묘하고, 이탈이 언제나 응급하게 다루어져야 하는 것은 아니다. BPO 환자가 치료틀 및 합의된 계약을 지키지 않는 경우가 흔하고 종종 극단적인 것과 대조적으로, 좀 더 경미한 형태의 성격병리를 가진 환자들은 전형적으로 치료틀과 관련된 훨씬 더 미묘하고 상징적인 씨름을 한다—가장 흔하게, 일정과 관련한 사소한 문제들, 지각하기, 치료비 내기. 또한 BPO 환자와 대조적으로 NPO 환자는 대체로 언어적 의사소통과 연상을 통해서 치료 안으로 자연스럽게 그들의 기능과 관련된 측면을 가져올 것이다. 결과적으로 치료틀과 관련된 행동은, NPO 환자가 회기 내에서 보고하는 내적 경험과 그들의 일상생활 속 기능 및 치료목표를 긴밀하게 연결하는 데 덜 중심적인 역할을 하게 된다.

이러한 이유로 치료자는 NPO 환자의 치료틀 이탈에 대해서 어떨 때는 물어볼 수 있지만, 다른 때에는 즉 치료가 잘 진행되거나 다른 주제들이 정동적으로 지배적일 때는 질문을 미룰 수 있다. 한편, 만약 치료자가 회기에서 지배적인 대상관계 또는 우선순위 주제를 확인하는 데 어려움이 있거나, 또는 만약 치료가 단조로워지거나 교착 상태에 빠진 것처럼 보인다면, 치료틀 이탈은 우선순위 주제가 될 것이다.

NPO 환자의 치료틀 이탈은 객관적으로 경미하고 자아동질적일 수 있기 때문에, 계약과정에서 치료자가 치료틀을 명시적이고 자세하게 안내하는 것이 특히 중요한데, 미묘한 치료틀 이탈의 상황도 궁극적으로 의미를 갖는 것으로 볼 수 있게 하기 위해서이다. NPO 환자의 치료에서 치료틀 이탈이 나타난다면, 이는 종종 전이에서 핵심 갈등이 활성화되는 첫 번째 신호이다. 이러한 이탈에 초점을 두는 것은 치료자와의 관계에서 상연되는 갈등적인 대상관계를 탐색하는 기회를 궁극적으로 제공할 것이다.

NPO 환자의 치료에서 치료틀 이탈과 연결된 대상관계는 억압될 수 있다. 이 세팅에서 치료자는 이탈에 대해서 주목할 수 있지만, 관련된 불안과 방어의 탐색은 그것들이 좀 더 의식될 수 있을 때까지 연기해야 될 수도 있다. 예를 들어, 결혼생활에 문제를 호소하는 어떤 강박적인 환자가 치료 초기에 매달 몇 번씩 치료시간에 오지 않았다. 그는 치료시간이 임박해서 취소하곤 했는데, 일을 빨리 처리해야 될 것 같아서 직장에 남아야 할 것 같다고 했다. 치료자가 환자의 행동이 의미가 있거나 어떤 기능을 하고 있을 가능성을 부드럽게 제시했을 때, 환자는 단지 회사 일 때문에 취소한 것일 뿐이라고 주장했다. 그러면서 치료는 잘 진행되는 듯이 보였다. 몇 달 후, 환자는 일을 하는 동안 치료에 꾸준히 와야 한다는 압박감을 느끼게 되었다. 이 시점에서 그는 치료자에게 '너무 의존하는' 것에 대한 불안을 급격하게 인식하게 되었다.

이 예시에서 치료틀 이탈은 치료를 방해하지 않으면서도 전이에서 활성화되고, 환자가 현재 호소문제와 연결된 핵심 불안을 인식하지 못하도록 성공적으로 막는다. NPO 환자와의 작업에서 치료자는 이런 종류의 이탈을 잠재적인 우선순위 주제로 생각하고, 언제 유용하게 탐색될 수 있을지 때를 기다릴 수 있다.

치료틀의 온전함이 우선순위 주제가 되는 임상 예시

임상 예시 1(계속) ▶ **고위험 행동을 치료틀 이탈로 다루기-P 씨**

이번 장의 앞에서 소개했던 경계선 성격장애를 가진 여학생 P 씨는 슬프고 고립감을 느낄 때 '성적 데이트' 앱을 통해 낯선 사람과 성적으로 접촉한 경험들이 있었다. 비록 이런 종류의 성적 행동은 그녀의 사회적 집단 내에서 보통의 일이었으나, 이는 많은 경우에 그녀를 잠재적으로 위험한 상황에 빠지게 할 수 있었다. 계약 단계에서 P 씨의 안전과 K 박사가 편안하게 작업할 수 있는 능력을 최적화하려는 목적으로 그들은 P 씨가 성적 데이트 앱을 사용하지 않고, 온라인상으로 성적 활동을 하려면 오직 적절한 데이트 웹사이트를 통해 만난 남자로만 제한할 것을 치료의 조건으로 하는 데 동의했다.

치료가 시작되고 몇 달 후, P 씨는 긴 주말을 보내고 화요일날 회기에 와서 주말 동안 얼마나 비참했는지 말하기 시작했다. 그녀는 공허하고 슬펐다. 아무도 곁에 없었다. 그녀는 침대에서 내내 인터넷을 했다면서 이야기를 이어 나갔다. 그러더니 그녀는 K 박사에게 능글맞게 미소지으며 자신이 그에 대한 환상을 가졌다고 말했다—그와 우연히 만나서, 짜릿한 밤을 같이 보내고, 성관계를 하는 환상.

개입의 우선순위에 유념하여, K 박사에 대한 P 씨의 생각을 탐색하기 이전에 K 박사는 치료계약에 대해서 점검하기로 선택했다. 그는 그녀가 주말 동안 많이 힘들고, 고통스러웠던 것 같다고 말했다. 그리고 이 감정들은 예전에 잠재적으로 위험한 성적 만남을 하게 했던 바로 그 감정이라고 덧붙였다. 그는 혹시 그런 행동을 하고 싶은 유혹이 없었는지 물었다. P 씨는 주말에 사실 미심쩍은 앱을 통해서 남자를 만나서 성관계를 했다고 인정했다. 그녀도 이것이 치료계약의 위반인 것을 알았기 때문에 이를 K 박사에게 말하기를 꺼렸었다.

K 박사는 P 씨에게 그런 행동을 절제하는 것이 치료의 전제조건이었음을 상기시켰다. TFP-E는 때로는 고통스러운 감정을 불러일으킨다. 만약 그녀가 그런 감정들을 안전하게 다룰 수 없다고 느낀다면, 두 사람은 함께 이것이 그녀에게 맞는 치료 접근인지 다시 고려할 필요가 있다. P 씨는 주말이 시작되고 수업이 없으면, 스스로 계획을 세워서 시간을 관리하지 못한다는 것을 알았다고 했다(치료를 시작한 이래로 줄곧 그랬다). 그녀는 계약이 자신을 위험에 빠뜨릴 수 있는 성적 행동을 억제하는 데 도움이 되는 것을 알고 있었다. 그녀는 앱을 이용하려고 다운로드 받으면서 K 박사에 대해서 생각했고, 이것이 치료에 문제가 될 것이라는 것을 알고 있었다. 일요일 오후의 성관계 이후, 그녀는 여자 친구에게 연락했다. 여자 친구는

그녀가 또다시 K 박사와의 계약을 위반하고 싶은 유혹을 느낄 때, 같이 시간을 보내 주기로 했던 사람이었다.

논평: 이 사례에서 K 박사는 치료틀에 주목하면서, 주말 동안 그에 대한 P 씨의 환상을 탐색하기 이전에 P 씨의 행동에 대해서 물어보았다. 이 선택은 회기의 방향을 완전히 바꿔 놓았다. K 박사는 치료틀에 대해 질문함으로써 P 씨가 그녀의 충동을 통제하고자 하는 동기와 능력을 평가하는 기회를 갖게 되었으며, 치료계약을 다시 논의할 수 있었고, 앞으로의 회기에서 이런 주제에 대해 주목할 필요를 인식하게 되었다. 만약 K 박사가 개입 위계의 권고를 따르는 대신에 그에 대한 환상을 탐색하려는 P 씨의 유혹을 따랐다면, 이 결정은 그들이 P 씨의 낭만적, 성적 환상을 이야기하는 상황을 만들었을 것이다. 하지만 사실 지배적인 이슈는 그녀의 진행 중인 파괴적 행동이다.

K 박사와 P 씨가 주말 동안의 P 씨의 경험과 행동을 탐색하면서, 그녀 마음의 일부는 K 박사와 가까워지는 것을 즐기면서도 위협적으로 느끼고, 다른 일부는 관계를 손상시키고 싶은 것 간의 갈등을 확인할 수 있었다. 이때 그녀는 유일하고 진정한 대인관계 애착이란 언제나 파괴적이고 위험하며 과도하게 자극적이라고 주장했다.

임상 예시 2(계속)   치료비 지불의 지연을 치료틀 이탈로 다루기-G 씨

앞에서 소개한 남성 G 씨는 자기애성 성격장애로, 직장을 그만두겠다고 위협했는데 Y 박사에게 자신이 새로운 직장에 적응할 때까지 치료비 지불을 한 달 미루어 달라고 요청했다. Y 박사는 동의했는데, G 씨가 지금은 시간제로 일하고 있고, 마침내 치료가 안정되는 것처럼 보이기 때문이었다.

그리고 다음 몇 주 동안, G 씨는 자기 자신과 결혼생활의 어려움에 대해서 겉보기에 의미 있는 방식으로 계속해서 말했다. 그럼에도 Y 박사는 치료가 다소 살아 있지 않은 성질을 띤다고 느꼈는데, 이전 몇 달간의 격렬함과 매우 달랐다. Y 박사와 G 씨의 상호작용은 이제 단조롭게 보였고, Y 박사는 회기에서 다소 떨어져 있는 느낌이 들었으며, 심지어 지루하기까지 했다. 월말이 되었을 때, G 씨는 그의 이전 치료비는 지불했지만 이번 달 안에 반드시 처리하겠다고 약속한 것을 지키지 않고 또다시 한 달치 치료비를 내지 않았다. Y 박사가 그 이슈를 제기했지만, G 씨는 매끄럽게 무시하면서 Y 박사가 "정말 친절하고 도움이 된다"고 말했다.

Y 박사는 치료비를 내지 않는 것이 치료의 지배적인 주제라고 추론했다. 그녀는 치료비를

내지 않는 것과 관련된 두 사람 간의 상호작용 경험에 초점을 두고 개입하기로 했다. 이 질문에 대해 G 씨는 상당히 솔직하게 치료자에 대한 의견을 밝혔는데, 약하고 어리석고, 세상 물정을 모르고, 착취에 취약하다고 했다. 이는 다소 주지화되었지만 G 씨는 '잡아먹고 먹히는' 인간관계에 대해 솔직하게 이야기하게 되었다. 이 관점은 상호착취적이며 좋은 것을 평가절하하는 것이다.

그러나 다음 회기에서 Y 박사가 마침내 한계를 설정하고 G 씨에게 치료비를 전부 내라고 했을 때, 환자는 급격히 편집적으로 변해서, 그녀가 그를 부당하게 괴롭히고 착취하고 지배한다고 했다. 이는 그의 결혼생활 어려움의 중심에 깔려 있는 편집적 대상관계에 대한 길고 성공적인 탐색의 첫 단계였다.

논평: G 씨는 Y 박사에게 치료비를 내지 않음으로써 치료자를 통제한다고 느낄 수 있었고, 결과적으로 전이에서 드러나는 편집적 대상관계를 대부분 분열시킬 수 있었다. 하지만 Y 박사가 결국 치료비를 미루지 못하게 한계를 설정하자, 이러한 병인적 대상관계는 빠르게 임상 과정의 중심이 되었다.

G 씨가 치료비를 내지 않은 경우와 같이, 치료틀 위반이 오래 지속되는 경우 호소문제 및 부적응적 성격기능과 연결된 기저의 갈등적 대상관계를 치료에서 다루지 못하게 할 수 있다. 그러면 회기의 내용은 삭막한 풍경이 되어서 환자의 정동 경험 및 삶의 문제와 해리되는 한편, 정동적으로 지배적인 대상관계는 치료틀과 관련하여 행동화되지만 임상 자료에서는 분열된다.

임상 예시 3 ▶ 구직 실패를 치료틀 이탈로 다루기-L 씨

23세의 무직 여성인 L 씨는 우울 및 경계선 특성을 동반한 회피성 성격장애로 진단받았다. 구조적으로 그녀는 NPO와 높은 BPO 사이의 중간 영역에 해당했다. 그녀는 만성적인 우울증, 자기비난, 자기비하, 자기주장 부족, 그리고 종종 남들에게 이용당하는 패턴을 보였다.

B 박사와의 치료가 시작되고 몇 주 후, L 씨는 월요일 회기에 와서는 불안해 보였고 처음에 아무런 말도 하지 않았다. 그녀가 말을 시작했을 때, 매우 머뭇거렸고, 불편한 침묵이 흘렀다. 그녀는 주말 동안 남자 친구와 '어색했다'고 말했다. 평소에는 그와 있을 때 거리낌이 없었는데, 일요일에는 '행동도 이상하게' 하는 것 같고 '말하는 것도 바보같이' 느껴졌다. 그

녀는 소심하게 인정했는데, 일요일 밤에 통화를 할 때 일부러 전화를 끊었지만 우연히 끊어진 척을 하기도 했다. 둘 사이에 침묵이 흘렀다. 그녀는 침묵 속에서 뭔가 '이상한' 또는 무의미한 말을 할까 봐 두려웠다.

L 씨는 계속해서 말했다. 다른 사람과 이야기하는 것이 어색하다는 것을 최근에 알았는데, 혼자 시간을 너무 많이 보냈기 때문이라고 생각했다. 그녀의 가족은 5일 전에 도시를 떠났고, 그때부터 그녀는 집에 머무르며 아무와도 말하지 않았다. 그녀는 혼자 있으면 있을수록, 더 '이상하고', '어색하다고' 느꼈다. 남자 친구와 그의 아버지와 함께 외식하기로 했었는데, 취소하고 싶었다고 했다. 그녀는 그의 아버지가 그녀를 실망스럽고, 충분히 똑똑하지 않고, 기대에 못 미친다고 볼 것이라고 확신했는데, 심지어 그가 과거에 그녀를 매우 좋게 봤었는데도 그랬다.

L 씨의 이야기를 들으며, B 박사는 두 가지 두드러진 이슈를 확인했다. 첫째, L 씨가 대상관계를 기술할 때, 자기는 이상하고 어리석고 원치 않았던 존재이며, 강력하고 욕망하며 비판적이고 잠재적으로 거부적인 대상의 기대에 미치지 못하고, 이는 수치심 및 열등감과 연결되어 있는 것이었다. 이 대상관계는 종종 L 씨가 다른 사람과 관계할 때의 일반적인 경험이 되었고, 핵심문제 및 치료목표와 긴밀하게 연결되어 있었으며, 구체적으로 현재 남자 친구, 그의 아버지, B 박사와의 관계에서 활성화된 것으로 보였다.

둘째, B 박사는 그 이야기에서 뭔가 다른 것을 들었다. 즉, L 씨는 일을 하지 않고, 너무 많은 시간을 혼자 보내고 있었다. 이것은 과거에 중요한 문제였고, 초기 치료계약의 일부로서 그들은 시간제 일자리를 찾아보기로 합의했는데, 그녀는 대학원에 지원하는 동안 불분명한 이유로 시간을 질질 끌고 있었다. 지난 5일간의 자신의 행동에 대한 L 씨의 기술을 통해, 그녀가 합의된 치료틀을 지키지 않고 있고 그 대가를 치르고 있다는 점이 분명해졌다.

자료에 나타난 지배적 대상관계와 치료틀 이탈 중 어느 쪽에 초점을 둘지 선택하면서, B 박사는 치료계약이 더 높은 우선순위 주제라는 점에 주목했다. 전이 및 그녀의 남자 친구와의 관계에서 현재 상연되는 L 씨의 역동을 탐색할 기회라는 점은 유혹적이었지만, B 박사는 치료틀에 대해서 먼저 개입하기로 선택했다. B 박사는 L 씨가 정해진 일 없이 혼자 시간을 너무 많이 보내는 게 어려워 보이는데 그들이 합의한 대로라면 지금쯤 그녀가 일을 구했거나, 최소한 열심히 일을 구하고 있어야 한다고 지적했다. 이 주제를 탐색하면서 B 박사는 L 씨가 일을 구하려는 노력과 태도에 대해 질문했다. L 씨는 자신이 이력서를 업데이트하고, 출력하고, 온라인에 올리는 것까지는 했다고 대답했다. 하지만 그녀는 취업을 위한 다음 단계, 즉 직접 매장에 찾아가서 채용계획이 있는지 물어본다고 생각하면 마비되는 느낌이 들었다. 그런 상황을 상상하면 그녀는 혼란스럽고 공황상태가 되어서 이력서를 손에 들고 있어야 하는지 그것을 봉투에 넣어야 하는지 같은 세부사항에서 막혀 버렸다. 그녀는 자신이 바보 같고 어색하고 이상하게 보일 것이며, 누구도 그녀를 채용하고 싶지 않을 것이라고 예상했다.

논평: 이 예시에서 B 박사는 치료틀의 수준에서 먼저 개입할 것을 선택했다. 그때 회기에서 나타난 동일한 대상관계가 구직의 어려움에서도 활성화되었다는 점이 드러났다. B 박사는 L 씨가 구직하는 데 겪는 문제를 남자 친구에 대한 불편함, 회기에서 B 박사에 대한 그녀의 경험과 연결할 수 있었다. 만약 B 박사가 L 씨의 남자 친구 및 치료자와의 관계에 즉시 초점을 두었다면, 환자의 구직 실패는 더 연기되었을 수 있으며 잠재적으로 배경이 될 수 있었는데, 회기의 내용이 그녀의 일상생활 및 기능, 치료목표로부터 해리될 위험이 있었을 것이다.

임상 예시 4 ▶ 지각을 치료틀 이탈로 다루는 시기-S 씨

S 씨는 50세 기혼 여성으로, 무보수 연구보조원이다. 앞서 제6장에서 치료방략과 관련하여 소개된 적이 있다. S 씨는 NPO 수준에서 기능하는데, 의존적 특성을 동반하는 우울 성격으로 진단받았고, 자존감과 사회적 고립의 문제를 나타냈다.

치료가 시작되고 6개월이 되었을 때, S 씨는 회기에 3분씩 계속 늦었고 매번 간단히 사과했다. 처음에 C 박사는 S 씨가 그런 사소한 지각에도 사과를 해야 한다고 생각하는 점에 놀랐다. 시간이 흐르면서 C 박사는 지각이 비록 의미가 있어 보이지만 늦게 시작하는 것이 조금도 치료를 방해하고 있지 않다고 생각했다. 더 활성화된 우선순위가 있었고 치료는 잘 진행되고 있었다. 결과적으로 C 박사는 지각하는 것과 습관적인 사과에 대해서 주의를 기울이지 않았다.

한편, 몇 달 동안 치료회기는 S 씨가 자신에 대해서 과도하게 공격적이고 침범적이며 탐욕스럽다고 보는 것에 초점을 맞춰 왔다. 그러던 중 C 박사는 치료가 침체되고 있는 모호한 느낌을 알아차렸다. 동시에 C 박사는 S 씨가 방에 들어오고 나갈 때 구부정한 자세인 것이 눈에 띄었는데, 이는 마치 작아 보이려는 모습처럼 보였다. C 박사가 이 행동에 주의를 환기시켰을 때, 구부정한 자세가 전이에서 상연되는 대상관계에 대한 S 씨의 불안을 완화한다는 것이 드러났다. 이는 강력하고 공격적이며 침투적인 모성적 자기와 취약하고 순진하고 아이 같은 치료자의 대상관계였다.

C 박사는 S 씨가 치료에 지각하는 것이 구부정한 자세와 유사하게 S 씨가 공격적이고 침범적으로 되는 것에 대한 두려움을 방어하고, 자신을 안심시키는 기능을 한다는 것을 알았다. C 박사가 이를 S 씨에게 제시했을 때, 환자는 비록 자신이 그렇게 생각한 적은 없었지만 그럴 수 있을 것 같다고 했다. 그리고 S 씨는 회기에 일찍 도착하기 시작했으며, C 박사에 대한 자신의 관심이 다소 과다하게 공격적이고 침범적이며, 심지어 도착적인 것 같다고 걱정하면서 점차 불안한 감정을 드러냈다.

논평: 이 사례는 NPO 환자의 경우, 사소하거나 미묘한 치료틀 이탈조차도 종종 심리적 중요성을 가지며, 전이 발달의 첫 신호가 될 수 있음을 보여 준다. 동시에 치료가 잘되고 있다면, 치료자는 치료틀의 사소한 이탈에 대해 BPO 환자의 치료에서 일반적인 경우보다 좀 더 천천히 다룰 수도 있다. NPO 환자의 치료에서 종종 치료틀과 관련된 만성적 행동에 새겨진 대상관계와 방어된 대상관계는 처음에는 전이 밖에서 탐색될 수 있다. C 박사는 전이에 정동적인 지배성이 나타날 때까지 S 씨의 지각을 다루는 것을 미루었는데, 이는 환자의 자세 변화와, 아마도 C 박사의 역전이[1]에서 충분히 명료화되지 않는 것을 통해서도 예견되었다. 이 사례에서 C 박사가 S 씨의 지각을 다루기로 한 결정은 S 씨의 깊은 불안—자신을 매우 침투적으로 느끼는 것—이 치료에서 드러나도록 촉진하여 탐색의 초점으로 가져왔다.

우선순위 3: 정동적으로 지배적인 대상관계 수준에서 개입하기

정동적으로 지배적인 대상관계의 정의

제5장에서 논의하였듯이, TFP-E에서 무엇보다 중요한 방략은 매 회기에서 환자의 경험과 행동을 조직하는 대상관계를 탐색하는 것이다. 우리는 이러한 대상관계를 정동적으로 지배적인 대상관계라고 한다. 환자가 치료자와 상호작용하면서, 자신의 치료회기에서

---

1) 치료가 정체되고 있다는 치료자의 감각은 종종 NPO 환자의 치료틀에 대한 비교적 사소하고 만성적인 이탈에 대해 탐색을 시작할 때를 알려 준다.

개방적으로 자유롭게 이야기할 때 또는 그렇게 하지 못할 때, 임상 자료에서 하나 또는 두 가지 관계 패턴이 보통 두드러지게 나타난다. 이러한 정동적으로 지배적인 대상관계는 정의상 회기에서 활성화되고 임상 자료를 조직하는 핵심 갈등과 연결된다. 정동의 활성화는 갈등의 신호이다. 따라서 정동적으로 지배적인 대상관계에 초점을 맞추는 것은 갈등 영역에 임상적으로 주의를 기울이도록 하고, 환자의 내적 세계의 갈등적 측면에 들어가는 지점으로 작동하고, 이는 호소 증상, 주관적 어려움, 부적응적 행동과 연결된다.

정동적으로 지배적인 대상관계가 일단 확인되면, 이는 치료자의 마음속에 회기의 통합적인 주제이자, 환자의 의사소통, 경험, 행동으로 구성된 콤플렉스의 중심 근원으로 떠오른다. 그러면 임상 자료의 앞뒤가 맞아떨어지고, 회기는 비록 명백하게 연결되지는 않거나 혼란스러울지라도, 치료자의 마음속에서 어느 정도 일관성을 갖게 될 것이다. BPO 환자의 치료에서 정동적으로 지배적인 대상관계는 종종 전이에서 상연된다. NPO 환자의 치료에서 정동적으로 지배적인 대상관계는 전이 밖에서 흔히 상연된다.

정동에 초점을 두는 것은 일반적으로 심리역동적 치료에서 중심원리이다(Diener et al., 2007). 정동은 사람들의 가장 강력한 동기와 연결되어 있다: 소망, 욕구 및 두려움. 그리고 역동 치료 형태의 대부분은 치료자에게 '정동을 따라가라'고 한다—즉, 환자가 정서적으로 관여된 자료와 관련하여 개입하라는 것이다. TFP-E에서 특수한 점은 치료자가 정동에 초점을 맞추고자 할 때, 환자가 정서적 경험을 인식하고 더 충분히 경험하도록 격려할 뿐만 아니라, TFP-E 모델의 정의상 이러한 정동 상태와 연결된 대상관계의 탐색을 촉진하는 데 관심이 있다는 것이다. 이를 염두에 두고, TFP-E의 각 회기에서 치료자는 그 회기에서 정서적으로 가장 두드러진 자료를 나타내는 대상관계를 확인하려 한다.

TFP-E에서 정서적 특출성과 정동적 지배성은 종종 정동적 표현으로 확인된다. 그러나 언제나 그런 것은 아니다. **정동적 지배성**이란 예외 없이 '많은 정동'을 뜻한다기보다는 정동적 점유 또는 **정서적 특출성**을 뜻한다. 때로 정동적 지배성은 기대된 정동적 표현의 부재 또는 내용과 정동 간의 모순으로 나타나며, 둘 다 억제, 억압, 부인, 해리와 같은 방어가 활성화되는 것을 신호한다. 그렇지 않은 경우 정동적 지배성은 주로 **행동**을 통해 표현될 수도 있는데, 이때 정동적 경험으로부터는 완전히 해리된다. 예를 들어, 어떤 환자는 직장에서 근신을 받았다는 이야기를 하면서 아무렇지도 않아 보이거나 어쩌면 심지어 미소를 지을 수도 있다. 다른 환자는 그의 부인 때문에 격분했던 것을 매우 단조롭고 감정 없는 톤으로 말할 수도 있다. 또 다른 환자는 오랫동안 바라 왔던 성공을 하고서도 아무 감정도 드러내지 않을 수 있다.

소통의 세 가지 경로에 주의 기울이기

정동적으로 지배적인 대상관계를 확인하기 위해서, TFP-E 치료자는 소통의 세 가지 경로에 주의를 기울인다: 환자의 언어적 소통, 환자의 비언어적 소통, 그리고 치료자의 역전이(〈표 9-4〉). 언어적 경로는 억압-기반 방어에서 가장 많은 정보를 제공하는 반면, 분열-기반 방어가 우세할 때는 환자의 비언어적 소통과 역전이가 정동적으로 지배적인 대상관계를 소통하는 지배적인 경로가 되는 경향이 있다. 〈표 9-5〉는 정동적으로 지배적인 대상관계가 성격병리의 전 범위에 걸쳐 나타나는 것을 보여 주며, 이후에 논의될 것이다. 제6장에서 기술하였듯이 BPO 환자의 치료에서 정동적으로 지배적인 대상관계는 전형적으로 전이에서 상연되는 반면, NPO 환자 치료의 전이에서는 덜 분명하며, 그보다는 대인관계적 상호작용 및 자기 상태에 대한 기술에서 소통된다.

비디오 4 '지배적인 대상관계 확인하기'에서 Yeomans 박사는 소통의 세 가지 경로에 주의를 기울여서 연극성 성격장애를 가진 여성 환자의 지배적인 대상관계를 확인한다. 또한 이 비디오에서 Yeomans 박사는 TFP-E의 탐색적 개입 및 해석 과정을 보여 주는데, 이는 이후 제10~12장에서 기술된다. 비디오의 시작 부분에서, 환자는 Yeomans 박사에게 남자 친구의 청혼을 수락할지 말지 조언을 해 달라고 한다. Yeomans 박사는 조언을 하는 대신 중립적 자세를 유지하면서, 그 기회를 활용하여 전이에서 환자 자신과 Yeomans 박사에 대한 환자의 경험을 조직하는 대상관계를 정교화한다. Yeomans 박사는 환자의 지배적 자기경험을 강조하며 시작하는데, 즉 환자가 자기 자신을 약하고 희생자라고 생각하는 것을 강조한다. 그리고 그녀 자신에 대한 모순적인 측면에 주의를 환기하는데, 이는 행동으로는 표현되었지만 지배적 자기경험에서는 분열되어 있다. 여기서 그녀는 자신이 인정하는 것보다 훨씬 더 강하다. 이 비디오는 전이에서 활성화된 지배적 대상관계에 이름을 붙이는 과정을 보여 주고(전이분석의 첫 단계), TFP-E 치료자가 역할 반전을 어떻게 작업하는지 보여 준다. 즉, 상연되고 부인되는 대상관계를 다루기('직면하기') 이전에 환자의 지배적 자기경험을 언어화하는 것이다. 지배적 대상관계를 확인하고 명명하는 과정의 기술에 덧붙여, Yeomans 박사는 공감적이고 무비판적으로 환자 행동의 더 공격적인 측면을 직면시킬 수 있다. 이 비디오는 또한 TFP-E 치료자가 어떻게 환자의 요구와 고양된 정동에 대해 중립적으로 컨테인하며, 탐색적인 자세를 유지하는지를 강조하고 있다.

> ● 비디오 예시 4
> 지배적인 대상관계 확인하기(4:35)

▶ 언어적 내용

종종 환자의 언어적 소통 내용은 갈등적 대상관계가 치료회기에 나타나는 가장 직접적이고 접근 가능한 방식인데, 특히 억압—기반 방어에서 그렇다. 환자의 의사소통 내용을 들으며, TFP—E 치료자는 환자가 대인관계 상호작용을 기술한 것에 박혀 있는 관계 패턴에 특히 조율할 것이다. 여기에는 환자가 치료자와의 상호작용이나 경험에 대해 언급하는 것을 포함한다.

환자가 치료자에 대한 경험을 직접적으로 언급할 때(예를 들어, 치료자가 자신을 어떻게 대하는지 또는 자신에 대해 어떻게 느낄 것 같다는 느낌을 나눌 때), 전이에서 활성화된 대상관계가 상연된 관계 패턴은 일반적으로 그 회기에서 정동적으로 지배적이다. 치료자와의 관계에 대한 직접적인 소통이 없을 때, 지배적인 대상관계는 전이 밖의 대인관계 상호작용 및 관계 패턴에 대한 언어적 기술 내용으로 나타날 수 있다. 가장 일반적으로 같은 대인관계 패턴이 환자의 언어적 소통에서 반복될 것인데, 이는 회기 과정 전체에 걸쳐서 맥락이 달라지고 상황이 달라져도 반복되며, 정동적 지배성을 나타낸다. 종종 이것은 환자가 참여하는 상호작용에 대한 기술이지만, 때로는 기술된 지배적 관계 패턴에 환자가 직접적으로 참여하지 않을 때도 있다. 어느 경우에나 치료자는 환자가 어느 정도는 그 대상관계의 한쪽 또는 양쪽 입장을 나타낼 것이라고 가정할 수 있다.

〈표 9-4〉 우선순위 3: 정동적으로 지배적인 대상관계 – 소통의 세 가지 경로

환자의 언어적 소통: 대인관계 상호작용 및 자기 상태에 대한 기술, 치료자와의 관계에 대한 언급, 대화의 여러 가지 요소 간의 생략, 해리 또는 연결의 증거

환자의 비언어적 소통: 언어적 소통의 톤, 신체 언어, 표정, 치료내용에 대한 태도, 회기의 전반적인 분위기

역전이: 환자의 언어적, 비언어적 소통 및 삶의 상황에 대한 치료자의 개인적인 정서적 반응과 연상

〈표 9-5〉 성격병리의 전 범위에 걸쳐 정동적으로 지배적인 대상관계(ADOR) 확인하기

분열-기반 방어	억압-기반 방어
ADOR은 일반적으로 전이에서 상연된다.	ADOR은 전이에서는 분명하지 않을 수 있다.
비언어적 소통과 역전이가 종종 ADOR의 지배적인 전달방식이다.	언어적 소통이 일반적으로 ADOR의 지배적인 전달방식이다. 이는 대인관계 상호작용에 대한 기술과 자유연상, 백일몽, 환상, 자기 상태의 기술을 포함한다.
단일하고 두드러진 ADOR이 임상자료를 조직하고 지배한다.	ADOR은 특정한 갈등을 둘러싼 방어적 및 충동적 대상관계의 복합적인 상호작용으로 확인될 수 있다.
ADOR에서 역할반전이 흔히 발생한다.	환자는 ADOR의 한쪽 편을 안정적으로 동일시하며, 종종 아이 같은 자기와 부모 대상의 관계를 나타난다.

NPO 환자와의 작업에서 그리고 억압-기반 방어의 세팅에서, 환자의 언어적 소통은 일반적으로 그들의 지배적 대상관계에 대한 중심적 전달방식이 된다. 그런 경우에 치료자는 지배적 대상관계를 확인하기 위해 대인관계 상호작용에 대한 기술에 주목하는 것에 덧붙여, 환자의 자유연상과 자기 상태의 기술에도 세심한 주의를 기울일 필요가 있다. 어떠한 자기기술도 정동적 경험과 연결될 수 있으며, 명시적으로 또는 묵시적으로 대상 표상과도 연결될 수 있다.

치료자는 환자의 언어적 소통을 들으면서 스스로 질문해 볼 수 있다. "환자가 이 회기에서 기술하는 것과 다른 대인관계 패턴은 무엇인가? 그것들이 어떻게 서로 들어맞는가? 환자가 가장 의식적으로 동일시하는 것은 특정 대상관계의 어느 편인가?"

지배적 대상관계가 뚜렷해지기 시작하면, 치료자는 환자에게 질문할 것이다. "그 상호작용에서 그 사람(타인)을 어떻게 경험했나요? 그와 관계할 때 당신의 자기상은 어떤가요? 무엇을 느꼈나요?"

▶ 비언어적 소통

때로 지배적 대상관계는 환자의 비언어적 소통을 통해서 가장 분명하게 소통될 수 있다. 이것은 특히 분열-기반 방어의 세팅에서 그러한데, 이때 환자는 종종 언어로 소통하지 않는 경험 측면을 행동으로 소통하기 때문이다. 그러한 경우에 치료자는 방 안의 전

반적인 분위기뿐만 아니라 환자가 회기에서 어떻게 하는지에 주의를 기울인다. 여기에는 무엇을 어떻게 말하는지가 포함된다. 치료자는 특히 환자의 신체 언어, 표정, 눈 맞춤, 말의 성질에 주목한다. 치료자는 스스로 질문해 볼 수 있다. "그녀는 특히 조용하게 또는 시끄럽게, 빠르게 또는 느리게 말하는가? 그녀의 톤은 단조로운가, 또는 표현이 풍부한가?" 치료자는 환자의 태도에도 주목한다. "그녀는 개방적이고 자유롭게 소통하는가, 또는 망설이고 침묵하며 조심스러운가?"

마지막으로, 치료자는 환자의 비언어적 소통이 그녀의 언어적 소통의 내용과 일치하는지 또는 불일치하는지 고려한다. 비언어적 소통과 언어적 소통의 불일치는 의사소통에서 환자 방어기제의 영향을 반영한다. 그리고 이런 불일치가 발생할 때, 치료자의 관심은 바로 정동적으로 지배적인 대상관계를 향할 것이다. 비언어적 소통은 종종 현재 전이에서 활성화되고 상연되는 대상관계를 반영한다. 그러나 환자는 치료자가 주의를 환기할 때까지 치료자에 대한 자신의 행동 그리고/또는 연관된 생각과 감정을 충분히 인식하지는 못할 수 있다.

환자의 비언어적 소통을 회기에서 활성화된 대상관계의 표상으로 변환하기 위해서, 치료자는 스스로 질문해 볼 수 있다. "만약 내가 이 회기를 비디오로 관찰한다면, 이 회기에서 환자의 전반적인 존재 방식, 나와 관계를 맺고 상호작용하는 방식을 어떻게 기술할 것인가? 그녀는 편안해 보이는가, 자유롭게 말하고 있는가, 또는 주저하거나 두려워 보이는가? 그녀는 따뜻한가, 또는 화나거나 좌절한 듯이 보이는가? 그녀는 관심을 갖고 관계를 하는가, 또는 무시하는가? 그녀는 통제적인가, 또는 기분을 맞추려 하는가?" 치료자는 또한 이런 질문들도 고려할 수 있다. "환자는 나를 어떻게 대하는가?", "그녀는 내 개입에 대해 어떻게 반응하거나 활용하는가, 또는 무시하는가?"

▶ 역전이

치료자가 환자의 비언어적, 언어적 소통에 주의를 기울이고, 그것들을 받아들여서 그것들이 환자의 내적 상황에 대해 무엇을 소통하는지 성찰하는 것과 같은 방식으로, 치료자는 자신의 고유한 역전이에도 주의를 기울인다(역전이에 대한 추가적 논의를 위해 제5장과 제12장 참조). 제5장에서 기술하였듯이, TFP-E에서 우리는 역전이를 환자에 대한 치료자의 종합적인 정서 반응으로 정의한다—치료자가 환자와 상호작용한 결과로 활성화된 감정, 생각, 대상관계 전부. 분열-기반 방어의 세팅에서, 역전이는 종종 전이를 조직하는 대상관계에 대한 첫 번째 단서가 되며, 치료자에게 정동적으로 지배적인 대상관계를 안내한다.

 TFP-E 치료자가 환자의 말을 듣고 상호작용할 때, 치료자는 환자에 대해 꾸준히 반응이 생길 것이다. 어떤 반응은 매우 강렬하고 두드러질 것이고, 어떤 것은 매우 미묘해서 겨우 알아차릴 수 있거나, 또는 심지어 제3자가 말하기 전에는 간과할 수도 있다. 역전이의 내용 및 성질에 상관없이, 치료자는 환자에 대한 자신의 내적 반응을 컨테인하며 주의해서 주목하려고 노력한다. 역전이를 컨테인한다는 것은, 치료자가 환자에 의해 유발된 어떤 것에 대해서도 반사적으로 행동에 옮기는 일을 삼가고, 그 대신 환자에 대한 자신의 내적 경험을 성찰하는 과정을 뜻한다.

 치료자가 소통의 경로로서 역전이를 활용하는 목적은, 환자에 대한 그의 반응을 무시(부인, 억압, 거부)하는 것도 아니고 행동에 옮기는 것도 아니며, 그보다는 그 반응들을 의식적으로 알아차리고 함의를 생각하는 것이다. 컨테인하기는 정서에 통제당하거나 감정을 방출하기 위해 즉각적으로 행동에 옮기지 않을 수 있고 정서를 충분히 경험하는 역량을 의미한다. 치료자의 과제는 환자에 대해 내적으로 자유롭게 반응할 수 있게 하는 것이며, 자신의 반응에 대해서 관찰자의 위치로 이동하는 것이다. 치료자는 그의 역전이를 '잘 듣고' 성찰한 후, 이를 활용하여 환자 내부에서, 그리고 임상 과정에서 무엇이 일어나고 있는지에 대해 자신이 어떻게 이해하는지 알려 준다―즉, 그는 자신의 역전이를 활용하여 치료에서 현재 활성화된 대상관계에 대한 이해를 더해 준다.

 치료자는 역전이에 주의를 기울임으로써 환자 내면과 전이에서 무엇이 일어나고 있는지에 대해 이해할 수 있게 되는데, 이는 환자가 자각하든 하지 못하든 그렇다. 역전이는 분열-기반 방어 세팅에서 정동적으로 지배적인 대상관계를 전달하는 데 특히 중심적 역할을 하게 된다. 특히 환자가 투사적 동일시와 전능 통제를 사용할 때는 치료자에게 상보적 역전이를 활성화하는 경향이 있다(즉, 대상관계는 치료자의 마음에서 상연되는데, 치료자는 환자의 대상을 동일시하게 된다).

 역전이를 활용하기 위해서 치료자는 다음 질문을 자신에게 할 수 있다. "환자와 임상 상황에 의해서 내 안에 유발된 감정은 무엇인가?", "내 정서적 경험에 새겨진 대상관계는 무엇인가?" 치료자 편의 이러한 내성과 성찰은, 환자의 지배적 경험과 환자가 투사 기제를 통해 방어하고 있는 좀 더 갈등적인 경험 측면 양쪽 모두를 공감하게 해 준다. 즉, 환자는 종종 그들 내적 세계의 갈등적 측면들을 치료자에게 투사한다. 이는 그 순간 환자의 내적 상황과 정동적으로 지배적인 대상관계를 추론하기 위해 환자가 무엇을 투사하고 있는지에 대한 치료자의 경험과 성찰을 활용할 수 있는 가능성을 열어 준다. 예를 들어,

치료자가 특정한 환자에게 비난받는 것을 만성적으로 걱정하게 되며, 왠지 자신이 잘못했다는 죄책감을 느끼고 있는 것을 알아차렸다면, 치료자는 그 역전이를 활용하여 환자의 내적 상황 및 만성적 불행에 대해 추론할 수 있다.

소통의 세 가지 경로를 활용해 정동적으로 지배적인 대상관계를 확인하는 임상 예시

> **임상 예시 1(계속)**　역할반전이 있는 전이에서 정동적으로 지배적인 대상관계-P 씨

　　P 씨는―중간 수준의 BPO, 23세 여학생, 가학피학적 특성을 가진 경계선 성격장애로 진단받았으며 음주운전 이력이 있다―K 박사와의 치료가 안정되기 시작했다. 금요일 오후 치료시간에 그녀는 최근의 이별에 대해 말하며 울고 있었고, 자신의 괴로움을 고통스러울 정도로 상세히 기술하고 있었다. 그녀는 K 박사에게 자신이 '절망적'이고 주말에도 치료자와 이야기하고 싶다고 매달리며, 그녀의 이전 치료자가 그랬듯이 '돌봐 달라고' 했다. 그리고 이것이 회기 간 계약 위반인 것을 알고 있지만, 견딜 수 있는 한계에 와 있다고―너무 가슴이 아프고 치료자가 필요하다고―말했다.

　　K 박사가 P 씨의 요청에 바로 반응하지 않자 그녀는 훌쩍거리기 시작했다. 이제 다 끝났다고 그녀는 선언했다. "아무도 나를 돌봐 주지 않을 거야. K 박사는 무정하고, 돌봐 주지 않을 거야. 이번 주말 동안 나는 완전히 혼자일 거고, 무기력할 거야." 이 지점에서 그녀는 잠깐 말을 멈추고 K 박사를 쳐다보더니, 이런 상황에서는 자살하는 편이 나을지도 모르겠다고 단언했다. 그녀의 톤은 차분하지만 위협적이었다. K 박사가 P 씨의 마음 상태를 평가하여 그녀가 응급실에 가야 할 필요가 있는지 결정하려고 할 때, 그녀는 대답을 잘 안 하기 시작했다. 그녀의 반응은 애매모호하고, 의도적으로 K 박사의 노력을 좌절시키려는 것처럼 보였는데, K 박사는 그녀의 눈에 비친 미묘한 만족감을 알아차렸다. 역전이에서 K 박사는 통제당하고 좌절하고 화나고 무기력한 감정을 알아차렸다.

　　K 박사는 정동적으로 지배적인 대상관계를 확인했는데, 이 대상관계는 강력하고 무감각하며 주지 않는 한 사람이 불안하고 무력한 애정에 굶주린 다른 사람을 통제하고 고통을 줌으로써 가학적 만족을 얻는 것으로 구성되어 있었다. 이 대상관계는 처음에는 P 씨가 피해자의 역할로, K 박사가 가학적으로 주지 않는 것으로 나타났는데, K 박사가 주말 동안 이야기하고 싶다는 환자의 요청에 즉시 반응하지 않았기 때문이다. 이 역할은 P 씨의 위협과 함께 빠

르게 반전되어서, 그녀가 K 박사를 통제하고 좌절시키면서 가학적 만족감을 느끼게 만들었다.

논평: 이 사례는 정동적으로 지배적인 대상관계를 상연하는 환자 편의 행동 또는 **행동화**(자살위협)의 역할을 보여 준다. 심한 성격장애 환자의 치료에서 예상할 수 있듯이, 정동적으로 지배적인 대상관계는 전이에서 상연되며 역할반전이 나타난다. K 박사는 역전이(그는 통제당하고 좌절된 느낌을 받았다)와 P 씨의 비언어적 소통(그가 그녀를 평가했을 때 그녀의 태도는 분명한 만족감이었다)에 주목함으로써 P 씨의 가학적이고 통제적인 부분을 확인할 수 있었다. 이는 처음에는 K 박사에게 투사된 것으로, 그녀의 모든 친밀한 관계를 파괴하는 패턴이었다.

임상 예시 2(계속) ▶ **역전이에서 나타나는 정동적으로 지배적인 대상관계-G 씨**

자기애성 성격장애를 가진 35세 남성 G 씨는 중간 BPO 수준에서 기능하며, 시간제로 일하고 있었다. 그는 아내와 부모에게 경제적으로 지원받고 있었다.

G 씨는 불평을 하며 회기를 시작했다. "전 도무지 쉴 수가 없어요! 제 아내는 항상 저를 비난하고 불평하기만 해요……. 아내한테 제 자동차 할부금을 내 달라고 부탁했어요. 이미 연체됐거든요. 그런데 **거절**하더라고요. 저한테 스타벅스에서 알바라도 하라는 거예요! 말이 되나요? 제대로 된 직장을 구하지 못하는 건 제 잘못이 아니라고요!"

회기의 시작부터 절반 정도는 G 씨의 언어적 소통에서 아내에 대한 이런 불평이 반복되었고, G 씨는 계속해서 좌절감과 자기연민을 표하며 아내를 적대적으로 조롱했다. 비언어적 경로에서 G 씨는 적대적이고 조롱하는 톤이었고 혐오스러운 표정이었다.

역전이에서 Y 박사는 그 순간에 G 씨에 대해 전혀 공감되지 않는 것을 알아차렸다. 그녀는 환자의 좌절감 또는 기저에 있는 굴욕감에 공감하기가 어려웠다. 사실 G 씨의 불평을 듣는 동안 Y 박사는 역전이에서 G 씨에 대해 자신이 너무 냉정하고 경멸감을 느끼는 것에 놀라고 있었는데, 이러한 태도는 그녀가 환자들을 대할 때 자주 경험하는 것이 아니었다. 이런 점을 성찰한 후, 그녀는 이 회기에서 G 씨에 대한 자신의 태도가 적대적이고 공감적이지 않은 것이, G 씨가 자신의 고통에 대해 아내의 태도라고 한 것과 정확히 일치한다는 것을 주목했다.[2]

---

[2] 이는 역전이에서 상보적 동일시의 예시이며, 종종 환자의 투사적 동일시 사용을 반영한다. 즉, 치료자는 환자의 내적, 외적 대상과 동일시한다(제5장 참조).

Y 박사는 적대적이고 경멸적인 인물과 관계된, 좌절되고 폄하되고 격분한 타인의 관계를 정동적으로 지배적인 대상관계로서 확인했다. 전체 관계는 상호적대감과 조롱으로 채색되어 있었다. Y 박사는 G 씨가 그 대상관계의 두 측면 모두를 동일시한다는 점에 주목했다―즉, 폄하되고 격분한 인물뿐만 아니라 더 지배적이고 경멸적인 인물에도 동일시하고 있는데, 이는 아내에 대한 적대적인 언어적 조롱과 공감의 결여로 표현된다. 이러한 내적 대상관계는 치료시간을 전반적 수준의 혼란과 적대적인 분위기로 뒤덮었다. 나아가, 비록 현재의 초점이 되는 것은 아내에 대한 G 씨의 적대적이고 상호조롱하는 관계였으나, 회기의 전체적인―역전이뿐만 아니라, Y 박사에 대한 G 씨의 태도로 채워진―분위기를 고려할 때, 같은 대상관계가 전이에서도 활성화된 것이 분명해 보였다. Y 박사는 그 회기의 상황이 이전 회기에서 G 씨가 치료비 지불이 늦어지는 것을 언급한 것과 관련되었을 수 있나 생각했다.

논평: 이 예시는 심한 성격장애 환자의 치료에서 정동적으로 지배적인 대상관계를 확인하는 데 치료자의 역전이가 종종 중심적 역할을 하는 것을 보여 준다. 이 예시는 또한 단일한 대상관계의 강력한 영향을 분명하게 보여 주는데, 이는 치료시간에―전이와 역전이, 그리고 G 씨와 아내의 관계에 대한 기술에서―환자의 경험과 행동의 모든 측면을 조직하는 것으로 보이지만, 다중적인 역할반전이 있다. 이렇게 캐리커처 같고 극단적인 대상관계는 치료시간에 정동적으로 지배적인 대상관계로 임상 자료에서 분명하게 드러난다.

이 사례는 또한 Y 박사의 내적 과정을 분명히 보여 주고 있다―아내에 대한 환자의 불평을 듣고, 그의 조롱하는 적대적인 태도와 신체 언어에 주목하며, 특히 역전이에서 느끼는 흔치 않은 적대감과 경멸에 대해 알아차렸다. Y 박사는 마음속에서 이 세 가지 경로의 소통을 종합하여 정동적으로 지배적인 대상관계를 확인했다.

> **임상 예시 3(계속)** 갈등의 복합적인 상호작용에서 나타나는 정동적으로 지배적 대상관계-L 씨

회피성 성격장애를 가진 23세 여성 L 씨는 대학원에 진학하기 전에 일을 구하고 있었는데 (앞에서 소개했듯이) 이제는 소매점에서 시간제로 일하고 있었다. 그녀는 만성적 우울, 자기비난, 자기주장 부족의 문제가 있었고, 종종 사람들에게 이용당하곤 했다. 그녀는 최근 치료시간에 직장에서 계속되는 문제에 대해 얘기해 왔다. 그녀는 매주 20~25시간 고정된 스케줄로 일하기로 했는데, 자꾸만 개장시간을 맡아 달라고 직전에 요청을 받았고, 종종 한 주에

40시간 이상 일하곤 했다. 그녀는 마음속으로는 자신이 원했던 것이 아니라는 것을 분명히 알고 있었고, B 박사의 도움을 받아서 그녀의 상사가 배려가 없고 착취적이라는 것을 인정하게 되었다. 동시에 L 씨는 그녀의 상사가 요청하는 대로 할 수밖에 없다고 느꼈는데, 일 때문에 마지막 순간에 개인 일정을 취소해 가면서도 불평조차 하기가 꺼려졌다. L 씨는 일에 큰 흥미도 없고, 자신의 전공과 상관도 없는데도 긴 시간을 일했다. 그녀는 쉽게 다른 일자리를 구할 수도 있었고, 몇 달 후 대학원 과정을 시작하기까지는 저축해 둔 돈으로 지낼 수도 있었다.

B 박사는 L 씨가 상사의 요구에 맞춰야 할 필요가 있어 보인다고 했다. 그녀의 행동에 대한 의식적인 동기를 탐색하다 보니, 거의 모든 관계에서 그녀의 지위가 조건부라는 L 씨의 일반적인 생각이 처음으로 이야기되었다. 그녀가 다른 사람들에게 맞추는 이유는 자신이 항상 쫓겨날 위험이 있다고 믿기 때문이었다. 그녀는 가족 안에서조차 그렇게 느꼈으며, 사랑받는다고 느끼면서도 그런 방식으로 느꼈다. 그녀는 이 만성적인 자기 상태를 삶의 초기와 연결지었는데, 그녀는 부모로부터 떨어져서 조부모와 함께 살았다. B 박사에게 이 자료를 기술하는 L 씨의 방식이나 태도는 아이 같고 진지하며 열심히 맞추려고 했고, 약간 소심했다. 역전이에서 B 박사는 L 씨를 보호해 줘야 할 것 같았다.

L 씨가 상사와의 교류, 그리고 오직 조건적으로 받아들여졌던 만성적 자기 상태에 대해 말한 것뿐만 아니라, 회기 중에서 보였던 소심함을 통해 B 박사는 정동적으로 지배적인 대상관계를 확인할 수 있었다. 가치 없고 원치 않고 순종적인 아이 자기가 무관심하고 잠재적으로 거부적인 부모 대상과 연결을 유지하려고 하며, 여기에 사랑받지 못하는 불안과 고통스러운 감정이 연결되어 있었다. 또한 B 박사는 전이에서 상연된 다른 대상관계를 확인했다. 이는 의존적이고 신뢰하는 아이 자기와, 보살피고 보호하는 양육자라는 그녀가 소망했던 관계로, 이는 비언어적 경로와 역전이를 통해 소통되었다.

논평: 이 사례는 비교적 복합적인 대상관계 군집을 보여 주고 있는데, ① 방어적인, 다소 이상화된 대상관계(의존적인 자기와 이상적인 양육자)가 전이에서 상연되었고, ② 해리된, 보다 갈등적인 대상관계(무관심한 양육자와 쫓겨난, 원치 않는, 부적절한 자기)가 환자의 상사와 상연되었으며, 회기에서 환자의 소심한 태도를 통해서 전이에 암묵적으로 표현되었다. 언어적 소통 경로가 비언어적 소통과 치료자의 역전이에 비해서 정동적으로 지배적인 대상관계를 전달하는 데 중심적인 역할을 했다. 또한 두 이자관계의 구성요소를 특징짓는 정동과 표상이 비교적 복합적이고 잘 통합되어 있는데, 앞의 두 사례에서 제시한 보

다 심한 성격병리 환자의 경우와 비교해서 그렇다.

L 씨의 전이 경험이 부분적으로 층을 이루는 것 또한 성격조직의 높은 수준을 반영한다. 전형적인 BPO 조직에서 나타나는 단순한 해리와 비교해서, 이 예시에서 하나의 대상관계는 분명히 방어적이며 보다 위협적인 다른 대상관계의 억압을 돕고 있는데, 두 대상관계는 모두 의존과 관련된 핵심 갈등에서 유래한다.[3]

> **임상 예시 4(계속)** 언어적 소통에서 나타나는 정동적으로 지배적인 대상관계-S 씨

50세 기혼 여성이자 무보수 연구보조원인 S 씨는 의존적 특성을 가진 우울 성격으로 진단받았으며 NPO 수준에서 기능하는데, 자존감 문제와 사회적 고립을 보이는 것으로 앞에서 소개한 바 있다. 그녀는 이제 수년째 치료를 받아 왔으며, 지역 학회에서 독창적인 논문을 발표하기 시작했다. 회기에서 그녀는 대화를 나눌 때, 자기의 말이 우스꽝스럽게 들리고 웃음거리가 될 것만 같은 익숙한 불안에 대해 말했다. 그리고 최근에는 자신의 외모에 대해서도 불안해지기 시작했다고 덧붙였다.

잠시 멈춘 후, S 씨는 자신을 위해서 다소 비싼 옷을 샀다고 말했다. 그건 충동적으로 한 행동이었고, 그 전에는 결코 그런 적이 없었다고 했다. 그녀가 가게에서 옷을 봤을 때는 멋지다고 생각했지만, 집에 와서 옷을 입고 거울을 봤을 땐 우스꽝스러워 보였다. 그렇게 아름다운 옷은 그녀처럼 유행에 뒤처진 아줌마가 아니라 더 매력적인 젊은 여성이나 입어야 할 것 같았다.

그러고 나서 그녀는 다른 도시에서 최근에 나눈 대화에 대해서 C 박사에게 말할 기회가 없었던 것을 알아차렸다. 그때 그녀는 긴장하긴 했지만, 그럭저럭 잘 해낸 것 같았다. S 씨는 중요하지 않은 투로 덧붙였는데, 발표가 끝난 후에 한 중요한 학자가 그녀에게 점심을 같이 하자고 했다. 그녀의 말에 따르면 그는 영향력 있는 사람이었고 외모가 매력적인 40대 남자였다. 그녀는 그가 자신과 시간을 보내고 싶어 한다는 사실을 믿을 수 없었다. 점심을 먹으며 그가 같이 연구를 하면 어떻겠냐고 제안했을 때, 그녀는 '놀라 자빠질 지경이었다.' 그녀는 뭔가가 떠올랐다. 그녀의 남편은 처음으로 그녀의 최신 원고를 보여 달라고 했었다. 그는 그녀의 아이디어에 정말로 관심이 있고, 그녀를 자랑스러워하는 것처럼 보였다. 그렇지만 그녀를 결코 그를 믿을 수 없었다. 어쩌면 그는 속으로 그녀를 비웃고 있을지도 몰랐다.

---

3) 이처럼 억압과 해리가 결합된 것은 높은 BPO와 NPO의 경계에 있는 환자들의 특징이다.

S 씨는 말을 하면서 점점 활기를 띠게 되고, 젊은 학자와 함께 식사했던 것을 얘기할 때는 얼굴이 상기되었는데, 평소 그녀의 가라앉은 태도에서는 상당히 벗어난 모습이었다. 역전이에서 C 박사는 S 씨가 진정한 자신이 되어 간다는 느낌을 받아서 기쁘고 자랑스러웠다.

임상 자료를 성찰하면서, C 박사는 S 씨가 두 개의 분리된 대상관계를 기술하고 있음에 주목했다. 첫 번째는 자아동질적인 관점을 중심으로 조직되었는데, 이는 S 씨에게 친숙하고 분명히 방어적인 것으로, 자기 자신을 부적절하고 열등하고 긍정적 관심을 받을 가치가 없으며, 가치 있고 힘 있는 사람들로부터 단절되었다고 느끼는 것이다. 이 대상관계는 초라함 및 잠재적 굴욕감과 연결되어 있다. 두 번째 대상관계는 그녀에게 덜 친숙한 경험으로 조직되며, 강한 불안과 연결되어 있다. 이 대상관계에서 S 씨는 주목의 대상이 되는 것을 즐긴다. 그녀는 힘 있고 가치 있는 타인으로부터의 관심과 감탄을 즐길 수 있다는 것을 경험한다. 이 대상관계는 힘, 강렬한 기쁨, 흥분과 연결되며, 정동적으로 강하게 부하된다.

C 박사는 후자의 대상관계가 이 회기에서 정동적으로 지배적이라고 확인했다. 그 순간에 C 박사는 전이에서 지배적인 대상관계가 무엇인지는 불분명했다. C 박사에 대한 S 씨의 태도는 표면적으로는 일종의 수줍음 같았지만, 친구나 아주 신뢰하는 사람, 또는 호감 가는 남자에게 좋은 감정을 나눌 때와 비슷한 행복감이 결합되어 있었다. C 박사는 회기에서 S 씨의 흥분이 부분적으로는 C 박사에게 감탄받고 싶다는 억압되고 갈등적인 소망과 연결된 것이 아닌가 생각했다.

논평: 이 사례는 억압-기반 방어 세팅과 신경증적 구조에서 정동적으로 지배적인 대상관계를 전달하는 데 있어서 언어적 소통의 역할과 특히 자유연상의 역할을 보여 준다. S 씨의 내러티브와 연상에서 표현된 것은 핵심갈등인데, 이것은 일련의 방어, 불안, 갈등적 소망과 연결되며 임상 자료에서 천천히 드러난다.

C 박사는 관련된 대상관계가 분명하고 안정적인 층을 이루는데, 이는 친숙하고 방어적인 대상관계와 치료에서 나타나기 시작하고 불안과 연결된 환자의 새롭고 훨씬 갈등적인 자기감을 가리킨다. 이 복합적인 구조는 앞에서 임상 예시 1과 2에서 보여 준 더 심각한 성격병리 세팅에서 나타나는 지배적 대상관계와는 현저히 다르다.

치료자가 지배적인 대상관계를 확인할 수 없을 때

치료자가 개입의 초점을 정할 때 소통의 세 가지 경로에 주목함으로써 회기에서 정동적으로 지배적인 대상관계를 확인하는 작업을 먼저 한다는 것을 보여 주었다: 환자의 언어적 소통, 비언어적 소통, 그리고 역전이. 만약 치료자가 지배적인 대상관계를 확인할 수 없다면, 한걸음 물러나서 다음을 고려하는 것이 도움이 된다. "전이에서 무엇이 일어나고 있는가? 환자는 회기에서 어떻게 행동하고 있으며, 치료실의 전체적인 분위기는 어떠한가?"

만약 이 접근이 성과가 없다면 치료자에게 도움이 되는 두 번째 단계는 치료에 대한 환자의 참여에 초점을 두는 것이다. 환자의 소통에서 뚜렷한 조직화 주제가 빠져 있는 것을 설명하기 위해서 무엇이 빠져 있는지, 또는 회기에서 외견상 분명한 초점이 없는 것은 아닌지 살펴볼 때, 치료자는 다음 질문을 살펴볼 수 있다: "환자가 치료틀을 잘 지키고 있는가?", "치료계약의 일부로 도입된 특정 조건들을 다 지키고 있는가?", "치료목표를 이루기 위해 일상에서도 구체적 행동을 하고 있는가?", "환자의 행동에서 어떤 대상관계가 상연되거나 방어되는가?"

핵심 임상 개념

- TFP-E 치료자들은 두 가지 관점에 걸쳐 있다. 하나는 회기 안에서 환자의 내적 경험과 지배적 대상관계에 초점을 맞추는 것이고, 다른 하나는 회기 바깥에서 환자의 기능에 초점을 맞추는 것이다.
- 우선순위 주제의 위계는 치료자가 응급 우선순위를 확인하고, 치료틀의 온전함을 평가하며, 지배적인 대상관계를 확인하도록 한다.
- 우선순위 주제의 위계에 주의를 기울이는 것은 탐색적 과정이 외적 현실 및 세계에서의 환자의 기능수준과 연결될 수 있도록 한다.
- 치료틀과 치료목표에 주의를 기울이는 것은 환자 삶의 현실에 치료를 정착시킨다.
- 정동적으로 지배적인 대상관계는 환자의 내적 세계를 탐색하는 진입점이 된다.
- 지배적인 대상관계를 확인하기 위해서 치료자는 환자의 언어적 소통, 비언어적 소통 그리고 역전이에 주의를 기울인다.

▼ 참고문헌

Bateman A, Fonagy P: Mentalization-Based Treatment for Borderline Personality Disorder. New York, Oxford University Press, 2006

Bion WR: A theory of thinking (1962), in Second Thoughts. London, Heinemann, 1967, pp 110-119

Diener MJ, Hilsenroth MJ, Weinberger J: Therapist affect focus and patient outcomes in psychodynamic psychotherapy: a meta-analysis. Am J Psychiatry 164(6):936-941, 2007 17541054

Yeomans F, Clarkin JF, Kernberg OF: Transference-Focused Psychotherapy for Borderline Personality Disorder: A Clinical Guide. Washington, DC, American Psychiatric Publishing, 2015

제10장
개입 Ⅰ: 탐색적 개입과 해석 과정

우리는 해석 과정이라는 이름 아래, 치료자의 탐색적 개입에 대한 접근을 조직한다(Levy & Inderbitzin, 1992; Sandler et al., 1992). 해석 과정은 일련의 개입으로 개념화될 수 있으며, 각 개입은 다음 개입의 기반이 된다. 치료자는 일련의 개입을 사용해서 환자의 주관성을 탐색하기 위해 환자와 함께 작업한다. 해석 과정에 대한 논의는 세 장에 걸쳐 이어진다. 여기서 우리는 명료화, 직면, 엄밀한 의미의 해석이라는 탐색적 개입에 초점을 둔다. 제11장은 전이분석과 해석 과정을 안내하는 다른 기략에 초점을 둔다. 제12장에서는 역전이 활용, 기법적 중립성의 관리, 훈습의 과정에 대한 논의로 탐색적 개입에 대한 개관을 마무리할 것이다.

구별해 본다면, 해석에 대한 고전적 접근도 **명료화, 직면**, 해석이라는 순차적 단계에 초점을 두며, 이는 통찰과 자기이해 촉진이라는 전반적인 목표를 지닌다(Auchincloss & Samberg, 2012). 우리는 연속성을 유지하기 위해서 이 용어들을 그대로 사용했지만 해석에 대한 기법적 접근 및 그 목적에 대한 이해에 대해서는 수정하였다. 환자의 지배적 방어유형 또는 탐색된 갈등의 특성에 상관없이, 해석 과정의 목적은 환자가 경험의 갈등적 측면을 확인하고, 컨테인하고 성찰하고 맥락화하도록 돕고, 자기자각, 자기이해 및 자기수용 역량을 심화하는 것이다(Caligor et al., 2009).

해석 과정

우리는 해석 과정에 대한 논의를 구성요소들에 따라 나누어 볼 것이다: 명료화, 직면,

그리고 엄밀한 의미의 해석. 각 요소는 성격장애 치료에서 특정한 기능을 하는 탐색적 개입의 한 유형이다. 명료화와 직면이 환자의 경험이 무엇인가에 초점을 둔다면, 해석은 이유에 초점을 둔다. 〈표 10-1〉에 해석 과정의 탐색적 개입 및 목적과 치료자의 과제를 제시했다.

지금 여기에서의 경험에 초점 맞추기: 해석 과정을 정의하기

임상 세팅에서 탐색적 개입의 흐름과 그것이 임상 과정에 미치는 영향에는 정도의 차이가 있는데, 그것은 현재의 갈등 및 관련된 대상관계가 분열-기반 방어로 조직되었는지, 억압-기반 방어로 조직되었는지에 달려 있다. 대체로 병리가 더 심각할수록 주의와 개입의 초점은 해석 과정의 초기 단계로 이동하게 된다. 여기서 환자의 지배적 경험의 명료화 및 역할반전과 분열이 환자의 주관성에 미치는 영향을 직면하는 것이 중요한 기능을 한다. 이는 환자가 갈등적인 대상관계를 인지적으로 컨테인하고 성찰하고 맥락화할 수 있도록 돕는다. 반면에 억압-기반 방어가 지배적일 때, 탐색 및 엄밀한 의미의 해석의 역할이 더 강조된다. 이런 상황에서 명료화와 직면은 대체로 해석을 위한 단계를 설정하고 무의식적 갈등을 훈습하는 관점으로 여겨진다(훈습에 대한 추가적 논의를 위해, 제 12장과 제13장 참조).

이 책에서 줄곧 논의하였듯이 전이초점 심리치료-확장판(TFP-E)에서 우리는 각 회기에서 환자의 순간순간 경험 및 일상생활의 현재 기능에 대해 주로 개입한다. TFP-E에서 해석 과정의 초점은 지금 여기에서의 환자의 경험에 있다. 비록 환자의 과거력은 언제나 중요한 퍼즐 조각이지만 TFP-E에서 성격 변화의 주요 동인은 지금 여기에서 작업하는 것이며, 이는 구조적, 역동적 변화를 지지하여 성격의 통합을 이끈다.

따라서 우리는 환자 경험의 특징을 어린 시절 대상이라는 관점에서 자유롭게 묘사할 수 있지만—예를 들어, "마치 당신이 저를 거부적인 어머니처럼 경험하는 것 같네요."—이는 기술적인 문장으로 사용하는 것이며, 다음과 같이 설명적인 문장으로 사용하는 것과는 굉장히 다르다. "당신은 제가 거부적이라고 느끼는 것 같습니다. 왜냐하면 당신의 어머니가 당신을 거부했기 때문이지요." 또는 심지어 "…왜냐하면 당신이 어머니로부터 거부당했다고 느꼈기 때문이지요." 본질적으로 재구성인 이런 후자의 개입은 일반적으로 TFP-E에서 임상 과정을 심화시키는 기능을 하지 못하며, 환자의 현재 갈등의 탐색을 방해할 수 있다.

〈표 10-1〉탐색적 개입: 목적과 과제

해석 과정이 자기경험에 미치는 영향은 점진적이고, 누적되며, 아래의 개입에 기반하고 있다.

개입 및 목적	치료자의 과제
명료화는 환자가 자기관찰 과정을 시작하게 한다.	의식적으로 경험하고 기술한 자료가 모호하고 불분명할 때 설명을 요청한다.
직면은 환자의 자기자각의 증가를 이끈다.	명료화된 자료들에서 종종 전의식적이고, 부인된, 또는 합리화된 모순이나 생략에 주의를 환기한다.
엄밀한 의미의 해석은 환자의 자기이해를 심화시키는 기능을 한다.	환자가 왜 그렇게 경험하고 행동하는지에 대해 가설을 제시한다. 지금 여기에서 작동하는 방어기제에서 무의식적인 동기, 불안 및 개인적 의미를 언급함으로써 직면된 자료에서 명백히 비합리적인 요소를 이해한다.
훈습은 통합과정을 촉진하고, 환자의 자기수용 수준을 진전시킨다.	확인된 갈등을 서로 다른 맥락과 시간에 따라 반복적으로 해석한다(자세한 논의는 제12장 및 제13장 참조).

　대조적으로, 갈등이 정교화되고 환자가 자신의 내적 경험의 갈등적 측면에 대한 자각을 견디기 시작하면, 종종 이 모든 일이 어떻게 그렇게 된 것 같은지 생각해 보는 것과 핵심 갈등을 환자의 초기 역사와 연결해 보는 것은 도움이 된다. 결과적으로, 우리가 환자의 초기 역사를 해석 과정에 가장 일반적으로 유용하게 가져오게 되는 것은 치료 중기와 진전기, 훈습 과정에서이다. 이 세팅에서 과거 자기와 현재 자기 사이에 연결을 짓는 것은 변화를 촉진하고 확고히 하도록 돕는다.

명료화

　명료화는 TFP-E에서 가장 기본적이며 자주 활용하는 탐색적 기법이며, 해석 과정의 첫 번째 단계이다. 명료화란 치료자가 환자의 주관적 경험을 명료화하려는 것이다. 모호한 영역은 환자와 치료자 둘 다 말한 내용에 대해 분명한 이해를 할 때까지, 또는 환자가 자신의 생각에 있는 근본적인 모순이 드러나서 혼란을 느낄 때까지 다루어진다. 명료화되어야 하는 자료는 외적 현실의 측면일 수도 있고, 환자의 개인력일 수도 있고, 또는 회기에 가져온 그의 내적 경험일 수도 있다.

명료화는 정보를 도출하고 규명하는 이중 기능을 하는데, 환자의 모호했던 의사소통에서 새로운 요소를 끌어내도록 도우면서, 환자의 경험과 행동에 대한 가능한 최대의 이해를 얻고자 하는 목적을 갖는다. 명료화는 많은 다른 형태의 심리치료에서 공유되는 개입인데, 치료자와 환자로 하여금 환자의 의식적 경험의 세부사항에 주의를 기울이도록 돕기 때문이다. TFP-E에서 명료화는 전체 해석 과정의 수단이 되는 자기관찰과 내성의 과정을 시작하게 한다.

명료화는 단일한 개입일 수도 있지만 대개는 치료자와 환자 간에 앞뒤로 왔다 갔다 하는 과정이며, 체계적인 질문을 포함한다. 이는 환자와 치료자가 무엇이 이야기되고 무엇이 상연되는지에 대해 분명히 이해할 때까지, 또는 환자가 제시한 내용의 근본적인 모순에 혼란을 느낄 때까지 이어진다. 명료화 과정은 일반적으로 치료자가 구체적이고 세부적인 것을 질문하는 것을 포함하며, 치료자는 환자가 말하는 내용을 완전히 따라가거나 무엇을 말하고 있는지 이해하는 데 느끼는 어려움을 전달한다. 명료화에는 환자가 기술하는 것을 보여 줄 수 있는 예시를 요청하는 것, 또는 환자가 기술하고자 하는 것처럼 보이는 것을 재진술하여 치료자의 이해가 정확한지 피드백을 요청하는 것도 포함될 수 있다.

치료자는 환자의 소통과 임상 과정에서 종종 방어기제의 영향을 나타내는 불분명하고, 모호하고, 불완전한 성질의 자료에 대해 명료화를 요구할 것이다. 그 결과, 명료화는 방어와 갈등의 영역으로 임상적 주의를 이끄는 경향이 있지만, 여전히 환자의 지배적인 의식적 경험 수준에 머무른다. 명료화는 가능한 분명하고 구체적으로 환자의 경험을 밝혀내고 구체화하는 것이다. 명료화에는 현재 환자가 자각하지 못하는 심리적 자료를 다루는 것은 포함되지 않는다. TFP-E에서 명료화는 언제나 정동적으로 지배적인 대상관계를 확인하고 정의하는 첫 번째 단계이다.

다음은 명료화의 예시이다.

치료자: 어제 John이랑 말다툼을 했다고 했어요. 둘 사이에 정확히 무슨 일이 있었는지 이야기해 줄 수 있어요?

치료자: 주말을 잘 보냈다고 했는데요. 좀 더 자세히 말해 줄래요?

환　자: 그냥 아주 즐거웠어요.

치료자: 어떻게 그렇게 즐거웠는지 예를 좀 들어 줄 수 있나요?

치료자: 외로웠다고 얘기하셨는데요. '외롭다는 게' 어떤 건지 좀 더 말해 줄 수 있나요?

치료자: 한동안 기분이 별로 안 좋았다고 했는데요. 어떻게 기분이 안 좋았는지 좀 더 자세히 얘기해 줄 수 있을까요?

환　자: 나는 정말 힘들었어요.

치료자: 어떻게요?

환　자: 음, 나는 내 외모가 정말 마음에 안 들어요. 그리고 이제 주말이 되면 남자 친구가 내가 있거나 없거나 별로 관심이 없는 것처럼 느껴져요. 남자 친구는 나를 누군가와 쉽게 바꿀 수 있을 것 같아요.

치료자: 그러니까 스스로가 매력적이지 않고, 남자 친구가 정말로 관심을 가지거나 특별하게 생각하는 사람 같지 않게 느껴진다는 거죠? 당신이 어떻게 느끼는지 정확히 이야기한 건가요?

명료화 및 병리의 심각도

　신경증적 성격조직(NPO) 수준에서 기능하는 환자의 치료에서, 치료자는 일반적으로 환자의 소통이 비교적 따라가기 쉽고, 대부분 내용에서 충분히 구체적인 것을 발견할 것이다. 하지만 억압-기반 방어에서 미묘하게 빠뜨리는 부분이나 모호한 영역이 있을 수 있고, 또는 환자의 언어적 소통에서 명료화를 요구하는 불일치가 나타날 수 있다(Caligor et al., 2007). 따라서 해석 과정의 일부로서, 명료화는 NPO 환자에게서 방어와 갈등의 영역에 주의를 끌고, 환자로 하여금 그의 경험을 더 완전하고 구체적으로 검토하도록 질문하면서 탐색 과정을 시작하게 된다.

　명료화는 분열-기반 방어가 임상 자료를 조직할 때, 더 중심적이고 복합적인 역할을 하게 된다. 분열-기반 방어의 세팅에서 환자의 소통이 모호하고 피상적이며 불완전하고 따라가기 힘든 것은 흔한 일이다. 경계선 성격조직(BPO) 수준에서 기능하는 환자가 말하고자 하는 것 또는 기술하고 있는 것에 대해 TFP-E 치료자가 혼란스러운 느낌이 드는 것 역시 흔한 일이며, 환자 스스로도 종종 혼란스럽게 느낀다. 사실과 사건은 불완전하게 또는 모호하게 기술될 수 있으며, 표상들은 흐릿하거나 빈약하게 분화될 수 있고, 정동은 피상적이며 빈약하게 통합될 수 있다. 이 세팅에서 명료화 과정은 환자가 그의 외적 및 내적 경험에 더 분명하고 구체적으로 주의를 기울이고 분명히 표현할 수 있도록 돕는 것이다. 궁극적으로, 이 과정은 환자가 그의 외적 현실과 행동에 대해 더 구체적으로 생각하고—부인을 덜 하도록 하고—그의 내적 경험을 관찰하고 말로 표현하도록 돕는다.

> **임상 예시 1** **NPO 환자에서의 명료화**
>
> Y 　씨: 드디어 이혼이 진행되네요. Julia가 끝을 내려고 강하게 밀어붙였어요. 아마 제가 질질 끌고 있었던 것 같아요…… 일부러 그런 건 아닌데, 어쩔 수가 없더라고요—그게 그냥 안 됐어요.
>
> B 박사: 이해가 잘 안 되네요. 어쩔 수 없다는 건 뭐고, 그렇게 안 됐다는 건 뭔가요?
>
> Y 　씨: 변호사를 만나야 했거든요. 막내 Nina의 양육권 문제 때문에요. 나는 그걸 생각하고 싶지 않았어요. 현실이 되길 원치 않았어요.
>
> B 박사: 현실이 되길 원치 않았다는 게 뭔가요?
>
> Y 　씨: 내 인생의 한 단계가 끝난다는 거죠…… 이제 나는 Nina한테 '부분적인 양육권자' 일 뿐이에요. 이제 그 애는 Julia와 살 거고, 나는 아웃사이더예요…… 나는 한때 이 멋진 가족에 속해 있었지만 지금은 아웃사이더라고 느껴요. [환자가 울기 시작한다] 나는 잘못이 너무 많다는 것을 알아요—더 잘할 수도 있었을 텐데요. 나는 도저히 Julia를 탓할 수가 없어요.

논평: 이 짧은 예시에서 치료자는 두 가지 경우에 대해 명료화를 하는데, Y 씨가 질질 끌고 있다는 일반적인 진술에서 가족을 잃는 고통에 대한 구체적인 기술로 옮겨 가도록 돕는다. 이는 그 자신의 결함으로 인해 사랑하는 관계에서 배제당했다고 느끼는 내적 경험과 연결된다. 이 상황에서 치료자는 명료화의 과정을 계속하기로 결정할 수도 있었다—예를 들어, 환자가 어떻게 스스로를 탓하는지 더 들어 볼 수도 있었다. 명료화 과정을 통해서 치료자가 환자에게 정동적으로 지배적인 대상관계를 기술하게끔 제안했을 수도 있다—이상적으로, 환자 자신이 사용한 용어를 통해서. 예를 들어, 치료자는 이렇게 말했을 수 있다. "슬픈 것 같네요. 열심히 하지 않는다고, 충분하지 않다고, 가족에게서 쫓겨난 아이 같아요. 이 순간에 당신 눈에는 Julia는 단지 자신이 해야 할 일을 하는 것처럼 보이는 것 같아요. 이 표현이 정확한 것 같나요?"

임상 예시 2 | 높은 BPO 환자에서의 명료화

J   씨: 요즘 직장에 지각을 하고 있어요. 아침에는 몸이 마비가 돼요.

C 박사: 무슨 말인지 이해를 못하겠어요.

J   씨: 몸이 마비돼 버려요. 침대에서 나올 수가 없고, 몸이 안 움직여요.

C 박사: 좀 더 말해 줄 수 있나요?

J   씨: 음, 나는 커피를 내리고 신문을 읽어요. 그런데 슬로우 모션 같아요. 그리고 엄청 우울해요.

C 박사: 헷갈리네요. 몸이 마비되고 침대에서 나올 수 없기 때문에 지각했다고 하더니 무슨 말이죠?

J   씨: 음, 내가 하려는 말은 마비된 것처럼 **느낀다는 거예요.** 나는 침대 밖으로 나오긴 해요. 그런데 일상적인 것도 매우 느리게 움직여요. 통제를 못하겠어요. 그렇게 하면 늦어지는 것을 알고 있는데, 그것보다 빨리 움직일 수 없을 것 같아요. 나는 제시간에 갈 수 있을 줄 알았어요.

C 박사: 상사는 당신이 몇 시까지 출근하는 것으로 알고 있나요?

J   씨: 아, Hal은 내가 일찍 오길 원해요. 그렇지만 나는 별로 신경 쓰지 않는 것 같아요.

C 박사: 그러니까 Hal은 당신한테, 제시간에 오라고 하는 것 같은데, 당신은 크게 신경 쓰고 있지 않다는 얘기로 들리네요.

J   씨: 네. 나는 특히 너무 피곤하면 좀 늦어도 사실 그렇게 신경 쓰지 않아요. 그런데 그는 일찍 오는 걸 큰일로 생각해요. 그가 화났는지는 잘 모르겠어요.

C 박사: 그러니까 당신이 보기에는 그가 당신한테 뭘 하라고 하는 데다가, 심지어는 이래라 저래라 명령하는 것 같다는 얘기인가요?

J   씨: 네. 그리고 저는 그게 별로예요.

논평: 이 예시에서 환자는 현저히 모호하고 따라가기 어려우며, C 박사는 환자가 하려는 말이 정확히 무엇인지 상당히 적극적으로 명료화한다. 역전이에서 C 박사는 환자의 소통 방식 및 직장에 지각하는 것 둘 다에 대해 짜증스러움을 자각하며, J 씨의 상사 역시 그녀에게 짜증이 날 것 같다는 생각이 들었다. C 박사의 개입은 J 씨가 기술하는 사건뿐만 아니라 그녀의 상사가 말한 기대를 명료화하고 있는데, 환자는 이를 처음에는 명확히 말하지 않았다.

이 과정의 끝에서, C 박사는 J 씨의 '마비'에 대한 경험을 조직하는 대상관계에 대해서 생각해 보는 방식을 제안할 수 있는 위치에 있다. 이 예시에서 C 박사는 이어서 다음과 같이 말했다. "저한테 떠오른 것은 Hal이 당신에게 이래라 저래라 하는 것이 당신에게 마비된 느낌이 들게 하거나 느리게 움직이게 하는 것과 관련이 있고, 마치 무언가가 반드시 당신을 지각하게 만들고 그를 화나게 하는 것 같다는 거예요. 이렇게 느낀 건가요?" J 씨가 대답했다. "네, 맞아요. 나도 그게 미친 소리 같다는 걸 아는데……. 나는 남이 뭐라 하는 걸 듣기가 싫어요."

많은 BPO 환자는 자신의 경험에 대해 명확하게 설명할 필요가 없다고 생각할 수도 있다. 어떤 환자들은 치료자가 자동적이고 마술적으로 이해하는 것이 당연하다고 여기는 반면, 다른 환자들은 진정으로 '알려지거나' 이해받는 것을 두려워하기 때문에 애매하게 만들 수도 있다. 또 다른 환자들도 모호할 수 있는데, 모호함으로 자신의 갈등적이고 자세히 검토하기 고통스럽거나 화나는 행동이나 경험의 측면들에 대해 생각하는 것을 회피할 수 있기 때문이다. 이러한 이유 중 무엇 때문이라도 어떤 BPO 환자는 치료자가 명료화를 요청하거나, 또는 환자의 소통이 얼마나 모호한지와 상관없이 치료자가 완벽하고 즉각적이며 자동적인 이해가 아닌 어떤 것을 나타내면 화를 내거나 짜증을 낼 수 있다.

BPO 환자들이 모호하고 불분명할 때 치료자는 결국 자신이 환자가 말하는 것을 더 바짝 따라갔어야 했다고 느낄 수 있고, 그렇게 하지 못한 것은 탐색이 필요한 환자의 소통 및 방어 유형의 측면이라기보다는 치료자 편의 실패를 의미한다고 느낄 수 있다. 정말 위험한 것은 치료자가 명료화를 하지 못할 것 같이 느끼는 것이다—이 역전이 압력은 치료자가 저항해야 하는 것인데, 왜냐하면 TFP-E 치료자는 언제든지 환자의 소통에서 불분명하다고 느낄 때 자유롭게 질문하는 것이 중요하기 때문이다. 명료화 요청에 대해 환자가 부정적으로 반응하는 상황에서, 임상적 초점은 그 순간에 치료자에 대한 환자의 경험으로 이동한다—즉, 전이에서 현재 활성화된 대상관계의 명료화와 탐색으로 이동한다.

임상 예시 3 **명료화 요청에 대한 높은 BPO 환자의 반응**

자기애성 성격장애를 가진 높은 BPO 환자가 자신의 외도를 모호하고 다소 회피적으로 기술한 것에 대해 치료자가 반복적으로 명료화하는 질문을 하자 짜증을 냈다. 환자는 폭발했다. "이제 그건 지나간 일이에요! 왜 자꾸 물어보고 무슨 말인지 설명해 달라고 하는 거예요? 내가 하는 말을 듣고 있는 거예요? 아니면 내가 솔직하게 말하고 있는지 못 믿겠다는 건가요?"

치료자는 현재의 상호작용을 조직하는 대상관계를 명료화하려고 했다. "그 느낌에 대해서 좀 더 말해 줄 수 있나요? 내가 무관심하고 대화에 충분히 관심을 기울이지 않는 것 같거나, 아니면 내가 당신을 의심하고, 사실을 말하고 있다고 믿지 않는 것 같은 느낌에 대해서요." 이 질문은 치료시간의 지배적인 이슈, 즉 환자의 외도가 아니라, 전이에서 활성화된 대상관계를 드러냈다. 이는 한 사람은 무관심하고 무시하는 인물이며, 다른 사람은 의심스럽고 기만적인 인물로 구성되며, 상호불신과 평가절하로 채색된 관계로 특징지어진다.

논평: 이 예시에서 환자의 모호하고 회피적인 방식이 치료자에게 명료화를 하게끔 한다. 환자의 소통을 명료화하려는 치료자의 지속적인 노력에 대한 반응으로, 환자는 짜증을 낸다. 여기서 명료화의 과정을 통해 전이에서 정동적으로 지배적인 대상관계를 구체화하게 된다. 환자가 말하는 것을 명료화하려는 치료자의 지속적 노력의 결과, 정동적으로 지배적인 대상관계의 가장 즉각적인 소통이 환자가 말하는 것에서보다 행동하는 것에서 나타난다(즉, 그가 그의 성생활에 대해서 기술하는 것보다 치료자와 상연하는 것에서). 치료자는 환자의 폭발에 주의를 기울임으로써 치료자에 대한 (그리고 그의 친밀한 관계에서 확실히 상연된) 환자의 회피적인 행동을 조직하는 적대적인 대상관계를 분명히 확인하고 표현할 수 있었다. 이는 무관심하고 무시하는 한 사람과, 의심스럽고 기만적인 다른 사람으로 이루어진 관계였다. 이 대상관계는 환자가 자기 자신에 대한 경험과 치료자와의 상호작용에서의 경험을 조직하는데, 환자는 어떤 수준에서는 불신과 적대감으로 특징지어지는 이 대상관계의 양쪽 편 모두를 동일시한다.

요약

명료화는 모호하고 혼란스러운 영역에 초점을 맞추고, 환자가 기술한 내용에 대해 환자와 치료자가 둘 다 분명하게 이해하게 될 때까지 세부사항을 탐색하는 것을 포함한다. 명료화는 TFP-E 치료자들이 가장 기본적으로 자주 사용하는 기법으로 심각도의 전 범위에 걸친 환자들을 대상으로 한다. 이는 환자의 지배적인 의식적 경험을 정교화하며, 환자가 자신이 무엇을 하고 있고 무엇을 경험하고 있는지 관찰하고 생각할 수 있는 심리적 공간을 만드는 과정인 동시에, 치료자가 환자의 경험의 세부사항에 관심을 가지고, 결국 '알게 되거나' 이해한다고 환자가 느끼게 되는 과정이다(Britton, 1998; Steiner, 1993). 명료화는 전체 해석 과정을 특징짓는 자기관찰 및 내성의 과정을 시작하게 한다.

분열−기반 방어는 그 정의상 환자의 이야기에서 중대한 모호함과 피상성, 불연속성을 갖기 때문에 명료화는 NPO 환자보다 BPO 환자의 치료에서 더 중심적인 역할을 하는 경향이 있다.[1] 심각도의 전 범위에 걸쳐, 명료화는 해석 과정의 첫 번째 단계로 기능하며, 치료자와 환자가 공유하는 환자의 경험에 대한 분명하고 구체적인 이해를 제공하고, 종종 갈등 영역에 임상적 관심을 기울인다. 명료화를 통해 환자의 의식적 경험을 조직하는 자기표상 및 대상표상을 정교화하고 기술하는 것도 가능하다.

정리해 보면, 치료자는 다음을 달성하기 위해 명료화를 사용한다.

- 환자의 주관적 경험을 통해 내용에 접근한다.
- 환자의 지배적 경험을 정교화한다.
- 자기관찰 및 내성 과정을 시작하게 한다.

명료화 과정은 종종 환자의 내러티브와 주관적 경험에서 그가 이전에는 주의를 기울이지 않았던 불일치, 생략, 혼란의 영역을 밝혀준다. 따라서 명료화는 상당히 자연스럽게 해석 개입의 다음 단계로 이어진다. 이제 직면이 논의될 것이다.

직면

직면은 치료자가 환자의 내적 경험과 언어적, 비언어적 소통이 불일치하는 측면에 주의를 기울이는 것이다. 직면에서 치료자는 환자가 한걸음 물러서서 관찰하게 하고, 그의 경험, 소통, 행동에서 서로 일치하지 않는 측면들을 합쳐서 성찰하도록 한다. 직면의 목적은 환자가 자연스럽게 간과할 수 있는 내적인 불일치를 성찰하게 하는 것이다.

직면이라는 단어는 불행히도 공격적인 함의를 지니지만, 우리는 역사적 연속성을 위해서 그 용어를 그대로 유지하기로 했다. TFP−E에서 직면은 언제나 신중하게 하는데, 항상 기법적 중립성의 관점에서 재치 있게 이루어진다. 직면은 공격의 형태가 아니며, 그보

---

[1] 모호함은 분열−기반 방어 세팅에서 방어의 기능을 하기 때문에, BPO 환자에게 명료화의 과정은 종종 직면의 형태로 기능한다(이 장의 다음 절에서 논의된다). 이는 명료화에 대한 반응으로 일부 BPO 환자가 보이는 부정적인 반응을 부분적으로 설명한다(예를 들어, 앞서 임상 예시 3에서 기술된 자기애성 성격장애 환자).

다는 성찰의 기회로 생각하는 것이 좋다(그러나 직면은 '거스르는' 경향이 있다는 것을 주목할 필요가 있는데, 환자의 언어적, 비언어적 소통에서 그동안 자아동질적이었던 내적 불일치에 대한 환자의 자각을 높이는 것이기 때문이다).

직면은 회기 내에서, 또는 이번 회기와 지난 회기 간 환자의 언어적 소통에서 모순이나 불일치를 다루는 것을 포함할 수 있다. 직면은 종종 환자가 부인하는 비언어적 소통에 초점을 둔다. 예를 들어, 치료자는 환자가 고통스러운 이야기를 하면서 미소를 지을 때 환자의 언어적, 비언어적 소통의 불일치에 주의를 기울일 수 있다. 또는 환자의 지배적 경험과 비언어적 소통 간의 불일치에 주의를 기울일 수도 있는데, 환자가 치료자가 비판적이라고 책망하면서, 자신이 치료자에게 비판적으로 행동하는 경우이다.

명료화가 환자의 지배적인 의식적 경험에 초점을 두면서 환자가 이를 어떻게 보고 있는지 정교화하는 반면, 직면은 환자가 습관적으로 가정하는 관점을 벗어난 새로운 관점을 도입함으로써 환자의 자각을 확장하는 것이다. 따라서 직면은 명료화에서 더 나아간 개입이며 환자에게 더 많은 인지적 유연성을 요구하는데, 이는 환자가 그 순간의 지배적인 경험에서 벗어나서 대안적인 관점을 고려하는 데 필요한 것이다. 직면은 환자가 부정하고 있는 경험과 언어적, 비언어적 소통, 또는 그들 간의 모순에 주의를 기울인다. 본질적으로 직면은 환자가 그의 방어에 의해 부인하고 있는, 미묘하거나 별로 미묘하지 않은 불일치, 모순, 생략을 자각하게 한다(Etchegoyen, 1991). 치료자가 직면하면 환자는 방어와 갈등을 탐색하는 과정을 시작할 것이다.

해석과는 대조적으로(이 장의 '엄밀한 의미의 해석' 절에서 논의될 것이다), 직면은 환자의 의식적, 전의식적인 경험 및 관찰 가능한 행동과 밀접하게 관련된다. 직면의 목적은 자기자각이며, 해석의 목적은 자기이해이다. 직면을 하는 치료자는 새로운 자료를 제시하지 않는다. 그 대신 치료자는 명료화 과정을 통해 이미 정교화된 자료에 대한 새로운 관점을 도입한다. 직면은 충분히 의식적인(또는 행동의 경우, 충분히 관찰 가능한) 태도, 생각, 행동에 환자가 주의하게 한다. 환자는 스스로는 완전히 자연스럽다고 여기지만(즉, 그것은 자아동질적이고 합리화되거나 부인된다), 이는 환자의 다른 태도, 생각, 행동과는 불일치한다. 직면에서 치료자는 명백하지만 환자가 방어적으로 주의를 기울이지 않거나, 그 중요성을 부인하고 있는 뭔가에 주의를 기울이게 한다. 다음에 나오는 예시를 통해서 볼 수 있듯이 직면은 자기자각을 촉진하는데, 자아동질적으로 생각하고 느끼고 행동하는 습관적이고 방어적인 방식에 초점을 두고, 자아이질적이 됨으로써—환자에게 관찰 가능하고, 어떤 의미에서는 주목할 만하며—더 나은 이해를 가능하게 한다.

다음은 직면의 예시이다.

치료자: 당신은 남자들에게 관심을 더 받고 싶다고 여러 번 말했어요. 그래서 어젯밤에 관심이 있었던 남자가 당신한테 문자를 보냈을 때, 답을 안 했다는 얘기를 듣고 조금 놀랐어요. 어떻게 생각해요?

치료자: 당신이 직장에서 동료들과 상호작용할 때 어린아이 같이 느껴진다고 해서 놀랐어요. 회의 시간에 무슨 일이 있었는지 구체적으로 이야기했을 때[명료화], 다들 당신이 일할 때 능숙하고 주장적이라고 생각하는 것 같았는데요.

치료자: 당신은 직면이 두렵다고 하지만, 상사는 당신이 후배들에게 좀 더 부드럽게 대할 필요가 있다고 평가했어요. 이걸 어떻게 이해해 볼 수 있을까요?

치료자: 힘든 주말을 보냈다는 얘기를 하면서, 웃고 있어요. 어떻게 생각해요?

치료자: 본인을 훌륭한 학생이라고 하셨는데, 접수면접에서는 학사경고를 받았다고 했어요. 이해가 잘 안 되네요?

치료자: 내가 당신한테 비판적이라고 느끼는 것도 이해가 가요. 동시에, 당신은 내가 치료에서 당신을 어떻게 대했는지 비판하면서 이 시간 대부분을 보냈어요. 내가 비판적이라고 보면서, 당신은 자각하지 못하고 내게 비판적으로 행동하는 것 같네요.

치료자: 오늘 내가 말만 하려고 하면, 방해하고 있다는 것 알아요?

치료자: 오늘은 매우 편안해 보이고, 우리의 작업에 대해서도 낙관적으로 보이네요. 하지만 당신이 지난주에 여기에 왔을 때 어떻게 느꼈는지 기억하나요? 희망이 없고, 절망적이고, 이건 당신에게 맞지 않는 치료법이고, 당신의 삶이 결코 나아지지 않을 것 같다고 했었죠.

직면과 중립성

직면과 일반적인 해석 과정의 효과는 치료자가 중립적 자세를 유지하고 역전이를 (행동화하는 대신) 컨테인하는 것에 달려 있다(Levy & Inderbitzin, 1992). 직면에서 기대되는 성과는 환자가 두 가지 모순된 관점 사이의 불일치에 대해서 자기 자신 안에서 투쟁하는 것이다. 환자는 이 두 가지 관점이 다 자신의 관점이라고 생각한다. 직면의 효과적인 과정은 환자가 그 순간의 지배적인 경험으로부터 한걸음 벗어나 두 가지 모순되는 관점을 고려하도록 도울 것이다.

만약 치료자가 중립적이지 않을 때, 직면은 환자가 한쪽 면만 보게 하고 치료자는 다르게 보거나 치료자가 환자에게 다르게 보라고 하는 식으로 악화시킬 위험이 있다. 이 상황에서 환자는 하나의 관점을 고수하면서 다른 관점을 치료자에게 투사하게 된다. 이는 역효과를 낳을 수 있는데, 환자 편에서 내적 부조화와 관점을 수용하도록 하는 직면의 목적 대신 환자의 지배적 관점을 더욱 경직시킬 수 있다.

치료자의 관점은 즉각적인 치료적 장에서 한걸음 물러나 전체 상황을 보고 환자의 갈등의 양 측면을 관찰하는 데서 나오는데, 이는 치료자의 중립적 자세를 정의하고, 환자의 성찰 과정을 촉진하는 직면을 가능하게 한다. 본질적으로 치료자는 환자가 갈등의 영역에서 역량을 발달시키도록 돕기를 원한다. 즉, 그의 지배적이고, 자아동질적인 경험에서 한걸음 나와서 해리되고 부인된 또는 단순히 무시된 다른 관점들을 받아들일 수 있기를 바라는 것이다. 중립적인 치료자가 중립적인 제3자의 입장에서 환자의 다른 면을 관찰하는 것과 마찬가지로, 치료자는 환자가 한걸음 물러나 자신의 다른 면을 관찰할 수 있는 역량을 발달시키려고 한다.

임상 예시 4 **직면과 중립성**

환자는 가장 최근 남자 친구와의 싸움을 기술했다. 그녀는 그가 이기적이고 주지 않는 사람이라고 불평했다. 그녀의 관점에서, 그녀는 단지 안아 주길 바랐을 뿐이었다. 그가 그녀를 안아 주자, 그녀는 이제 그의 얘기를 들어 줄 수 있을 것 같았다. 하지만 신체적으로 애정 표현을 해 주지 않으면, 그녀는 그의 입장을 들어 줄 수 없는 느낌이었다. 그녀의 관점에서는 그 부탁이 '매우 간단한' 것인데 그는 '고집스럽게도' 따라 주지 않았다. 그녀는 그가 왜 이렇게 이기적이고 통제적일까 생각했다.

중립적인 입장에서 치료자는 환자가 부인하고 있는 행동의 의미에 주의를 기울이며, 그녀의 관점을 넓히고자 직면했다. 치료자는 말했다. "내가 듣기에 당신은 John의 행동이 이기적이고 주지 않는다고 느꼈고, 그에게 통제당한 느낌이라고 한 것 같아요. 동시에 나는 그의 입장에서는 당신을 안고 싶은 기분이 아닌데, 안아 주지 않으면 얘기를 들을 수 없다고 할 때 어떤 기분이었을까 상상해 보게 돼요."

환자가 대답했다. "그래서 그게 내 잘못이라는 건가요?" 치료자는 중립적인 자세로 상황에 거리를 두고 반응하면서, 환자가 자신을 관찰하고 성찰하는 역량을 촉진하기를 바랐다. "여기서 잘못이나 비난에 대해 생각하는 게 아니에요. 그보다는 이런 일이 일어날 때, 당신과 John은 한 배에 타게 아닌 것 같아요. 당신은 그가 주지 않고 통제한다고 느끼는데, 당신이 그가 안아 줄 때까지 아무 이야기도 하지 않겠다고 하면 그도 당신을 똑같이 경험할 수 있지 않을까요?"

논평: 이 예시에서 환자는 처음에 John과의 말다툼에 대한 자신의 관점에 매몰되어 있다. 그녀가 보기에는 이기적이고 주지 않는 것도 그이며, 듣지 않는 것도 그이다. 그 순간에 환자는 자신들의 상호작용에서 John이 하는 경험에 전혀 공감하지 않으며, 그를 비난하는 이유와 똑같은 행동과 태도를 그녀 자신이 상연하고 있다는 점을 자각하지 못하는 것처럼 보인다. 치료자는 중립적인 입장에서 편드는 것을('누가 잘못했는가?') 피하고 대신에 환자와 남자 친구의 이자관계에서 한걸음 벗어나서, 그들이 서로의 행동과 태도를 비추어 주는 하나의 체계임을 볼 수 있도록 한다. 치료자가 직면하는 목적은 환자가 자기만의 경험에서 벗어나서 자기 자신을 관찰하고, John의 관점을 고려하며, 결국에는 치료자가 하듯이 뒤로 물러나서 전체 체계를 볼 수 있도록 돕는 것이다.

치료자는 환자가 John을 이기적이고 주지 않고 통제적이라고 경험하는 것을 명확히 하고, 환자의 상황에 공감하면서 시작한다. 그다음에 치료자는 부드럽게 환자의 시각을 넓혀서 John을 공감할 수 있도록 돕는다. 환자의 처음 반응은 공격받고 비난받았다고 느끼며 치료자의 말을 거부하는 것이다. 치료자는 중립적인 자세로 자신의 입장을 유지하면서 환자의 정동을 컨테인하려고 한다. 더 나아가 치료자는 환자가 자신의 시각을 넓혀서 John이 어떻게 상황을 경험할 수 있는지 고려하고 환자 자신의 행동을 좀 더 성찰할 수 있도록 격려한다.

이 예시는 비디오 5 '해석 과정: BPO 수준'에서 환자에 대한 치료자의 추가 작업과 함께 제시된다. Caligor 박사는 공감적인 관점을 유지하면서, 먼저 명료화를 통해 환자의 남자 친구와의 현재 경험을 조직하는 대상관계를 명확히 한다. 그다음에 Caligor 박사는 시범적인 직면을 하는데, 환자의 지배적 경험으로부터 해리된 그녀 자신의 행동 측면에 주목하게 한다. 이는 그녀의 남자 친구가 좌절을 주는 행동과 닮은 것으로 보인다. Caligor 박사는 환자가 중요한 타인에 대해 이상화된 양육자 또는 고통스럽고 좌절시키는 실망스러운 사람으로 보는 양극화된 관점들에 대해서 탐색한 후, Caligor 박사 자신에 대한 환자의 이상화에 주목하도록 한다. 이 지점에서 Caligor 박사는 환자가 치료자를 경직되게 이상화할 필요가 있는 것 같다고 전이해석을 하는데, 이는 다른 관계에서 느낀 똑같은 좌절과 실망을 피하기 위한 것이라고 한다. 이 비디오가 보여 주는 것은 BPO 환자와의 해석 과정, TFP-E 치료자의 중립적으로 관찰하는 자세, 그리고 어떻게 치료자가 환자를 점진적으로 도와서 우선 환자의 시각을 넓히고, 결국 남자 친구를 공감할 수 있도록 하는지이다. 이 영상은 또한 환자의 대인관계 삶과 전이 양쪽에서 지배적 대상관계의 활성화를 보여 주고, TFP-E 치료자가 두 가지 사이를 어떻게 유연하게 넘나들 수 있는지 보여 준다.

> ▶ **비디오 예시 5**
> 해석 과정: BPO 수준(8:56)

직면 및 병리의 심각도

직면은 심각도의 전 범위에 걸쳐 성격병리의 치료에서 핵심적 개입이다. 직면은 환자 경험에 대한 방어의 영향에 주목하기 때문에, 직면의 본질은 분열-기반 방어와 억압-기반 방어의 세팅에 따라 어느 정도 다를 것이다. 또한 NPO 환자와 BPO 환자의 심리적 역량이 다르기 때문에 BPO 환자의 치료에서 직면은 좀 더 복합적인 역할을 하게 된다.

TFP-E에서 직면은 환자의 주관적 경험에서 방어의 영향에 초점을 둔다. 이 과정에서 직면은 심리적 갈등 상황에서 대안적 시각을 고려할 수 있는 환자의 역량을 뒷받침한다. 성격장애를 가진 모든 환자는 이 역량이 어느 정도 저하될 수 있는데(그것이 '방어'의 특성이기 때문에), BPO 환자의 경우 더 심하게 저하되고, 특히 BPO 스펙트럼에서 병리가 심할수록 훨씬 더 큰 정도로 저하된다.

임상 과정의 관점에서 직면이란, 습관적인 방어기제와 관련해 자아이질성을 만드는 것이다—이는 해석 과정의 나중 단계를 위한 필수조건으로서, 방어의 동기가 되는 개인적 의미를 탐색하고 성찰하는 것을 포함한다. 심각도의 전 범위에 걸쳐, 부인과 합리화는 환자가 자신의 경험과 행동에서 습관적인 방어기제에 의해 나타난 미묘하거나 별로 미묘하지 않은 생략과 불일치를 간과하거나 합리화하도록 함으로써 다른 방어를 지원한다. 이러한 부인이 감소한 후에야—다시 말해, 반복적인 직면의 결과로 방어가 어느 정도 자아이질적으로 되었을 때—환자는 이런 불일치의 원인이 되는 내적 과정에 진정한 호기심을 갖고, 방어를 동기화하는 불안에 대해 의미 있는 방식으로 작업할 수 있게 된다. 이 지점에서 또는 이러한 순간들에서 환자는 엄밀한 의미의 해석을 활용할 수 있는데, 이는 내적 동기와 의미를 탐색하게 한다.

▶ NPO 환자에서의 직면의 역할

NPO 환자는 기본적으로 내성 역량이 있다. 현실검증이 안정적이며, 비록 갈등과 방어가 관련된 상황에서는 좀 더 콘크리트한 경험을 할 수 있지만, NPO 환자는 대체로 갈등 상황에서도 대안적 관점을 고려할 수 있고, 심리적 경험의 구성적인 특성을 인식할 수 있는 역량을 유지한다. 따라서 NPO 환자의 치료에서 반복된 직면은 비교적 빠르고 순조롭게 방어를 자아이질적으로 만들고, 엄밀한 의미의 해석의 길을 터 준다.

예를 들어, 비디오 6 '해석 과정: NPO 수준'에서 Caligor 박사는 결혼생활 문제를 호소하는 강박적이고 의존적인 특징을 가진 40세 남성을 치료한다. Caligor 박사는 환자와 그의 아내 사이의 최근 상호작용에서 환자가 고통스럽게 거절당한 느낌을 탐색한다. Caligor 박사는 그 상호작용에서 환자의 경험을 명료화하여, 환자의 경험을 조직하는 대상관계를 분명히 표현하고, 환자에게 고통스럽고 반복되는 대인관계 패턴이 무엇인지 강조한다. 환자와 이 패턴을 탐색한 후, Caligor 박사는 기략적으로 아내와의 말다툼에서 그가 주의를 기울이지 않고 있는 측면을 주목하게 하고, 관계 문제를 지속시키는 행동을 지적한다. 환자가 자신의 공격성에 대한 오래 지속된 두려움과 관련된 철수와 수동성을 성찰한 후, Caligor 박사는 해석을 제시한다. 그녀는 환자에게 그의 수동성과 철수가 방어적인 것 같고, 다른 사람들을 쫓아낼까 봐 두려워했던 분노의 감정을 직면하지 않고 피하게 하는 것 같다고 제시했다. 이 비디오는 NPO 환자와의 해석 과정을 보여 주는 것뿐만 아니라 NPO 환자의 지배적인 대상관계가 어떻게 종종 반복적인 대인관계 주제의 형태로 드러나는지 부각시킨다. 직면 과정 동안, 치료자는 이러한 관계 패턴을 지속시키는 환자 행동의 자아동질적 측면을 기략적으로 직면한다. 또한 이 비디오는 기저의 불안과 갈등을 정교화하는 NPO 환자의 연상의 잠재적 가치와 NPO 환자에 의해 증명되어 온 자기분석 역량을 보여 준다.

> ▶ **비디오 예시 6**
>
> 해석 과정: NPO 수준(6:30)

임상 예시 1(계속) ▶ **NPO 환자에서의 직면**

이혼을 하고 가족의 상실을 애도하고 있는 Y 씨의 예시로 돌아가 보자. 그는 자신의 마음 상태를 이렇게 기술했었다. "나는 한때 이 멋진 가족에 속해 있었지만 지금은 아웃사이더라고 느껴요. [환자가 울기 시작한다] 나는 내 잘못이 너무 많다는 것을 알아요— 더 잘할 수도 있었을 텐데요. 나는 도저히 Julia를 탓할 수가 없어요."

이 지점에서 치료자는 더 명료화를 하면서, 환자가 결혼생활이 끝나는 것에 대한 현재의 태도가 자기를 탓하고 아내를 보호하는 한 가지 색으로 채색된 것을 더욱 충분히 말하도록 할 수도 있었을 것이다. 한편, Y 씨가 슬픔과 자기비난에 휩싸여 있는 그 순간에 B 박사는, Y 씨가 아내와의 관계에서 자기 자신을 어떻게 보는지를 상연하고 있고(자신의 결함 때문에 공정한 어머니 인물에게 버림받은 아이 같은 인물로서 Y 씨)—이 관점은 고통스럽긴 하지만 전체 그림의 일부에 불과하다는 것을 알아차렸다. B 박사는 이 관점이 Y 씨가 결혼생활에서 아내 행동에 대해 이전에 보고했던 것과는 완전히 불일치한다는 점을 자각하고 있었다. 여기에는 아내의 외도도 포함되어 있었는데, 환자는 이 순간에는 이를 명백히 부인하고 축소하고 무시하고 있었다.

B 박사는 환자의 현재 관점에 대해 직면하기로 하고, 그가 과거에 이야기했던 관점들을 주목하게 했다. "당신이 여러모로 더 좋은 남편이자 아버지가 될 수 있었다는 이유로, 결혼의 파경에 대해 Julia를 탓하지 않는다고 하는군요. 물론 당신이 더 잘할 수 있었으리라는 것에는 의심할 이유가 없지만, 동시에 당신의 태도가 놀라운데요."

B 박사는 잠깐 말을 멈추고 Y 씨의 반응을 기다렸다. "무슨 뜻이에요?"

그러자 B 박사가 말했다. "글쎄요. 이 결혼의 파경이 전적으로 당신 책임이고, 아내에게는 책임이 없다는 관점을 선택한 것 같네요. 어떤 면에서는 그렇게 할 필요가 있는 것 같아요. 어쨌든 전에 당신은 결혼생활이 이렇게 무너지기 시작한 게 그녀가 바람을 피우면서였다고 했었어요. 그런데 오늘 말하는 것을 보면 그런 현실은 당신의 관심 밖인 것 같아요. 그보다는 전적으로 당신의 결함 탓을 하는 것 같네요. 어떻게 생각해요?"

B 박사의 개입으로 Y 씨는 성찰할 수 있었는데, 직면을 활용함으로써 현재 자신의 다소 일

방적인 관점에 대해 혼란을 느낄 수 있게 되었고, 왜 자신의 경험을 이런 식으로 조직했는지 호기심을 느꼈다. B 박사는 이 회기에서 Y 씨의 생각과 감정을 계속 탐색할수록 Y 씨가 불안해하는 것에 주목했다. 그는 혼자 외로워지는 것에 대한 걱정들을 말하기 시작했다. 그의 연상에서 Y 씨는 오랜 우정들이 견고한지, 사람들이 그의 곁에 있을지 의문이라는 것을 깨달았다. 역전이에서 B 박사는 막연하게 죄책감을 느꼈고, Y 씨를 너무 빨리 밀어붙인 게 아닌지 걱정이 됐다.

논평: 이 예시에서 치료자는 결혼에 대한 Y 씨의 현재 경험을 명료화한 후에, Y 씨가 다른 때에 말했던 전혀 다른 관점과 대비시킨다. 이 관점들은 둘 다 새로운 관점이 아니며, 한쪽이 더 '현실적인' 것도 아니다—중요한 것은, 각각이 진실하다고 느껴지지만, 그럼에도 두 관점이 명백하게 불일치한다는 것이다. B 박사는 환자에게 이 불일치를 주목하게 하고, Y 씨의 현재 관점과는 대안적인 시각을 제시하며 그의 내적 경험에 대해 호기심을 갖고 성찰하도록 하고 있다(예를 들어, Y 씨가 왜 이 순간에 이런 식으로 상황을 경험하는지, 왜 그가 자신의 실패와 무관하게 아내인 Julia도 결혼의 종말에 책임이 있다는 명백한 현실을 부인하는지).

이 장의 다음 절 '엄밀한 의미의 해석'에서 논의되겠지만 환자가 자신을 공정한 어머니 인물로부터 비난받을 만하고 명백하게 버림받은 것처럼 보는 현재의 관점은 기저하는 갈등적인 대상관계를 자각하지 못하게 하는 방어적 대상관계이다. 신경증적 구조에서 직면은 방어적 대상관계를 주목하게 하므로, 시간이 지날수록 방어적 대상관계는 환자에게 설득력이 떨어진다. 또한 기저하는 대상관계 및 이와 연결된 불안을 방어하는 데 효과적이지 않게 되며, 그로 인해 의식적인 자각에 접근하기가 쉬워진다.

▶ BPO 환자에서 직면의 중심성

직면은 BPO 환자의 치료에서 좀 더 다양하게 전문화된 기능들을 하는데, 대인관계의 친밀감 및 갈등 영역에서 취약할 수 있는 BPO 환자의 역량을 공고화하도록 돕고 지원한다. 치료자는 환자의 현실검증이 안정되도록 하고, 자기관찰 및 내성 역량을 지원하며, 대안적 관점을 고려하도록 하고, 내적 상태를 성찰하는 역량을 지원한다. 또한 분열 그 자체에 대한 직면은 환자가 자기경험의 해리된 측면을 더 잘 맥락화할 수 있게 한다.

BPO 환자의 경우, 특히 치료의 초기 단계에서는 엄밀한 의미의 해석은 종종 미루어진다. 이는 명료화와 직면을 통해 이런 역량들이 안정화되어서 환자의 기능이 개선되고, 해석 과정의 진전된 단계를 활용할 수 있을 때 이루어진다. 엄밀한 의미의 해석에서 궁극적인 초점은 개인적인 의미와 무의식적인 동기에 대한 탐색을 포함한다.

임상 예시 2(계속) 높은 BPO 환자에서의 직면

상사와의 갈등 상황에서 직장에 가는 것에 대해 어려움을 기술했던 환자 J 씨의 예시로 돌아가 보자. 명료화 과정이 진행되며 드러난 것은, 환자의 '마비된' 느낌이 상사 Hal이 그녀에게 무시하는 태도로 이래라 저래라 하는 것에 대한 분노와 관련된다는 것이었다. J 씨는 출근하는 것과 일하는 것에 모두 어려움을 겪고 있었다. 그녀는 지시를 따를 수 없을 것 같고, 쉽게 압도되고 혼란스러웠으며 종종 눈물이 났다.

C 박사가 보기에 J 씨는 Hal과의 관계에서 자기 자신에 대해서 극단적으로 매우 부정적인 관점에 매몰되어 있는 것이 분명했다. 이는 그녀의 직장에서의 전반적인 경험에 일반화되었다. J 씨는 자기 자신이 '악순환에 빠졌다'고 했다. 그녀는 "모든 게 무너지고 있어요."라고 하며 "그만두어야 할지도 모른다."고 말했다. 한편, C 박사는 J 씨가 그동안 과거에 많은 상사와 다양한 업무를 했지만, 지금 직무에서 바로 최근까지의 태도는 현재의 관점과 전적으로 달랐던 것을 아주 잘 알고 있었다.

C 박사는 환자의 현재 관점이 바로 최근까지 느꼈던 관점과 해리된 것을 직면하기로 했다. "Hal과 문제가 있다는 것을 이해해요―그가 당신을 중요하게 여기지 않는 것 같고, 이래라 저래라 하는 것 같고―지금 당신은 일하러 가기도 힘들고, 가서 일하는 것도 어렵죠. 당신은 굉장히 익숙한 경험을 이야기하고 있어요. 아침에는 마비되는 느낌이 들고―만약 직장에 힘들게 출근해도―압도되고, 서투른 느낌이 들고, 똑바로 생각하거나 지시를 따를 수가 없죠. [이는 J 씨가 이전 직장에서도 반복적으로 이야기했던 경험들로 이전 회기들에서 명료화 과정을 통해 탐색되었으며, C 박사는 J 씨가 그녀의 경험에 대해 이러한 구체적인 문장들로 말할 수 있도록 도왔다.] 동시에, 뭔가 관심이 가는 게 있어요. 내 생각을 들어 보고 싶은지 모르겠네요." J 씨는 관심 있어 했다.

C 박사는 계속했다. "이 직장에서 Hal과의 경험이 물론 그렇게 새로운 것은 아니지만, 지난주까지 한동안 이 직장에서 느낀 것과는 매우 일치하지 않는 것 같아요. 마치 흑과 백, 낮과 밤 같아요. 바로 저번 주만 해도 당신은 굉장히 기분이 좋았어요. Hal이 당신을 굉장히 높이 평가한다고 생각했고, 의욕적이었죠―아침에 침대에서 뛰쳐나오고, 사무실에 1등으로 도착하고, 쉬는 날이나 저녁에 일하면서도 행복했죠. 어느 쪽 경험이 더 좋다거나 나쁘다, 맞

거나 틀리다는 이야기가 아니라, 이 두 가지는 완전히 다르다는 거예요. 당신은 간밤에 이쪽에서 저쪽으로 건너간 것 같아요. 어떻게 생각해요?"

논평: 이 예시에서 치료자는 환자의 현재 경험을 명료화한 것을 재진술하면서 시작한다. 이 지점에서 그녀는 J 씨의 직장에서의 현재 경험을, 완전히 불일치하는 다른 관점과 비교하는데 그것은 정확히 같은 상황에서 최근까지 그녀의 경험을 조직했던 관점이다. Y 씨의 예시에서와 같이, 그리고 J 씨의 경험의 더욱 분열된 특성으로 인해 훨씬 명백하게 드러나듯이, 양쪽 관점은 극단적이지만 한쪽이 더 정확한 것은 아니다. 중요한 점은 양쪽이 상호모순적이면서도 각 시점에서는 진실되게 느껴졌다는 점이다. 치료자는 환자 경험의 모순적인 특성에 주목하게 하며 J 씨가 이를 성찰하도록 하고, 그것이 얼마나 불안정하며 얼마나 왜곡되었는지에 대해 더 넓은 관점을 발달시키고자 한다.

경계선 구조 세팅에서 이런 종류의 직면은 다양한 기능을 수행할 수 있다. 대안적 관점의 제시는 환자가 자신의 현재 경험에 대해 획일적이고, 그 순간에 매몰된, 콘크리트한 관점, 즉 왜곡과 경직성을 포함하는 관점에서 벗어나서 볼 수 있도록 돕는다. 이 변화는 그녀의 직장에서 매우 분열된 경험에 대한 현실검증을 개선할 수 있는데, 이상화된 관점과 편집적 관점의 분열을 인지적으로 연결하기 때문이다. 또한 치료자의 직면은 환자가 일련의 같은 상황에서 완전히 모순된 관점을 보였다는 것과 과거에 유사한 경험을 했다는 점을 강조한다. 이를 통해 치료자는 암묵적으로 심리적 경험의 내적, 구성적인 (분열에 수반되는 콘크리트함과 대조적으로) 성질을 강조하며, 유연성과 통합의 가능성을 열어 주는 자각을 가져온다.

현실검증을 돕고 심리적 경험의 내적, 주관적 특성의 인식을 돕는 것은 직면이 BPO 환자의 치료에서 수행하는 기능이다. 이는 높은 수준의 성격병리 환자의 치료에서는 덜 중요한데 이들에게는 이 역량이 더 충분히 발달되어 있고 더 안정적이기 때문이다. NPO와 BPO 환자의 치료 모두에서, 직면은 갈등 영역에 대한 환자의 사고에 대해 대안적 관점을 제시하고 유연성을 가져오는 기능을 한다.

J 씨의 예시는 높은 BPO 환자의 치료에서 분열(또는 이상화/평가절하)에 대한 직면을 보여 준다. 그러나 우리가 BPO 환자의 치료에서 투사적 동일시에 대한 직면을 구체적으로 언급하지 않고 직면을 다루고자 한다면, 직무유기가 될 수 있다(TFP-E에서는 역할반전에 주목하는 것으로 종종 기술된다). 투사적 동일시에 대한 직면은 TFP-E 치료자가 BPO 환자의 치료에서 사용하는 가장 중심적이고 강력한 탐색적 개입 중 하나이다. 치료자는

환자의 지배적인 자기경험과 그의 관찰 가능한 행동 간의 심한 모순에 주목한다. 이는 어떤 제3자가 봐도 분명한 것이지만 환자의 지배적인 의식 경험에서는 해리되어 있고 부인하는 무언가이다. 투사적 동일시의 사용은 BPO 환자의 전이에서뿐만 아니라 그들의 대인관계 삶을 심하게 파괴하는 경향이 있다. 환자는 치료자의 직면을 활용하기 시작해서 자신의 관점을 넓히고 자기의 행동을 관찰할 수 있게 된다. 그러면 대인관계 상황에서 현실검증도 개선되기 시작할 것이다(여전히 분열되어 있지만 덜 혼돈스럽고 덜 혼란스러울 것이다). 이는 종종 환자의 대인관계에 꽤 빠르게 직접적으로 반영될 것이며, 그로 인해 폭풍이 잦아들 수 있다. 전이가 안정되기 시작하면 환자의 치료에서도 유사한 변화가 나타날 수 있다.

　예를 들어, J 씨는 상사에 대해 불평하던 중에, 상사가 일을 마무리하라고 했던 일화를 이야기했다. 그녀는 "공황 발작이 나타났고, 상사에게 못하겠다고 말하고 그날은 집으로 갔다."고 했다. 같은 회기에서 나중에 J 씨는 그녀의 상사가 통제적이고 요구적이며 자신을 무시한다고 기술했다. C 박사는 이때 의아한 점을 다루기로 했다. "Hal이 통제적이고 당신을 무시한다는 거네요. 당신이 업무에 압도되고 불안해서, 도저히 아무것도 할 수가 없어서 사무실을 떠나야 했던 것은 이해해요. 그런데 그가 어떤 일을 하라고 할 때, 당신의 반응이 못하겠다고 말하고 집에 가 버리는 것이라면, 내 생각에 Hal 입장에서는 당신이 그를 대하는 방식이, 그가 당신에게 대한다고 느끼는 방식과 똑같이 보일 것 같아요—무시하고 통제하는 것처럼요. 어떻게 생각해요?"

요약

　직면은 임상 자료의 모순과 불일치에 대해 주목하는데, 이는 치료시간의 환자의 소통에서 방어의 영향을 반영하는 것이다. 직면을 할 때 치료자는 본질적으로 부인과 합리화를 직면하는 것이다. 즉 환자의 주관성이 방어에 의해 미묘하거나(신경증적 방어) 그다지 미묘하지 않게(분열-기반 방어) 왜곡된 것을 다루게 된다. 해석 과정 전반의 관점에서, 직면은 환자가 거의 자각하지 못해 왔던(또는 자각은 하지만 주목하지 않았던 것 같은) 행동, 사고, 감정에 대해 자각하게 하며, 환자로 하여금 그것들에 대해 뭔가 흥미로운 점이 있다는 생각을 하게 한다(즉, 잠재적으로 자아이질적이게 한다). 직면의 결과, 환자의 경험에 대한 방어의 영향은 점차 자아이질적으로 되어 가고 그 변화는 환자에게서도 뚜렷해진다. 동시에 방어의 효과가 약해지면서 기저의 불안에 접근하기가 더 용이해진다. 이런 변화는 방어기제를 동기화하는 불안과 소망을 탐색하기 위한—해석 과정의 마지막 단계—필요조건이 된다.

정리해 보면, 치료자는 다음을 달성하기 위해 직면을 사용한다.

- 환자가 뒤로 물러나서 자신의 소통과 경험이 불일치하는 측면을 관찰하도록 한다.
- 외적, 내적 현실의 방어적인 왜곡 또는 부인에 주목한다.
- 전형적으로 간과하거나, 합리화하거나, 부인하는 모순들에 대해 성찰하도록 한다.
- 익숙한 것에 대한 새로운 관점을 제시하여 자각을 확장한다.
- 습관적인 방어 작용에서 자아이질성을 만들어 낸다.

엄밀한 의미의 해석

엄밀한 의미의 해석은 명료화와 직면을 기반으로 하며, 해석 과정의 마지막 단계이다. 명료화와 직면이 환자의 경험이 무엇인지에 초점을 두는 데 비해서, 해석은 왜 그런지에 초점을 둔다. 해석은 명료화와 직면을 통해 정교화된 환자의 의식적 또는 관찰된 행동, 사고, 감정들을 기저에 있는 무의식적 요인들과 연결 짓는 것을 포함한다. 치료자가 해석을 할 때, 환자에게 무의식적인 심리적 동기와 의미에 대한 가설을 제시한다. 이는 환자의 말과 행동, 경험에서 표면적으로 비논리적이거나 부적응적으로 보이는 측면을 이해하도록 도울 수 있다. 해석은 설명적인데, 명료화와 직면의 과정에서 강조된 관찰들을 다루면서 환자가 상황을 왜 그렇게 경험하는지 또는 왜 그러한 방식으로 행동하는지에 대해 제시한다(Sandler et al., 1992). 해석은 비논리적이거나 무작위로 보일 수 있는 행동 또는 말을 치료자가 관찰한 것에 의미를 부여한다.

그러나 비록 해석이 설명적이라고 해도, 그것은 사실이 아니며 가설을 제시하는 것이다—치료자의 추측, 또는 때로는 환자 스스로의 추측이기도 하며, 이는 진행되는 탐구 과정의 일부이다. 치료자는 해석을 할 때 잠정적으로, 탐구하는 열린 마음으로 무언가 연결할 수도 있는 한 가지 가능한 방식을 공유하는 것이며, 임상 자료를 이해하는 대안적 방식이 언제나 있을 수 있다는 자각을 유지한다. 해석은 조직화된 참조틀 안에서 자료를 하나로 결합하는 상징적인 내러티브라고 볼 수 있다. 효과적인 해석은 개인적인 의미와 자기이해의 틀 안에서 갈등을 융통성 있게 다룰 수 있도록 촉진한다.

명료화와 직면은 의식적이고 전의식적인 자료에 초점을 두는 반면, 해석은 환자의 무의식적인 내적인 삶의 측면을 자각하게 한다. 무의식은 환자에게 어떤 점에서 불안을 유발하거나, 수용하기 어렵기 때문에 의식에서 적극적으로 방어되고 접근하기 어렵다(Auchincloss & Samberg, 2012). 해석은 환자의 행동을 동기화하고 그의 내적 경험을 조직하는 개인적인 의미를 탐색하기 때문에, 해석 과정의 마지막 단계의 개입을 활용하는 환자의 역량은 그의 내적 경험을 관찰하고 성찰하고, 그 경험의 특성에 호기심을 갖는 역량에 달려 있다. 해석은 환자가 자신의 경험과 행동을 이해하고, 내적 삶에 대한 이해를 심화하도록 돕고, 더 큰 관점을 가지도록 도와서 경험의 갈등적인 측면을 더 효과적으로 컨테인하고 맥락화할 수 있도록 하는 보다 장기적인 목적을 갖는다(제12, 13장의 훈습을 참조).

다음은 해석의 예시이다.

치료자: 당신은 남자들에게 더 관심을 받고 싶다고 여러 번 말했고, 스스로가 매력이 없는 것 같다고 했어요[방어적인 자기표상]. 그런데 당신이 막 만났고, 매력적이라고 느꼈던 John이 오늘 아침에 문자를 보냈을 때, 당신은 나하고 데이트하고 싶은가 보다며 기뻐하는 대신에, 나한테 관심이 있을 리가 없고, 단지 내 여자 친구의 번호를 원한다고 생각한 거네요[직면]. 지금 당신이 반드시 맞다 틀리다를 이야기하려는 게 아니에요. 그게 요점이 아닙니다. 당신의 생각이 놀라워요. 당신이 매력을 느끼는 남자가 당신에게 관심이 있다는 것을 상상하기도 어려운 것 같은데, 마치 그런 가능성을 품는 것조차 당신을 불안하게 하기 때문인 것 같아요. 당신의 일부는 마음속 깊이, 당신이 그의 관심을 받을 만한 자격이 없다고 믿는 것 같아요. 특히 당신의 여자 친구 역시 그의 연락을 받고 싶을 거라고 상상했을 때 말이에요—당신이 그의 관심을 받고 싶고, 그 과정에서 여자 친구와 경쟁하게 된다면, 당신은 이기적이 되거나, 어쨌거나 좋은 사람은 아니라고 생각하는 것 같아요[해석].

치료자: 나를 비판적이라고 느끼는 것도 이해가 가요. 동시에, 당신은 이 시간의 대부분을 나를 비판하면서 보냈고, 내가 치료에서 당신을 어떻게 대했는지도 비판했어요. 좀 흥미로운데요. 당신은 내가 당신을 비판한다고 하지만, 만약에 누군가가 우리의 상호작용을 실제로 지켜본다면 실제로는 당신이 내게 비판적으로 행동하고 있다고 느낄 수도 있어요[직면].

환 자: 음, 그렇게 보일 수도 있지만, 내가 당신을 비판하는 건 그럴 만하기 때문이고, 당신이 나에게 항상 비판적이기 때문이에요.

치료자: 당신에게는 그렇게 보인다는 걸 이해해요. 마치 우리가 어떤 관계에 갇혀 버린 것 같아요. 강력하고 화난 한 사람이 나머지 사람을 비판하고, 그 사람은 상대의 비판을 받아들여야만 하는 거죠. 어떤 수준에서는 예상되는 불가피한 비난을 피하기 위해 판을 뒤집는 수밖에 없죠. 그걸 완전히 인식하지도 못한 채로, 당신 스스로 비판적인 사람이 된 것 같습니다[해석]. 내 말이 일리가 있나요?

치료자: 오늘은 매우 편안해 보이고, 우리의 작업에 대해서도 낙관적으로 보이네요. 하지만 당신이 지난번에 여기에 왔을 때 어떻게 느꼈었는지 기억하는지 모르겠네요. 희망이 없고 절망적이고, 이건 당신에게 맞지 않는 치료법이고 당신의 삶이 결코 나아지지 않을 것 같다고 했었죠. 사실, 어느 순간 당신은 상황이 너무 안 좋게 느껴져서 자살할까 싶다고도 말했어요.

환 자: 그동안 그 생각을 안 하긴 했지만, 맞아요. 꽤 가라앉아 있었죠. 그래도 지금은 훨씬 나아요. 사실 지난번에 어떻게 느꼈는지는 그렇게 중요하지 않아요. 이미 지나갔잖아요. 이제는 마음에 둘 필요 없어요.

치료자: 자기 자신에 대한 경험과 치료에 대한 경험이 얼마나 연속성이 없는지 놀라워요. 지난번에 당신은 모든 게 끝난 것 같고, 내가[치료자가] 해 줄 수 있는 것이 아무것도 없다고 느꼈는데—오늘은 희망적이고 모든 게 잘되고 있고, 내가 당신을 안전한 항구로 인도할 수 있다고 생각하는 것 같아요. 당신이 부정적이고 희망이 없는 상태일 때는 그게 전부이고, 다른 건 아무것도 생각할 수 없죠. 반면에 긍정적이고 희망찬 상태일 때는 부정적인 게 완전히 사라져 버려요[직면].

환 자: 정말 그래요. 딱 그렇게 느껴져요. 변덕이 심해요. 그래도 기분이 좋을 때는 안 좋았던 때에 대해서는 정말로 생각하고 싶지 않아요.

치료자: 네. 그 소망이 얼마나 강력한지 알겠어요. 혹시 당신이 부정적인 감정을 기억한다면—예를 들어, 나에 대해서, 당신을 도울 수 있는 내 역량에 대해서 의심이 떠오른다면—당신의 낙관주의가 무너질까 봐 걱정하기 때문인 것 같아요. 그러면 다시 부정적인 생각에 압도될 수도 있으니까요. 마치 긍정적인 감정을 보호하는 유일한 방법은 부정적인 감정이나 의심의 기미만 있어도 완전히 격리하는 것밖에 없는 듯하네요[해석]. 어떻게 생각해요?

해석 및 병리의 심각도

심각도의 전 범위에 걸쳐서, 해석은 방어기제를 동기화하는 불안 또는 위험, 소망과 두려움에 초점을 둔다(제3장 참조). BPO 환자의 치료에서, 해석은 일반적으로 분열을 추동하는 불안을 탐색하게 하며, "환자가 무엇으로부터 자신을 보호하거나, 무엇을 피하기 위해서 분열-기반 방어에 기대는가?"라는 질문을 던진다.

NPO 환자의 치료에서, 해석 과정을 통해 억압을 추동하는 불안을(즉, 무의식적인 갈등적 동기의 표현과 관련된 불안, 제3장 참조) 탐색하게 되며, 다음 질문을 하게 된다. "환자가 더 충분히 개방적으로 상황을 경험한다면 두려워하는 것은 무엇인가?" 특히 치료의 초기 단계에서, 높은 수준의 성격병리 환자의 치료에서는 해석이 중심적인 역할을 하는데, 이는 BPO 환자의 치료에서는 명료화와 직면이 중심적인 역할을 하는 것과 대조적이다.

> **임상 예시 1(계속)** ▶ **NPO 환자에서의 해석**
>
> 이 장의 앞에서 소개했듯이, Y 씨는 Julia와의 이혼으로 인한 가족의 상실을 애도하고 있었다. B 박사는 아내와의 관계에서 자기 자신에 대한 Y 씨의 방어적인 견해에 대해 직면했었다. 결함이 있고, 결혼의 종말에 책임이 있는 것은 그이며, 그녀는 비난할 수 없었다. 그는 아이 같았고 그녀는 어머니 역할을 했다. B 박사는 Y 씨가 그 순간에 결혼의 파경에 대해서 스스로 전적으로 책임을 지는 편이 Julia와 책임을 나누는 것보다 편한 것처럼 보이고, 심지어 명백히 복잡한 상황임이 분명한데도 그런 것 같다고 말했다.
>
> 그 회기에서 치료자와 Y 씨는 함께 Y 씨의 생각과 감정에 대해 탐색을 할수록 Y 씨는 점차 불안해졌고, 외로워질까 봐 걱정하기 시작했다. Y 씨가 연상한 것은, 오랜 우정들이 견고한지, 사람들이 그의 곁에 있을지 의문이라는 것이었다. 역전이에서 B 박사는 막연하게 죄책감을 느꼈고, 어쩌면 Y 씨를 너무 빨리 밀어붙인 게 아닐까 걱정했으며, Y 씨가 스스로를 외로운 아이로 보는 것에 공감하게 되었다. 한편, Y 씨는 계속해서 자신의 결함에 초점을 맞추며, 그의 마음속에 Julia를 어머니 같고 상대적으로 강하고 온화한(즉, 방어적으로 이상화된) 사람으로 두었다.
>
> 자신의 개입에 대한 Y 씨의 불안과 연상을 고려할 때 B 박사는 Y 씨가 스스로를 아이 같고 결함 있는 존재로 보며 아내를 강하고 비난할 데 없는 존재로 보는 시각이 방어적으로 기능하며 깊은 상실감과 고립감으로부터 Y 씨를 보호하고 있다고 추론했다. Y 씨와 그의 개인사

에 대해 미리 알고 있었기 때문에 B 박사는 Y 씨가 Julia를 이상화하고 결혼의 파경에 대해 자신의 결함만을 탓하는 것은 Y 씨가 Julia의 상실을 완전히 경험하지 않도록 보호하는 것이 며, 되돌릴 수 없다는 사실을 부인하고, 어떤 식으로든 그녀를 마음속에 간직하려는 것이라 는 가설을 세웠다. 갈등의 기저에는 Y 씨의 의식보다 훨씬 깊은 수준에서 그 방어적인 대상 관계가 Y 씨가 Julia에게 분노를 느끼는 것을 보호해 주는 것처럼 보였다. 만약 그 모든 것이 **자신의 결함** 때문이라면 그는 자기 자신 외에는 화낼 이유가 없을 것이다.

한편, 그가 화낼 이유가 있다는 가능성은 Y 씨가 마음속 깊이 여성에 대한 공격성에 대해 오랫동안 무의식적으로 품어 온 두려움을 건드린 것 같았다. Y 씨와 B 박사는 Y 씨의 공격성 의 표현이 깊은 불안과 연결되어 있다는 것을 이해하게 되었는데, 그의 적개심이 너무 압도 적으로 강해서 다른 사람들을 모두 쫓아내고, 완전히 홀로 남을 것 같다는 불안이었다.

B 박사는 좀 더 접근 가능하고, Y 씨의 현재 관심사와 밀접하게 연관된 역동을 해석하는 것으로 시작하기로 했다. 그는 이렇게 말했다. "당신이 어떻게 Julia를 보호하는지에 대해 우 리가 이야기하는 것이 당신을 더 외롭게 하는 것 같아요. 마음속에서 결혼이 끝나는 책임을 그녀와 나누기 시작한다면, 당신에게는 더 나쁜 일인 것 같고, 어떤 면에서는 더 고통스럽고 고립되는 것 같네요."

Y 씨는 B 박사의 관찰을 인정하면서 신중하게 대답했고, B 박사에게 이를 어떻게 이해했 는지 질문했다. B 박사는 좀 더 완전한 해석의 형태로 Y 씨의 경험을 설명할 수 있는 의견을 제시했다. "글쎄요, 제 생각에는 당신이 자기를 비난하고 Julia를 보호하는 식으로 상황을 보 는 이유 중 하나는 아마도 둘이 언젠가 다시 만날 수 있을지도 모른다는 비밀스러운 소망을 갖고 있기 때문일지도 모르겠어요. 그러니까 그게 전부 당신의 잘못이라면, 어쩌면 그걸 고 칠 수 있고, 언젠가 다시 만날 기회가 있을지도 모르잖아요. 반면에 당신이 커플로서 당신 둘 에 대해서 좀 더 현실적으로 평가할 수 있게 된다면 완전히 끝나게 되는 거겠죠."

Y 씨는 그렇게 생각해 본 적은 없었다고 대답했지만 B 박사의 이야기를 들으면서 그의 말 에 일리가 있다고 생각했다. 그도 자기가 어떤 면에서는 뭔가 '붙들고 있다고' 느꼈다.

이어지는 회기들에서 Y 씨는 결혼의 끝과 가족의 붕괴에 대해서 계속 작업했다. 그는 끈 질기게 자신의 결함에 초점을 맞추고, Julia를 어머니처럼 상대적으로 강력한 위치에 두려는 경향이 있었는데, 이는 계속해서 주의의 초점이 되었다.

몇 주가 지난 후에 Y 씨는 그의 좌절감에 대해서 말했다. 그는 이제 과거에 비해서 더 신중 하고 성찰적으로 자신을 관찰하고 있었다. 그는 Julia와 다툴 여지가 있을 때마다 물러서곤 했다는 것을 주목했다. B 박사와 Y 씨가 함께 작업하며 그런 상황에서의 Y 씨의 경험을 명료화하자 Y 씨는 Julia가 자신에게 불공평하게 대한 것을 종종 보기 시작했고 자신에게 화낼 권리가 있다고 느끼기도 했다. 그런 마음의 틀에서 그는 그녀의 요구에 한계를 설정하려 했지만 입을 열면 금방 불안해지고 물러서게 되곤 했다. 분명 그가 원하지 않는 일인데도 굴복할 수밖에 없는 것처럼 느껴졌다. "저도 어쩔 수가 없는 느낌이에요." 그가 말했다. Y 씨가 떨쳐 내려고 해도 다시 돌아가곤 했다. 마치 도덕적으로 난공불락인 강력한 여성 앞에 있는 결함 있는 아이 같은 느낌이었다. 그는 마비되고 고립된 느낌이었다.

B 박사는 Y 씨에게 그의 경험을 어떻게 이해할 수 있을지 제안했다. "당신이 완전히 화가 나자마자—심지어 화가 날 권리가 있다거나, Julia한테 뭔가 자기주장을 하고 싶다고 생각했다가도—곧바로 불안해지고 물러서는 모습이 인상적이네요. 우리가 전에도 이야기했지만, 이런 상황에서도 당신 스스로에 대한 관점이 금방 변하네요. 당신은 모든 게 당신의 잘못이라는 느낌에 압도되어서 갑자기 작아지고, 아이 같아지고, 결함이 생기네요." 이미 명료화된 자료에 대한 이 재진술은 방어적인 대상관계를 강조하고 직면하는 역할을 했다.

Y 씨는 좌절감을 표현했다. "네. 맞아요. 정말 이상하고 좌절스러워요. 어른처럼 행동하기가 어려워요. 혼자가 된다고 생각하면 패닉에 빠지고 될 대로 돼라 싶어요. 이해가 안 돼요."

B 박사는 Y 씨의 자신에 대한 방어적 시각이 자아이질적으로('이상하다') 되어 가고 있고, 동시에 방어적 대상관계가 막고 있던 불안(고립에 대한 두려움)이 의식으로 나타나고 있는 것에 주목했다. 이러한 발달에 비추어 볼 때, B 박사는 Y 씨가 익숙한 방어적 대상관계의 기저에 있는 무의식적인 동기와 갈등의 탐색을 활용할 수 있는 마음 상태일 수 있다고 생각했다. B 박사는 Y 씨의 관찰된 행동 및 의식적 경험(그는 자기 자신을 표현하지 못한다. 그는 고립되고 외로운 느낌이다)을 의식 바깥에 있는 무의식적인 힘과 연결하여 해석하면서, 이러한 패턴을 계속 설명해 나갔다.

B 박사는 이렇게 말했다. "Julia와의 갈등 상황에서 당신의 마음은 곧바로 혼자가 되는 두려움까지 가 버리고[방어를 동기화하는 불안—고통스러운 고독감과 연결된, 작은 아이와 부재하는 부모의 대상관계], 결과적으로 작고 겁에 질린 아이처럼 느끼는 점이 인상적이에요." B 박사는 잠깐 멈췄고, Y 씨는 기대하듯이 쳐다봤다. B 박사는 계속하기로 했다. "당신은 Julia랑 갈등 상황에서 힘을 조금이라도 갖는 것을 견딜 수 없는 것 같아요—어쩌면 그것 때문인지, 심지어 자신을 어른처럼 보는 것이 어려운 것 같기도 해요. 역설적으로 들리겠지만, 내 생각에는 당신이 스스로를 작게 느낄 필요가 있는 것은, 근본적으로는 너무 강할까 봐 두렵기 때문이 아닐까 싶어요. 마치 당신이 강하다면 뭔가 파괴적인 것을 하거나, 당신에게서 뭔가 추한 것이 나와서 Julia든 다른 사람이든 모두를 쫓아내고, 당신 혼자 남게 될까 봐 걱정

하는 것 같아요. 당신의 마음속에서는, 당신이 할 수 있는 선택은 아이가 되어서 남들과 관계를 유지하거나, 아니면 어른이 되어서 완전히 외로워지는 것밖에 없는 것 같아요."

논평: 이 예시에서 B 박사는 명료화와 직면을 기반으로 해석한다. 이는 Y 씨가 흠잡을 데 없는 어머니 인물인 아내와의 관계에서 자신을 결함 있는 아이처럼 느끼는 경향성을 설명할 수 있다. 방어적 대상관계(결함 있는 아이와 흠잡을 데 없는 어머니 인물, 자기비난과 후회)를 지속적으로 탐색하는 초기 개입의 결과로, 방어를 동기화하는 기저의 불안이 드러나기 시작한다. 외로움, 고립, 애착 상실과 관련된 이 불안들은 회기에서 Y 씨의 연상 및 정동적 경험을 통해 표현되었다. 이 예시의 마지막 문단에서 언급되었듯이, Y 씨의 불안은 작은 아이와 부재하는 부모 및 이와 연결된 고통스러운 고립감이라는 대상관계로 개념화될 수 있다. B 박사의 개입은 Y 씨가 이끄는 대로 따라가면서 시기적절하게 이루어졌다. 방어적 대상관계 아래의 불안들이—상실, 고립, 공격성에 대한 두려움—떠오르기 시작한 후에 그는 해석을 하기 시작했다.

NPO 환자에게 초기에 해석을 제공하는 것은 유혹적일 수 있으나 거의 치료적이지 않다. 예를 들어, 이 마지막 예시에서 기술되는 초기 회기에서도 B 박사는 아내에 대한 Y 씨의 이상화와 공격성에 대한 두려움을 즉시 연결할 수 있을지도 모른다. 이 개입은 정확할 수는 있어도 도움이 되지 않을 수 있으며, 임상적 초점을 그 순간의 Y 씨의 지배적인 관심에서 동떨어져 있는(즉, 상실보다는 공격성) 깊이 억압된 자료로 향하게 한다. 때 이른 해석은 종종 공허한 지적 관념으로 이어지며, 이와 대조적으로 시기적절한 해석은 진정한 정동적 경험과 임상 자료의 심화로 이어진다.

그렇지 않을 경우, 때 이른 해석은 아마도 환자의 전면적인 거부에 부딪힐 수 있다. Y 씨의 사례에서, 그가 자기주장을 하는 어려움을 인식하고 좌절하는 것을 통해 B 박사는 그 순간에 공격성에 대한 Y 씨의 갈등에 이전보다 좀 더 접근할 수 있다는 것을 알았다. 이는 아마도 앞선 회기들에서 명료화와 직면의 과정이 여러 번 반복된 결과일 것이다.

B 박사는 스스로를 아이처럼 느끼고 Julia를 이상화하는 것이 기저의 상실감으로부터 Y 씨를 어떻게 보호하고 있는지에 대해 두 가지 방식으로 정교화해서 해석했다. 첫 번째는 Julia의 행동을 부인하고 해리시키고 있다는 것이고, 두 번째는 무의식적인 공격성을 억압한다는 것이었다. 두 가지 해석은 모두 Y 씨가 그의 무의식적인 내적 경험을 의식할 수 있도록 돕는 기능을 했다.

그러나 B 박사가 해석을 한 궁극적인 목적은 단지 무의식적인 불안과 동기를 드러내는 것이 아니라, Y 씨가 그것을 잘 컨테인하고 맥락화할 수 있도록 도우려는 것이었다. 좀 더 자세히 설명하자면, 해석의 목적은—예를 들어, B 박사가 무의식적인 공격성과 관련지었던 것이라면—Y 씨가 화났다는 것을 인식하게 하는 것 자체라기보다는, 그가 더 넓은 시각을 갖도록 도와서 그의 의식적인 자기감 안에 화난 자기의 일부를 맥락화하고 컨테인할 수 있도록 하여, 이것이 한순간에 전체를 장악하는 대신에 전체의 일부가 되도록 하는 것이다.[2] 따라서 B 박사의 해석의 목표는 Y 씨가 화난 감정을 견딜 수 있게 하고, 이와 함께 적대감을 경험하는 것이 오로지 화만 났다는 뜻이 아니며, 만약 순간적으로 그런 것들을 느꼈다고 하더라도, 피할 수 없고 영원한 고통스러운 상실을 반드시 의미하는 것은 아니라는 점을 이해하게 하는 것이다.[3] 이러한 변화는 Y 씨가 자신을 힘 있는 어른으로서 좀 더 편안하게 느낄 수 있도록 하고, 여성과의 관계에서 그들의 결점을 포함하여 좀 더 완전하고 복합적으로 상대를 경험하고 관계가 깊어질 수 있는 역량을 키우도록 이끌 수 있다.

유사하게, 좀 더 초기 해석—Y 씨가 상실을 부인하는 것에 초점을 둔 것—의 목표는 Y 씨가 상실감을 견딜 수 있게 하고, 자신의 결함 또는 공격성에 대한 참을 수 없는 벌로서 영원히 완전히 혼자라고 선고받은 느낌을 갖지 않게 하는 것이다.

B 박사와 Y 씨는 수개월 동안 Y 씨의 상실감, 고립, 공격성에 대한 갈등을 훈습했다. 이 갈등은 치료의 나머지 기간에 훈습 과정의 일부로서 주기적으로 다시 나타나곤 했다. 그것은 Y 씨의 초기 개인력—우울하고 철수되고 가용하지 않았던 어머니에 대한 경험, 그리고 적대적이고 다소 가학적인 아버지에 대한 동일시—과 상당히 분명하게 연결되어 있었다. B 박사는 이처럼 비교적 분명하고 접근 가능한 발달적 연결에 초점을 두는 것을 연기하고 지금 여기에서 핵심 갈등이 정교화될 때까지 기다렸다. 이 지점에서 과거의 경험과 연결하는 것은 Y 씨가 그의 경험의 갈등적인 측면을 이해하고 상징적으로 관리하는 데 도움이 되었고, 이 과정에서 그것을 잘 컨테인하고 맥락화하여 자신에 대해 잘 통합된 내러티브를 구축할 수 있게 했다. Y 씨와 B 박사는 발달에 기초한 내러티브를 통해 공격성과 상실에 대한 Y 씨의 갈등에 대해서 더 충분히 이해해 볼 수 있었는데, 이는 다음과 같다. 여기에는 어머니에 대한 자신의 격노로 인해 그녀를 쫓아냈을 수 있고 그녀

---

2) 해석 과정의 최종적인 성과는 명료화, 직면, 해석의 반복적인 순환, 또는 훈습 과정의(제12, 13장 참조) 결과이며, 점진적으로 방어가 더욱 유연해지고, 정서적 통찰의 수준이 증가하고, 궁극적으로는 전체적인 자기감 내에 경험의 갈등적 측면을 컨테인하고 맥락화하는 역량이 강화되도록 이끈다.

3) NPO 환자의 치료에서 해석의 영향과 변화의 기제에 대한 추가적 논의를 위해 Caligor et al. (2007)을 참조.

의 우울증을 일으켰을 수 있다는 두려움이 포함되며, 자신의 화난 부분이 그가 미워했던 가학적인 아버지와 같은 사람이 되는 것에 대한 두려움도 포함된다.

> **임상 예시 2(계속)** **BPO 환자에서의 해석**

직장에서 상사에 대한 분노로 인해 마비된 느낌이 들고 악순환에 빠져 있는 J 씨에게 돌아가 보자. C 박사는 직장과 관련해서 그녀의 극단적으로 모순적이고 해리된 관점을 직면했다—즉, 최근까지만 해도 모든 것이 유난히 전적으로 긍정적이었는데, 현재는 그녀의 상사, 직장인으로서의 자신, 전반적인 직장에 대한 이미지가 전부 부정적이라는 사실. C 박사는 J 씨가 이를 어떻게 생각하는지 물었다.

J 씨의 첫 반응은 C 박사의 의견을 거부하는 것이었다. 그녀는 '생각해 볼 것도 없다'고 하면서 자신의 관점이 바뀐 것은 전적으로 Hal(상사)의 안 좋은 행동 때문이라고 했다. J 씨는 Hal이 '모든것을 엉망으로 만들었기' 때문에 화가 났다. 그녀는 매우 행복했고, 이번만큼은 자신이 가치있고 특별하다고 느꼈는데, 이제는 전부 망쳤다(즉, 그녀는 문제를 Hal에게 두었으며, 자기 내적인 문제를 보지 않았다).[4]

하지만 J 씨와 C 박사가 J 씨 경험의 세부사항에 대한 탐색을 계속하면서, C 박사는 지속적으로 J 씨가 다음에 주목하게 했다. 즉, 그저 Hal이나 Hal에 대한 J 씨의 경험이 바뀐 것이 아니라, 사실상 직장에서의 그녀의 실제 능력이나, 직장인으로서의 자기 자신에 대한 전체적인 관점이 극단적으로 바뀌었다는 것이다.[5] 나아가, C 박사는 J 씨가 과거에 다른 직장에서도 유사한 경험을 했다는 것을 상기시켰다.

이러한 모든 개입[직면]은 J 씨가 그 순간의 즉각적인 경험에서 벗어나서 좀 더 넓은 시각에서 볼 수 있도록 돕기 위한 것(즉, 그녀의 마음이 콘크리트한 상태에서 좀 더 성찰적인 마음 상태가 되도록 돕는 것)이었다. 그들이 J 씨의 직장 경험을 계속해서 탐색하면서, 그녀는 자신의 극단적이고, '전부냐 아니냐' 식의 경험 특성을 자각하기 시작했다. 그녀는 "다른 사람들도 이런가요?" 하고 큰소리로 말했다.

C 박사는 사실 모든 사람이 그렇지는 않지만 J 씨 혼자만 겪는 일도 아니며, 그들이 그동안 함께 본 다소 불안정하고, 흑백으로 경험한 일들은 그녀가 자기 자신과 타인을 보는 관점

---

4) 이는 방어적인 외재화의 예시이다.

5) Hal에 대한 J 씨의 관점의 변화와 자기 자신에 대한 관점의 변화를 짝짓는 것은 우리의 모델에서, 어떠한 대상표상도 상응하는 자기표상을 함축한다는 것을 강조한다.

의 불안정성을 반영하는 것이라고 답했다. C 박사는 이어서 말했다. "마치 당신은 Hal에 대해서 두 가지 방식으로 경험하는 것 같아요. 좋기만 하거나, 나쁘기만 하거나요. 좋기만 할 때, 당신은 가치 있고, 유능감을 느끼고, 잘 기능할 수 있어요. Hal이 까다롭긴 해도 지지적이고, 인정해 주고, 당신을 특별하게 보는 것 같죠. 반대로 나쁘기만 할 때는, 그는 당신을 대수롭지 않게 여기거나, 더 나쁘게는 쓸모없게 여기는 것 같아요. 당신은 압도되는 느낌이고, 간단한 지시도 따를 수 없는 느낌이 들고, 완전히 절망적이고 엉망이라고 느껴져요. 한쪽은 완전히 긍정적인 감정이고, 다른 쪽은 전부 부정적이에요." J 씨는 자기가 생각해도 그게 사실이라고 인정했다. 비록 그녀가 이전에 그런 식으로 생각해 본 적은 없었지만 C 박사의 설명이 매우 정확하다고 느꼈다. 그녀는 왜 항상 그런 일이 일어날까 궁금해했다.

C 박사는 J 씨와 그녀의 개인력에 대한 이해를 바탕으로, J 씨의 분열이 이상화된 관계의 상실에 대한 편집 불안과 우울 불안 둘 다에 의해서—즉, 한편으로는 이상적인 관계를 너무 쉽게 파괴할 수 있는 외부로부터의 공격 또는 과도한 좌절에 대한 편집 불안, 그리고 다른 한편으로는 그녀의 공격성이 관계를 손상시킬지도 모른다는 우울 불안(제3장 참조)—동기화된 것 같다고 추론했다. 그러나 이러한 구성개념들은 이 시점에서 C 박사가 속에 품고 있는 일반적인 가설일 뿐이었다. C 박사는 J 씨가 이런 종류의 추측을 활용할 수 있는 충분히 성찰적인 마음의 틀을 가졌다고 느끼지 않았다—그리고 이러한 생각을 공유하는 것은 주지화의 위험을 수반하며, 즉각적인 정동적 경험으로부터 거리를 두게 할 수 있었다. 따라서 C 박사는 J 씨 경험의 분열되고 불안정한 특성에 대한 직면을 계속하기로 했는데, 그 목적은 성찰을 촉진하고 더 넓은 시각을 갖도록 돕는 동시에 문제의 근원이 그녀 안에 존재하는 정도를 깊이 인식하기 위해서이다.

다음 몇 회기 사이에 J 씨는 최근에 데이트를 시작한 Brian과의 관계에서 알아차린 급격한 변화에 대해 언급하기 시작했다. J 씨는 그 경험이 Hal에 대해서 자신이 기술한 것과 유사하다는 C 박사의 의견에 동의했다. J 씨가 Brian과의 경험을 상세히 기술하면서[명료화], 그녀가 경험한 변화가 단지 Brian이나 자신의 행동에 관한 것만이 아니라, 그의 행동을 이해하는 그녀의 능력과 '실제로 무슨 일이 일어나고 있는지' 알기 어렵다는 문제에 의해 영향을 받는 점을 점차 생각할 수 있게 되었다. 이 지점에서 그녀는 종종 C 박사가 직면하려고 하지 않아도 스스로 자기경험을 성찰할 수 있었다. 즉, J 씨는 점차 자기관찰적이고 성찰적으로 되어 가고 있었으며 Brian과의 즉각적인 경험에서 약간 물러나서 그녀의 극단적인 감정 상태를 알아차릴 수 있었다—그녀는 '기분이 좋거나', 또는 침대에서 '히스테릭하게 울곤' 했다. 그녀는 궁금해하기 시작했고, 진심인 것 같았다. "저는 왜 이러는 걸까요? 도대체 뭐가 문제인 거죠? 왜 중간이 없는 걸까요?"

C 박사는 J 씨가 성찰이 많이 늘었으며, Hal과의 관계에서 이상화된 관점과 박해적인 관점의 분열을 인지적으로 연결하려 노력한다는 것을 알아차렸다. 그 순간에는 그녀가 그 문제가 단지 Hal이나 Brian과의 구체적인 교류만이 아니라, 사실은 그녀의 내적 상태 및 경험과 관련된다는 이해를 유지할 수 있을 것 같았다. 따라서 C 박사는 더 추상적인 개입을 해도 건설적으로 활용할 수 있는 마음의 틀이 J 씨에게 준비되었는지 확인하기 위해 시범적인 해석을 해 볼 가치가 있다고 생각했다. C 박사는 말했다. "좋은 질문인 것 같네요. 당신 안에서 무슨 일이 벌어지고 있는지, 상황을 어떻게 경험하는지에 대한 것 같아요. 당신에게 무슨 일이 생겼는지나 당신과 Hal 사이에 무슨 일이 있었는지가 아니라요. 이해가 되나요?" J 씨가 끄덕였고, C 박사는 이어서 말했다. "내 생각에 당신 질문은 이런 것 같아요. 왜 사람들이 자기 경험을 긍정적이기만 하거나 부정적이기만 한 것으로 나누는 것 같냐고. 사람들이 무엇 때문에 그러는 것 같나요?"

이 지점에서 J 씨는 큰 소리로 외쳤다. "선생님은 아세요?" 이렇게 기다렸다는 듯이, 다소 수동적이고 아이 같은 J 씨의 반응에—스스로 문제를 풀려고 고민하기보다는 C 박사가 그녀의 손을 잡고 답을 알려 달라는 듯이 보였다—C 박사는 약간 불편했다. 그럼에도 C 박사는 먼저 해석을 하고 나서, 그 순간에 J 씨가 상연하는 것으로 보이는 전이를 동일한 역동과 연결시키기로 했다.

편집 불안(환자 외부의 힘에 의해 좋은 대상이나 자기의 파괴에 대한 두려움)을 우울 불안(자기 자신의 파괴성으로 인해 좋은 대상이나 자기의 상실에 대한 두려움, 제13장 참조)보다 먼저 다루라는 지침에 따라서, C 박사는 다음과 같이 해석을 진행했다. "글쎄요. 확실하게는 모르겠지만, 도움이 될 수도 있는 생각이 있긴 하죠. 만약 관심이 있다면요." J 씨는 다시 한번 그렇다고 했다. "당신은 뭔가가 완전히 무너져 버리면 그건 정말 정말 나쁜 기분이라는 걸 잘 알고 있죠. 그래서 당신은 이 모든 것을 포기하고 그렇게까지 밑바닥으로 내려가지 않아도 되는 중간 지점을 찾으려고도 했을 거예요. 그런데도 그렇게 하지 않은 것을 보면, 뭔가 이 패턴을 계속 반복할 수밖에 없는 이유가 분명히 있을 거예요. 한 가지 생각은, 긍정적인 관계와 함께 오는 굉장히 특별한 느낌을 계속 고수하려고 하는지도 몰라요—예를 들면, Hal이나 Brian과의 관계에서 당신이 처음에 느꼈던, 모든 게 너무 멋지고 당신이 완벽하게 행복했던 그런 느낌이요. 어쩌면 그런 느낌을 갖고 싶고 유지하고 싶은 희망 때문에 계속 그런지도 몰라요. 만약 당신이 좀 더 중도의 관점을 수용하게 된다면, 부정적인 경험에 덜 취약해지겠지만, 반대로 멋진 경험에 대한 희망도 포기해야 하고, 그건 무척 어려울지도 몰라요. 마치 당

신을 특별하게 대하고 완벽하게 보살펴 주는 존경스러운 부모의 영원한 아이가 되고 싶다고
소망하는 것 같아요. 당신은 그게 가능하지 않고, 이미 어른이 되었다는 것을 알고는 있지만,
그래도 포기하기가 어렵죠."

논평: 다소 긴 이 예시에서 우리는 BPO 환자의 치료에서 무의식적인 동기의 해석에 일반
적으로 선행하는 반복적인 명료화와 직면의 과정을 보여 주려고 했다. 경계선 병리의 세
팅에서 무의식적 동기와 의미의 해석은 지속된 일련의 개입에서 최종 단계의 개입에 해
당하며 치료가 진행됨에 따라서 일련의 개입은 점차 짧아지고 효과가 높아지고 환자가
성찰적으로 변해 간다. 치료 초기에는 자기관찰과 성찰을 촉진하는 개입이 가장 높은 우
선순위를 가지며 무의식적인 의미를 탐색하는 것은 종종 나중으로 미루어진다. 따라서
C 박사는 직면에서 해석으로 빠르게 나아가지 않았다. 대신에 그녀는 명료화와 직면의
수준에서 계속해서 작업하며 J 씨가 내적 상태에 대해 생각하게 되고 이를 이해할 수 없
어서 정말로 당황하고 궁금해한다고 느껴질 때까지 기다렸으며, 분열을 통해서 이상적인
관계를 보호하려 하는 그녀의 소망을 동기화하는 편집 불안을 해석하는 것은 그다음이
었다. 치료자는 성격장애의 치료에서 초점의 중심을 무엇에 둘 것인지, 왜에 둘 것인지의
관점에서 이 과정을 생각해 볼 수 있다.

중간 또는 낮은 수준 BPO 환자—J 씨보다 더 심각한 병리—의 치료에서 명료화와 직
면에 초점을 두는 기간은 훨씬 더 필수적이고 중심적이며 장기화되는 경향이 있다. 이러
한 환자들을 대상으로 명료화는 핵심적인 기능을 하게 되는데, 치료에서 그리고 특히 전
이에서 일어난 강렬한 정동을 컨테인하도록 돕는다(전이해석에 대한 충분한 논의를 위해 제
11장 참조). 또한 명료화의 과정은 치료에 관찰의 관점을 도입하고 환자가 그 순간의 즉
각적인 경험으로부터 약간의 거리를 두고 자신을 보도록 한다.

분열-기반 방어의 사용에 대해서 지속적으로 직면하고, 이상화-평가절하에 초점을
두고, 방어를 동기화하는 편집 불안의 탐색에 초점을 두면서 J 씨는 덜 일관적이고 덜 폭
넓게 분열시키기 시작했다. 좀 더 통합된 순간에 그녀는 이제 우울 갈등을 접하기 시작
했다. 그 지점에서 J 씨가 자신과 세상에 대한 더 통합된 경험을 떠나서 분열된 관점을
향했을 때, C 박사는 이 변화에 대해서 더 통합되고, 본질적으로 긍정적인 타인상에 대해
서 공격적으로 행동하는 자신을 보는 고통에서 벗어나려는 시도라고 해석했다. 이 지점
에서의 분열은 그녀가 Hal과 Brian에게 종종 도발적이고 적대적으로 대한 책임이 있다는
고통과 죄책감을 피하려는 시도로 이해되었다. 이제 그녀는 Hal과 Brian을 전반적으로

좀 더 복합적이고 현실적으로 경험하게 되었다.

요약

엄밀한 의미의 해석은 해석 과정의 최종 단계로서, 명료화와 직면 이후에 이루어진다. 명료화와 직면은 갈등의 영역에서 환자가 말하고 행동하고 경험하는 것에 초점을 두면서, 환자가 성찰하도록 한다. 해석은 이러한 초기 개입에 바탕을 두고 있으며 성찰적인 환자가 동기나 개인적 의미를 탐색하게 한다. 이것들은 명료화되고 직면되었던 반복적인 행동, 생각, 감정의 바탕에 있고 이들을 추동하는 것이다. 명료화와 직면은 의식이 접근할 수 있는 경험과 행동의 측면을 다루는 반면, 해석은 무의식적인 심리과정 또한 고려하며 갈등 영역에서 환자의 경험 및 행동의 동기를 이해하는 데 초점을 둔다.

해석은 설명적 가설이지만 사실의 진술은 아니다. 따라서 치료자가 해석을 할 때 잠정적인 태도로, 열린 질문의 마음으로, 무언가 구성하는 한 가지 가능한 방법을 공유하는 마음으로 한다. 해석은 환자가 자신의 경험과 행동을 이해하고 내적 삶의 이해를 심화하도록 돕고 더 큰 관점을 가지도록 도와서, 경험의 갈등적인 측면을 더 효과적으로 컨테인하고 맥락화할 수 있도록 하는 보다 장기적인 목적을 갖는다.

정리해 보면, 치료자는 다음을 달성하기 위해 해석을 사용한다.

- 관찰된 행동, 의식적인 생각 및 감정을 그에 기저할 수 있는 무의식적인 요인들과 연결한다.
- 무의식적인 심리적 동기와 의미에 대한 가설을 세운다.
- 환자가 왜 특정한 방식으로 행동하거나 경험하는지에 대한 이유를 제시한다.
- 환자의 자기이해를 심화한다.
- 개인적 의미의 틀 안에서 갈등의 유연한 관리를 촉진한다.

핵심 임상 개념

- 해석 과정은 명료화, 직면, 해석의 반복되는 순환으로 개념화될 수 있다.
- **명료화**는 환자가 자신의 지배적인 경험을 정교화하도록 돕고, 자기관찰의 과정을 시작하게 한다.
- **직면**은 환자의 소통에서 불일치와 모순에 주의를 환기시키고, 환자가 자신이 무엇을 하고 무엇을 경험하는지 관찰하고 생각하도록 한다.
- 직면은 현실검증을 돕고, 대안적 관점을 제시하고, 갈등 영역에 대한 성찰을 촉진함으로써 BPO 환자의 치료에서 특히 중심적이고 복합적인 역할을 한다.
- **엄밀한 의미의 해석**은 방어를 동기화하는 불안, 두려움, 소망에 초점을 두면서, 환자가 왜 그런 식으로 경험하는지에 대한 가설의 형성으로부터 시작한다.
- BPO 환자의 치료에서, 방어를 동기화하는 불안은 종종 일차적으로는 이상화된 관계 혹은 공격으로부터 보호받는 안전한 피난처를 만들어 내거나 고수하려는 소망과 관련되며, 이차적으로는 죄책감, 상실, 자기존중과 관련된 우울 불안과 관련된다.
- NPO 환자의 치료에서, 방어의 동기는 종종 죄책감을 피하고, 자기존중을 지지하고, 대상 상실의 두려움을 방지하려는 노력과 관련된다.
- 해석의 반복적인 순환(훈습 과정)은 환자의 통합적인 변화와 상응하여 경험의 갈등적인 측면을 컨테인하고 맥락화하는 역량을 촉진한다.

▼ 참고문헌

Auchincloss AL, Samberg E (eds): Psychoanalytic Terms and Concepts. New Haven, CT, Yale University Press, 2012

Britton R: Naming and containing, in Belief and Imagination. London, Routledge, 1998, pp 19-28

Caligor E, Kernberg OF, Clarkin JF: Handbook of Dynamic Psychotherapy for Higher Level Personality Pathology. Washington, DC, American Psychiatric Publishing, 2007

Caligor E, Diamond D, Yeomans FE, Kernberg OF: The interpretive process in the psychoanalytic psychotherapy of borderline personality pathology. J Am Psychoanal Assoc 57(2):271-301, 2009 19516053

Etchegoyen RH: Fundamentals of Psychoanalytic Technique. London, Karnac Books, 1991

LaFarge L: Interpretation and containment. Int J Psychoanal 81(Part I):67-84, 2000 10816845

Levy ST, Inderbitzin LB: Neutrality, interpretation, and therapeutic intent. J Am Psychoanal Assoc 40(4):989-1011, 1992 1430771

Sandler J, Dare C, Holder H: The Patient and the Analyst, 2nd Edition. Madison, CT, International Universities Press, 1992

Steiner J: Psychic Retreats: Pathological Organizations in Psychotic, Neurotic and Borderline Patients. London, Routledge, 1993

개입 Ⅱ: 전이분석과 해석 과정을 이끄는 기략

이 장에서 우리는 해석 과정에 대한 논의를 마무리할 것이다. 제1절에서는 전이분석에 초점을 두고, 제2절에서는 해석 개입을 이끄는 기략을 다룰 것이다.

전이분석

우리는 제10장의 해석 과정에 대한 논의에서 명료화, 직면, 해석의 기법을 사용하여 환자의 경험을 조직하는 대상관계를 탐색하고 정교화하는 치료자의 과제를 기술했다. 이제 우리는 전이분석이라고도 불리는 전이해석의 과정으로 넘어가려고 한다(Auchincloss & Samberg, 2012). 전이분석 과정은 정동적으로 지배적인 대상관계를 확인하는 것부터 시작되는데 이 절차는 제9장에서 개관하였다. 이제는 치료자 및 그들의 상호작용에 대한 환자의 경험에서 정동적으로 지배적인 대상관계가 현재 어떻게 상연되는지에 초점을 둘 것이다. 그 후에 치료자는 명료화, 직면, 해석을 활용하여 치료자에 대한 환자의 경험을 탐색하기 위해 제10장에서 개관한 기법들을 적용한다.

다음 내용을 읽기 전에, 제5장을 다시 읽고 오기를 권한다. 전이의 구성개념을 처음으로 소개했고, 심각도의 전 범위에 걸쳐서 나타나는 전이의 다양한 양상을 상세히 검토했기 때문이다. 연속성을 위해서 이 장에서 전이분석에 대한 논의는 이 책의 앞에서 제시된 몇몇 자료를 통합한다.

심각도 스펙트럼에 걸친 전이분석의 중심성

경계선 성격조직

경계선 성격조직 수준(BPO) 환자의 치료에서는 적대감으로 채색되고 역할반전이 특징적인 편집 전이가 보편적으로 발달하며, 일반적으로 정동적 지배성을 띤다. 정동적 지배성을 띠는 다른 흔한 발달은 이상화 전이인데, 이는 적대감을 방어하고, 전이 발달에 대한 반응으로 나타나는 행동화를 방어한다. 중간 및 낮은 BPO 환자는 편집 전이가 우세한 반면, 높은 BPO 환자는 이상화 전이의 역할이 더 두드러진다. 전이는 일반적으로 치료자에 대한 BPO 환자의 지배적이고 의식적인 경험, 그리고/또는 치료시간의 환자 행동 및 치료틀에 대한 환자의 행동을 조직하게 된다. 그 결과 BPO 환자와의 전이초점 심리치료−확장판(TFP−E)에서 많은 임상 작업은 치료자에 대한 환자의 경험을 조직하는 편집적 및 이상화된 대상관계에 초점을 두곤 한다. 이러한 치료는 전이에 초점을 두는[1] 경향이 있으며, 마찬가지로 역전이분석도 임상 과정에서 중심적인 역할을 한다. BPO 환자의 치료에서, 지배적인 전이 주제는 종종 환자의 행동 및 역전이를 통해서 비언어적인 방식으로 가장 분명하게 소통된다(Kernberg, 1980).

치료자에 대한 BPO 환자의 경험을 조직하는 편집적 및 이상화된 대상관계에 임상적 초점을 두는 것은 몇 가지 중요한 이점을 가진다.

- 전이에서 환자의 경험에 대한 명료화와 직면은 정동을 컨테인하고 현실검증을 지지할 수 있다.
- 전이에 초점을 두는 것은 종종 행동화 또는 치료의 중단으로 이어질 수 있는 치료의 국면을 치료자가 더 명료하게 이해하고 보다 잘 관리할 수 있도록 한다.
- BPO 환자의 전이는 환자의 대인관계 삶에서의 어려움을 밀접하게 반영한다. 전이의 탐색은 치료 밖에서의 환자의 관계문제에 대해 현실적인 이해를 제공한다.

---

1) 심한 성격장애 환자의 치료에서 전이분석은 『경계선 인성장애를 위한 전이초점 심리치료: 임상 가이드 (Transference-Focused Therapy for Borderline Personality Disorder: A Clinical Guide)』(Yeomans et al., 2015)에 매우 자세히 논의되어 있다.

신경증적 성격조직

제9장에서 기술하였듯이, 신경증적 성격조직 수준(NPO) 환자에게서 정동적으로 지배적인 대상관계는 전이에서 접근하기가 상대적으로 어렵다. 그래서 환자의 내적 대상관계 세계에 대한 탐색은 종종 전이에 초점을 두기보다는 치료자가 직접적으로 포함되지 않는 대인관계 및 주관적 상태에 초점을 둔다. 그 결과, 비록 전이분석이 도움이 될지라도 NPO 환자의 치료는 일반적으로 전이에 초점을 두지 않는다.[2] 이 세팅에서 치료자와의 관계는 종종 비교적 중립적이고 현실적이다. 대부분까지는 아니라도 많은 치료에서 치료자는 대개 환자가 자신의 행동과 경험을 관찰하도록 돕는 긍정적인 인물로(즉, 환자 내의 비교적 안정적인 관찰자아와 동맹을 맺는 것으로서) 경험될 수 있다.

TFP-E에서 NPO 환자의 전이 발달은 일반적으로 미묘하고 종종 사회적으로 적절하며 자아동질적이다(예를 들어, 환자가 치료자를 특별히 숙련되거나 현명하다고 생각하며 조용히 감탄하거나 감사하는 태도를 보이는 친숙한 방어적인 NPO 전이). 이러한 발달은 종종 정동적인 지배성을 띠지 않는다. 치료자는 전이의 발달에 대해 속으로는 주목할 수 있지만, 종종 NPO 환자의 치료에서 전이에 과도하게 또는 성급하게 초점을 맞추는 것은 환자를 소외시킬 수 있고 치료적 과정을 촉진하는 데는 거의 도움이 되지 않을 것이다. 따라서 만약 더 충분히 표현되고 더 정동적으로 부하된 관계가 있다면, 전이의 탐색을 무리하게 시도하기보다는 환자의 대인관계에서 정동적으로 지배적인 대상관계를 탐색하는 것이 더 좋을 수 있다.

다음 상황에서는 NPO 환자 치료에서 전이를 우선시하기를 권한다.

- 전이가 의식적이며 정동적으로 지배적일 때
- 전이가 행동화로 이어질 때(예를 들어, 만약 환자가 전이에서 활성화된 감정의 표출로서 자신의 상사에게 적대적인 태도로 행동하기 시작한다면)
- 전이가 부정적일 때(예를 들어, 만약 환자가 치료자를 비판적이거나 적대적이라고 경험하거나 또는 치료자를 명백히 적대적인 태도로 대한다면)
- 전이가 개방적인 소통 또는 탐색을 방해할 때(예를 들어, 만약 환자가 성적 억제에 대

---

2) 이 집단 환자의 치료에서 전이분석은 『높은 수준의 인성병리를 위한 역동 심리치료 핸드북(Handbook of Dynamic Psychotherapy for Higher Level Personality Pathology)』(Caligor et al., 2007)에 상세히 논의되어 있다.

해서 도움을 받기 위해서 왔는데, 치료자가 '엄마 같아서' 자신의 성생활에 대해서 말할 수
없다고 느낀다면)

전이분석에 대한 경험적 문헌

최근까지 임상 과정에서 전이해석의 효과와 심리치료에서의 변화에 대한 경험적 연
구의 결과는 다양하고 모순적이었다(Høglend, 2014). 연구 전반에 걸친 연구 결과의 변
동성은 다음 요인들을 반영할 가능성이 높다: 환자의 특성(예를 들어, 병리의 심각도, 성
별), 치료의 특성(치료기간, 회기의 빈도, 지지 수준), 전이해석의 빈도(회기당 많이 대 조금),
그리고 전이해석을 하는 역량(예를 들어, 타이밍, 감각, 예비적인 개입의 활용). Høglend와
Gabbard(2012)는 전이 작업에 대한 경험적 문헌들을 개관하고 전이해석의 적당한 사용
은 역동 치료를 받은 환자의 장기적인 기능에 특정한 긍정적인 효과를 가진다고 결론지
었다. 이러한 효과는 치료 동안의 통찰의 증가에 의해 매개된다. 이는 특히 성격장애 환
자에 적용된다. Høglend와 Gabbard는 전이해석의 효과적인 사용을 위해서 길을 닦는
예비적 개입의—특히 환자의 내적 상황을 확인하는 개입의—긍정적인 영향을 주장한다.

지금까지 가장 세련된 연구에서, Høglend 등(2016)은 무선 분해 설계를 사용하여 1년
간의 주 1회 치료에서 다음을 발견했다. 대상관계의 질이 낮았던(그리고 높은 빈도로 성격
장애를 보였던) 환자들은 전이해석이 금지된 치료집단에 비해, 전이해석을 낮은 빈도에서
부터 적당한 빈도로 제공한 치료집단에서(회기당 해석을 평균 1번 정도) 유의미하게 나은
기능적 성과를 보였다. 반면, 대상관계의 질이 더 높았던 환자들은 치료자가 전이해석을
하지 않았을 때 더 나았다.

이러한 연구들에 따르면 통찰은 전이분석과 성격장애 환자의 변화와의 관계를 매
개했지만, 중요한 성격병리가 없는 환자들에게 전이분석이 통찰로 이어지지는 않았다
(Johansson et al., 2010). 전이해석의 사용에 대한 TFP-E 접근은 이러한 연구 결과와 일
치한다. 치료자는 정동적으로 지배적인 자료에 초점을 맞추고, 병리가 심각할수록 정동
적 지배성이 전이에 더 많은 시간 동안 집중되는 경향이 있을 것이라고 예측한다. 〈표
11-1〉은 심각도 스펙트럼에 걸친 전이분석과 역전이분석의 효율성과 특성을 요약한다.

〈표 11-1〉 성격조직 수준에 걸친 일반적인 전이와 역전이

신경증적 성격조직 수준	경계선 성격조직 수준
전이	
전이는 종종 정동적으로 지배적이지 않다.	전이는 종종 정동적으로 지배적이다.
전이는 종종 의식적이지 않다.	전이는 종종 의식적이다.
전이는 미묘하고 점진적으로 발달하며 자아동질적일 수 있다.	전이는 정동적으로 부하되고 급속도로 발달하며 자아이질적이다.
전이는 종종 언어적 소통을 통해 전달된다.	전이는 종종 비언어적 소통 및 역전이를 통해 전달된다.
전이에 대한 과도한 주의는 치료동맹에 부담을 줄 수 있다.	전이에 대한 주의는 치료동맹을 지지할 수 있다.
전이분석은 긍정적인 치료결과와 우선적으로 관련되지는 않는다.	전이분석은 긍정적인 치료결과와 우선적으로 관련된다.
전이분석은 통찰의 주된 원천은 아닐 수 있다.	전이분석은 종종 통찰의 주된 원천이 된다.
전이분석은 환자의 관심과 관련이 없고 특이하고 강요된 것으로 느껴질 수 있다.	전이분석은 일반적으로 치료와 환자 삶에서 지배적 주제로 임상적 주의를 이끈다.
전이분석은 변화의 주된 수단이 아닐 수 있다.	전이분석은 변화의 주된 수단으로 보인다.
치료는 전이에 초점을 계속 맞추지는 않는다.	치료는 종종 전이에 초점을 맞춘다.
역전이	
역전이는 일반적으로 언어적 소통에 비해서 소통의 지배적 경로가 아니다.	역전이는 소통의 지배적 경로이며 종종 일차적 경로이다.
역전이는 비교적 미묘하고 간과하기 쉽다.	역전이는 종종 극단적이며 침투적이고 정동적으로 부하된다.
역전이는 치료자의 마음속에 성찰을 통해 컨테인할 수 있다.	역전이는 치료자에게 행동의 압력을 유발하여 컨테인하기 어려울 수 있다.
역전이는 환자의 전이와 환자에 대한 치료자의 전이의 상호작용을 반영한다.	역전이는 종종 환자의 전이를 주로 반영한다. 치료자보다 환자에 대해 많은 것을 말한다.
역전이의 활용이 임상 기법의 중심이 될 필요는 없다.	역전이의 활용과 컨테인하기는 임상 기법의 중심이 된다.

성격병리 심각도의 범위에 걸친 탐색적 개입과 전이

앞으로 이어지는 7개의 임상 예시에서, 우리는 성격병리 심각도의 범위에 걸친 전이분석 과정에서 정동적으로 지배적인 대상관계를 확인하고 해석 과정을 활용하는 과정을 강

조한다(제9장과 제10장에서 논의하였듯이). 우리는 일반적인 임상 상황에 초점을 두면서 명료화, 직면 및 전이해석이라는 기본적인 기법의 차별적 적용을 살펴볼 것이다. 이전 장에서 소개한 몇몇 환자와 임상 상황을 다시 언급할 것이므로, 다음 예시들을 보기 전에 제 6, 9, 10장의 예시를 참고하길 권한다.

편집 전이

▶ 치료자-중심 해석의 명료화

BPO 환자의 치료에서는 편집 전이가 일반적이고, 보통 정동적으로 지배적이며, 자주 정동적으로 부하된다. 종종 도전적인 임상 상황에서, **치료자-중심 해석**(Steiner, 1994)은 몹시 유용한 개입이 될 수 있다.

임상 예시 1 **편집 전이의 명료화**

우리는 제6장의 임상 예시에서 논의된 M 씨에게 돌아간다. 그녀는 현저한 편집적, 자기애적 특징을 보이는 경계선 성격장애로 진단받은 BPO 환자이다. 오랜 기간, M 씨는 주 2회 치료 조건, 제시간에 시작하고 끝내야 하는 것, C 박사의 사무실에 오고 가기 불편하다는 문제로 실랑이를 했다.

M 씨는 한 회기에 15분 늦게 도착했는데, 눈에 띄게 동요된 상태로 교통체증과 버스를 운전하고 있었던 '이기적인 년'에 대해서 불평했다. 그날 아침에 정확히 무슨 일이 있었는지 C 박사가 명료화하려고 하자 M 씨는 입을 꾹 닫고 C 박사를 노려보며, 지금 사무실에 도착하면서 그녀의 모든 짜증과 격노가 C 박사에게 전적으로 집중되어 있다는 것을 비언어적인 경로로 분명히 소통했다. M 씨의 냉랭한 침묵을 대면하며 C 박사는 무슨 일이 일어나고 있는지 명료화하기 위해 여러 가지 노력을 했다. M 씨는 분명히 화가 나 보였지만 아무 말도 하지 않았다.

C 박사는 질문을 하는 대신 의견을 말하는 쪽으로 방향을 바꾸기로 했다. "당신은 화나고 동요된 것 같아요. 오늘 내 사무실에 오는 길은 특히 짜증이 났던 모양이죠." M 씨는 즉각 반응했다. "네. 그건 불가능했어요!" C 박사는 더 물었다. "좀 더 자세히 얘기해 볼래요?"

M 씨는 C 박사를 쏘아보면서 말했다. "내가 몇 번이나 말하고 또 말했죠. 약속 시간이 너무 이르다고요! 나는 여기에 오려면 7시에 일어나야 되는데, 밤에는 잠이 안 와요. 여기 위치

는 정말 최악이에요. 오려면 버스를 두 번 타야 되는데 절대 곧바로 환승하는 일이 없죠. 오늘도 두 번째 버스를 놓친 거예요. 그 망할 운전기사가 가 버리는 바람에요! 그래서 늦을 줄 알았어요. 당신이 맨날 지각에 대해서 말하는 것도 너무 싫어요."

M 씨가 자신의 경험을 정교화하도록 명료화 과정을 계속하면서, C 박사는 질문했다. "내가 지각에 대해서 말하는 이유가 뭐라고 생각해요?" M 씨는 답했다. "왜냐하면 골치 아프게 굴려고 그러는 거겠죠! 당신은 다른 사람 감정은 신경도 안 쓰고, 자기 편의만 챙기잖아요. 당신은 모두에게 자기 방식을 따르라고 강요해요. 당신이 여기를 통제하니까요. 그렇지만 누구라도 당신이 얼마나 이기적이고 게으른지 알 수 있을걸요. 당신은 그저 자기를 속이고 있을 뿐이라고요." M 씨의 적개심은 선명했다. C 박사는 그녀의 말을 듣고 괴롭힘당하고 방어하게 되고 위축되는 느낌을 동시에 받았다.[3]

C 박사는 그 순간에 M 씨가 C 박사에 대해 경험한 것에 대해서 치료자 자신이 이해한 것을 말로 표현하기 시작했다. 세 가지 소통의 경로 및 M 씨가 어머니에 대해 자주 불평하던 기억을 모두 활용하면서 C 박사는 말했다. "마치 내가 당신 인생에서 자기밖에 모르고 권력을 휘두르고 자기 욕구를 채우기 위해서 남들을 괴롭히는 또 다른 사람이 된 것처럼 들리네요."

M 씨는 열광적으로 바로 그것이라고 했다. "정확해요! 또 다른 이기적인 년일 뿐이죠." 하지만 이 지점에서 M 씨의 톤은 편집적이기보다는 좀 더 의기양양했으며, 덜 동요하고 경계하는 것 같았다. C 박사는 M 씨의 전이 경험에 대해 명료화를 계속하기로 했다. C 박사는 물었다. "내가 무엇을 하거나 당신을 어떻게 대할 때 당신을 괴롭힌다고 느끼는지 혹은 내가 이기적이거나 게으르다고 여겨지는지 좀 더 말해 줄래요?" 전이에서의 M 씨의 경험을 계속해서 정교화하고 명료화하면서, 그것을 말로 표현하고 주의 깊게 듣고 이해하려고 노력하는 C 박사와 함께 솔직하게 이야기하면서 M 씨는 보다 차분해지고 성찰적이 되게끔 도움을 받는 것 같았다.

논평: 이 예시에서 C 박사는 세 가지 수준의 개입―기법적으로 말하자면, 모든 형태의 명료화―을 하고 있는 것으로 보인다. C 박사의 초기 노력, M 씨에게 무슨 일이 일어나고 있는지 설명해 달라고 한 것은 환자를 더욱 짜증나게 한 것으로 보이고, 환자는 입을 꾹 다물었다. C 박사가 질문을 하기보다는 M 씨의 짜증에 대해 의견을 말하기로 방향을 바꿨을 때 M 씨는 말을 시작했다. M 씨의 톤은 약간 덜 편집적이긴 했지만 여전히 적대적

---

[3] 이 역전이는 C 박사가 편집 전이에서 M 씨의 지배적인 자기경험을 들여다볼 수 있게 했다.

이었다. 마침내 C 박사가 자신에 대한 M 씨의 관점에 대해 언급했을 때 치료시간의 분위기는 바뀌기 시작했다.

BPO 환자의 치료에서 치료자에 대한 환자의 경험을 정교화하고 말로 표현하는 과정은(즉, 전이를 조직하는 정동적으로 지배적인 대상표상을 확인하고 기술하는 것) 종종 치료에서 흔히 나타나는 정동적으로 부하된 편집 전이를 다루기 위한 최적의 첫 단계가 된다(Caligor et al., 2009). 치료자는 환자의 즉각적인 정동적 경험을(격노, 두려움, 증오) 보다 충분히 정교화된 표상과(강력하고, 학대적이며, 이기적인 누군가와) 연결하는데 이 개입을 통해 환자의 상황에 공감할 수 있는 치료자의 역량이 전달되며 동시에 정동을 인지적으로 컨테인한다(Bion, 1962, 1959/1967, 1962/1967; Britton, 1998; Steiner, 1994). M 씨에 대한 C 박사의 이 말이 그러한 개입의 예시이다. "마치 내가 당신 인생에서 자기밖에 모르고 권력을 휘두르고 자기 욕구를 채우기 위해서 남들을 괴롭히는 또 다른 사람이 된 것처럼 들리네요." 우리는 이런 종류의 개입을 **치료자-중심 개입**이라고 칭한다.[4]

치료자-중심 개입은 다음의 기능을 한다.

- 치료자에 대한 환자의 경험을 말로 표현한다(명료화).
- 환자의 관점에 머무른다(공감 전달하기).
- 직면과 해석을 피한다(대안적 관점을 제시하지 않는다).
- 정동을 컨테인한다.
- 현실검증을 지지한다.
- 치료자가 '알아들었다'는 공감을 전달한다.
- 환자 내면의 관찰하는 자세를 지지한다.
- 환자가 '투사를 되찾도록' 길을 닦는다.

치료자-중심 해석(Steiner, 1994)은 정서를 컨테인하게 한다. 치료자-중심 개입에서, 치료자는 치료자에 대한 환자의 지배적인 의식적 경험을 말로 표현하는 것에 초점을 두고, 그 상호작용에서 환자의 역할에 대해 의견을 말하거나 의문을 제기하지 않는다. 치료자는 환자의 관점을 그대로 채택한다. 마치 콘크리트한 현실인 것처럼, 질문하거나 수정하거나 의견을 말하거나 대안적 관점을 제안하지 않는 것이다. 그보다 치료자는 단지 그

---

4) 정신분석 문헌에서, 이러한 개입들은 **치료자-중심 해석**이라는 John Steiner(1994)가 만든 용어로 기술된다.

순간의 치료자에 대한 환자의 정확한 관점을 가능한 있는 그대로 말로 표현하고, 주관성의 이슈에 대한 논쟁을 피하고(예를 들어, "당신은 나를 괴롭히는 사람으로 보네요." 혹은 "당신의 관점에서는 내가 괴롭히는 사람으로 보이는 것 같네요." 대신에 "난 또 다른 이기적이고 괴롭히는 사람이 되었군요.") 어떤 식으로든 환자에게 도전하거나 대안적 관점의 가능성을 비치지 않는 것을 말한다. 치료자-중심 개입에서는 경험이 상당히 콘크리트하고 편집적일 수 있는, 정동적으로 과잉흥분한 환자에게 어떤 도전도 하지 않는다. 치료자-중심 개입은 그 순간의 환자의 지배적인 경험과 '함께 간다'.

환자가 치료자에게 돌리는 극단적인 표상과 동기를 말로 표현하는 것 그리고 그것을 환자와 함께 차분하고 중립적으로 보고 평가할 수 있는 역량을 보여 주는 것은 몇 가지 기능을 하게 된다. 가장 즉각적으로 치료자-중심 해석은 정동을 인지적으로 컨테인하고 공감을 전달한다. 다른 관점에서 본다면 그러한 대화는 묵시적으로 치료자가 환자의 투사를 컨테인할 수 있다는 것을 전달한다—즉, 환자가 투사할 필요가 있다고 느끼는 강력하게 부정적인 대상표상을 치료자가 구현하는 것으로 볼 때 치료자는 이를 견딜 수 있는 것이다. 이 경험은 그 순간에 환자가 느끼는 불안을 줄일 수 있으며, 투사를 덜 악성적이고 덜 위협적으로 만들기도 한다.

장기적으로 치료자의 컨테인하는 기능은 환자가 투사를 '되찾거나' 자신의 책임을 지기 쉽게 만들어 줄 수 있다—즉, 환자가 치료자의 일부라고 경험하고 있는 것이 자신의 일부이기도 하다는 인식을 견딜 수 있게 되는 것이다. 마지막으로, 치료자-중심 해석은 환자의 경험에 도전하지 않으면서도 잠재적인 외부 관점을 부드럽게 도입할 수 있다. 환자가 보고 느끼는 것을 기술하면서, 치료자는 매우 미묘하게 환자가 자신의 경험에 대해 관찰하는 자세를 채택하게 한다. 시간이 지나면서 이 과정은 환자 스스로가 자신의 극단적인 귀인에 대한 절대적 진실성에 대해 질문할 수 있게 할 것이며(환자가 정신증이 아니라면), 환자의 현실검증을 개선할 것이다.

▶ 역할반전

BPO 환자에게 전형적인 편집 전이에서 역할반전은 흔히 일어나며 일반적으로 혼란을 일으킨다. 동시에, 전이에서 역할반전을 다루는 것은 환자의 자기인식을 증가시키는 데 매우 효과적인 기회를 제공하며 대인관계 기능에서 비교적 빠른 호전을 가져올 수도 있다.

전이분석에서 역할반전의 직면

G 씨는 35세의 자기애성 성격장애 환자로, 치료의 중간 단계에 있으며, 제9장의 임상 예시 2에서 소개되었다. 그는 자동차 할부금 납부를 도와 달라고 했으나 아내가 거절했다고 불평하고 있었다(치료의 단계에 대한 논의는 제13장 참조). 다시 그 장면으로 돌아가 보자. Y 박사는 G 씨의 아내와 상연된, 그리고 전이에서도 마찬가지로 나타난 것처럼 보이는 정동적으로 지배적인 대상관계에 대해 생각하고 있었다. 강력하고 적대적인 인물과 위축되고 격분한 인물이 상호적대감과 좌절감으로 연결되어 있었다.

Y 박사는 G 씨와 아내의 상황에 대해 좀 더 명료화하려고 했다. 그러자 G 씨는 격분했다. 그는 크게 언성을 높이며 독선적이고 조롱하는 톤으로 Y 박사를 맹렬히 비난했다. "당신은 아내 편을 들고 나를 비난하는 거죠! 당신도 내가 수준 떨어지는 멍청한 직업을 가지는 게 맞다고 보는 게 뻔해요. 당신도 아내가 나보다 잘나고, 날 위하는 게 뭔지 안다고 생각하는 또 하나의 거들먹거리고 잘난 척하는 멍청이일 뿐이에요."

G 씨는 Y 박사를 경멸하듯이 노려보았는데 Y 박사는 G 씨의 적개심과 조롱의 강렬함에 놀라서 당황했고 그가 '멍청이'라고 칭한 것에 대해 다소 충격을 받았다. Y 박사는 G 씨의 편에서 무엇이 흥분을 고조시킨 것 같은지 주의를 기울였다. 처음에 회기가 시작할 때는 G 씨의 아내에 대해서 상연되었던 대상관계가 현재는 전이에서 정동적으로 지배적으로 나타나는 것이 분명했다.

Y 박사는 생각을 가다듬고 역전이에 대해 성찰했다. Y 박사는 회기에서 그녀에 대한 G 씨의 행동과 태도가, G 씨와 그의 아내 간에 종종 일어나야만 하는 무언가에 대해 면밀한 관점을 제공하는 것으로 보았다. 그와 동시에 Y 박사는 G 씨의 경험을 이해하는 관점에서, G 씨가 자신을 조롱하고 평가절하했다고 경험하는 것은, 그가 치료자 또는 그의 아내를 비판적이고 잘난 척하며 적대적이라고 기술할 때 경험하는 것과 유사할 것이라고 추론했다.

G 씨는 계속했다. "당신은 내가 일을 해야 한다고 계약했다 하지만, 그건 말도 안 돼요! 나는 당신이 깊은 곳에선 남자보다 우월한 느낌을 좋아하는 여자라는 걸 알아요. 내가 바리스타로 일하는 걸 보면 만족스럽겠죠. 당신이 크게 느껴지고, 내가 작게 느껴질 거고—당신이 이기는 거죠. 당신이 나한테 상담비를 다 청구하는 것도 마찬가지예요—당신은 돈을 좀 덜받을 수도 있고 돈이 꼭 필요하지도 않으면서, 그렇게 하면 강력하고 우월하게 느끼니까 그러는 거죠."

Y 박사는 다시 언급했다. "그러니까 내가 정확하게 이해했다면, 내가 상담비를 다 청구하

는 건 강력하고 우월하게 느끼고 싶기 때문이네요. 그리고 나는 당신에게 굴욕감을 주려고 당신이 초보적인 직업을 갖길 바라는 거고요. 그런가요?" G 씨는 그게 실제로 일어나고 있는 바로 그것이라고 확증했다. "정확해요! 나한테 당신은 또 한 명의 통제적이고 우월한 치료자−년일 뿐이라고요." G 씨의 소통의 내용은 변함이 없었고, 여전히 큰 소리로 말하면서 비난하는 톤이긴 했지만, 그는 약간 긴장이 풀린 것 같았고, 덜 흥분하고, 덜 편집적이며, 명백한 공격도 줄었다.[5]

이후로 몇 주 동안 G 씨는 일을 구하도록 '강요'받는 것과 도움을 받기 위해 Y 박사를 찾아와야 하는 것에 대한 분노를 말할 수 있었다. G 씨의 마음속에서 이러한 현실은 Y 박사가 그를 평가절하하고 위축시키는 것을 즐길 수 있는 우월한 위치에 있게 했다. 핵심적인 자기애적 역동과 연결된 이러한 경험들이 시간에 걸쳐 탐색될수록 G 씨의 극심한 격노는 점점 덜해지는 것 같았다. 어떤 순간에는 그가 자신의 실패에 대한 수치심과 굴욕감을 잠깐이나마 견딜 수 있는 것처럼 보였으며, Y 박사의 유일한 동기가 그를 평가절하하고 가학적으로 모욕하는 것이라는 확신도 덜해졌다.

그러던 어떤 순간 Y 박사가 자기를 무시한다고 느끼는 G 씨의 분노와 그의 기저에 있는 굴욕감에 대해 이야기하던 중에, Y 박사는 G 씨가 여전한 적대감과 간헐적인 평가절하에도 불구하고 다소 차분해지고 좀 더 억제할 수 있는 것처럼 보인다고 느꼈다. Y 박사는 G 씨가 현재의 마음틀에서라면 충분히 자기관찰적일 수 있을 것 같다고 직감했다. 즉, 전이를 특징짓는 지속적이고 만성적인 역할반전에 대해 고려할 수 있을 것이라고 느꼈다. 그러한 개입은 잠재적으로 G 씨가 대인관계의 어려움을 다루기 시작하게끔 도움이 될 수 있는데, Y 박사와의 경험을 더 잘 이해할 수 있게 되는 만큼 아내와의 관계 및 직장에서의 관계도 그럴 것이었다.

Y 박사는 말했다. "지금 난 당신이 나를 당신 위에서 즐기는 위치에 있고, 당신을 조롱하며 대한다고 여기는 것에 대해서 생각 중이에요. 그리고 이게 어떻게 당신을 실망시키고, 굴욕감을 주고, 분노를 정당화하게 만드는지에 대해서도요. 나는 내가 박사이며, 당신은 도움을 받으러 왔다는 사실 자체가 거의 자동적으로 우리를 그 관계패턴으로 끌고 간다는 것을 이해해요. 그동안 우리가 꽤 여러 시간 논의해 왔는데, 우리가 이 어쩔 수 없는 위치에 놓여 있는 것을 인식하는 것 말이에요. 그런데 지금 우리의 이전 상호작용에 대해서 뭔가가 떠올랐어요. 내 생각을 들어 볼래요?"

---

5) 이는 명료화 과정의 일부로서 환자의 경험을 말로 표현하는 것이 정동을 컨테인할 수 있게 하는 예시이다.

G 씨는 그러겠다고 했다. Y 박사는 계속했다. "당신이 나를 평가절하하고 조롱하는 사람처럼 경험하는 동시에, 당신이 언성을 높이고 나를 '멍청이'라거나 또 다른 우월한 '치료자-년'일 뿐이라고 할 때 혹은 나를 남자를 지배하는 것을 즐기는 한심한 여자라고 할 때, 누군가는 당신이 나를 무시하고 조롱하는 듯이 대한다고 할 수도 있을 거예요. 어떤 의미에서는 나를 여자로서 모욕하는 것이라고 할 수도 있겠죠. 마치 당신이 상황을 역전시키고, 나를 취약하고 평가절하된 입장에 두고 조롱하는 것 같아요. 내 말이 이해가 돼요?"

논평: 이 예시는 앞서 M 씨의 예시에 대해 논의한 몇몇 요소를 재현한다. 우리는 여기서 전이분석에서 비언어적 소통과 역전이의 역할, 그리고 치료자가 환자의 투사에 반사적으로 반응하기 전에 자신의 역전이에 주의를 기울이고 이를 컨테인하여 생각을 가다듬고 성찰할 필요에 대해 강조할 수 있다. 또한 이 예시는 만약 환자가 그의 전이 밖의 경험을 명료화하는 것에 대해 동요가 심해진다면, 이는 전이가 점차 정동적으로 지배적이게 될 수 있으며, 그 전이는 편집적인 기미를 풍길 것이라는 관찰을 강조한다. 마지막으로 이 예시에서 환자의 투사를 컨테인하고 분명하게 표현하는 치료자의 능력은 환자가 치료자를 공격하고 있는 부분이 그 자신의 일부이기도 한 것을 고려하도록 준비시킬 수 있다.

▶ 비언어적 소통

BPO 환자의 전이는 비언어적 경로를 통해 우세하게 표현될 수 있다—치료틀에 대한 환자의 행동이나 회기에서의 비언어적 소통을 통해, 전이를 분석하는 첫 번째 단계는 환자의 행동을 말로 표현하고 환자의 행동을 조직하는 대상관계를 기술하는 것이다.

임상 예시 3 비언어적 소통과 전이분석

제9장의 임상 예시 1에서 소개했던, 경계선 성격장애로 진단받았고 경미한 굿기의 개인력을 가진 23세 여학생 P 씨에게 돌아가 보자. 그녀가 치료에 온 목표는 자신의 정동 조절을 개선하고 관계를 안정시키고 싶다는 것이었다. 그녀는 자살위협의 전력이 있었다. K 박사는 전이를 조직하는 대상관계를 말로 표현하는 것부터 시작했는데, 제12장에서 기술되는 역전이분석의 과정 동안 정교화되었다. K 박사는 말했다. "당신이 나를 적어도 이 순간에는 냉담하고 거리를 두는 것으로, 당신의 무력한 처지와 고통의 가능성을 즐기는 것처럼 보는 것 같네요." P 씨는 K 박사의 말에 언어적으로 동의하면서 음흉하게 미소지었다.

　　K 박사는 P 씨의 음흉한 미소와 소통의 언어적 내용 간의 해리를 직면했다. "내가 당신의 고통을 즐긴다고 말하고 있는데, 당신이 웃고 있다는 점이 좀 놀라운데요." P 씨는 다시 미소 지었지만 약간 당황하는 것 같았다. 그녀는 왜 웃는지에 대해 묻자, 자신이 웃고 있다는 것을 정말로 모르고 있었다고 대답했다. K 박사는 말했다. "마치 당신이 이것을 즐기는 면이 있는 것 같아요." P 씨는 침묵했다.

　　K 박사는 계속했다. "내 생각에 당신이 자살시도를 언급했을 때, 당신의 일부는 나를 불편하게 하거나 당신에 대해 걱정하게 하고 싶었을 것 같아요. 스스로를 해칠지도 모르는 가능성을 말할 때, 마치 당신이 **나**를 위협하는 것 같아요. 당신은 내가 당신의 고통과 취약성을 즐길 거라고 상상하는데, 그것과 똑같은 식으로 대부분은 당신이 자각하지 못하겠지만, 마치 당신의 일부는 나를 괴롭게 만드는 상상을 즐기고 내 취약성을 부각시키면서 기뻐하는 것 같아요. 우리가 가학성에 대해 말할 때 미소를 짓는 게 당신의 그러한 일부가 아닌가 싶어요. 어떻게 생각해요?"

논평: K 박사는 P 씨가 K 박사와의 관계에서 자기 자신에 대한 지배적인 경험을 조직하는 대상관계를 기술하는 것부터 시작했다: 돌봐 주지 않고 거리를 두는 누군가와의 관계에서 희생자로 경험하는 것. 그다음에 K 박사는 P 씨의 비언어적 소통에 대해서—그녀가 스스로를 해칠 것처럼 위협한 것과 치료자의 직면에 대해 미소를 지은 것—P 씨가 전이에서 K 박사에게 투사하고 있는 해리되고 냉담하고 가학적인 부분의 표현이라고 직면했다. 마지막으로 K 박사는 직면의 형태로 역할반전에 주목했다. 그러면서 그는 초기 해석을 제공했는데, 역할반전에 대한 P 씨 내면의 잠재적인 동기를 다루었다. P 씨는 치료자가 자신에게 유발했다고 느끼는 고통에 대한 보복으로 치료자가 괴로운 것을 보면서 즐거워한 것 같다고 해석했다.

이상화 전이와 전이분석

　　그동안 우리는 편집 전이를 분석하는 데 초점을 맞추었다. 이상화 전이의 분석은 그 소망적인 기능과 방어적인 기능 면에서 BPO 환자에 대한 TFP-E에서 핵심적인 역할을 한다. 특히 높은 BPO 환자의 치료에서 이상화 전이는 특별히 안정적일 수 있으며, 이들의 기능을 탐색하고 해석하는 것은 중심 과제가 된다.

임상 예시 4 **분열과 부인에 대한 직면**

제10장의 임상 예시 2에서 해석에 대한 예시로 기술되었던 높은 수준 BPO 환자 J 씨에게 돌아가 보자. C 박사와 J 씨는 계속해서 상사 Hal과 새 남자 친구에 대한 경험의 불안정성을 확인하고 탐색했다. 그들은 J 씨가 일상적으로 두 개의 양극화되고 모순적인 상태를 오가는 것을 주목했는데, 부당하게 대우받고 무능하다고 느끼거나 매우 가치 있게 여겨지고 돌봄받는 특별한 느낌을 받았다. 전자는 분노 및 불안과 연결되어 있었고, 후자는 만족감 및 불안의 해소와 연결되어 있었다.

동시에 이 과정 내내 J 씨는 C 박사와 비교적 안정적이고 긍정적인 (이상화된) 관계를 유지했다. 치료의 초기 단계를 특징지었던 적대감과 치료틀을 둘러싼 수동공격적 힘겨루기는 완전히 사라졌으며 아이 같은 복종이 이를 대체했다. J 씨는 치료시간에 그녀의 상사나 남자 친구뿐만 아니라 그녀의 엄마, 형제자매, 여자 친구들에 대해서 빈번하게 불평하고 적대감과 평가절하, 비난을 표현했지만, 결코 C 박사에 대해서는 그러지 않았다.

어느 날 J 씨가 들어와서 말했다. "모두 다 미워요! 언제나 모든 사람에게 화가 나요. 그냥 너무 화나고 답답해요. 항상 잘 대해 주고, 절대로 화나게 하지 않는 유일한 사람은 당신뿐이에요. 나는 당신이 어떻게 그렇게 하는지 모르겠어요. 당신은 항상 나를 참 잘 돌봐 줘요."

C 박사는 직면했다. "나도 그 점에 대해 생각해 왔어요. 내가 볼 때 그건 전혀 말이 안 돼요. 당신이 지적했듯이, 당신은 대부분의 사람에게 조만간 화가 나곤 해요. 솔직히 말하면 당신은 우리가 처음 작업을 시작했을 때 나에게 언제나 화나 있었죠. 내가 당신이 지각하는 것, 음주, 꾸준한 직장을 구할 필요와 관련된 이슈를 꺼내면, 당신은 나한테 몹시 화가 났어요. 당신은 내가 통제적이거나 당신의 감정을 보살피지 않는다고 느꼈고 또 내가 마치 당신 부모처럼 말한다고 느꼈어요. 그런데 이제는 우리 사이에 어떤 마찰도 없는 것처럼 보이네요. 대신에 나는 잘못할 수 없는 사람이 된 것 같아요."

J 씨는 이상화를 고수했고 이를 유지하려는 동기가 분명히 강해 보였다. "무슨 뜻이에요? 그냥 당신이 얼마나 좋은 치료자인지 알게 됐을 뿐이에요." C 박사는 대답했다. "그럴 수 있죠. 그래도 극단적이에요. 당신은 내가 제안했던 많은 것에 이견이 있었는데 지금은 내가 하는 말이면 뭐든지 동의하게 됐어요. 이건 전혀 말이 안 되고 어쩐지 현실적이지가 않아요."

J 씨는 답했다. "글쎄요. 무슨 말인지는 알겠지만 틀림없이 사실이에요. 난 당신이 정말 똑똑하고 당신이 무슨 말을 하고 있는지 정말로 알게 됐어요. 나는 처음 왔을 때보다 훨씬 잘 지내고 있어요."

J 씨의 방어적인 이상화에 대한 직면을 계속하면서, C 박사는 말했다. "물론 당신은 한결 나아졌죠. 동시에 나에 대해 당신이 말한 관점은 다소 과장된 것 같아요. 그건 마치 내가 완벽한 치료자인 것처럼 '좋기만 하다'는 거죠. 물론 누구도 완벽할 수는 없어요."

J 씨는 더 분명한 이 직면에 대해서 이렇게 답했다. "왜 완벽할 수 없는 거죠? 난 당신이 완벽하길 바라요!"

C 박사는 해석했다. "바로 그거예요. 당신은 나에 대한 이미지를 완전히 흠잡을 데 없는 상태로 유지하고 싶은 것 같아요. 마치 어떤 비판적이거나 부정적인 감정이 생기는 것을 견디지 못하는 것처럼요. 우리의 관계를 유지하기 위해서 같아요. 당신은 긍정적인 관계에서는 어떤 부정적인 감정의 여지가 절대 없다고 생각하는 것 같네요. 아주 작은 의견의 불일치나 실망, 좌절만 있어도 모든 게 붕괴될 수 있는 거죠. 그걸 피하려면 당신은 완전히 긍정적이어야 해요."

J 씨는 정말로 당황한 것 같았고 이렇게 말했다. "글쎄, 그게 뭐가 문제예요? 기분도 좋고 더 잘 지내는데요." C 박사가 대답했다. "네. 그것도 둘 다 사실이에요. 문제는 그게 우리 관계를 비현실적이고 피상적으로 만든다는 것이죠. 그리고 당신이 그렇게 정해 놓는 한 당신 경험의 일부는 부인되거나 분열되어서 다른 관계들에서 떠오를 위험도 있지요."

논평: 이 예시에서 C 박사는 J 씨가 전이에서 치료자를 이상화하는 것을 직면하면서 시작한다. C 박사는 치료관계의 역사와 초기 전이를 특징지었던 갈등을 검토하면서, J 씨가 그 순간에 그들의 현재 관계와 그들의 역사 모두에서 이러한 측면들을 분열시키고 부인하고 있다는 것을 인식하고 있다. 일련의 개입에서 C 박사는 J 씨가 그들의 관계에서 부정적인 측면을 회상하도록 하면서, 동시에 J 씨가 이상화된 관점에 몰두해 있는 것을 상기시킨다. C 박사는 J 씨에게 초기 어려움을 상기시키는 동시에, J 씨가 치료로부터 도움을 받았고 치료자와 애착을 형성했다는 분열된 양쪽 측면을 모두 분명히 인식한다.

이러한 개입은 전이에서 분열과 부인에 대한 일련의 직면으로 간주될 수 있는데, C 박사가 J 씨에게 전이에서 경험의 이상화된 측면과 편집적인 측면을 인지적으로 연결하도록 하기 때문이다. 다음 회기에서도, C 박사는 J 씨가 최소한 C 박사의 관점을 인식하는 것을 인정할 때까지 엄밀한 의미의 해석을 자제했다. 이 지점에서, C 박사는 J 씨가 그토록 집요하게 고수하는 이상화를 추동하는 동기를 탐색할 수 있을 것이라고 생각했다. C 박사는 바로 이때 해석을 했는데, 치료관계에서 오는 모든 부정적인 정동을 방어적으로 분열시키는 J 씨의 동기를 이해하는 방법을 제안한 것이다.

높은 수준 BPO 환자의 치료에서 환자가 이 예시에서 제시된 종류의 비교적 안정적인 이상화 전이에 안착하는 것은 흔한 일이다. 몇몇 환자는 치료의 초기 단계에서 전형적으로 치료틀을 둘러싼 폭풍 같은 전이를 해소한 이후, 치료 중반에는 이상화 전이에 안착한다. 반면에 다른 환자들은 비교적 안정적인 이상화 전이가 자리 잡을 준비가 된 상태로 치료를 시작할 수도 있다. 이상화 전이는 종종 환자와 치료자 모두에게 비교적 편안하며, 어떤 면에서는 치료와 환자에게서 긍정적인 발달을 촉진할 수 있다. 이상화 전이는 환자가 치료자 및 치료에 대해 긍정적인 애착을 형성할 수 있도록 하고 치료틀을 고수하도록 하며 종종 삶에서 전반적으로 더 잘 기능하도록 한다.

그 결과 치료자는 이상화 전이를 건드리지 않고 두고 싶은 유혹을 느낄 수 있는데, 특히 심한 왜곡이나 행동화의 위험이 없을 때 그럴 수 있다. 하지만 우리는 BPO 환자의 치료에서 이상화 전이를 장기간 탐색하지 않고 허용하는 것을 강력히 반대한다. 이상화 전이가 동반하는 긍정적인 발달은 치료관계의 방어적 왜곡에 근거하는데, **그 대가는 환자가 치르게 된다.** 치료에서 이상화 전이를 다루지 않고 두는 것은 이상화가 적대감과 부정적 정동을 다루는 가능한 해결책이라고 수용하는 것이며, 환자가 긍정적인 애착을 유지하기 위해 분열에 의존하게 내버려 두는 것이다. 환자의 관계는 피상적이고 깨지기 쉬운 것으로 격하되며, 환자의 자기감은 손상될 수 있다. 자기의 비판적이고 공격적인 모든 측면이 위협적이고 잠재적으로 불안정한 것으로 경험되기 때문에 이를 분열시키고 거부할 (또는 투사할) 필요가 있기 때문이다.

자기애적 방어와 전이분석

자기애적 방어가 두드러진 환자의 치료에서—엄밀한 의미의 자기애적 성격장애이건 다른 성격장애를 가졌으나 자기애적 갈등과 방어가 두드러진 경우이건—치료의 초기 단계 대부분은 종종 전이에서 자기애적 방어의 상연을 분석하는 데 전념하게 될 것이다 (Kernberg, 2008; 자기애적 방어의 분석에 대한 추가적인 논의는 이 장의 앞에서 제시한 '임상 예시 2: 전이분석에서 역할반전의 직면', 제13장의 '부정적 전이' 부분 및 '임상 예시 3: 자기애적 방어를 중심으로 컨테인하기와 기법적 중립성' 참조). 이 두 집단의 환자들에게서 전반적인 접근은 유사하지만, 자기애적 방어는 다른 성격장애에서보다 자기애성 성격장애에서 훨씬 더 경직되어 있고 정동적으로 점유되어 있다. 두 집단의 환자 모두에게, 특히 자기애성 성격장애를 가진 경우에 자기애적 방어의 상연은 치료 초기 단계의 전이−역전이를 지배하는 경향이 있고, 자기애적 전이의 분석은 기저의 편집 불안 및 우울 불안, 대상관계를 탐색하기 위해 필수적이고 종종 오래 걸리는 첫 단계가 된다.

자기애적 방어의 직면

자기애성 성격장애로 진단받은 40세 기혼 여성 H 씨는 중간 BPO로 조직되었는데, 최근에 뚜렷한 이유 없이 남편과 열 살짜리 아들을 버리고 집을 나와서 결혼생활을 위기에 빠뜨린 후 찾아왔다. H 씨는 신중하고 세련되게 차려입고 B 박사의 사무실에 들어왔으며, 하나도 걱정이 없는 사람처럼 편안하게 의자에 앉았다. 그녀는 아파트를 구하려는 자신의 계획에 대해 거침없이 이야기하더니 인테리어 계획에 대해 과도하게 구체적으로 말하기 시작했다.

말하는 동안 H 씨는 B 박사에 대해 거리를 두고 무시하는 태도였다. 그녀는 거의 눈을 마주치지 않았다. 그 상호작용은 B 박사의 역전이에서 공허하고 하찮은 느낌이 들게 했고, 이상하게 길을 잃고 헤매는 느낌도 들었다. H 씨와 함께 앉아서 그녀의 이야기를 들으면서, B 박사는 H 씨가 이렇게 영원히 치료시간을 사사로운 것에 대해 독백하면서 치료를 끝없는 시간 낭비로 만들 수 있을 것 같다는 생각을 했다. 조금 시간이 지나고 B 박사는 자신의 마음이 헤매고 있다는 것에 주목했다.

B 박사는 전이에서 상연된 지배적인 대상관계를 다음과 같이 확인했다. 하나는 H 씨가 역할을 맡은 무관심하고 관여하지 않고 무시하는 모성적 인물인데, 이는 그녀의 전반적인 태도, 신체 언어, 역전이를 통해서 전달되는 것이었다. 한편, B 박사는 상보적인 역할을 받았는데, 처음에는 관계를 맺어 보려고 노력하지만 완전히 차단당하고 위축되는 누군가로, 결국환자가 철수하는 것을 마주 보게 된다.[6]

B 박사는 전이-역전이에서 상연되는 대상관계를 다루기로 했다. 치료시간의 H 씨의 행동과 태도에 초점을 맞추고, 현재 그녀의 삶에서 진행 중인 위기와 그녀가 치료에서 얘기하고 있는 인테리어를 대비시키는 것에 초점을 맞추기로 했다. "나는 오늘 당신이 여기서 보이는 태도에 놀랐어요." 하고 시작했다. "당신은 편안하고 걱정이 없어 보이고 심지어 초연해 보여요—아파트 구하기를 얘기하면서 당신이 여기에 가져온 문제에 대해서는 위기감이 전혀 없어 보이네요."

---

6) B 박사가 역전이에서 처음에 경험했던 것은 H 씨가 투사한 좀 더 건강하고 의존적인 측면과의 동일시였다고 할 수 있을 것이다.

H 씨는 잠시 멈췄다가 B 박사가 말을 했다는 사실을 거의 알아차리지 못한 것처럼 다시 새 가구에 대한 이야기로 돌아갔다. B 박사는 H 씨의 행동을 주목하게 하면서, 이번에는 이렇게 말했다. "당신은 내가 한 말을 거의 인식하지 못한 것 같아요. 그리고 마치 내가 아무 말도 하지 않은 것처럼 아파트 이야기로 돌아갔어요—마치 당신이 결혼생활의 위기나 아들을 2주 동안 못 봤다는 것에 대해서 아무런 걱정이 없는 것처럼요." B 박사는 H 씨가 보아 하니 계속해서 가구 생각으로 돌아가기 전에, 잠깐 스쳤던 짜증에 주목했다. 역전이에서 B 박사는 좌절감을 느꼈다. 또한 그녀가 인테리어에 대해 계속 말하자, 단지 오만할 뿐만 아니라 B 박사와도 자신의 환경과도 기이할 정도로 단절된 H 씨가 갑자기 걱정되기 시작했다.

B 박사는 H 씨의 비언어적 소통에 반응했다. "내 말이 당신을 짜증스럽게 한 것 같아요. 원치 않게 방해받은 것처럼요." H 씨는 동의하며 끄덕인 후에 다시 가구 생각으로 돌아갔다. B 박사는 계속했다. "내 말이 불편해서 짜증난 것 같다고 말하니 고개를 끄덕였네요." H 씨가 동의했다. "맞아요. 난 여기에 내 마음속에 있는 생각을 말하러 온 거예요. 그런데 당신은 내 걱정을 무시하고 내 얘기를 안 들어요. 당신이 듣고 싶은 얘기가 있는 것 같네요."

B 박사는 자신의 입장을 방어하거나, 현재 환자의 위기상황에 대한 H 씨의 부인을 다루려고 하는 대신, 전이에 초점을 맞추고 치료자—중심 개입으로 시작하면서, 치료자가 끼어들려고 했을 때의 H 씨의 경험을 정교화하려고 했다. "나는 얘기도 안 듣고, 내가 듣고 싶은 얘기만 신경 쓰고, 당신의 고민을 무시하는 사람이네요. 더 얘기해 볼래요?"

논평: B 박사는 H 씨가 자신의 어려움을 부인하는 것을 직면하면서 시작했다. H 씨에게 그리고 자기애적 방어를 사용하는 환자들에게 일반적으로 어려움을 방어하는 경향성은 불완전함과 취약성의 자각을 피하는 기능을 하며, 치료자를 끈질기게 무시하는 것은 도움의 필요성을 부인하는 기능을 한다. 한편으로는 H 씨 스스로가 치료가 필요할 만큼 충분히 어렵다고 느끼는 것과 다른 한편으로는 회기에서 보이는 오만하고 우월하고 거리를 두는 태도 간의 불일치를 B 박사가 초기에 직면했을 때 이는 별로 효과가 없었다. H 씨는 계속해서 전이에서 오만한 태도를 유지했으며, 평가절하된—무시당하고, 묵살당하고, 환자가 당장 필요로 할 수 있는 어떤 것에도 거의 관여하기 어려운—치료자와 우월하고 무시하는 자기라는 방어적 대상관계를 상연했다. 자기애적 환자의 치료에서 이러한 일반적인 전이는 만약에 환자가 스스로 취약해지는 것을 허용하거나 또는 의존적인 관계를 수용한다면 치료자가 환자 자신을 어떻게 바라보고 어떻게 치료할 것인지에 대한 환자의 분열된 기대라고 이해될 수 있다.

자기애적 전이는 임상 장면을 조직하며, 치료에서 장기간 정동적 지배성을 취하면서 상당히 지속적이고 콘크리트한 경향이 있다. 자기애적 전이의 분석은 치료자 편에서 끈기와 인내심을 모두 필요로 한다. 자기애적 전이는 굉장히 높게 점유되기 때문에, 환자가 그것에 대해 새로운 관점을 갖기 위해서는 시간을 들여서 전이에서 환자의 태도와 행동에 대해 반복적으로 명료화와 직면을 해야 되기 때문이다.

치료자의 언급에 대한 환자의 반응(혹은 무시)에 초점을 맞추는 것은 전이 탐색의 전형적인 진입 지점이다(Kernberg, 2008). 치료자로서는 그저 재치 있고 끈질기게 환자가 전이에서 무엇을 하고 있는지를(예를 들어, H 씨의 경우 무시하기와 묵살하기) 주목하게 한다. 이 전이에서 의존성, 열등감, 시기심, 공격성과 관련된 좀 더 구체적인 대상관계(예를 들어, H 씨의 경우에는 B 박사가 그녀의 관심사를 무시하고 자기가 듣고 싶은 얘기가 있다는 것) 및 기저의 갈등이 드러나기 시작한다.

M 씨와 같이(이 장의 앞부분, '편집 전이'에서 다룬 임상 예시 1 참조) 일부 더 거대한 자기애적 환자들은 우월한 포지션을 지속적으로 동일시하며 장기간 남아 있을 수 있는 데 반해, 다른 환자들은 전이에서 우월한 포지션과 평가절하된 포지션을 왔다 갔다 할 수 있다. 대조적으로, '얇은-피부의' 혹은 취약한 자기애적 개인은 전이에서 평가절하된 시기하는 자기표상에 지속적으로 동일시하며, 치료자는 우월한 포지션에 놓인다. 동시에 환자는 은밀한 우월감을 품게 되는데, 이는 전이분석 과정의 일부로서 밝혀져야 한다.

전이에서의 무의식적 갈등

신경증적 구조의 세팅에서, 자아동질적인 방어적 대상관계는 초기에 전이를 조직하는 경향이 있으며, 보다 갈등적인 대상관계는 대부분 무의식에 남아 있을 수 있다. 억압적인 방어가 덜 경직되고, 특히 환자가 변화를 만들기 시작하면서 갈등적인 대상관계는 치료자에 대한 환자의 경험을 채색하며 정동적 지배성을 띠게 될 수 있다.

임상 예시 6 ▶ 무의식적 갈등의 해석

우울하고 의존적인 특징을 가진, NPO 수준에서 기능하는 50세 기혼 여성인 무보수 연구보조원 S 씨에게 돌아가 보자. 앞서 살펴본 S 씨의 예시에서(제9장의 임상 예시 4), C 박사는 S 씨가 두 개의 분리된 대상관계를 기술하는 것에 주목했다: 강력하고 우월한 타인에게 긍정적인 관심을 받을 가치가 없으며 열등하고 부적절한 자기라는 방어적인 대상관계와 기저에 있는 매력적이고 우월한 남자의 관심과 감탄을 받고 잠재적으로 즐길 수 있는 자기라는 몹시 갈등적인 대상관계. 전이에서 가장 명백하게 나타난 C 박사에 대한 S 씨의 초기 태도는 다소 수줍지만 행복하게 좋은 감정을 나누는 것이었다. 역전이에서 C 박사는 S 씨에 대해 기쁨을 느끼는 동시에, S 씨의 학문적 성과에 대한 미묘한 질투의 감정을 어렴풋이 알아차렸다.

C 박사는 S 씨가 치료시간에 가져온 두 개의 대상관계를 방어적인 것부터 시작해서, 전이 바깥에 초점을 두고 기술하면서 시작했다. "내가 듣기에 당신은 매우 다른 두 가지 관점을 기술하고 있어요. 첫 번째는 좀 더 익숙하고 여러 번 얘기했던 건데, 당신의 자기감이 부적절하고, 열등하고, 가치가 없고, 운 좋은 사람들이 잘난 체하는 걸 당하는 입장이라는 점입니다. 당신에 대한 그러한 관점은 초라함과 굴욕감을 동반합니다." C 박사는 잠시 말을 멈췄다. S 씨는 주의 깊게 듣고 있지만 말이 없었다. C 박사는 계속했다. "하지만 당신은 새로운 자기감을 드러내고 있는 것 같은데, 아마도 불안으로 채색되어 있는 것 같아요. 이 관점에서 당신은 주목받는 것을 즐기는 사람이고⋯⋯. 가치 있는 사람들에게 감탄받는 것을 기뻐해요. 이 관점은 힘과 기쁨의 느낌과 연결되네요."

S 씨는 곧바로 매우 불편한 표정을 지으며 말했다. "당신이 그렇게 말하니까 굉장히 불안해져요." C 박사는 S 씨 불안의 원천을 탐색했고, 환자는 대답했다. "모르겠어요—무엇보다도, 말 그대로 이 자리에서 점점 작아져서 사라져 버리고 싶어요. 당신한테 감탄을 바라는 사람처럼 보인다고 생각하면 내가 너무 바보 같아요."

C 박사는 S 씨가 그동안 치료시간에 그들이 반복적으로 탐색하고 확인했던 익숙한 방어적인 포지션으로 후퇴하는 것을 지적했다. 그리고 C 박사는 S 씨에게 감탄을 바라는 것이 왜 바보 같은 일로 여겨지는지 물으며 명료화를 시도했다. S 씨는 답했다. "왜냐하면 나에게 감탄할 만한게 없기 때문이에요. 당신이 몰래 나를 불쌍하고 안쓰럽게 보는 상상이 들어요. 당신이 어떤 사람인지 보고 나를 봐요—당신이 보기에, 난 착각에 빠진 불쌍한 늙은 여자 같을 거예요."

C 박사는 S 씨가 치료자의 반응이 딱히 공감적이지 않을 것이라 예상하는 것 같다고 지적했다. S 씨는 곰곰이 생각하더니 답했다. "맞아요. 지금 이 순간에는 당신이 공감적이지 않다고 느껴져요. 웃기지만 대체로 그래요⋯⋯. 나는 당신이 내가 경멸스럽고 어리석은 늙은 여자라는 걸 알게 될까 봐 걱정돼요."

C 박사는 자신이 S 씨의 전문적이고 개인적인 성공에 관심을 보이자마자, S 씨는 C 박사가 적대적이고 경멸한다고, 상상한 것 같다고 지적했다—즉, S 씨가 C 박사를 공감적이라고

경험하는 것은 그녀의 열등감에 근거한 것 같다고 지적했다. S 씨는 그게 사실인 것 같다고 인정하면서, 자신이 열등한 포지션에 있을 때 더 편안하게 느낀다고 했다. 그것이 '옳은 것'처럼 느껴졌는데, 아마도 그게 더 익숙하기 때문이었다.

C 박사는 익숙함도 일부 이유가 될 수 있다는 점에 동의했지만, 그 이상이 있는 것 같다고 제안했다. "마치 당신이 자기를 보호하고, 자기한테 맞추기 위해서 열등감을 이용하는 것처럼 보여요. 당신은 스스로 성공적이고 강하다고 느끼자마자, 내가 당신에게 화날 것으로 상상했어요. 마치 내가 속으로 '자기가 바람직하고 성공적이라고 느끼는 이 여자는 누구지? 성공적인 커리어와 멋진 옷장을 가진 사람은 바로 나야. 그건 내 자리야―어떻게 감히 상상 속에서라도 침범을 할 수 있지?'라고 생각할 것처럼요."

S 씨는 답했다. "네, 정확해요. 어머니랑 있을 때 그런 식이었어요. 어머니는 쇼핑하는 데 나를 억지로 데려가고, 사무실에 앉혀 두고 일하는 걸 보게 했어요. 난 어머니를 보고 감탄하면서 행복했어요. 내가 감탄을 받고 싶다는 생각은 해 본 적이 없어요." C 박사는 계속했다. "그리고 당신은 여기 나와 있으면서 그런 소망이 느껴지기 시작하면, 마치 당신 어머니가 분노와 경멸을 보이며, 당신의 원래 자리를 지키라고 할까 봐 두려웠던 것처럼 내가 그렇게 반응할 것으로 예상하게 되네요." S 씨는 동의했고 C 박사는 계속해서 해석을 마무리했다. "이 경험은 당신의 어머니로부터 시작했을 수도 있지만, 당신 어머니는 더는 여기 없어요. 어머니 때문에 당신이 열등감으로 계속 후퇴하게 되는 건 아니에요. 당신의 일부는 애착을 유지하는 유일한 방법이 자기를 평가절하하고 위축시키는 거라고 생각하는 것 같아요. 내가 당신에 대해서 경쟁자는커녕, 당신이 나와 대등해지고 싶어 하는 것조차 견디지 못할 거라고 생각하는 것 같아요."

논평: 이 예시는 S 씨가 치료에 왔을 때는 지속적으로 방어해 왔던 갈등이 의식으로 나타나는 것을 잘 보여 준다. 이 지점에서 굴욕적이고 열등한 자기라는 방어적인 대상관계는 기저에 있는 감탄받고 싶은, 즐겁지만 몹시 갈등적인 투쟁을 더 이상 충분히 억압할 수 없다. 본질적으로 그동안 S 씨가 치료와 삶에서 얻어 온 이득은 환자의 방어적인 자기표상에 직면하는 기능과 그 진실성에 의문을 제기하는 기능을 했다. 환자의 변화된 행동속에서 기저에 있는 소망이 상연되면서 연결된 불안이 전이에서 나타나기 시작한다.

C 박사의 개입은 먼저 익숙하고 방어적인 대상관계의 명료화로 시작해서, 최근까지 억압되어 있다가 S 씨의 의식에 나타나기 시작한 보다 갈등적인 대상관계를 기술한다. C 박사가 S 씨가 기술한 내용을 다시 언급하며 S 씨가 관심과 감탄을 즐기는 갈등적 대

상관계를 말로 표현할 때, 그 갈등은 전이에서 정동적으로 지배적이게 된다. 지배적인 전이 패러다임에서 S 씨는 C 박사가 비난하는 어머니처럼 적대감과 거부를 나타낼까 봐 두려워하고, 감탄받고 싶은 그녀의 소망이 C 박사 또는 어머니에 대한 경쟁적인 도전으로 여겨질 것이며 비난받을 것이라고 예상한다(S 씨가 매력적인 남성 학자에게 감탄받았을 때 느꼈던 만큼이나 C 박사에게 감탄받고 싶은 소망으로 들렸다). C 박사의 해석은 S 씨의 불안에 초점을 두었고 본질적으로는 다소 복잡한 메타 메시지를 암묵적으로 전달하는 것인데, 대략 다음과 같다. "당신은 감탄을 바라는 것이 치료자−어머니가 당신을 미워하게 만들거라고 콘크리트한 방식으로 예상해요. 하지만 당신의 소망이 파괴적인 위험을 자동적으로 구성한다는 당신의 가정은 아마 잘못된 것 같아요. 그리고 당신의 불안은 아마도 콘크리트한 사실을 구성하기보다는 뭔가 의미를 갖는 신념인 것 같네요."

신경증적 갈등 세팅에서 고전적인 해석은 다음과 같은 구조를 갖는다: 방어, 불안, 충동. 현재 상황에 이 구조를 적용해 보면 다음과 같을 것이다. "당신은 불안을 피하기 위해 자기 자신과 우리 둘을 특정한 방식으로 보는 관점으로[방어적 대상관계] 후퇴하는 것 같아요. 마치 다른 방식으로 보는 것은 우리 관계를 위험하게 하거나 위협하는 것처럼[방어를 동기화하는 불안, 두려움 또는 '위험'] 보여요—마치 경쟁심[기저하는 갈등적 동기]의 가능성조차도 절대로 수용되지 못할 것처럼요." 이런 식으로 구조화된 해석의 목적은 환자가 자신의 갈등적인 소망을 자각할 때 위협을 덜 느끼고, 더 견딜 수 있도록 하기 위한 것이다—이 예시에서 소망은 감탄받는 것이다.

환자가 갈등적 동기의 자각을 견디도록 돕는 것은 신경증 구조에서 해석 과정의 전반적인 목표와 일치한다. 이전에는 억압되었던 갈등적 동기를 환자의 전반적인 의식적인 자기감(제10장 참조) 안에 컨테인하는 것을 촉진하고, 그것이 맥락화되도록 하는 것이다. 갈등적 동기 및 연결된 대상관계가 분열되고 억압된 채로 있는 한 이를 표현하는 것과 연결된 불안은 콘크리트하게 남아 있게 되고, 충동은 전부냐 아니냐 식의 성질을 갖게 된다(즉, 만약 환자가 자신의 갈등적 동기를 인식하면, 그것들이 표현되는 것을 두려워할 것이다—그리고 그것이 표현되었을 때, 이는 환자에게 자동적으로 재앙으로 이어질 것이다).

대조적으로, 만약 충동이 통합된 자기감 속에 의식되고 컨테인되며 맥락화된다면, 그것은 더 큰 전체의 일부인 생각과 감정으로 경험되며, 이는 더 크거나 작게 경험되거나 표현될 수 있다. 결과적으로 그들은 압도적인 심리적 위협이 될 필요가 없다(다음 임상 예시 7에도 반영된다).

성공적인 TFP−E 치료가 마무리될 무렵, 전이에서 개별적이고 갈등적인 대상관계가 상연되기보다, 환자와 치료자 간에 통합되고 현실적인 관계 경험의 상연이 일어날 수 있는데, 이는 환자 자신의 희망뿐만 아니라 그들 관계의 역사와 환자의 개인력을 둘 다 반영하는 대상관계이다.

T 씨는 45세의 이혼한 변호사로 외상적인 발달력을 가졌는데 그녀는 이혼 당시의 위기로 내방하였다. 현재 치료의 진전기에서 T 씨는 꿈과 일련의 연상을 이야기했다.

꿈에서 T 씨는 낚싯배에 타고 있었는데, 수평선 너머로 무엇을 볼지 기대하며 내다보고 있었다. 꿈에서 그녀는, 예전의 자기였다면 낚시를 하는 뒤편에 앉아서 뒤에 뭐가 있는지 보고 있었을 것 같다고 생각하다가 깼다. 그녀는 어린 시절에 J라는 친구와 함께 주말을 보냈던 것을 연상했다. "그 애는 나랑 많이 달랐어요. 그녀는 아주 자유롭게 도움을 청하는 애였어요…… 난 오래된 집을 정리하다가 어머니의 접시를 발견했어요. 우리는 어릴 때 매일 그 접시로 점심을 먹었고, 내 아이들이 어렸을 때 나도 항상 그걸로 밥을 먹였어요. 어머니는 우리한테 정말 관심이 없었지만, 그녀는 관례적인 것이나 의례적인 것을 잘했어요. 어느새 J의 딸이 약혼한다고 하네요. 아버지의 치매는 계속 진행 중이고, 나는 드디어 내 가정을 이루려고 집을 짓고 있어요. 언젠가 내 손주들이 올 수 있게요……. 내가 어디에서 왔는지보다 미래를 생각하는 시간 감각과 세대 감각이 있어요. 전에는 너무 파도가 일렁였던 것 같아요."

C 박사는 T 씨가 자신의 말, 연상, 꿈을 통해서 새로운 자기감을 기술하는 것을 들었다. 이는 불완전함이나 단점을 부인하지 않으면서도, 사랑하고 믿을 수 있는 대상과의 관계에서 상실과 희망을 온전하고 충분히 안정적으로 다룰 수 있는 것이었다.

C 박사는 T 씨가 회기에서 언어적 소통으로 조직한 대상관계를 기술하며 시작했다. "당신 스스로와 앞으로 다가올 삶을 만들어 나갈 당신의 능력에 대해 더 안정감을 느끼는 것 같아요. 당신 과거의 수렁에서 벗어나서요─다른 사람들이 꽤 괜찮게 당신과 만나고, 당신을 도와줄 수 있을 거라는 새로운 낙관과 희망이 있네요." T 씨는 눈물을 흘리기 시작했고 대답했다. "맞아요. 그게 다 여기에서 시작됐어요." C 박사는 T 씨에게 자신이 들은 것을 이해했다는 반응을 할 필요가 없다고 느끼며 침묵을 지켰다. 잠시 후 T 씨가 계속 말했다. "당신이 나를 꽤 괜찮게 만나 줬어요. 꽤 괜찮은 것 이상으로요. 당신은 내가 그것이 가능하지 않다고 생각했을 때 내 욕구에 초점을 맞췄어요. 나는 여기서 도움을 청하는 법을 배웠고, 다른 사람이 나를 위해 있어 줄 수 있다는 것도 배웠어요. 이제 새로운 시작이에요."

논평: 이 예시는 성공적인 치료의 마지막 몇 달에서 가져온 것이다. 전이는 더는 치료자의 갈등적 측면과 관련된 자기의 갈등적 부분의 상연을 나타내지 않으며(즉, 갈등적 대상관계의 상연), 앞의 예시에서 보여 준 것과 같다. T 씨는 부분 대상관계 대신에 통합된 전체적인 타인으로 경험되는 치료자와의 관계에서 통합된 전체적이고 복합적인 자기를 경험한다. 이 대상관계는 '실제' 또는 현실적인 관계로 간주될 수 있는 것에 가까운데, 이 관계는 시간이 지나면서 치료에서 도움을 받은 환자와 도움을 줄 수 있지만 불완전한 치료자 간에 발달한 것이다.

제2절 해석 과정을 이끄는 기략

지금까지 해석 과정에 대해 논의하였고 그 과정의 서로 다른 요소들을—명료화, 직면, 엄밀한 의미의 해석—서로 다른 심각도의 성격병리를 가진 환자들에게 전이에서 그리고 전이 밖에서 활용하는 방법을 보여 주었다. 해석 과정을 기술하면서, 우리는 또한 서로 다른 개입이 환자에 따라서, 환자의 역량에 따라서 갖는 영향에 대해 지적했다. 여기에는 자신의 내적 경험을 관찰하는 역량, 자신의 정동을 컨테인하고 보다 잘 조절하는 역량, 대안적 관점을 갖는 역량, 그리고 경험을 갈등 영역에서 맥락화하는 역량, 자신의 내적 상황에 공감적이고 자신을 이해하는 것으로 치료자를 경험하는 역량이 포함된다.

명료화, 직면, 해석과 전이분석에 이들을 적용하는 것은 TFP-E의 핵심 개입이다. 역전이 관리 및 기법적 중립성의 관리(제12장에서 논의됨)와 더불어 이들은 TFP-E의 다섯 가지 기본 기법을 구성하며, 치료자가 임상 과정을 촉진하기 위해 매 치료시간 순간순간 하는 것이다.

이 지점에서 우리는 이제 해석 과정을 이끄는 기략을 살펴보고자 한다—즉, 치료자가 특정한 개입을 언제 할 것이며 어떻게 가장 잘 개입할 수 있는지 결정하기 위해 활용할 수 있는 일반원칙을 말한다—이는 임상 과정에서 개입의 영향을 최적화하는 것을 목적으로 한다(Busch, 1996; Fenichel, 1941; Levy & Inderbitzin, 1992; Schafer, 1997). 역사적으로 이러한 원칙들은 정신분석 문헌들에서 치료적인 감각과 타이밍의 가이드라인으로 종종 언급되었다(〈표 11-2〉). TFP-E 해석 과정의 몇몇 기략은 이전 장에서 일부 소개되었다. 이 논의는 이러한 개념들을 추가적으로 통합한다.

1. 해석적 개입의 시작은 환자의 지배적 관점과 환자의 주관성으로부터 시작한다(종종 공감적 관점 취하기로 기술된다).
2. 환자가 가장 접근하기 쉬운 것부터 시작하여, 점차 접근이 어려운 자료로 나아간다(정신분석 문헌에서는 표면에서 **심층**으로 개입한다는 표현으로 고전적으로 기술된다).
3. 방어적 대상관계부터 시작하여, 갈등적 동기의 표현에 더 가까운 대상관계로 나아간다(충동 이전에 방어부터 다루라고 고전적으로 기술된다).
4. 해리 방어가 있다면, 억압보다 먼저 다룬다.
5. 환자 경험의 성질을 경험의 내용보다 우선시한다.
6. 자아이질성이 엄밀한 의미의 해석을 위한 전제조건이라는 것을 명심한다.

환자의 지배적 관점에서 탐색적 개입 시작하기

치료자는 개입의 초점을 확인하면(제9장 참조) 명료화를 통해 탐색을 시작하는데 이 과정은 환자의 지배적인 의식적 경험에 대해 질문하고 정교화하고 궁극적으로 말로 표현하는 것을 포함한다. 이 과정에서 치료자는 처음에는 언제나 공감적 관점을 취하며 환자의 주관성 내에서 자료에 접근하려고 한다. 치료자는 환자의 경험에 말을 보태거나 생각을 말하지 않고 단지 그것을 정교화하는데, 다음 예시와 같다. "당신은 아내가 주지 않으면서 당신을 좌절시키는 다양한 방식에 대해 이야기했어요."

표면에서 심층으로 나아가기: 방어적 대상관계부터 시작하여 더 갈등적인 대상관계로 나아가기

치료자는 공감적인 관점에서 환자의 지배적인 의식적 경험의 특성을 기술한 후, 직면을 활용하여 환자의 관점을 점진적으로 넓히고 심화시켜서 환자가 충분히 인식하지 못하고 있는—즉, 방어하고 있는—경험의 측면을 포함시키려 한다. 따라서 치료자는 환자의 지배적인 의식 경험의 '표면'에서 시작하여 점진적으로 의식에 접근하기 어렵고, 해리되거나 억압된 자료를 향해 점차 나아간다. 이 궤도는 비유적으로 표면에서 심층으로 나아가는 것으로 기술된다.

방어적인 대상관계는 그 정의상 당연히 방어하고 있는 것에 비해 접근하기가 쉽다. 따라서 표면에서 심층으로 나아가는 것—환자의 지배적인 의식 경험에서 시작해서 그 순간에 접근이 어려운 경험의 측면으로 나아가는 것—은 방어적 기능을 하는 대상관계부터 시작하여 방어하고 있는 것을 향해 나아가는 것과 같다. 이 접근은 환자에게 더 익숙하고 수용하기 쉬운 것부터 시작하여 더 견디기 어렵고 더 위협적인 것으로 나아가는 것을 포괄한다. 후자는 종종 기저의 갈등적 동기 또는 '충동' 및 그것들의 표현과 관련된 불안과 밀접하게 연결되어 있다. 이 궤도는 종종 **충동** 이전에 **방어부터**라고 기술된다. 앞선 예시에서, 우리는 이를 다음과 같이 강조할 수 있다.

> 당신은 아내가 주지 않으면서 당신을 좌절시키는 다양한 방식에 대해 이야기하고 있어요 [환자의 표면적 경험을 조직하는 방어적 대상관계의 명료화]. 그리고 우리는 이 순간 아내에 대한 당신의 관점이 다른 상황과 어떻게 불일치하는지 논의했어요[모순적인 표상의 불안정성과 해리를 직면하기]. 상황이 아무리 좋아도, 두 사람의 관계에 대한 이 부정적인 관점은 항상 슬며시 나타나는 것 같아요. 당신이 첫 번째 아내와도 같은 경험을 이야기했던 것이 떠오르는데, 그녀는 Marcia와는 굉장히 다른 사람이었죠[관계 패턴의 반복적인 특성을 직면하기]. 어떤 면에서는, 마치 당신이 주지 않고 좌절시키는 여자와의 관계에 있을 때 더 편안하게 느끼는 것처럼 보이기도 해요. 당신은 잘 챙겨 주려 하는 아내와 함께 있는 자기의 모습을 보는 게 어느 정도 불안한 것 같아요[방어를 동기화하는 무의식적인 불안을 해석하기]. 그래서 당신이 부정적인 관점으로 후퇴하는 거죠.

더 나아간 해석은 기술된 불안과 연결된 갈등적 동기와 가장 접근하기 어려운 경험의 측면을 다음과 같이 다룰 수도 있다.

> 어떤 면에서는, 마치 당신이 주지 않고 좌절시키는 여자와의 관계에 있을 때 더 편안하게 느끼는 것처럼 보이기도 해요. 당신은 잘 챙겨 주려 하는 아내와 함께 있는 자기의 모습을 보는 게 어느 정도 불안한 것 같아요[방어를 동기화하는 무의식적인 불안을 해석하기]. 그건 어쩌면 당신이 그녀에게 너무 의존하게 될 것 같은 느낌이 두렵기 때문일 수도 있어요(더 완성된 이 해석은 매우 갈등적인 의존 욕구에 대한 언급을 포함한다). 그래서 당신이 부정적인 관점으로 후퇴하는 거죠.

요약하면 치료자는 순차적으로 명료화, 직면, 그리고 최종적으로 엄밀한 의미의 해석을 사용하면서, 표면에서 심층으로, 방어에서 충동으로 나아간다.

억압을 다루기 전에 해리 방어부터 다루기

표면에서 심층으로, 환자의 의식적 경험에서 가장 접근하기 쉬운 자료에서 더 접근하기 어려운 자료로 이동하는 것은, 치료자가 전형적으로 억압을 다루기 전에 해리 방어를 다룬다는 것을 의미한다. 이는 환자의 경험에서 현재 해리된 측면에 우선 초점을 두는 것을 뜻한다—즉, 그 순간 환자의 지배적인 경험 측면이 아니라 다른 상황에서 완전히 의식적이었던 것. 따라서 앞의 예시에서 치료자는 해리 방어를 다루면서 시작했다.

> 당신은 아내가 주지 않으면서 당신을 좌절시키는 다양한 방식에 대해서 이야기했어요. 이건 지난주에 우리가 한 이야기와 불일치하는 것 같아요. 당신이 그녀를 정말로 필요로 할 때, 그녀가 얼마나 아낌없이 줬는지 이야기했던 것이요.

> 당신은 아내가 주지 않으면서 당신을 좌절시키는 다양한 방식에 대해서 이야기하고 있어요. 좀 놀라운데요. 당신이 지금 하는 이야기는 지난주에 당신들이 다투었을 때, 아내가 당신에게 한 말들과 거의 똑같아요.

치료자는 해리 방어를 다룬 후, 심리적 경험의 억압된 측면을 찾아내고 탐색하는 데 임상적 주의의 초점을 둔다. 이 예시에서 치료자는 해리 방어를 검토한 이후에 무의식적 갈등의 해석으로 넘어가면서 환자의 갈등적인 의존 욕구의 억압을 동기화하는 불안에 초점을 둔다.

> 어떤 면에서는, 마치 당신이 주지 않고 좌절시키는 여자와의 관계에 있을 때 더 편안하게 느끼는 것처럼 보이기도 해요. 당신은 잘 챙겨 주려 하는 아내와 함께 있는 자기의 모습을 보는 게 어느 정도 불안한 것 같아요. 그건 어쩌면 당신이 그녀에게 너무 의존하게 될 것 같은 느낌이 두렵기 때문일 수도 있어요. 그래서 당신이 부정적인 관점으로 후퇴하는 거죠.

요약하면 내용의 관점에서 볼 때, 우리는 명료화, 직면, 그리고 최종적으로 엄밀한 의미의 해석을 사용하면서 표면에서 심층으로, 방어에서 충동으로 이동한다. 동시에 환자 내면의 역량의 관점에서 볼 때, 우리는 환자에게 부담이 덜한 개입부터 시작해서 환자의 지배적이고 의식적이며, 자아동질적인 경험에 초점을 두다가, 점진적으로 정동 컨테인하기, 자기관찰, 내성, 더 유연한 사고라는 고도의 역량을 요구하는 개입으로 나아간다. 우리는 각 개입을 뒤따르는 개입을 활용할 수 있는 환자의 역량을 지원하는 것으로 개념화한다.

만약 환자가 특정 수준의 개입을 활용할 마음의 틀이 준비되지 않았다면, 개입은 도움이 되기 어려울 것이다—종종 단지 무의미한 것이 되거나, 때로는 일시적으로 임상 과정에서 벗어나게 하기도 한다(Caligor et al., 2009; Steiner, 1994). 이 경우에 치료자는 일시적으로 더 기초적인 수준의 개입으로 되돌아간다. 결과적으로 임상 과정은 일반적으로 앞뒤로 오고 가는 성질을 띠게 된다. 치료자는 점진적으로 환자의 역량을 확장하는 수준에서 개입했다가 필요할 때는 더 기초적인 개입으로 되돌아간다.

환자 경험의 내용보다 성질을 우선시하기

만약 환자와 치료자가 현실에 대해서 서로 불일치하는 관점을 가지고 작업한다면, 혹은 환자의 현재 사고가 극도로 콘크리트하거나 자아동질적이라면, 환자의 행동, 사고, 감정을 추동하는 동기를 해석하는 것은 일반적으로 무의미하다. 이런 세팅에서 치료자는 그보다는 환자의 경험과 생각의 성질을 표적으로 하여 개입한다—그 내용보다는, 부적응적인 행동, 사고, 감정에 대한 환자의 관계 또는 태도. 여기서 목적은 환자에게 경직되고 왜곡된 채로 새겨졌거나 내적, 외적 현실에 대해 콘크리트하게 경험하는 관점, 즉 부적응적이고 방어적인 행동, 생각, 감정이 완전히 자아동질적인 관점으로부터 변화하여, 사고에 더 큰 유연성을 갖고, 그 순간에 지배적인 경험에서 벗어나서 대안적 관점을 고려하는 역량으로 나아가도록 돕는 것이다.

콘크리트한 사고와 해석 과정

다음은 콘크리트한 사고의 예시이다. 환자는 치료자가 옷을 차려입는 것이 환자에게 깊은 인상을 주려는 의도라고 확신한다. 왜 그렇게 생각하는지 이유를 묻자, 환자는 '그 냥 느낌'이 그렇다고 설명하면서 그것이 완전히 진실이라고 믿는 것 같다. 다른 환자는 자신이 '나쁜' 사람이라는 것을 알고 있다—환자의 관점에서, 자신의 근본적인 본질에 대한 '사실'에 대해서는 어떤 추가적인 고려를 할 가치도 없다. 또 다른 환자는 자신의 남자 친구가 종종 지각하기 때문에, 그가 자신을 진심으로 사랑할 리가 없다는 것을 안다고 설명한다. 만약 그가 그녀를 사랑한다면 항상 늦지 않고 올 거라는 것이다. 이 환자들은 모두 정신증은 아니지만, 이들의 사고는 극도로 콘크리트하다.

환자의 경험이 콘크리트하다고 기술하는 것은, 환자가 내적 현실과 외적 현실을 명확히 구별하지 못할 때의 상황을 나타낸다. 환자는 자신이 생각하고 느끼고 믿는 것과 실제인 것, 혹은 진실이고 현실이길 바라는 것 또는 진실이거나 현실일까 봐 두려워하는 것과 사실상 현실인 것 간을 구별하지 못한다. 이러한 마음의 틀에서, 환자는 그 순간에 자기의 경험을 넘어서 볼 수 있는 역량이 거의 없거나 전혀 없다. 환자는 대안적 관점을 가질 수 없다(제2장 참조).

모든 사람은 스트레스 순간 갈등의 영역에서, 콘크리트한 사고에 빠지기 쉽다. BPO 스펙트럼에 걸친 성격장애 환자는 정상적인 정체성을 형성한 환자에 비해서 더 자주 더 쉽게 콘크리트해진다. BPO 환자는 치료에서 정동적으로 강하게 부하되거나 갈등적인 주제에 대해서 종종 콘크리트해지는데, 특히 전이에서 그렇다.

TFP-E에서 환자의 사고가 콘크리트할 때, 치료자의 첫 번째 목표는 환자가 자신의 경험을 상세히 설명하고 기술하도록 하면서 그것에 직접적으로 도전하지 않으려 조심하는 것이다(Steiner, 1994).[7] 이 과정은 환자의 관점과 '함께'하면서 '관찰하는' 관점을 장려하고, 동시에 환자가 자기경험의 관찰자로서, 자신의 즉각적인 경험과 약간의 미묘한 거리를 두도록 한다. 콘크리트한 수준의 경험을 다룰 때 치료자의 두 번째 목표는 환자 생각의 진실성에 대한 중립적 자세를 조심스럽게 유지하면서, 직면을 통해서 명료화를 보완하는 것이다. 여기서 치료자는 환자 경험의 불일치와 모순에 주목하고, 환자가 확고하게 가지고 있는 생각의 논리적 결론을 이끌어 낼 것이다. 이러한 일련의 개입은 환자가 자신의 즉각적인 경험에서 물러나도록 돕고, 그 경험의 절대적 진실성을 다시 고려해 보도록 한다. 치료자는 환자와 논쟁하는 것을 조심스럽게 피하면서, 환자 내면에 대안적 관점

---

7) 치료자가 전이분석 상황에서 이 접근을 취할 때, 이 과정은 이 장의 앞에서 소개한 치료자-중심 개입과 일치한다('편집 전이'에서 다룬 임상 예시 1의 논평 참조).

을 가질 수 있는 역량을 서서히 지원한다.

요약하자면, 환자의 사고가 콘크리트하거나 환자와 치료자가 현실에 대해서 공통된 관점을 공유하지 않을 때, 치료자는 내용을 해석하기 전에(즉, 왜 환자가 상황을 그렇게 경험하는지 설명할 수 있는 의미와 동기를 탐색하기 전에) 환자 사고의 콘크리트한 성질의 탐색에 초점을 둔다. 이 과정에서 환자의 관점을 확장하기 위한 노력으로 치료자는 명료화 및 직면을 활용하며, 환자의 사고와 경험이 더 유연해질 때까지는 엄밀한 의미의 해석을 자제한다.

임상 예시 8 ▶ 콘크리트한 사고에 대해 작업하기

폭우가 오는 날, 치료자는 U 씨와의 회기에 5분 늦게 도착했다. U 씨는 경계선 특징을 가진 연극성 성격장애 진단을 받은 환자이다. 치료자는 지각에 대해 사과하며 사무실로 오는 주요 도로 몇 군데가 침수로 폐쇄된 것을 설명했고, U 씨에게 늦은 만큼 끝나고 시간을 보충하면 어떤지 물었다. 한편, 환자는 치료자의 지각이 자신을 좋아하지 않는 것을 확증한다고 생각했다. 환자는 그의 사과가 솔직하지 못하고, 그의 진짜 감정을 숨기려고 하는 것이라고 확신했다. U 씨는 치료자의 사과에 대해서 그녀는 이제 막 떠나려던 참이었고, 그가 자신을 치료하고 싶지 않다는 것이 내내 사실이었음을 깨달았기 때문에 기다림을 견딜 수 없었다고 답했다.

치료자는 U 씨의 편집적이고 콘크리트한 경험이 인상적이었다. 그는 나쁜 날씨와 그러한 상황에서 이동하는 어려움을 이해하지 못하는 것이 얼마나 비합리적인지에 초점을 두고 싶은 유혹을 느꼈다. 하지만 고쳐 주거나 직면하거나 현실검증을 지원하거나 혹은 해석을 하는 대신에, 치료자는 추가적인 언급을 자제하며 U 씨에게 그녀의 경험을 더 상세히 설명해 달라고 명료화하기 시작했다. 그는 그녀가 치료자와 지각에 대한 경험, 치료자가 자신을 좋아하지 않는다는 확신, 그리고 어떻게 그 지각이 이렇게 생각하도록 확증하게 되었는지 더 자세히 이야기하도록 했다. U 씨가 상세히 이야기하는 동안, 치료자는 지금까지의 행동에서 자신이 그녀를 치료하고 싶지 않다고 확신하게 한 것은 무엇이었는지 물었다. 환자는 그들이 처음 만난 날부터 그가 자신을 정말로 치료하고 싶은지 의문이었다고 답했다. 환자는 당시에는 아무 말도 하지 않았지만, 치료자가 이전 치료자처럼 치료비를 깎아 주길 기대했는데 그러지 않았던 것이다. 게다가 그는 그녀가 기대했던 만큼 따뜻하거나 지지적이지 않았다.

환자와 치료자는 이후 몇 번의 회기를 치료자가 자신을 싫어하고 치료하고 싶지 않다고 느끼는 U 씨의 현재와 과거의 경험을 상세히 설명하면서 보냈고, 치료자는 환자가 그 경험의 세세한 것까지 말로 표현하도록 도왔다. 치료자는 환자의 생각을 논리적인 결론으로 끌고 가면서 섬세하게 직면했다—예를 들어, 자신을 좋아하지 않기 때문에 높은 치료비를 받는다고 말한 것의 함의는 매우 비윤리적이며 전문적 기준의 위반이라는 점을 지적했다. 동시에 U 씨가 치료자를 적대적이고 거부적이고 부정직하다고 생각하는 것을 편안하게 견뎌 낼 수 있는 치료자의 역량이 비언어적으로 전달됐다. 시간이 흐르고 치료자의 도움으로, 환자의 사고는 다소 유연해졌다. 환자는 치료자와 생겼던 일이 익숙하다는 것을 알아차리게 됐다—지난 몇 년 동안, 그녀가 경멸당하고 거절당했다고 느꼈지만 아무런 말도 하지 않았던 유사한 경험들이 가까운 친구관계 여럿을 단절시켰다. 이처럼 자기관찰 및 성찰 수준의 증가는 치료자가 자신을 치료하고 싶지 않을 것이라는 환자 생각의 극도로 완고하고 콘크리트한 성질에서 미묘하지만 중요한 변화를 가져온 것과 관련이 있다. 어쩌면 환자는 이전만큼은 자기 생각을 확신하지 못하게 된 것이다. 이 지점에서 치료자는, U 씨가 치료자가 자기를 싫어할 거라고 생각한 것 이면의 잠재적인 의미와 동기를 탐색하여, 환자의 사고를 더 유연하게 촉진하고 환자의 자기이해 수준을 심화하기 위한 마음 상태에 있다고 느꼈다.

논평: 이 예시는 콘크리트한 사고에 대해 작업하는 TFP-E 접근을 보여 준다. 치료자는 처음에 환자가 확신하고 있는 왜곡된 내용 대신에 환자 경험의 콘크리트한 성질을 다룬다. 치료자의 초기 개입은 치료자가 늦은 것에 대해서 환자가 강하게 반응하는 상황에서 손상된 역량에 초점을 두고, U 씨가 자기경험을 관찰하는 역량을 지원하는 데 초점을 둔다. 그러기 위해서 치료자는 U 씨의 전이에서의 경험을 정교화하며, 치료자가 자신을 거부하고 무시한다는 환자의 오래된 신념에 대해 생각하게 하고 말로 표현하도록 한다. 이 정교화 과정은 정동을 인지적으로 컨테인하게 하는 것으로 이해할 수 있다. 즉, 환자의 정동적 경험을 치료자의 특정한 표상과 연결하는 동시에, 비언어적으로는 치료자가 환자의 적대적인 투사를 견뎌 내고 컨테인할 수 있는 것을 보여 주는 것이다. 그 결과 시간이 흐르면서 U 씨의 사고는 다소 더 유연해지고, 치료자가 그녀를 좋아하지 않고 악의가 있다는 확신의 강도도 서서히 줄어든다. 이 지점에서 치료자의 직면은(예를 들어, "치료자가 정말로 비윤리적일까? 만약 그렇다면, 나는 왜 치료를 받겠다고 남아 있을까?") U 씨가 그녀의 경험을 성찰하고 대안적 관점을 갖도록 돕는다. 본질적으로 치료자의 접근은 U 씨가 자신의 경험을 조직하는 편집적 대상관계를 단순히 상연하는 대신, 관찰하고 성찰하도록

돕는 것을 목표로 한다. 이 관찰적인 자세는 그녀가 치료자를 거부적이고 경멸하는 사람으로 보는 콘크리트한 관점에서, 보다 유연하고 성찰적이며 포괄적인 관점으로 바뀌도록 돕는다. 마침내 환자가 더 성찰적이 되면서 U 씨는 그 순간뿐만이 아니라, 계속해서 그녀 자신과 그녀의 경험을 물러서서 관찰할 수 있게 된다. 점차 더 성찰적인 자세를 통해 현재의 경험을 패턴의 일부로서 볼 수 있게 되고, 이 패턴이 학대의 개인력뿐만 아니라 그녀 내면의 문제를 반영한다는 것을 인식할 수 있게 된다.

요약하면 환자가 치료자와 현실에 대해 공통된 관점을 공유하지 않거나 환자의 경험이 현저하게 콘크리트할 때, 치료자는 해석을 자제한다.[8] 대신 치료자는 명료화 과정을 확장하고, 이는 결국 직면을 통해 보완된다. 즉, 환자에게 자신의 경험의 세부적인 내용까지 상세히 설명하도록 하고, 그 과정에서 이를 관찰하고 검토하도록 한다. 명료화는 환자가 자신이 콘크리트하게 경험한 것에 대해서 한 발 뒤로 물러나서 관찰하고 생각해 보도록 돕고 현실검증을 지원한다. 직면은 환자가 자신의 신념을 대안적 관점에서 고려해 보도록 하고, 자신의 생각에 함축된 모순을 성찰하도록 한다(예를 들어, "치료자가 정말로 비윤리적일까? 만약 그렇다면, 나는 왜 치료를 받겠다고 남아 있을까?"). 또한 환자가 자신의 사고에 다소 더 개방적이 될수록, 일반적으로 다른 관계와 다른 맥락 속에서 특정한 관계 패턴이 반복되는 특성을 직면하는 것도 가능해진다. 이러한 개입들은 일제히 환자의 현실검증과 대안적 관점을 갖는 역량을 지원하고, 환자 경험의 내적이고 주관적인(콘크리트한 것과 대조적으로) 특성에 대한 인식을 차츰 이해하기 시작하도록 한다.

자아이질성과 해석 과정

환자와 치료자가 현실에 대해 공통된 관점을 갖고 작업하며, 환자가 내적, 외적 현실을 구별할 수 있을 때, 치료자는 해석과 자아이질성에 대해 주의를 돌린다. 성격병리의 치료에서, 치료자는 환자에게 익숙하고 수용되는 행동, 사고, 감정에 초점을 둔다—즉, 자아동질적인 것에 초점을 둔다. 이러한 습관적인 사고와 감정, 행동이 자아이질적으로 될

---

8) 예를 들어, 치료자는 환자가 치료자에 대한 부정적인 태도를 확신하는 것을 환자의 적개심의 투사로, 또는 그들 간에 긍정적인 관계가 발달하는 위협적인 가능성을 방어하는 것으로 해석할 수도 있었을 것이다. 이러한 개입은 정확할 수도 있으며, 치료의 후반부에서 풍부하게 탐색될 수 있지만, 이 지점에서 그 개입은 시기적절하지 않다—환자의 현재 마음 상태에 맞지 않으며, 결과적으로 잘해 봐야 별 소용이 없다.

때, 즉 환자에게 다소 낯설게 여겨지거나 주목할 만한 것이 될 때, 그리고 불안과 연결되거나 혼란을 느낄 때[예를 들어, 제10장의 '해석 및 병리의 심각도'에 나오는 임상 예시 1(계속) 'NPO 환자에서의 해석' 참조], 해석은 해석 과정을 촉진하는 데 효과적인 경향이 있다. 이런 목적으로, 치료자는 반복적으로 부적응적이거나 어떤 면에서 문제가 있는 자아동질적인 방식의 사고, 감정, 행동에 주의를 환기시킨다.

특히 반복적인 명료화와 직면의 과정을 통해 환자가 익숙하고 습관적이며 자아동질적인 행동, 사고, 감정의 패턴을 자아이질적인 성격특성으로 느끼도록 돕는다(이 과정은 이 장의 제2절에서 앞서 설명한 콘크리트한 사고를 다루는 과정과 겹친다). 습관적인 패턴의 행동, 사고, 감정이 자아이질적으로 되어 가면서, 성격특성에 새겨져 있고, 성격특성을 조직하는 대상관계가 갖는 방어적인 기능의 효과가 점차 줄어든다. 이 지점에서 기저의 갈등은 엄밀한 의미의 해석뿐만 아니라, 기저하는 동기와 개인적 의미의 탐색을 통해서 접근 가능해진다. 따라서 치료자는 해석을 제시하기 전에 방어가 자아이질적으로 되었는지, 기저의 불안과 갈등에 접근이 가능해지고 있는지 증거를 찾는다[예를 들어, 제10장의 임상 예시 1(계속), 'NPO 환자에서의 해석' 참조].

임상 예시 9 ▶ **NPO 환자의 자아이질성**

N 씨는 히스테리 성격특성과 성적 억제를 보이는 젊은 여성으로, NPO 수준에서 기능하며, 앞에서 제2장의 임상 예시 1과 제7장의 임상 예시 2에서 기술되었다. 그녀는 객관적으로 봤을 때 관심을 끌고 매우 매력적인데, 자신은 남자들에게 매력이 없다고 생각했다. 처음에 치료자는 기저의 역동에 대해서 경쟁 및 관심의 중심에 있고 싶은 갈등적 소망과 관련된 죄책감을 갖고 있으며, 이것이 환자에게 무의식적으로 공격적인 위반으로 여겨진다는 해석을 시도했는데, 이는 정확할지라도 너무 빨랐다. 환자는 이 해석에 흥미를 가졌고 그게 사실인 것 같다고 느꼈지만, 그것은 환자의 자기감 또는 행동에 거의 아무런 영향을 미치지 않는 듯이 보였다.

이 잘 통합된 환자가 의미와 동기의 해석으로부터 빠르게 도움을 얻을 수 있을 것이라는 자신의 판단이 잘못되었다는 것을 인식하고, 치료자는 그의 접근을 보다 기초적인 개입을 강조하는 것으로 바꿨다. 치료자는 N 씨의 갈등을 이해하고자 하는 대신에, 환자의 방어적인 대상표상이 주관적 경험에 미치는 영향을 관찰하고 알아차리는 능력을 지원하는 데 초점을 두었다. 치료자는 개입의 목적을 환자의 방어적인 자기표상에 의해 조직된, 성적 갈등과 관련된 환자의 생각하기와 경험의 경직되고 미묘하게 콘크리트한 성질에서 벗어나 변화시키고자 하는 것이라고 개념화했다("나는 남자들에게 매력이 없고, 그들은 나한테 관심이 없다. 이건 사실이고, 느낌이나 두려움, 신념이 아니다. 어떤 남자도 나에게 관심을 가질 리가 없다. 만약 누군가가 관심을 나타낸다면, 나는 내 방어적 관점에 의문을 갖는 것을 피하기 위해서 자동적으로 그리고 의식적인 인식 밖에서 그것을 무시하거나 잘못 해석할 것이다.").

치료자는 N 씨의 자기에 대한 관점의 경직성에 초점을 두면서 그녀가 상황과 무관하게 반복적으로 같은 경험을 한 것을 지적했고, 여러 남자의 분명한 관심 표현에 대해 그녀의 자아동질적인 부인 또는 무시를 직면했다. 치료자는 환자가 자신의 경험 대부분을 조직하는 방어적 대상관계를 자세히 말하도록 했고―더 매력적이고 행복한 여성 또는 친절하지만 무관심한 남자와의 관계에서 매력이 없고, 열등한 자기―그녀에 대한 다른 관점을 지지하는 증거를 부인하는 것에 대해 반복적으로 주의를 환기시켰다.

시간이 지나자, N 씨는 치료자가 보고 말하는 것이 무엇인지 이해하기 시작했다―그녀가 자기 자신을 한 가지 방식으로 보기로 선택한 것 같다는 점, 그녀가 자신에 대한 대안적인 관점을 갖기 시작했을 때, 불안한 감정과 불특정한 자기비난의 파도가 빠르게 뒤따랐다는 점. 환자 자신에 대한 방어적인 관점은 아직 변하지 않았지만, 이 관점은 더 이상 콘크리트하게 유지되지 않았고, 자아이질적으로 되어 가고 있었다. 환자의 사고와 경험의 이 측면에서는 그녀가 매우 경직되고, 다른 관점은 왜곡되거나 제약이 있는 것 같다는 점이 환자에게도 이상하게 여겨지기 시작했다. 환자는 왜 다른 사람들이 분명히 자신을 보는 방식과 그토록 다르게 스스로를 봤는지, 이게 무슨 일인지 궁금해졌다. 이 지점에서 치료자와 환자는 둘 다 치료자의 초기 해석에 대해 생각하게 되었다. 환자는 호기심을 느꼈고, 이것이 그녀에 대한 무언가를 이해하고 잠재적으로 그녀의 자기표상을 확장하고 수정할 기회라고 여겼다.

논평: 이 예시는 NPO 환자에 대한 때 이른 해석의 예시에서 시작한다. 치료자의 해석은 정확하지만 환자에게 피상적으로 받아들여지고 거의 영향을 주지 못한다. N 씨가 비록 전반적으로는 성찰적인 사람일지라도, 치료의 이 지점에서 이 핵심 갈등과 관련해서는 자신의 행동 또는 자기 자신에 대한 감정을 바꾸는 데 자기이해를 활용하지 못한다. 반면에 치료자가 무의식적인 동기와 의미의 해석에서 거리를 두고 더 기초적인 개입에 초점을 두자 무언가 변하기 시작했다. 치료자가 N 씨 경험의 경직성과 그녀의 방어에 의한 미묘한 왜곡을 반복적으로 직면하자, 자아동질적인 성격특성이었던 것과 (예를 들어, 어울리는 남자와의 관계에서 N 씨의 내성적인 행동) 아주 매끄러운 방어적 자기표상은(예를 들어,

"나는 남자들에게 매력이 없다.", "나는 다른 여자들보다 열등하다.") 자아이질적인 기능으로 전환되었다. 이 지점에 와서야 N 씨는 자신이 무언가를 능동적으로 하고 있고, 자신의 경험을 특정한 방식으로 조직하고 있다는 것을 충분히 인식하게 된다. 이 통찰은 환자의 마음에서, 자신이 상황을 다르게 보고 다르게 행동할 수 있다는 가능성을 열어 준다.

치료자의 직면을 통해 N 씨 경험의 성질이 변한 것은 갈등 영역에서 그녀 경험의 상징적이고 구성적인 특성을 충분히 인식할 수 있는 더 큰 역량의 출현이라고 이해할 수 있다. N 씨의 방어가 자아이질적으로 되고, 그녀가 성격 방어와 연결된 습관적인 행동에 좌절감을 느낄 때, 방어적 대상관계를 동기화하는 기저의 불안을 더 의식할 수 있게 된다. 이 지점에서 무의식적 의미와 동기의 해석은 효과적일 수 있고, 더 유연하고 적응적인 기능과 관련된 통합적 과정과 N 씨의 습관적 행동 및 궁극적으로 환자의 자기감의 수정을 촉진한다.

임상 예시 10 ▶ BPO 환자의 자아이질성

높은 경계선 수준에서 조직된 자기애성 성격장애를 가진 E 씨는 만성적인 재정 문제를 가지고 있었다. 중간 직급의 영업사원으로 일하면서, 그는 일상적으로 밤에 친구들을 만나러 시내에 나가서 흥청망청했는데, 호화로운 식당과 고급 바에 방문하며, 밤이 끝나갈 때는 대범하게 계산서를 집어들곤 했다. 치료자가 그의 행동이 그가 재정 상황을 개선하겠다고 말한 목표와 따로 노는 것처럼 보인다고 지적했을 때, E 씨는 이 밤들을 포기할 생각이 없다고 하면서, 그에게 그게 얼마나 중요한지 치료자가 이해를 못하는 것 같다고 했다. 그는 그러한 이벤트가 그의 사회적 삶의 중심을 구성하며, 자존감의 중요한 원천이 된다고 말했다.

시간이 흐르며, E 씨의 치료자는 환자가 그의 부적응적 행동에 내재된 대상관계를 구체화하도록 도울 수 있었다. E 씨가 시내에서 놀고 있을 때, 그는 왕이 된 것 같고, 팽창되고 그의 국민들을 너그럽게 보살필 수 있다고 느꼈다. 그러나 그가 이 행동에 참여할 수 없다고 상상하면, 그는 비참한 빈민이 된 것처럼 느껴졌다—모두에게 무시당하고 고립되고 동정을 받는 것처럼 느껴졌다. 환자는 이것이 실제로 그가 느끼는 방식이라고 동의했다. 치료자는 E 씨가 친구들이 그와 함께 시간을 보내는 것은 오직 그들이 그를 재정적으로 착취할 수 있을 때뿐이라고 가정한다는 것을 지적했다.

몇 달 동안, 환자의 치료시간은 이와 유사한 자료에 초점을 두었다. 그동안 치료자는 중립성의 자세를 유지했으며, E 씨가 염려되었으나 지시적인 것은 자제했다. 그리고 그동안 내내, 환자는 결과와 상관없이 자신의 팽창적인 행동을 포기하는 것에는 동의할 수 없다고 고집했다.

이 과정을 수개월 지속하면서, E 씨는 치료자가 자신을 괴롭힌다는 자기 관점에서 혼란스러운 지점을 인식했다. 환자는 치료자의 말에 따라서 자신의 행동을 고치는 데 계속해서 실패하고 있는데, 치료자가 어떻게, 왜 그와 함께 있으면서도 잘 참을 수 있는지 이해하기가 어렵다고 설명했다. 하지만 이어서 E 씨는 이해하게 되었기 때문에 이제 기분이 나아졌다고 말했다. 그는 치료자가 단순히 그를 착취하고 있는 것을 알아차렸다. 치료자는 치료나 환자에게 관심이 없지만, 그냥 함께 놀면서 그를 돌보는 척하고, 돈을 받는다는 것을 알아차렸다는 것이다.

이 지점에서 치료자는 E 씨가 친구들과의 관계에서 동일시했던 것과 같은 종류의 기대를 경험하고 있다는 점을 지적할 수 있었다. 치료자는 오직 환자를 착취할 수 있는 범위 안에서만 관심을 가진다는 것이고, 여기에 내재된 관점은 치료자가 우월감을 즐기며 은밀하게 환자를 조롱하고 있다는 것이었다. 이어서 치료자는 이것은 모든 관계에 대한 E 씨 마음속의 원형인 것 같다고 말했다—우월하고 착취적이며 조롱하는 누군가가 열등하고 착취당하는 굴욕적인 누군가를 무시하는 것. 마치 환자는 한 사람이 다른 사람을 이용하는 것 외에는 무엇으로도 관계를 상상하기 어려운 것 같았고, 이 관점은 치료자와 함께하는 안전한 상황에서조차도 진실인 것으로 여겨졌다.

이 지점에서 E 씨는 깊이 생각에 잠기더니 불안해졌다. 그는 말했다. "당신이 그저 돈 받는 것을 즐기면서 나를 착취한다기보다는, 여기서 나에게 도움이 되고 일을 잘 처리하고 싶어한다는 건 알겠어요. 하지만 나는 당신과 우리의 관계에 대해서 그 관점을 진심으로 받아들일 수가 없어요. 난 자꾸 '당신은 그저 돈 때문에, 나보다 우월한 위치에 있기 위해서 있는 거겠지'라는 생각으로 되돌아가요. 너무 이상해요."

치료자는 E 씨의 말이 적어도 그 순간에는, 인간관계의 기본에 대한 환자의 가정이 자아이질적으로 된 것을 반영한다고 이해했다. 치료자는 이것이 환자가 다른 사람과 상호작용하는 것에 대해 지니고 있는 분열되고 편집적인 관점에 기저하는 갈등을 탐색하고 해석하여, 시간에 걸쳐 그것을 변화시키도록 돕기 위한 긴 과정의 문을 열어 주는 것으로 보았다.

논평: 이 예시는 자아동질적이고 부적응적인 자기애성 성격특성에 대한 직면을 보여 준다. E 씨의 팽창적이고 사치스러운 행동과 태도에 주목하는 치료자의 초기 개입은, E 씨가 그것들을 유지하겠다는 확고한 결심에 맞닥뜨린다. E 씨는 자신의 행동이나 태도를

문제로 보지 않고, 모든 관계가 착취에 기반한다는 기저의 가정은 그의 관점에서 의문을 가질 것도 없으며 변화 동기도 없었다. E 씨가 그의 팽창적인 상태를 유지할 수 있는 한 취약성, 열등감, 착취와 관련된 불안은 지배적인 의식적 경험으로부터 성공적으로 분열된다. 그러나 치료자가 E 씨가 돈을 쓰는 것에 대한 고집을 반복적으로 직면하고, 세상은 너그러운 군주들과 불쌍한 빈민들로 구성되어 있다는 E 씨의 분열된 관점을 상세히 탐색함에 따라, E 씨의 방어는 점차 약해지고 자아이질적으로 변하기 시작한다. 이 지점에서 취약성 및 착취와 관련된 불안은 더이상 E 씨의 지배적인 거대 자기 상태에서 완전히 분열될 수 없게 된다. E 씨의 방어가 덜 경직됨에 따라, 기저의 갈등이 전이에서 활성화된다. E 씨가 치료자를 착취자라고 생각하는 자신의 관점을 유지하려고 애쓰는 모습에, 치료자는 E 씨의 거대성과 분열이 이제는 매끄럽지 않고 기저의 불안이 치료에 출현하기 시작한다고 이해한다. E 씨의 부적응적인 행동과 태도를 추동하는 동기를 탐색하고 해석할 수 있는 여지가 처음으로 생기게 된다.

핵심 임상 개념

- 전이분석은 치료자와 치료에 대한 환자의 순간순간의 경험과 행동을 탐색하기 위해서 명료화, 직면, 해석을 활용한다.
- 정동적으로 지배적인 대상관계가 치료자와의 관계에서 상연될 때, 치료자의 개입은 전이에 초점을 두게 된다.
- BPO 환자의 치료는 대부분 전이초점적인 반면, NPO 환자의 치료는 종종 치료 바깥의 관계에 초점을 둔다.
- 치료자-중심 해석은 치료자에 대한 환자의 경험에 어떤 수정도 제시하지 않으며, 이를 상세하게 표현하게 하는 데 초점을 둔다.
- 해석 과정은 표면에서 심층으로, 방어에서 충동으로 이동하며, 먼저 환자의 지배적인 경험에 초점을 둔 후 점진적으로 환자의 관점을 넓히고 심화한다.
- 치료자는 회기에서 환자 경험의 내용뿐만 아니라 경험의 성질에 주목한다.
- 환자의 사고가 콘크리트할 때, 치료자는 환자가 관찰적 관점을 채택하도록 돕기 위해서 명료화와 직면을 활용한다.

▼ 참고문헌

Auchincloss AL, Samberg E (eds): Psychoanalytic Terms and Concepts. New Haven, CT, Yale University Press, 2012

Bion WR: Learning From Experience. London, Heinemann, 1962

Bion WR: Attacks on linking (1959), in Second Thoughts. London, Heinemann, 1967, pp 93-109

Bion WR: A theory of thinking (1962), in Second Thoughts. London, Heinemann, 1967, pp 110-119

Britton R: Naming and containing, in Belief and Imagination. London, Routledge, 1998, pp 19-28

Busch F: The ego and its significance in analytic interventions. J Am Psychoanal Assoc 44(4):1073-1099, 1996 8987011

Caligor E, Kernberg OF, Clarkin JF: Handbook of Dynamic Psychotherapy for Higher Level Personality Pathology. Washington, DC, American Psychiatric Publishing, 2007

Caligor E, Diamond D, Yeomans FE, Kernberg OF: The interpretive process in the psychoanalytic psychotherapy of borderline personality pathology. J Am Psychoanal Assoc 57(2):271-301, 2009 19516053

Fenichel O: Problems of Psychoanalytic Technique. New York, Psychoanalytic Quarterly, 1941

Høglend P: Exploration of the patient-therapist relationship in psychotherapy. Am J Psychiatry 171(10):1056-1066, 2014 25017093

Høglend P, Gabbard GO: When is transference work useful in psychodynamic psychotherapy? A review of empirical research, in Psychodynamic Psychotherapy Research: Evidence-Based Practice and Practice-Based Evidence. Edited by Levy A, Ablon JS, Kächele H. New York, Springer, 2012, pp 449-467

Høglend P, Amlo S, Marble A, et al: Analysis of the patient-therapist relationship in dynamic psychotherapy: an experimental study of transference interpretations. Am J Psychiatry 163(10):1739-1746, 2006 17012684

Johansson P, Høglend P, Ulberg R, et al: The mediating role of insight for longterm improvements in psychodynamic therapy. J Consult Clin Psychol 78:438-448, 2010 20515219

Kernberg OF: Internal World and External Reality: Object Relations Theory Applied. New York, Jason Aronson, 1980

Kernberg OF: The destruction of time in pathological narcissism. Int J Psychoanal 89(2):299-312, 2008 18405285

Levy ST, Inderbitzin LB: Neutrality, interpretation, and therapeutic intent. J Am Psychoanal Assoc 40(4):989-1011, 1992 1430771

Schafer R: The Contemporary Kleinians of London. Madison, CT, International Universities Press, 1997

Steiner J: Patient-centered and analyst-centered interpretations: some implications of containment and countertransference. Psychoanal Inq 14:406-422, 1994

Yeomans F, Clarkin JF, Kernberg OF: Transference-Focused Psychotherapy for Borderline Personality Disorder: A Clinical Guide. Washington, DC, American Psychiatric Publishing, 2015

개입 Ⅲ: 지지적 개입과 탐색적 개입 통합하기

개입 기법에 대한 앞선 두 장에서, 우리는 전이초점 심리치료–확장판(TFP–E)의 명료화, 직면 및 해석(제10장), 전이분석과 개입을 이끄는 기략(제11장)에 대해서 다루었다. 우리는 이 장에서 임상 기법에 대한 논의를 마무리하고자 하는데, 여기에서는 ① TFP–E의 지지적 기법의 활용과 그에 뒤따르는 탐색적 개입의 범위, ② 기법적 중립성의 관리, ③ 역전이의 활용, ④ 훈습 과정을 통한 탐색적 기법을 살펴볼 것이다. TFP–E에서 중심은 탐색적 개입임에도 지지적 개입에 대한 논의부터 시작하는 이유는 치료의 흐름에서 제일 먼저 필요한 것이며, 이 장의 후반에 논의될 탐색적 개입과 통합될 것이기 때문이다.

지지적 개입의 활용

앞으로 우리는 TFP–E에서 지지적 개입의 활용을 다루고, 어떻게 지지적 기법의 활용을 주된 탐색적 치료에 통합할 것인지 살펴볼 것이다. TFP–E에서 가장 흔히 활용되는 지지적 개입은 계약 맺기, 한계 설정, 재계약하기, 조언 및 격려하기, 그리고 관심 표현하기이다.

탐색적 개입과 지지적 개입 구별하기

탐색적 또는 '표현적' 개입은 환자의 자기인식 및 자기이해의 수준을 증가시키려는 목적으로 환자의 내적 경험과 행동을 탐색하는 개입이라고 개념화될 수 있다(Gabbard,

2010). TFP-E에서 탐색적 개입은 기법적 중립성의 자세로 이루어진다. 명료화, 직면 및 엄밀한 의미의 해석은 탐색적 개입으로 제10장에서 상세히 다루었다.

해석 과정(제10장) 및 전이분석(제11장)에 대한 논의에서, 우리는 TFP-E에서 탐색적 기법이 여러 가지 기능을 하는 것으로 개념화되는 점을 강조했다. 탐색적 기법은 자기인식과 자기이해를 촉진하는 동시에, 성격장애 환자들이 종종 취약한 핵심적 심리역량을 공고화하도록 지지하고 돕는 기능을 한다. 우리는 특히 현실검증, 정동 컨테인하기, 자기관찰, 내성, 성찰, 대안적 관점 갖기, 경험을 맥락화하기 위한 역량들에 초점을 둔다. 따라서 중립적 자세를 유지하면서 해석 과정을 활용하는 동안 TFP-E 치료자는 성격장애 환자에게서 종종 손상되어 있는 심리적 역량을 지지하기 위해 개입한다.

비록 TFP-E 치료자가 해석 과정을 활용하는 이유가 환자의 핵심적 심리역량을 지원하고 환자의 경험에 공감을 전달하기 위한 것이라고 해도, 치료자가 **통상적인 지지적 개입**을 틀에 박혀서 사용하는 것은 아니다. 그러한 통상적인 지지적 개입의 예시에는 한계 설정, 기술 훈련, 환자의 삶에 직접적으로 개입하기(예를 들어, 환자가 가족 또는 배우자와 협상하는 것을 돕기), 지침이나 조언, 칭찬, 안심시키기 등이 포함된다(Winston et al., 2012). 이러한 모든 개입은 TFP-E 접근의 중심이 되는 탐색적 또는 표현적 개입과 달리 지지적 개입으로 분류될 수 있다. 지지적 개입의 활용은 치료자가 특정하고 일시적이며 필수적인 목적에 의해서 TFP-E의 중립적 자세에서 이탈하는 것을 특징으로 한다: 환자의 한 부분과 다른 부분 간에 동맹 맺기, 환자를 대신하여 개입에 책임지기, 혹은 환자의 기능이 손상된 영역에서 특정한 행동을 적극적으로 촉진하기. 〈표 12-1〉은 TFP-E에서 탐색적 개입과 지지적 개입의 역할을 보여 준다.

〈표 12-1〉 TFP-E에서의 탐색적 개입과 지지적 개입

탐색적 개입: TFP-E의 중심 기법

목적

내적 경험과 행동을 탐색한다.

자기자각과 자기이해를 증진시킨다.

성격장애 환자들의 종종 취약한 역량을 지지한다.

　현실검증

　정동 컨테인하기

　자기관찰

　내성

　성찰

대안적 관점 갖기

경험을 맥락화하기

자세: 기법적 중립성

명료화, 직면, 해석

전이분석

역전이분석

훈습

지지적 개입: TFP-E의 보조적인 기법

목적

파괴적이고 방해가 되는 행동을 제한한다.

치료의 필수조건을 유지한다.

치료동맹을 보호한다.

자세: 일시적으로 기법적 중립성을 포기한다.

계약 맺기

한계 설정

재계약하기

조언, 격려, 관심 갖기

지지적 개입의 보조적인 역할

비록 TFP-E에서 탐색적 개입과 치료자의 중립적 자세가 중심적 역할을 하지만 치료자는 때때로 지지적인 또는 구조화하는 기법들을 활용하기 위해 중립성에서 이탈하기를 선택할 수 있다.[1] 그러므로 기법적 중립성은(제5장 및 이 장의 후반부 '기법적 중립성 관리하기'에서 기술될 것이다) TFP-E 치료자의 기본자세이며, 치료자가 상황에 따라서 이탈할 수 있지만 언제나 다시 돌아와야 하는 자세라고 볼 수 있다.

▶ 예비치료 및 계약 맺기 단계

제8장과 제9장에서 논의하였듯이, TFP-E에서 대체로 탐색적 치료의 성공 가능성은 성격병리 환자가 안전하고 생산적으로 치료에 참여할 수 있도록 충분한 구조를 제공하는 치료틀 수립하기에 달려 있다. 치료의 구조화된 측면은 치료가 시작되기 전에 치료계약

---

[1] 더불어, 역전이 압력에 의해 추동될 때 또는 경험 부족으로 인해서 치료자는 의도치 않게 환자에게 지지적이거나 지시하기 위해서 중립성을 포기하게 될 때가 있다.

및 치료목표의 형태로 제시되며, 치료는 계약 및 목표가 준비되기 전에는 공식적으로 시작되지 않는다. 이 구조화된 틀은 비구조화된 (그러나 체계적인) 탐색적 과정이 비교적 통제되고 치료적인 방식으로 전개될 수 있도록 안정적인 세팅을 제공한다. 따라서 예비치료 및 계약 맺기 단계 동안 치료자는 기법적 중립성을 유지할 수 있는 치료세팅을 만들기 위한 목적으로 중립적이기보다는 지지적이고 구조화하는 자세를 취하게 된다.

계약 맺기 단계에서 엄밀한 의미의 치료로 전환될 때, 치료자는 자신의 자세와 개입 유형을 바꾼다. 예비치료 및 계약 맺기 시간에 치료자는 매회기에 명료하고 단기적인 목적을 가지며, 그 목적을 달성하기 위해서 치료시간을 적극적으로 구조화한다. 치료의 필수조건을 제시할 때, 치료자는 지시적이며 어느 정도 권위 있는 자세를 취한다(즉, "이것은 치료를 위해서 필요한 것이다."). 반면에 일단 치료가 시작되면 치료자는 중립적 자세를 취한다. 치료자는 회기의 내용을 정하기 위해서 환자의 소통과 행동을 기다리며 탐색적 개입을 하고 지시적인 태도를 자제한다.

▶ **치료의 시작**

이상적인 경우, 주의 깊은 평가와 계약 맺기는 파괴적이거나 방해가 되는 행동을 성공적으로 컨테인하는 치료세팅을 만들게 된다. 이처럼 이상적인 상황이라면 치료의 시작부터 끝까지 치료의 필수조건이 유지될 것이며 치료자는 중립적 자세를 줄곧 유지할 수 있다. 하지만 많은 경우는 이상적이지 못하다. 특히 치료의 초기 단계일 때(제13장 참조), 행동화하는 경향이 있는 환자들 혹은 더 심한 병리를 가진 환자들의 경우 직면과 해석 같은 탐색적 개입을 할 때 치료틀의 구조화하는 기능이 환자의 안전 또는 치료의 지속 가능성을 잠재적으로 위협할 수 있는 모든 행동을 컨테인하기에 충분하지 않다는 것은 상당히 흔한 일이다(Yeomans et al., 2015).

환자가 파괴적이거나 치료에 방해가 되는 행동을 고집할 때, 치료자는 한계를 설정하기 위해서 중립성을 포기하고 필요한 만큼 치료를 구조화하여 행동을 통제한다. 한계 설정은 TFP-E 치료자들이 치료과정에서 사용하는 중심적인 비탐색적 기법이다. 만약 필요하다면, 한계 설정은 재계약하기를 통해 보충될 수 있으며(제8장 참조), 특정한 상황에서는 환자의 가족 또는 중요한 타인과 면담을 하는 것이 필수적일 수 있다. 이러한 개입은 기법적 중립성 관리하기와 관련된 기법들로 보충된다.

경계선 성격조직(BPO) 수준에서 기능하는 환자의 치료에서 특히 현저히 경계선적, 자기애적 또는 반사회적 특징을 보이는 경우, 한계를 도입하기 위해서 중립성으로부터 일시적으로 이탈할 필요가 꽤 흔히 발생한다. 특히 치료 초기에 치료자가 환자와 치료자 자신, 치료의 지속 가능성을 보호하기 위해서 한계를 설정하며 적극적으로 개입하기를 촉구하는 임상 상황은 일상적으로 발생한다. 반면에 높은 경계선 수준에서 조직된 환자들 및 특히 신경증적 성격조직(NPO) 수준에서 기능하는 환자들의 경우, 치료자가 지지적 개입을 하도록 촉구하는 임상 상황은 흔하지 않다. 대체로 틀을 유지할 수 있으며 탐색적 개입을 활용할 수 있고, 비교적 일관되게 중립적 자세를 유지할 수 있다.

▶ 한계 설정

한계 설정은 TFP-E 치료자가 치료틀과 치료의 필수조건을 유지하기 위해서 추가적인 구조를 제시하기 위해 자신의 기본적인 중립적 자세에서 벗어나는 것을 포함한다. TFP-E에서 한계 설정을 사용할 때는 가장 빈번하게 ① 치료계약을 통해 수립된 경계가 지켜지는지 보장하고 ② 치료시간 안과 밖에서 파괴적인 행동화를 통제하고 ③ 이차 이득을 제한하는 (다음에 나오는 '이차 이득을 다루기' 참조) 방향으로 이루어진다. TFP-E 치료자는 치료의 지속 가능성이나 환자 및 다른 사람들의 안전을 보호하기 위해 임상적으로 필요할 때만, 최소한의 구조를 도입함으로써 한계 설정을 신중하게 선택한다.

TFP-E 모델에서는 행동화에 대한 한계 설정의 목적은 행동 통제를 확보하는 것을 넘어선 관찰이 중심이 된다. 한계 설정은 환자 행동화의 습관적 형태를 컨테인하는 과정이며, 치료에서 부적응적 행동을 조직하는 대상관계 및 이와 관련된 성격특성을 활성화하고 정교화하는 것으로 이끈다. 그 후 이러한 대상관계는 치료에서 탐색의 초점이 된다.

요약하면, 파괴적이거나 방해가 되는 행동화 앞에서 TFP-E 치료자의 목표는 행동화되거나 상연된 대상관계를 탐색하는 것인데, 이는 환자의 핵심 갈등 및 방어와 관련되기 때문이며 특히 그것이 전이에서 드러난 것이기 때문이다. 이 목표를 달성하기 위해서 일반적으로 파괴적 행동을 컨테인하는 것은 필수적이다. 직면과 해석이 행동을 통제하기에 불충분하다는 것이 밝혀질 때 치료자는 한계 설정을 사용할 것이다.

임상 예시 1 ▶ 치료틀과 계약을 둘러싼 한계 설정

Q 씨는 28세의 여성 비주얼 아티스트로, 높은 BPO이며, 연극성 및 의존성 특성이 두드러진다. 치료를 시작하기 전 몇 년 동안 그녀는 절제하면서 적당히 술을 마시곤 했지만, 대학에 다닐 때와 이후에 몇 번 심각한 후유증이 있는 폭음을 한 적이 있다고 했다. 계약 맺기 단계

에서, 그녀와 치료자는 치료를 받는 동안 일주일에 2~3번, 와인이나 맥주 한두 잔으로 음주를 제한하는 것에 동의했다. 만약 그녀가 이 제한을 초과하여 술을 마신다면, 그 행동에 대해서 다음 치료시간이 시작될 때 가장 우선적 이슈로 즉시 이야기하기로 했다.

비교적 원활하고 생산적으로 보이는 시작 단계에서 6개월째 접어들었을 때, Q 씨는 금요일 아침 치료시간에 10분 늦게 왔는데 모습은 흐트러져 있고 눈은 붉게 충혈되어 있었다. 그녀는 지각한 것에 대해 사과하더니 '엄청 재밌었던' 전날 저녁에 대해 말하기 시작했다. 그녀는 새로운 클럽을 발견했고 젊은 예술가 무리를 만났는데 그들은 틀림없이 그녀의 전문성을 개발해 줄 것 같았다.

K 박사가 전날 저녁에 대해서 더 구체적으로 탐색하면서[명료화], Q 씨가 새벽 4시까지 밖에 있었으며 거의 잠을 못 잤다는 것이 드러났다. K 박사는 지난밤 동안 Q 씨가 술을 얼마나 마셨는지 물었다. Q 씨는 기나긴 저녁이었고 "꽤 많이 마셨다"고 무심코 대답했다. K 박사는 구체적으로 그녀의 음주가 치료계약을 위반한 것인지 질문했고, Q 씨는 대답했다. "네, 아마 그럴걸요. 그런데 별일 아니에요—다시는 안 그럴게요."

치료시간 동안 K 박사는 염려를 표하면서 Q 씨가 그의 질문에 대해서 중요성을 축소하는 것뿐만 아니라, 치료시간이 시작되자마자 음주에 대해서 이야기하지 않는 식으로 계약을 어긴 것에 초점을 두었다. K 박사는 그녀의 음주 이력과 그것이 일으켰던 문제들에 대해서 초반에 논의한 것을 상기시켰고, 그녀가 받고 있는 종류의 치료에서는 매우 제한적인 수준 이상의 음주는 용납되지 않는다고 말했다.

Q 씨는 마침내 자기 행동의 중요성을 인정했고, 다시는 그런 일이 없을 것이라고 K 박사에게 확실히 말했다. K 박사는 Q 씨의 행동이 치료에 전념하지 못하고 흔들리는 것을 반영하는 것 같다는 염려도 표현했다. 그는 그녀가 최근 호전되었던 것을 상기시켰고, 전날 밤 그녀의 행동은 호전이 되면 곧 술 또는 파괴적 관계로 인해 무효로 만들고, 자신의 안정성과 개인적, 전문적 성장을 해치는 오래된 패턴의 일부인 것 같다고 지적했다. Q 씨는 동의하며 고개를 끄덕였고, 그때까지 그날 저녁을 그런 관점에서 생각해 보지 않았다고 말했다. 그건 단지 '너무 신나는' 느낌이었다.

다음 치료시간에 초점이 된 것은 K 박사에 대한 Q 씨의 관점이었다. K 박사가 약하고 틀에 박혔으며, Q 씨가 작업을 하는 데 필수적인 짜릿하고 위험을 감수하며 창조적인 면의 진가를 알아보지 못한다는 것이었다. 그들은 함께 Q 씨가 최근에 음주한 것이 제약에 대한 반항 및 자유의 표현이라고 이해하게 되었다. 이는 파괴적인 형태이며 그동안 K 박사가 도움이 된다는 관점을 가져왔던 것에서 멀어지게 하고, K 박사와 긍정적이며 다소 이상화된 관계를 구축해 온 그녀의 통제된 부분으로부터도 멀어지게 한 방식이었다. 그들은 지금 다루고 있는 중요한 갈등이 그녀의 호소문제와 밀접하게 관련되며, 처음에 동의한 대로 그녀의 음주 통제가 유지될 때 잘 탐색될 수 있다는 것에 동의했다.

다음 월요일 아침에 Q 씨는 또다시 치료시간에 지각했고 충혈된 눈으로 왔다. K 박사는 그녀가 약간 취한 것은 아닐까 속으로 생각했다. 그가 물었을 때, 그녀는 명료하게 생각하고 있다고 말했지만 씩 웃으면서 전날 밤을 지난번과 같은 그룹의 예술가들과 보냈으며, "술을 진탕 마셨다"고 인정했다. 자신의 행동에 대한 Q 씨의 태도를—그리고 특히 그녀가 우월하게 느끼고 흥분되는 '더 어두운 쪽'의 일부라고 하면서 K 박사를 약하고 틀에 박힌 쪽에 두면서 드러내는 즐거움을—간단히 탐색한 후, K 박사는 치료계약에 대한 논의로 돌아왔다. K 박사는 Q 씨의 행동을 치료를 중단하려는 적극적 노력으로 이해했다고 말했다. 그녀의 일부는—치료시간에 오고, 그와 솔직하게 이야기하는 부분—의심의 여지없이 치료에 전념하고 있었지만, 다른 일부는 '더 어두운 쪽'과 연결된 것 같은데, 치료를 지속하기 어렵게 하며, 아마도 최근에 그녀가 호전된 것과 관련이 있는 것 같았다.

Q 씨는 K 박사에게 물었다. "나를 쫓아내려는 거예요?" K 박사는 치료를 계속할 수 있는 가장 좋은 방법을 고려해야 한다고 생각하지만, 현재 상황에서 치료를 계속하는 것은 무모한 일이고 잠재적으로 파괴적일 수 있다고 답했다. K 박사의 관점에서 설명한다면 최근 Q 씨의 행동은 파괴적이고 아주 위험하며 치료를 방해하는 위협이 있고 잠재적으로 그녀의 생명을 위험하게 할 수도 있었다. 치료자는 그들이 이미 이 점에 대해서 길게 이야기를 나누었음에도 그녀가 행동을 바꿀 수 없거나 바꾸고 싶지 않아 보인다는 점을 지적했다. 여기서 환자는 치료자를 그의 평소 역할에서 벗어난 포지션에 둔 것 같았는데, 이는 치료를 지키기 위한 노력으로 치료계약을 다시 검토하고, 음주에 새롭게 제한을 두도록 하는 것이다.

이어서 K 박사는 Q 씨에게 음주를 완전히 끊고 단주 모임에 다시 나갈 것을 제안했다. 만약 그녀가 이를 원하지 않는다면 주 1회 진행하는 행동중심치료로 전환하여 음주 및 관련된 파괴적 행동에 초점을 두는 것을 고려할 수도 있다. 그렇게 치료시간은 끝났고, Q 씨는 K 박사의 '융통성 없고 틀에 박힘'에 대해 분개를 표현한 후 나가 버렸다. K 박사는 무슨 일이 일어날 것인지 알 수 없었고, Q 씨가 그녀의 대학 시절 및 그 이후 몇 년간 그랬듯이 적극적인 알코올 남용으로 돌아가는 것은 아닐까 다소 염려되었다.

Q 씨는 다음 치료시간에 제때 왔고, 정신이 맑아 보였다. 그녀는 K 박사에게 분개하며 말했는데, 예술 분야에서는 모두가 재미로 약을 하고 술을 마시는데 치료자가 술을 마시지 못하게 한다고 부모와 언니에게 불평했다는 것이었다. 그런데 놀랍게도 부모는 K 박사의 입장

을 지지했다. 그들은 Q 씨에게 과거에 음주 때문에 치렀던 고통스러운 대가와 알코올 중독의 가족력을 상기시켰다(그녀의 아버지가 '술 취하지 않은 알코올중독 환자'였다는 것을 주목하였다). 그러고는 Q 씨는 마지못한 태도로 K 박사에게 새로운 합의에 따르겠다고 말했다.

K 박사는 그녀의 태도가 아주 복잡한 감정들과 치료에 전념하지 못하고 흔들리는 것이 염려되어서 망설여진다고 말했다. 그들은 Q 씨가 삶의 이 시점에서 성격의 더 파괴적인 측면을 억제하기 위해서 충분히 동기화되었는지 계속해서 평가할 것이다. 만약 환자가 그들의 새로운 합의를 고수할 수 없다면 그들은 치료를 중단하고 다른 대안을 고려해야 할 것이다.

논평: 이 예시에서 K 박사는 첫 번째 계약 위반에 대해서 명료화, 직면 그리고 궁극적으로는 환자 행동을 조직하는 대상관계의 해석으로 다루며 중립적 자세를 유지했다. 그는 기법적 중립성을 지키면서 계약을 재검토하고 Q 씨에게 합의한 내용의 근거와 필수성을 모두 상기시켰다.

두 번째 계약 위반 이후에 K 박사는 다시 한번 Q 씨의 내적 갈등과 행동의 위험을 언급했는데, 이 지점에서는 한계를 설정하기 위해 중립적 자세를 이탈하기로 선택했다—본질적으로 현재의 조건에서는 치료가 합리적으로 유지될 수 없다고 말하며, 단주 모임에 참석하고 완전히 금주할 것을 제안하는 새로운 계약 조정을 제안했다. 이때 새로 도입된 조건에서 치료를 지속할 것인지는 Q 씨의 결정에 달린 것이었다. 그녀는 얼마든지 거절할 수 있지만, 그런다면 치료는 지금과 같은 형태로 지속될 수 없을 것이다.

임상 예시 2 회기 안에서의 행동화를 둘러싼 한계 설정

34세의 주부 D 씨는 중간 BPO에서 기능하며 경계선 및 자기애성 성격특성을 가졌는데, 남편과 자녀가 원하는 대로 하지 않을 때 분노를 폭발한 이력이 있었다. 치료의 첫 달에 그녀는 Z 박사에게 자주 적대적이고 조롱하는 태도를 보였다.

어떤 치료시간에 D 씨는 목소리를 높이기 시작하면서 Z 박사를 모욕하고 소리를 지르기 시작했고, 치료자가 말을 하려고 하면 끊어 버렸다. 치료자는 옆방의 다른 임상가들을 방해할까 봐 신경이 쓰였다. D 씨의 행동은 점차 심해졌고, 간헐적으로 의자에서 일어나서 사무실을 돌아다녔다. 그녀의 거듭된 방해로 인해 Z 박사는 그들 간에 무슨 일이 일어나고 있는지 탐색할 수가 없었다. Z 박사가 D 씨의 행동에 대해 언급하려고 하면 D 씨는 Z 박사가 입을 다물 때까지 계속해서 말했다. D 씨가 그렇게 행동하면서 크게 만족하고 있는 것은 분명해 보였다.

Z 박사는 D 씨가 사무실을 돌아다니면서 끊임없이 욕하고 불평하기 때문에 명료하게 생각할 수가 없다고 느끼기 시작했다. Z 박사는 단호하게 D 씨를 가로막으며 한계를 도입했다. "목소리를 낮추고 자리에 앉으세요. 그래야 우리가 여기에서 일어나는 일을 논의할 수 있습니다."

D 씨는 답했다. "논의해요, 논의해! 난 여기서 하고 싶은 건 뭐든지 할 수 있어요. 여기에 내 감정을 표현하러 온 거고, '무엇이든 마음에 떠오르는 것'을 말하러 온 거예요. 그리고 마음에 떠오르는 것은 만약 내가 그렇게 하기로 한다면 소리칠 수 있다는 거예요!"

Z 박사는 D 씨가 자신의 감정을 자유롭게 공유할 수 있다는 것에 동의한다고 답하며, 실제로 Z 박사는 D 씨가 말하는 것을 듣는 데 매우 관심이 있지만 그런 식으로 목소리를 높이는 것은 함께 생산적으로 작업하는 걸 불가능하게 한다고 말했다. 박사가 D 씨에게 행동을 수정하도록 요청하는 이유는, D 씨가 소리를 지르고 서성이고 있을 때는 생각하기가 어렵기 때문이라고 설명했다. 또한 소음이 너무 심해서 옆 사무실의 다른 임상가들에게도 방해가 될 것이며 그래선 안 된다고도 말했다.

D 씨는 다시 조롱하듯이 소리지르기 시작했다. 그녀는 이렇게 고집했다. "지금은 내 치료 시간이고, 난 돈을 내고 있어요. 난 여기서 하고 싶은 건 뭐든지 할 수 있어요!"

Z 박사는 그것은 사실이 아니라고 대답하고 이어서 말했는데, D 씨가 자신의 행동을 통제할 수 없다면 Z 박사는 그녀가 마음을 가라앉히도록 이 시간을 마무리할 수밖에 없다고 말했다. 또한 치료자는 D 씨가 오늘 보여 주는 모습이 아주 중요하다고 생각한다고 덧붙이며, 만약 그녀가 자리에 앉아서 목소리를 낮출 수 있다면 더 중요한 것을 알 수도 있을 것이라고 말했다. Z 박사는 D 씨가 단지 적대감을 드러내 놓고 사무실을 어지럽히는 것은 치료에서 생산적이지 않지만, 그녀의 행동을 살펴보고 이해하려고 하는 것은 중요한 일이며, 애초에 치료를 받으러 오게 된 문제였던 집에서의 어려움과 밀접하게 관련이 있다고 말했다.

임상 예시 3 회기 밖에서의 행동화를 둘러싼 한계 설정

55세 남성 X 씨는 높은 BPO에서 기능하며 피학성 및 자기애성 특성을 가졌고, 심한 고혈압 때문에 세 가지 다른 약물을 복용 중이었다. 그는 오랫동안 약물치료를 제대로 따르는 데 어려움을 겪었고 고혈압 문제로 응급실에 간 적도 여러 번 있었다. Y 박사와의 치료계약의 일부로서 X 씨는 처방받은 대로 약물을 복용할 것, 내과 전문 간호사를 매달 만나서 혈압을

점검할 것, 그리고 간호사가 Y 박사에게 연락하여 X 씨의 의료관리를 병행할 수 있도록 조율하는 것에 동의했다.

치료가 시작된 지 1년 정도 되었을 때 Y 박사는 X 씨의 치료시간에 공허한 느낌이 들기 시작했고, 동시에 몇 달 동안 X 씨의 의료진으로부터 아무 연락을 받지 못했다는 것을 깨달았다. Y 박사는 소통 부족에 대해 언급하면서 X 씨에게 약물치료와 조치가 어떻게 되어 가고 있는지 물었다. X 씨는 바빠서 의사를 만나러 가지 못했었지만, "모든 것이 괜찮다"고 대답했다.

Y 박사는 X 씨의 혈압이 이미 문제가 있거나 곧 문제가 생길 위험에 있을 가능성을 생각하며 불안을 느꼈다. 치료자는 자신의 불안 때문에 X 씨의 행동을 조직하는 대상관계에 대해 명료하고 중립적으로 생각할 수가 없으며 주의가 산만해지는 것을 느꼈다. Y 박사는 약물 복용을 잘 지켰는지 구체적으로 물었고, X 씨는 "약 먹는 것을 드문드문 놓쳤다"고 넉살 좋게 인정했다.

Y 박사는 X 씨의 행동이 얼마나 파괴적인지 언급했고, 그것이 최근 치료시간에서의 공허한 성질을 설명하는 것인지 고민했다. 치료에서의 실제 행동은 치료 밖에서 X 씨가 자기를 돌보지 않는 형태로 나타났고, 이 행동을 Y 박사에게 숨기고 있었던 것이다. Y 박사는 무엇이 X 씨의 행동을 동기화한 것인지 이해하는 것이 중요하겠지만, 우선 X 씨의 안전을 보장하는 것이 필요하다고 언급했다. 치료자는 X 씨에게 치료의 필수조건으로 혈압 관리에 따르기로 했던 것을 고려할 때 그의 행동이 치료계약의 위반인 것을 상기시켰다. 그가 장기적인 건강과 심지어 목숨까지 위험에 빠뜨리고 있다면 성격병리를 치료하는 것은 의미가 없었다. Y 박사는 X 씨에게 다음 치료시간 전에 혈압을 측정해야 하며, 의사로부터 혈압 및 약물치료 준수에 대해 소견서를 받아 와야 한다고 말했다.

D 씨와 X 씨에 대한 논평: D 씨의 예시는 치료시간 내의 행동화에 한계를 설정하는 것을 보여 준다[흔히 '전이 행동화(acting in)'라고 불린다]. X 씨의 예시는 치료시간 밖에서의 파괴적 행동화와 계약위반에 대해 한계를 설정하는 것을 보여 준다. TFP-E에서 환자는 치료 및 전이에서 충분히 의식하거나 성찰하지 않은 채로 활성화된 병인적 대상관계를 표출하는 방식으로 행동화를 보일 수 있다. 이런 상황에서 생산적인 탐색을 향한 첫 단계는 행동통제인데, 환자가 급성 위험에서 벗어났음을 보장할 수 있으며, 치료자가 과도한 주의 분산 없이 명료하게 생각할 수 있고, 치료계약이 유지될 수 있는 행동적 경계가 수립되는 정도로 이루어져야 한다.

치료자는 D 씨가 그녀의 적대감을 드러내면서 Z 박사의 생각하는 능력과 치료자의 동료들이 전문적 환경에서 일하는 능력을 파괴하는 것을 즐기고 있다고 추론할 수 있다. 치료의 중심 목표는 D 씨가 자신의 행동에서 얻는 전능감과 가학적 기쁨에 책임이 있다는 것을 받아들이고, 그러한 행동이 자기 자신과 주변 관계에 미치는 부정적 영향을 인식하고, 그녀의 파괴적인 격노와 이를 책임지기 거부하는 것을 조직하는 복합적인 동기를 이해하는 것이다. 기술한 회기에서 Z 박사가 D 씨의 행동에 대해 언급하거나 탐색하려는 초기의 시도는 소용이 없었다. 동시에 Z 박사는 D 씨가 하는 대로 단지 치료시간에 감정을 터뜨리도록 허용하는 것은 오히려 역효과이며, 파괴적인 전이-역전이 상연을 나타내는 것이라고 강하게 느꼈다. 여기서 적대적이고 괴롭히는 무슨 권리가 있는 것 같은 환자와 약하고 주눅 든 무능한 치료자의 관계가 상연된다. Z 박사의 판단으로는 행동화에 한계를 설정하는 것이 D 씨가 그녀의 적대감을 잘 관리하도록 돕기 위한 필수적인 첫 단계였다.

반면에 X 씨는 자기 자신을 위험에 빠뜨리며 치료계약을 위반하고 있었고, 한계 설정을 필요로 하는 동시에 그의 만성적인 규칙위반 및 자기파괴적 행동을 조직하는 대상관계를 탐색하고 명료화할 기회를 만들어 냈다: 무력하고 공황상태의 좌절한 권위자를 괴롭히는 기쁨의 대가로 스스로를 기꺼이 다치게 하는 반항적이고 가학적인 자기.

임상 예시 4 치료의 지속 가능성을 위협하는 이차 이득을 둘러싼 한계 설정

20세의 U 씨는 학업 문제로 치료를 받고 있었다. 자기애성 성격장애 진단을 받은 그는 잦은 무단결석과 학업 및 과제제출에 어려움을 오래 겪어 왔으며, 최근에는 학사경고를 받았다. 그는 대부분의 시간을 기숙사에 틀어박혀서 잠을 자거나 음악을 들으며 보냈다. 그의 부모는 이에 완전히 화가 나서 치료비를 내 주는 것에 동의했는데, 덕분에 환자는 할아버지가 물려준 약간의 재산을 지킬 수 있었다.

P 박사는 치료를 시작하기 전에 U 씨와 가족들을 만나서 환자가 치료를 취소하고자 할 때 최소 24시간 전에 연락을 주지 않으면 치료비를 부과한다는 방침을 설명했었다. U 씨는 치료시간을 자주 빼먹었다. 그의 행동을 탐색하다 보니 U 씨가 습관적으로 '의욕이 없다'고 하는 것 뒤에는 권위자 포지션에 있는 사람들, 가령 그의 부모, 선생님 그리고 지금은 P 박사를 좌절시킴으로써 큰 기쁨을 느끼는 오래 지속된 패턴이 분명히 있었다. 또한 U 씨는 그가 치료시간에 빠졌는데도 치료비를 내야 하는 부모의 좌절감에서도 특별한 기쁨을 느끼는 것으

로 드러났다.

비록 이런 종류의 논의는 다소 이해를 돕기는 했지만 U 씨의 행동을 고치는 데 아무런 도움이 되지 않았다. P 박사가 보기에는 U 씨가 부모의 돈을 낭비하면서 그 과정에서 그들을 좌절시키는 만족감으로 인해 자주 치료시간을 빼먹었고, 그것은 치료를 생산적으로 활용하기 위한 어떤 동기보다도 훨씬 강한 것이 분명했다.

P 박사는 U 씨에게 이런 염려를 설명했고 U 씨와 부모가 다 함께 이 문제와 개선할 방법을 논의하기 위해 만날 것을 제안했다. 그 만남에서 P 박사는 U 씨의 치료비를 부모가 지불하는 것과 아들이 나아지기를 바라는 열성이 치료에 부정적으로 작용하여, U 씨가 자유롭게 치료시간을 빼먹고 치료에 와서도 시간을 낭비하게 만든다고 설명했다. 이어서 P 박사는 U 씨 및 그의 부모와 함께 어떤 대안을 마련할 수 있는지 탐색했다. P 박사는 U 씨가 빠진 치료시간에 대해서는 스스로 치료비를 낼 수 있도록 일을 구하는 것에 동의할 수 있는지 제안했다.

U 씨의 부모는 U 씨가 학업에서도 이렇게 어려움을 겪고 있는데 그게 현실적이지 않은 것 같다고 염려했다. 그들은 학교건 직장이건 그가 일할 능력이 있는지에 대해 의문을 제기했다. 많은 논의 끝에 그들은 U 씨가 치료에 빠지면 유산으로 받은 돈을 사용하고, 치료에 참석하면 부모가 비용을 내는 것으로 합의했다. P 박사는 이것이 첫 단계일 뿐이라고 하면서 만약 U 씨가 계속해서 상습적으로 치료를 빠지거나 치료에 와서 시간을 낭비한다면, 치료의 지속 여부를 다시 고려할 수밖에 없다는 점을 분명히 했다.

논평: 이 임상 예시는 일차 이득과 이차 이득 모두에 대한 환자의 동기를 잘 보여 준다. 일차 이득은 증상 또는 부적응적 행동에 대한 기본적인 동기를 의미한다. 이 경우에 U 씨의 거대성(그가 굴욕적이라고 느끼는 모든 제약 및 요구보다 위에 있다고 느끼고 싶은 욕구)이 치료에 빠지도록 동기화했다. 이러한 역동은 그가 학업에 충분히 참여하기 어려웠던 것과 마찬가지로 치료에 적극적으로 참석하기 어렵게 했다.

이차 이득은 증상 및 부적응적 행동에 의해서 생기며, 이를 강화하는 경향이 있는 추가적 이득을 의미한다. 이 경우에 U 씨가 그의 부모를 좌절시키고 그들의 돈을 낭비하는 기쁨은 이차 이득을 제공했다. 결국 P 박사는 U 씨의 가족을 만나고, U 씨에게 한계를 설정하고, 치료에 빠졌을 때 치료비를 지불하는 대안적 방법들을 가족들과 함께 마련하기 위해서 중립성 이탈이 필요하다고 판단했다.

▶ 이차 이득을 다루기

많은 성격장애 환자는 스스로 부적응적인 행동을 통제하거나 수정하는 것이 불가능하다고 경험한다(예를 들어, U 씨는 치료에 빠지지 않고 올 수 없다고—그건 불가능하다고—주장했다). 반면에 TFP-E는 성격장애 환자들이 그들 자신이나 그들을 사랑하는 사람들이 일반적으로 상상하는 것에 비해서는 성격병리에 의한 행동 제약이 적다는 임상 관찰에 근거하고 있다. 우리는 '다루기 힘든' 파괴적인 행동을 보이는 성격장애 환자들이 치료를 시작하고 몇 달 안에 행동을 고칠 수 있는 것을 발견했다. 부적응적 행동을 강화해 온 이차 이득이 제거되거나 컨테인될 수 있을 때 특히 그렇다.

이차 이득은 다양한 형태로 나타난다. 종종, 이차 이득은 재정적이다—예를 들어, 정신질환이 있어서 일할 수 없기 때문에 사회적 이득을 받는 환자도 있고, 가족에게 금전적으로 의존할 수밖에 없는 환자도 있다. 다른 형태의 이차 이득은 자신의 실제 문제 또는 파괴적 행동을 다루는 것을 피하기 위해 '치료받는 중'이라는 것을 이용하는 환자의 경우로 설명된다. 또 다른 이차 이득은 파괴적인 자살시도 행동을 통해 타인을 통제하고 괴롭히는 것과 관련된다(예를 들어, 아내, 가족 또는 치료자가 혹시라도 환자를 도발하거나 자기파괴적 행동을 자극할까 봐 두려워서 계란 위를 걷듯이 조심해야 하는 환자, 자살할 것 같다며 치료자나 남자 친구에게 불안을 유발하는 환자).

일반적으로 이차 이득을 이상적으로 관리하려면 치료가 시작되기 전에 계약 맺기 및 한계 설정이 필요하지만, U 씨의 예시처럼 치료가 시작된 후에도 흔히 일어난다. TFP-E의 치료틀과 계약은 이차 이득의 잠재적 원천을 제거하기 위해서 설계된다. 특히 계약 맺기 단계의 일부로서 치료자는 ① 환자의 자기파괴적 행동에 '직접 개입하지 않을 것'이며, 그러한 행동은 응급 또는 위기 서비스 영역임을 분명히 한다. ② 치료자는 치료 밖에서 생산적이며 구조화된 활동에 참여하기를 거부하는 환자를 치료에 받아들이지 않는다(제8장, '필수 치료계약'에서 '일반적 원칙: 치료계약에 특정 변형기법을 도입하기'와 '특수한 행동, 보조적 치료, 약물치료와 관련하여 계약 맺기' 참조). 치료자는 이차 이득이 임상 과정에 미치는 영향을 줄이기 위해서 환자 개개인과 환자의 상황에 맞춰서 계약 맺기 단계 동안 특정 변형기법을 도입할 수도 있다(제8장 참조).

많은 경우에 U 씨와 같이 이차 이득과 관련해서 특정 변형기법이 필요한지는 치료가 시작된 후에야 명백해질 수 있다. 따라서 종종 이차 이득의 원천과 관련해서 한계를 설정할 필요가 있고, 필요하다면 계약을 다시 맺어야 한다. 이차 이득을 적절히 통제하는 것이 가능하지 않을 때(예를 들어, 만약 U 씨의 부모가 모든 치료비를 내겠다고 고집했다면),

치료의 지속 가능성 자체에 의문을 제기할 필요가 있다. 그런 상황에서는 만약 적절하다면 환자 및 그의 가족과 TFP-E를 중단하고 기본적인 임상관리 또는 다른 형태의 '유지관리' 치료로 전환하는 것에 대해 개방적으로 논의하는 것이 최선이다.

탐색적 개입의 활용

다음 논의에서 우리는 기법적 중립성의 관리, 역전이 활용하기, 훈습 과정과 관련된 탐색적 개입을 다룰 것이다.

기법적 중립성 관리하기

그동안 강조했듯이 TFP-E 치료자들의 기본적 자세는 일종의 기법적 중립성으로, 치료자는 환자의 내적 갈등에 대해서 어느 쪽 편을 들거나 참여하는 대신에 관찰하고 의견을 말한다(Auchincloss & Samberg, 2012). 그러나 기법적 중립성은 치료자가 엄격하게 고수하는 자세가 아니며, 이를 무작정 따르는 것이 아니다. 계약위반 또는 극도로 위험한 행동 또는 치료의 지속 가능성을 위협하는 상황에서 치료자가 지시적인 입장을 취할 때, 치료자는 일시적으로 중립성을 이탈하게 된다.

치료자는 언제나 환자의 경험과 행동을 조직하는 대상관계 및 갈등에 대한 명료화, 직면, 해석을 활용하면서, 우선 중립적 입장에서 임상 상황을 다루려고 시도할 것이다. 그러나 어떤 치료에서든 치료자가 행동통제를 할 필요가 있거나 실질적, 정서적 지지를 제공하기 위해서 중립성을 이탈하기로 하는 상황이 있을 것이다. 중립성에서 이탈한 후, 치료자는 이탈에 대한 환자의 경험을 탐색하면서 그 과정에서 다시 중립적 자세를 재정립한다.

▶ 기법적 중립성의 이탈 및 회복하기

TFP-E에서 치료자가 기법적 중립성을 이탈할 때, 치료자는 일시적으로 지지적 자세를 취한다. 치료자가 치료틀을 지키기 위해서 파괴적 행동에 한계를 설정하고자 중립성을 이탈하기로 할 때, 치료자는 그런 결정을 하게 한 사건들에 대해 환자와 함께 검토하는 것부터 시작한다.

이 과정의 일부로서 치료자는 자신이 환자가 만들어 낸 임상적 필요에 응하고 있음을 명확히 하면서, 중립성을 이탈하기로 선택한 생각에 대해 환자와 나눈다. 그리고 치료자는 환자가 행동통제를 할 수 있도록 돕기 위한 노력으로 한계를 도입한다.

일단 위기가 지나가고 환자가 더 성찰할 수 있게 되면 치료자는 중립성 이탈과 그 이유를 검토한다. 치료자는 중립성 이탈에 대한 환자의 경험을 검토한 후, 치료자가 자신의 자세를 수정하여 환자에 대해 지시적 입장을 취하는 과정에서 상연된 대상관계와 이탈을 연결한다. 중립성으로 회복하는 마지막 단계는 환자의 행동과 치료자의 반응에 새겨지고 감춰진 대상관계를 탐색하고 정교화하는 것이다. 이 과정은 종종 이전에 전이에서 분열되어 있던 측면에 대한 이해를 심화하는 것으로 이어진다. 〈표 12-2〉는 중립성의 이탈 및 회복에 대한 조언을 제공한다.

〈표 12-2〉 중립성의 이탈 및 회복에 대한 조언

한계 설정을 위해서 중립성 이탈하기
1. 중립적 위치에서 개입하고자 시도한다.
2. 이탈이 필요하다면, 이탈의 이유를 설명한다.
3. 이탈을 알리고 한계 설정의 개입을 한다.

중립성을 회복하기
1. 위기가 지나가고 환자가 좀 더 성찰할 수 있게 되기를 기다린다.
2. 이탈 및 이탈의 이유를 검토한다.
3. 이탈에 대한 환자의 경험을 검토한다.
4. 이탈 시에 상연되고 전이를 조직하는 대상관계를 탐색한다.

임상 예시 5 중립성 이탈 및 회복하기

경계선 성격장애로 진단받은 독신모 W 씨는 금요일 오후 치료시간에 치료자에게 이번 주말 동안 다른 지역에 갈 것이라고 말했다. W 씨는 여섯 살짜리 딸을 자신의 남자 친구에게 맡길 계획이라고 지나가듯이 언급했다. P 박사는 W 씨에게 그동안 그녀가 남자 친구에 대해 반복적으로 불평했던 내용이 코카인을 남용하고 무책임하고 신뢰할 수 없는 사람이라는 점을 지적했다. 그러고 나서 P 박사는 이 남자에게 딸을 맡기는 것에 대한 W 씨의 생각과 감정을 물었다. W 씨는 P 박사의 말을 인정하며 어깨를 으쓱였지만, 마치 '그건 내 알 바 아니다'라는 의미 같았다.

P 박사는 기법적 중립성을 지키면서 W 씨가 자신의 아이를 위험에 빠뜨리는 것에 대한 명백히 태연한 태도에 주의를 환기시켰지만, 환자의 태도는 여전히 미적지근했고 자신의 계획을 수정하려는 어떤 생각도 나타내지 않았다. P 박사는 W 씨에게 치료목표 중 하나는 좋은 엄마가 되는 것이고, 그녀의 어머니가 물질을 남용하고 아이들을 방치했던 것과 같은 실수를 반복하지 않는 것임을 상기시켰다.

W 씨의 태도는 변함없이 단조로웠다. P 박사는 아이에 대해 걱정이 되고 어떤 식으로든 보호해야 할 것 같은 느낌을 받고 있는데, 환자는 모든 불안에서 자유로운 듯이 보였다. P 박사는 이러한 역전이를 활용하여 해석을 시도했다. W 씨가 불안하지만 좋은 엄마가 되고 싶은 부분을 치료자에게 넘기고, 행동으로는 아이를 냉담하게 방치하는 부분과 동일시하는 것 같고, 이는 마치 그녀의 어머니가 그녀를 방치했던 것과 같아 보인다는 것이었다. 환자는 무시하면서, 아이가 주말 동안 어떤 위험을 겪건 간에 자신이 원하는 대로 관리할 자기 아이라고 답했다.

논평: 이 예시가 보여 주는 것은 **중립성은 수동성을 의미하지 않는다**는 것이다. P 박사가 환자가 현실을 부인하는 것을 직면하면서 W 씨가 딸을 명백한 위험에 노출시키고 있다는 점을 지적하는 것은 기법적 중립성을 유지하는 것과 일치한다. 마찬가지로 W 씨에게 치료목표를 상기시키는 것도 기법적 중립성에 해당한다. 두 개입은 모두 환자가 불안이나 갈등을 겪는 번거로움 없이 파괴적인 행동화를 하면서 부인하거나 해리시키고 있는 현실의 측면에 대한 직면을 표상한다.

임상 예시 5(계속) ▸ **중립성 이탈하기**

W 씨의 치료시간은 끝나 가고 주말도 다가오고 있었다. 이때까지 P 박사는 중립적 자세를 유지했으나 이 지점에서 치료자는 지시적으로 한계를 설정하기로 정했다. 그리고 그렇게 하는 것이 평소의 중립적 자세에서 이탈하는 것을 의미한다는 것을 충분히 인지하고 있었다. P 박사는 말했다. "당신은 내게 우리 둘 다 안전하지 않다고 생각하는 상황에 딸을 두겠다고 말했어요. 그런데도 딸이 위험에 노출되는 것에 대해 염려하지 않는 것 같네요. 내가 당신에게 어떻게 하라고 이야기하는 것이 통상적인 역할은 아니지만, 당신이 내게 한 모든 얘기를 비추어 볼 때, 계획을 바꾸라고 제안할 수밖에 없겠어요. 딸을 당신 어머니에게 맡기거나 여행을 취소하거나 하세요." W 씨는 투덜거렸지만 어머니에게 전화하겠다고 했다.

W 씨는 월요일 치료시간에 와서, P 박사에게 짜증을 내면서 주말 여행을 취소했다고 했다. P 박사가 그녀의 짜증에 대해서 언급하자, W 씨는 남자 친구가 주말에 약물 과다복용으로 응급실에 실려 갔다고 말했다. P 박사는 잠자코 있었다. W 씨는 잠시 뜸을 들이다가, 남자 친구에게 딸을 맡기지 않은 것이 '아마도 잘한 일' 같다고 자발적으로 인정했다.

이 지점에서 P 박사는 중립성을 회복할 수 있다고 느꼈다. 치료자는 자신이 W 씨에게 계획을 바꾸라고 했을 때, 환자 스스로 선택할 수 있도록 돕고, 무엇을 할지 알려 주거나 조언하는 것을 자제하는 평소의 역할에서 벗어났다는 점을 지적했다. 치료자는 환자가 다른 대안의 여지를 주지 않는다고 느꼈기 때문에 그렇게 했다고 말했다. 환자는 자신의 아이를 위험에 노출시키는 것을 알면서도 걱정하는 것 같지 않았기 때문이다.

그들은 지난 치료시간과 지난 주말 동안 일어난 일에 대한 W 씨의 생각과 감정을 탐색하기 시작했다. 두 가지가 분명하게 나타났다. 첫째, P 박사가 해석했듯이 W 씨는 좋은 엄마가 되는 것에 대한 갈등을 상연하고 외재화했다. 둘째, 이전에는 치료에서 탐색되지 않았던 새로운 관점이 나타났는데 W 씨가 어떤 면에서는 P 박사 **그는** 어떤 유형의 어머니인지 시험하고 있었다. 치료자는 W 씨의 파괴적 행동화로부터 그녀와 아이를 지켜 줄 것인가? 혹은 W 씨의 어머니처럼 냉담하고 방임적일 것인가? 이 수준의 이해에서 W 씨는 의존적이고 연약하며 불안한 아이 같은 자기와 동일시했고, 이는 그녀의 딸에게도 투사되었다.

논평: 이 예시는 시간상으로 압축되어 있으며, 관련된 역동은 **빠르게** 분명해졌다. 그러나 더 오래 걸리는 경우도 있다. 중립성의 이탈을 이끄는 상황, 치료자의 행동에 대한 환자의 경험을 탐색하고 훈습하는 데 때로는 몇 주가 걸리기도 한다. 치료의 이런 순간들은 정서적으로 강하게 부하되는 경향이 있는데, 시간이 지나고 되돌아보면 종종 환자에게 특히 의미 있는 순간으로 밝혀지고, 훈습 과정의 일부로서 치료 도중에 간헐적으로 다시 다루어질 수 있다. 이는 전형적으로 중립성 이탈 이전에는 충분히 다루어지지 않았던 전이의 중심적 측면을 전달한다—이 예시에서는, 자신과 아이를 위험과 방임으로부터 지켜 줄 이상적인 어머니에 대한 W 씨의 소망이다.

▶ 기법적 중립성의 유연한 시행

중립성의 자세를 주의 깊게 유지하는 것은 TFP-E 기법의 초석으로, 먼저 치료에서 갈등적 대상관계의 활성화를 촉진하고, 다음으로 치료자와 환자가 임상 과정을 조직하는 대상관계를 상연하는 대신에 탐색할 수 있도록 한다. 하지만 치료자의 전반적인 목표는 맹목적으로 중립적 자세를 유지하는 것이 아니라, 치료자가 중립성의 자세로 개입해야 할 때와 중립성에서 이탈해야 할 때를 잘 인식하는 것이다—그리고 어떤 임상 상황에서든 중립성을 유지하거나 이탈하기로 선택하는 이유를 이해하는 것이다. 이는 치료자가 자신의 선택이 치료의 전반적 궤도에 가장 적합한 것을 반영하여 최선의 임상적 판단으로 내려진 것인지 혹은 역전이 압력에 의한 것인지에 대해 신중하게 고려하는 것을(사전이든 혹은 가능하지 않다면 사후이든) 의미한다.

요약하면 기법적 중립성은 치료자의 자세에 대한 획일적이거나 엄격한 기술이라기보다는 치료자가 자신의 개입 및 환자의 통합적 과정을 촉진하기 위해 심리역동 치료가 어떻게 작동하는지에 대한 이해를 조직할 수 있는 개념적 틀이다.

중립성의 이탈은 전형적으로 환자의 행동 또는 삶의 상황, 역전이 압력에 대한 치료자 반응과 임상적 판단을 조합하여 나타난다. 그동안 기술했듯이, 중립성의 이탈은 환자의 파괴적이거나 치료에 방해되는 행동으로부터 치료를 보호하기 위한 치료자의 최선의 노력으로서 가장 흔하게 나타난다. 이런 상황에서는 다른 목표나 기법적 원칙을 넘어서 환자 행동에 대해 한계를 설정하는 것이 최우선순위가 된다.

역전이 압력 또한 중립성의 이탈에 영향을 줄 수 있다. 때로는 치료자가 필요한 한계를 도입하게 하지만 어떤 경우에는 불필요하게 중립성을 이탈하게 하기도 한다(이는 '역전이 행동화'의 형태로 이해될 수 있다. 이 장의 후반에 나오는 '컨테인하기의 실패' 및 관련된 임상 예시 참조). 또한 위급하지 않은 다양한 상황에서, 치료자가 중립적 자세를 유지하는 것이 치료동맹에 과도하거나 불필요한 부담을 주는 것 같거나, 전문적이지 않은 행동을 할 뻔한 위험이 있거나, 또는 그 순간에 일반적인 임상 원칙을 대신하는 다른 우선순위들을 무시하는 것같이 느낄 수도 있다(이어지는 임상 예시 6 참조).

우리는 한계 설정과 관련된 중립성 이탈에 주로 초점을 맞추었지만, 환자가 치료자와 깊이 신뢰하는 관계를 발달시키는 심리치료의 과정에서는 종종 매우 적절하고 합리적인 이유로 환자가 치료자에게 직접적인 도움을 요청하는 상황이 발생할 수 있으며, 치료자가 자신이 도움을 줄 수 있는 위치에서 환자에게 도움이 필요하다고 느끼는 상황도 자연스럽게 생길 수 있다. 치료자가 이런 임상적 발달에 대해 조언을 하거나 직접적으로 염려를 표하기로 선택했을 때, 치료자가 활용하는 지지적 개입은 TFP–E에서 일상적으로 채택되는 것은 아닐지라도, 그 임상적 순간에는 그 임상적 판단이 최선의 선택임을 나타낸다. 이러한 결정은 환자 개개인에 대한 이해와 함께 임상 경험 및 판단에 기초한다.

환자 또는 가족구성원에 대해서 의학적 또는 정신과 진료를 의뢰하는 환자의 직접적 요청, 자녀를 양육하며 중요한 순간에 어떻게 다루어야 할지에 대한 조언 요청, 중요한 상실과 관련해서 공감을 표현해야 할 것 같은 묵시적이거나 명백한 느낌도 흔히 마주할 수 있는 예시이다. 그리고 환자의 양육에 문제가 있으나 환자가 인정하지 않는 경우 치료자가 일시적으로 교육을 하게 되거나 양육기술을 도와줄 수 있는 다른 전문가와의 자문을 제안하는 것도 비교적 흔한 (그리고 도전적인) 상황이다.

비록 TFP-E 치료자는 조언이나 지지 요청이 있거나 필요하다고 생각될 때 직접적으로 반응하기보다는 탐색하는 것이 원칙이지만, 그러한 요청에 전문적인 책임을 갖거나 사회적으로 적절한 방식으로 반응할 때도 있다. 정해진 규칙만을 엄격하게 고수하는 치료자는 사회적으로 동떨어져 있다거나 심지어는 직업적으로 무책임하다는 인상을 환자가 갖는 것은 합리적일 수 있다. 만약 치료자의 행동이 '통상적인 업무'를 깨는 것으로 보인다면 앞에서 다룬 절차에 따라서 이탈을 인정하고 탐색할 수 있다.

임상 예시 6 ▶ **기법적 중립성의 유연한 실행**

1년째 치료 중인 55세 남성 A 씨는 NPO이며 강박적 특성을 가졌는데, 그의 아내가 희귀한 유방암을 진단받았다. 그녀는 치료자 M 박사와 같은 기관에서 일하고 있는 암 전문가에게 연계되었다. A 씨는 아내가 예약을 빨리 잡을 수가 없었다고 하면서 혹시 M 박사가 대신 전화를 해 줄 수 있는지 물었다. 실제로 M 박사는 암 연구자와 아는 사이였고, 환자의 아내가 다음날 예약을 잡을 수 있도록 도왔다.

A 씨는 다음 치료시간에 M 박사에게 깊은 감사를 표현하면서 시작했다. M 박사는 그 일에 대해서 A 씨가 다른 감정을 느꼈는지도 물었다. A 씨는 M 박사가 '정말 신경 써 주는 게 분명하다'고 느낀 것을 인정했으며—또한 그것이 다소 불편하기도 한 것을 알아차렸다고 설명했다. 이는 의존적 관계에 들어가기를 바라기도 하면서 두려워하기도 하는 A 씨의 깊이 내재된 갈등에 대한 생산적인 탐색으로 이어졌고, 이는 아내의 건강과 관련된 현재의 불안 상황에서 더 심화된 것이었다.

논평: 이 예시의 환자는 심리적으로 꽤 건강한 편이다. 그는 M 박사의 행동에 대한 복합적인 반응을 감내하고 훈습하기가 쉬웠다. 그러나 치료자가 더 심한 병리를 가진 환자를

치료할 때는, 치료자 역할을 벗어나 직접적인 도움을 제공하는 선택은 더 복합적이고 때로는 극단적인 반응으로 이어질 수 있다. 치료자의 행동에 의해 활성화되고 상연된 대상관계를 확인하고 탐색하고 훈습하는 것은 임상 과정의 필수적인 부분이 된다.

활성화된 대상관계의 구체적인 특성은 환자의 성격병리의 심각도 및 핵심 갈등의 특징에 따라서 다양하게 나타날 것이다. 예를 들어, 편집성 성격장애 환자는 치료자의 노력을 환자를 통제하거나 부채감을 주려는 계략이라고 경험할 수 있다. 자기애성 환자는 치료자의 행동을 자신이 특별하다는 지표 혹은 아마도 치료자가 환자에게 잘나 보이고 싶거나 환자를 평가절하하려는 것이라고 경험할 수 있다. 연극성 환자는 치료자의 노력을 환자에 대한 치료자의 은밀한 사랑의 표현이라고 경험할 수 있다.

환자 반응의 구체적인 특성이 무엇이든, 치료자는 상연된 대상관계에 대해 환자와 함께 심층적으로 탐색한다. 이 과정은 매우 힘들고 느릴 수도 있고 때로는 몇 달이 걸리거나 치료 중에 다른 상황으로 되돌아갈 수 있다. 그럼에도 이는 종종 전이를 조직하는 대상관계를 최대한 혹은 더 깊이 이해하도록 한다.

역전이 활용하기

치료자가 역전이를 컨테인하는 역량은 역전이가 환자의 내적 세계를 더 잘 이해하도록 돕고 임상 과정을 심화시키는 데 도움이 될 것인지—혹은 환자를 이해하고 공감할 수 있는 치료자의 능력을 제한하거나 역전이 행동화로 이끌 것인지—를 결정한다(Kernberg, 2004). 역전이에서 환자의 정동을 컨테인하는 치료자의 역량은 환자에 대한 더 완성된 이해를 제공할 뿐만 아니라, 때로는 그 자체가 치료적 개입이 될 수 있다. 반대로, 컨테인하기의 실패는 치료자에게서 중요한 치료적 도구를 빼앗는 것과 다름없고 기법적 중립성에서 불필요한 이탈을 일으키는 가장 흔한 원인이다.

▶ 컨테인하기

TFP-E에서 역전이는 소통의 중심적 경로가 되며, 더 심한 성격병리를 가진 환자의 치료에서 역전이는 종종 치료자가 치료에서 무슨 일이 일어나고 있는지에 가장 직접적으로 접근하는 방법이다. 치료자가 자신의 역전이를 활용하는 능력은 다음을 수행할 수 있는 역량에 달려 있다.

1. 환자가 치료자에게 내적으로 영향을 미치는 것을 허용한다.

2. 자신의 내적 반응을 행동으로 반응하거나 부인하는 대신 성찰한다.

3. 상상력을 발휘하여 역전이에서 상연되는 내적 대상관계를 확인한다.

4. 환자의 내적 상황 및 치료에서 현재 활성화된 대상관계를 이해하는 데 자신의 내적 경험을 활용한다.

우리는 이 과정을 치료자의 역전이 컨테인하기라고 부른다(Bion, 1962, 1959/1967, 1962/1967; Britton, 1998; Joseph, 1987/1988; Ogden, 1993).

가장 일반적인 의미로서 컨테인하기는 심리적 내용, 특히 정동적으로 많이 부하된 내용을 수정하기 위한 생각의 역량을 가리킨다. 컨테인하기는 정서적 경험을 개방적으로 충분히 경험하되, 그 경험에 휘둘리거나 즉각적으로 행동에 옮기지 않는 역량을 의미한다. 컨테인하기는 치료자가 자기자각을 하고, 반응적이고 성찰적이며 절제하도록 요구한다. 컨테인하기의 과정은 치료자가 현재 치료에서 상연되고 있는 대상관계에 대한 정보의 원천으로 역전이를 활용하고, 어떤 순간에라도 환자의 모든 부분 및 어떤 갈등이든 그 모든 측면을 공감할 수 있도록 한다. 컨테인하기는 해석으로 이어질 수도 있지만 반드시 그래야 하는 것은 아니다(Lafarge, 2000; Ogden, 1993; Schafer, 1997).

컨테인하는 치료자는 환자에게 내적으로 반응하는 데 정서적 자유를 가지는 동시에, 그것들을 성찰할 기회가 있을 때까지는 반응을 행동에 옮기는 것을 미루는 자제력을 가질 필요가 있다. 이를 다른 식으로 말하자면, 컨테인하는 치료자는 내적으로 반응적이지만 대인관계적으로 반응적이지는 않으며, 행동하기와 반응하기 대신에 자기관찰과 성찰을 한다는 것이다. 이러한 의미에서 역전이 컨테인하기는 역전이 행동화의 반대이다. 전자는 성찰을 포함하고 이해를 촉진하는 반면, 후자는 자각과 이해를 피한다. 치료과정 동안, 성격장애 환자는 희망을 갖고 그 사이를 가로지른다. TFP-E에서 환자는 자각을 피하기 위해 증상과 행동을 통해 내적 상태를 표현하는 것을 그만두는 대신에, 기저하는 정동과 대상관계를 컨테인하는 것으로 나아가며, 자기자각과 성찰을 통해 이를 다루고, 향상된 행동통제와 증상 해소를 촉진한다.

컨테인하기를 보여 주는 비디오 7 '치료적 중립성'에서 Yeomans 박사는 대학을 중퇴한 남성 환자와 작업한다. 환자는 심한 성격장애이며 초기의 치료목표는 대학을 졸업하는 것이었다. 환자는 학교를 중퇴하고 치료를 그만두겠다는 계획을 갑작스럽게 통보한다. 환자는 그가 치료 때문에 느끼는 압박감을 벗어나려면 치료를 그만두는 수밖에 없다고 하면서, Yeomans 박사가 그에게 학교에 가라고 압박감을 준다고 불평한다. Yeomans 박사는 역전이에서는 환자에게 치료든 학교든 둘 다 계속해야 한다고 말하고 싶은 소망을 느끼지만 그럼에도 중립적 자세를 유지하며 반응한다. 그는 환자에게 대학을 졸업하는 것이 치료목표였으며 Yeomans 박사가 환자에게 부과한 것이라기보다는 환자 스스로가 원했던 것임을 상기시킨다. Yeomans 박사는 이어서 환자가 느끼는 압박감이 내적 갈등을 반영하는 것이며 외적으로 부과되는 요구가 아닌 것 같다고 말한다. 이 예시는 중립적 자세를 유지하는 치료자의 역량이 환자가 갈등을 단순히 외재화하는 대신 갈등의 내적 특성을 인식하도록 하는 것을 보여 주고, 그 과정에서 역전이 컨테인하기의 핵심적 역할을 보여 준다. 이 예시는 또한 TFP-E의 치료목표가 수행하는 핵심적 역할을 강조하고, 치료가 위기에 빠진 순간에 어떻게 치료가 닻을 내리도록 돕는지 강조한다.

> ▶ 비디오 예시 7: 치료적 중립성(3:20)

▶ 역전이 다루기: 컨테인하기의 과정

역전이를 다루는 것은 복합적이고 도전적인 과정으로 여러 단계에서 발생하는 것으로 생각될 수 있지만(앞의 '컨테인하기'에 나열하였듯이), 실제 상황에서 이 단계는 서로 겹쳐 있을 수 있다. 심리치료에서 역전이 컨테인하기는 항상 치료자와 환자 간의 상호작용을 뒤따른다. 즉, 환자는 치료자에게 내적으로 정동을 자극하며 치료자의 내적 세계에 있는 자기표상과 타인표상을 활성화시킨다.

역전이를 다루는 첫 번째 단계는 치료자가 환자 및 임상 상황에 대한 자신의 정서적 반응에 기저하는 감정들을 개방적으로 충분히 인식하도록 스스로 허용하는 것이다—이는 때로는 매우 불편한 것일 수도 있고 어떤 경우에는 거의 인식하기 어려울 수도 있다. 즉, 치료자는 환자가 자신에게 내적으로 영향을 미치는 것을 허용하며, 자신의 내면에서 무엇이 자극되었는지 자각하도록 허용한다. 두 번째 단계에서 치료자는 내적으로 일으켜진 감정을 견뎌 내고 불편감을 완화시키기 위해 반사적으로 행동을 취하거나 부인하는 것을 자제한다.

W 씨와 P 박사의 예시로 돌아가 보자. P 박사가 W 씨에게 주말 계획을 바꿀 것을 권하는 장면은 P 박사가 자신의 역전이에 대해 어떻게 작업하는지 보여 준다. 치료시간 초반에 W 씨가 주말 계획을 무심코 말했을 때, P 박사는 W 씨의 아이에 대해 느껴지는 불

안감을 알아차렸다. 치료자는 W 씨가 전달하는 태도와 자신의 경험이 대조적인 점에도 주목했다. P 박사는 의식적으로 이 감정들을 알아차리고 견뎌 냈으며 즉각적으로 어떤 행동을 해서 완화시키려고 하지 않았다. 그는 행동에 옮기지도 않았고 반사적으로 중립성에서 이탈하지도 않았다. 대신에 P 박사는 환자의 투사에 마음을 열고 W 씨의 행동과 소통에 대한 자신의 내적 반응에 주의를 기울였다.

두 번째 단계를 마무리하기 위해서 컨테인하는 치료자는 환자에 대해 내적으로 반응하도록 허용한 후 내적 경험의 관찰자 위치로 이동하여 그 경험을 성찰한다. 세 번째 단계로 나아가면서 치료자는 환자에 대한 반응으로 자신의 마음에 활성화된 대상관계를 제3자의 관점에서 확인하고 관찰한다. **삼자구도**라고 하는 이 과정은 치료자가 역전이를 활용하여 현재 치료에서 지배적인 대상관계를 더 깊이 이해할 수 있도록 한다. 마지막으로 네 번째 단계에서 컨테인하는 치료자는 자신의 경험을 활용하여 환자에게 활성화되고 전이에서 상연되는 내적 대상관계에 대해 추론할 수 있다. 이 과정에서 치료자는 어느 정도가 환자의 태도와 행동에 대한 반응으로 나타난 것이며, 어느 정도가 치료자 자신의 고유한 갈등 및 태도에 의한 것인지 자문하게 된다.

예시로 돌아가서 P 박사는 W 씨가 자신의 취약하고 불안한 아이 같은 부분뿐만 아니라 보호적이고 어머니 같은 부분을 치료자에게 투사하고 있다고 추론했다. 환자는 의식적으로는 방임된 아이에 대한 냉담한 어머니 대상과 동일시하고 있었다. P 박사가 자신의 역전이를 활용한 것은 W 씨의 **전체적인** 정서적 상황을 확인하고 강조할 수 있도록 했다. 여기에는 환자가 그 순간에 방어적으로 분열시키고 투사하고 있는 자기경험의 연약하고 불안한 측면이 포함된다. P 박사가 역전이를 활용한 것은 개입을 공식화할 수 있도록 했다. 구체적으로 그는 W 씨가 좋은 엄마가 되고 싶지만 부적절할까 봐 두려운 자신의 일부를 치료자에게 넘기면서 스스로는 자신의 어머니가 그랬듯이 아이를 방임하는 일부에 동일시하고 있다고 제안하며, 자신의 불안한 어머니 자기를(그리고 궁극적으로는 이상적인 어머니를 간절히 바랐던 환자의 연약하고 의존적인 아이 같은 자기를) 해리시키고 투사시키는 것에 대해 W 씨의 주의를 환기했다.

다른 임상 예시를 살펴보기 전에, 우리는 컨테인하기가 반드시 언어적 개입일 필요는 없다는 점을 강조하고 싶다. 때때로 컨테인하기는 행동 그 자체로 치료자가 그 순간에 제공할 수 있는 가장 효과적인 개입이다. 치료자가 전이-역전이에서 상연되는 대상관계를 컨테인할 때, 이는 또한 환자에 의해 자신에게 자극된 최초의 내적 경험을 어떤 식으로 수정하는 것이기도 하다. 바로 앞의 예시에서, P 박사는 W 씨의 투사를 받아들인 후 자신의 성찰적 역량을 활용하여 처음에 느낀 것에 비해 덜 불안하고 두렵게 느끼게 되었다. 본질적으로 치료자는 자신의 역전이에 대해서 내적으로 작업하면서 처음에 유발되었던 환자의 해리된 경험의 성질에 가까웠던 불안과 무력감이라는 경험을 수정할 수 있었고, 덜 위협적이며 정동적으로 덜 부하되고 더 통합된 경험으로 바꿀 수 있었다.

임상 예시 7 ▶ 역전이 다루기

45세인 O 씨는 아이가 없는 전문직 이혼 여성으로 자기애성 및 연극성 특성을 가진 매우 높은 BPO 환자이다. 그녀는 치료시간이 시작되자마자 새로운 남자 친구와 얼마나 멋진 주말을 보냈는지, 매우 즐거웠던 멋진 성관계와 즐거움, 흥미진진한 사람들, 아름다운 집에 초점을 두면서 한참 이야기했다. 치료시간이 진행되면서 O 씨는 점점 더 흥분하기 시작했다. 그녀의 톤은 날카롭게 높아졌다. 그녀는 극도로 활발한 태도로 재미있는 이야기를 하듯이 크게 말하고 웃었다.

처음에 (환자보다 몇 살 어린) T 박사는 O 씨의 감정에 휩쓸려서 같이 신나고 환자와 함께 웃고 싶은 기분이 들었다(역전이에서 **일치적 동일시**의 예시이다. 제5장 참조). 그러나 T 박사는 O 씨와 함께 있으면서 점점 위축되고 의기소침해지는 기분이 들기 시작했다. 치료자는 O 씨가 가진 것들을 자신은 절대 가질 수 없을 것 같다는 생각이 드는 것을 알게 되었다(역전이에서 **상보적 동일시**의 예시이다. 제5장 참조).

T 박사는 환자의 언어적, 비언어적 소통에 대한 자신의 반응을 성찰하면서, '전부 다 가진' 흥분한 사람과 배제되고 시기심을 느끼는 열등한 사람이라는 대상관계를 확인했다. 더 생각해 보면서 T 박사는 자신이 얼마나 과장되게 위축된 감정을 느끼고 있었는지 깨달았다. T 박사는 O 씨가 이전에 치료자가 결혼을 했고 아이가 있다는 것을 알았을 때 느꼈던 시기심을 떠올렸다. T 박사는 치료시간에 상연된 것이 무엇이며 왜인지 성찰하면서 O 씨의 조적인 상태 앞에서 더 차분하게 느낄 수 있었고, 환자의 흥분 기저에 있는 고통스러운 감정에 공감할 수 있었다.

치료시간이 지나가면서 O 씨 역시 다소 진정되었고 좀 더 자기성찰적이 되었다.[2] 동시에 T 박사가 역전이를 컨테인하는 역량은 O 씨의 전체적인 정서적 상황에 공감할 수 있게 했

---

2) 이것은 환자의 투사를 치료자가 컨테인하는 것이 서로 간에 어떤 언어적 소통이 없을 때조차 환자에게 영향을 미치는 예시이다.

다. 여기에는 환자가 방어하며 T 박사에게 투사하고 있는 열등하고 가치없는 자기감이 포함된다. 동시에 T 박사의 침착함은 O 씨가 덜 동요하고 더 성찰할 수 있도록 돕는 것 같았다.

▶ 컨테인하기의 실패

일반적으로 바람직하지 않지만, 숙련된 치료자라도 TFP-E에서 역전이 압력을 컨테인하지 못하고 실패하는 일을 완전히 피할 수는 없을 것이다. 치료자가 성격장애 환자를 치료할 때, 특히 병리가 더 심한 경우에 종종 매우 불편한 강한 감정이 휘몰아칠 수 있다. 그럴 때 치료자는 그러지 않으려는 적극적인 노력에도 불구하고 때로는 이 감정들을 행동으로 반응할 수 있다. 즉 다양한 형태로 환자나 임상 상황에 의해 치료자 안에 활성화되는 불편한 감정 상태를 해소하기 위해 어떤 식으로든 역전이를 행동화할 수 있다.

이처럼 더 심한 성격장애 환자의 치료에서 역전이는 비교적 쉽게 확인할 수 있는 경향이 있지만 종종 컨테인하기가 어려우며, 치료자가 어떤 형태로 역전이 행동화를 하게 될 위험에 처하게 된다(Joseph, 1987/1988; Pick, 1985). 이런 상황에서 흔한 행동화 형태는 환자에 대한 정서적 철수이며, 반대로 대화에 말려들어서 적대감을 표현하거나 유혹적으로 행동하거나 불필요하게 한계를 설정하거나, 또는 계약 위반을 부적절하게 참게 될 수도 있다.

BPO 환자들을 치료할 때 종종 마주치게 되는 비교적 극단적인 급성 역전이 반응과 대조적으로, 이런 만성적 형태의 반응은 치료자가 오랜 시간에 걸쳐 환자에 대한 태도나 감정을 특정하게 유지하는 것으로도 빈번히 표현된다. 특히 간과되기 쉬운 만성적 역전이는 치료자가 환자를 뭔가 특정한 방식으로 볼 때―예를 들어, 특히 요구적이라거나 취약하다거나 바람직하다고 볼 때―또는 더 심한 병리의 세팅에서는 아마도 특히 깨지기 쉽다거나 연약하다거나 불안정하다는 식으로 볼 때 활성화될 수 있다. 만성적 역전이 반응은 치료자가 상당히 오랜 기간 알아차리지 못할 수도 있다. 슈퍼바이저 또는 신뢰하는 동료에게 자문하는 것이 만성적 역전이 반응을 진단하는 가장 효과적인 방법이다.

> **임상 예시 7(계속)** **컨테인하지 못한 급성 역전이와 만성적 역전이**

앞에서 본 임상 예시에서, 45세의 이혼 여성 O 씨가 T 박사에게 불러일으킨 느낌은 처음에는 흥분되는 느낌이고, 그다음에는 위축되는 느낌이었다. 만약 T 박사가 환자에 대한 반응을 컨테인하지 못했다면 어떤 일이 일어났을지 생각해 보자.

급성 역전이. 한 가지 가능성은 T 박사가 O 씨의 조적인 흥분에 함께 참여하여 O 씨의 의식적이고 팽창적인 자기표상을 동일시하는 것이다. 이런 전개에서 환자와 치료자는 팽창적인 환자와 이상화된 치료자가 신나는 대화에 참여하고 있는 방어적 대상관계를 상연할 수 있으며, 이는 O 씨가 분열시키고 있는 고통스럽고 위축된 자기표상을 부인하려는 방어적 노력을 지지하게 된다.

급성 역전이. 또 다른 가능한 전개는 T 박사가 시기심, 열등감, 의기소침의 감정에 휘말려서, 자신이 O 씨와의 관계에서 어떻게 왜 그런 방식으로 느끼는지 성찰하는 역량이 방해받을 수도 있다. 앞에서 예상된 전개와 마찬가지로 이 역전이는 T 박사에게 맹점을 남기며 O 씨에게 기저하는 시기심과 열등감에 공감할 수 없게 한다. 또한 T 박사는 의기소침으로 인해 O 씨에게서 정서적으로 철수하게 될 수 있고, 이는 자기애적 갈등을 가진 환자의 치료에서 흔히 나타나는 역전이 반응이다.

만성적 역전이. O 씨의 예시는 치료자가 만성적인 역전이 반응을 컨테인하지 못하는 경우도 보여 줄 수 있다. 이 지점에서 O 씨가 직업적으로 극도로 성공했고, 인지도가 높으며 영향력 있는 위치에 있다고 덧붙여 보자. 게다가 그녀는 육체적으로도 매력적이며 언제나 굉장히 우아하게 차려입는다. T 박사는 O 씨가 성취한 것들과 그녀가 스스로를 얼마나 매력적으로 드러내는지에 대해서 몹시 감탄하곤 했다. T 박사는 O 씨를 치료한 지 거의 1년이 되어서야 비로소 자신이 O 씨에 대해서 느끼는 감탄으로 인해 O 씨가 작고 위축되고 소외되고 슬프다고 느끼는 부분에 충분히 공감할 수 있는 치료자 역량이 미묘한 방식으로 제한되어 왔다는 것을 인식하게 되었다.

논평: 먼저 제시한 두 예시에서 T 박사는 O 씨의 거대 자기 방어에 대한 반응으로 급성 역전이를 컨테인하지 못하는 상황으로 인해 위축되고 의기소침하게 되거나 혹은 O 씨의 거대한 흥분에 함께 말려들게 된다. 만약 검토되거나 컨테인되지 않는다면, T 박사 편에서 나타난 이 반응들은 둘 다 치료자의 역량을 방해하게 될 것이다. 즉, O 씨의 거대 자기 이면에 숨겨져 있고, 환자의 주호소 문제와 밀접하게 관련되는 고통스러운 열등감과 시기심을 인식하고 돕기가 어려워진다.

세 번째 예시에서는 T 박사가 O 씨에 대해서 감탄하는 역전이가 만성적이며 검토되지 못하는 경우를 보여 주는데, O 씨에 대한 T 박사의 암묵적 태도는 환자와 치료자 모두에게 익숙하고 자아동질적인 대상관계를 역전이에서 상연하면서 O 씨의 방어를 은밀하게 지지한다. 이것은 만성적 역전이를 알아차리지도 못하고 따라서 컨테인하지도 못할 때 종종 나타나는 상황이다. O 씨는 방어적으로 특별한 기분을 느낄 필요가 있었으며, T 박사를 모호하게 위축시켰다. T 박사는 O 씨처럼 자기보다 흥미진진하고 역동적인 사람들에 대해 만성적으로 감탄하곤 했다. 비록 O 씨에 대한 T 박사의 태도는 완전히 의식적이었지만 이는 친숙하고 자아동질적이기 때문에 치료자는 자신의 역전이를 완전히 알아차리거나 탐색하지 못하고 취약해져서, 오랜 기간 자기도 모르게 O 씨의 방어와 공모했다.

또 다른 예시로 우리는 이 장의 앞에서('중립성 이탈 및 회복하기'에서) 제시했던 임상 예시 5의 W 씨에게 돌아간다. 이 환자는 경계선 성격장애로 진단받았고, 어린 딸과 약물을 남용하는 남자 친구가 있다.

임상 예시 5(계속)   **역전이를 컨테인하지 못하고 행동화하기**

치료가 수개월 동안 진행되면서, P 박사는 W 씨 아이의 안전에 대해서 점차 더 불안이 커지는 것을 알아차렸다. P 박사는 W 씨가 결국에는 항상 아이를 위험하지 않게 보호하는 것 같다고 생각해 보려고 했지만 주말마다 종종 아이의 안전에 대한 생각에 몰두하게 되곤 했다. 시간이 흐르면서 P 박사는 그의 감정을 컨테인하기 어렵다고 느끼게 되었고, 주말 동안 월요일이 되기를 간절히 기다리면서 W 씨를 만나서 불안을 가라앉히고 싶었다. 이 상황에서 환자는 딸에 대한 불안을 P 박사에게 역전이를 통해 성공적으로 떠넘긴 셈이다.

어느 주말 P 박사는 개인적인 문제로 유난히 지치고 부담을 느꼈는데 W 씨에 대한 생각에 몰두하며 특히 불편한 느낌이 들었다. 그는 일요일 아침에 충동적으로 W 씨의 집에 전화해서 아이의 안전을 확인하려 했다. W 씨가 전화를 받지 않아서 P 박사는 불안감을 전달하는 음성 메시지를 남기고, W 씨에게 다시 전화를 달라고 했다. W 씨는 전화를 하지 않았다. 그날을 보내면서 P 박사는 자신의 행동이 전반적으로 자신의 부담을 덜고자 하는 역전이 욕구에 의해 추동되었다고 느끼게 되었다. 그는 만약 자신의 임상적 의도가 아이를 더 잘 보호하기 위한 목적이었다면, 더 전략적인 다른 방법들도 있었다는 것을 알아차렸다.

W 씨는 다음 치료시간에 와서 말이 없었다. P 박사는 자신의 전화에 대한 환자의 반응을 탐색했다. W 씨는 P 박사의 전화를 침범적이고 실망스러웠다고 대답했다. 그녀는 만약 그가 정말로 자신을 적합한 엄마가 아니라고 생각한다면, 왜 아동보호 서비스를 관여시키지 않는 것이냐고 물었다.

논평: 이 예시는 중간 BPO 및 낮은 BPO 환자와의 역전이에서 자극될 수 있는 잠재적으로 압도적인 밀도의 정동적 경험을(전형적으로 편집적인 불안, 공황, 두려움, 무력감) 보여 주며, 치료자가 이러한 감정들을 컨테인하면서 겪을 수 있는 극단적 어려움을 나타낸다. 임상 예시 7에서 T 박사가 O 씨에 대한 역전이를 충분히 알아차리지 못했던 것과는 대조적으로, P 박사는 그가 느끼는 것을 충분히 인식하고 있었으며 W 씨에 의해 적극적으로 유발된 것이라는 것 또한 알았다. 그럼에도 P 박사 역시 취약성이 높아진 순간에는 그의 역전이 불안을 컨테인하기 어려웠다. 그 순간에 치료자는 다소 충동적으로 W 씨가 그에게 일으킨 극도로 불편한 감정을 경감시키기 위한 행동이 필요하다고 느꼈다.

P 박사는 돌이켜 보면서 임상 상황에서 위험하고 믿을 수 없는 어머니-환자와의 관계에서 의존적인 아이가 되는 경험이 활성화된 것을 알 수 있었다. 그는 역전이에서 활성화된 대상관계를 컨테인하고 활용하여 W 씨 내면에서 무슨 일이 일어나고 있는지 이해하기보다 환자 딸의 안전을 확인받고자 W 씨에게 매달리게 되었다. 시간이 흐르면서 P 박사는 이 대상관계가 W 씨 내면의 견딜 수 없이 고통스러운 갈등임을 이해하게 되었다. 즉, W 씨의 방임당한 아이-자기를 딸에게 투사하는 동시에 그녀의 어머니와 동일시하여 방임하는 어머니 역할을 상연하게 하는 강력한 압력 그리고 이상화된 치료자-어머니가 그녀와 아이 모두를 이 불쾌하고 잠재적으로 위험한 결과로부터 보호해 주기를 바라는 절박한 소망 간의 갈등이었다.

▶ 역전이 압력 및 중립성 이탈

이 장의 앞에서 중립성 이탈에 대해 논의할 때, 우리는 치료자가 한계를 설정하거나 지지를 제공하려는 목적으로 중립성을 포기하기 전에 신중하게 판단하는 상황에 초점을 두었다. 역전이 활용하기, 컨테인하기, 또는 컨테인하기의 실패에 대한 논의에서도 치료자들이 역전이 압력에 대한 반응으로 중립성을 이탈하여 지시적이거나 지지적이거나 혹은 덜 성찰적인 태도로 방어적인 상연에 참여하는 경우가 분명히 있었다. 이 세팅에서 치료자는 환자나 임상 상황에 의해 활성화된 불편한 정서적 상태를 해소하기 위해서 행동으로 옮긴다.

일반적으로 바람직하지는 않지만 숙련된 TFP-E 치료자들도 TFP-E에서 역전이 압력에 대한 반응으로 행동적 조치를 취하는 일을 완전히 피할 수는 없다. 심한 성격장애 환자들은 예외 없이 치료자에게 매우 강한, 종종 매우 불편한 감정을 불러일으키곤 한다. 치료자가 성격장애 환자를 치료할 때 만약 마음을 활짝 열어 둔다면, 그 순간 환자의 경험 특성이 내적으로 통합된 수준 또는 통합이 결여된 수준에 따라서 영향을 받는 역전이에 노출된다. 결과적으로 심한 성격병리 환자를 치료하는 치료자는 빈약하게 통합된—치료자에게 낯설고 극도로 괴롭고 종종 두렵기도 한—정동을 경험하게 되는데, 이는 환자의 내적 경험을 반영하는 것이다. 이 감정들은 지속적으로 컨테인하기가 극도로 어렵고 때로는 아마 불가능할 수도 있으며, 종종 미묘하거나 그다지 미묘하지 않은 형태의 역전이가 행동화로 이어진다. 주말에 W 씨에게 전화한 P 박사의 경우처럼 치료자가 스스로 어떤 압력을 느끼는지 충분히 자각하고 있고 때로는 행동에 옮기지 않으려고 적극적으로 노력하더라도 일어날 수 있다.

요약하면, TFP-E에서 기법적 중립성의 불필요한 이탈은 비교적 숙련된 치료자 편에서 본다면 전형적으로 역전이를 잘 컨테인하지 못한 결과이다. 극단적인 상황에서 치료자는 P 박사의 예시처럼 노골적으로 행동화할 수도 있다. 좀 더 미묘한 상황에서 치료자는 중립적인 위치에서 전체 상황을 보지 못할 수 있으며, O 씨에 대한 T 박사의 만성 역전이 예시에서 드러나듯이 취약해져서 자기도 모르는 사이에 방어적인 상연에 참여할 수 있다.

P 박사의 전화와 같은 상황, 즉 역전이를 컨테인하지 못하는 것이 기법적 중립성의 불필요한 이탈로 이어지는 경우는, 이 장의 앞에서 '기법적 중립성의 이탈 및 회복하기'에서 살펴보았던 계획된 중립성 이탈의 관리와 유사한 방식으로 이탈에 대해서 다루어야 한다. 치료자는 자신의 행동이 평소의 역할에서 벗어난 것임을 주목하는 것부터 시작해서 그렇게 한 것이 실수라는 것을 인정하고, 환자가 치료자와 치료자의 행동에 대해서 어떻게 경험했는지 함께 탐색한다.

예를 들어, 전화를 건 다음 치료시간에 P 박사는 W 씨에게 주말에 자신이 전화를 걸었던 것은 실수였으며, 다시 생각해 보니 염려가 되더라도 다음 치료시간까지 기다려야 했다는 점을 인정하면서 시작했다. 그리고 P 박사는 W 씨에게 초점을 돌려서 그 전화와 관련하여 치료자에 대한 환자의 경험을 탐색했다. 환자는 한편으로는 P 박사가 자신을 부적합한 부모라고 비판적으로 비난하는 듯이 느꼈고, 다른 한편으로는 양육을 위한 추가적인 사회적 지지가 실제로 필요한 것은 아닌지 치료자가 묻지 않는 것에서 자신을 방임한다고 느끼기도 했다. 그다음 치료시간에 W 씨는 P 박사의 전화와 그가 실수를 인정한 것과 관련해서 또 다른 숨겨진 경험을 말했다—그 행동은 치료자가 '정말로 관심을 갖고 있다'는 의미이기도 했다. 이 모든 전이는 생산적으로 탐색되었으며, 비난하고 비판하는 어머니와 '나쁘고' 부끄럽고 방임당해 마땅한 아이라는 이자관계와 함께 이상화된 어머니-아이 관계의 일부가 되고 싶은 해리된 소망이 있는 것으로 이해되었다.

▶ 역전이 개방

역전이 다루기에 대한 우리의 논의는 역전이 개방에 대한 TFP-E의 접근을 세심하게 언급하지 않는다면 불충분할 것이다. 역전이 개방이란 치료자가 환자와 임상 상황에 대해 느끼는 자신의 개인적이고 고유한 정서적 반응을 솔직하게 나누고 환자와 함께 탐색하는 것을 뜻한다.[3] TFP-E에서 치료자는 역전이 개방을 일반적으로 활용하지는 않는다. 치료자는 역전이를 적극적으로 활용하지만, 대부분의 경우 역전이에서 느껴진 환자에 대한 생각과 감정을 직접적으로 전달하거나 소통하지 않는다.

그 대신 이 장에서 설명했듯이 TFP-E에서 치료자는 역전이를 환자의 관계 경험에 초점을 두는 개입의 정보로 활용하는데, 이 접근은 대상관계적인 참조틀과 일치한다. 따라서 TFP-E에서 치료자는 상호작용에서 환자와 치료자 양측의 불가피한 기여와 참여를 인식하면서도, 역전이를 가능한 많이 컨테인하고 전이 발달에서 치료자의 능동적인 대인관계적 참여를 최소화하면서, 비교적 절제된 자세를 유지하여 환자의 내적 경험의 탐색에 초점을 두고자 한다.[4]

경험에 따르면, 기법적으로 중립적인 위치에서 환자의 내적 세계에 초점을 두는 TFP-E의 참조틀 안에서 역전이 개방은 치료자의 경험에 너무 많은 관심을 두게 할 위험이 있다. 또한 성격장애 환자를 혼란스럽게 하거나 혹은 스스로에 대해 생각하고 싶지 않은 환자에게 반가운 주의분산이 될 수도 있다. 따라서 앞의 예시에서 W 씨가 약물을 남용하는 남자 친구에게 딸을 맡기려는 계획을 말할 때, P 박사는 W 씨에 대해 느끼는 개인적인 불안을 나누기를 자제했다. 치료자는 "아이의 안전에 대해서 당신이 나를 불안하게 하네요."라고 하지 않았다. 그보다는 그 상황이 명백히 안전하지 않다는 현실을 환

---

3) 예를 들어, 치료자는 환자의 부인을 직면하거나 해석을 제공하기 위해서 환자가 하는 말이나 행동에 대한 반응으로 느끼는 혼란을 자유롭게 나눌 수 있다. 예를 들어, 치료자는 이렇게 말할 수 있다. "좀 혼란스럽군요. 당신은 좀 전에 X라고 했는데, 지금은 Y라고 하네요. 그건 서로 모순되는 것 같은데요." 또는 "당신이 하는 이야기를 따라가기가 어려워요. 많은 정보를 이야기하고 있는데 앞뒤가 안 맞는 것 같아요. 내가 왜 어려움을 느끼는지 이해해요?"
4) 이 접근은 역전이 개방을 종종 활용하는 대부분의 현대의 심리역동 접근에서 취하는 것들과는 상당히 다르다. 예를 들어, 관계학파 치료자의 경우 상호주관적인 영역과 역전이 개방에 초점을 두는 것은 치료의 필수적인 구성요소이다(Auchincloss & Samberg, 2012). 심리화 기반 치료를 활용하는 치료자들은 환자의 심리화를 향상시키는 데 초점을 두며, 이 참조틀에서 역전이 개방은 환자와 치료자 간의 심리화 과정을 자극하고 모델링하기 위해서 사용된다(Bateman & Fonagy, 2006).

자가 부인하고 있는 것을 언급했다. 두 입장 간의 차이는 미묘할 수도 있지만 중요한 것이다. TFP-E에서 P 박사는 W 씨가 환자 자신과 자기 세계에 대한 이해를 심화하기 위해서 치료자의 불편감을 공유하지 않을 것이며, W 씨에게 전문가로서 어떻게 하라고 하는 입장을 취하지도 않을 것이다(중립성을 이탈해야 하는 상황이 아닌 한). 그보다 치료자는 자신의 불편감을 스스로 자문하는 데 활용할 것이다. "내가 왜 불편할까? 보통의 평범한 사람들이라도 이 상황이 위험하고 불안이 느껴지는 상황이라고 여길까?" 그런 다음에 치료자는 자신의 내적 대화를 활용하여 환자가 부인하는 명백한 현실—아이가 처한 위험—을 직면하는데, 이는 환자가 인식해야 하지만 무시하기로 선택한 부분이다.[5] 마찬가지로 P 박사가 주말에 W 씨에게 전화한 역전이 행동화 이후, 치료자는 W 씨에게 실수한 것에 대해 사과한 뒤 W 씨의 경험에 다시 초점을 두었다. 그는 지난 주말에 자신이 취약해졌던 개인적 이유나 개인적인 불안에 대해 얘기 나누는 것은 자제했다.

훈습 및 치료적 변화

우리는 훈습 과정을 논의하면서 TFP-E 치료자들이 활용하는 기법에 대한 세 가지 장을 마치고자 한다. (잠시 정리하면, 우리는 제10장에서 TFP-E 치료자들이 활용하는 탐색적 기법을 기술하며 시작했고, 제11장에서 해석 과정 및 이를 전이분석에 적용하는 것에 대해 논의했다.) 이 장에서 우리는 한계 설정에 초점을 두며 지지적 기법들을 다루었고, 탐색적 개입에 대한 논의를 확장하여 기법적 중립성과 역전이 활용하기를 포함시켰다. 해석, 전이분석, 기법적 중립성의 관리, 역전이 활용하기 그리고 드물게 지지적 개입 사용하기는 서로 함께 작용하면서 성격병리 환자들에게 그 순간에 그리고 긴 시간에 걸쳐서 정동 컨테인하기, 자기자각, 성찰, 경험의 맥락화, 자기이해의 역량을 지지하고 점차 촉진하도록 기능한다.

그러나 어떠한 개입도, 심지어 새롭고 의미 있는 수준의 자기자각과 자기이해를 이끌어 내는 경우일지라도, 단번에 성격기능의 실질적인 변화를 만들어 낼 수는 없다. 오히려 TFP-E의 효과는 부적응적인 행동 및 증상의 수준 또는 성격조직 수준으로 평가되는 성격기능의 장기적인 변화를 촉진하는 것이며, 이는 핵심 기법을 **반복적**이고 **점진적**으로 적

---

5) 만약 환자가 자신이 아이를 위험에 **빠뜨리고** 있다는 것을 정말로 인식할 수 없다면, 치료자는 TFP-E를 대신하거나 TFP-E와 병행하면서 환자가 부모교육 또는 양육에 대한 지도 감독을 받게끔 권하는 등의 지지적 개입을 할 필요가 있을 것이다.

용함으로써 가능하다. 우리는 이 과정을 훈습이라고 한다.

훈습은 갈등적인 대상관계 및 연결된 갈등에 대해서 시간에 걸쳐서 그리고 정서적으로 의미 있는 방식으로 반복되는 상연, 탐색, 해석이라고 정의될 수 있다(Auchincloss & Samberg, 2012). 이 과정에서 다양한 관점과 맥락에서 핵심 갈등을 상연하고 해석하는 것은 필수적이다. 성격장애의 치료에서 훈습 과정은 반복적이고 부적응적인 행동과 증상(성격특성)을 반복적으로 확인하고, 그것들이 치료나 환자의 일상생활에서 활성화될 때마다 그 특성을 조직하는 방어적이고 충동적인 대상관계를 탐색하며, 궁극적으로는 기저의 갈등을 정교화하고 해석하는 것이다.

TFP-E에서 훈습 과정은 자기자각 또는 자기이해를 치료적 변화와 연결한다. 훈습은 TFP-E의 중간 단계에서 중심적인 과제를 구성한다(추가적 논의를 위해 제13장 참조). 사실 TFP-E의 치료적 작업 대부분은 훈습 과정을 포함한다. 일단 핵심 갈등 및 관련된 대상관계가 확인된다면 그것들은 치료과정 동안 내내 반복적으로 상연되고 탐색되면서, 치료자가 명료화, 직면, 해석을 활용하게 한다. 그렇다면 이는 치료자 편에서 본다면 만성적 행동 및 주관적 경험(즉, 성격특성)을 조직하는 핵심 갈등적 대상관계 군집의 반복적 상연 및 점진적 해석이다. 이러한 대상관계는 치료 안팎에서 서로 다른 맥락에서 표현될 때마다 탐색되는데, 그렇게 함으로써 다른 관점에서 볼 수 있게 되기 때문이다.

치료자는 전형적으로 갈등적 대상관계의 특정한 군집과 관련된 자기애적 그리고/또는 편집적 갈등의 훈습을 먼저 보게 된다. 그런 다음 이 과정은 관련된 우울 갈등 및 불안을 훈습하는 데 임상적 주의를 집중하는 길을 열어 준다. 시간이 흐르고 특정한 갈등을 해석하는 과정에서 환자와 치료자가 방어적인 대상관계 및 기저하는 갈등에 익숙해짐에 따라서, 처음에는 몇 주 또는 몇 달이 걸렸던 작업이 점차 효율적이게 된다. 훈습이 더 진전된 단계에서는 단일 치료시간 안에서도 전체적인 해석의 순환이 끝나는 것이 가능해진다―심지어 한 시간 안에서도 종종 서로 다른 맥락과 관점에 대해 여러 번 다룰 수 있다.

요약하면 우리가 TFP-E에서 성격의 변화를 가져온다고 생각하는 것이 바로 훈습과정이다. 훈습은 환자가 특정한 방어의 군집으로 다루었던 갈등에 대해서 점진적으로 더 심화되고 더 복합적인 이해를 할 수 있도록 하고, 궁극적으로는 갈등적 대상관계를 컨테인하고 유연하게 다루는 역량을 증가시킨다. 훈습의 개념에서 필수적인 것은 ① 시간에 걸쳐 반복적으로 상연되는 갈등적 대상관계와 핵심 갈등의 탐색이며, 환자가 점차 더 관찰하고 성찰할 수 있게 되어서 더 효율적이고 유연하게 동일시, 탐색, 해석의 과정을 거칠 수 있게 되고, 치료자가 참여할 필요도 줄어드는 것이다. ② 서로 다른 맥락에서, 중요한 기능 영역 및 전이를 포함한 다양한 상황에서 핵심 갈등이 활성화되고 관찰될 때, 환자가 이를 조망할 기회를 갖는 것이다. ③ 점진적으로 심화하면서, 환자와 치료자가 핵심 갈등, 불안, 방어를 더 충분히 이해하게 되고, 궁극적으로는 그것을 발달적 사건들과 연결할 수 있게 된다. ④ 핵심 갈등과 관련된 **성격특성의 다양한 기능**을 정교화할 수 있게 된다.

NPO 환자의 치료에서 훈습

　R 씨는 아내가 그의 과도한 수동성에 대해 불평하면서 치료를 받을 것을 권해서 오게 되었다. 아내 입장에서 더 답답한 것은 R 씨 행동에 대해서 뭐라고 할 때마다 환자가 고분고분하고 타협적으로 어떻게 하면 되냐고 물어본다는 점이었다. 아내는 그게 정말 화가 난다고 했다.

　R 씨의 치료에서 그의 수동성과 순종성은 결혼생활뿐만 아니라 직장에서도 기능적 특징으로 초기에 확인되었다. 그는 직장에서 임금 인상이나 승진을 요구하지 못했다. 그는 10대 자녀들에게 꾸준히 '좋은 경찰' 노릇을 하면서 모든 한계 설정 및 훈육을 아내에게 맡겼다. 부모와의 관계도 마찬가지였다. R 씨의 수동적인 순종은 L 박사와의 상호작용 및 치료시간에서도 미묘하게 드러났다.

　초기의 탐색과 해석은 우선 R 씨가 자신의 행동을 더 인식할 수 있도록 돕는 데 초점이 맞춰졌다. R 씨의 행동과 경험의 명료화는 L 박사와 R 씨가 자아동질적인 대상관계를 정교화하고 특징을 밝힐 수 있도록 했다. 즉, 비위를 맞추고 배려하는 아이 같은 자기와 지배적이고 우월하고 다소 두려운 권위적 인물의 관계가 사랑받고 싶고 수용받고 싶은 감정과 연결되어 있었다. L 박사와 R 씨는 이 방어적인 대상관계와 R 씨의 수동적–순종적 행동에 초점을 맞추었고, 이것이 다양한 맥락에서 상연되는 것을 탐색하면서 많은 상황에서 R 씨의 행동이 부적응적인 것에 주의를 기울였다. [이는 명료화와 직면의 예시이다]

　시간이 흐르면서 R 씨의 수동성은 점차 자아이질적으로 되었다. 이 지점에서 L 박사는 R 씨가 방어적 대상관계를 동기화하는 불안을 탐색하고 밝히도록 도울 수 있었다. 이는 만약 그가 단호하게 자기주장을 한다면, 거절당하거나 비난당할 것에 대한 두려움과 관련되어 있었다. [이는 해석의 초기 단계였다] 시간이 지나면서 R 씨는 다양한 맥락에서 활성화되는 자신의 그 부분에 점차 익숙해지고 더 이해하게 되었다. 치료시간에 환자는 자신의 일상생활에서 방어적인 행동을 알아차린 것을 기술하게 되었고, 종종 치료자의 제한적인 개입이 있으면 기저하는 불안과 연결할 수 있었다. 이제 R 씨는 수동적이거나 순종적인 자세를 취하고 싶은 자기를 발견할 때 마음을 다잡고, 익숙한 방어적 대상관계를 상연하려는 유혹을 확인하고, 기저하는 불안을 인식했다. 이 상황에서 R 씨는 상당한 노력을 기울이면 아내에게 다소 자기주장을 할 수 있다는 것을 알게 되었다.

이 지점에서 L 박사는 R 씨가 더 자기주장을 하면 거절당하고 비난당할 것이라고 지속적으로 두려워하는 기대를 어떻게 이해할 수 있을지 생각해 보도록 했다. R 씨의 방어, 두려움, 환상에 초점을 두면서 L 박사는 여전히 대부분은 무의식적이며, 주변 사람들을 혹평하거나 공격적으로 비난하고 무시하고 싶은 소망으로 조직되어 있는 공격적 동기의 표현과 관련된 깊이 자리 잡은 불안을 인식할 수 있도록 도왔다. [이 상호작용은 더 깊은 수준의 해석을 나타낸다] 이러한 소망은 매우 갈등적이며 R 씨에게는 상당히 경악스러운 것이었고, 그의 지배적인 자기감과 전혀 일치하지 않았다. 이는 평가절하되고 격분한 희생자와의 관계에서 적대적이고 무시하는 공격자로 특징지을 수 있었다.[6] 이 대상관계는 상호적대감과 불신이 침투해 있는 세상에 살고 있다는 두려움과 연결되었다.

반복된 명료화, 직면과 해석 과정의 결과로, R 씨는 기저하는 불안 및 충동과 함께 이 갈등과 관련된 방어가 아내와의 관계뿐만 아니라 자녀, 부모, 상사와의 관계에서도 방식은 다르지만 영향을 미치고 있는 것을—어떤 정도로는 관계를 조직하고 있는 것을—알게 되었다. L 박사는 치료에서 R 씨의 협조적이고 다소 순종적인 행동 역시 치료관계에서 나타날 수 있는 상호적대감의 가능성을 막기 위한 것 같다고 지적했다.

R 씨가 공격성의 표현과 관련해서 지배적인 편집 불안과 갈등을 훈습할 수 있게 되면서, 그는 자신의 공격적 소망과 감정을 더 감내할 수 있게 되었다. 이제 그는 자신이 수동적이거나 순종적이 되는 것을 발견할 때, '오래된 나쁜 습관으로 돌아가는 것'처럼 느꼈고, 그렇게 되는 동기를 생각하게 되었다. 이 맥락에서 R 씨는 그가 아내와의 관계에서 수동적이었던 것이 때로는 단순히 적대감의 표현을 방어하기 위해서만이 아니라 적대감을 표현하는 은밀한(수동공격적인) 방법이었다는 것도 알게 되었다.

R 씨가 점차 자신의 습관적인 수동성과 순종성 뒤에 숨어 있는 공격적 동기를 인식하고 감내할 수 있게 되면서 종종 아내, 자녀 그리고 아끼는 사람들을 가학적으로 비난하거나 몰아세우고 싶은 간헐적인 소망을 고통스럽게 인식하게 되었다. 이 소망은 죄책감과 염려의 감정과 연결되었다. 동시에 그는 L 박사와의 관계에서 더 주장적이고 덜 협조적이게 된다면, 감사하지 않는 것으로 보일 것이라는 불안을 표현했다.

---

6) R 씨는 어떤 때는 공격자와 다른 때는 공격당하는 쪽과 더 밀접하게 동일시하는 것 같았다.

이러한 우울 불안의 훈습은 궁극적으로 그가 어린 시절에 어머니와 오랫동안 힘겨루기를 했던 것과 연결되었다. R 씨는 결혼생활 및 자녀, 부모와의 관계에서 더 일관적이고 편안하게 자기주장을 할 수 있게 되었고, 좀 약하지만 직장에서도 그렇게 할 수 있었다. 그는 아내가 과도하게 비판적이거나 요구적이라고 느껴질 때, 이제는 순종하는 대신에 '밀어내거나' 또는 심지어 같은 식으로 반응할 수 있게 된 것을 알았다. 그가 L 박사에게 씩 웃으면서 말하길, 이따금 아내와 의견이 대립할 때 '약간 못되게' 굴기도 한다고—심지어 그것을 즐기는 것 같다고—말했다. R 씨의 아내는 온건한 방식으로 공격성을 표현하는 것에 비교적 익숙했는데, R 씨가 자기주장을 하는 새로운 모습이 적당히 남성적이라고 느끼며 이를 반겼다. 역전이에서 L 박사는 R 씨와 그의 성취에 대해서 새롭게 존중하고 감탄한다는 것을 알아차렸는데, 이는 전이-역전이에서 초기에 느껴졌던 미묘한 형태의 경멸이 가미된 상보적 동일시와는 대조적이었다.

논평: 이 예시는 R 씨의 수동적-순종적 행동을 조직하는 기저하는 갈등을 훈습하는 과정과 그 영향을 압축된 형태로 기술한다. 예비적인 개입은 행동 그 자체에 초점을 두면서 R 씨가 다양한 상황에서 갈등에 대한 습관적인 반응을 인식할 수 있도록 돕고, 궁극적으로는 그가 수동성을 자동질적으로 느끼지 않도록 했다. 그의 행동과 경험을 조직하는 방어적인 대상관계는 이때 확인될 수 있다. R 씨가 점차 그의 행동의 방어적 특성과 이를 동기화하는 불안을 인식하게 되면서, 그는 자신의 행동을 더 쉽게 수정할 수 있게 되었다. 이 전개는 자동적 행동의 인지적 또는 대뇌피질적 통제의 형태로 이해될 수 있으며, 임상적 호전의 명백한 표시로 이해된다. 그렇지만 R 씨의 수동성을 동기화하는 더 깊은 갈등이 해소되지 않았기 때문에, 그는 처음에는 습관적 행동을 하지 않기 위해서 상당히 의식적인 노력을 해야만 했다.

시간이 흐르면서 R 씨가 다양한 상황에서 더 단호하게 주장하려는 노력의 결과로, 수동적 자세를 취하는 자동적인 성향을 중단시키는 것은 다소 쉬워졌다. 더 단호하게 주장할 수 있게 되면서, 그는 자신의 수동성을 동기화하는 기저의 적대적이고 가학적인 동기에 접근할 수 있게 되었다. 이 상황에서 L 박사는 R 씨가 이 갈등적 동기에 대한 정서적 자각을 우선 이해하도록—그 후에는 감내할 수 있도록—도왔다.

L 박사와 R 씨는 시간을 들여서 적대적이고 가학적인 소망이 나타날 때마다 반복적으로 탐색했고, 이는 다양한 관계에서 그리고 어느 정도는 전이에서도 나타났다. 이 훈습 과정은 R 씨가 그의 갈등적 충동을 지배적인 자기경험에 잘 컨테인할 수 있도록 했다.

이는 경험에서 완전히 분열시키고 묻어 두어야 할 결코 수용할 수 없고 위협적인 충동이 아니라 다소 도전적이어도 다룰 수 있는 자신의 일부로 느껴지게 되었다. R 씨가 이처럼 컨테인하는 과정은 방어를 동기화하는 편집적, 우울적인 다양한 불안을 탐색하고 반복적으로 해석하는 것을 포함했다.

궁극적으로 R 씨는 편안하게 자기주장을 하고, 갈등을 감내하고, 적대감을 표현할 수 있게 되었고, 심지어는 사랑하는 관계의 맥락에서 그의 가학성을 온건하게 표현하는 것을 즐길 수 있게 되었다. R 씨는 L 박사와의 관계에서는 비교적 중립적이었으며 L 박사도 대체로 전이가 대부분 정동적으로 우세하지 않다고 봤지만, 치료자는 시간이 지나며 역전이에서 변화를 느꼈다. 처음에 L 박사는 성인 남성인 R 씨의 자기제시가 아이 같고 수동적–순종적인 자세로 사랑을 받고만 싶어 하는 것 같아서 마음에 안 들었다(L 박사가 컨테인할 수 있는 상보적 동일시였다). 치료의 후기 단계에 이르러서 L 박사는 R 씨에 대한 정서적 반응이 상당히 변화했는데, 그가 이제는 R 씨를 꽤 존중하고 감탄하는 시선으로 본다는 것을 알아차렸다. L 박사는 동등하고 잠재적인 경쟁자로서 느끼는 약간의 경쟁적인 감정 또한 주목했다.

핵심 임상 개념

- TFP–E는 주로 탐색적 기법을 활용한다.
- TFP–E 치료자는 지지적이거나 구조화하는 기법을 활용하기도 한다–치료틀을 지키고 파괴적이거나 방해가 되는 행동을 조절하기 위해 필요하다면.
- 계약하기, 한계 설정 및 재계약하기는 TFP–E 치료자가 활용하는 주된 지지적 개입이다.
- TFP–E 치료자가 지지적 기법을 사용할 때는 기법적 중립성에서 이탈하고, 위기가 해결되면 중립성을 회복한다.
- 컨테인하기–행동화하는 대신 정서적으로 개방되고 성찰할 수 있도록 허락하기–과정은 치료자가 자신의 역전이를 활용할 수 있도록 한다.
- 컨테인하기의 실패는 불필요한 중립성의 이탈로 이어질 수 있다.
- 훈습은 특정한 갈등을 오랜 기간 다양한 맥락 속에서 반복적으로 상연하고 탐색하고 해석하는 것을 포함한다.
- 훈습의 과정은 TFP–E의 목표인 통합적인 변화를 촉진한다.

▼ 참고문헌

Auchincloss AL, Samberg E (eds): Psychoanalytic Terms and Concepts. New Haven, CT, Yale University Press, 2012

Bateman A, Fonagy P: Mentalization-Based Treatment for Borderline Personality Disorder. New York, Oxford University Press, 2006

Bion WR: Learning From Experience. London, Heinemann, 1962

Bion WR: Attacks on linking (1959), in Second Thoughts. London, Heinemann, 1967, pp 93-109

Bion WR: A theory of thinking (1962), in Second Thoughts. London, Heinemann, 1967, pp 110-119

Britton R: Naming and containing, in Belief and Imagination. London, Routledge, 1998, pp 19-28

Gabbard GO: Long-Term Psychodynamic Psychotherapy: A Basic Text, 2nd Edition. Washington, DC, American Psychiatric Publishing, 2010

Joseph B: Projective identification, some clinical aspects (1987), in Melanie Klein Today, Vol 1. Edited by Spillius EB. London, Routledge, 1988, pp 138-150

Kernberg OF: Acute and chronic countertransference reactions, in Aggressivity, Narcissism, and Self-Destructiveness in the Psychotherapeutic Relationship. New Haven, CT, Yale University Press, 2004, pp 167-191

Lafarge L: Interpretation and containment. Int J Psychoanal 81 (Pt 1):67-84, 2000 10816845

Ogden TH: Projective Identification and Psychotherapeutic Technique (1982). Northvale, NJ, Jason Aronson, 1993

Pick IB: Working through in the countertransference. Int J Psychoanal 66 (Pt 2):157-166, 1985 4019040

Schafer R: The Contemporary Kleinians of London. Madison, CT, International Universities Press, 1997

Winston A, Rosenthal RN, Pinsker H: Learning Supportive Therapy: An Illustrated Guide. Washington, DC, American Psychiatric Publishing, 2012

Yeomans F, Clarkin JF, Kernberg OF: Transference-Focused Psychotherapy for Borderline

Personality Disorder: A Clinical Guide. Washington, DC, American Psychiatric Publishing, 2015

치료단계와 변화 궤도

  역동적 심리치료는 치료 초기, 중기 및 진전기가 있다. 이 세 단계는 명확하게 경계가 정해져 있지 않고 한 단계 한 단계 서서히 진행되지만, 치료의 흐름을 개념화하기 위해 사용될 수 있는 각 단계의 독특한 특징이 있다. 각 단계를 특징짓는 임상적 이슈뿐 아니라 각 단계를 정의하는 핵심 과제를 이해함으로써, 치료자는 치료과정 전반에 걸쳐 기대되는 임상적 발달을 예측하고 확인할 수 있으며, 치료과정이 정체되는 때도 확인하게 될 것이다.

  제VI부에서 우리는 TFP-E 치료의 세 단계에 대해 그리고 치료의 각 단계에서 흔히 일어나는 임상적 이슈에 대해 논의한다. 각 단계의 과제는 성격병리 심각도 범위에 걸쳐 동일하지만, 각 단계에서 나타나는 임상적 이슈뿐만 아니라 그것이 임상 과정에 대해 지닌 상대적 중심성은 성격병리 심각도에 따라 다양하다.

제**13**장

치료의 초기, 중기, 진전기

전이초점 심리치료-확장판(TFP-E)의 전 과정은 초기와 중기, 종료 또는 종결로 이어지는 진전기가 있다. 이 장에서는 TFP-E의 세 치료단계의 중심 과제에 초점을 두고 논의한다. 우리는 성격병리 수준이 치료의 전반적인 변화 궤도와 각 치료단계를 특징짓는 임상적 이슈에 미치는 영향을 살펴본다. 또한 환자가 치료의 다음 단계로 나아갈 준비가 되어 있음을 알려 주는 변화의 표시를 소개한다.

치료 초기

TFP-E의 치료 초기는 몇 개월 정도로 짧을 수 있고 6개월까지도 길어질 수 있다. 이는 치료자의 기술뿐 아니라 환자의 성격병리 특성과 환자가 탐색적 치료 작업에 친근하냐에 따라 달라진다. 치료는 공식적으로 평가와 계약 맺기가 완료된 이후에 시작한다. 환자가 시작 단계에 들어갈 무렵에는, 치료자와 환자는 치료목표를 정하고 치료틀에 동의했을 것이다. 치료자는 치료에서 치료자의 과제와 역할뿐 아니라 환자의 과제와 역할에 대해 분명하게 설명했을 것이다. 또한 치료자는 자신의 관심과 염려 및 전문성을 보여 줬을 수 있는데, 이는 치료동맹 발달을 위한 초석을 마련한다.

다음은 치료 초기의 주요 과제이다.

- 치료틀의 안정화
- 치료동맹의 지속적인 발달과 안정화

- 치료세팅에 의해 자극된 초기 불안 탐색
- 환자가 충분히 참여하게 될 때까지 치료 중단 위험 최소화하기

이러한 과제들은 중복되고 서로 보강하며 협력하여 환자의 일상 경험과 호소문제를 조직하는 핵심 대상관계를 치료에 가져오는 기능을 한다. 초기가 끝날 무렵이면, 치료 시간 안팎에서 환자의 경험을 반복적으로 조직하는 핵심 대상관계가 확인될 것이며, 환자와 치료자 모두에게 익숙해질 것이다.

치료틀의 안정화

치료틀을 안정화시키고 치료의 필수조건을 확보하는 것은 TFP-E 초기 단계에서 가장 우선시된다. 실행 가능한 치료틀은 탐색 작업을 하는 데 필수적이며 동시에 치료에 병인적 대상관계를 가져오는 기능을 한다(제8장 참조). 신경증적 성격조직 수준(NPO) 환자와 가장 높은 범주에 있는 일부 경계선 성격조직 수준(BPO) 환자들은 계약 단계에서 동의한 치료틀 안에서 작업하는 것을 별로 어려워하지 않는다. 이러한 환자들에게 있어서 치료에 참석하기, 일정 잡기, 치료비 내기 또는 제 시간에 오고 제 시간에 끝내기와 같은 어려움들은—종종 치료 초기에 나타난다—최소한으로 파괴적인 경향이 있고 종종 치료를 시작함으로써 활성화된 불안의 표현으로서 비교적 쉽게 이해될 수 있다.

대조적으로, 중간 또는 낮은 경계선 수준에서 기능하는 많은 환자는 계약단계에서 동의했던 치료의 필수조건을 유지하는 것을 처음에는 어려워한다. 이런 경우 치료틀을 안정화시키는 것은 우선적인 이슈이며 임상적 주의의 초점이 된다. 시간이 지남에 따라, 치료계약이 제공하는 구조와 한계 및 치료틀을 유지하는 것에 대한 치료자의 주의는 이차 이득을 최소화하는 치료계약과 결합하여, 환자가 치료에 안착할 수 있도록 하며 치료 밖에서 습관적이고 파괴적인 행동화를 포기하도록 한다. 치료 밖에서 환자의 행동이 진정되고, 치료 상황이 '뜨거워지는' 경향이 있을수록, 과거에 행동화를 이끌어 왔던 대상관계는 이제 전이에서 활성화된다.

임상 예시 1 **취업하기 및 치료참석에 대한 치료틀 다루기**

W 씨는 중간 경계선 수준에서 조직되고 수동–공격적이며 자기애적 특성이 있는 남성으로, 뭔가 해야 한다는 말을 들으면 매우 분개했다. 그는 하라고 한 일을 질질 끌며 조용히 반항했다. 이로 인해 그의 대인관계는 매우 파괴적이었고 만성 실업자가 되었다. 치료목표 중 하나는 일을 구하는 것이었음에도, 치료자 L 박사가 취업이 치료조건이라고 말했을 때, W 씨는 상당히 격노하고 분개했다. 그는 안정된 일자리를 구하기 위해 현실성 있는 노력을 하지 않고 수개월을 미뤘었다. 이 환자는 평소 아침 치료시간에 빠지곤 했는데, 흥청거리며 광란의 밤을 보내고는 늦잠을 자곤 했기 때문이었다.

치료틀과 치료 가능성에 대해 많은 이야기를 나누고 나서야, W 씨는 치료에 꾸준히 참석하고 작업하게 됐는데, 그러기까지 6개월이 걸렸다. 이러한 변화는 L 박사가 치료틀에 끊임없는 주의를 기울인 결과였다. 치료자는 치료틀을 이탈하는 것에 지속적으로 주목시켰고 필요한 경우 한계를 설정했다. L 박사는 환자가 취업하지 않거나 지속적으로 회기에 참석하지 않는 것에 주목하도록 하면서, 치료계약을 상기시켰다. L 박사는 치료에 일관되고 시간에 맞춰 오는 것과 마찬가지로, 취업이 치료의 필요조건임을 강조했다. 두 가지 조건이 충족된다면 치료는 성공할 수 있을 것이다.

이러한 개입은 성공적인 치료를 위한 현실에 기초한 조건으로서 치료틀을 온전하게 유지하는 것에 초점을 두는 것인데, 한편으로는 W 씨가 삶이 나아지기 위해 치료에 오고자 하는 소망과 다른 한편으로는 치료의 필요조건을 맞추지 않는 것 간의 모순을 지적하기 위한 기틀을 마련했다. 동시에 L 박사는 W 씨가 전이에서 상연된 대상관계를 탐색할 수 있도록 도왔다: 강력하고 통제하고 평가절하하는 인물과 무력하고 분개하고 위축된 인물 간의 투쟁으로, 이때 W 씨는 의식적으로는 위축된 인물과 동일시하지만 그의 행동은 통제하고 평가절하하는 인물을 상연하고 있다. 이러한 대상관계는 W 씨가 치료에 오게 된 만성적인 부적응적 행동을 조직했고, 지금은 치료틀을 둘러싼 협의와 관련하여 활성화되고 있었다.

임상 예시 2 **자해 및 이차 이득을 둘러싼 한계 설정**

Y 씨는 중간 경계선 수준 조직으로, 현저한 가학피학적 및 경계선 특징이 있었고 만성 우울의 이력과 불안 및 고통을 조절하기 위한 방법으로서 피부를 긋는 이력이 있었다. 이전에 다른 치료자들에게 치료를 받았을 때, Y 씨가 치료에 참여하게 될수록, 긋는 행동은 더욱 빈

번해지고 심해졌었다. 긋는 행동은 빠르게 그 치료들의 초점이 되었는데, 이전 치료자들은 상처를 평가하기 바빴고, 결국 치료 중단 및/또는 입원으로 이어졌다.

TFP-E 치료계약의 일부로서, Y 씨는 만약 그녀가 긋고 싶은 충동이 든다면 그 충동에 따라 행동하지 않고 다음 회기에 와서 그것에 대해 이야기하거나 또는 그녀가 긋는 것을 멈출 수 없거나 멈출 동기가 없다면 다음 회기에 오기 전에 간호사나 다른 임상가로부터 의료 확인서 및 의료 기록을 받아 오기로 동의했다(이차 이득에 관한 추가적 논의 및 이러한 종류의 치료 구조화의 근거는 제8장의 치료계약에 관한 논의 참조).

예상했듯이 치료 초기 몇 달 동안 Y 씨의 긋기는 처음에는 증가했다. 이에 대해 M 박사는 지속적으로 한계 설정을 했고 Y 씨가 담당 간호사에게 다녀올 때까지 다음 약속을 미룸으로써 이차 이득을 감소시켰다. 이러한 세팅에서 긋기는 점차 해결됐다.

동시에 Y 씨는 명백한 편집 전이를 나타내 보였다. 그녀는 M 박사가 자신의 유일한 위안과 자기위로를 차갑게 박탈하고 빼앗아 간 것으로 경험했다. 이러한 자기 상태에 기저하는 대상관계의 정교화는 M 박사에 대한 기술로 이어졌는데, 그가 동정심도 없는 가학적인 사람이며 환자를 위압하려고 하는 사람이라는 것이다. 그에 반해, Y 씨는 기댈 곳도 믿을 것도 없는 고통받고 무력한 희생자 역할을 했다—"살갗이 다 벗겨진 짐승 같아요." 대상관계가 전이를 조직할 때 이러한 대상관계에 대한 추가적인 탐색은 Y 씨의 자기파괴적인 행동을 추동하는 동기를 이해하는 과정으로 시작한다.

요약하면, 비교적 안정적인 치료틀을 수립하는 것은 TFP-E 초기의 중심 과제이다. 경계선 수준에서 조직된 환자, 특히 심한 성격장애가 있는 환자의 치료에서, 치료틀에 대한 도전을 다루는 것은 치료 초기에 개입의 주요 초점이 된다. 치료자가 한계를 설정하고 계약이 이차 이득을 감소시킴에 따라, 환자의 파괴적인 행동은 해결되는 경향이 있다. 결국 습관적 행동화는 치료 및 전이에서 상연된 대상관계로 변형되고, 여기서 그것들을 확인하고 탐색할 수 있다.

더 높은 수준의 성격병리 환자의 치료에서, 치료틀의 이탈은 일반적으로 명백히 파괴적이지 않으며 치료의 지속 가능성을 위협하지 않는다. 성격병리 심각도 범위에 걸쳐 환자의 치료틀 유지의 어려움에 임상적 초점을 둠으로써, 치료에 의해 그리고 전이에서 활성화된 불안을 확인할 수 있게 될 것이다.

치료동맹 발달 지지하기

치료 초기의 두 번째 주요 과제는 치료동맹의 발달과 점진적인 공고화를 촉진하는 것이다(Bender, 2005). 초기 치료동맹, 치료중단, 치료결과 간의 관계는 심리치료 연구에서 가장 확실한 발견 중 하나이다(Crits-Christoph et al., 2013; Horvath & Bedi, 2002). 따라서 안정적인 치료틀을 수립하는 것이 시작 단계에서 가장 우선시된다면, 치료동맹을 발달시키는 것은 그 두 번째가 된다. 치료 초기 단계 동안에 동맹이 강화됨에 따라 치료자와 관계를 유지하고자 하는 환자의 소망은 그렇게 하기 어려운 환자가 치료계약을 지키도록 하는 중심적 동기요인이 되며, 이 동맹은 심각도 스펙트럼에 걸쳐 환자가 초기에 치료를 중단할 가능성을 감소시킨다.

TFP-E에서 동맹의 형성은 공유된 **목표**, 참여자들이 함께 작업할 때 특정 과제 및 환자와 환자의 어려움에 대한 치료자의 태도에 주의를 기울임으로써 그리고 그들 간에 유대가 발달하도록 지원함으로써 이루어진다. 동맹 형성에 대한 이러한 접근은 많은 형태의 치료에서 채택되며 특정 준거틀이나 특정 치료기법에만 국한되지 않는다. TFP-E에서 독특한 것은 치료자가 목표, 과제 및 유대에 초점을 두는 동시에, 부정적 전이를 적극적으로 다룸으로써 치료동맹 발달을 지원한다는 점이다. TFP-E 치료자는 부정적 전이에 신속하고 적극적이며 지속적으로 주의를 둔다. 요약하면 TFP-E에서 치료동맹은 다음의 영향이 결합됨으로써 형성된다: ① 치료자의 꾸준한 흥미와 관심, 수용적이고 비판단적인 태도, 이해하고자 하는 공감적 경청과 노력(치료동맹, 치료적 태도 및 치료자의 자세에 대한 논의는 제5장 참조), ② 부정적 전이의 탐색.[1]

치료동맹 발달을 위한 토대는 초기 단계 이전에 준비된다(Hilsenroth & Cromer, 2007). 제7장에서 기술했듯이, 환자와 치료자는 평가과정에서 처음 만났을 때 관계를 형성하기 시작한다. 이 첫 회기에서 치료자는 치료동맹 발달을 위한 토대를 마련하는데, 열려 있고 호기심 많고 비판단적인 자세를 유지하며, 환자에 대한 관심과 환자를 알고 싶은 흥미를 보여 준다. 동맹은 치료자가 진단적 인상을 공유하고, 환자가 자신의 문제를 이해하도록 한 다음, 환자가 치료목표를 확인하고 가능한 치료 선택을 할 수 있도록 함에 따라 평가 단계가 끝나 갈 무렵 더욱 촉진된다.

계약 맺기 단계에서 치료틀을 안내할 때, 치료자는 어떻게 치료를 진행할 것인지 자세

---

1) 치료자가 초기 단계에 부정적 전이를 주목하는 것의 효과는 Levy et al. (2015)의 연구에서 뒷받침된다.

히 설명하고 환자 및 치료자의 특정 과제와 역할을 개관한다. 이러한 각각의 개입들은 목표와 과제 그리고 환자와 치료자 사이의 유대에 초점을 두면서(Bordin, 1979) 동맹을 발달시키고, 환자가 치료자를 지적이고 전문적이며 돌봐 주고 유용한 도움을 줄 수 있는 사람으로 경험하도록 한다.

▶ 심각도 범위에 따른 차이

신경증적 수준에서 조직된 환자들은 치료세팅에 의해 자극된 초기 불안에 대해 치료자가 주의와 흥미 그리고 관심을 보이면 치료 초기 몇 달 동안 대체로 비교적 쉽게 치료동맹을 발달시키고 굳건히 한다(Caligor et al., 2007; 추가적 논의 및 인용은 제5장 참조). 이러한 환자 집단에게 동맹은 대체로 환자와 치료자 간에 초기 만남에서 비교적 쉽고 자연스럽게 형성되며, 치료 초기 동안 비교적 순조롭게 발달한다. 동맹의 발달은 치료가 시작될 때 환자 안에서 자극된 불안을 확인하도록 도움으로써 그리고 그것을 전의식적인 부정적 전이와 일찍이 자주 연결시킴으로써 깊어진다.

NPO 환자들과는 대조적으로, BPO 환자들은 대체로 안정적인 치료동맹을 발달시키기 어렵다(Yeomans et al., 2015; 추가적 논의 및 인용은 제4장 참조). BPO 환자들과의 초기 치료동맹은 종종 빈약하고 불안정적이다. 이는 편집 전이의 출현으로 인해 불가피하게 혼란에 빠지게 되고, 종종 한 회기 중이나 매 회기마다 계속 변한다.

BPO 환자와의 동맹은 치료의 전반부에 걸쳐 서서히 깊어지고 안정되는 경향이 있는데, 하지만 부정적 전이에 의한 일시적인 균열로 인해 종종 중단되곤 한다. 이러한 관점에서 우리는 치료동맹을 다음 조건으로서 조작적으로 정의할 수 있다. 환자가 치료자와 긍정적인 유대를 수립하여 부정적 전이와 성애적 전이 및 관련된 정동에도 살아남을 수 있는 조건 그리고 역전이의 영향에도 불구하고 치료자가 상호긍정적인 유대를 유지할 수 있는 조건이다.

보통 환자의 성격병리가 더 심해질수록, 공격성과 분열이 더 지배적이고 극심해질수록, 동맹의 발달은 점점 더 어려워진다. 그러나 상당히 혼란스럽고 공격적인 성격장애 환자일지라도 치료동기가 있다면, 초기 단계 동안 기본적인 동맹을 형성할 수 있을 것이다. 반대로 (다음에 이어지는) 임상 예시 3에서 볼 수 있듯이, 어떤 환자들은 비교적 잘 통합되었을지라도 동맹 형성에 상당한 어려움을 경험할 수 있다. 대개 높은 BPO 환자들은 심한 성격장애 환자들보다는 덜 어려워하며, 모든 환자 중 자기애성 성격장애 환자와 반사회적 특성이 있는 환자들이 가장 어려워한다. 엄밀한 의미의 반사회성 성격장애 환자들은 정의상 치료동맹을 형성할 수 없다(Patrick, 2007).

▶ 부정적 전이

편집 전이.   우리는 심각도 스펙트럼에 걸쳐, 콘크리트하게 경험된 편집 전이의 초기 활성화가 동맹의 발달을 어렵게 하는 것을 관찰을 통해 일반화할 수 있다. 편집 전이가 콘크리트한 경우, 환자는 타인과 관련된 자신의 현재 경험을, 즉 치료자에 대해 좀 더 중립적이거나 긍정적인 경험을 맥락화할 수 있는 대안적 관점을 가질 수 없다. 이 세팅에서 존중과 관심을 보이는 치료자의 태도는 좀 더 건강한 많은 환자가—또는 심지어 같은 환자라도 다른 때에는—동맹을 형성하는 데 매우 도움이 되지만, 편집적인 환자에게는 거의 영향을 미치지 않을 수 있다. 이들은 치료자가 말하거나 행동하는 모든 것을 내용이나 의도에 상관없이 공격으로 경험하거나 치료자가 악의가 있다거나 또는 치료자를 신뢰할 수 없다는 추가적인 증거로 경험할 수 있다.

　BPO 환자의 치료에서 치료 초기에 예상할 수 있는 편집 전이의 출현은 적극적이고 끈질긴 개입을 요구한다. 각 회기에서 치료자의 과제는 분명히 눈에 띄는 부정적 전이를 다루는 것으로, 회기에서 치료자와 자신의 경험에 대한 환자의 관점을 채색하고 있는 대상관계를 공감하고 정교화하고 탐색한다. 편집 전이를 탐색함으로써 그 순간에 흔들리는 동맹을 지탱할 수 있고, 시간이 지남에 따라 동맹의 점진적인 발달과 공고화를 촉진시킬 수 있는데 이는 좀 더 현실에 기초한 관계 측면을 반영한다.

자기애적 전이.   매우 경직된 자기애적 방어를 쓰는 다른 성격장애 환자를 비롯해, 자기애성 성격장애 환자는 초기 단계에 동맹을 형성하는 것이 특히 어렵다. 이들은 도움을 주려는 치료자의 노력을 암묵적으로 때로는 명시적으로 거부하는 태도를 보일 수 있다. 이러한 상황에서 환자의 태도는 종종 의식적 또는 무의식적 시기심의 고통스러운 감정에 의해 추동되는데, 이는 환자가 치료자의 전문성이나 잠재적인 조력을 인정하는 것을 견딜 수 없는 심리적 상황으로 만든다. 이 같은 고통을 피하기 위해 자기애성 환자들은 흔히 치료자에게 자신의 독자적인 자기탐색 과정에 청중의 역할을 맡게 하거나 노골적으로 치료자를 평가절하한다. 환자가 치료자를 하나의 조력하는 독립적인 존재로 인정하지 않는 한 동맹은 발달할 수 없다. 따라서 이러한 환자 집단에서 자기애적 전이의 직면에 치료의 초점을 맞추는 동안 초기 단계가 길어질 수 있다. 제5장과 제11장의 부정적 전이 다루기에 대한 추가적 임상 예시를 참조하길 권한다.

임상 예시 3 **자기애적 방어를 중심으로 컨테인하기와 기법적 중립성**

F 씨는 전문직 기혼 여성으로 높은 BPO와 NPO의 경계에서 기능하며 현저한 자기애적 및 피학적 갈등과 성격 방어가 있고, 우울을 치료하기 위해 왔다. 수년 전, 그녀의 어린 자녀 중 한 명이 몸이 점점 쇠약해지는 만성 질환을 진단받았다. F 씨는 이런 진단과 그 만성적 특성에 대처할 수 없고 회복할 수 없다는 사실에 충격을 받았고, 친구나 동료들의 건강한 아이들에 대한 얘기를 들을 때마다 무척 슬펐고 시기심이 들었다고 말했다.

F 씨는 관계를 오랫동안 안정적으로 유지했지만, 다른 사람들이 그녀가 옳다고 생각하는 대로 하지 않거나 '그냥 넘어가려고' 하는 것처럼 보일 때 비판적이고 도덕적으로 우월한 태도를 띠는 경향이 있었다. 다른 사람들이 동의하지 않으면, 그녀는 그들의 잘못을 곱씹으면서 '얽매이는' 경향이 있었는데, 속으로는 다른 사람들이 각자의 잘못을 인정해야 한다고 고집했다.

A 박사와의 첫 회기에서 F 씨는 의료계를 거의 믿지 않는다고 분명하게 말했다. 그녀는 분노와 불신을 갖고 치료에 왔고, A 박사의 아주 작은 단점도 비난할 준비가 되어 있었는데, 이는 A 박사가 그녀를 이해하거나 도울 것이라는 기대가 거의 없음을 증명했다. 마음 깊은 곳에서 F 씨는 치료를 시작하는 것을 누군가의 손 안에 들어가는 것으로 경험했는데, F 씨에게 A 박사는 그녀가 갖고 있지 않은 모든 것을 가지고 있고 그녀의 심적 고통을 전혀 나눌 수 없는 사람이었다. 하지만 그녀는 A 박사에게 직접 그렇게 얘기하지는 않았다. 대신 F 씨는 비판적이고 도덕적으로 우월한 성향에 기댔는데, A 박사가 불친절하게 말하고 충분히 보살펴 주지 않으며 친절하지 않고, 또는 돈을 너무 많이 받는다고 비난했다. 한 주 내내 그녀는 그의 잘못을 곱씹곤 했다.

그럼에도 F 씨는 약속한 모든 회기에 계속 제 시간에 왔는데, 종종 큰 소리로 "난 여기서 뭘 하고 있는 거죠?"라고 말했다. 역전이에서 A 박사는 지속적으로 비판당하고 비난받고 평가절하된다고 느꼈다. 어쩌면 자신이 이 환자를 돕지 못할 것 같고 F 씨가 치료를 그만두면 편하겠다는 생각이 드는 것을 알아차렸다.

이 세팅에서 A 박사는 치료동맹을 촉진하는 데 초점을 두었다. 그는 자신의 역전이를 컨테인하면서, 가능할 때마다 F 씨가 그를 무신경하고 매정하고 무능력하며, 그녀의 고통에 공감할 수 없다고 경험하는 것을 이해한다고 표현했다. 예를 들면, 그는 "내가 한 말로 인해 당신이 나를 입이 가볍고, 충분히 돌봐 주지 않고, 무신경하다고 보는 것을 강화시킨 것 같네요."라고 F 씨에게 말하곤 했다. A 박사는 F 씨의 비난들을—거기에 반응하는 대신—받아들인 다음, 기법적 중립성의 포지션에서 그러한 개입을 했다. A 박사는 자신의 결점에 대한 논쟁에 말려들지 않으려고 노력했는데, 보복하거나 친절하게 반응하지 않았고 또한 F 씨에게 "모든 게 잘될 거예요."라며 안심시키는 것을 자제했다. 대신 A 박사는 그녀의 평가절하와 적대감을 견디고 컨테인했다. A 박사는 정중하고 비판적이지 않은 태도를 유지하면서 관심을 전달했고, 그러면서도 자기존중의 태도를 유지했다.

A 박사는 자신의 역전이를 조절할 수 있고, 뒤로 물러서서 치료에서 상연되고 있는 대상관계를 관찰하고 성찰할 수 있었을 때, F 씨의 비난과 평가절하가 방어임을 이해하게 됐다. F 씨는 속으로, A 박사는 운이 좋고 우월하며 성공한 데 반해, 자신은 패배하고 시기하고 분개하는 대상관계를 생각했다. 이러한 대상관계는 불신과 분개로 채색되어 있었고, 그 밑에는 돌봄받는 것에 대한 불만족스러운 갈망이 깊이 파묻혀 있었다(A 박사는 F 씨의 역동에 대해 F 씨가 말하는 내용에 근거하기보다는 역전이에 관한 자신의 이해와 의존과 관련된 자기애적 방어 및 갈등에 대한 자신의 이전 임상 경험에 좀 더 근거하여 이러한 추론을 내렸다). 치료시간에 A 박사는 F 씨가 자신을 비난하고 평가절하하며 종종 헐뜯는 행동에 대해 부드럽게, 때로 유머를 통해 주의를 환기시켰다. 동시에 그는 F 씨의 경험이 지닌 무의식적인 숨은 의미를 염두에 두었는데, 거기에는 돌봄받는 것에 대한 좌절된 갈망이 숨어 있었다.

A 박사는 F 씨가 슬픔 때문에 치료를 받으러 왔다는 것을 상기시키는 것으로 시작했다. F 씨가 정말로 A 박사가 자신을 이해할 수 없거나 도울 수 없다고 느꼈다면, 다른 치료자를 선택하는 것이 더 나았을 것이다. 그러나 계속 치료에 오고 참석하는 것이 증명하듯 그녀가 치료를 통해 도움받을 수 있다는 어느 정도의 희망을 가지고 있다면, 왜 그녀가 그런 식으로 A 박사를 대하는지 이해하려 노력하고, 이것이 그녀가 치료에 온 문제와 어떻게 관련되는지 탐색하는 것이 맞을 것이다.

A 박사는 흔들리지 않았다. 시간이 지나면서 그는 회기의 분위기가 서서히 변한다는 것을 알아챘다. F 씨는 여전히 A 박사가 무능하다거나 무관심하다며 날카롭게 비난하고 의심했다. 하지만 그들 사이에는 상호 따뜻함, 협력 관계의 발달 및 F 씨 편에서의 깊은 신뢰가 기저하고 있었는데, 이는 적대감 및 평가절하와 번갈아 나타났고 때로 이것들과 공존하는 것 같았다. 이러한 변화는 치료동맹의 출현을 예고하는 것이었다. F 씨는 처음으로 자신의 삶과 A 박사의 특권적 지위 간의 불일치에 대해 상상했던 것과 그런 상황에서 그에게 도움받으러 오는 것이 얼마나 고통스러웠는지에 대해 솔직하게 이야기했다. 이것은 F 씨의 핵심 갈등 및 호소문제와 연결되어 있는, 무의식적인 기대를 확인하고 탐색하는 과정으로 가는 문을 열어 주었다. 이때 비로소 F 씨의 무의식적인 생각을 이해할 수 있었는데, A 박사가 속으로는 그

녀의 슬픔을 즐기면서 자신이 운이 좋고 우월하다고 스스로를 안심시키기 위해 그것을 이용한다는 것이었다.

치료에서 자극된 초기 불안 탐색하기 및 개방적 의사소통 촉진하기

TFP-E 초기 단계의 세 번째 주요 과제는 치료에서 자극된 초기 불안을 확인하고 탐색하는 것으로, 이는 종종 부정적 전이로 상연되거나 회기에서 의사소통이 솔직하고 자유롭지 못한 것으로 나타난다. 환자에게 회기를 주도하도록 하고 솔직하고 자유롭게 이야기하도록 하는 것뿐만 아니라, 치료세팅의 비교적 친밀하고 비구조화된 특성과 그러한 세팅에서 환자의 취약한 포지션은 불안을 자극하기 쉽다. 대부분의 환자는 처음에 내적이고 사적인 생각과 감정을 나누는 것을 어려워하므로, 치료자는 환자의 반응에 조심스럽게 주의를 기울인다. 어떤 환자들은 무슨 말을 해야 할지 떠올리지 못한다. 다른 환자들은 회기에 오기 전에 할 말을 구조화하거나 준비해 올 것이다. 어떤 사람들은 사소한 정보들로 그 공간을 채운다. 많은 경우 사람들은 치료시간에 그것들을 이야기하는 대신 치료시간 밖에서 행동화한다. 어떤 사람들은 치료자에게 자신의 어려움을 직접 묻는 반면, 어떤 사람들은 치료자가 주도할 때까지 침묵하면서 기다리고, 다른 사람들은 치료자가 마치 그곳에 없는 것처럼 행동하기도 한다.

환자 대답의 세부 내용과는 상관없이, TFP-E의 초기 개입은 치료세팅, 치료관계 및 내면의 생각과 감정을 솔직하게 이야기하는 것에 의해 자극된 행동과 불안을 탐색하는 것에 초점을 둔다. 치료자가 치료에서 자극된 불안에 주목하고 감각적으로 탐색함으로써, 환자는 치료자에게 좀 더 솔직하게 이야기하는 것이 점차 자유로워지고, 치료동맹이 발달하게 된다. 동시에 초기 불안을 확인하고 정교화하는 과정은 치료 전체를 특징짓는 탐색 과정을 시작하게 한다. 치료세팅에 의해 자극된 초기 불안을 탐색하는 것은 핵심 갈등과 연결된 내적 대상관계에 초점을 맞출 수 있도록 하며, 자기관찰 및 성찰을 촉진시킨다.

> **임상 예시 4** ▶ **불안을 다루기 위해 명료화와 해석 활용하기**

V 씨는 회피 및 우울 성격특성이 있는 남성 NPO 환자로, 회기에서 불안을 자주 느꼈다. 치료자가 명료화를 위해 질문했을 때 매우 내성적인 V 씨는 자신이 무슨 말을 해야 할지 모르

겠고 왠지 '잘못하고 있는' 것 같고, 자신이 역동 치료에는 적합하지 않은 것 같다는 느낌을 끝에서야 말할 수 있었다.

Y 박사는 다음과 같이 말했다. "여기서 문제의 일부는, 당신이 이런 치료를 시작하는 게 얼마나 도전인지 내가 이해하지 못할 것이고, 내가 조급해하거나 심지어 당신을 비난할 거라고 예상하는 점이네요." Y 박사가 환자로 하여금 치료 시작에 의해 자극된 불안을 좀 더 충분히 인식하도록 도움으로써 환자는 그것을 성찰하고 어느 정도 거리를 둘 수 있었다. 그리고 전이에서 (요구적이고 비난하는) 치료자와 역할로서 (공감적이고 참을성 있고 도와주는) 치료자를 좀 더 잘 구분할 수 있었다.

V 씨는 자신의 불안을 사실이 아니라 걱정으로서 그리고 흥미로운 자기경험의 측면으로 보게 되면서 안심하기 시작했고, Y 박사와의 공동 작업을 관찰하고 이해하기 시작했다. 그는 Y 박사의 흥미와 관심에 대해 더 큰 신뢰를 발달시키며 좀 더 편안하게 치료를 시작할 수 있었다.

환자의 치료 중단 위험 최소화하기

심리치료에서 동맹이 발달하기 전에, 종종 초기 불안과 부정적 전이의 촉발로 인하여 치료가 조기 중단되는 것은 흔하다. 조기 중단은 BPO 환자의 치료에서 특히 흔하다. 따라서 중단의 위험을 최소화하는 것은 TFP-E 초기의 최우선 과제이다. 위험을 최소화하기 위해 사용되는 핵심 기략들은 이 장의 앞에서 이미 다뤘던 치료틀 안정화하기, 동맹 지지하기, 치료세팅에 의해 자극된 초기 불안 탐색하기이다. 개인적으로 그리고 협력적으로 이러한 과제를 다루는 것은 중단의 위험을 줄이도록 하는데, 중단 비율이 특히 높은 심한 병리나 자기애적 병리를 지닌 환자의 중단 위험도 줄일 수 있다.

치료틀이나 불규칙한 참석과 관련된 갈등은 환자가 갑작스럽게 중단할 위험이 높은 가장 흔한 진입 지점이다. 초기에 중단 위험이 높은 환자에게, 치료자는 환자의 요구나 행동(예를 들어, 치료계약에서는 치료에 주 2회 오기로 합의했지만, "저는 일주일에 한 번밖에 못 와요."라고 하거나, '당분간은' 유연하게 하자고 요구하면서 회기에 지속적으로 빠진다)에 유연하게 맞춰 주고 지지적인 자세를 취하며 환자를 '붙잡고' 싶은 유혹을 느낄 수 있다. 그러나 대부분의 상황에서, 중단 위험이 있는 환자가 치료를 지속하도록 하는 가장 효과적인 방법은 이 장의 앞에서 논의된 많은 과제를 결합하는 것이다—즉, 치료틀을 편리한 대로 바꾸기보다는 그것을 유지하면서 환자의 어려움을 인식하도록 하고, 그런 다음 치료세팅과 관련해서 활성화된 불안을 확인하고 탐색하는 것으로, 이 과정에서 치료동맹이 지지된다.

임상 예시 5 ▶ 중단 위험이 있는 환자의 치료틀 유지하기

이 환자는 25세 여자 대학원생으로 자기애적 특성이 두드러지고 중간 경계선 수준으로 조직되었다. 치료를 시작한 지 6주가 지난 후 환자는 일주일 뒤 휴가 때 교외에 나갈 계획이었다. 그때 환자는 치료자에게 음성 메시지를 남겼는데 월요일과 수요일 회기를 취소할 거라는 거였다. 이는 휴가 전에 남아 있는 치료시간들이었다. 음성 메시지에서 환자는 주말 동안 꾸물거리느라 중요한 학기말 리포트를 하지 못해서 그것 때문에 치료를 취소해야 한다고 설명했다. 그녀는 '필요하다면' 전화상담도 가능하다고 했다. 치료자는 환자의 메시지를 받았을 때 명백하게 평가절하된 느낌이었다. 동시에 치료자는 유연하게 하고 싶은 유혹을 느꼈다. 환자가 '치료에 겨우 연결되어' 있고 전화상담에 응하지 않는다면 치료를 중단할 것 같아서 두려웠다. 반면, 치료자의 슈퍼비전 집단은 치료자의 입장을 지키라고 제안했다.

치료자는 환자에게 전화해서 직접 확실하게 말하려고 했는데, 몇 번이나 전화를 걸고서야 통화가 됐다. 대화하는 내내, 치료자는 환자가 과제 마감기한을 지키는 게 중요하다는 것을 이해하는 동시에 치료의 긍정적 결과는 규칙적으로 치료에 오는 것에 달려 있으며, 특히 휴가 전에 더 그렇다고 강조했다. 치료자와 통화하면서 환자는 치료에 오는 것에 동의했다. 이어지는 회기에서 치료자는 환자의 관점을 말로 표현할 수 있었다. 환자는 학교 과제가 있는데 치료에 오는 것이 과제의 중요성을 평가절하하는 것처럼 여겨졌고, 다시 말해 과제를 치료나 치료자의 요구에 비해 하찮게 여기는 것이라고 보는 것 같았다. 이를 거꾸로 말하면, 치료시간을 취소하는 것은 과제가 치료작업보다 더 중요하다는 것을 의미하는 것이다. 전이에서 평가절하를 막아내기 위한 이러한 경험을 말로 표현함으로써 환자가 자신이 상처받은 느낌을 거리를 두고 볼 수 있도록 했고, 이는 약한 동맹을 지지하며 환자가 좀 더 편하게 치료에 안착할 수 있도록 했다.

변화 지표와 중기로의 이행

치료가 초기에서 중기로 이행함에 따라 치료틀은 견고하게 수립될 것이고, 발달된 치료동맹이 자리 잡을 것이며, 환자와 치료자는 치료세팅에서 자극된 초기 불안을 탐색했을 것이다. 이 과정에서 환자의 순간순간의 경험 및 호소문제를 조직하는 핵심적인 대상관계가 확인되고 탐색될 것이다. 환자는 이러한 대상관계의 반복적인 상연이 제약을 만들고, 환자의 경험과 행동을 경직되게 한다는 것을 인식하게 될 것이다. 이러한 발전은 환자가 중기로 계속 나아갈 준비가 되었다는 것인데, 이 단계에서는 이러한 병인적 대상관계의 갈등을 동기화하는 상연이 탐색되고, 궁극적으로 훈습될 것이다. 훈습은 치료 중기의 핵심 과제이다.

치료 초기가 끝나 갈 무렵, NPO 환자는 갈등 영역에서 자신의 경험과 행동을 지속적이고 안정적으로 조직하는 방어적 대상관계에 대해 익숙해지게 될 것이다. 이러한 대상관계는 환자가 치료에 오게 된 부적응적 특성과 반복적인 사고 및 감정과 연결될 것이다. 명료화와 직면의 반복을 통해, 환자는 자신의 성격특성과 부적응적 행동에 대한 익숙한 합리화에 의문을 가지게 될 것이다. 이러한 변화는 갈등 영역에서 자기관찰과 내성역량의 증가 및 부적응적 특성과 방어가 자아이질적이 됨에 따른 성격 경직성의 초기 감소와 일치한다.

BPO 환자의 치료에서 필요하다면 한계 설정에 의한 치료틀이 치료 초기에 중대한 행동 변화를 가져올 수 있다. 초기가 끝나갈 무렵 BPO 환자들은 대개 습관적인 파괴적 행동화를 포기하고 전일제 근무나 구조화된 활동을 하게 될 것이다. 중기로 이행될 즈음 BPO 환자는 핵심 갈등적 대상관계가 전이 경험에 미치는 영향을 통해 그리고 대인관계에서 그것이 어떻게 상연되는지 인식하는 것을 통해 핵심 갈등적 대상관계에 대해 잘 알게 된다. BPO 환자는 적어도 병인적 대상관계의 두 측면과의 동일시에 대한 가장 기본적인 인식을 발달시키게 될 것이다—편집적 이자관계에서 자기를 피해자로 볼 뿐만 아니라 때로는 공격자로 보게 되는데, 이는 갈등 영역에서의 자기성찰 역량과 대안적 관점으로 들어갈 수 있는 능력의 증가를 반영한다.

이러한 발달은 때로 환자의 대인관계를 어느 정도 안정시키는데, 전이가 좀 더 정동적으로 부하될 수 있을 때에도 그렇다. BPO 환자가 중기로 이행될 때, 환자는 자신의 경험이 불안정하다는 것을 좀 더 알게 되고 이상화된 관점과 편집적 관점 사이의 변화를 확인할 수 있게 된다. 이는 비교적 평온한 때에 분열-기반 방어의 자아이질성 증가와 내적 상태를 성찰하는 초기 역량—즉, 심리화 역량—의 증가를 반영한다.

치료 중기

TFP-E의 중기는 대체로 1년에서 3년까지 지속된다. 중기의 중심 과제는 핵심 갈등을 정의하는 대상관계를 탐색하고 훈습하는 것으로, 환자의 통합 과정을 촉진하는 것을 목표로 한다. 이 과제는 제6장에서 기술한 치료방략을 적용하는 것으로, 제10~12장에서 자세히 설명한 기략과 기법을 활용한다. 이에 대해서는 이미 앞에서 광범위하게 기술하고 보여 주었기 때문에, 여기서는 전형적인 임상 발달을 강조하고자 한다.

치료 초기 단계의 작업 결과, 중기에 접어든 환자는 자신의 경험을 조직하는 많은 핵심 대상관계의 특성에 대한 인식이 발달한다. 중기의 가장 중요한 과제는 이러한 대상관계들을 기저에 있는 편집 및 우울 불안과 연결하고 관련된 갈등을 훈습하는 것이며, 환자의 통합 과정을 촉진시키는 것이다. 이러한 작업은 초기에 만들어진 토대에 기초하는데, 안정적인 치료틀, 치료동맹 및 자신의 행동과 내적 경험을 관찰하고 성찰하는 역량의 발달을 포함한다. 중기에서 훈습은 환자의 경험을 조직하는 대상관계의 질에 점진적인 변화를 가져온다. BPO 환자들에게 훈습은 편집적 대상관계와 이상화된 대상관계의 점진적인 통합—정체성 공고화 과정—을 가져온다. NPO 환자들에게 훈습은 지배적인 자기경험에 갈등적 대상관계를 컨테인—성격의 경직성 감소와 정동적 경험이 더 깊어지는 과정—할 수 있도록 한다.

다음은 치료 중기에서 훈습해야 할 주요 과제이다.

- 핵심 갈등을 반복적으로 탐색하고 해석하기(즉, 훈습 과정)
- 통합 과정을 방해하는 편집 및 우울 불안 탐색하기
- 치료목표에 초점 맞추기
- 갈등적 대상관계의 발달적 선행 사건 훈습하기
- 부정적 치료반응이 일어나면 이를 훈습하기

훈습

훈습 과정은 치료 중기에 시작해서 종결까지 지속되며, 치료가 끝난 후에도 독립적으로 진행되어서 궁극적으로 환자에 의해 완성된다. 그러나 훈습의 대부분은 치료 중기에 일어난다. BPO 환자의 치료에서 전이는 종종 훈습의 주요 초점이 된다. 동시에 치료자는 탐색 작업이 현실에 근거하도록 확실히 하는데, 이때 환자의 현재 대인관계 삶에서 병행하여 상연하는 것에 주의를 환기시킨다. NPO 환자의 치료에서 훈습은 대체로 전이 바깥에 초점을 두게 된다. 비록 대부분의 환자에게 치료세팅이나 치료자와 관련하여 미묘하지만 병행적으로 상연되는 것을 언급할 기회가 있음에도 그렇다(훈습에 대한 추가 논의는 제12장 참조).

TFP-E 접근에서 훈습 과정을 통해 자기탐색과 치료 변화가 연결된다. 훈습은 통합적인 변화를 가져온다. 이는 갈등 영역에서 경험을 맥락화하고 조망을 수용하는 역량의 증가, 유연하고 적응적인 기능 및 증상의 호전에 해당한다. 심각도 스펙트럼에 걸쳐서 주어진 갈등을 반복적으로 활성화하고 상연하고 탐색하는 과정은 갈등적 대상관계를 컨테인할 수 있도록 할 것이며 자기인식을 좀 더 충분한 수준으로 촉진시키고, 궁극적으로 좀 더 정서적으로 의미 있는 수준의 자기이해를 가져온다.

BPO 환자에 있어서 반복적인 훈습 과정은 부적응적 행동의 '하향식' 관리 역량을 강화하고 정동을 컨테인하는 역량을 지지하며, 편집적 및 이상화된 경험 영역을 점진적으로 통합한다. NPO 환자에 있어서 주어진 갈등을 반복적으로 활성화하고 상연하고 해석하는 과정은 경험의 갈등적 측면의 인식을 견디는 역량과 상징적으로 관리하는 역량을 증가시키며, 불안을 감소시키고 성격기능을 좀 더 유연하게 한다.

훈습은 치료세팅 및 전이-역전이에서 활성화된 편집 및 우울 불안을 치료자가 컨테인하는 역량에 기초한다. 이 과정은 갈등적 대상관계의 활성화와 연결된 불안 및 심리 상태를 컨테인하는 환자의 역량이 발달하는 것으로 이어진다. 이 과정에서 환자는 특정 대상관계의 두 측면 모두를 동일시하는 것을 인식하게 되며, 마찬가지로 하나의 특정 내적 대상관계가 활성화되는 것 또는 다른 측면에 대한 갈등적 방어가 활성화되는 방식을 인식하게 된다. 치료자가 현재 어려움과 과거를 가장 효과적으로 연결할 수 있는 것도 훈습 과정 동안이다. 이런 세팅에서 과거와의 연결을 수용함으로써 갈등적 대상관계를 좀 더 컨테인하고 상징적으로 관리하도록 촉진할 수 있다. 환자가 현재의 경험에서 자신의 발달적 과거의 역할을 새롭고 더 깊이 인식해 나갈수록 현재의 경험은 풍부해진다. 결국 환자는 자기 및 내적 대상의 현재 및 과거에 억압되고 해리되었던 측면에 대해 책임질 수 있게 될 것이다.

▶ 심각도 스펙트럼에 걸친 대상관계 질의 점진적 변화

NPO 환자의 치료 초기에 나타나는 대상관계는 주로 방어적이고 비교적 현실적이며 잘 통합되어 있다. 그에 반해 중기로 갈수록 치료에서 탐색된 대상관계는 갈등적 동기 및 관련 불안이 좀 더 직접적으로 나타날 수 있다. 이러한 진전은 NPO 환자가 자신의 내적 삶에 좀 더 접근하고, 받아들일 수 없고 피하고 싶은 자신의 내적 세계 측면에 대한 인식을 좀 더 견뎌 내게 될 때 일어난다. 치료 중기에 다양하고 폭넓은 심리적 경험의 인식을 견뎌 내는 환자의 역량은 갈등적 대상관계가 치료에서 상연되고 탐색될 때 컨테인 하는 치료자의 견뎌 내고 수용하는 태도에 의해 지지된다.

BPO 환자의 치료에서 중기 초반에 상연되는 대상관계는 정의상 분열인데, 어느 정도는 환자 병리의 심각도 및 현재 활성화된 갈등에 달려 있다. 중기 과정에서 치료자는 BPO 환자에게서 분열의 통합과 해결을 향한 고르지 않지만 전반적인 점진적 변화의 증거를 기대할 수 있다. 거시적인 수준에서(즉, 수개월 및 수년의 치료에 걸쳐), 환자가 중기를 거치면서 대상관계는 덜 폭넓게 분열되고, 점점 더 복합적이게 되며, 좀 더 정동적으로 조절된다. 미시적으로는(즉, 한 회기 또는 몇 회기에 걸쳐), 환자는 한편으로는 안정적인 성찰 역량과 연결된 좀 더 잘 통합된 자기 상태와 다른 한편으로는 좀 더 빈약하게 통합된 자기 상태 및 성찰의 결여 사이를 왔다 갔다 하는 것을 볼 수 있다.

환자가 중기에서 진전기로 나아갈수록, 통합 기간은 훨씬 빈번하고 더욱 오래 지속되며 분열 상태로 다소 일시적으로 퇴행함으로써 중단되기도 한다. 이 과정에서 환자는 갈등 영역에서도 뒤로 물러서서 자신의 경험을 관찰하고 성찰할 수 있게 되는데, 이는 정동을 컨테인하는 역량을 높이고 통합을 더욱 촉진시킨다. 분열에서 통합으로 향하는 변화 전반에 걸쳐, 환자가 좀 더 복합적인 정동 상태를 견뎌 내고 폭넓은 심리적 경험을 인식하는 역량의 발달이 반영되는데, 이는 환자의 투사 및 고도로 부하된 정동 상태를 컨테인하는 치료자의 능력에 의해 지지된다.

통합 과정을 방해하는 편집 및 우울 불안 탐색하기

치료단계라는 주제는 치료자가 환자의 갈등을 직면하거나 탐색하는 특정 순서가 있는가, 그리고 서로 다른 성격조직 수준에 있는 환자들에 따라 이 순서가 다른가라는 질문을 제기한다. 이 질문에 대한 대답은 복합적이다. 갈등이 치료에 나타나는 순서에 따라, 어떤 갈등이 환자에게 가장 위협적인가에 따라 환자들마다 차이가 매우 크다.

제3장에서 기술했듯이, 갈등은 편집 불안과 연결된 갈등 및 우울 불안과 연결된 갈등으로 나눌 수 있다. 편집 지향은 환자의 내적 세계의 위협적인 측면들이 주된 자기경험

에서 분열되고 투사된 것을 의미한다. 그 결과, 환자는 어떤 점에서는 위협으로 지각된 대상과 관련하여 자기 자신이 위험에 처해 있다고 느낀다. 책임은 외부에 있고, 지배적인 정동은 불안과 두려움이다. 반면, 우울 지향은 갈등적 동기와 정서적 상태를 투사하지 않고 컨테인하는 역량을 의미한다. 환자는 자신의 공격적이고 이기적인 동기로 인해, 자기 자신이 아닌 대상이 위험해지는 것을 두려워한다. 우울 불안과 연결된 지배적인 정동은 죄책감과 상실이며, 종종 복구 소망과 연결되어 있다.

편집 불안은 자기 및 타인에 대해 대체로 양극화된 이미지와 연결되어 있다. 편집 지향 세팅에서 이러한 불안은 다음과 같이 표현될 수 있다(간단하게, 1인칭 '나'를 사용한다, 마치 환자는 기저하는 갈등을 표현할 수 있는 것 같다). "내가 두려워하고 미워하는 사람은 내가 사랑하고 믿는 사람과는 완전히 분리되어 있어요. 내가 미워하고 시기하고 경쟁적으로 느낀다면, 그건 내가 적대하는 그 대상이 정말로 미움받을 만하고 패배할 만하기 때문이에요."(환자가 대상관계의 두 측면—사랑과 미움—에 대해 분열을 유지하고 있는 한 갈등은 전혀 없다.)

다른 한편 우울 불안은 비교적 잘 통합되거나, 양가적인 자기 및 타인 경험과 연결된다(앞에서처럼 간단하게 1인칭 '나'를 사용한다). "어쩌면 내가 파괴할 수 있는 사람은 내가 사랑하고 믿기도 하는 사람이에요. 나의 대상과 마찬가지로, 나는 사랑하면서도 파괴하는 사람이에요."(이 세팅에서 갈등은 필연적임을 주목하라.)

편집 불안을 훈습하고 우울 지향이 좀 더 우세한 것으로 이동함으로써 환자는 점점 더 깊고 안정적이며 복합적인 자기 및 대상 이미지를 지속시키는 역량이 향상된다(Steiner, 1996). 우울 불안은 전체 대상, 양가적인 대상과 관련하여 가장 충분히 경험되기 때문에(Klein, 1935/1975; Steiner, 1993), 치료에서 우울 불안에 앞서 편집 불안을 다룸으로써 두 가지 불안의 훈습이 촉진된다.

우울 불안 이전에 편집 불안을 다루는 방략은 주어진 한 회기 안에서의 미시적 과정과 수개월 및 수년에 걸친 거시적 과정에 모두 적용된다. 거시적 수준에서 편집 불안이 중기에 훈습됨에 따라, 우울 불안이 서서히 좀 더 일관되게 치료의 초점이 된다. 미시적 수준에서는 일단 환자의 핵심적인 편집 및 우울 불안 그리고 관련 대상관계가 치료에서 확인되고 탐색된다면, 환자는 편집 및 우울 역동 사이를 왔다 갔다 하게 되는데, 이는 훈습 과정의 일부이다. 따라서 치료의 전반적인 궤도는 중기에서 순간순간에 그리고 회기 간에, 갈등 영역에서 우울 기능 수준을 좀 더 견고하게 확립시켜 가게 되면서, 환자는 대체로 우울 및 편집 지향 사이를 왔다 갔다 하게 될 것이다.

▶ 성격조직 수준에 걸친 편집 및 우울 갈등

　모든 환자는 치료과정 동안 편집 및 우울 불안과 씨름하며, 치료과정을 거치면서 편집 불안을 지나 우울 불안의 중심성이 증가하는 방향으로 변하게 된다(Steiner, 1993). 중기에서 훈습 과정은 하나의 불안이 다른 하나를 어떻게 방어할 수 있는지를 변함없이 추적하는데, 이때 정동적으로 지배적인 것에서 시작한다. 각 환자의 독특한 구조를 유념하면서 NPO, 높은 BPO, 낮은 BPO 환자들이 직면하게 되는 전형적인 역동에 일반적인 차이가 있음을 주목한다. 이러한 차이는 고정된 것은 아니다. 이러한 일반적인 구분을 이해하는 것은 치료자로 하여금 치료 중기에 어떻게 역동들이 펼쳐질 수 있는지 예측할 수 있도록 해 준다.

신경증적 성격조직 수준.　제3장에서 논의했듯이, NPO에서 지배적인 갈등은 우울적이다. 따라서 치료 중기에 접어든 NPO 환자의 TFP-E 치료자는 앞으로 많은 작업의 초점이 우울 불안을 탐색하고 훈습하는 것에 있다는 것을 예상할 수 있다. 짧게 검토하면 NPO 환자는 갈등적 동기로 묶여 있고, 받아들일 수 없는 것으로 보이는 자기 측면을 받아들일 수 있는 능력이 없어서 고통을 겪는다. 갈등적 동기의 인식은 불안—대체로 우울 불안이지만 때로는 편집 불안—을 자극한다. 치료자는 우울 갈등 및 불안을 해결하기 위해 노력하는 환자를 관찰하는데, 환자는 통합된 '전체' 대상(자기 및 타인표상이 잘 통합되어 있으며, 좋기만 하거나 나쁘기만 하지 않다) 세계에 있고, 자신의 충동에 책임을 질 수 있는(투사하거나 부인하는 것과는 반대) 만큼 노력한다(Hinshelwood, 1991; Joseph, 1987/1988). 신경증적 구조에서 편집 불안이 생길 때, 그것은 종종 우울 불안으로부터 방어적으로 철수한 것으로 볼 수 있다. 환자가 중기를 거치고 갈등적 동기를 책임지는 역량이 발달하고 우울 불안을 견디고 궁극적으로 그것들을 훈습할수록, 편집적 염려는 서서히 사라지는 경향이 있다.

> **임상 예시 6** 우울 갈등과 불안 훈습하기

　I 씨는 여자 대학원생으로, 신경증적 수준에서 조직되었으며, 경쟁적 공격성과 관련하여 갈등을 경험하고 있었다. 그녀는 중년의 여성 멘토에게 무시받거나 굴욕당하는 것을 만성적으로 두려워했다. 이러한 대상관계가 치료 중기 초반에 탐색되었을 때, 환자는 자신이 속으로는 멘토를 그녀보다 나이가 많고 덜 매력적이고 능력이 없다고 보면서 멸시하고 있다

는 것을 알게 됐다. I 씨가 자신의 태도에 주의를 기울이고 성찰했을 때, 그녀는 자기를 비판하였고 결국에는 후회하게 되었다. 사실 멘토는 너그럽고 잘 도와주곤 했지만, I 씨는 은밀한 적대감과 평가절하로 대응해 왔다.

이 예시에서 무시받고 굴욕당하는 것에 대한 I 씨의 두려움은 적대적 및 경쟁적 대상관계—자신의 적대감과 평가절하로부터 일종의 편집적 철수 및 투사—안에서 방어적 역할반전을 나타낸다. 이 대상관계는 자신의 공격성을 책임지는 것으로부터 그리고 죄책감과 후회라는 고통스러운 감정으로부터 보호하기 위한 모든 것이다. I 씨가 자신의 경쟁적 공격성에 점점 더 책임질 수 있게 되고 다른 여성에게 승리하고 싶은 소망과 관련된 갈등을 훈습하게 됨에 따라 멘토에 대해 좀 더 편해졌다. I 씨는 멘토를 존경할 수 있었고 멘토링에 감사하면서 멘토의 부족한 영역도 받아들일 수 있었다. 그녀는 자신의 경쟁적 측면을 받아들일 수 있게 됐는데, 성공을 위해 열심히 노력하였고 경쟁자들을 무시하거나 두려워할 필요 없이 자신의 승리를 편안하게 즐길 수 있었다.

I 씨보다 좀 더 갈등적이고 공격적인 또 다른 NPO 환자는 유사한 갈등에 대해 분열에 기반한 방어를 활성화시켰을 수도 있다. 예를 들면, 그런 환자는 자신의 멘토를 악마로 묘사할 수 있는데, 멘토에 대해서 신뢰할 수 없고 무자비하며 모든 잠재적 경쟁자를 이기는 데만 몰두하는 사람으로 보면서 격분하게 된다. 또는 이 환자는 멘토를 전적으로 평가절하할 수 있는데, 한심하고 미숙한 무능력자이자 전체적으로 어떤 유용한 전문지식도 없다고 보면서, 박탈감과 분개, 적대감을 느낀다(제3장 임상 예시 'NPO 환자의 편집 및 우울 지향 사이의 역동적 관계'의 '우울 포지션의 분열'에 대한 논의 참조). 이런 환자들에게 우울 불안을 없애는 방법으로서 분열의 해석과 훈습은 중기의 첫 번째 과제이다. 환자는 중기를 지날수록 우울 불안을 견디고 훈습할 수 있는 가능성을 열게 되며, 그래서 환자가 자신의 경쟁적 공격성에 좀 더 편안해지고 그것을 좀 더 잘 관리할 수 있도록 촉진하게 된다.

경계선 성격조직 수준. 분열−기반 방어가 지배적인 BPO 환자들은 중기에 접어들면서 주로 편집 불안과 씨름한다. 역동적 관점에서 중기의 주요 과제는 환자가 분열을 포기하도록 돕는 것이다. 이는 환자가 먼저 편집 불안을 컨테인한 후—성격의 통합이 좀 더 진전된 단계에서—우울 불안을 컨테인할 수 있는 역량이 발달하도록 한다. 이러한 발달은 BPO 환자의 치료에서 중기를 포괄하는 점진적인 통합 과정을 구성한다. 이 과정에서 통합으로의 변화는 분열을 추동하는 편집 및 우울 불안을 환자가 그 순간에 컨테인할 수 있는 역량을 반영하는 반면, 덜 통합된 자기 상태로의 변화는 그러한 불안들로부터 방어 적으로 철수한 것을 반영한다. 이러한 움직임을 추적하고 그것을 추동하는 불안을 탐색 하는 것은 BPO 환자의 치료 중기에서 훈습 과정을 특징짓는다.

중기 초반에 처음에는 임상적 주의의 초점을 분열과 편집적 및 이상화된 대상관계에 맞춤으로써, 환자는 어떻게 편집적 및 이상화된 대상관계들이 서로 방어하는지 인식하게 되고 두 영역을 인지적으로 연결하기 시작한다. 분열을 동기화하는 편집 불안을 탐색하 고, 환자가 현실을 검증하고 이러한 불안을 컨테인하도록 도움으로써 통합이 더욱 촉진 된다. 분열에 대한 반복적인 직면에 이어, 기저하는 편집 불안을 탐색하고 훈습함으로써 이상화된 및 편집적 대상관계의 더 나은 통합의 순간이 가능해진다. 중기 중반쯤 되면, 부분적 통합의 순간들이 좀 더 빈번해지고 보다 지속되는 동시에 분열은 덜 만연해지고 덜 극심해지게 된다.

통합의 순간에 BPO 환자는 다소 통합된 자기를 경험하게 된다. 이러한 자기는 어느 정도 통합된 취약한 대상에 대해 갈등적 충동을 지니게 되고 취약해진다—즉, 우울 불안 에 취약해진다. 이러한 발달은 BPO 환자의 치료에서 주요한 전환점을 나타낸다. 처음에 는 우울 불안을 빈약하게 견뎌 내는데, 편집 및 우울 불안을 피하기 위해 방어적으로 분 열로 되돌아간다. 중기 후반이 되면, 환자가 각각 하나가 다른 하나를 방어하는, 더 잘 통 합된 분열 상태와 덜 통합된 분열 상태 사이를 왔다 갔다 하는 움직임을 추적하는 것이 치료 작업의 초점이 된다. 분열을 추동하는 우울 및 편집 불안을 탐색하면서, 환자는 두 가지 불안을 훈습할 기회를 갖는다. 통합이 진행될 때 환자가 더 충분하고 장기화된 통 합 기간을 견뎌 내면서, 분열은 우울 불안을 주로 방어하게 된다. 마지막으로 이러한 불 안들이 탐색되고 훈습되며, 적어도 부분적으로 컨테인되면서 환자는 통합된 자기감을 공 고화할 수 있게 된다.

우리는 BPO 환자의 치료 중기를 특징짓는 역동적 변화를 폭넓게 개관했다. 이와 더불 어, 낮은 BPO 및 중간 BPO 환자의 치료에서 중기 발달과 높은 BPO 환자의 치료에서 중 기 발달 간에 중요한 차이가 있다. 좀 더 심한 집단에서, 중기의 초반은 종종 매우 정동 적으로 부하되고 콘크리트하게 경험되는 편집적 대상관계가 지배적인데, 이것은 전이와 환자의 대인관계에서 상연되고 탐색된다. 특히 전이에 임상적 초점을 두는 것은 정동을 컨테인하기 위한 기회가 되며(제6장 제3절 '경계선 성격조직 스펙트럼 환자'의 '방략 2'와 제11장 임상 예시 1 '편집 전이의 명료화' 참조) 편집적 대상관계 안에서 역할반전을 직면할 수 있게 한다.

일부 환자들은 이상화된 대상관계와 전이를 인식할 수 있기 전에 편집적 대상관계를 탐색하는 데 수개월이 걸릴 수 있다. 일단 이상화된 및 편집적인 영역들을 다룰 수 있게 되면, 치료자는 그것들의 상호 해리를 직면하기 시작하고 앞에서 개관한 것처럼 계속해 나간다. 좀 더 심한 성격장애에서 구별되는 점은 이상화된 경험에 비해 편집적 대상관계가 우세하다는 것인데, 그런 경우 초기 개입은 주로 편집적 대상관계에 초점을 두며 중기가 비교적 길어진다. 우울 불안은 비교적 늦게 나타나는 경향이 있는데 편집 불안이 탐색되고 어느 정도 훈습된 이후이며, 통합의 순간을 의식할 수 있게 된다.

대조적으로, 높은 BPO 환자가 중기에 들어가면 종종 이상화된 대상관계가 지배적이다. 정체성이 공고화되지 않은 상태에서도 환자는 이상화를 통해 적어도 부분적으로나마 의존 욕구를 충족시키면서, 해리된 편집적 대상관계의 상연을 피할 수 있다. 치료계약과 관련하여 종종 발생하는 초기 어려움들이 시작 단계에서 해결되고 나면, 높은 BPO 환자들은 치료자에 대해 비교적 안정적으로 이상화를 하게 될 것이다. 낮은 BPO 환자에게서 전형적으로 볼 수 있는 것과 달리, 우울 불안은 종종 높은 BPO 환자에게 있어서 꽤 일찍부터 중심적 역할을 한다. 분열의 동기를 탐색하면 편집 불안뿐 아니라 우울 불안이 비교적 빨리 출현하게 되는데, 이는 높은 BPO 환자들이 부분적인 통합의 순간으로부터 이미 도움을 받고 치료를 받으러 오기 때문이다. 이러한 불안이 탐색되고 훈습되고 컨테인됨에 따라, 치료자는 정체성 공고화와 분열의 해소를 보게 된다. 이는—전이와 환자의 대인관계 및 친밀관계에서—이상화하지 않으면서 취약함을 견뎌 내고 복합적인 대상을 향한 공격성을 책임지는 환자의 역량에 반영된다.

임상 예시 7 ▶ **편집 전이 훈습하기**

J 씨는 경계선, 자기애성, 편집성 특징이 있는 중간 BPO 남성 환자로, 고통스러운 자기혐오와 상당히 편집적이었던 기간에 직장에서 적대적으로 폭발했던 문제를 치료하기 위해 왔다. 환자는 중기에 접어들면서 편집 전이를 보였는데 치료자 H 박사를 자신의 상사처럼, 즉 강력하고 위험한 적으로 경험했다. 분열의 이상화된 측면의 유일한 증거는 J 씨가 H 박사를 적대시하고 신뢰하지 않음에도 불구하고 계속 치료를 받으러 오는 겉보기에 모순적인 선택을 한다는 것이었다.

초기에 H 박사는 먼저 치료자에 대한 J 씨의 편집적 경험을 설명했고, 그다음 치료자에 대한 J 씨의 노골적이고 적대적인 공격을 인식하고 견디도록 했는데, 이때 편집적 이자관계 안에서 일관되고 빠르게 나타나는 역할반전에 주목하도록 했다. 이 기간에 H 박사는 J 씨의 적대감을 컨테인하려고 매우 노력했지만, 동맹이 명백히 부재하다는 것을 알았다.

수개월 후 치료 중기로 접어들었는데, H 박사는 J 씨가 더 이상 직장에 대해 불평하지 않는다는 것을 인식했다. 치료시간에 직장 상사와 동료에게 분노하면서 편집적으로 폭발하는 일은 더 이상 없었다. J 씨는 상사에게 근신처분을 받았었고, 동료에게 괴롭힘당하고 평가절하당한다고 느꼈었다. H 박사가 직장에서 무슨 일이 있었냐고 궁금해하자 J 씨는 근신처분이 끝났다고 설명했다. H 박사는 J 씨가 직장에서 상황이 나아진 것을 회기에서는 이야기하지 않았다고 말하자, J 씨는 그 일이 중요하지 않다고 생각했다고 대답했다.

환자가 직장에서 무슨 일이 있었는지에 대해 구체적으로 명료화했을 때, H 박사는 환자의 내면에서 자신이 성공할 수 있다는 생각이 떠올랐고 이와 동시에 이런 사실을 치료에서 이야기하기 꺼려한다는 것을 알았다. J 씨가 자신을 긍정적으로 보기 시작한 것은 그의 마음에, '성공할 줄 아는' 사람인 H 박사의 보호하에 있다는 경험과 연결되었다. 치료자는 시간이 지남에 따라 환자가 치료자에 대해서 가지고 있던 모순된 관점에 주목하도록 했다: 처음에는 위험한 적, 이제는 때로 강력하고 치유해 주는 구원자. H 박사는 또한 J 씨가 자신의 긍정적 경험 측면을 이야기하기 꺼려한다는 것을 지적하면서, 아마도 J 씨가 긍정적인 것이 깨질까 봐 멀리 따로 떼어 놓은 것 같다고 말했다. 강력하고 치유해 주는 치료자가 언제라도 또다시 적이 돼서 그를 공격하게 된다면, 그것은 너무 쉽게 파괴될 수 있을 것이다[이것이 **편집 불안**의 예이다].

H 박사는 편집 전이와 짧은 이상화 순간 사이를 오가는 J 씨의 움직임을 추적하면서, 그 두 측면이 극단적이고 왜곡되었음을 강조하고 각각 다른 한쪽을 얼마나 방어하고 있는지 지적했는데, 그렇게 수개월이 지나서야 J 씨는 좀 더 통합된 경험의 순간들이 생기기 시작했다. 치료자에 대해 유난히 적대적이었던 회기 이후, 환자는 치료자를 너무 공격적으로 괴롭힌 것을 후회했는데, 그것을 깨달음으로써 이러한 변화가 찾아왔다.

치료목표에 초점 맞추기

제9장에서 논의했듯이, TFP-E 치료자는 환자의 일상생활에서 치료목표 및 이와 관련된 새로운 사건을(또는 이의 부재를) 계속해서 염두에 두어야 한다. 임상 과정이나 환자의 일상생활에서, 순간순간의 이슈로 길을 잃게 되기 쉽다. 하지만 갑작스러운 새로운 사건을 탐색하면서, 치료자는 매 회기 그리고 전체 치료 동안에 환자가 치료에 오게 된 어려

움과 장기 치료목표를 계속해서 의식하려고 해야 한다. 갈등적 대상관계가 치료에서 상연되고 환자의 핵심 갈등이 중기의 초점이 될 때, 치료자는 "현재 탐색되고 있는 대상관계와 치료목표 간에는 어떤 관계가 있는가?"라고 자문할 수 있다. 유사하게, 회기가 초점이 잡히지 않거나 혼란스러울 때, 치료자는 "이런 내용이 치료목표와 어떻게 관련되는가 또는 관련되지 않는가(즉, 치료목표의 회피를 나타내는가)?"를 고려해 볼 수 있다. 또한 환자의 삶에서 특정 사건에 초점을 둘 때, 그것이 급성 위기거나 좀 더 만성적인 이슈라면, 치료자는 동시에 이런 사건이 환자가 맨 처음 치료에 오게 된 문제들과 어떻게 관련되는지를 생각해야 한다.

▶ 신경증적 성격조직 수준

NPO 환자의 TFP-E 치료는 제한된 기능영역에서 성격경직성을 감소시키는 것을 목표로 하는데, 이는 호소문제와 치료목표에 의해 정의된다. 이러한 목표를 염두에 두고 중기에서 핵심갈등이 훈습될수록, NPO 환자의 치료자는 활성화된 갈등과 환자의 호소문제 및 치료목표 간의 관계에 우선적으로 초점을 둘 것이다. 대체로 (그리고 BPO 환자와 대조적으로 매우 흔히) NPO 환자들은 삶의 중요한 발달에 대해 개방적 의사소통이나 자유연상을 통해 자연스럽게 공유하며, 치료목표를 염두에 두는 경향이 있다. 또한 (BPO 환자에게서 일어나는 것과는 달리) 대체로 이러한 발달은 호소문제와 치료목표로 쉽게 연결될 수 있다. 하지만 만약 회기의 내용이 치료목표에서 해리되면서 환자가 다른 이슈들에 초점을 맞춘다면, 치료자는 환자에 대한 이러한 관찰을 공유하고 환자가 치료에 오게 된 문제들로부터 주의를 다른 곳으로 돌리려는 가능한 동기를 탐색한다.

NPO 환자에 대해 치료자는 처음에 특정 갈등을 치료목표나 호소문제와 반드시 연결하지 않고 탐색할 수도 있다. 그러나 갈등이 초점이 될 때 치료자는 통상 이것이 환자의 호소문제 및 치료목표와 어떻게 관련되는지 고려하며, 이때 이러한 고찰들이 해석 및 훈습 과정에 포함되도록 한다. 치료자는 치료목표에 대한 이슈를 느닷없이 언급하거나 마음대로 그 이슈들을 강요하는 방식으로 하지는 않는다. 그보다는 갈등이 초점이 되었을 때, 치료자는 치료목표와의 연관성이 자연스럽고 의미 있는 방식으로 드러나는 상황을 기다리며 지켜본다. 즉, 치료자는 기회를 기다리지만 만들어 내지 않는다. 사실 때때로 치료자는 특정 이슈에 초점을 맞추거나 뒤쫓기보다는 좀 더 다른 이슈들에 덜 적극적으로 쫓아가려고 한다.

따라서 NPO 환자의 훈습 과정 동안 치료목표는 특히 중심적인 역할을 한다. 환자는 많은 기능영역에 영향을 줄 수 있는 지배적인 갈등을 가지고 있다. 어떤 기능영역은 특정 갈등에 의해 매우 강력하고 명백하게 영향을 받는 반면, 다른 영역은 훨씬 더 미묘하게 영향을 받을 것이다. TFP-E 중기에서, 치료자는 환자의 핵심 갈등에 초점을 두는데 이 갈등은 환자에게 가장 중요한 손상된 영역이며 가장 파괴적인 기능영역이다. 기법의 목적은 환자의 의사소통의 모든 측면에 대해 개방적인 동시에 특정 치료목표를 다루기 위한 개입을 좁혀 나가는 것이다.

치료목표에 초점 맞추기에 대한 논의는 치료목표에 의해 정의된 영역 외의 NPO 환자의 기능의 호전을 기대할 수 있는 정도에 의문을 제기한다. 호전, 어떤 경우 매우 중대한 호전은 대체로 다양한 기능영역에서 파급효과의 일부로 보인다. 이는 다양한 기능문제가 동일한 핵심 갈등의 발현으로 보일 때 특히 그렇다. 역설적으로, 특정 기능영역에 좀 더 지속적으로 초점을 맞추는 것은 (좀 더 구조화되지 않은 과정을 촉진시키는 것과는 달리) 특정 영역을 더욱 호전시킬 뿐만 아니라, 다른 영역들의 호전이 일반화될 가능성을 높일 수 있다. 대체로 환자의 성격경직성이 덜 심할수록, 치료효과는 치료 동안 구체적으로 목표로 삼지 않은 기능영역에서도 볼 수 있는 반면, 성격경직성이 더 클수록 치료효과는 좀 더 제한적일 가능성이 높다. 치료가 환자의 모든 문제를 다룰 수 없고 개선시킬 수 없다는 사실은 현실인데, 이는 모든 TFP-E 치료의 종결 단계에서 직면되고 훈습될 것이다.

임상 예시 8 **치료목표에 치료 초점 맞추기**

O 씨는 46세 남성으로 의료 보조인이다. 그는 신경증적 수준에서 조직되고 강박적 특징을 지닌 우울성 성격장애로 진단되었으며, '루저' 같이 느껴져 치료를 받으러 왔다. 그는 자신이 바랐던 직장 내 지위나 보수에 대해 자기주장을 하거나 적극적으로 애쓸 수 없었다고 말했다. 이 환자는 자존감과 직업적 승진 외에 다른 영역에서도 어려움이 있었다. 그는 아내와의 관계가 다소 부자연스럽지만 배려하고 존중하면서 더할 나위 없이 행복했고, 아내도 결혼생활에 만족하는 것 같았다. 성적 열정이 없었지만, O 씨는 그게 문제라고 생각하지 않았다. 또한 그는 노부모를 부양해야 한다는 부담으로 괴로움을 겪고 있었다. 이러한 어려움 모두 또는 어떤 것도 치료에서 우선순위가 될 수 있었지만, O 씨는 직장 내 역할에서 루저인 것에 대해 주로 힘들어했다. 그는 이것 때문에 치료를 받으러 왔고, 치료목표는 직장에서의 기능 및 자기경험을 호전시키는 것이었다.

환자의 갈등이 초점이 되었을 때, 치료자인 T 박사는 상연되고 있는 대상관계와 힘, 권위,

돈과 관련된 O 씨의 억제 간의 연결을 강조했지만, 성 및 친밀함과 관련된 O 씨의 억제에는 주의를 덜 두었다. 예를 들어, 경쟁에 대한 O 씨의 불안이 초점이 되었을 때, T 박사는 그가 직장에서 지체되고 있는 것을 이해하는 한 가지 방법은 자신이 권력을 지닌 자리에 있는 것을 피할 수 있기 때문인데, 그 자리에 가면 통제를 잃고 자신보다 힘없고 약한 사람들을 공격할까 봐 두렵기 때문이라고 말했다.

마찬가지로 O 씨가 개인적 성공에 대해 불안해하거나 죄책감을 느낄 때, T 박사는 직장의 성공과 관련된 환자의 억제와의 연결을 다시 강조했다. 치료자는 O 씨의 갈등과 정서적으로 억눌리고 성적으로 억제된 아내와의 관계 사이의 연결을 언급했지만, 이는 훈습 과정에서 강조되지 않았다. 요약하면 특정 갈등이 초점이 될 때, T 박사는 이것이 직업적으로 및 재정적으로 발전하는 것에 대한 환자의 억제와 어떻게 관련되는지를 강조했고, 어떻게 이와 동일한 갈등이 다른 영역들에서도 억제하게 되는지를 탐색하는 데에는 주의를 덜 두었다.

▶ 경계선 성격조직 수준

제9장에서 강조했듯이, BPO 환자와 작업할 때 치료를 계속 유지하려면, TFP-E 치료자는 치료목표를 적극적으로 인식하고 주의할 필요가 있다. BPO 환자들은 완전히 '그 순간에' 있을 수 있고, 종종 목표 및 장기 목표를 통합시키는 거시적인 시각을 유지할 수 없기 때문에 TFP-E 치료자는 환자 경험의 해리된 측면을 연결해야 하며, 모든 회기에서 치료목표와 환자의 일상 기능을 염두에 두어야 한다. 중기에는 치료자와 환자가 순간순간의 임상 과정에서 길을 잃을 수 있는 위험이 항상 있는데, 과정과 치료목표 간의 연결 또는 치료와 환자 삶에서의 중요한 발달 간의 연결을 보지 못할 수 있다. 가장 최악의 시나리오는 치료가 잘 진행되는 것처럼 보이지만 환자의 기능은 여전히 변하지 않는 것이다.

이러한 위험을 피하기 위해—성격장애 환자에 대한 비구조적인 심리역동 치료에서는 비교적 흔히—치료자의 마음이 환자 기능의 해리된 영역과 치료, 치료목표 간의 교량 역할을 해야만 한다. 동시에 치료자는 환자가 자신의 경험과 행동에 대한 좀 더 통합된 관점을 발달시킬 수 있도록 돕는다. 이러한 목표와 함께 중기 동안 치료자는 그 회기의 내용과 치료 밖 환자의 삶이 서로 간에 그리고 치료목표와 어떻게 관련되는지(또는 관련되지 않는지) 매 회기 살펴볼 것이다.

TFP-E에서 임상 과정과 치료목표 간의 관계가 분명하지 않거나, BPO 환자의 최근 기능에 대해 막연한 이해만이 있을 때, 치료자는 환자가 치료에서 자신의 삶 및 관련된 치료목표를 분열시키고 있는 것으로 보인다고 재치 있게 그러나 지속적으로 언급할 것이다. 이러한 접근은 치료가 환자의 호소문제와 일상기능의 현실에 계속 정착할 수 있게 하면서, 해리 방어의 탐색을 시작할 수 있게 한다. 이 탐색은 치료자의 적극적인 질문을 포함할 수 있는데, 치료자는 환자가 마음에 두지 않고 있는 관련 이슈를 가져온다. NPO 환자에 대한 접근과는 달리(이를 테면, 여기서 치료자는 환자의 마음에 떠오르는 것이 무엇인지 기다릴 수 있다) BPO 환자에게 치료자는 훨씬 더 적극적으로 그 회기에 자료를 가져오는 접근을 취하는데, 그렇게 하기 위해 치료목표는 중요한 수단이 된다. 다음은 치료자의 질문의 예시이다.

> 파티를 많이 했다고 했는데, 학교 공부를 따라가지 못했다는 거네요. 이번 학기에 학위를 마치겠다는 치료목표는 어떻게 된 건가요?

> 목표 중 하나는 학위를 마치겠다는 거였는데, 아직까지 몇 주 동안 공부에 대해서는 어떤 얘기가 없었어요.

> 당신이 치료와 치료자를 얼마나 자주 방해했는지에 대해 많이 얘기해 왔어요. 이것이 당신이 여기에 오게 된 결혼생활 문제와 어떻게 관련되는지 궁금합니다.

요약하면, BPO 환자의 치료 초기부터 중기 동안, 치료목표를 지속적으로 인식하면서 환자 삶의 최근 발달을 잘 인식하는 치료자의 능력은 환자의 방어에 의해 치료에 나타난 해리 과정을 연결하는 본질적인 기능을 한다(BPO 환자의 치료목표에 초점 맞추기에 대한 추가적 논의를 위해 제9장 참조). 치료자 측면에서의 이러한 통합적 기능은 환자의 방어와 공모하지 않기 위한 끊임없는 노력을 요구하며, 임상 과정에 미치는 방어의 영향에 환자의 주의를 환기시키는 일관된 개입을 요구한다.

임상 예시 9 ▶ 목표에 초점을 둠으로써 분열과 부인을 치료에서 다루기

중간 경계선 수준에서 조직되고, 수동공격적, 자기애적 및 의존적 특징을 지닌 여성 Z 씨는 여섯 살 딸에게 자주 이성을 잃고 화를 내는 것을 호소했다. 환자는 때때로 딸이 '올바른 행동을 하도록' 겁을 준 것이라고 인정했다. Z 씨는 이런 일이 있을 때 때리지는 않았다고 부인했다("저는 애가 겁이 나서라도 말을 듣기 원했을 뿐이에요."). 환자는 자신의 행동이 파괴적이라는 것을 인식했고, 자신의 행동에 대해서는 생각하지 않으려고 하면서 아이에게 관대하게 대하고 나면 불편함을 느끼는 것을 다루었다.

Z 씨는 이따금 남편에게도 폭발하지만 자주 그런 것은 아니라며 남편은 별로 괴로워하지 않고 대처할 수 있는 것 같다고 말했다. 남편이 진정하라고 강하게 요구하면, 그녀는 남편의 한계 설정에 긍정적으로 반응할 수 있었다. Z 씨는 딸이 자신과 같이 있고 싶어 하지 않는다는 것을 알고 나서 치료에 왔다. 그와 동시에 딸은 학교에서 어려움을 겪기 시작했다.

치료 초반 몇 달 동안, 그녀는 다양한 주제에 대해 생각 없이 이야기했다: 하루가 어떻게 지나갔는지, 여자 친구들과의 다툼, 최근의 가벼운 연애질, 일을 갖지 못한 것에 대한 실망. 치료자인 E 박사는 Z 씨의 이야기가 어떤 특정 목표를 지향하지 않는 것 같았고, 치료자가 말하는 것에는 전혀 관심이 없다는 것을 알았다.

Z 씨가 중요한 문제를 이야기하지 않으면서 치료자를 차단하는 것이 지배적인 이슈로 보였다. E 박사는 이러한 관찰에 대해 말하기로 결정하고, 환자에 대한 인상을 공유했다. 즉, Z 씨가 많은 이슈를 말하긴 하지만, 어떤 것도 그녀가 치료에 오게 된 문제와 무슨 관계가 있는지 분명하지 않다고 말했다.

Z 씨는 E 박사의 말을 무시하면서 또다시 혼잣말을 하기 시작했다. 치료자가 이것을 환자에게 지적했을 때, Z 씨는 자신의 마음에 E 박사가 없다고 가정하는 게 좋다고 인정했다. 드러난 것은 환자는 그녀에 대한 치료자의 반응, 특히 그녀가 예비치료 기간 중 딸을 어떻게 대했는지에 대해 이야기했던 것에 대한 치료자의 반응을 생각하고 싶지 않다는 것이다. 이러한 대화를 통해 Z 씨와 생산적인 논의를 하게 되었는데, 그녀가 아이를 대하는 행동에 대해 생각하고 싶지 않기 때문에 부인과 합리화에 의존하는 것이며, 이러한 대처 유형의 대가로 그녀의 파괴적인 행동이 지속된다는 사실이다.

몇 달 후 치료 중기 초반에, Z 씨는 E 박사에게 인정받고 싶다는 생각에 빠져 있었다. 그녀는 치료자에게 특별함을 느끼고 싶다고 말했다. 그녀는 치료자가 자신을 위해 특별히 맞춰 주고 조치해 주길 바랐다. 전이에서 Z 씨는 헌신적인 치료자의 환자로서 돌봄을 받는 특별한 아이이길 원했는데, 이는 치료의 생산적인 탐색의 초점으로 보였다.

그러나 어떤 지점에서, E 박사는 전이에 초점을 둔 최근 회기들이 겉보기에 환자의 일상 기능에서 동떨어져 있다는 것을 깨달았다. E 박사는 Z 씨가 최근 몇 주 동안 일상생활이나 특히 딸과의 상호작용이 어땠는지에 대해 거의 아무 말도 하지 않았다는 것을 알게 됐다. 이렇게 빠트린 것에 대해 주목하게 했을 때, Z 씨는 집에서의 행동은 여전히 문제가 있고, '늘 그렇듯이' 회기에서 그것에 대해 생각하거나 말하고 싶지 않다고 말했다. E 박사는 환자가 치료자에 대한 이상화된 관계 소망을 이야기하면서도, 그 감정은 집에서의 상반되고 더 급한 이슈와는 해리되어 있다고 지적했다. Z 씨는 딸과 적대적이고 편집적인 대상관계를 상연하고 있었는데, 이는 무력하고 좌절되고 격분한 양육자와 철수시키고 좌절시키며 통제하는 아이 관계이다. 특히 환자는 두 역할 모두와 동일시했다.

갈등적 대상관계의 발달적 선행사건 훈습하기

제10장에서 개입 과정을 소개했을 때, TFP-E에서 치료자는 현재의 갈등을 환자의 초기 발달력과 연결하는 해석을 강조하지 않는다고 말했다. 그 대신 치료자는 갈등적 대상관계가 지금 여기에서, 즉 환자의 현재 삶과 전이에서 상연될 때 그것에 초점을 맞춘다. 그러나 핵심 갈등이 치료 중기와 진전기에서 훈습될 때, 지금 여기에서 훈습되고 있는 대상관계를 환자의 발달력에서의 중요한 인물 및 경험과 연결하는 것은 종종 도움이 된다. 과거의 역할에 대한 성급한 해석은 일반적으로 치료효과가 제한되는 주지화된 논의가 되게 하거나 환자가 자신의 어려움에 대한 책임을 외재화하도록 하는 반면, 환자의 초기 발달력과 치료에서 활성화된 대상관계를 연결하는 시의적절한 해석은 훈습과정에 깊이와 의미를 증진시킬 수 있다.

BPO 환자의 치료에서, 이 과정은 오직 환자가 어느 정도 정체성 공고화를 이룬 후 시작한다—대체로 중기 후반에서 진전기로 이행할 때. 이 지점에서 내적 대상관계와 환자의 발달력을 연결하는 것은 유용한데, 과거의 자기표상 및 중요한 대상표상이 비교적 잘 통합되고 일관되고 현실적이며, 환자가 비교적 복합적인 관점으로 자기 및 대상표상을 보게 되기 때문이다(제6장 제3절 '경계선 성격조직 스펙트럼 환자'와 M 씨 예시에 대한 논의 참조).

NPO 환자의 치료에서 환자의 발달력을 참조하는 것은 일반적으로 중기 훈습과정의 일부가 된다. 핵심 갈등이 정교화되고 훈습될수록, 환자의 과거와의 연결은 환자의 연상에서 유기적이고 자발적으로 일어나는 경향이 있다. 그의 경험은 갈등 영역에서 좀 더 유연해진다(제6장 제3절 '신경증적 성격조직 스펙트럼 환자'와 S 씨 예시에 대한 논의 참조). 이 지점에서 환자는 현재와 과거 경험 사이를 고르게 오가면서 어떻게 이 두 경험이 자신의 내적 세계를 표현하는지에 대한 이해가 깊어지게 된다.

▶ 꿈 작업의 역할에 대한 해설

훈습과정이나 치료의 어떤 지점에서 환자들은 꿈을 가져올 수 있다. 환자의 꿈에 대한 탐색은 정신분석 역사에서 중요한 위치에 있다. 초기 정신분석적 '치료'는 억압된, 무의식적인 마음의 내용들을 밝혀낸 결과로 생각됐다. 또한 Freud(1900/1964)에 의해 꿈 분석은 '마음의 무의식적인 활동에 대한 이해의 왕도'(p. 609)로 여겨졌다. TFP-E 접근에서 꿈 작업에 대한 관점은 치료목표와 성격조직 수준에 따라 좀 더 신중하게 고려된다.

경계선 성격조직 수준.   이 책 전체에 걸쳐 강조해 왔듯이, BPO 환자에 대해서 치료자는 먼저 자기관찰을, 그다음 자기인식을, 마지막으로 자기성찰을 촉진시키는 데 우선적으로 초점을 두며, 그 후 자기이해가 깊어지는 것을 목표로 무의식적 역동을 탐색하는데 초점을 둔다. BPO 환자의 치료에서 오랜 초기 및 중기를 거친 결과, 꿈 분석의 유용성은 환자의 행동과 의식적 사고 및 감정에 대한 해리 방어의 영향에 초점을 두는 것의 유용성에 비해 상대적으로 제한된다. 치료 초기와 중기에 BPO 환자가 회기에서 꿈을 제시한다면, 치료자는 대체로 꿈의 발현된 내용과 꿈을 공유하는 환자의 행동(즉, 왜 환자가 이 꿈에 대해 지금 말하는지 고려하기)에 초점을 두어야 한다.

신경증적 성격조직 수준.   자유연상을 할 수 있고 억압에 기반한 방어가 지배적인 NPO 환자에게 있어서, 무의식적 역동을 이해하는 것은 치료에서 좀 더 중심적 역할을 하며[제10장 '엄밀한 의미의 해석'과 후반부의 임상 예시 1(계속): 'NPO 환자에서의 해석' 참조], 환자가 억압된 경험 측면을 인식하도록 돕는 것은 이 과정의 일부이다.

그러나 NPO 환자일지라도 치료자는 억압된 경험 측면을 가져오도록 하는 것보다 환자가 자신의 그러한 측면에 대해 정서적 자각을 충분히 견디도록 유연성을 발달시키게 돕는 데 좀 더 관심이 있다. 그 결과 TFP-E에서 꿈 분석은 NPO 환자일지라도 대체로 중심적 역할을 하지 않는다. 환자가 꿈을 이야기할 때 치료자의 전반적인 접근은 꿈에 대한 환자의 자유연상을 듣고, 그 꿈을 촉발했을 수 있는 최근의 일에 대한 환자의 설명을 살펴보고, 꿈을 이야기하는 태도를 관찰하는 것이다. 대체로 핵심 주제는 이러한 의사소통에서 드러나며, 일반적으로 많은 부분은 중기 동안 NPO 환자의 자유연상에서 나타난다. 치료자는 이러한 주제가 그 회기의 정동적으로 지배적인 대상관계 및 치료와 환자의 삶에서 현재 활성화된 갈등과 어떻게 관련될 수 있는지에 주의를 기울인다.

부정적 치료반응 훈습하기

부정적 치료반응이라는 용어는 환자가 호전된 후 증상을 좀 더 드러내거나 불안해하고 우울해지거나 원상태로 되돌아가는 상황을 말한다(Auchincloss & Samberg, 2012; Sandler et al., 1992; Tindle, 2006). 부정적 치료반응은 치료의 어떤 단계에서도 일어날 수 있지만, 성격장애 치료 중기에 가장 흔하게 나타나는데, 환자가 치료자와 치료의 도움에 대한 현실적인 감각을 발달시키면서 시작된다.

높은 수준의 성격병리 환자에게서, 부정적 치료반응의 역동은 종종 도움을 받거나 나아지는 것에 대한 환자의 의식적 또는 무의식적인 죄책감과 같은 우울 불안과 관련된다. 흔히 환자는 치료자의 도움을 받을 자격이 없다고 느끼거나, 어떤 호전일지라도 어떤 점에서는 타인을 잃거나 환자가 돌봐야 하는 사람들을 '남겨두고 떠나게' 될까 봐 걱정한다. 이러한 종류의 부정적 치료반응은 우울 불안을 반영하는데, 중기 과정 동안—일부 환자들에게는 여러 번—훈습되며, 치료 종결과정의 일부로서 재작업될 것이다.

대조적으로, BPO 환자의 부정적 치료반응은 편집 불안에 대한 방어를 가장 빈번하게 반영한다. 이러한 맥락에서, 환자는 치료자가 도움이 되거나 의미 있는 무언가를 제공한다고 인식함으로써 환자의 눈에는 치료자가 '매우 강력하게' 보일 수 있다. 그 결과 치료자의 도움은 착취당하거나 통제당한다는 두려움뿐 아니라, 열등감, 시기심 또는 적대감을 자극할 수 있는데, 이것들은 어떤 호전도 무효로 돌리려는 충동을 동반한다. 시기심과 연결된 편집 불안의 결과로서 부정적 치료반응은 심각도 스펙트럼에 걸쳐 특히 낮은 BPO 환자와 자기애성 환자에게서 흔하다(한 환자의 말을 빌리면, "난 늘 혹 떼려다가 혹 붙인 격이에요.").

편집 불안의 결과로서 부정적 치료반응은 덜 흔하지만 높은 수준의 성격병리 환자에게서도 볼 수 있다. 특히 높은 수준의 성격병리 환자가 현저한 자기애적 갈등이 있을 때 시기심 때문에 부정적 치료반응을 보이기 쉽다.

두 가지 형태의 부정적 치료반응과 그것들이 TFP-E에서 어떻게 나타날 수 있는지를 보여 주기 위해, 이 장 앞에서 이야기했던 F 씨의 예시로 돌아간다. 이 환자는 치료 초기 단계에서 매우 비판적이고 평가절하하는 모습을 보이면서, 기저하는 대상관계와 씨름하고 있었는데, 이는 운이 좋고 우월하며 승리한 어떤 사람과 시기하고 패배한 또 다른 사람의 관계였다.

> **임상 예시 3(계속)** **부정적 치료반응과 편집 및 우울 갈등의 훈습**

치료 중기 초반부의 한 회기에서, F 씨는 기분이 가라앉는다고 호소했다. 그녀는 치료를 시작했던 때 못지않게 우울했고, 오히려 더 나쁜 것 같았다. 그녀는 다른 치료자나 다른 종류의 치료가 좀 더 효과적일 수 있지 않냐며 큰 소리로 말했다. 그녀는 효과가 있는지 모르겠다고 말했다. 그 회기가 진행될수록 F 씨는 A 박사가 의심스러워지기 시작했다. 그녀는 왜 그가 치료에 변화를 주려고 하지 않는지, 왜 변화시키기 위한 말을 직접적으로 그녀에게 하지 않는지 의아했다.

치료시간이 몇 분 남지 않았지만, A 박사는 최근 있었던 일, 즉 F 씨가 남편이 그녀에게 변했다고 말했다는 것을 이해해 보려고 했다. 그녀는 딸과 매우 건설적으로 상호작용하는 것 같았고, 남편은 그녀가 좀 더 다정해진 것 같다고 느꼈다. 이에 대해, A 박사는 한편으로는 치료자와 치료에 대한 F 씨의 현재 태도와 다른 한편으로는 남편이 긍정적으로 피드백한 것 사이의 분명한 모순을 지적했다. 그녀가 도움받고자 했던 어려움에 치료가 도움이 되고 있는 것 같았음에도, 바로 이 순간에는 그녀는 유난히 불만족스럽다는 것을 깨달았다.

A 박사는 계속해서 역설적이긴 하지만 F 씨는 치료가 도움이 된다는 것이 온전히 기쁘기만 하지는 않은 것 같다고 말했다. F 씨는 침묵했고 A 박사는 계속해서, F 씨가 이 상황에 대해 치료자인 A 박사가 '매우 강력'하고, 마치 이제 전부 다 가진 것처럼 느끼는 것 같다고 말했다. A 박사는 치료가 도움이 된다면, F 씨는 그것이 A 박사에게 또 다른 성공을 의미하는 것으로 생각하는 것 같다고 말했다. 치료자는 자신이 원하는 것—자신에 대해 더 좋게 느끼는 것—을 가졌지만 F 씨의 딸은 여전히 아팠고 F 씨는 만성적인 병이 있는 아이를 가진 비참함을 계속 겪고 있었다. A 박사는 속으로는 이 상황을 자신의 업적으로 여긴다고 상상하는 것이 아니냐고 물었다. F 씨는 이해는 잘 안 되지만, 그가 도움이 됐을 수 있다는 것이 기분 좋기보다는 나빴다며, 자신의 상황 때문에 더욱 좌절되고 의기소침해졌다는 가능성을 인정했다.

치료 중기 후반에 F 씨는 또다시 긍정적인 피드백을 받았는데, F 씨의 생일 축하 자리에서 딸을 포함한 가족과 친구들이 매우 애정 어린 찬사를 보냈다. 치료의 이전 6개월 동안 F 씨는 딸의 병에 대한 슬픔과 좌절, 분노를 이해하고 훈습하는 데 전념해 왔었다. 그녀의 딸은 건배를 하면서 그녀가 요즘 많은 지지를 해 줘서 너무 고맙고, 그래서 건강이 더 좋아졌다고 믿는다고 했다.

다음 날 F 씨는 치료에서 좋은 소식을 전했지만, 갑자기 기분이 우울하다고—적어도 그녀가 처음 치료에 왔을 때만큼 우울하다고—말했다. 그녀는 또다시 치료가 정말로 도움이 되는지 모르겠다고 말했고, 회기가 끝나갈 무렵 그녀는 치료를 그만두기로 결정했다고 통보했다. 결국, 그녀가 할 수 있는 모든 걸 이룬 것일 수도 있다.

또다시 A 박사는 F 씨의 현재 우울한 기분과 허무주의적인 태도를 가족들 특히 딸과의 관계가 좋게 발전하고 있는 것과 연결했다. A 박사는 F 씨의 역설적인 태도를 지적했다. 치료의 효과가 막 나타나기 시작할 때, 그녀는 치료를 그만두고 싶어지고 사기가 꺾이는 것 같았다. A 박사는 F 씨가 지금 우울하고 치료를 그만두고 싶어지는 것은, 인식하지는 못하지만 그녀가 받고 있는 도움에 죄책감을 느끼거나 받을 자격이 없다고 느끼기 때문인 것 같은데, 특히 어떤 것도 그녀의 딸을 완전히 좋아지게 만들 수 없다고 느끼기 때문인 것 같다고 말했다.

그러자 F 씨는 가족들과 딸의 격려로 짧게나마 저녁을 즐길 수 있었다고 말했다. 곧바로 그녀는 딸이 병을 앓아 온 수년간에 초점을 두더니, 미래에 딸에게 무슨 일이 일어날지 걱정하기 시작했다. F 씨는 마치 그녀가 행복하지 않으려 했다는 것을 알아챘다. 동시에 처음으로 그녀는 A 박사에게 만성적으로 아픈 아이가 있을 수도 있다는 생각이 들었다—만약 그녀가 이 모든 시간을 자신의 아이에 대해 이야기하면서, 무심코 A 박사의 상처에 소금을 뿌린 거라면 얼마나 끔찍할까.

변화 지표와 치료 진전기로의 이행

치료 중기에서 진전기로의 이행은 서서히 일어나며 치료 종결의 시작을 표시한다. 진전기로 이행함에 따라 BPO 환자는 적어도 어느 정도 정체성 공고화를 보이며, NPO 환자는 제한된 갈등 영역에서 성격의 경직성이 감소한다.

▶ 경계선 성격조직 수준

BPO 환자의 치료에서 정체성 공고화와 분열의 해결은 치료 진전기로 이행할 때 나타나는 구조적 특징이다. BPO 환자가 진전기로 이행할 때, 치료자는 치료 시작 시점에는 자아동질적이고 환자의 의식 밖에 있던 부적응적이거나 명백히 모순된 행동 패턴이 해결되는 것을 보게 된다.

나아가 치료 진전기로의 이행은 환자의 정동적 경험에서도 변화가 있음을 나타낸다. 정동은 좀 더 잘 조절되며 환자가 정서 상태 및 연결된 대상관계를 컨테인하고 성찰하는 역량이 증가했음을 보여 준다. 치료자와의 관계 및 대인관계에서 환자의 관계는 좀 더 깊어지고 복합적이게 되며, 치료자는 환자 측면에 좀 더 공감하게 되고 그 관점에서 더 많이 보게 될 것이다. 이러한 변화는 환자가 세상과 현재 및 과거에 사람들과 상호작용하는 것에 대해 말할 때 분명하게 반영되는데, 좀 더 또렷하고 현실적인 성질을 띠게 되며 환자의 중요한 타인이 치료자의 상상에서 생생해진다.

치료 진전기로 이행함에 따라, 환자는 치료자의 개입에 개방적이게 될 것이고 치료자의 기여를 성찰하고 심화시키는 역량이 충분히 발달하게 될 것이다. 치료 밖에서 환자는 자기관찰과 성찰을 활용해서 내적 및 대인관계적 스트레스와 연결된 정동 상태를 관리하고, 일상생활에서 행동화를 제한하게 될 것이다. 행동화하거나 유발시키는 충동이 반드시 사라지지는 않는다(어떤 경우엔 그럴지라도). 일반적으로 치료의 결과로 파괴적인 충동이 누그러지고 환자는 향상된 '하향식 통제' 역량을 발달시킨다—즉, 이는 즉각적으로 행동에 돌리기보다는 자신의 충동을 인식하고 그것을 컨테인하고 성찰하는 역량이다.

예를 들어, 이 지점에서 환자는 다음과 같이 말할 것이다. "Steve가 어제 나를 비난했어요. 늘 그랬듯이, 보복하고 맞받아치고 싶었죠. 근데 멈췄어요—이젠 나를 아니까요. 그가 자기 자신을 나쁘게 느낄 때 그렇게 한다는 걸 떠올렸어요. 그게 도움이 됐어요. 그래서 싸우기보다는 심호흡을 했죠. 그랬더니 괜찮아져서, 그에게 무슨 일이 있었는지 말해 달라고 했어요. 결국 좋은 저녁을 보냈어요."

강조해 왔듯이 통합 과정은 역동적인 것으로, 변화는 특히 BPO 환자에게서 뚜렷하다. 환자가 안정된 정체성 공고화와 자기인식 및 성찰 역량을 점진적으로 획득해 나가는 중에도, 치료자는 일시적으로 덜 통합된 마음 상태로 되돌아가는 것을 계속해서 보게 된다. 이러한 에피소드가 비교적 짧게 나타나는 것이 BPO 환자의 진전기 이행의 특징이다. 이와 함께 그러한 변화나 '퇴행'을 비교적 빨리 확인하고 성찰하는, 즉 치료자의 개입 없이도 종종 그것들을 바로잡는 역량과 좀 더 잘 통합된 경험 수준으로 되돌릴 수 있는 역량이 발달하게 되는 것이 특징이다.

예를 들어, 이 지점에서 환자는 다음과 같이 말할 것이다. "금요일에 내가 간 후에, 분명 당신이 나를 비웃었을 거라고 생각했어요. 잠깐 굴욕적이고 화가 나긴 했는데, 그게 사실이 아니라고 생각했죠. 당신이 다음 주 치료시간을 취소한 게 짜증났던 거였죠." 치료 진전기의 전이에서 통합과 일시적인 '극소 퇴행' 사이의 아동을 반복적으로 훈습함으로써 퇴행에 대한 환자의 취약성은 점차 줄어든다.

BPO 환자가 치료 진전기로 이행할 즈음이면, 임상 과정은 NPO 환자 치료의 임상 과정과 유사해지기 시작할 것이다. 억압-기반 방어가 분열을 대체하고, 자유연상을 하며, 임상적 대화의 일부로서 백일몽이나 환상을 자발적으로 공유할 것이다. 치료자는 이제 환자와 함께 환자의 언어적 의사소통에 새겨져 있는 이야기에 주목할 수 있는 기회와 자유를 얻게 되는데, 이는 환자의 자기이해 수준을 심화시키고 풍부하게 한다. 초기 및 중기에서는 지금—여기에서의 해석이 특징이었다면, 이 시점에서는 해석을 환자의 중요 대상과의 과거력에 생산적으로 연결할 수 있다. 이러한 연결은 종종 환자의 연상에서 자연스럽게 일어난다. 환자의 연상 역량은 고전적인 꿈 분석을 할 수 있는 가능성을 연다. 꿈에 대한 환자의 연상은 치료 및 전이에서 지배적인 이슈와 연결될 수 있다. 환자는 치료 안팎의 삶을 자발적으로 연결 짓기 시작할 수 있는데, 치료자에 대한 행동과 중요한 타인에 대한 최근의 행동을 연결하면서 이 둘 사이를 왔다 갔다 할 것이다. 예를 들면, 한 환자는 다음과 같이 말했다. "직장에서 슈퍼바이저에게 얼마나 버릇없이 굴었는지 몰라요—제 마음대로 안 되면 울었는데, 그게 얼마나 꼴 보기 싫고 부적절한지 몰랐어요……. 여기서도 똑같이 그랬던 것 같아요. 지독하고 폭군 같은 아기처럼 굴었죠."

▶ 신경증적 성격조직 수준

NPO 환자의 치료에서 치료 진전기로의 이행은 일상 기능과 행동에서 그리고 치료시간 의사소통에서 유연성이 서서히 증가하는 것으로 나타난다. 또한 유연성의 증가는 갈등 영역에서 자기 및 타인에 대한 환자의 정동 경험이 풍부해지는 것으로도 반영될 것이다. 훈습 과정에서 치료목표에 초점을 맞춤으로써 호소문제가 해결될 것인데, 이는 대체로 환자가 처음에 호소했던 불안이나 우울 상태의 해결과 함께, 좀 더 긍정적인 정동 소인의 변화와 연결된다. 이러한 변화는 NPO 환자가 갈등적 경험 측면을 의식적으로 견뎌내고 관리하는 역량이 발달함을 반영한다.

NPO 환자가 치료 진전기로 나아감에 따라, 치료자는 환자가 활성화된 갈등을 독립적으로 관찰하고 성찰하고 훈습하는 역량이 증가하고, 종종 치료자가 개입할 필요가 거의 없다는 것을 알게 된다. 치료시간 밖에서, 환자는 갈등 및 고통스러운 내적 상황을 관리하기 위해 치료를 받는 동안 발달시킨 자기분석 기술을 활용할 것이다. 이는 환자가 다음과 같이 말하는 것에서 볼 수 있다. "어제 기분이 가라앉는 느낌이 들어서, 모든 자기비난을 멈췄어요. 그저 그렇게만 하지 않고, 무슨 일이 왜 일어나고 있는지 생각해 봤어요. 내 생각에는 Joe가 일하러 가기 전에 불행해했기 때문인 것 같아요. 그가 기운이 없을 때 내가 즐거우면 항상 죄책감이 드는데, 그게 이성적이지 않다는 걸 알면서도 그래요. 핵심은 뭐가 일어나고 있는지 내가 알고 생각할 수 있었다는 거예요……. 우리가 나눴던 대화를 생각해 봤더니 기분이 서서히 나아졌어요."

치료 진전기와 종결

치료 진전기의 중심 과제는 치료과정 동안 호전된 것들을 공고하게 하고, 상실과 좌절을 애도하고, 치료 종결 이후에 지속되는 변화를 촉진하고, 필요하다면 추후 환자가 돌아올 수 있는 문을 열어 두는 것이다. 이러한 모든 목표는 성공적인 치료를 끝낸 후 따라오는 불가피한 실망을 직면하고 훈습함으로써 가능해진다.

치료 진전기 및 종결 논의의 중심 주제는 다음과 같다.

- 치료 종결 지표
- 분리 분석
- 치료 진전기의 양가성
- 종결할 때까지 치료틀 유지하기
- 치료 종결에 대한 치료자의 반응
- 조기 종결
- 치료 종결 후 환자-치료자 만남

치료 종결의 특성과는 상관없이, 그것이 '이상적'이든 아니든, 치료 진전기의 주요 과제는 동일하다. 이상적인 경우, 환자와 치료자가 목표가 성공적으로 달성됐다고 합의하게 되면 종결하게 된다. 치료 종결 날짜는 미리 정하며, 이후 환자는 치료의 마지막 달을 치료를 마치는 것과 연결된 불안과 좌절, 만족을 탐색하고 훈습하는 데 활용한다.

그러나 성격장애 치료 실제에서, 이상적인 종결은 보편적이지 않다. 환자의 동기가 시들해지거나 치료에 들인 시간, 노력이나 비용 투자에 좌절하고 일방적으로 치료를 끝내는 것은 흔한 일이다. 또한―때로는 치료의 효과로 나타난―직업 기회나 새로운 관계와 같이, 환자의 생활환경의 변화로 인해 일정과 책무들을 재배치하거나 우선순위를 다시 정할 필요가 있다.

가능하다면 종결 일자는 진전기 마지막 치료시간 약 2~3개월 전에 정하는 것을 권장한다. 2개월보다 적은 시간은 호전을 최적으로 공고히 하고 치료의 종결과 관련된 이슈를 훈습하는 데 충분하지 않다. 한편, 일자를 너무 미리 정하면, 종결 가능성이 너무 멀어져서 환자는 현실적으로 종결에 초점을 두지 못할 수 있다. 대부분은 아니더라도 많은 환자가 치료 마지막 달의 어느 지점에서 일시적으로 증상이 나타나고 호전된 것들이 많이 사라진 것처럼 보일 수도 있다. 이러한 외관상의 퇴보는 종결 단계에 대한 비교적 일상적인 훈습으로서 다루어져야 하며, 치료 종결을 재고해야 할 필수적인 지표는 아니다.

심각도 스펙트럼에 걸쳐 환자들이 분리, 상실, 좌절 및 성공을 경험하는 방식을 통해 치료 진전기에 대한 반응을 예측할 수 있을 것이다. 나아가 이러한 반응들이 치료과정에서 다뤄지는 방식은 진전기와 종결에서 나타난 도전들을 환자가 마주할 준비가 얼마나 되어 있는지에 영향을 미칠 것이다. 또한 치료과정을 통해, 초기 몇 달 이내라도, 치료자는 나아진 점을 주목하고 치료목표를 이루는 방향으로 나아감으로써 환자가 최종 종결을 준비하게 할 것이다. 그럼으로써 치료자는 환자로 하여금 치료가 정말 끝날 것이며 치료목표는 유한하다는 것을 계속해서 자각할 수 있도록 한다. 이렇게 상기시켜 주는 것은 BPO 환자들에게 특히 중요한데, 이들은 집중적인 치료과정 동안 시간 가는 것도 잊어버리고 목표를 잃기 쉬우며 종종 분리와 중단을 어려워하기 때문이다.

치료 종결 지표

이상적인 상황에서 환자가 만족할 만큼 치료목표가 달성되거나 충분하고 환자의 호전이 안정적이라면, 치료 종결을 고려할 시기가 된 것이다. 치료의 결과로서 증상과 행동의 호전은 성격 변화—즉, 통합 수준의 증가와 더불어 환자의 호소문제와 연결된 기능영역에서의 성격경직성의 감소—와 부합해야 한다. 치료목표와 연결된 이러한 구조적 준거를 치료 종결의 지표로 활용함으로써 성격 변화를 좀 더 표면적이고 치료자와 지속적인 만남에 뒤따르는 증상의 호전과 구별할 수 있다. 대조적으로 성격 변화를 반영하는 호전은 비교적 안정적이고 지속적일 것이며, 치료가 끝난 후에도 계속해서 발달할 것이다(de Maat et al., 2013; Leichsenring & Rabung, 2008; Shedler, 2010).

환자도 치료자도 치료 종결을 논의할 수 있다. 어떤 환자들은 치료과정 내내 이 주제를 꺼낸다. 환자들이 너무 이른 시기에 그런다면, 이는 대체로 전이에서 활성화된 대상관계에 대한 반응이다. 환자가 이른 시기에 치료 종결을 제안한다면 치료자는 다른 임상자료와 마찬가지로 이를 탐색할 수 있다.

대조적으로 중기 후반에 치료목표가 상당히 달성되었다면, 현실적으로 종결을 논의하는 것이 적절해진다. 중요한 것은 환자든 치료자든 이 주제를 제기했을 때 환자가 치료 종결에 대해 편안해할지라도, 종결의 현실적인 가능성에 대해 논의함으로써 환자의 반응을 불러일으킬 수 있다는 것을 TFP-E 치료자가 명심해야 한다는 점이다. 종결 날짜를 정하고 예정대로 진행하기 이전에, 환자와 치료자는 치료를 끝내는 것이 환자에게 어떤 의미인지와 더불어 이 논의와 연결된 전이 환상에 대한 특정 태도를 충분히 탐색할 것이다.

치료 동안의 분리 분석

전 치료과정에서 주말, 휴가 및 아파서 치료자와 떨어져 있었을 때 보였던 환자의 반응을 통해 치료 종결에 대한 환자의 반응을 어느 정도 예측할 수 있다. 치료자와의 분리에 대한 환자의 반응은 통합 정도의 스펙트럼에 따라 기술될 수 있다: 정상에서 우울, 편집까지. 치료자와의 분리에 대한 정상적인 반응은 슬픔, 상실감, 애도를 포함한다. 상황에 따라 분리에 대한 정상적인 반응은 자유로움, 안녕감, 미래지향도 포함할 것이다.

분리에 대한 우울 반응은 심한 슬픔과 치료자에 대한 이상화와 함께, 종종 죄책감과 무가치함, 관계에 매달리는 경향이 지배적이다. 치료자를 지치게 하고 밀어낸 것에 책임이 있다는 환상은 흔하다.

대조적으로 치료자와의 분리에 대한 편집 반응은 그런 슬픔보다는 심한 분리 불안이 특징인데, 환자는 극심한 불안 및 유기 공포와 함께, 종종 기저에 있는 적대감을 경험한다. 치료자를 나쁜 대상으로 보는 경향이 있는데 의도적으로 환자를 버리고 거절하고 공격하거나 좌절을 주는 사람으로 본다.

치료과정을 거치면서, 대부분의 환자는 치료에서 분리 및 중단에 대해 편집, 우울 및 정상 반응의 혼합을 경험할 것이다. 분리에 대해 환자가 편집 및 우울의 혼합 반응을 보일 때, 편집 반응은 우울 반응보다 먼저 분석되어야 한다. 이 장의 앞에서 논의했듯이('통합 과정을 방해하는 편집 및 우울 불안 탐색하기' 참조), 편집적 대상관계를 분석함으로써 우울 갈등을 좀 더 복합적이고 성공적으로 훈습할 수 있을 것이다. 환자가 편집 및 우울 불안을 훈습하면서 구조적 통합 수준이 증가함에 따라, 분리 반응을 반복적으로 분석하게 되면, 환자는 좀 더 편집적이거나 우울 반응에서 정상 반응으로 나아갈 수 있고, 치료 종결을 준비할 수 있을 것이다.

임상 예시 10 ▶ 높은 BPO 환자의 분리 및 종결로 자극된 불안

C 씨는 만성적으로 우울하고 자기를 비난하는 젊은 여성으로, 높은 BPO이다. 그녀는 경미한 정체성 혼미 세팅에서 심한 성적 억제와 자기혐오감을 호소했다. 환자는 직업적으로나

사회적으로는 비교적 잘 기능했다. 치료 초기 몇 달 동안은, 경쟁적인 성적 주제와 공격성 주제를 둘러싼 갈등이 두드러졌다. 이 세팅에서, 치료자 D 박사는 C 씨가 끊임없이 자기를 평가절하해야만 하는 것에 초점을 두었는데, 환상과 실제에서 경쟁적 승리에 대한 보복성 공격을 피하기 위한 노력을 반영하는 것이라고 제안했다.

치료 10개월이 지났을 때 D 박사는 4주 동안 휴가를 갔다. 치료를 쉬는 동안 C 씨는 남편과의 관계에서 매우 편집적이 됐다. 그녀는 남편이 이기적이고 냉정하며 자신을 착취하고 그녀의 행복에는 전혀 관심이 없는 사람이라고 생각했다. 그녀는 자신이 격분했다는 것을 알았다. 그녀는 이런 감정들이 5년간의 비교적 행복한 결혼생활에서 경험했던 것과 다르다는 것을 깨달았다. 그녀는 결혼생활 동안 남편에 대해 비교적 안정적이고 이상화된 이미지를 지속해 왔었다.

D 박사가 돌아오자, 냉정하고 강력하며 이기적이지만 필요한 어머니 인물과 혐오스럽고 의존적인 아이라는 대상관계를 탐색할 수 있었다. 이 편집적 대상관계는 경쟁 및 자기 자신을 평가절하해야 할 필요를 둘러싼 C 씨의 갈등에 기저하고 있는 것 같았다. 그녀의 마음에, 성공이나 긍정적 자기평가는 강력하고 적대적이며 냉정한 어머니 인물과 관련된 위축되고 의존적인 자기라는 대상관계를 활성화시켰다. 이 편집적 대상관계는 치료에서 활성화되지 않았었는데, 전이와 환자의 의식에서 대체로 분열되어 있다가, 치료자와 오랜 시간 떨어져 있은 이후에야 비로소 활성화되었다.

D 박사의 부재로 활성화된 의존성과 관련된 편집적 의식을 훈습함으로써 다음으로 경쟁과 관련된 오이디푸스적 갈등을 성공적으로 훈습할 수 있었다. 이는 유사한 에피소드들 중 첫 번째로, 이 모든 것은 치료 마지막 몇 달 동안의 폭풍 같은 시간의 전조가 됐는데, 그 기간 동안 C 씨는 치료자가 냉정하고 '자신을 버렸다'고 경험했다. 이 마지막 편집 불안의 동요는 C 씨가 치료 마지막 기간 동안 한 번 더 편집 불안과 우울 불안을—마지막이자 매우 성공적으로—훈습할 수 있는 기회가 되었다.

임상 예시 11 치료 분리에 대한 정상 반응

남성 환자 N 씨는 치료자 Q 박사가 여름휴가를 가기로 한 몇 달 전 치료 종결 이야기를 시작했다. 종결 날짜를 아직 정하지 않았지만, 환자는 계속 그만두고 싶다고 느꼈다. Q 박사가 휴가 가기 전날 저녁, N 씨는 과거에 치료를 잠시 쉰 적이 있었는데 그때 치료자와 치료가 그리울 거라 예상했지만, 그런 상황이 그다지 두렵고 힘들지 않았다는 것을 기억했다. 어떤 점에서는, 그는 Q 박사에게 기댈 수 없는 게 어떤 기분일지 경험할 수 있는 기회라고 기대했다. 또한 N 씨는 치료자를 아침 일찍 만나곤 했었기 때문에, 침대에서 여자 친구와 좀 더 여유로운 아침을 보내리라는 기분 좋은 예상을 했다.

이와는 달리, Q 박사가 작년 여름휴가를 가기 전 N 씨는 매우 힘들었고, Q 박사가 N 씨의 '징징거림'에서 벗어나기를 좋아하고 기대할 거라고 생각했었다. 쉬는 동안 N 씨는 우울했고 자기비난을 했으며 일이 잘 안 된다는 확신이 들었다. 이러한 정동과 치료자의 부재 사이의 연결은 Q 박사가 돌아와서 그것을 지적할 때까지 그에게는 분명하지 않았었다.

치료를 종결할 때의 분리 분석

치료 종결이 다가올 때쯤이면, 치료자와 환자는 치료자와 분리하는 것에 대한 환자의 반응을 분석할 기회를 많이 가질 것이다. 치료 종결과 관련된 편집, 우울 및 정상 반응이 어떻게 섞이는지는 환자들마다 다른데, 이는 환자의 병리 심각도와 특성, 치료의 상대적 성공 그리고 환자가 결과에 만족하는 수준에 달려 있다. 종결을 둘러싼 일시적인 편집 반응은 BPO 및 일부 NPO 환자에게서 흔하며, 우울 반응은 두 집단 모두에서 볼 수 있다. 일시적으로 약간의 고통과 증상을 또다시 호소하는 것 역시 심각도 범위에 걸쳐 흔하게 나타난다.

이 모든 발달은 치료과정에서 다뤄 왔던 불안을 훈습하는 마지막 기회를 제공한다. 치료 종결에 대한 편집 반응이 BPO 환자에게서 지속적으로 드러난다면, 종결을 미루고 종결을 하기 전에 치료를 지속하면서 더 많이 훈습하는 것이 바람직할 수 있다.

치료 종결에 대한 전형적인 우울 반응은 상실 경험뿐 아니라 성공 반응과 관련된다. 환자가 성공적으로 치료를 끝냄으로써 적어도 일시적으로 염려하는 것이 흔히 있는데, 자신이 떠남으로써 치료자에게 다소 상처를 줄 수 있다는 것이다. 한 환자는 자신이 떠나서 치료자는 외롭거나 남겨졌다고 느낄 거라고 혹은 환자에게 수입을 의존해 왔는데 환자가 성공적으로 나아져서 치료자가 재정적 부담을 느낄 거라고 상상할 수 있다. 치료 진전기에 이러한 환상을 분석함으로써 전이에서 우울적 갈등을 마지막으로 훈습할 수 있게 되고 치료에서의 호전을 공고히 할 수 있다.

치료 진전기의 양가성

환자는 치료 종결 과정에서 호전에 주목하고 공고히 하는 것과 더불어 치료에서 성취하지 못한 것이 무엇인지 반드시 고려해야 한다. 그들은 치료자의 상실뿐 아니라 그들이 치료에서 성취하길 희망했던 이상적인 관점의 상실을 인정하고 애도한다. 치료목표를 성공적으로 달성했을 때조차도, 환자는 자신의 성격 및 행동이 여전히 완벽하지 않다는 현실에 직면하게 된다. 성공적인 TFP-E 치료에 대한 실망과 호전 모두를 훈습하는 역량은 환자가 안정적으로 통합된 자기감을 얻었음을 의미한다.

실망을 훈습하는 것은 마찬가지로 치료자와 치료에 대한 실망을 직면하는 것을 포함한다. 치료자의 한계를 인식하면서도, 전반적으로 긍정적인 관점을 갖는 역량은 치료자를 향한 환자의 양가적인 태도를 의미한다. 성공적인 종결에서 실망감과 분노감은 치료관계에 대한 전반적으로 긍정적인 관점으로 컨테인될 수 있는데, 이는 치료자의 기량과 도움을 진심으로 인정하고 감사하게 여기는 것이 특징이다.

종결할 때까지 치료를 유지하기

환자나 치료자가 회기를 차츰 줄이길 소망하거나 치료에서 환자를 '떼어 놓길' 소망하는 경우는 혼하다. 이는 대체로 환자가 치료를 종결하고 치료자와 분리함으로써 자극된 불안을 완화시키려는 욕구를 반영한다. 종종 지지치료자들이 빈도를 점차 줄이는 것은 분리로 인한 불안을 완화시키기 위한 최선인 반면, TFP-E에서는 치료가 지속되는 동안 이러한 불안이 드러나서 탐색되고 훈습될 수 있도록 하기 위해 회기를 점차 줄일 수 있다. 이러한 과정은 환자가 종결 이후에도 치료자 없이 잘 기능하도록 하고, 치료의 호전을 공고히 하는 중요한 기회를 제공하며, 치료가 끝난 후에도 환자가 지속적으로 성장하고 발달하도록 촉진시킨다.

우리는 치료관계를 유지하는 것을 권장하는데, 이는 치료가 끝날 때까지 치료자와 환자가 상호작용하는 방식을 크게 바꾸지 않는 것이다. 그렇게 함으로써 환자가 치료자에 대한 감정, 특히 종결을 중심으로 활성화될 수 있는 실망이나 분노 감정을 훈습할 수 있는 가장 좋은 기회가 된다. 또한 평소의 상호작용 스타일을 유지하게 되면, 환자가 나중에 다시 돌아오기 쉽다. 그렇다 해도 치료가 끝나 가고 전이가 훈습됨에 따라 환자와 치료자의 관계가 좀 더 현실적인 성질을 띠게 되는 것은 불가피하다. 그러나 치료관계에서 이러한 자연스러운 발전 이상으로, 치료 마지막 몇 주 동안 환자와의 관계에서 치료자가 역할을 바꾸거나 좀 더 사회적으로 우호적이거나 개방된 지지적 자세를 취하는 것은 권장하지 않는다. 종결회기에서 치료자가 호전된 점을 언급하고 환자와 작업해 온 것에 대해 느끼는 긍정적인 감정은 어떤 것이든 나누는 것이 적절하다.

치료 종결에 대한 치료자의 반응

TFP-E 치료의 종결에서 치료자가 애도 반응을 경험하는 것은 자연스러운데, 그중에서도 특히 장기 및/또는 보람을 느낀 치료일 때 그렇다. 또한 종결에 대해 치료자는 흔히 우울적 염려를 한다. 전이에서 환자들이 실망을 얘기하고 훈습할 때, 치료자가 죄책감을 느끼는 일도 흔하다. 후회나 자기비난의 감정―어쩌면 치료자가 더 잘할 수 있었고, 또는 다른 치료자가 환자에게 더 나은 결과를 줄 수 있었을 거라는 감정―은 특히 경험이 부족한 치료자들에게 흔히 나타난다. 환자와 마찬가지로, 치료자는 치료에서 성취하지 못한 것을 받아들이려고 노력해야 한다.

조기 종결

성격장애 환자가 치료목표를 이루기 전에 치료 종결을 고려하는 일은 흔하다. 환자가 그러한 욕구를 얘기한다면 치료자는 다음과 같이 해야 한다. ① 전이에 특별히 주의를 두면서, 환자가 그만두려는 동기를 탐색하여 현재 전이에서 활성화되고 있는 불안과 연결한다. ② 환자의 삶에서 나타난 새로운 사건 모두를 신중하게 고려하는데 이것들이 치료를 지속하는 것을 방해할 수 있기 때문이다. 환자가 계속 그만두고 싶어 한다면, 치료자는 무엇을 성취했는지, 무엇을 성취하지 못했는지 그리고 이후의 작업에서 무엇을 기대하는지에 대한 현실적인 평가를 공유해야 한다.

환자가 이른 시기에 치료 종결을 계속해서 고집할 때, 치료자는 힘겨루기를 피해야 한다. 이때 치료자는 치료를 끝내기로 하자고 말한 후, 종결 날짜를 협의하여 정하는데, 이상적으로는 최소 한 달 후로 정한다. 치료자는 환자에게 이 기간은 치료에서 호전된 것을 마무리하고 공고히 하는 데 도움이 될 거라고 설명할 수 있다. 치료자는 또한 환자가 향후 어느 시점에 치료를 받고 싶다고 느낀다면, '문은 열려 있다'고 설명해야 한다.

치료 종결 후 환자-치료자 만남

환자가 치료를 끝낸 후 나중에 치료자와 만날 수 있는지 질문하지 않는다면, 치료자도 언급하지 않는 것이 적절하다. 흔히 환자들은 앞으로 치료자를 만나서는 '안 된다' 또는 '허용되지 않는다'고 생각하거나 또는 그렇게 하면 치료가 실패한 것이라고 생각한다. 치료자는 필요한 경우라면 환자의 소식을 들을 수 있고 들으면 좋겠다는 것을 알려 줘야 한다. 많은 환자가 수년이 지나 주로 출산, 질병 또는 부모나 배우자의 상실과 같은 생활 사건을 '조율'하기 위해 찾아오는 반면, 어떤 환자들은 삶을 이뤄 나가면서 새로운 심리적 도전을 발견하고 단기 치료에 다시 오기도 한다. 일부 환자들은 치료가 끝난 후에 치료자와 사회적 만남을 할 수 있는지 물을 것이다—예를 들면, 점심 약속. 우리는 TFP-E 치료자가 치료를 끝낸 후 환자와 사회적 관계를 맺는 것을 피해야 함을 강력하게 권고한다.

핵심 임상 개념

- 예비치료는 평가, 진단적 인상 나누기, 치료목표 정하기, 치료 선택 논의 및 환자가 정보에 입각하여 치료 선택을 할 수 있도록 돕기로 구성된다.
- TFP-E 치료는 초기, 중기, 진전기로 이뤄질 수 있다.
- 초기의 주요 과제는 치료틀을 안정화하고, 치료동맹 발달을 지지하고, 치료를 시작함으로써 활성화된 불안을 다루는 것이며, 환자가 충분히 안착하기 전에 치료가 중단되는 위험을 최소화하는 것이다.
- 중기로 이행될 때, 환자와 치료자는 환자의 치료 안팎의 경험을 조직하는 핵심 갈등적 대상관계에 친숙해지게 될 것이다.
- 중기의 주요 과제는 핵심 대상관계와 연결된 편집 및 우울 갈등을 탐색하고 훈습하는 것인데, 이는 부정적 치료반응의 형태로 나타날 수 있다.
- 중기에서 갈등들이 훈습될 때, 치료자는 치료목표에 초점을 두고, 갈등적 대상관계의 발달적 선행사건과 연결시키며, 환자의 치료 밖 기능에 주의를 기울인다.
- 진전기로 이행될 때, BPO 환자들은 적어도 어느 정도 정체성 공고화를 보여 주며, NPO 환자들은 갈등 영역에 국한해 성격경직성의 감소를 보인다.
- 치료 진전기로의 이행과 함께 나타나는 구조적 변화는 자기 및 대인관계 기능의 향상과 치료목

표의 성취에 해당한다.

• 치료 마지막 단계의 주요 과제는 치료로 얻은 것을 공고화하기, 상실과 좌절 애도하기, 치료 종결 이후에도 지속적인 변화를 촉진시키기, 필요한 경우 향후 환자가 다시 올 수 있는 문을 열어 두기이다.

▼ 참고문헌

Auchincloss AL, Samberg E (eds): Psychoanalytic Terms and Concepts. New Haven, CT, Yale University Press, 2012

Bender DS: Therapeutic alliance, in The American Psychiatric Publishing Textbook of Personality Disorders. Edited by Oldham JM, Skodol AE, Bender DS. Washington, DC, American Psychiatric Publishing, 2005, pp 405-420

Bordin ES: The generalizability of the psychoanalytic concept of the working alliance. Psychotherapy (Chic) 16:252-260, 1979

Caligor E, Kernberg OF, Clarkin JF: Handbook of Dynamic Psychotherapy for Higher Level Personality Pathology. Washington, DC, American Psychiatric Publishing, 2007

Crits-Christoph P, Gibbons MBC, Mukherjee D: Psychotherapy process-outcome research, in Bergin and Garfield's Handbook of Psychotherapy and Behavior Change, 6th Edition. Edited by Lambert MJ. Hoboken, NJ, Wiley, 2013, pp 298-340

de Maat S, de Jonghe F, de Kraker R, et al: The current state of the empirical evidence for psychoanalysis: a meta-analytic approach. Harv Rev Psychiatry 21(3):107-137, 2013 23660968

Freud S: The interpretation of dreams (1900), in The Standard Edition of the Complete Psychological Works of Sigmund Freud, Vols 4-5. Edited and translated by Strachey J. London, Hogarth Press, 1964, pp 1-626

Hilsenroth MJ, Cromer TD: Clinician interventions related to alliance during the initial interview and psychological assessment. Psychotherapy (Chic) 44(2):205-218, 2007 22122211

Hinshelwood RD: A Dictionary of Kleinian Thought. Northvale, NJ, Jason Aronson, 1991

Horvath A, Bedi RP: The alliance, in Psychotherapy Relationships That Work. Edited by Norcross JC. New York, Oxford University Press, 2002, pp 37-70

Joseph B: Projective identification, some clinical aspects (1987), in Melanie Klein Today, Vol 1. Edited by Spillius EB. London, Routledge, 1988, pp 138-150

Klein M: A contribution to the psychogenesis of manic-depressive states (1935), in Love, Guilt and Reparation and Other Works, 1921-1945. London, Hogarth Press, 1975, pp 262-289

Leichsenring F, Rabung S: Effectiveness of long-term psychodynamic psychotherapy: a meta-analysis. JAMA 300(13):1551-1565, 2008 18827212

Levy SR, Hilsenroth MJ, Owen JJ: Relationship between interpretation, alliance, and outcome in psychodynamic psychotherapy: control of therapist effects and assessment of moderator variable impact. J Nerv Ment Dis 203(6):418-424, 2015 25988432

Patrick C: Antisocial personality disorder and psychopathy, in Personality Disorders: Toward the DSM-V. Edited by O'Donohue W, Fowler K, Lilienfeld S. Thousand Oaks, CA, Sage, 2007, pp 109-166

Sandler J, Dare C, Holder H: The Patient and the Analyst, 2nd Edition. Madison, CT, International Universities Press, 1992

Shedler J: The efficacy of psychodynamic psychotherapy. Am Psychol 65(2):98-109, 2010 20141265

Steiner J: Psychic Retreats: Pathological Organizations in Psychotic, Neurotic and Borderline Patients. London, Routledge, 1993

Steiner J: The aim of psychoanalysis in theory and in practice. Int J Psychoanal 77 (Pt 6):1073-1083, 1996 9119577

Tindle K: Negative therapeutic reaction. Br J Psychother 23:99-116, 2006

Yeomans F, Clarkin JF, Kernberg OF: Transference-Focused Psychotherapy for Borderline Personality Disorder: A Clinical Guide. Washington, DC, American Psychiatric Publishing, 2015

▶ 맺는말

이 책을 쓰면서 우리는 일련의 목표를 염두에 두었다. ① 자기 및 대인관계 기능에 초점을 둔 심리역동적 성격 및 성격병리 모델을 기술하기, ② 성격병리 분류 및 평가에 대해 임상에 가까운 접근을 제시하기, 이는 치료에 직접적인 함의를 갖는다. ③ 임상가들에게 성격장애에 대해 통합된 심리역동적 치료 모델을 제공하기, 이는 구조와 한계 설정을 심리학적 탐색과 결합한 것이다. ④ 성격병리 스펙트럼에 걸쳐 치료에 적용되는 일반 임상 원칙을 개관하기. 더불어 ⑤ 특정한 기법 수정에 대한 이해를 개관하기. 이는 개별 환자에 치료를 맞추는 것으로, 환자 병리의 심각도 및 특성, 순간순간의 심리적 기능에 기초한다.

시작하기 전부터 우리는 이미 해야 할 일이 많았다. 이 책은 이전의 저서들을 통합하는 것으로, 다년간의 생산적인 협력의 결과이다. 다음은 가장 적극적으로 인용한 책들이다. ①『경계선 인성장애를 위한 전이초점 심리치료(Transference-Focused Psychotherapy for Borderline Personality Disorder)』(Yeomans et al., 2015), 그리고 수년간의 임상 및 연구 경험을 심한 성격장애 환자에 대한 이 치료 모델의 발달에 투자하였다. ②『높은 수준의 인성병리를 위한 역동 심리치료 핸드북(Handbook of Dynamic Psychotherapy for Higher Level Personality Pathology)』(Caligor et al., 2007), 이는 중간 및 아증후군 성격장애 환자의 치료에 대한 전이초점 심리치료 모델의 확장이다. ③ Kernberg가 발전시킨 현대 대상관계 이론(Kernberg & Caligor, 2005), 특히 정상 성격 및 성격장애의 자기 및 대인관계 기능을 개념화한다. ④ Kernberg(1975, 1984)가 시작하고 추후 우리 그룹이 발전시킨 구조적 진단 또는 성격조직 수준, 성격병리 분류 및 평가 모델(Clarkin et al., 2016; Horz et al., 2012), ⑤ 우리의 관점과 수렴하는 성격장애 분야에서 최근 일련의 개념적 및 경험적 발전, 특히 자기 및 타인 기능과 병리의 심각도 수준을 새롭게 강조한다. 이는 DSM-5 제 Ⅲ부의 성격장애에 대한 대안적 모델(American Psychiatric Association, 2013)과 『심리역동 진단 매뉴얼(Psychodynamic Diagnostic Manual)』 2판(Lingiardi & McWilliams, 2017)에서 공식화하고 있다.

유연하고 실용적인 시행

우리는 여기서 많은 분야에 대해 다루었고, 앞에서 개관한 목표들을 이루길 바란다. 다양한 독자가 각자의 기대와 목표를 가지고 이 책에 접근할 거라 예상한다. 독자들이 무엇을 얻어 가든 그들이 성격장애 환자들과 작업할 때 정보를 제공해 주고 향상시켜 주기를 희망한다.

이 프로젝트의 핵심은 장기 심리역동 치료 모델에 있다. 특정 장애, 증상군, 부적절한 행동군에 초점을 맞추기보다 기저에 있는 구조적 병리를 목표로 한다. 이는 모든 성격장애에 광범위하게 나타나지만 좀 더 자세히 보면 개별 환자마다 서로 다르게 나타난다. 이러한 관점에서 우리는 치료에 대해 원칙에 따라 기술했으며, 치료자가 다양한 성격병리 환자를 치료할 수 있는 것을 목표로 하는 동시에 특정 환자 및 임상적 순간에 개입을 맞출 수 있도록 했다.

우리가 장기 심리역동 치료 접근을 기술했지만, 많은 독자가 장기 역동 치료를 하지 않을 수 있다. 이것은 우리가 방략, 기략, 기법으로 조직된 임상 원칙을 강조하는 또 다른 근거가 되는데, 서로 다른 지향을 지닌 임상가들이 매우 다양한 임상장면에서 종사할 수 있기 때문이다. 우리는 장기치료에 쓰이는 전이초점 심리치료-확장판의 많은 기초 요소들이 다른 장면에 직접적으로 변환될 수 있고 다른 형태의 치료와 쉽게 결합될 수 있다는 것을 명확히 하고자 한다(Choi-Kain et al., 2016; Hersh et al., 2016; Zerbo et al., 2013). 성격병리의 구조적 평가나 계약 맺기를 하는 임상가가 장기 심리역동 치료를 할 필요는 없다. 마찬가지로 임상가가 역전이 다루기나 적절한 한계 설정에 대한 방략을 발달시키기 위해 심리역동 심리치료사가 될 필요는 없다.

수련

　마지막으로, 독자들에게 수련에 대해 제안한다. 우리의 경험상 여기서 기술된 병리, 평가, 치료 모델은 수련생들에게 매우 흥미롭고 유용하다. 전체 모델에 대한 개념적 명확성, 그리고 대상관계 이론, 성격조직 수준, 차별적인 치료계획 및 임상 기법 간의 연속성은 임상 수련을 위한 적절한 상황을 제공해 준다.

　물론 치료자가 책을 읽고 임상적 기술을 발전시킬 수는 없다. 만약 수련생이 이런 치료 모델이나 혹 다른 치료 모델로 임상적 역량을 발전시키려고 한다면, 좀 더 숙련된 임상가의 슈퍼비전 아래에서 지속적인 임상 작업이 일반적으로 필요할 것이다. 슈퍼비전에서 녹화된 치료회기 연구가 우리의 수련 접근의 토대가 되었다. 녹화된 치료시간을 관찰하고 토론하는 것은 환자의 언어적 및 비언어적 소통과 치료자의 역전이 간의 상호작용을 밝혀 주는데, 이는 치료자 기록이나 녹음 자료로는 반복될 수 없는 방식이다. 경계선 성격조직 환자 치료를 수련하고 슈퍼비전하는 데는 녹화가 특히 중요한데, 치료시간이 빠르게 지나가고 정동적으로 부하되어서, 수련 중인 치료자가 환자의 다양하고 자주 해리된 소통을 실시간으로 포착하기가 종종 어렵기 때문이다.

　우리는 녹화된 임상 자료를 활용하는 집단 슈퍼비전이 특히 생산적이라는 것을 발견하였다. 이런 형태는 숙련된 임상가들의 시간을 최대한 활용하며, 수련생들이 다양한 환자를 보게 해 준다. 덧붙여, 집단 과정은 역전이를 컨테인해 주는 적절한 학습 환경을 제공해 준다.

　이 수련 모델은 또한 우리들에게 큰 이점이 있다. 경험 수준이 다른 수련생을 가르치고 치료하는 긴 시간을 통해 우리의 배움이 크게 고무되었고 이 책의 내용에도 깊은 영향을 받았다.

▼ 참고문헌

American Psychiatric Association: Diagnostic and Statistical Manual of Mental Disorders, 5th Edition. Arlington, VA, American Psychiatric Association, 2013

Caligor E, Kernberg OF, Clarkin JF: Handbook of Dynamic Psychotherapy for Higher Level Personality Pathology. Washington, DC, American Psychiatric Publishing, 2007

Choi-Kain LW, Albert EB, Gunderson JG: Evidence-based treatments for borderline personality disorder: implementation, integration, and stepped care. Harv Rev Psychiatry 24(5):342-356, 2016 27603742

Clarkin JF, Caligor E, Stern BL, Kernberg OF: Structured Interview of Personality Organization—Revised (STIPO-R), 2016. Available at: www.borderlinedisorders.com. Accessed August 21, 2017.

Hersh RG, Caligor E, Yeomans FE: Fundamentals of Transference-Focused Psychotherapy: Applications in Psychiatric and Medical Settings. Cham, Switzerland, Springer, 2016

Horz S, Clarkin JF, Stern B, Caligor E: The Structured Interview of Personality Organization (STIPO): an instrument to assess severity and change of personality pathology, in Psychodynamic Psychotherapy Research: Evidence-Based Practice and Practice-Based Evidence. Edited by Levy RA, Ablon JS, Kachele H. New York, Humana, 2012, pp 571-592

Kernberg OF: Object Relations Theory and Clinical Psychoanalysis. New York, Jason Aronson, 1975

Kernberg OF: Severe Personality Disorders: Psychotherapeutic Strategies. New Haven, CT, Yale University Press, 1984

Kernberg OF, Caligor E: A psychoanalytic theory of personality disorders, in Major Theories of Personality Disorder, 2nd Edition. Edited by Lenzenweger MF, Clarkin JF. New York, Guilford, 2005, pp 114-156

Lingiardi V, McWilliams N (eds): Psychodynamic Diagnostic Manual, 2nd Edition. New York, Guilford, 2017

Yeomans F, Clarkin JF, Kernberg OF: Transference-Focused Psychotherapy for Borderline Personality Disorder: A Clinical Guide. Washington, DC, American Psychiatric Publishing, 2015

Zerbo E, Cohen S, Bielska W, Caligor E: Transference-focused psychotherapy in the general psychiatry residency: a useful and applicable model for residents in acute clinical settings. Psychodyn Psychiatry 41(1):163-181, 2013 23480166

부록

부록 1. 도움 자료

성격조직에 대한 STIPO-R 임상 기준점:

심각도 범위에 걸친 정체성, 대상관계, 방어, 공격성 및 도덕적 가치

성격기능 수준 척도

부록 2. 비디오

도움 자료

성격조직에 대한 STIPO-R 임상 기준점: 심각도 범위에 걸친 정체성, 대상관계, 방어, 공격성 및 도덕적 가치[1)]

성격조직에 대한 구조화된 면접—개정판(STIPO-R)의 기준점들은 성격조직을 평가하는 임상가들과 연구자들을 위해 전반적인 지침을 제공하기 위한 것이다. 다음에 나오는 기준점들은 임상적 활용을 위해 수정한 것이다. 기준점을 연구용으로 활용하여 심층 평가를 할 경우, http://www.borderlinedisorders.com에서 STIPO-R 면접 및 채점지 전문을 받아 볼 수 있다.

각 기준점에 대해 1~5까지의 일련의 기술들이 제공되는데, 여기서 1=정상, 5=가장 심한 병리를 나타낸다. 전부는 아니지만, 일부 기술들은 특정 환자에게 적용될 것으로 예상된다.

정체성

1. **공고화된 정체성**—자기 및 타인에 대한 감각이 잘 통합되어 있고, 일/학업 및 여가에 깊이 투자한다.
2. **공고화된 정체성이지만, 일부 영역에 경미한 결함이 있음**—자기 및 타인에 대한 감각*이 대부분 잘 통합되어 있지만, 경미한 피상성, 불안정성, 또는 왜곡이 있거나 일/학업이나 여가에서 다소 어려움이 있다.
3. **경미한 정체성 병리**—자기나 타인에 대한 감각이 다소 빈약하게 통합되어 있고(명백한 피상성 또는 비일관성과 불안정성, 때로 모순적이고 왜곡된),* 일/학업과 또는 여가에 투자하는 역량에서 분명한 손상이 있다. 또는 자기애적 욕구 충족을 위해 주로 투자한다.

---

1) Clarkin JF, Caligor E, Stern BL, Kernberg OF: Structured Interview of Personality Organization—Revised (STIPO-R): Score Form. Personality Disorders Institute, Weill Medical College of Cornell University, March 2016으로부터 승인받아 수정하였다. http://www.borderlinedisorders.com/assets/STIPO-R_Score_Form_March_2016%20.pdf. Accessed December 8, 2017에서 활용 가능.

* 주: 자기애적 병리는 ① 불안정하거나 피상적인 타인에 대한 감각과 ② 안정적이거나 피상적인 자기감 간에 뚜렷한 차이가 존재하는 것으로 시사된다.

4. **중간 정체성 병리**—자기 및 타인에 대한 감각이 빈약하게 통합되어 있고(중대한 피상성 또는 비일관성, 두드러지게 불안정한, 모순적 및 왜곡된),* 일/학업이나 여가에 투자할 수 있는 역량이 거의 없다.

5. **심한 정체성 병리**—자기 및 타인에 대한 감각이 매우 피상적, 비일관적 및 혼돈스럽고(매우 모순적이고 극심하게 왜곡된),* 일/학업 또는 여가에 대한 투자가 현저히 없다.

대상관계

1. **애착이 강하고**, 오랫동안 변하지 않으며, 현실적이고, 미묘하며, 만족스럽고, 시간이 지나도 유지된다. 관계를 욕구 충족의 관점으로 보지 않는다. 상호의존 및 공감 역량이 충분히 발달했다. 성과 친밀성을 결합시킬 수 있다.

2. **애착이 대체로 강하고**, 오랫동안 변하지 않으며, 현실적이고, 미묘하고, 시간이 지나도 유지되며, 다소 갈등적이거나 충분히 만족스럽지 않다. 관계를 욕구 충족이라는 관점에서 보지 않는다. 상호의존과 공감 역량이 충분히 발달했다. 친밀/성적 관계에 어느 정도 손상 또는 갈등이 있다.

3. **애착이 있으나 피상적이고**, 깨지기 쉽고, 현저하게 갈등적이며 만족스럽지 않다. 관계를 욕구 충족이라는 관점에서 보는 경향이 있다. 타인에 대해 관심 또는 어느 정도의 공감 역량이 약간 있다. 성적 관계에서는 제한된 친밀감을 지닌다.

4. **애착이 거의 없고 매우 피상적이다.** 관계를 욕구 충족의 관점에서 지속적으로 본다. 공감 역량이 거의 없다. 친밀성을 얻으려는 겉으로 드러난 노력에도 불구하고, 친밀 관계가 거의 또는 전혀 발달하지 않았다.

5. **진실한 관계가 존재하지 않는다**(그저 아는 사이일 수 있다). 매우 고립되어 있을 수 있는데, 아는 사이조차도 결핍되어 있을 수 있다. 존재하는 어떤 관계도 오로지 욕구 충족에 기반한다. 공감 역량을 전혀 볼 수 없다. 친밀성에 대한 역량 또는 친밀하려는 시도가 전혀 없다.

방어

1. **유연하고, 적응적인 대처를 한다.** 낮은 수준(분열에 기반한)의 방어를 사용한 흔적을 볼 수 없다. 대부분의 영역에서 스트레스 회복력이 뚜렷하다. 많은 적응적인 대처 방

락을 일관적으로 활용한다.

2. **적응적인 대처 방략과** 함께 스트레스에 대한 일반적인 회복력이 다른 영역에서는 그렇지 않지만 일부 영역에서는 **덜 일관되거나 덜 효과적으로 활용된다.** 일부 낮은 수준의 방어가 사용되긴 하지만(이상화 또는 평가절하에 한정될 것이다), 분명한 것은 이것이 응답자의 지배적인 방어 유형은 아니다. 기능의 제한이나 장해는 낮은 수준의 방어를 사용할 때 나타난다.

3. **낮은 수준 방어의 사용 패턴이 혼합된다.** 자기 및 타인에 대한 관점이 변한다. 일부 기능 손상은 낮은 수준의 방어를 사용함으로써 나타난다.

4. **낮은 수준의 방어가 일관적으로 사용된다.** 자기 및 타인에 대한 관점의 변화가 비교적 심하고 만연하다. 응답자의 삶에서 명백한 손상의 흔적은 낮은 수준의 방어를 사용함으로써 나타난다.

5. **낮은 수준의 방어가 상황에 걸쳐 만연하게 사용된다.** 자기 및 타인에 대한 관점의 변화가 기능을 매우 방해할 정도로 심하고, 급격하며, 불안정성과 왜곡의 예시가 많다.

공격성

1. **공격성 통제**—어떤 분노 장면이나 언어적 공격성도 상황에 적절해 보인다.

2. **비교적 잘 통제된 공격성**—부적응적인 공격성 표현이 억제(공격성 표현의 실패)와, 가벼운 자기파괴적 행동이나 방치, 대인관계 유형 통제하기, 또는 이따금 폭언을 하는 것으로 제한된다.

3. **다소 빈약한 공격성 통제**—부적응적인 공격성 표현들에 중대한 자기파괴적이거나 고위험 행동, 자기방치나 불복종, 또는 잦은 울화나 증오에 찬 폭언, 만성적으로 타인을 적대적으로 통제, 또는 타인의 불편과 불행에서 가학적 쾌락을 얻는 것들이 포함된다.

4. **빈약한 공격성 통제**—공격성이 자기를 향할 때 치명적일 정도로 심하지만, 다소 덜 만연하고 덜 만성적(즉, 좀 더 일시적)이며, 또는 5번보다는 생명을 덜 위협한다. 공격성이 타인을 향할 때, 빈번하지만 단편적이고 타인에게 증오에 찬 폭언을 하며, 자기나 타인을 다치게 하려는 언어적 및 신체적 위협이 빈번하고, 또는 타인에 대한 신체적 위협과 공격을 수반할 수 있는 신체적 협박과 함께, 타인을 해치거나 적대적으로 통제하는 데서 쾌락을 얻는다.

5. **공격성이 거의 통제되지 않음**—만성적, 심각한, 치명적인 공격성 표현이 만연한 경향

이 있다. 타인이나 자기에 대한 잔인하고 가학적이며 증오에 찬 빈번한 폭언이나 신체적 공격이 타인과 자기의 안전에 심각한 위험을 초래하고 신체적 위해를 야기하는 경향이 있다. 자기 및 타인을 향한 공격성은 고문과 통제를 함으로써 가학적 쾌락을 얻는다. 자기를 향한 공격성은 죽을 의도가 있는 심한 자해와 많은 자살시도를 수반할 수 있다.

도덕적 가치

1. **내적 도덕적 나침반이 자율적, 일관적 및 유연하다.** 부도덕하거나 비도덕적인 행동을 보이지 않는다. 잠재적으로 상처 주거나 비윤리적인 행동에 대해 성숙하고 적절한 염려와 책임감을 보인다. 개인의 이익을 위해 타인을 착취하지 않는다. 죄책감을 적절하게 경험한다.

2. **내적 도덕적 나침반이 자율적이고 일관되며, 경직성과 모호함을 띨 수 있는데 이는 개인의 이익에 문제가 될 수 있다.** 부도덕하거나 비도덕적인 행동을 노골적으로 보이지 않는다. 잠재적으로 상처를 주거나 비윤리적인 행동에 대한 염려와 책임감이 다소 경직되어(지나치거나 다소 부주의한) 있다. 죄책감을 경험하지만, 반추적인 자기비난 방식이 개선을 위해 예방하려는 노력보다 좀 더 만연하다.

3. **내적 도덕적 기준에 대한 감각이 일부 존재하지만, 지나치게 경직되거나 부주의하다.** 행동을 안내하는 이러한 기준들을 활용하는 데 상당한 어려움을 보일 수 있다. 여기에는 피해자와 마주치지 않은 채 다소 비윤리적이거나 비도덕적인 행동(예: 표절, 부정행위, 거짓말, 탈세)을 하는 것이 포함될 수 있다. 착취적일 수 있으며, 타인을 다치게 하는 행동에 책임지는 것이 어렵다. 죄책감과 관심에 대한 적절한 경험이 결여되어 있을 수 있고 또는 진실한 뉘우침 없이 가학적인 자기비난의 형태로 '죄책감'을 경험할 수 있다.

4. **도덕적 가치와 내적 기준이 약하고, 비일관적이며, 또는 타락한다.** 도덕적 지향은 잡히지만 않으면 된다는 식이고 공격적인 반사회적 행동(예: 강도, 위조, 갈취)을 포함할 수 있다. 그런 행동은 피해자와 마주칠 수 있지만, 폭행은 없다. 어떤 폭력도 대체로 사전에 계획한 것은 아니다. 타인 착취가 자아동질적이고 타인의 희생으로 개인의 이익을 자유롭게 추구한다. 죄책감이나 뉘우침이 결여되어 있다.

5. **도덕적 가치의 개념에 대한 이해가 없다.** 폭력적이고 공격적인 반사회적 행동(폭행, 구

타, 고의성)이 분명히 존재하며 또는 폭력적인 행동이 있거나 없는 명백한 정신증(도덕적 가치에 대한 이해나 개념이 없음)이 분명하게 나타난다. 죄책감이나 후회에 대한 감각이 전혀 없다.

성격기능 수준 척도[2]

앞에서 보았듯이 DSM-5 III편 '새로 개발된 평가도구와 모델'에 소개되어 있는 성격기능 수준 척도(LPFS)는 대상관계 이론에 기초한 접근과 유사한데 이는 전이초점 심리치료-확장판(TFP-E)에서 활용한 성격기능 및 병리를 기술한다. LPFS는 자기 및 대인관계 기능의 손상도에 따라 성격장애의 특징을 기술하고 있다. 이 척도는 다섯 가지 성격 건강 및 병리 수준(0=손상이 거의 없거나 없음, 4=극도 손상)을 제시하고 있다. 이는 TFP-E 대상관계 이론 모델(제2장 〈표 2-1〉 참조)에서 기술하는 다섯 가지 성격조직 수준과 매우 밀접하게 일치한다. 여기서는 이 척도를 임상적으로 참조하기 쉽게 제시했으며 이 척도에 대한 전체 기술과 성격장애에 대한 대안적 모델은 DSM-5를 참조하길 바란다.

---

2) 출처: American Psychiatric Association: *Diagnostic and Statistical Manual of Mental Disorders*, 5th Edition. Arlington, VA, American Psychiatric Association, 2013, pp. 775-778. Copyright © 2013 American Psychiatric Association. Used with permission.

성격기능 수준 척도(계속)

손상 수준	자기		대인관계	
	정체성	자기주도성	공감	친밀감
0—손상이 거의 없거나 없음	고유한 자기에 대해 지속적으로 인식하고 있음, 역할에 적절한 경계를 유지함 일관성 있고 자기조절된 긍정적 자존감을 지니며, 자기평가가 정확함 모든 범위의 정서를 경험하고, 견디고, 조절할 수 있음	개인의 역량에 대한 현실적인 평가를 기반으로 하여 합리적인 목표를 설정하고 열망함 적절한 행동 기준을 활용하고, 다수의 영역에서 성취를 이룸 내적 경험을 성찰하고, 건설적인 의미를 부여함	대부분의 상황에서 타인의 경험과 동기를 정확하게 이해할 수 있음 비록 타인의 관점에 동의하지 않더라도 그것을 이해하고 인식할 수 있음 자신의 행동이 타인에게 미치는 영향을 인식하고 있음	개인적 및 사회 생활에서 만족스럽고 지속적인 여러 관계를 유지함 돌봄 주고, 가깝고, 호혜적인 많은 관계를 바라고 참여함 협력, 상호 이익을 위해 노력하고 타인의 생각, 정서 및 행동에 대해 유연하게 반응함

성격기능 수준 척도(계속)

손상 수준	자기		대인관계	
	정체성	자기주도성	공감	친밀감
1−경도 손상	자기감이 비교적 손상되지 않았으며, 강한 정서와 심리적 고통을 경험할 때 정체의 명확성이 다소 감소함 때로 자존감이 떨어지고, 자기평가가 지나치게 비판적이거나 다소 왜곡되어 있음 강한 정서가 고통스러울 수 있는데, 정서 경험의 범위가 제한적인 것과 연결됨	과도하게 목표 지향적이거나, 다소 목표 억제적이거나, 목표에 대해 갈등적임 개인적 기준을 비현실적이거나 사회적으로 부적절하게 설정할 수 있으며, 성취의 몇몇 측면에서 제한됨 내적 경험을 성찰할 수 있으나, 자기 지식의 한 가지 유형(예: 지적이거나, 정서적인)을 지나치게 강조함	타인의 경험을 인정하고 이해하는 것이 다소 어려움, 타인이 비합리적인 기대나 통제에 대한 소망을 가지고 있다고 보는 경향이 있을 수 있음 다른 관점을 고려하고 이해함 수 있을지라도, 그에 저항함 자신의 행동이 타인에게 미치는 영향을 비일관되게 인식함	개인적 및 사회생활에서 지속되는 관계를 형성할 수 있으나, 깊이와 만족의 정도는 다소 제한적임 친밀하고 호혜적인 관계를 형성하려고 형성함 수 있는 역량이 있으나, 강렬한 정서나 갈등이 일어날 경우 이미 있는 표현이 억제될 수 있고 때로 제한될 수 있음 비현실적인 기준으로 인해 협력하는 것이 억제될 수 있음, 타인의 생각, 정서 및 행동을 존중하고 반응하는 능력이 다소 제한되어 있음

성격기능 수준 척도(계속)

손상 수준	자기		대인관계	
	정체성	자기주도성	공감	친밀감
2-중등도 손상	정체성 확립을 위해 타인에게 과도하게 의존하며, 경계 설정이 위태로움 외부의 평가를 과장되게 염려하여 자존감이 취약하고, 인정에 대한 소망을 지님, 불완전감 또는 열등감이 있으며, 이에 대한 보상으로서 자기평가를 부풀리거나 깎아내림 정서 조절이 긍정적인 외부 평가에 의해 좌우됨, 자존감에 대한 위협은 적으나 수치심과 같은 강한 정서를 불러일으킬 수 있음	목표가 자발적이기보다는 외부의 인정을 받기 위한 수단으로 자주 사용되며, 일관성이나 안정성이 결핍되어 있을 수 있음 개인의 기준이 비이성적으로 높거나(예: 특별해지기 위한 욕구) 낮음(예: 주된 사회적 가치와 일치하지 않음), 진실성의 결핍감으로 인해 성취가 어려움, 내적 경험을 성찰하는 역량이 손상되어 있음	타인의 경험에 과도하게 과도하게 주의하지만, 자기와 관련이 있다고 지각할 때만 그러함 과도하게 자기참조적임, 타인의 경험을 인정하고 이해하고 대안적 관점을 고려하는 능력이 상당히 떨어짐 자신의 행동이 타인에게 미치는 영향에 대해 일반적으로 알지 못하거나 인식하지 못함, 또는 자신의 영향을 비현실적으로 평가함	개인적 및 사회생활에서 관계를 형성할 수 있는 역량과 욕구가 있으나, 관계가 주로 피상적일 수 있음 관계는 주로 자기조절과 자기존중 욕구를 충족시키기 위한 것이며, 타인으로부터의 이해를 받는 것에 대한 비현실적인 기대를 지님 관계를 호혜적으로 보지 않는 경향이 있으며, 주로 개인의 이득을 위해 협력함

성격기능 수준 척도(계속)

손상 수준	자기		대인관계	
	정체성	자기주도성	공감	친밀감
3 – 고도 손상	자율성/주체성에 대한 감각이 약함, 정체성 결여, 또는 공허감을 경험함, 경계설정이 빈약하거나 경직됨: 타인과의 과도한 동일시, 타인으로부터의 독립에 대한 지나친 강조, 또는 이 둘 간의 혼란을 볼 수 있음 깨지기 쉬운 자존감이 사건에 의해 쉽게 영향을 받으며, 자기 이미지에 일관성이 결여되어 있음, 자기평가에 미묘한 차이가 없음: 자기혐오, 자기과장, 또는 비논리적, 비현실적 조합 정서가 급격히 변화하거나 만성적이고 변동이 없는 절망감	개인의 목표를 수립하거나 달성하는 것이 어려움 행동에 대한 내적 기준이 명확하지 않거나 모순됨, 삶이 무의미하거나 위험한 것으로 경험됨 자신의 심리 과정을 성찰하고 이해하는 능력이 상당히 떨어짐	다른 사람들의 생각, 감정 및 행동을 고려하고 이해하는 능력이 상당히 제한되어 있음, 타인 경험의 매우 구체적인 측면들, 특히 취약성과 고통을 파악할 수 있음 일반적으로 대인적 관점을 고려할 수 없음, 의견 차이나 대안적 관점에 대해 매우 위협을 느낌 자신의 행동이 타인에게 미치는 영향에 대해 혼란스러워하거나 인식하지 못함, 사람들의 생각과 행동에 대해 종종 당황스러워하며, 과격적인 동기를 빈번하게 타인의 탓으로 잘못 돌림	개인 및 사회생활에서 관계 형성에 대해 어느 정도 욕구가 있으나, 긍정적이고 지속되는 관계를 형성하는 역량이 상당히 손상되어 있음 관계는 친밀한 타인이 절대적으로 필요하다는 강한 믿음과 유기나 학대에 대한 예상에 기반함, 타인과 친밀하게 관여하는 느낌은 두려움/거부와 연결돼 한 필사적인 욕구 사이를 왔다 갔다 함 상호성이 거의 없음: 타인은 그들이 자기에게 영향을 주는 방식(부정적 또는 긍정적)에 따라 주로 개념화 됨, 협력적인 노력은 타인으로부터 모욕당했다는 지각 때문에 자주 중단됨

성격기능 수준 척도

손상 수준	자기		대인관계	
	정체성	자기주도성	공감	친밀감
4-극도 손상	고유한 자기 경험과 자율성/주체성에 대한 감각이 거의 부재하거나, 지각된 외부의 박해를 통해 조직화됨. 타인과의 경계가 혼란스럽거나 결여되어 있음 약해지거나 왜곡된 자기 이미지가 타인과의 상호작용에 의해 쉽게 위협받음, 자기평가에 상당한 왜곡과 혼란이 있음 정서가 맥락이나 내적 경험과 일치하지 않음, 미움과 공격성이 지배적인 정동을 수 있는데 그것을 부인하고 타인에게 탓을 돌림	생각과 행동의 구분을 잘 못해서 목표 설정 능력이 심하게 손상되어 있으며, 비현실적이거나 일관되지 않은 목표를 지님 행동에 대한 내적 기준이 사실상 결여되어 있음, 진정한 성취를 상상조차 할 수 없음 자신의 경험을 전혀 성찰할 수 없음, 개인의 동기는 인식되지 않으며 모든 것이 자기 외부에 있는 것으로 경험됨	타인의 경험과 동기를 고려하고 이해하는 것이 완전히 불가능함 타인의 관점에 대한 주의가 거의 부재함(과잉경계하거나 욕구충족이나 위험을 피하는 데 초점이 맞춰져 있음) 사회적 상호작용이 혼란스럽고 방향감각을 잃음	심한 무관심이나 위험에 대한 예상 때문에 친화 욕구가 제한되어 있음, 타인과의 관계가 분리, 와해되어 있거나 지속적으로 부정적임 관계는 편안함을 주느냐 아픔과 고통을 주느냐에 따라 거의 전적으로 개념화되어 있음 사회적/대인관계적 행동이 상호적이지 않음, 그보다 기본적 욕구의 충족이나 고통으로부터 도피하기 위한 것임

https://www.appi.org/caligor

부록 2 | 비디오

제 7 장

▶ 비디오 1. 정체성 통합 평가: 경계선 성격조직 수준(8:33)

기술: Caligor 박사와 자해를 시도한 35세 남성

응급실에 나타난 이 35세 남성은 여자 친구와 헤어진 후 자해하고 싶은 생각이 들었다. 환자의 호소는 두드러진 편집성, 경계선 특성을 동반하는 낮은 BPO 수준을 암시하며, 그렇지 않다면 정신증적 장애의 가능성도 있어 보인다. Caligor 박사는 환자에게 자기 자신에 대해 기술해 달라고 하면서 시작한다. 환자는 이 질문을 혼란스러워하며 자기 자신에 대해서 일관되게 설명하는 것에 어려움을 보인다. 환자가 아주 기본적인 자기기술조차 제대로 하지 못하는 것은 심각한 정체성 병리의 특징이며, 이는 심한 성격병리 또는 정신증적 병리의 진단과 일치한다. Caligor 박사는 면담의 초기 단계에서 단어를 신중하게 고르는데, 이는 치료자가 역전이에서 환자의 혼란과 편집증, 잠재적인 공격적 충동을 인식하는 것을 반영한다.

치료자: 당신이 여기에 오게 된 게 최근의 이별 문제라는 것과 당신이 그 후에 어떻게 무너졌는지 분명히 이해하게 된 것 같아요. 이 지점에서 조금 방향을 바꿔서, 한 사람으로서 당신에 대해서 좀 더 이해하고 싶은데요. 한 사람으로서의 당신을 이해할 수 있도록 당신이 어떤 사람인지 설명해 줄 수 있을까요?

환　자: 질문이 이해가 잘 안 돼요.

치료자: 좋아요. 나는 당신의 성격에 관심이 있어요. 당신을 다른 사람과 다르게 구분하는 것이 뭔가요? 예를 들어서 당신이 스스로를 어떻게 보는지, 아니면 다른 사람들이 당신을 어떻게 보는지 말이에요.

환　자: 여전히 무슨 말인지 잘 모르겠어요.

치료자: 음. 이렇게 말해 볼게요. 내가 당신에 대해서 짧은 시간 안에, 어쩌면 몇 분 만에 좀 더 알아 가길 바란다고 해 봐요. 아니면 당신이 어떤 책에 자신에 대해서 짧은 글을 쓴다고 생각해 봅시다. 자신을 기술할 때 어떤 단어를 쓰나요? 그래야 내가 당신이 어떤 사람인지 알 수 있어요. 이건 이해가 되나요?

환　자: 네. 이해한 것 같아요. 우선 첫 번째로 생각나는 건 연애관계예요. Susan하고의 관계 같은 거요. 난 매우 다정한 사람이 될 수 있어요. 그리고 나는 사랑하는 사람에게 내 모든 것을 줄 준비가 되어 있어요. 그래서…….

치료자: 나는 당신에 대한 전체적인 설명을 듣고 싶어요. 그것 외에 내가 알았으면 하는 것이 있나요?

환　자: 좀 생각해 볼게요. 음. 나는 Susan을 많이 사랑해요. 그리고 난……. 그녀는 나를 매우 갑자기 떠났는데, 내 느낌에는 Susan의 오빠가 나를 떠나라고 말한 것 같아요. 그가 그녀를 보호소로 데려갔어요. 그리고……. 음. 난 당신이 뭘 원하는지 모르겠어요. 당신이 원하는 게 뭔지 확실히 잘 모르겠어요.

치료자: 그러니까 당신은 매우 다정하고 보살피고 사려 깊은 사람이에요. 동시에 당신은 Susan이 당신을 무서워했기 때문에 떠났다고 나한테 말했어요. 그게 타당한 말이라고 생각하나요?

환　자: 내가 무서워서요? 아마 내가 자기를 너무 사랑하는 게 무서웠을지도 몰라요.

치료자: 음, 그런데 나한테 그녀가 당신을 무서워했기 때문에 떠났다고 말했었죠.

환　자: 그랬어요. 그건 맞아요. 음, 그것에 대해선 사실 잘 모르겠어요. 몰라요.

치료자: 좋아요. 그러면 한번 살펴봐요. 왜냐하면 당신이 한 얘기는, 당신은 가끔 화가 나고, 이성을 잃거나, 그녀를 위협할 수도 있다는 얘기니까요.

환　자: 그건 아니에요. 아니에요.

치료자: 당신은 그녀를 밀었고, 심지어 쓰러뜨리기도 했다고 했어요.

환　자: 나는 그녀를 딱 한 번 밀었어요. 두 번인가? 그런데 그러려고 한 건 아니에요. 내가 일부러 그런 건 아니었어요.

치료자: 그래요. 그럼 이걸 어떻게 같이 이해해 볼 수 있을까요? 당신은 한편으로는 Susan에게 겁을 주고, 그녀를 밀어서 쓰러뜨리기도 했어요. 그런데 다른 한편으로는, 당신은 오직 다정하고 자상한 사람이라고 스스로를 설명하고 있어요.

　Caligor 박사가 직면을 한 목적은 환자가 직면에 대한 반응에서 현실검증이 되는지 평가하려는 것이다. Caligor 박사는 환자의 현실검증을 평가하기 위해 직면을 사용했다. 직면에 대한 반응으로, 환자는 자신을 순전히 다정하고 자상한 사람이라고 기술한 것에 대해서 다시 생각해 볼 수 있다. 환자는 Caligor 박사의 개입을 활용해서 자신의 공격성을 완전히 부인하는 것을 포기하고, 좀 더 완전한 관점을 가진다. 환자의 반응을 볼 때 비록 불안정하지만 온전한 현실검증을 가진 성격장애의 진단이 적절한 것 같다. Caligor 박사는 정신증적 장애 가능성을 잠정적으로 배제한다.

환　자: 음. 무슨 말인지 알겠어요. 난 가끔 사람들한테 굉장히 좌절스러워요. 만약 사람들이 내가 그들을 사랑하는 방식을 받아들이지 않거나, 만약 내가 그들을 사랑하는 방식을 두려워한다면 모르겠어요. 그럴 땐 난 그렇게 다정한 사람이 아닐 거예요. 분명히 아니에요. 아니면 내가 여기 혼자 당신과 있지는 않겠죠.

치료자: 그러니까 어쩌면 당신이 잘 모르는 당신이 있을 수도 있다는 거네요.

환　자: 맞아요. 사람들은 나한테 내가 항상 전체를 보는 건 아니라고 했어요.

치료자: 예를 들면, 어떤 걸 당신이 보지 못한다고 하나요?

환　자: 누나들이 자기네들처럼 내가 보지 못한다고 그러더라고요. 밖에 나가는 건 어때? 사람 만나는 건 어때? 사람들이랑 약속 잡는 건 어때? 뭐 그런 거요.

치료자: 그러니까 누나는 당신이 좀 외로워 보이고, 외톨이 같다는 거네요.

환　자: 맞아요.

　　면담 후반에 Caligor 박사는 환자에게 중요한 타인에 대해 설명해 달라고 하여 정체성 형성에 대한 평가를 마무리한다. 답변으로 환자는 Susan에 대해서 빈약하고 피상적으로 기술하는데, 자기참조적이고 세부사항이 부족하고 매우 이상화된 관점이다. Caligor 박사는 계속해서 탐색한다. Caligor 박사는 먼저 명료화를 활용하여 환자가 Susan에 대해 이상화를 넘어서 더 충분히 설명하도록 하고, 그게 잘 이루어지지 않자 직면을 한다.

치료자: Susan에 대해서 설명한 것을 조금만 더 말해 줄 수 있어요? 내가 그녀를 한 개인으로서 더 현실적인 모습으로 이해할 수 있게 말이에요.

환　자: 그녀는, 그녀는 계속…… 나는 우리가 계속 같이 있길 바랐어요. 그러지 못했지만요. 음……. 모르겠어요. 그녀는 내가 얘기한 것처럼 불안정해요. 그리고 그녀는 잘 웃어요. 그녀는 갈색 머리예요. 옷을 예쁘게 입고, 완벽한 사람이에요.

치료자: 당신한테 그녀를 좀 더 충분히, 완전하게 설명해 달라고 했는데, 내가 그녀를 생생하게 이해하기 위해서 충분한 정보를 준 것 같나요?

환　자: 아닌 것 같아요. 잘 모르겠어요. 그녀는……. 그녀는 매우 사려 깊어요. 잘 보살펴 줘요. 그녀는 완벽해요.

치료자: 혹시 완벽하지 않은 부분도 있나요?

환　자: 아니요. 그녀는 완벽해요. 나한테는 완벽한 사람이에요.

치료자: 음, 당신은 그녀가 당신이랑 딱 한 번 말다툼을 하고 떠났다고 했지요. 그리고 그때 매우 부당하게 당신을 비난했다고 했어요. 당신은 이걸 어떻게 이해했어요? 어떻게 이것을 같이 이해할 수 있을까요?

환　자: 그녀의 오빠가 속여서 그래요. 오빠가, 내가 그녀 자신을 위해 충분한 공간을 주지 않는다고 하면서 날 떠나라고 한 거예요. 그녀는 절대 나를 안 떠났을 거예요. 절대로요. 난 그녀를 사랑해요.

Caligor 박사의 직면에 대해 환자는 약간 짜증을 낸다. 이 직면은 환자의 사고가 극단적으로 경직된 점, 자기자각의 수준이 낮고 성찰이 부족한 점을 강조한다. 이러한 관찰은 Caligor 박사로 하여금 환자가 심각한 정체성 장애 문제를 가지고 있다는 초기 인상을 확증하게 했다.

▶ 비디오 2. 정체성 통합 평가: 자기기술, 정상 정체성 형성(3:36)
기술: Caligor 박사와 32세 기혼 여성 클래식 음악가

이 환자는 클래식 연주자인 32세 기혼 여성으로, 외래로 내방하였으며, 환자의 주 호소는 오디션 불안과 자존감 문제이다. 그녀는 NPO 수준에서 조직되었으며, 주로 연극적 및 약간의 피학적 특성이 있다. Caligor 박사는 환자에게 스스로에 대해 설명해 달라고 한다. 이에 대해 환자는 충분히 공고화된 정체성을 가진 사람의 특징인 풍성하고 복합적이며 성찰적인 자기기술을 제공한다. Caligor 박사의 경험은 환자의 성격에 대해 쉽고 분명하게 그림을 그릴 수 있었고, 이는 정상적인 정체성 형성과 일치하며, Caligor 박사가 환자에 대해 느끼는 따뜻함과 역전이는 환자의 연극적 특성과 일치한다.

치료자: 좋아요. 나는 당신이 어떻게 여기 오게 되었는지 잘 이해하게 된 것 같아요. 여기서 나는 잠깐 방향을 바꿔서, 당신이 한 개인으로서 어떤 사람인지 좀 더 듣는 시간을 가지고 싶어요. 당신이 독특한 한 사람으로서 어떤 사람인지 당신에 대해서 전체적인 그림을 그릴 수 있도록 설명해 줄 수 있을까요?

환　자: 음, 어려운 질문이네요. 좋아요. 나는 내가 굉장히 현실적인 사람이라고 생각해요.

가치관도 바르고, 남을 잘 보살피고, 성실한 편이에요. 어릴 때는 엄청 수줍음이 많았어요. 나는 친구들 뒷자리에 앉곤 했고, 항상 엄청 외향적인 친구들이랑 친하게 지냈어요. 그런데 지금은 좀 달라요. 나는 더 이상 그렇게 수줍음이 많지 않고, 나에 대해서도 좀 더 낫게 느껴요.

치료자: 좋아요. 한 인간으로서 당신의 성격을 3차원적으로 완전히 이해할 수 있게 조금만 더 설명해 줄래요?

환　자: 음, 말했듯이 성실하고 열심히 일하는 편이에요. 남편은 나더러 나 자신을 충분히 돌보지 않는다고 말해요. 나는 항상 남들을 위해서 뭔가 하고 있고, 남들 부탁을 잘 들어준다고 해요. 그래도 나는 내 그런 점이 좋아요. 그런 점이 나를 기분 좋게 만들어요. 사람들은 나를 아주 좋은, 충실한 친구라고 해요. 다들 그렇게 말해요.

Caligor 박사는 환자의 이야기에서 모순을 알아차린다. Caligor 박사는 직면의 형태로 더 많은 것을 질문한다. 이에 대해 환자는 깊이 생각하고 성찰적이며 Caligor 박사의 혼란에 공감하면서 설명한다.

치료자: 수줍음을 많이 탔었고, 자존감에 문제가 있었는데, 지금은 나아졌다고 방금 말했어요. 그런데 면담 초반에 왜 왔는지 물었을 때, 당신은 자존감 문제로 도움을 받고 싶다고 했었지요. 이걸 어떻게 함께 이해할 수 있을까요?

환　자: 설명할게요. 내가 음악가이고, 솔리스트로 꽤 성공했다는 걸 아시잖아요. 나는 나름대로 음악계에서 평판이 좋은데, 스스로에 대한 관점은 내 성취나 남들이 나를 어떻게 보는지를 따라가지 못하는 것 같아요. 예를 들어, 나는 나를 계속 배경에 두려고 하는 것 같아요. 관심을 받거나 긍정적인 평가를 받을 때, 사실은 내가 그만큼의 관심을 받을 자격이 없다고 느끼는 것 같아요. 내가 받는 관심만큼 충분히 가치 있게 느끼지는 못하나 봐요. 다른 사람이 더 그럴 자격이 있다고 느껴져요. 좋은 평가를 받으면 불편해지는 거예요. 내가 정말 기분이 좋은 건 오직 그룹으로 공연할 때에요. 앙상블의 일부로요. 솔리스트로서는 절대 아니에요.

치료자: 음. 당신은 그걸 어떻게 이해하나요?

환　자: 사실 잘 모르겠어요. 이게 말이 안 된다는 건 알지만, 나에 대한 그런 감정을 지나치지 못하는 것 같아요.

환자는 자기 스스로를 보는 관점과 남들이 자기를 보는 관점이 불일치하는 것에 대해 예를 들어서 설명한다. 그녀는 이것을 치료에 오게 된 심리적인 문제로 인식한다.

제8장

▶ 비디오 3. 계약 맺기(4:52)

기술: Yeomans 박사와 수년간 가족의 지원을 받아 온 26세 무직 만성 우울 여성

이 환자는 26세 여성으로, 만성적인 우울로 무직 상태에 있고, 수년 동안 가족의 지원을 받았다. 그녀는 최근에 경계선 성격장애로 진단받았고, TFP-E를 받기 위해 Yeomans 박사에게 의뢰되었다. 우리는 지금 계약 맺기 단계에 있고, Yeomans 박사는 환자의 긋기에 대해 논의하며, TFP-E에서 긋기를 어떻게 관리해야 하는지 이야기하고 있다.

치료자: 하지만 만약 당신이 긋기를 한다면, 그 문제에 대해서 생각해 봅시다. 지금 당신은 여러 가지 이유로 긋기를 하고, 아마 제일 분명한 이유는 당신이 느끼는 어떤 고통스러운 감정을 없애려는 것일 수도 있어요. 하지만 내가 제안하는 이런 종류의 치료에서 긋기는 두 가지 이유에서 문제가 됩니다. 한 가지는 당신이 감정을 그런 식으로 방출한다면, 우리가 여기서 작업하기 위한 자료인 감정이 없어지는 셈이기 때문이에요. 하지만 또 다른 이유는 만약 당신이 위기 상황을 만들어 낸다면, 비유적으로 당신이 계속 불을 지르고 돌아다닌다면, 치료자의 역할은 당신의 뒤를 따라다니면서 당신이 불을 끄도록 돕거나, 당신을 위해서 불을 꺼 주거나 하는 게 된다는 거예요. 나는 우리가 그런 행동 아래에 있는 것을 보는 게 중요하다고 생각해요. 당신이 접촉하기 어려운 그런 감정을 동기화하는 게 무엇인지 말이에요.

환　자: 그럼 이런 종류의 치료에서는 내가 어떻게 해야 하나요?

치료자: 이런 종류의 치료에서 당신의 역할은 모든 것을 가능한 한 자유롭게 말하는 것이에요. 치료에 오게 된 문제와 관련해서 마음속에 떠오르는 모든 것 말이에요. 여기엔 우리의 상호작용에서 느껴지는 감정도 포함될 수 있어요. 검열하지 않고 빠뜨리지 않고 말하는 것이 매우 중요해요. 그건 꽤 어렵고 생각처럼 쉽지 않을 거예요. 내 역할은 잘 듣고, 당신의 삶을 어렵게 만들어 온 생각과 감정, 행동 뒤에 있는 것들을 이해하도록 돕는 거예요. 우리가 어느 수준으로 이해할 수 있게 되면, 당신은 그 행동을 넘어서 움직일 수 있고, 그동안 당신의 삶을 매우 비참하게 만들어 온 그 패턴에

서 벗어날 수 있을 거예요.

환　자: 그러면 내가 스스로 굿고 싶은 느낌이 들 땐 어떻게 해야 하나요?

치료자: 음, 그것도 좋은 질문이에요. 하지만 우선 얘기해 두고 싶은 건, 경계선 성격장애를 가진 사람들은 자신이 그러한 충동에 대해서 통제력이 없다고 가정하는 경우가 많아요. 그런데 임상적 경험과 연구에 따르면 그건 사실이 아니에요. 당신이 노력한다면 어느 정도의 통제력을 발휘할 수 있어요. 그리고 당신은 이럴 때 사용할 수 있는 기술을 이전 치료에서 배웠을 수도 있지요. 게다가 우리가 당신의 감정 뒤에 무엇이 있는지 알게 되면 그것을 통제하고 조절할 수 있을 거예요.

Yeomans 박사는 환자의 굿기 이력으로 돌아갈 계획이다. 그러나 이 지점에서 그는 치료와 TFP-E의 전제조건으로서 일이나 공부에 참여할 것에 대한 논의로 이동한다. Yeomans 박사는 환자가 만성적으로 무직 상태이며, 가족에게 지원받고 있다는 것을 알고 있다. 환자가 구직을 하거나 이후에 급여를 받는 자리로 전환될 가능성이 있는 구조화된 봉사직을 찾을 필요가 있다는 것이, 이 환자와의 TFP-E 계약에서 가장 도전적인 측면이 될 것이라고 예상한다.

치료자: 치료의 한 가지 필수적인 요소로서, 우리는 적어도 치료에서는 당신이 바깥에 나가서 삶의 활동에 참여할 필요가 있어요.

환　자: 당신은 나를 너무 모르는군요. 나한테 어떤 종류의 활동을 하라는 것은, 가장 우울했던 상태로 돌아가라는 소리예요. 난 지금이 지난 몇 년 동안 제일 좋은 상태인데 당신이 그걸 물거품으로 만들어 버릴 수도 있어요.

치료자: 당신의 두려움을 이해해요. 하지만 이건 진단적 인상에 근거해서 추천하는 거예요. 나는 꽤 정확하다고 생각합니다. 그리고 궁극적인 목표는 당신이 잘 기능하기 시작한다면 당신이 성취감을 느낄 것이고, 자신에 대해서 다양한 방식으로 좋게 느낄 수 있을 것이라는 거예요. 그렇지만 이건 당신에게 달렸어요.

환　자: 내 말은 당신이 날 이해하지 못하는 것 같단 얘기예요. 다른 치료자들은 모두 내게 치료가 필요하다는 걸 이해했어요. 일이 아니라요.

치료자: 내가 당신에게 바라는 건 그렇게 큰 건 아니에요. 난 당신이 흥미와 목표에 따라서, 치료가 제공할 수 있는 것과 현실적인 것을 하길 바라요. 세상에 나가는 것이 당신에게 큰 스트레스와 불안을 준다는 것을 알아요. 하지만 당신이 그렇게 하지 못한다면,

나는 당신의 삶에서 정말로 큰 발전을 이룰 좋은 기회가 없을 거라고 생각해요. 그래서 내가 제안하는 건, 여기서 우리가 작업하는 것을 바깥에서 무언가에 참여하는 것과 연결하자는 거예요. 우리가 여기서 하는 작업은 아마도 당신이 바깥에서 더 잘 대처하고, 사람들에 대한 당신의 반응을 더 잘 이해하도록 도울 수 있어요. 그리고 밖에서 생기는 일은 우리에게 이 안에서 작업할 수 있는 자료가 되지요. 내가 일하길 추천하는 이유는 바로 그거예요.

환　자: 난 정말 오랫동안 아무것도 하지 않았어요.

치료자: 그게 쉬울 거라는 얘기는 아니에요.

제9장

▶ 비디오 4. 지배적인 대상관계 확인하기(4:35)

기술: Yeomans 박사와 연극성 성격장애를 진단받은 34세 미혼 여성

이 환자는 34세 미혼 여성으로 높은 BPO 수준으로 조직된 연극성 성격장애로 진단받았다. 그녀의 주된 삶의 목표는 결혼하고 가정을 꾸리는 것이지만, 그녀는 안정적인 연애관계를 유지하지 못하고 있다. 이 예시에서 Yeomans 박사는 TFP-E 치료자가 중립적 자세를 유지하면서 어떻게 치료적 관계를 탐색하는지 보여 준다. Yeomans 박사는 전이에서 상연된 두 가지 모순된 대상관계를 분명히 보여 준다. 현재 5개월째 치료 중이다.

환　자: 정말 믿기 힘든 일이 일어났고, 전 너무 흥분돼요. 그리고 초조한데, 어떻게 해야 할지 모르겠어요. John이 청혼했어요!

치료자: 와, 대단한 발전이네요.

환　자: 대단한 발전이라고요? 당신은 정말 웃기게 말하지만, 뭐 맞는 말이에요. 하지만 그건 별로 도움이 안 돼요. 난 어떻게 해야 할지 모르겠어요. 내가 어떻게 해야 할지 말해 주세요. 그와 결혼해야 할까요?

치료자: 글쎄요, 그동안 우리가 작업해 온 방식으로 볼 때, 당신은 내가 하는 말에 놀라지 않을 것 같은데요. 당신은 의견을 달라고 하지만, 더 도움이 되고 더 치료적인 것은 이것에 대한 당신의 생각과 감정을 잘 보는 거예요.

환　자: 내 생각과 감정이요. 당신은 내 생각과 감정을 알잖아요. 나는 서른네 살이고, 결혼하고 싶고, 가정을 꾸리고 싶어요. 단지 난 John이 그러기에 적당한 사람인지 모르겠단 말이에요. 그러니까 어떻게 할지 알려 줘요!

John과 결혼할지 말지 알려 달라는 환자의 요청에 대해 Yeomans 박사는 중립적인 자세를 유지하면서, 환자의 질문에 직접적으로 대답하기보다는 환자가 내면의 갈등을 볼 수 있도록 한다.

치료자: 정말 중요한 문제라는 건 이해하지만, 다시 한번 말하지만 나는 당신의 생각과 감정, 당신이 겪고 있는 어려움을 알아내는 것이 훨씬 치료적이라고 생각해요.

환　자: 당신이 평소에 어떻게 치료할 것인지 당신의 생각과 이론을 따르는 건 상관없어요. 하지만 이건 다른 문제예요. 내 모든 미래가 걸려 있는데 당신은 내가 어떻게 할지 말해 주지 않잖아요.

이 지점에서 Yeomans 박사는 이 치료시간에서 환자의 경험과 행동을 조직하는 대상관계로 환자의 주의를 돌리기 시작한다. 그는 먼저 그녀의 지배적인 자기경험을 조직하는 이자관계를 정교화하는데, 이는 강력하고 모든 것을 아는 치료자와 무력한 환자라는 관계이다.

치료자: 좋아요. 하지만 지금 여기서 무언가 일어나고 있고, 나는 우리가 그걸 같이 보는 게 도움이 될 거라 생각해요. 왜냐하면 이게 당신이 관계에서 갖는 문제와 관련된다고 생각하기 때문이에요. 그러니까 잠시 생각해 봅시다.

환　자: 당신이 항상 하는 얘기죠.

치료자: 맞아요. 하지만 어쨌든, 지금 여기를 좀 살펴봅시다. 당신이 지금과 같은 상황에서, 스스로 행동하거나 생각할 능력도 없고 힘 없고 무력하다고 보는 경향이 있어요. 그리고 관련해서 당신은 다른 사람들이 어떤 식으로든 힘 있고, 답을 가지고 있다고 생각하는 것 같아요. 지금은 그게 나인 거죠. 그게 당신의 기본적인 입장이에요. 사실은 당신이 나보다 John에 대해서 더 잘 알고 있어요. 당신도 알겠지만, 나는 그에 대해서 당신에게 들어서 알 뿐이죠. 당신은 그를 실제로 아는 사람이고요. 그런데 당신은 나한테 와서, 이 모든 이야기에서 무력하고 힘이 없는 사람처럼 굴어요.

환　자: 나는 무력한 게 아니에요. 그냥 어떻게 해야 할지 모를 뿐이에요. 바보처럼 굴지 마세요. 변화를 줄 수 있게 뭔가 해 보라고요.

이 지점에서 환자의 적개심과 평가절하로 인해, Yeomans 박사는 환자의 더 강력하고 사나운 측면이라고 할 수 있는 것에 주목하게 되었다. 환자의 이 공격적인 부분은 치료 시간에 행동으로 표현되지만, 동시에 환자는 이를 부인한다.

치료자: 글쎄요, 그런 식으로 말하니 나는 다른 것으로 관심이 가는데요. 여기서 생각해 볼 가치가 있다고 생각해요. 왜냐하면 당신이 무력해지는 것과 함께, 이러한 사나운 면도 나타나고 있기 때문이에요. 당신이 원하는 대답을 얻지 못할 때, 당신은 상당히 화가 나고 공격적이에요. 당신이 그것을 모를 수도 있는데, 왜냐하면 당신은 무력감에 사로잡혀 있기 때문이에요. 이 강력한 태도는 일종의 두려움을 만들어 낼 수도 있어요. 그리고 관계에 아주 부정적인 영향을 미칠 수도 있어요.

환　자: 화나고 모욕하고 무력하고 나는 그냥 엉망진창이군요. 당신은 내가 사라졌으면 좋겠죠?

치료자: 그게 나한테 듣고 싶은 말인가요?

환　자: 그렇지 않아요. 우리가 전에도 이랬던 적이 있는 것 같아요. 그리고 이건 자동적으로 일어나는 것 같아요.

치료자: 우리는 왜 그런지 생각해 봐야 해요. 누군가 해답을 갖고 있을 거라는 생각은 마음을 어느 정도 안심시킬지도 몰라요. 그래서 포기하기가 어려울 수 있죠. 근데 사실 인생이 그렇지는 않지요.

환　자: 당신 말이 맞아요.

제10장

▶ 비디오 5. 해석 과정: BPO 수준(8:56)

기술: Caligor 박사와 대인관계, 친밀관계의 어려움을 겪는 28세 여성

이 28세 여성은 대인관계 및 친밀관계에서 문제를 호소하고 있다. 그녀는 높은 수준의 BPO로 조직되었고, 연극적 및 가학피학적 특성이 있다.

환　자: 어젯밤에 Bill과 또 싸웠어요. 그는 너무 이기적이고 주지 않으려 해요. 난 못 견디겠

어요. 그는 전에는 매우 자상했는데 지금은 자기 생각만 해요. 너무 좌절스러워요. 그가 나에게 말을 안 하려고 해서 너무 화가 나요.

치료자: 어젯밤에 무슨 일이 있었는지 좀 더 말해 줄래요?

환　자: 그는 밤 10시가 되어서야 집에 왔어요. 그는 내가 그걸 싫어하는 걸 알거든요. 항상 같은 일의 반복이에요. 우리는 싸우고, 난 너무 화가 나서 잘 수가 없었어요.

치료자: 그래요. 어떻게 싸우게 되었는지 그 중간의 사건들을 하나씩 말해 볼래요? 두 사람 사이에 무슨 일이 있었는지 더 명확하게 이해할 수 있게요.

환　자: 음, 난 화가 나 있었어요. 그가 나한테 늦게까지 일해야 한다고 문자를 보냈거든요. 그래서 나는 기다리고 기다리면서, 문자를 보내고 또 보냈는데, 그가 내 문자에 답장하길 멈춘 거예요. 난 너무 화가 났어요. 그는 내가 왜 화났는지 알아요. 내가 말했죠. 왜 답장을 안 하냐고요.

Caligor 박사의 초기 개입은 환자의 경험과 행동을 명료화하는 데 초점이 맞춰졌다. 처음에 환자의 소통은 모호하고 피상적이며 자기참조적이다. Caligor 박사가 환자의 경험을 명료화하도록 도우면서, 환자가 전날 밤 Bill로부터 답장을 기다리고 있었을 때의 내적 상황에 대한 기술에서 지배적인 대상관계가 나타난다. 이 지점에서 Caligor 박사는 환자의 경험에서 지배적인 대상관계를 표현하기 시작한다. 동시에 Caligor 박사는 환자의 경험을 이해하고, 내적 상황에 공감할 수 있는 역량을 전달한다.

치료자: 계속 기다리는 게 참 힘들죠. 그리고 상대가 답을 안 하거나, 답을 하다가 멈추면 기분이 더 안 좋아질 수 있어요.

환　자: 네. 정확해요. 항상 같은 일이 반복돼요. 어쩌면 난 그냥 연애하는 걸 포기해야 하나 봐요. 어쨌든 그는 10시가 넘어도 집에 안 왔어요. 그때까지 나는 모든 게 너무 화가 났지만, 우리가 대화를 할 수 있을 거라고 생각했어요. 난 이렇게 말했죠. 그냥 그가 나를 안아 줬으면 좋겠다고, 내가 화나고 화낼 권리가 있다고 말해 줬으면 좋겠다고요. 그렇게 해 주면, 기분이 나아질 거고, 그의 얘기도 들을 수 있겠지만, 그가 그렇게 해 주기 전에는 싫다고 말했어요. 근데 그렇게 안 해 주더라고요. 난 그저 안아 주길 바랐을 뿐이에요. 그는 너무 이기적이에요.

치료자: 음, 당신은 정말 그가 당신 얘기를 듣고 있다고 느끼고 싶었던 거군요.

환　자: 맞아요.

Caligor 박사의 개입은 정동을 컨테인할 수 있었고, 환자는 좀 더 성찰적으로 보였다. 이 지점에서 Caligor 박사는 시범적인 직면을 통해 환자가 주의를 기울이지 않고 있는 그녀의 행동과 경험의 측면에 주목하게 하려고 시도했다. Caligor 박사는 환자의 지배적인 경험을 다시 언급하고 공감하는 것부터 시작한다.

치료자: 무슨 말인지 이해해요. 참 화나는 일이죠. 그리고 당신의 기분이나 무엇이 필요한지 상관하지도 않고, 당신에게 귀 기울이지 않는 것 같은 누군가를 계속 기다리는 자리에 있는 것은 무척 좌절스러울 거예요. 그런데 난 동시에 Bill은 어떻게 느꼈을지도 궁금해져요.

환　자: 무슨 말이에요?

치료자: 글쎄요. 당신들이 이렇게 싸울 때 재미있는 면이 있어요. 그동안 익숙한 패턴이었죠. 결국엔 두 사람이 한 배를 탄 것 같아요.

환　자: 무슨 뜻이죠?

치료자: 음, 내가 이해하기로는 당신은 결국 Bill이 당신 얘기를 듣지 않고, 이기적이고, 당신의 느낌이나 욕구에 관심이 없다고 결론을 내리게 돼요. 하지만 Bill도 당신에 대해서 비슷하게 느끼지 않을까 하는 생각이 들어요. 예를 들어, 당신이 그가 안아 주기 전에는 아무 얘기도 안 할 거라고 말할 때 말이에요. 그가 당신을 안고 싶은 기분이 아니라면요. 아니면 당신이 화내도 되고 화낼 권리가 있다고 말해 달라고 하는데, 그는 다른 식으로 느낄 때 말이에요. 내 말에 대해 어떻게 생각해요?

Caligor 박사는 환자가 한 발 물러서서 자신의 행동을 보고, 대안적 관점을 가질 수 있도록 한다. 이 직면은 누군가가 환자의 욕구를 수용하지 않고 거부하기에 환자 자신은 좌절되고 실망한 희생자라고 보는 경직된 관점을 넘어서게 한다.

환자는 이러한 관계 패턴의 반복적인 상연을 더 잘 인식하게 되고, 남자 친구와의 경험을 더 잘 성찰할 수 있게 되면서 이 역동이 어떻게 다른 중요한 관계에서 나타나는지 보게 되었다. 그리고 몇 주가 지났다.

치료자: 이제 우린 얼마나 자주 남들이 당신을 좌절시키고 욕구를 충족시키지 못한다고 느끼는지 많이 이야기해 온 것 같아요. 이것은 당신의 거의 모든 중요한 관계에서 일어나는 것처럼 보여요.

환　자: 맞아요. 얘기하면 할수록, 내가 항상 결국엔 그렇게 느끼게 된다는 걸 볼 수 있어요. 좌절하고 실망하고 화가 나고 어쩌면 내가 사람을 잘 고르지 못하나 봐요.

치료자: 음, 아마도요. 하지만 관계가 시작할 때는 매우 긍정적으로 느껴요.

환　자: 맞아요. 하지만 결국엔 내가 그들의 본색을 보게 되는 거죠.

치료자: 아마 그렇죠. 하지만 나는 당신이 다른 사람들에 대한 이미지가 얼마나 불안정한지, 때로는 얼마나 극적으로 바뀌는지 인상적이었어요. Bill에 대해서 생각해 보면, 처음에 그는 참 멋지고, 당신을 완벽하게 보살필 것 같았어요. 당신은 무척 행복하고 희망적이었죠. 그러다가 상황이 바뀌는데 너무 갑작스러웠죠. 갑자기 그는 이기적이고 무심해 보였고, 당신은 화가 나고 좌절스러워졌죠.

환　자: 그렇게 바뀌죠. 당신 말대로요.

치료자: 네. 거의 흑과 백처럼, 켜지거나 꺼지거나인 것 같아요. 여기서 가장 문제인 건 긍정적이다가 부정적으로 바뀌는 경우예요. 마치 관계의 긍정적인 면이 모두 상실되고 증발해 버리는 것처럼, 이미 사라져 버린 이미지는 당신 마음속에서 없어져요.

환　자: 그게 매번 일어나는 일이에요. 끔찍한 일이에요. 나를 절대로 실망시키지 않는 유일한 사람은 당신뿐이에요.

Caligor 박사는 환자가 중요한 관계에 대해 완전히 다르고 불일치하는 두 가지 관점을 가지는 것 같다고 지적한다. 한 관점은 좌절과 실망으로 채색되고, 다른 관점은 좌절이나 적개심이 전혀 없다는 특징이 있다. 편집적 대상관계와 이상화된 대상관계의 분열을 직면하는 의도는 환자가 자신의 내적 상황을 성찰하게 하려는 것이다. 하지만 Caligor 박사의 언급에 대한 환자의 반응은 성찰적이기보다는 다소 콘크리트하다. 환자는 Caligor 박사가 자신을 실망시키지 않는 유일한 사람이라고 말한다. 이 지점에서 Caligor 박사는 환자의 전이에서 나타나는 이상화에 논의의 초점을 두려고 한다.

치료자: 음, 나도 그 점에 대해서 생각해 왔어요. 어떻게 당신은 나에게 실망하거나 좌절하는 것을 하나도 말하지 않는 거죠?

환　자: 그게 어때서요? 그렇게 느낄 뿐이에요.

치료자: 네. 하지만 생각해 보면 사실 Bill과 만날 때도 처음에는 그렇게 느꼈었죠.

환　자: 하지만 지금은 그에게 항상 화가 나 있죠.

치료자: 맞아요. 그래서 난 어쩌면 당신이 의식하지 못하면서, 우리 관계에서 아주 열심히 노

력하는 게 아닌지 의문이 들어요. 갈등이 없고, 거의 완벽하도록 말이에요. 그러면 나에게 좌절하거나 실망하고, 우리의 긍정적인 연결을 잃어버릴 필요가 없겠지요. 그건 너무 끔찍한 느낌이니까요.

Caligor 박사는 해석을 제공했다. 그녀는 환자가 약간의 좌절감을 느끼는 것만으로도 Caligor 박사에게 느끼는 연결감과 보살핌의 긍정적 느낌을 잃을 것 같은 두려움 때문에 관계를 완벽하게 유지할 필요가 있는 것 같다고 말한다. 환자의 모든 긍정적인 감정은 증발하고, Caligor 박사는 이기적이고 무심하다고만 느껴질 수 있다. 이상적인 양육자를 찾는 환자는 조금이라도 좌절하거나 실망할 여유가 없는데, 이는 안정적이고 만족스러운 대인관계를 수립하는 역량을 방해한다.

▶ 비디오 6. 해석 과정: NPO 수준(6:30)
기술: Caligor 박사와 부부 문제가 있는 40세 남성

이 40세 남성은 부부 문제를 호소한다. 그는 NPO 수준으로 조직되었으며 강박적 및 의존적 특성을 가졌다. 그는 처음에 아내인 June과 함께 부부치료를 받으러 왔지만 결국에는 개인 치료를 받기로 했다. 개인 치료에서 초점이 되는 것은 결혼생활에서 나타나는 환자의 수동성과 회피이다.

환　자: 또 안 좋은 밤이네요. 새로운 게 없어요. 똑같은 문제예요. June이 또 나를 거절했어요.

치료자: 어젯밤에 둘 사이에 무슨 일이 있었는지, 무슨 생각을 했고 무엇을 느껴서 그런 느낌을 받았는지 좀 설명해 줄 수 있나요?

환　자: 음, 나는 요즘 나에 대해서 좋게 느끼고 있었어요. 그래서 아내에게 동네에서 외식을 하자고 했어요. 좋아할 거라고 생각했는데 거절하더라고요. 아내는 항상 나를 밀어내요. 난 그저 외출하는 게 좋겠다고 했을 뿐인데, 그녀는 피곤하니까 혼자 집에 있고 싶다고 하는 거예요.

치료자: 그래서 당신은 어떻게 했어요?

환　자: 다른 방에 가서 책을 읽었죠. 내 말은, 우리는 밤새도록 아무 말도 안 했어요. 난 너무 슬프고 거절당한 기분이었어요. 내가 그녀를 사랑하기 때문에 이제 너무 예상하기 쉬운 느낌이에요.

> 치료자: 그래요. 당신 두 사람은 같은 일을 반복하고 또 반복하는 것 같네요. 당신이 관심이
> 나 애정을 바라면서 다가가면, 그녀의 반응은 당신을 밀어내는 거군요. 그리고 당신
> 은 슬프고 거절당한 기분을 느끼게 돼요.
>
> 환　자: 맞아요. 정확해요.

　　Caligor 박사의 초기 개입은 환자의 경험과 행동을 명료화하는 데 초점을 두는 것이
다. 그리고 이제 그녀는 명료화된 자료를 통해 지배적인 대상관계를 요약하여 기술하는
데, 이는 환자와 아내 간에 상연되는 반복적인 고통스러운 대인관계이다. 이 지점에서
Caligor 박사는 환자가 적극적으로 주의를 기울이지 않고 있는 환자의 경험과 행동의 측
면에 주의를 환기시킨다. 치료자는 시범적으로 직면을 시도한다.

> 치료자: 그리고 당신은 후퇴하게 되네요. 일종의 철수 같아요. 어제 당신이 다른 방에 가서
> 책을 읽은 것 말이에요.
>
> 환　자: 어떻게 생각하세요?
>
> 치료자: 음, 나는 당신이 왜 상처받고 거절당했다고 느끼는지 이해해요. 하지만 당신이 아무
> 말도 하지 않았다는 점이 인상적이에요.
>
> 환　자: 무슨 뜻인가요?
>
> 치료자: 글쎄, 당신은 이제 꽤 오랫동안 당신과 June이 어떻게 이런 일을 반복하는지 이야기
> 해 왔어요. 당신은 친절하려고 노력하고, 그녀는 당신을 밀어내죠. 사실 이 상황에서
> 자연스러운 건, 둘 사이에서 무슨 일이 일어나고 있는지 그녀한테 직접 얘기하는 거
> 예요. 그런데 당신은 그러지 않아요. 당신은 그저 맞추려고 할 뿐이죠. 사실 그녀에
> 게 더 직접적으로 말하는 편이 합리적인 것처럼 보이는데도요. 어떻게 생각해요?

　　Caligor 박사는 직면을 통해, 환자가 갈등에서 만성적으로 수동적이고 철수하는 것에
주의를 환기시켰다. Caligor 박사는 환자의 행동에서 반복적이고 경직되었으며 비합리적
으로 보이는 측면에 초점을 두면서, 환자가 한 발 물러서서 자신을 관찰하도록 한다. 이
경우에 환자는 Caligor 박사의 개입에 대한 반응으로 그 상황에서 자신의 행동에 의문을
가지기 시작한다. 그의 수동적이고 순응하는 방어적 자세를 동기화하는 기저의 불안이
나타나기 시작한다.

> 환　자: 음, 무슨 말인지 이해가 가요. 하지만 그게 나라는 사람이에요. 난 자기주장이 강하

지 않고, 다른 사람들을 행복하게 만들어 주는 친절한 사람일 뿐이에요. 남들은 내가 요구를 하면 그녀가 좀 더 잘 반응할 거라고 하지만, 그렇게 할 수가 없어요. 난 그게 너무 공격적으로 느껴져요. 나는 이렇게 말하는 게 얼마나 바보 같은지 알아요. 물론 내가 마음을 열고 속 얘기를 해야겠죠. 누구하고든, 누구보다도 제 아내하고요. 그런데 그게 너무 불편해요.

여기서 환자는 Caligor 박사의 직면을 통해서, 뭔가 해석에 가까운 것을 해낸다. 그가 왜 관계에서 자기주장을 하기 어려운지 설명하는 일종의 가설을 만든 것이다.

치료자: 아내에게 자기주장을 하는 것이나, 심지어 자기욕구를 말하는 것이 공격적으로 느껴진다는 게 흥미롭군요.

환　자: 그러니까 깊은 곳에서 그렇게 느끼는 것 같아요. 마치 내가 요구를 하면 아내가 날 거절할 것 같고, 날 너무 공격적으로 보고, 더 밀어낼 것 같아요.

치료자: 음, 지금 당신이 하는 얘기는 매우 중요한 것 같아요. 당신이 June에게 강하게 주장하거나 뭔가 요구한다면, 그녀가 당신을 밀어낼 것인데 당신이 너무 공격적이기 때문이라는 거죠. 내 생각에는 그걸 공격적으로 생각하는 건 June의 마음뿐만 아니라 당신의 마음도 그런 것 같아요. 그래서 당신은 그저 그녀에게 더 맞추기만 하는 거죠. 좀 더 직접적으로 말하는 게 나은 상황에서도요.

환　자: 난 대립하는 걸 싫어해요. 그런데 내가 나의 감정을 두려워한다는 얘기인가요?

치료자: 음, 그럴 수 있어요. 어떻게 들리냐면 아내가 당신을 그렇게 대할 때, 당신이 강하게 주장해야 할 것 같거나 좌절스럽거나 약간 화가 났을 때, 당신 안에서 뭔가 일어나는 것 같아요. 당신은 그런 감정을 표현하면 안 되고 어쩌면 경험하지도 않는 거예요. 그저 뒤로 물러나서 아내에게 맞추고, 친절한 그녀가 당신을 사랑하도록 하죠. 마치 문제를 사라지게 만들려고 애쓰는 것 같아요. 당신의 부정적인 감정을 없애 버리는 거죠. 그걸 다루는 게 아니라요. 어떻게 생각해요?

Caligor 박사는 해석을 제공했다. 그녀는 환자가 필요로 하고 사랑해 주는 부모 같은 인물에 대해서 순종적인 소년 같은 자기라는 방어적인 대상관계를 상연한다고 설명한다. 이는 그의 공격성의 자각을 방어하기 위한 것인데, 그 공격성이 관계를 파괴할까 봐 두렵기 때문이다. 경직되고 강박적으로 상연되는 방어적인 대상관계는 환자의 행동을 제약하고, 아내와의 관계를 개선하는 것을 방해한다. 아내는 만약 그가 더 솔직하고 강하게 주장한다면 더 긍정적으로 반응할 수도 있을 것이다.

제 12 장

▶ 비디오 7. 치료적 중립성(3:20)

기술: Yeomans 박사와 28세 미혼인 대학 중퇴 사무직 남성

이 환자는 대학을 중퇴한 28세 남성으로, 사무직으로 일하고 있는데 항상 자신이 밑바닥 인생이라고 심하게 불평했다. 그는 중간 BPO 수준에서 조직되었고, 두드러진 경계선 특성을 가졌으며 만성적인 기분부전, 간헐적인 약물 오용, 수동적인 자살시도의 이력이 있다. 그의 주된 치료목표는 학교로 돌아가서 학사학위를 받는 것이다. 치료가 시작된 지 두 달 되었고, 그동안 환자는 대학에서 수업을 들으며 잘하고 있었다. 그는 갑작스럽게 학교와 치료를 그만두겠다고 선언하면서 치료시간을 시작한다. Yeomans 박사는 역전이에서, 환자에게 학교에 머무르고 치료를 계속하라고 하고 싶은 압력을 느꼈다. 동시에 Yeomans 박사는 환자에게 학교 과정을 계속하라고 하는 것은 치료자의 기본자세인 치료적 중립성에서 이탈하는 것임을 알고 있다. 역전이를 행동에 옮기는 대신에, Yeomans 박사는 중립적 자세를 유지한다. 그는 환자가 단순히 행동하기보다는 성찰할 수 있도록 돕는다.

환　자: 난 치료를 그만두고, 학교도 그만두려고요. 당신이 나한테 계속 입박을 주는 게 지긋시긋해요. 직접 이야기하는 게 좋을 것 같아서 왔어요. 오늘이 마지막 시간이라고 말하러 온 거예요.

치료자: 무슨 얘기인지 알겠어요. 그런데 난 당신이 이걸 행동에 옮기기 전에, 같이 생각해 보는 게 굉장히 중요할 것 같아요.

환　자: 당신은 맨날 생각해야 한다고 하는데, 난 생각을 해서 좋은 일이 생기는 걸 본 적이 없어요.

치료자: 음, 그 문제도 곧 이야기해 보기로 하죠. 그런데 우리는 지금 일종의 응급상황인 것 같아요. 그리고 중요하게 기억해야 하는 것은, 우리가 생각하는 건 감정에 대한 것이라는 거예요. 지금 당신은 굉장히 강렬한 압박감을 느끼고 있어요. 우리는 그걸 살펴

보고 좀 더 이해해 볼 필요가 있어요.

다음 몇 분 동안, Yeomans 박사는 환자가 그를 추동하고 있는 압박감을 성찰할 수 있도록 도우며, 계속 중립적 자세를 유지한다. Yeomans 박사는 환자의 치료목표가 학교를 마치는 것이었음을 상기시키고, 그 압박감은 Yeomans 박사로부터 오는 것이 아니라, 환자 내면에 있는 무언가의 표현일 수도 있다고 제안하기 시작한다. Yeomans 박사는 환자가 이 가능성을 더 탐색하도록 돕는다.

치료자: 5개월 전에 치료를 시작했을 때를 생각해 봅시다. 그때 당신은 직업이 좋지 않아서 화가 난 것 같았어요.

환　자: 당연히 좋은 직업을 원하죠. 누가 안 그러겠어요? 그게 나를 억누르고 있는 압박감 같은 거예요.

치료자: 좋아요. 알겠어요. 그 압박감을 의심하는 게 아니에요. 하지만 난 그게 모두 나한테서 나오는 거라고 당신이 그렇게 확신하는 게 궁금해요. 그게 우리가 같이 생각해 봐야 하는 부분이에요.

환　자: 간단해요. 난 여기에 오면 압박감을 느껴요. 그게 다예요.

치료자: 내 생각엔 그게 그렇게 간단하지 않은 것 같아요. 당신은 그게 다 나로 인한 것이라고 확신하고 있고, 그것을 벗어나는 방법은 여기를 떠나는 거라고 생각하고 있어요. 당신은 그렇게 할 수 있어요. 그건 당신에게 달려 있죠. 하지만 내가 예측할 수 있고 염려되는 건 한 달이나 두 달 후에 당신은 또 무언가에 대해 압박감을 느끼기 시작할 수도 있을 텐데, 그땐 거기서 어떻게 벗어날 수 있을까요? 어쩌면 그게 당신의 약물 사용과 관련될 수도 있어요. 다른 상황에서 당신이 압박감을 느낄 때는 그걸 벗어나려고 약을 할 수도 있는 거죠. 그러니까 우린 이게 압박감과 관련된 문제라는 건 동의해요. 하지만 그게 어디서 오는지에 대해서는 생각이 좀 달라요. 내가 제안하는 건 여기에 좀 더 머무르고 그걸 좀 더 살펴보자는 거죠.

환　자: 난 이 꼼짝 못하는 느낌이 싫어요. 정말 힘들어요. 왜냐하면 다 내 잘못이고, 내가 할 수 있는 건 아무것도 없으니까요.

치료자: 그게 치료를 받으며 힘든 부분이군요. 당신 내면에서 오는데, 생각하거나 느끼거나 이해하기 어려운 부분이네요. 그래도 난 노력해 볼 가치가 있다고 봐요.

환　자: 음…… 알겠어요.

▶ 찾아보기

저자 소개

Eve Caligor, M.D.는 뉴욕 컬럼비아대학교 의대 정신과 임상교수이며, 컬럼비아대학교 정신분석 수련 및 연구 센터 심리치료 분과 소장이자 수련 및 지도감독 분석가이다.

Otto F. Kernberg, M.D.는 뉴욕 웨일 코넬 의과대학 성격장애 연구소 소장이며 웨일 코넬 의과대학 정신과 교수이고, 컬럼비아대학교 정신분석 수련 및 연구 센터의 수련 및 지도감독 분석가이다.

John F. Clarkin, Ph.D.는 뉴욕 웨일 코넬 의과대학 성격장애 연구소 부소장이며 웨일 코넬 의과대학 정신과 심리학 임상심리교수이다.

Frank E. Yeomans, M.D., Ph.D.는 뉴욕 웨일 코넬 의과대학 정신과 임상 부교수이며, 웨일 코넬 의과대학 성격장애 연구소 수련 감독자이다. 컬럼비아대학교 정신분석 수련 및 연구 센터에서 정신과 부교수를 역임하고 있다.

역자 소개

김정욱(Kim Jungwook)

서울대학교 대학원 심리학 박사
한국심리학회 공인 상담심리사 1급
전 서울대학교, 가톨릭대학교 강사
　　서울대학교 학생생활연구소 상담연구원
　　서울정신분석상담연구소 연구원, 부소장
현 마인드앤소울 심리상담센터 소장
　　연세대학교 객원교수

〈주요 저서 및 역서〉
경계선 인성장애의 정신분석 심리치료-전이초점 심리치료 지침서(공역, 학지사, 2016)
섭식장애(저, 학지사, 2016)
전이초점 심리치료 입문(공역, 학지사, 2013)
멜라니 클라인(역, 학지사, 2009)
기타 정신분석 심리치료 관련 다수의 저서, 역서, 논문이 있다.

민경희(Min Kyunghee)

숙명여자대학교 대학원 교육학 박사수료
한국심리학회 공인 상담심리사 1급
전 삼성SDI 열린상담센터 전문상담사
　　한양여자대학교 학생상담센터 전문상담원
　　서울시청소년상담복지센터 상담원
현 마인드앤소울 심리상담센터 선임연구원

김나정(Kim Najung)

이화여자대학교 대학원 심리학과 박사과정
한국심리학회 공인 상담심리사 1급
여성가족부 청소년상담사 2급
전 성균관대학교 카운슬링센터 전임연구원
　　마인드앤소울 심리상담센터 연구원
현 대학교 상담센터 및 청소년 상담복지센터 객원상담사

성격장애 심리치료 현대 대상관계 정신분석심리치료

Psychodynamic Therapy for Personality Pathology
Treating Self and Interpersonal Functioning

2022년 4월 30일 1판 1쇄 인쇄
2022년 5월 10일 1판 1쇄 발행

지은이 • Eve Caligor · Otto F. Kernberg · John F. Clarkin · Frank E. Yeomans
옮긴이 • 김정욱 · 민경희 · 김나정
펴낸이 • 김진환
펴낸곳 • (주) **학지사**

　　　　　　04031 서울특별시 마포구 양화로 15길 20 마인드월드빌딩
대표전화 • 02)330-5114　　　　팩스 • 02)324-2345
등록번호 • 제313-2006-000265호

홈페이지 • http://www.hakjisa.co.kr
페이스북 • https://www.facebook.com/hakjisabook

ISBN 978-89-997-2675-0　93180

정가 28,000원

출판 · 교육 · 미디어기업 **학지사**

간호보건의학출판 **학지사메디컬** www.hakjisamd.co.kr
심리검사연구소 **인싸이트** www.inpsyt.co.kr
학술논문서비스 **뉴논문** www.newnonmun.com
교육연수원 **카운피아** www.counpia.com